上海交通大學
百年报刊集成

第一辑（1896—1949）
学 术 学 科

综合卷（第三册）

上海交通大学
档案文博管理中心 编

上海交通大學出版社
SHANGHAI JIAO TONG UNIVERSITY PRESS

目　录

《南洋大学卅周纪念征文集》简介

该刊于1926年印刷出版。叶恭绰题写刊名，唐文治、淩鸿勋分别作序，胡栋朝作跋。此文集出版缘于纪念交大30周年校庆，“宜有纪念刊物以彰殊典”，又因前《南洋大学概况》一书虽记录校事，但却“未能表彰我校之精神，与三十年来学者之事迹与成就”。文集登载了著名学者、校友文章共40篇，内容包含学校三十年发展概况以及工程、经济、科学等学科发展历程，如叶恭绰的《交通大学之回顾》、福开森的《南洋之过去及将来》、蔡元培的《中国古代之交通》、茅以升的《工程教育之研究》、徐名材的《国产原料与近世工业进步之关系》、唐庆增的《近三十年来之欧美经济思想》等。

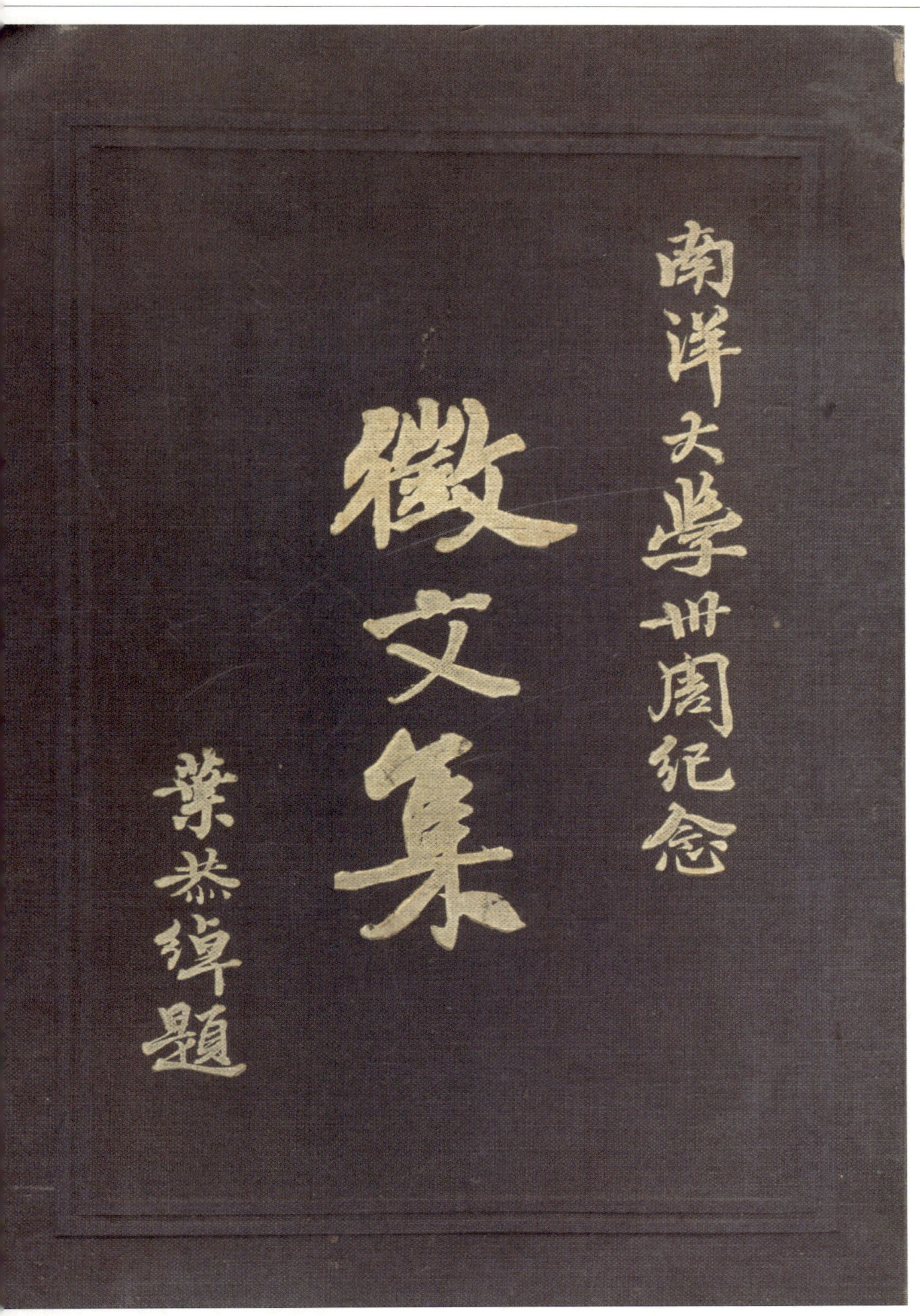
南洋大學卅周紀念
徵文集
葉恭綽題

金陵大學圖書館惠存

上海南洋大學敬贈

南洋大學卅周紀念

徵文集

葉恭綽題

南洋大學卅週紀念徵文集

廣告索引

INDEX TO ADVERTISERS

介紹良醫

同學周君常君

同學周君延勛號君常幼年肄業母校後轉學同濟大學醫科民國八年畢業在南潯創辦潯溪醫院造福鄉里非淺十年春留學德國海台山大學研究內科及小兒科得博士學位返國後即懸壺滬濱周君學術精深經驗豐富性情溫篤藹然可親弟等願爲同學介紹焉

林康侯 淩鴻勛 張孝安
黃炎培 沈叔逵 虞順懋
章宗元 陸達權 王寅清
張世鎏 李熙謀 沈奎
謹啓

診所 新世界西首福源里廿三號

時間 門診下午一時至四時
出診下午四時至八時

電話 中央七三九八

SIEMENS CHINA CO.

德國

西門子電機廠

代表

總行 上海江西路二十四號

德律風根廠 無線電報電話機

西門子雪克脫廠 電燈廠電力電動透平機以及電燈材料家用電力器具等

西門子海斯克廠 電話電報測量儀器水表炭養二表以及醫學電療機等

萊因愛爾勃聯合公司 各種路礦機件工廠機件及鋼鐵

分行 北京 天津 奉天 漢口 廣州 香港 哈爾濱

BABCOCK & WILCOX

BOILER PLANT

If ordered will ensure that You are getting the benefit of our world-wide experience free of charge.

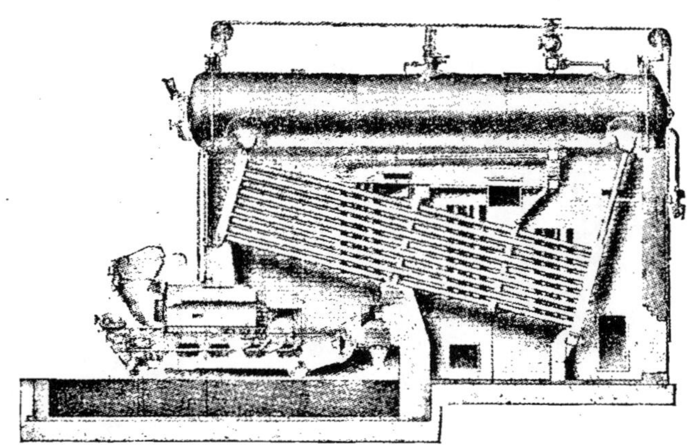

BABCOCK & WILCOX BOILER, FITTED WITH INTEGRAL SUPERHEATER AND MECHANICAL CHAIN GRATE STOKER.

諸君如購置

拔柏葛水管鍋爐

非但得省煤耐用之著名汽鍋且可不費分文因而得敝公司之全球經驗代君解决一切疑難問題

拔柏葛鍋爐公司啓

上海黄浦灘一號

THE TEST

Reveals the Qualities of Materials

We specialize in the complete Equipment of Testing Laboratories for testing all Materials, both for

STATIC AND DYNAMIC TESTS.

BENDING TEST OF WOOD TO BREAKING POINT

AMSLER Universal Testing Machines from 10-300 Tons capacity.

Presses up to 500 Tons.

Hydrographic Instruments.

Planimeters.

Integrators.

"FOHKA"

Swiss-Chinese Trading Co., Ltd.

Engineering Department

42 Ave. Edward VII Shanghai

上海 竟成造紙有限公司

KING-CHEN PAPER MILL, LTD.

金熊商標

本公司專造各種紙張如下

黃版紙 灰版紙 包沙紙 書面紙 牛皮紙 毛巾紙 火柴紙 草紙 等類

工廠部

第一廠 上海新閘大王廟東

第二廠 天津鹹水沽

營業部

上海 廣東路二號

天津 大沽路五十六號

電報掛號

上海 三二三七

天津 六九五四

總理 王叔賢

王叔記

（進出口）

營業種類 麵粉 疋頭 煤 紙 五金雜貨等項

總行 上海 廣東路二號

分行 天津 大沽路五十六號

青島 山東路八號

經理處 大連 廣州 漢口 杭州 等埠

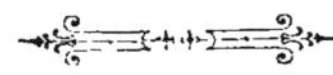

S. Y. WONG & Co.

IMPORTER AND EXPORTER

WHEAT FLOUR, PIECE GOODS, COAL, PAPER, METALS, SUNDRIES, ETC.

HEAD OFFICE - - - - - - - - 2 CANTON ROAD, SHANGHAI

BRANCHES - - - - - - - - - 56 TAKU ROAD, TIENTSIN

" - - - - - - - - - 8 SHANTUNG ROAD, TSINGTAU

AGENTS: DAIREN, CANTON, HANKOW, HANGCHOW, ETC.

商務印書館發售

自來水鋼筆 活動鉛筆

敝館自製及經售美國派克公司及其他歐美公司自來水筆及活動鉛筆歷有年所素蒙各界樂用

自來水筆 外觀美麗製造精良筆尖平滑耐用含蓄墨水量亦較他種出品爲多

活動鉛筆 機械靈活伸縮自如鉛條無阻滯軋碎之弊

另有自來水筆活動鉛筆**合裝錦盒**精雅絕倫洵送禮之無上妙品

進步牌自來水筆 每枝二元九角半

公民牌自水來筆 每枝二元二角

民國牌自來水筆 每枝三元

派克自來水筆 每枝五元半至十元

派克活動鉛筆 每枝七元至十元

No. 3/3303 Atlantic 活動鉛筆 每枝四角五分

其他種類繁多詳見中西文具目錄

各種高等 運動用品

敝館自製及獨家經理美國著名運動用品製造家迭生公司（Wright and Ditson-Victor Co.）之出品種類齊備製造精巧經久耐用取價甚廉運動家平時練習如用此項高等出品可使技術精進一日千里如蒙惠顧無任歡迎

網球用品 足球用品

籃球用品 壘球用品

隊球用品 杖球用品

田徑賽用品 游水用品

運動衣鞋 計時表

以財產遺子孫 不如以書籍遺子孫

古今名人藏書。既備自己閱讀。更將以遺子孫也。蓋以。財。產。遺。子。孫。不免長其驕侈淫逸。以書籍遺子孫。知可增其學問知識。古書難得。價值更昂。尋常人家雖欲藏之以遺子孫。顧財力有不。足。或學力有未逮。蓋費數萬金。藏萬卷書。即使有錢而選擇搜覓。亦不易也。石印之書。不惟鈔寫者訛誤百出。影印者。或以原本欠。清晰。或落石時手民任意修改。魯魚亥豕。仍所不免。故石印之書。藏書家所不取。

中華書局印行之四部備要

用聚珍倣宋版精印。直可與宋槧元刊媲美。 選擇善本。延請耆宿精校。期無訛誤。 聚萬餘卷古書。分訂二千冊。連史紙預約僅售六百元。賽宋紙僅售四百元。費區區數百元。即可爲子孫遺萬卷書。又無選擇搜覓之繁。有子弟者。幸速預定。勿以額滿見遺也。

四部備要 五集預約

	連史紙	賽宋紙
定價	一千二百元	八百元
半價預約	六百元	四百元

郵費：國內及日韓三十元　蒙古新疆一百六十元　郵會各國八十五元

預約辦法

一、本書五集計二千餘冊連史紙定價一千二百元預約一次繳者六百元分五次繳者每次繳一百三十元　賽宋紙定價八百元預約一次繳者四百元分五次繳者每次繳九十元

二、已購一二集祇需購後四集或後三集者照預約價扣算

三、本書年出一集丁卯年底出第一集至辛未年底五集出全

四、預約以一千部爲限限滿截止

五、本書每集製有雅式書箱二只連架一座實收銀十四元

精印樣本 魚玄機詩集

唐女詩家魚玄機詞意清妙宋槧小集早成孤本爲黃蕘圃所珍秘茲精校刊入四部備要先隨樣本印行以貽士林珍賞售銀一角函索附郵票十分

中華書局啓

(書1183)

唯一牀上用品

全幅被單

被單一項，爲人人必需之品，本公司出品全幅被單，曾經化學手續，極合衛生，獨幅無縫，不易藏垢，溫軟易洗，且極耐用，顏色雅麗，洗晒不退，既省縫工，定價又廉，誠爲被單中之別開生面者。再有各種日常棉織用品，如牀毯，線毯，檯毯檯布，精美睡衣，雅麗枕頭，兒童用品，四季布疋等，無不盡善盡美，既極美觀耐用，又極衛生，省費實爲國貨界之明星，如蒙賜顧，無任歡迎，

上海南京路石路西 三友實業社門市部郵市部 啟

上海徐家滙

蘇新書社廣告

本社發行
教科書籍
雜誌小說
地圖字典
各種新書
碑帖書畫
西文書報
原版西書
局刻家刊
精本古書
儀器用品
兒童玩具
理化器械
自製表簿
徽墨筆硯
代印名片

永安有限公司

統辦寰球貨物

人生實用所需之品無不具備

WING ON CO., LTD.

Universal Providers
Nanking Road, Shanghai

We extend every facility to our customers in town or outports. Every department of our huge store offers you a complete and up to date line of articles at reasonable prices.

Mail orders carefully and promptly executed.

中南銀行

本行資本金額二千萬元兩次收足銀元**七百五十萬元**又備用資本**一千二百五十萬元**公積金及盈餘滚存**七十六萬餘元**專營銀行各種存款放款匯兌跟單押匯一切業務國內國外各大都會商埠均有專約代理匯兌收付機關並代顧主保管國內外發行之各種公債及契據經理付息取本等事凡利息匯水佣金均極克己手續簡便如蒙惠顧無不周妥**（本行）**奉政府特許發行鈔票本行爲格外慎重起見特聯合**鹽業金城大陸**銀行嚴訂十足現金準備及準備公開制度於四銀行之外另設四行準備庫專辦保管準備現金發行鈔票

總行地址　上海漢口路四號
天津分行　英租界中街九十八號
北京辦事處　東交民巷匯昌大樓路西
漢口分行　歆生路九十三號
廈門分行　港仔口●鼓浪嶼
電報掛號　中文（一五一一）英文（Chinsosfa）
總分行同　總行電話　各部辦事室六一八一
各國匯兌室中央三〇九九

沈雲扉醫生

診所　白克路永年里四六九號

門診時間下午三時至五時

電話　西三五七八號

南洋大學出版股介紹

中醫葛養民女醫生

◎婦孺專科◎

▽醫寓△　上海西門蓬萊路普育里二十二號

▽電話△　南市一千二百號

▽門診△　十二點鐘至下午三點鐘

▽出診△　三點鐘以後

▽發明△　眼中生星製有星藥治之只須將此藥搽於鼻孔則所患自能於二三日內不知不覺中痊愈神效異常單料一元雙料兩元

附啓

舊同學豫夫先生之令姊養民女士精岐黃術懸壺以來已逾十載女士鑒於女子患病而由男醫診治諸多不便又孩提之童不能口述病源每致隔閡故於婦孺科尤爲悉心研究凡求診治者無不藥到病除去冬上海銀行家林康侯先生之公子患慢驚之疾遍延名醫竟儕束手旋經女士神術朝夕調治得以轉危爲安林先生感激之餘贈匾額一方顏曰「一着手成春」云故不吝數行爲病家告

上海龍章機器造紙廠廣告

啓者本公司於前清光緒年間奏明開辦雙龍商標呈部立案專造上等潔白洋連史及雙磐毛邊等紙行銷全國已歷二十餘年出品精良早爲各界所歡迎現在格外加工選料精益求精價目亦格外克己以期答謝 愛國惠顧諸君之雅意欲求完全國貨者請認明雙龍商標以免魚目混珠誤用劣貨如蒙 賜顧請向法租界新永安街敝批發處接洽可也

計開種類

十五刀 頂字連史　十五刀 雙磐連史　十五刀 磐字連史

十五刀 元字連史　十五刀 特字連史　六五刀 潤字毛邊紙

十　刀 頂字連史　十五刀 餘字連史　四四刀 川連史

十五刀 頭字連史　白報紙　棕色包紮紙

製造廠 上海龍華路外日暉橋

批發所 上海法租界新永安街

南洋大學三十週紀念徵文集目錄

唐序

天地一爐也陰陽一炭也甄陶萬彙鼓鑄羣生天工實爲人工之造端也周子濂溪有言五行之生也各一其性人得氣之全物得氣之偏而消息盈虛生剋負戴還相爲本性之中有情焉洪範敘五行曰潤下炎上曲直從革稼穡又曰作鹹作苦作酸作辛作甘蓋言性之本體而情之妙用也我國南洋大學校工科馳譽歐美而電機鐵路管理等科皆爲余所創設延攬中外名師專門教育造就實繁有徒精擘科學不外理化五行盡物之性卽盡物之情余承乏南洋閱十餘載中經盤根錯節卽其基礎而擴張之因其沿革而組合之皆交通部維持之力而同學淩君竹銘接長以來又復殫精竭慮集同學諸君子圖謀設置益浸熾浸昌而光大之懿歟南洋觥觥乎一大團體何莫非性情中事耶故夫有真性情而後有真學問真事業余向主道德教育及今思之與其爲道德高遠渾噩之譚毋寧言性情教育悱惻感人爲得也方今世界橫流人心陷溺非性非情機括百出教育之道當在啟迪良知使之油然藹然不能已有子謂君子務本本立道生孟子謂惻隱羞惡辭讓是非爲仁義禮智之四端此皆性情教育之原理也試觀古來有真學問真事業曷嘗不根於真性情慈祥愷惻之人長言永歎播爲詩歌或發爲文章格豚魚開金石千載下讀之有令人感泣不已者隔形骸不隔精神也茲者南洋卅週紀念刊將次發行余愧不文亦惟是性情教育四字作爲贈言屬望夫大部執事者爲斯世倡導書曰水火金木土穀惟修正德利用厚生惟和六府修而工業備矣三事和而性情孚矣今南洋電機機械鐵路管理事業日淩月盛中國地大

物博足資爲人生利厚之端而利厚之原要本於正德之敍此學問事業之根於性情者以此易曰利貞者性情也豈非然哉豈非然哉丙寅孟秋太倉唐文治序

淩序

今年爲南洋大學成立三十週年。鴻勛忝長校務，與同人謀所以舉行紀念之道，僉以盛會難逢，宜有紀念刊物以彰殊典。顧關於校務之因革，科目之設置，與夫學生之統計，校款之進出等，已具載南洋大學概況一書；聊供教育家之研究與留心校事者之參考，未能表彰我校之精神，與三十年來學者之事蹟與成就也。我校三十年來，校譽日以起，校基日以固，此蓋由於以前歷屆主持校務與教務者，皆當代名流碩望，開物成務，發揚蹈厲：其於國家之功業事蹟，久已彰彰在人耳目，固無論已；而在校畢業諸君，始則多致力於政治經濟之門，繼則多投身於工商實業各界：其貢獻於社會國家有足述者。若就其所致力之事業，著之於篇，或於所研究之學術，更爲商榷，庶足以表現我校之精神，而紀念爲不虛矣。爰本斯恉，廣徵著述。計得若干篇。略依類別，以爲先後；編印成帙，以公諸世。讀此一編，謂爲南洋大學學術之結晶也可，藉作南洋大學與我國學術事業之關係觀，亦無不可。夫古人以三十年爲一世，此三十年中，正我國學術事業除舊布新之時。我校得風氣之先，乘時運之會，其所表現，已屬如此，他日四十年，五十年，以至百載，吾人之責任愈大，其所成就必愈多；出而著述，必百十倍於今日。則茲編之作，或即爲他日東壁西園之嚆矢也乎。民國十五年十月，番禺淩鴻勛謹序。

交通大學之迴顧

葉恭綽

南洋大學爲我國新式教育之前驅。成立以來。其學科之因革。系統之更張。溯其原委經過。實足以觀察我國教育之演進及思想之變遷。若取最近三十年來國家進步、社會活動之因果。加以分析之研索。則南洋必居其主要原素之一而無愧爲造成時代思潮、國民精神之動力。此誠南洋先後同人所堪引爲忻賀者也。

南洋三十年來盛衰之跡象。從已往之國家政事觀之。無往不可尋其端倪。特學校之機體比較微小。苟因政局之變動而得物質上或精神上之助力。則此種佳果若能善爲保守。每足使其一時之利益伸引於將來。綿延不墜。即偶爲政潮波及。以致阻礙其發展。或一時的停滯其機能。亦未易遽使顛覆。制其生命。此於社會環境、教育趨向。極有關係。故我國近世之政局雖每況愈下。而其波瀾起伏中之教育事業。並未與有同樣之興衰。甚或有逆流而進之現象。則固亦我國前途一線生機之所繫矣。

南洋自創立以來。七易其名。五更其制。而學科之興廢。行政之變遷。尤指不勝屈。歷程所經。不可謂非艱鉅。然猶能屹立至今。聲光日盛者。固其內部之力爲多。而外來之影響多屬善性。自亦爲促進校務之關鍵。如由普通教育躋進至專門教育。局部性質轉移爲國立大學。每經一度之改革。增加一度之聲望。洎於今日、隱執東南教育之牛耳。是政潮果盡爲摧殘教育之具歟。抑南洋獨有之幸歟。

南洋三十年之歷史中其變動最劇之一頁。當無過於交通大學之時代。(民國十年春至十一年夏)此事實躬與其役。茲舉爲鄙人整理交通教育計劃之一。亦卽爲深愛南洋思爲擴充之表示。其經過情形。世所共悉。特其創立之動機。與辦學之計劃。知者尙鮮。或不無追述之價値。値茲南洋卅周紀念之期。用誌其概要。以當慶祝。度爲南洋同志所樂聞也。

交通大學者。就交通部主管之四校合併組成之大學也。此四校爲南洋、唐山兩工業專門學校、及北京之鐵路管理、與郵電學校。而以南洋爲其中堅。故所受之影響亦最鉅。然交通大學究因何而組織。在當時情狀確有此種需要乎。是不能不先爲陳述也。

(一)交通爲專門事業。經緯萬端。無一不具科學之精義。卽無一不需相當之人才。交通四校（指合組大學前之部立四校）之所以分科研習各求其備者。卽本斯旨。顧交通中之任何事業。無論若何簡單。均含有多種學術。互有關係。非一種人才能辦。而集多數專家。分工合作。則求其協調動作。必各先有其準備及合法之訓練。交通四校之學科。雖大體皆備而各不相同。章制互異。無溝通調劑之機會。以致彼此隔閡。不能互求短長。明其倚伏之關係。歐美大學之同性學科。無不集合於一種組織之下。故能斟酌至當。分配如意。造成各科適用之人才。今交通四校之學科。性質同屬交通之技術。既已因歷史之關係。分立數地。各不相謀。則欲求眞實之人才。效率之增進。自以劃一統系、整理學科、爲改進交通教育之初步。

(二)交通事業至爲繁複。我國雖僅路、電兩項稍有基礎。然其他交通及有關之事業。不能不及早儲才。

爲將來之預備。交通四校雖因經費限制。應用學科未能遍設。但以歷史關係。同一學科亦多重複。故爲經濟起見。酌盈濟虛。自莫若併其相重之科。而以騰出之經費舉辦其他科系。以應急切之需要。此種增減之事。牽動各校之組織。非謀根本之改造不可。

(三)交通四校之情形。因各自爲政。頗多軒輊。舉如施教之方針、學科之程度、教師之待遇、學生之考核、均不一律。足爲整理教育之障礙。

(四)一種人才之養成。不僅賴高深之教育。尤貴有實地之經驗。交通四校學生。原以國有各路電事業爲練習之所。然練習之階段如何支配。與學科之內容如何呼應。自學生入校起至練習完畢止。其經過之時間。應如何規劃。均非賴一集中機關之調度。無以收敏活之效。

交通四校經屢年努力之結果。在我國專門教育中已各占極重要之位置。然究以上述之原因。或困於經濟。或病於組織。卒未能盡其所長。達其所負之使命。民國九年。鄙人備位郵傳。思於交通教育有所改進。因有擴充四校之提議。惟經再三討論。覺與其局部改組。事倍功半。毋寧澈底刷新。另立根本之大計。因與各方協商。決定合組交通大學之計劃。自九年冬着手籌備。歷時半載。始告成立。所有辦學方針、進行程序、以及發展計劃。均經根據原有事業。斟酌國內需要。妥爲釐定。倘能假以時日。次第施行。其造福於交通事業。寧有涯涘。惜爲時勢所累。終不免於半途中輟也。

(一)內部之整理

甲、組織　交通四校成立各有先後。因時勢之轉移、性質之各別。以致組織章制。前後異趣。彼此參商。

雖同隸一部而隱有畛域。故爲整理交通教育計。必首謀大學之組織及章制之統一。此固與一國之憲法無殊。而不稍容怠忽者也。是以大學成立之始。卽設董事會。爲最高之統轄機關。繼由董事會選舉校長。爲行政之領袖。校長之下。於北京設總辦事處。綜理一切事業。於上海、唐山、北京三處。各就原有之部立學校。改組爲交通大學之上海、唐山及北京三校。爲施教之所。每校設主任、副主任。各科設總教授。所有各校各部分之職掌。均經妥爲規定。以明統系。其管理章程。教務規則。亦經重行釐訂。以便推行。

乙、教務　改組前之交通四校。其校科既不完備。復多重複。程度高下。亦參差不齊。故大學成立後。爲經濟之發展計。不得不將各校之學科重爲支配。去其重複而添設新科。如南洋之管理、土木兩科則劃歸京、唐兩校。唐山之機械科則遷至上海。而以擬辦之紡織、造船、市政、營造、銀行等科。分設三校。至各科之內容。亦力加整頓。不僅程度提高。務使媲美於國外大學。且爲適應本國需要及提倡技術研究起見。復將每一學科之內容。分別門類。各極其專精。以期養成特種之技術人才。如南洋之電機、機械。唐山之土木。北京之管理。均各分爲四五門不等。每門復延有學識豐富之教授主持一切。此殆我國專門教育中之創舉。亦卽歐美最新之趨勢也。至大學各科之教授。在改組以後。亦略有更動。一時延攬者均知名之士。所有教授之待遇。如專任、兼任之分別。休假、出洋之辦法。均經妥爲訂定。務從優厚。

丙、經費　交通四校原有之經費。綜計每年不足四十萬元。以所辦科目之多。實無發展之希望。改組大學後。因先將各校經常預算一律增加。（京、唐兩校各增爲十六萬四千元。南洋增爲二十二萬六千元。合共五十五萬餘元。較之原來經費計增加百分之三十八）並爲籌劃開辦費一百萬元。由交部分三期撥付。其第一期之三十六萬元則爲各校添建房舍、擴充設備之用。（二三兩期未經撥付）南洋之工廠建築及其設備。卽由應得之開辦費十四萬元內支出者也。以上經費均由國有各路、電機關分認籌解。其領款開支及報銷之各項手續。均採用歐美最新制度。訂有極嚴密之方法。由交通部監督、審計院核銷。各校之經濟狀況。並由主管人員按照規定格式隨時編制統計表冊。以明各項收支之盈虧及消長之關係。

丁、設備　學校教育所異於私人講學者。最大差別。卽在應用之設備。而以技術教育爲尤甚。交通四校之設備。在大學成立以前。業經粗有規模。非其他工校所能及。然其時各校之資產。總計尚不足二百五十萬元。內南洋約一百五十萬元、唐山約八十萬元、京校約二十萬元。若按本科學生人數平均計之。則每人僅占三千餘元。較諸歐美工科大學之情形。（據美國統計。工科大學之房屋及設備。除地畝外。平均每一學生約占華幣一萬六千元）相去何可勝算。況我國工程事業。尚在幼稚時期。學生耳目所接。既少觀摩之機會。尤不得不賴校中設備。爲實地試驗之場所。故大學改組伊始。卽支撥鉅款。爲添置各項機械、儀器、圖書、校具等設備之用。各科之試驗室及實習工廠。亦均酌加修葺。以期完善。並經擬定計劃。另籌一百萬元之基金。爲逐年擴充之預備。

戊、管理　大學成立後。各校內部之事務。均力加整頓。所有應行興革事宜。罔不畢舉。以求辦事效率之增進各部分之職。掌並爲訂立專章俾資遵守。其有關學生生活之團體事業而影響於學校行政者。如膳食管理、消費公社等。亦均爲代擬計劃。協助進行。

以上爲業經實行之計劃。雖大學成立未久。卽歸改組。但三校至今典型猶在。精神一貫。聲譽日隆。誠堪引爲忻慰者。至已經擬議之計劃。尙未實行。或進行未久。卽歸消滅者。則尙多有討論之價值。茲從校務及推廣兩項分別述之。

(一)校務之發展。

甲、增設學科　大學成立時所辦之學科。僅有土木、機械、電機、及鐵路管理四種。不特未盡大學之功用。卽交通事業所需之技術人才。亦未能遍爲培植。揆諸時勢需要。實有未當。因有增設學科之計劃。分年舉辦。先將交通所需及與交通有關之學科。次第設立。再行斟酌情形。推及其他科目。其業經籌備擬卽開辦者。有南洋之造船及紡織科。唐山之市政及營造科。北京之商業及銀行科。所有經費、設備、教授、及學生出路。均經分別進行。頗形順利。

乙、推廣學額　大學成立時。三校原有本科學生。總計不足千人。分科計之。每科僅占二百餘人。以我國高等學校之稀少、求學者之踴躍。實有擴充學額之必要。顧其中有困難之點三。一、各科學生均須住校。而宿舍有限。不敷應用。二、我國中等教育諸待改善。其畢業學生之程度。能與大學銜接者。爲數不多。若祇圖學額之擴充。不計程度之劃一。恐有濫竽充數之弊。尤足防礙大學之聲譽。三、照三校已往情形。各級學生每年降級或不及格者。爲數至夥。其首尾兩級人數之差。往往達三四倍之鉅。非將其中病源探討眞切。以謀改善之方。則學額縱能擴充。仍未收廣被春風之效。以上諸事。原非一時所能解決。惟有逐漸進行。日就月將。冀有成功之一日。

丙、研究改進　大學三校之教育方法。因歷史上之關係。均採用美國之制度。與歐洲各國迥異。是否爲技術教育中最良之制度。能否適合我國之情形及需要。於我國學生之智能、個性是否脗合。均有研究改進之必要。又三校學生畢業後。均在國有之路電事業服務。其在校所受之教育。於需用學術及立身處世之旨。應有若何之關係。其服務機關與肄業學校。應如何溝通。以免隔閡而收合力作育之效。均當時討論所及也。

丁、國外聯絡　爲發展本國教育與國外大學聯絡起見。大學成立後。曾與美國哈佛及麻省理工大學有一度之接洽。擬雙方合作。改進我國之工程教育。並由雙方各出鉅款。以爲實行之準備。雖其事因大學改組而消滅。但此種精神。實足以增進兩國之邦交。又法國部分之庚子賠款。在民國九年時。經兩國名流倡議退回。交大成立之次年。因有與巴黎大學聯絡之提議。以庚款之一部份。爲溝通中法文化教育之用。經與彼邦有關係者往返協商。已有相當之結果。迨大學取消。其議遂寢。

(三)推廣之計劃　大學之目的。不僅在培育人才。其機能功用。實足以輔助社會之發達。交通大學創立之旨趣。既以促進我國交通事業爲前提。則除造就應用人才外。尤應致力於灌輸學識。使一般人民能了解交通之真義。而改善其環境。庶於事業之發展。得有普遍之同情。及實力之援助。對於此種教育。當時所擬之計劃。亦有足述者。

甲、職業教育。 此種教育在我國之重要。時賢多有論列。且經各方提倡。亦經辦有成效。但今茲所述者。乃偏於交通方面而時人所忽也。我國交通事業所用人員。數近百萬。其中除少數特殊階級。受有相當教育外。其餘大都智識幼稚。或僅有普通教育。對於所司職務。無特別訓練爲輔助之工具。大學有見於此。曾擬有職業教育之計劃。就三校原有學科之性質。開辦與交通有關之職業科目。訓練各項業務需用之人才。當時所擬之科目。不下五十餘類。每類招收三十人爲一期。三月畢業。則每年造就之人才。數達六千之鉅。如果實行。則其於交通事業之影響。何可勝算哉。

乙、函授計劃 以上之教育方法。以能就學者爲限。其有志讀書而不能暫離職務者。則不得不採用函授之方法。故有編輯函授講義。實行通信教育之擬議。以極廉之代價。供適用之課本。並予以質疑問難之便利。在我國交通界事屬創舉。當爲現役員司所歡迎也。

丙、編輯書報。 我國之有新式交通事業。雖有半世紀之歷史。但一般人民對於交通學術。及其事業之經過。至爲隔閡。卽有身親其事者。所知亦多淺薄。未能盡督促援助之天職。爲改善交通環境計。大學爰有書報宣傳之擬議。一方灌輸知識。一方傳達交通消息。庶舉國民衆。咸能曉然於交通之真相。而協助其進行。於國計民生。當至有裨益。

丁、輔助實業。 我國實業之不發達。由於處境使然者半。由於自身缺乏能力者亦半。而實業學校之不能盡學術上之貢獻。爲充分之援助。亦不無多少之關係。如以工業言。則關於國產材料之試驗。製造方法之改良。管理學術之研究。以及其他方面之科學應用。均賴大規模之研究所。爲尋求真理、發展學術之地。歐美各國實業之振興。多由國立及私立之研究局試驗所及各學會之協助。故能新理層出。利用日宏。其重視研究之精神。幾引爲工業學府之天職。環顧我國。瞠乎其後。則比較完善之大學。詎能放棄責任。自封故步。是以交大成立之始。卽有創設研究院之計劃。以應國內工業之需要。其時所出之大學月刊。多載有價値之論文。卽爲此種事業之初步也。

以上爲交通大學之經過。南洋於此時期內。適當二十五週之期。迴思當時之勇猛精神。及五年以來之積極發展。際茲三十週紀念之期。誠有足令人不勝回溯者。語云。三十年爲一世。此第一世之事業。已美滿若是矣。將來之事業如何。是在第二世人物之努力。深願我南洋同人共勉之。

南洋之過去及將來 (The Past and Future of Nanyang)

福開森(John C. Ferguson)
楊培瑋譯

當南洋開辦於前清光緒二十三年時。中國新式教育尚幼稚。辦理學校。問題蝟集。蓋當時科舉未廢。士大夫之志仍欲藉此以爲進身之階。北京國立大學猶未開辦。除北洋大學於三年前設立於天津外。各省會尙未設有大規模之學校，如吾南洋者。故欲政府補助籌辦任何新式學校。甚覺困難。卽欲得其承認。仍以創辦人之勢位是視。而吾校創辦人則盛公杏蓀也。時公方以道員督辦電報局、招商輪船局、及各鐵路。爲政府所倚重。故得奏准。由兩局撥款開辦焉。

當時急務甚多。而訓練師資卽其一端。故於籌設中學外。同時考選青年績學之士三十人爲師範生。以教授中學學生國文。並學習特選科目。以期造就新式學校之師資。此法殊妥善。故不出數年。師範生已畢業。或出洋再求深造。或留校而任教職。或入仕途而自謀發展。南洋之得有今日之精神。實師範生有以啓之。蓋師範生均能以學業自立。且能以中國固有之文字。發揮新理。使社會知新式教育。實大有補助於中國。故至今南洋同學每多能文之士。非偶然也。

顧師範班之設。不過欲造就中學（舊稱中院）師資。原爲暫時計畫。故未幾卽行停辦。而最初之主旨。實爲擴充中學。使學生有充分預備而升入大學（舊稱上院）也。中學課程係預備性質。故除中文外。所有科目俱從初步着想。當日學生所習之地理學算學。其程度與今日公共學校七八歲兒童所習者略同。而其文學根底。雖今日大學之畢業生。亦難望其項背焉。其他課程。多未盡善。然科目不多。教授透切。亦其長也。至於大學應辦何科。除暫定經濟科與歷史科以外。尙未決定。當時余頗擬以歐洲各國之著名商業學校爲模範。辦理高等商科。蓋中國教育之需要。實以商科爲最。而吾校又受商辦輪電兩局撥款接濟。於設立商科。尤覺適宜。余遂於光緒二十七年赴歐考察各商業學校、如巴黎晏華布拉西爾臘色布爾拉維也納日內瓦之商業學校參觀殆遍。乃以其辦理之法。與英國倫敦及美國賓薛文義大學互相比較。作一計畫。呈請核辦。惜余於光緒二十八年離任。此議未見實行。以後亦未舉辦。但仍注意於中學之擴充。迨轉隸交通部後。始注重工業教育。而吾校之爲工業學校。乃於斯確定。中學則仍保存爲大學預科焉。

南洋之往史既如上述。今後之計畫應以現在通國教育發展狀況以爲去從。蓋今日大學生已不必由附屬中學及小學培植。國內中學較昔爲多。畢業學生、本大學可以擇優收取各中學畢業生投考本大學者。當加鼓勵。本校附屬中學小學之學費。宜稍增加。俾能獨立。大學經費、可稍寬裕。現在學校經費由交通部向各鐵路指撥。似屬不妥。宜另籌新法。其第一步卽當組織一永久董事會。該會董事應以上海之商界銀行界實業界之有資望者組織之。而該會應負籌備學校常年經費及永久基金之責。旣設董事會。學校始可脫離政潮關係。而教職員可以安心治事矣。

値茲三十週紀念。吾校畢業生及摯友於慶祝之中。幷寓發展改善之意。則吾校前途庶有望乎。

The Past and Future of Nanyang

When Nanyang was opened in 1897 modern education had made little progress throughout China and the problems which faced those of us responsible for its administration were legion. The old civil service examination system, K'o Chü, still controlled the aspirations of literary men and directed these toward obtaining official rank. The National University at Peking had not been founded and no provincial capital had such a school, with the exception of Tientsin where the Peiyang University had been started three years earlier. It was impossible to secure government funds for the establishment of modern educational institutions of any grade, and even governmental recognition could be secured only through the personal prestige of the proposer, who in the case of Nanyang College was Sheng Hsuan-huai. On account of his connection with the Telegraph and China Merchants' Navigation Companies as well as with the proposed construction of railways, Taotai Sheng enjoyed the favor of the government and thus was able to secure its approval for the founding of this College on his personal undertaking, that the funds for its support should be provided by the two Companies which he controlled.

Among the many urgent needs of the time, none was more important than the training of a small group of teachers. In order to accomplish this result, while at the same time a middle school was being established, it was decided to select by examination thirty young men who were already proficient in Chinese literature. These young men should devote a portion of their time to the instruction of students of the middle school in Chinese literature and the balance to pursuing specially selected courses of study which would fit them to become teachers of a modern type of schools. The plan worked well and during the first years of the school's history these young normal school students, Shih Fan Seng, completed their courses of study. Some of the younger men went abroad to take more advanced work, some remained in the College as teachers and some entered official life. These well-educated young men gave a tone to the life of Nanyang which it has never lost. They established the prestige of learning for its own sake. and demonstrated that the first requisite for making a modern education useful to Chinese is the ability to express new ideals clearly and adequately in their own language. It has thus happened that wherever Nanyang men are known, it is taken for granted that they have had a good training in literary expression.

The Normal School was only a temporary expedient to provide teachers for the middle school, Chung Yüan, and was not continued. The primary aim was the development of the Middle School which would furnish well-prepared students for the College—Shan Yüan. This preparatory work started from the rudiments in every subject except Chinese literature. Geography and arithmetic, such as are now taught in government schools to children of seven or eight years of age, were than taught to young men who already had a literary style such as few graduates from modern colleges posses. There were many other similar anomalies in our early years of instruction but at least we had one good recommendation in that we did not attempt to teach too many subjects. Our purpose was to be thorough in whatever we taught. The type of work which we should attempt in the College was not decided further than by making an early provision for teaching in economics and history. My own inclination was toward making the College a Higher Commercial School after the model of those which had attained eminence in several European countries. Such a school seemed to me one of the first educational needs of China and its founding would be a natural outcome in the use of our supporting funds which came from two commercial companies. In order to make a study of Commercial Schools, I went to Europe in 1901 and visited these Schools in Paris, Antwerp, Brussels, Leipsig, Prague, Vienna and Geneva, comparing their methods with those in the Universities of London and Pennsylvania. The recommendations which I made had not been carried into effect at the time of the termination of my period of the Presidency in 1902 and they were never put into operation. Subsequently for several years the chief attention of those in charge of Nanyang was still directed toward the development of the Middle School. Since the Institution came under the control of the Ministry of Communications, emphasis has been laid upon technical training, and the College has become to all intents and purposes a School of Technology while retaining the Middle School to furnish preparatory training.

The time has now arrived when the future plans for Nanyang must be carefully considered in the light of the present development of education throughout the country. The College is no longer solely dependent on its own Middle School, with its subsidiary Higher Primary School, for securing students who have had adequate preparation. There are many Middle Schools from which students may be attracted to the College and these should be encouraged to send yearly candidates for matriculation examinations admitting them to the College. Gradually the Higher Primary and Middle Schools should raise their charges for tuition so that they should become wholly self-supporting and thus make no drain upon the funds of the College. At present the College depends for its support upon the allocation of funds by the Ministry of Communications from railway revenue. This method is too precarious to ensure the permanent development of the College and some new plan must be devolved. The first step to be taken is the organization of a permanent Board of Trustees to which the Ministry of Communications should hand over the property and control of the College. This Board should be composed of representative men from the commercial, banking and industrial circles of Shanghai and should take upon itself the task of securing an adequate yearly income as well as a permanent endowment. The organization of this Board of Trustees would place the College on a basis independent of changing political conditions and would secure continuous administration on the part of its affairs and teachers. This thirtieth anniversary of the founding of Nanyang shold not only be an occassion of grateful remembrance by graduates and friends of what has already been accomplished but should be utilized for the development of larger plans and of a better system of administration.

南洋畢業生服務問題

張鑄

吾人栖息於此社會。衣食住之享用。力不能完全自致之。受惠於人羣者。多至不可縷計。進而至於修養德智。則所可皈依者。不一其宗派。所可研求者。不止一學科。是我獲益於先覺者。宛如有千途百徑之可循也。試一反觀一己所能貢獻於社會者。但覺所任工作至微末。社會事業萬緒千頭。藐藐一躬。不能網羅包舉也。雖然。微末云者。比較之詞。非云無有也。是以吾人生茲社會。所負事業及德智上之責任。應各如其量。而研究交通事業之南洋同學。自不能逃此公例。南洋畢業生服務。遂成爲極有價值之問題。

今請先言南洋畢業生所負社會事業責任之範圍。概括之。對於交通上之建設。應力助其進展。對於交通學術。應繼續其研求。在此範圍中之各問題。皆與吾同學服務有關。使各問題悉解決。則服務前途。自無遺憾。蓋南洋大學爲培植交通人才之學府。曾列門牆者。當然各出心得。謀社會交通之福利。且必竭盡智能。寢饋於斯。方得謂之忠於使命。所謂南洋畢業生服務問題。如是而已。

社會事業。至爲繁賾。而聯絡之貫通之者。交通上之種種設備也。人情商務政事軍備。無一不需乎郵航電路爲之傳達轉運。縱謂交通司百業之鑰可也。謂服務於交通事業者。操百業榮枯之生命亦可也。交通僅佔社會事業之一部份固矣。然其功能之偉大。實超乎其他任何事業。吾人爲此偉大事業中之人物。將沾沾自喜乎。抑惕於事業之偉大。責任之非常。而益自勉乎。事業發達之社會。必其交通上之設備已完美。欲求交通設備完美。必先求郵航電路之人才忠於服務。反言之。使服務於交通事業者。不能盡力守成。苦心創始。則其辜負社會爲何如乎。

交通部歲支鉅款辦理南洋。南洋年有若干畢業生。所習學科。既爲交通專門之技術。則其服務。必以郵航電路爲目的。然以大局俶擾。政治飄搖。交通事業停頓不進。郵則權操客卿。航則範圍甚小。且非國有事業。所可收容南洋畢業生者。首推路局電局兩機關。及交通部自用若干人而已。但以畢業生供路電兩局及交部錄用者。尙有部辦之京唐兩校。及游學回國之學生。於是南洋畢業生之出路愈窄。京唐學生。亦有同感。交部忽於建設。致學生無自效之地乎。則部營事業之專款。挪爲政費。負債且纍纍。部不能認過也。路電兩機關及交部不能儘量收容乎。則又不盡然。或已人浮於事。或難拔趙易漢。於是立志從事交通事業之人。以不得部派職務。廢然而退。或謂現有交通機關。既不需如許畢業生。交部何必年耗經費。培植此時並不需要之人才。殊不知現今交通建設中斷。不過暫時之變態。一旦大局奠定。政治清明。首先必謀交通事業之建設。以其爲百業盛衰之樞機也。苟於此時中止人才之培養。不將多耗薪資。借材異域乎。交通部不能停辦交通教育。作未雨之綢繆。固有說矣。然則將何以處此每年之畢業生乎。在此變態之下。交部所感之不便。雖不減於畢業生自身所感之不便。要爲吾南洋同學服務上之臨時問題。極有研究之必要。但解決此問題。與其求之交部。求之路電機關。毋寧求之畢業生自身。

挾交通技術之人才。必以部轄機關爲服務之尾閭乎。社會方面。果絕無應用所學技術之機會乎。吾知同學有茲一念。置於胸中。則對於交部指派實習或服務之及己與否。必不至稍存觖望。且必不至以所獲無多。中道變節。敝屣所學。別謀蹊徑。除郵航兩科。交校目前未辦。無畢業生。不必論列外。試就土木機械電機管理四科言之。社會方面。儘有可與攜手之企業家。要在自身信仰其所朝夕鑽研者。至如何程度。對於所學一科範圍以內可營之企業。如何宣傳。造成機會。引起社會之需要耳。交部養成交通技術之人才。非謂將盡納於部營事業。而不使向社會方面謀其技術之應用。則吾同學大可就各地市政情形。工商狀況。或鼓吹地方當局從事道路房屋之改造。或引起企業家舉辦電氣事業之興味。或自製簡單應用之機械。或指導手工作場。採用機械。以增加其出品。而學習管理科者。則任何實業機關。均有應用其所學之可能。所入不求其豐。資本不求其大。地位不求其高。則入手之初。已減去一半困難。所到之處。將無不歡迎。今之畢業生不能與舊社會合作之原因。卽以自視太高。拒人千里。結果遂愈離愈遠。果使紆尊降貴。勤慎將事。成就發展。均可期待。否則徘徊歧路。壯志全銷。歷久並所學而盡忘之。此固非同學求學之初志。亦豈交部歲支鉅款。辦理交通教育之始願哉。不能忠於所學。棄而之他者。縱致巨萬之富。不足法也。偶然之幸運也。使有同學於此。堅貞其志。樂觀其業。抱建設創始之精神。破傳統事實之障礙。應用其技術於事業。徐圖其事業之發達。不以個人得失爲進退。但以事業成就爲目標。則其人不失爲天之驕子。某範圍內之英雄。蓋吾人卜畢業生之成敗。不在其所獲之多寡。但觀其能否與環境奮鬭。堅守其立脚點。而日趨於事業成功之途。設非如此。則無異播種者不先耕耒。但計收穫。必無成就也。立功者不言祿。而祿自至。不先立功。祿不倖至。於理應然。吾與吾南洋畢業同學研究服務問題。以此自勉。且以勉同學。誠以部營交通事業。雖至儘量發展之時。或猶不能完全解決吾同學之服務問題。交部事業。因事實上之困難。或不能盡用部校之學生也。故南洋畢業生服務問題。必至同學能就所學者範圍以內。各挾建設社會事業之宏願。然後始無遺憾也。

以上所言。南洋畢業生服務問題。關於事業方面者也。事業之成就。必有賴於在校所得之陶冶。及離校後所致之自修。世界學術。日有進步。今日之我。服務於某種事業。學術上之應用。或尙游刃有餘。但以學術日進之故。明日之我。服務於同一事業。或已捉襟見肘。應付爲難。蓋不謀補充學術。則服務問題仍未解決也。補充之道維何。試舉其犖犖大者。則退食自公。訂閱學術書報也。糾集同志。組織學會也。訂閱書報。所以輸入新思想。組織學會。則可以捍衞中心人物。獲其指導之益。且易於以發明互勉。遇有技術上之困難。提出會中。相與研究。共同解決。吾人必如此自修。方不爲時代之落伍者。

近嘗調查吾母校畢業生服務於交通事業之狀況。五六年來。派在路電兩局及部中者約百餘人。所得考語。除有二人身體孱弱。其辦事機關以爲難期發展外。其餘諸人所得者。大概不出以下種種。如細心、得力、勤奮、縝密、敏捷、優良、勤愼、耐勞、認真、出力、稱職、勤懇、等考語是也。於此可見南洋大學教育之成績。及其畢業生對於交通事業之貢獻。有足多者。但百餘考語中。指明確有心得者。不數數覯。於以知南洋畢業生服務問題中。尙有一重要條件。卽補充學術之圖爲不可緩也。更願與吾同學共勉之。

中國古代之交通

蔡元培

余家紹興，而近日流寓於上海。如余欲回家，則須先到杭縣。自上海赴杭縣，有水陸兩道：如行陸道，則乘火車；行水道，則乘輪船，或乘輪船所曳之無錫快船。如余欲往車站或船埠，而不能步行，又或有攜去之箱篋而不能一手提挈，則必以車運；或以汽車，或以馬車，或以人力車，或以一輪之小車。到杭縣後，必渡錢唐江。由車站至渡船，或乘轎，或乘人力車；其步行而阻於沙灘之水者，乘牛車。錢唐江之渡船，舊以人力行艣，近則以小摩脫船曳之。既抵西興，則或附航船，或雇腳划船，或乘輪船若輪船所曳之烏篷船。近又有長途汽車，可由西興直達紹興。所利用者自轎以外，大抵皆車與舟也。惟其構造有精粗之別，而其運行則有機力畜力與人力之分；用機力者爲自西洋輸入之法，而其餘則自人力車外，殆皆爲我國所固有。然若一溯最古時代交通上之用具，則不能以今日吾人所用者爲比例，而當以未開化各民族所用者相推證。今舉其概略於左：

經籍上說及交通用具者，莫先於禹之四載。說文解字欙字下引虞書曰：「予乘四載：水行乘舟；陸行乘車；山行乘欙；澤行乘楯。」若以現代未開化各民族所用者比較之，則車爲最進步，舟爲最普及，楯爲最先出，而欙爲最希有者；分證如下。

蔡車自輪始。近代未開化民族不知造輪之法，故未有用車者。宋書禮志云：「上古聖人見轉蓬，始爲輪；輪何可載，因爲輿。」是說先有輪，後有輿。然魏書西域傳云：「嚈噠無車有輿。」是未有輪，先有輿也。近人亦以爲車之製乃橇之改良，而加圓木於橇之下者。查三才圖會中有下澤車圖，車平底而有左右闌。說曰：「下澤車，田間任載車也。今俗謂之板轂車。其輪用厚闊柏木相嵌，斲成圓樣；就留短轂，無有輻也。泥淖中易於行轉，不沾塞。」案此當爲最早之車。平底兩闌，製近於橇。利行泥淖，尚近於橇之作用，是爲橇與車之過渡。說文解字云：「有輻曰輪，無輻曰輇。」徐鍇曰：「無輻，謂直斫木爲之，若椎輪乎？」是椎輪卽輇。李善文選注序謂大輅起於椎輪，是以輇爲車類中最古之式，自昔有此說也。至一輪之車，上海人所謂二把手者，古代蓋亦有之。說文解字有輂字，輊字，皆釋以一輪車，是也。然皆用輪而不用輇，則必較下澤車爲後起。

山行乘欙，史記夏本紀作乘檋，河渠書作卽橋，漢書溝洫志作則梮。應劭曰：「梮，爲人所牽引也。」意謂式似橇而以人曳之。韋昭曰：「梮木牀，如今轝牀，人轝以行。」閻若璩曰：「梮史記作橋，橋卽今之轎也。某嘗登泰岱與武當絕頂，其土人以竹兜之施皮者，絆於肩；遇峻陡則挾之以行；上下嶺坂若飛。山行之具，必不可易者也。豈以禹而廢之？」俞正燮曰：「漢書嚴助傳『輿轎而過嶺』。爲轎字初見。臣瓚曰：『今竹輿車也。江表作竹輿以行。』蓋過山兜籠，今過嶺者多用此。西南東南，古必有轎；猶卓倚，南方太古卽有之，漸及中土。史記河渠書云：『禹山行卽橋』橋當卽是轎。其或作梮作欙，諸說不同者，由北方儒生拘墟之見。禹行九州，山川險阻，八年之久，必不當與作徒同步行，則必有所乘；知橋必轎也。」案閻俞二氏之說，均以後代所有者追說古事。其實器物逐漸發明，今有而古無者，不可勝數。漢代始有轎字，不能推想爲太古所已有。初民體魄堅强，一族中並無主奴階級；以人舁人之事，絕無所聞。吾國以人舁人之具本不名轎而名輦。竹書紀年：「帝癸十三年，始作輦。」宋書禮志：「輦車，周禮王后五路之卑者也。后宮中從容所乘，非王車也。漢制乘輿御之，或使人輓，或駕果下馬。漢成帝欲與班婕妤同輦是也。後漢陰就外戚驕貴，亦輦。井丹譏之曰：『昔桀乘人車，豈此耶？』」然則輦，夏后氏末代所遺也……未知何代去其輪？」隋書禮儀志云：「今輦制象軺制，而不施輪，用人荷之。」是漢輦尚用車式，以人或馬曳之而行。去輪以後，以人荷之，乃始近於轎式也。轎之初式，亦決非如今日之垂脛而坐者，以其時平日尚席地而坐也。三才圖會有籃輿圖，說曰：「昔陶元亮有腳疾，每有游歷，使一門生與其子舁以籃輿。」其制作籃形，上有二梁，以一楨穿梁，而前後二人舁之。乘者則趺坐於籃中。今諸暨山中尚有此制，謂之眠轎。憶於日本人圖畫中，亦曾見之。至東印度所用之Palankin，則已作長方形之櫃，而尚置一楨於上方，以其兩端倚前後舁者之肩。由此再進一步，始設兩楨於中際，若兩人舁之，則每人兩肩均各倚一楨。四人以上，則別增短楨以調節之。不但中國之轎如是，即法國所謂Portechaise，德國所謂Sänfte，亦大略相類。此均為物質文明相當發達後之奢侈品，必非古代所有也。虞書之山行乘欙，我則取如淳、張守節二氏之說。如淳漢書注云：「梮，謂以鐵為椎頭，長半寸，施之履下，以上山，不蹉跌也。」張守節史記正義云：「上山前齒短，後齒長；下山前齒長，後齒短也。」此為後世之屐所自始。宋書：「謝靈運常著木屐，上山則去前齒，下山則去後齒。」今日本人尚用屐，惟止有固定之木齒耳。說文解字：「屐，屩也。」屩即屐之別名，故河渠書作橋。

澤行乘楯，他書澤或作泥，輴或作軕，作蕝，作毳，作橇。現在通行橇字。孟康曰：「毳形如箕，擿行泥上。」張守節曰：「橇形如船而短小，兩頭微起。人曲一脚，泥上擿進，用拾泥上之物。今括州溫州海邊有之也。」案此當爲最幼稚之制，乃以一足擿之而進行。現在各民族所用之橇，大抵行於雪地，故亦謂之雪橇；而以馴鹿或犬或馬曳之。近北極之 Eskimo 族，在東部及中部者，橇轅高而飾以海象之牙；在 Alaska 者，則轅低而座高，左右有闌，均以犬曳之。坎拿大之 Athapasken 族，所用之橇，前方有折而向上之兩板，無轅。美洲大平原之 Sioux 等民族，冬日亦以犬曳橇。西伯利亞人之橇，則分爲三種：一，用以載家具及帳幕者；二，用以載男子者；三，用以載婦孺者。均以鹿或犬曳之。西方之橇，粗拙而長，東方之橇，由細幹編成，輕便而有彈性。歐洲北部之 Lappen 族，有橇如船，而即以龍骨爲轅。俄國冬季，亦尚有駕馬之雪橇，備遊客雇用。日本蝦夷之橇，最爲精美，亦以犬曳之。要之橇之應用，以雪地爲最多；泥行乘橇，惟我國有此傳說，而所謂一足擿進之法，亦他民族所無也。

水行乘舟，此爲各民族最普遍之例。蓋民族聚居，其初多在水濱，而水之較深者，既不能亂流而渡，又不能負重而游；發明渡水之具，實最爲需要也。其最幼稚之式，當爲繫於身之浮囊，其作用與新式之救命圈相等。古諺曰：「中流失船，一壺千金。」言佩壺可以渡水也。莊子曰：「子有大瓠，何不慮以爲大樽而游乎江湖？」言佩瓠可以游江湖也。現今巴爾幹半島之民族，尚有用羊皮氣囊繫於身而渡 Albani 河者。其次用筏，筏亦名桴，孔子說：「乘桴浮於海。」知當時海濱尚用筏也。現今國內，惟運木之商用之。Kalifonien 人，Purus 之 Paumari 人，尚有用筏者。巴爾幹各民族，有編柳枝爲筏，而綳羊皮於其下者。其次用槎，字亦作楂，刳樹根爲之。博物志：「星河與海通，每年八月，有人乘楂來去。」荊楚歲時記又稱張騫乘槎探河源。雖均屬傳會，然槎之可乘，殆有所本。現在 Neuguinia 民族有用槎者。又其次則爲精製之獨木舟。說文解字曰：「俞，空中木爲舟也。」易繫辭：「刳木爲舟。」皆指獨木舟也。美洲大西洋岸，南美熱帶森林，巴西東部諸民族均有美觀之獨木舟。西北美 Selisch 等民族之舟，乍視之似集厚版製成，實則以整塊之紅杉根爲之，而飾以精巧之彫紋。於夏季旅行時，卽以此舟爲寓所也。其他有以樹皮製船者：美洲大西洋岸 Trokesen 族以楡皮粗製之；而 Algokin族則以樺皮製之，而較精。坎拿大民族夏季所用之小船以樺皮製之；間有用樅皮與松皮者。南美熱帶 Aruak 族選厚而直之樹剝其皮以製船；其法甚簡，有僅束縛其兩端者；有以膠質黏合者。其他若非洲 Bantu 族，澳洲 Neuholland 族均有縫成之樹皮船。又有以獸革製船者，美洲大平原之 Mandan 族，用形如張蓋之圓舟，以可撓之材爲幹，而蒙以野牛之革。西伯利亞之 Tschuktschen 族，以鹿革製一人獨坐之船。阿拉伯人之船以柳條編成，塗以瀝青，蒙以獸革。要之，或用木，或用樹皮與獸革，皆因其取材之便而製之者。至較爲複雜之制，則如美洲北部之 Eskimo 族，既有一人獨坐之 Kajaks，而又有衆人同乘兼容婦孺之 Umjak；而亞洲北部之 Aleüsten 族與 Tuhuktschen 族，則亦有此二種。惟 Kajak 亦可以容多人。Papua 民族刳樹根爲船，而別用一木，藉橫木聯結於船身，與船平行，以均重量。而 Molukken 民族之船，則左右各有方格之架，下繫一梁，與船平行，而各坐持楫者三人，是皆吾族所未有也。Fidsche 島土人並兩船爲一組，於中央設小舍，而張帆於其上。案說文解字：「方，併船也。」說苑：「江水出於岷山，其始也，大足濫觴。及至江之津，不方舟，不可渡也。」王隱晉書：「顧榮、紀瞻被徵，行至新城，見王路塞絕，遂解舫爲單舸而歸。」是吾國古代亦用併船之法，且有時亦可析雙爲單也。

由是觀之，四載之中最普通者實不過舟車二種。惟就初民觀之，車之發展，後於舟耳。文化既開，兩者同時演進，現今火車輪船汽車汽船之屬，蓋已無遠弗屆；而又益以空中之交通。飛機之式近乎車，飛艇之式近乎舟，其推行之廣，或且駕舟車而上之。古今人度量相越，豈不遠哉？

我國三十年來交通事業之概況

關賡麟

泰西以百年爲一世紀。吾國則以三十年爲一世。千五百年爲一紀。（史記天官書。天運三十歲一小變。百歲中變。五百年大變。三大變一紀。）千五百年蓋過寥遠矣。孔子有必世後仁之語。復有百年爲邦之說。故中外言人類進化政治遞嬗。大抵遠者可以百年。近者或以三十年爲一時代之比較。由今日以上溯三十年。是爲清光緒二十二年。卽公曆一千八百九十六年。蓋吾國外患日棘。真相外露。交通事業方始萌芽之時也。舉此三十年爲一時代。以與三十年以前之舊式交通比。則此時代之變遷進化。可云一日千里。有非前人夢想所及者。若舉此三十年而與同時東西各國之三十年交通成績較。則吾國豈惟事事不人若而已。蓋幾於以落伍而居劣敗之數矣。更就三十年而中剖之。民國紀元以後。適居本時期之半。今以紀元之十五年、與紀元前之十五年較。其事業之爲進乎。爲退乎。進者何事。而退者何在乎。此則頗有令吾人驚怛不置者。蓋若僅就建設之事實而論。則下半期乃遠不如上半期之成績彰彰可睹也。

夫民國以來。交通事業有可以盡量發展之良機。而卒之成績。視滿清爲遜者。其原因至非一。或卽以爲專制政府之下之設施、優於共和政府之證。斯固未必盡然。而不得謂無研究之價値也。今試列舉鐵路電政郵政航政航空五事之建設狀況如下。

鐵路

吾國鐵路。以事先之無計畫。一聽客之所爲。大抵偏於東北而略於西南。毘於濱海而忽於腹地。貪營目前近利之枝線。而不顧經營遠略之幹線。故綜觀全局。未嘗不深詫當局之無眼光也。然使民國以來之新線能多於舊線。尚不至此。試爲僂指數之。

成於前十五年者。

關內外鐵路於光緒三十四年展長新奉完全築成。凡八百四十六公里。

京漢鐵路於光緒三十二年完工。凡一千二百十五公里。

滬甯鐵路於光緒三十四年告成。凡三百十一公里。

正太鐵路於光緒三十四年告成。凡二百四十三公里。

道清鐵路收回後於光緒三十三年完工。凡一百五十公里。

汴洛鐵路於光緒三十四年完工。凡一百八十五公里。

津浦鐵路於宣統三年南北路均完工。凡九百四十六公里。僅餘一黃河鐵橋未成。

京綏鐵路、京張於宣統元年完工。長一百八十公里。三年接築張家口至陽高。長一百十四公里。

廣九鐵路於宣統三年完工。長一百四十三公里。

吉長鐵路於宣統三年完四分之三。土們嶺山洞不在內。約九十餘公里。

廣三鐵路於光緒三十年已成。凡四十九公里。

湖南鐵路於宣統三年成長沙至株州五十餘公里。

安徽鐵路於宣統三年已成蕪湖至灣沚二十餘公里。

江蘇鐵路滬嘉段、浙江鐵路杭嘉段均宣統元年完工。滬至杭一百九十五公里。

株萍鐵路株安段宣統三年完工。凡九十公里。

廣東粵漢鐵路於宣統間築至韶關。凡二百十餘公里。

新甯鐵路於光緒三十三年完工。凡一百餘公里。

潮汕鐵路亦宣統年間完工。長三十六公里。

齊昂鐵路宣統元年完工。長二十七公里。

坨里鐵路宣統元年完工。長三十二公里。

以上凡長約五千二百三十餘公里。並指幹線而言。枝線不計。商家運煤之小枝路亦不計。下同。

成於後十五年者。

京奉鐵路、僅唐榆雙軌一百五十二公里。錦朝已成段、錦州至北票一百十一公里。打虎山至八道壕二十九公里。

隴海鐵路、至民國十四年東至運河。延長約三百四十九公里。西至陝州。延長約一百四十一公里。

津浦鐵路、民國元年黃河橋告成。

京綏鐵路、民國十年接築至包頭。延長凡五百二十二公里。又環城線十二公里。

吉長鐵路、民國元年全路通車。九年土們嶺山洞始開通。延長二十餘公里。

道清鐵路、清孟段至民國十四年約成十四公里。

湖廣粵漢鐵路、民國七年接長至武昌。延長三百六十餘公里。

四洮鐵路、四鄭段八十七公里。鄭洮段二百二十六公里。白音太來枝路一百十三公里。

福建漳廈鐵路、長二十八公里。

雲南箇碧鐵路全數完工。四十五公里。

南潯鐵路、民國四年南潯段竣工。凡一百二十公里。

以上爲民國以來所建築者。不過二千三百三十餘公里。（奉海線未據報不計）

兩者相較。後十五年所成之路。殆不及舊路十分之五。加收回東省一千四百八十一公里。枝線二百四十公里。膠濟三百九十五公里。枝線四十八公里。並算亦僅四千五百公里。尚不及舊有線所成之多。而東省膠濟則亦前清時代所興築也。（右爲記憶大概之數。其數目年月容有舛誤。不及細攷。）若夫以鐵路之停頓。而行駛汽車之道路。應時而興。北京山西山東湖南廣東成績尤偉。此則民國近數年來可喜之產物也。

郵政

吾國郵政。始於光緒二十二年之大清郵政局。宣統二年、郵傳部始接管驛站。三年、郵政局始歸直轄。其時各省郵政總支局凡六百餘處。代辦局四千二百餘所。茲舉前後郵政之比較如左。

宣統三年以前郵路之統計。

火車郵路一萬七千里。

輪船郵路二萬五千里。

民船郵路二萬里。

郵差郵路三十一萬九千里。

民國紀元以來之統計。

火車郵路、至民國十二年增至二萬二千九百里。

輪船及民船郵路、至民國十三年增至八萬五千五百里。

郵差郵路、至民國十三年增至六十八萬三千七百里。

就後期與前期較、所增進之數目。蓋大率爲二與一之比例。雖以南北戰爭、地方多故、而成績尚能如此。未可謂非良好之進步也。

電政

吾國之有電政。始於光緒五年津沽津滬間之陸線。濟清蘇鎮繼之。南至浙粵滇黔。西至川渝山陝甘肅寧夏新疆。北至東三省寧古塔琿春恰克圖。已而由官辦改歸商辦。迄光緒三十四年。凡商辦時代所造成幹支各線四萬一千四百十七里半。自光緒三十四年以三百九十六萬元之價値收歸部辦。是時各省自行設線。先後幷計。已至四萬三千八百九十三里半。亦於宣統二年收歸部辦。是時全國陸線已達十二萬餘里。局所六百餘處。民國以後。按民國十三年之統計。已積增至新造之線五萬四千餘里。加增之線三萬九千零八十三里。蓋線路愈加而益密。而大段之佈置無遠弗屆。則皆光宣間爲之基也。至於海線祇徐鬫海口線十五海里。滬烟沽正線七百二十九海里。烟沽副線二百十八海里。大都前清所修。其爲民國所設者。有烟沽新線二百二十海里。上海烟台線五百二十海里。而此外率他國所辦。或中國與他國合辦者。惟無線電報。在前清之末方始萌芽。迄至近年。凡有無線電台十有三。而配置於軍艦之副無線電可三十座。電話之在前清。爲電報之附屬物。始自北京天津上海塘沽。繼設於太原廣州漢口武昌奉天開封廈門。嗣後各省有由省辦有由部辦相繼徧設。入民國後。雖改良擴充。時有所聞。而濫觴皆有清之季也。

航政

航政發達之可稽者。自宣統二年輪船之註册始。計二年至三年間、册載輪船隻數。一千噸以上者三十有七。五百噸以上者十有五。一百噸以上者四十有五。五十噸以上者二十有一。二十噸以上者一百有三。二十噸以下者三百七十有六。凡輪船之數五百一十有七。總噸數爲十一萬四千八百十五噸有奇。除一百噸以下不計外。其公司則屬於輪船招商總局者三十有一。屬於寧紹輪船公司者三。屬於同記輪船公司者二。屬於中國商業輪船公司者四。屬於大達公司者二。屬於泰和輪船公司者三。屬於泰記輪船公司者二。此外北海公司、永川輪船公司、西江航業公司、開濟公司、政記公司。凡數十家。各得一艘而已。招商局之輪船最巨者。爲江裕江孚江新江寬江永江天。其次則廣大廣利圖南致遠公平。又其次爲新銘新昌新康泰順安平遇順新豐新濟新裕。又其次爲飛鯨同華愛仁美富普濟。而快利江通廣濟固陵。則甚小不足數矣。

民國輪船增加之數。今未便舉其詳。試以民國八年以前之統計衡之。册載輪船遞加隻數。一千噸以上者至八十。五百噸以上者至六十有四。百噸以上者至一百九十有三。五十噸以上者至一百七十有三。二十噸以上者至七百零三。二十噸以下者至一千零零二。凡輪船之數二千二百十有五。總噸數爲二十八萬八千二百九十一噸有奇。其新增營業之商人（除一百噸以下）則屬於漢冶萍鐵廠鑛公司者十七。屬於政記公司者十五。屬於戊通船業公司者二十四。此外屬於寧紹公司、粵航公司、祥昌輪船公司、川路公司、大達公司、中華汽船公司、通裕號、三北輪埠公司、新寧海公司、西江航業公司、鴻安商輪公司、利淮商號、協記輪船局、以及僑民鹿玉軒、梁樹泉、羅榮顯、左瑞恒、各具二三艘至四五艘不等。

招商局者。吾國惟一之航業機關。而所恃以與英日德法五國競爭於內河沿海者也。乃自同治十二年成立至宣統三年間。尚有百噸以上輪船三十有一。此外有內河小輪三十有八。而民國以後增加之新輪。僅新大津利津通江安而已。安平新裕普濟江寬致遠於民五至民七間先後沉沒焚燬。而原有各輪船身老朽。機器損舊。噸載能力銳減。按五年前統計分配航船之數。上海至漢口八。漢口至宜昌二。宜昌至重慶一。上海至寧波一。上海至福州二。上海至溫州福州二。上海至天津二。大連至汕頭三。上海至香港二。香港至天津三。凡長江航路約一萬九千噸。沿海航路二萬六千噸。較之前清。不增反減。因之營業衰敗。日甚一日。當歐戰未竟。航運事業大獲贏利。而我國瞠乎落後。雖收買沒收之華大。殊不足與各公司競爭。此至可爲扼腕者也。當是之時。吾國航業大半落於英國之手。據一九二零年統計。航運貿易額、英國占總額百分之三十九分七四。中國占二十六分五三。日本占二十四分一七。然此第內江與沿海之航線而已若夫遠洋航路，則吾國商人自來即無及此之始願隱若此爲歐美日本應專享之權利。然大戰以還各國注意恢復中國之航業。美國遂先設中美意汽船公司。開拓中美意間航運。惹起國際間之競爭。民國四年有華僑中國輪船公司所辦、破天荒之商輪三艘、航行中美。爲吾國航行太平洋之始。其往來南洋一帶者。則有新加坡之和源。船凡四。有爪哇之建源。船凡五。仰光之雙德。船凡四。大率成於華僑之手。是則所謂慰情勝無者已。

航空

世界航空之進步。自十九世紀以來、至歐戰而極盛。各國於戰後提倡空中交通。於是空中載容、空中郵傳。皆應時而起。吾國之有航空。自宣統三年始。其時軍諮府方督率南京飛機營試驗造機。故紀元前十五年之航空。無足道也。

民國元年、滬軍都督始招厲汝燕回國。令購奧國飛機二。二年設航空專門學校於南苑。至八年、畢業學員已及百人。八年、段祺瑞令丁錦訂購英飛機百架。以軍用器爲各國使團協定、不能供給之故。遂聲明爲商用飛機。既爲商用。當屬之交通。故交通部亦設航空機關。購亨達佩治商用機。以丁士源任其事。九年、航空事務處隸國務院。而陰實邊防軍之附屬機關。與商用之意不符。航空學校屬焉。已而改爲航空署。十年、丁錦有創辦空中交通、組織京滬杭綫之議。先辦京濟。甫十日而停辦。復辦京戴。亦爲時無幾。十一年、航空署於京戴開辦航行。專載坐客及郵件。自是每年夏期偶一行駛。近數年間、戰事頻起。奉天始有大規模之航空廠。廣州亦然。大率航空廠組織之宏大。以奉天爲巨擘。凡飛機二百七十餘架。於是軍用益大。而浸與商郵無涉矣。此後十五年之狀況也。

此五者以航空爲最有進步。以前淸甫議而未行也。最得自然之發達者爲郵政。而電政次之。若路政與航政。則雖謂後不如前。有退而無進可矣。夫事業之愈遞嬗而愈進步。愈深固而愈繁榮。本一定之公例。而民國以來之交通乃至如此。蓋時局紛擾。國無寧歲。固非人力所能爲。而當國之野心家厲行其自殺政策。抑不得不尸其咎也。何以言之。

郵傳部成立凡五年。而交通事業乃同時舉行三大事件。一曰收回商電。二曰鐵路國有。三曰接收郵政。路郵兩事皆在宣統三年。商電之收回雖先已就緒。亦以是年借巨款爲改革電政之舉。蓋實路電郵革新孟晉之一轉機。而不意其卽以此鐵路政策促亡也。入民國後。氣象一新。一切反對鐵路政策之商股公司。除粵漢南潯外。無不幡然自願改歸國有。既無外交上之困難。而指線貸款之在各國。復異常順利。此實交通事業大有可爲之日。而民國之一線生機也。烏知民國之統治者。不利用此方新之朝氣。而急急出於自殺之途。除湖廣路債、借自前淸。南潯路債、借自商公司外。若元年之隴海。二年之四鄭、同成、浦信。三年之寧湘、欽渝、沙興。六年之吉長。七年之高徐順濟、滿蒙四路、吉會。以及七年之日本電話借款。英國美國之兩次無線電借款。爲數逾萬萬。此中實耗於正當之用途者有幾。在當時借此經濟借款以供政治之利用。不過以其期望中之收穫至大。不惜冒險違心以爲投機之一試。而不意事一蹉跌。遂至爲不可救藥之致命傷也。循是以後。國家信用盡失。經濟借款亦與政治借款同受資本家之劫制把持。國內效尤繼興日尋干戈。以交通不便之故。民生凋敝。至於不知紀極。疲於內爭。坐失歐戰時期商工業之大利。復失華會所已爭得各友邦之同情。此皆由前此之一念毒之。謂之民國之自殺政策。其又何辭。自是以來。交通前途之黑暗。方苦於振救之無力。而自殺之進行抑未有已。各國政治經濟借款之壟斷。聚以謀我者何爲。各國勢力範圍之日益擴張。援例以請。而不願打破者何意。華會會議之結果。吾代表所力爭而僅得者何事。各國之忠告而勸我者何言。國人未必健忘。而有力者之增兵如故。割據如故。廢棄實業破壞交通以事內爭如故。一似惟恐國之不亡、亡之不速者。往者南與北抗。各破壞其敵方有利之事。今則不然。自經營之而自破壞之。例如調查法權之委員方來華。而有徐樹錚豐台之事。繼是睚眦殺人不經審判之案。方迭起而未已。滬案未結。舉國呼號。而有府院門前槍斃請願學生之事。使敵方得以反脣而相稽。關稅會議方未終了。而政變屢起。而戰事又作。凡所以自窒生機而自失信用者。罔不爲之。衡之他事。亦復類然。就交通事業言之。一方磋商新借款。而一方不付屆期本利。以自落債票市價。一方爭車務管理權。而一方縱軍人蹂躪路務。以資口實。無一事非自爲矛盾。無一時非如繭自縛。不復有絲毫之自由。可歎也已。

夫吾國欲轉貧弱而富強。變散漫而團結。爲文化實業軍政一切之先導。非從交通入手不爲功。此國人所公認也。乃政治家既以一己之私。自絕舉國之生路。十五年來。各據地盤。爭城爭地者。不惟於新營之交通事業無所增進。且又於舊有殘餘之碩果。一一舉而破壞之。吾不知其何所深惡痛絕。而務使之毀滅以盡。至於如此也。今者破產之期垂近矣。而武人與爲之羽翼者之不悟如故也。吾輩日言交通救國。

彼人又安知交通之重而國之當救耶。

吾爲此言非偶爲不平抑鬱之聲。而實則全國痛心疾首者人人胸臆中之所欲言也。雖然舍目前而論大局之趨勢。世界進化而吾國獨駕遲而不能屬乎。以吾人望治之殷。對於三十年間建設之成績。不能滿意。則固有之。若直以爲建設無進步。卽前途無希望。又不必然。今姑就樂觀之方面。可引爲自慰者。約而舉之則有四焉。

一、國民心理之變化。　咸同以來。士大夫之守舊者。自謂淸流。反對新法。不遺餘力。鐵路電報之屬。皆當時所謂奇技淫巧也，其時最可怪之現狀。則上而政府親貴樞臣、閣部大員。下而書房侍從、翰苑郎曹。內則洞知時局之疆吏。外則折衝各國之使臣。無不如劉鴻溝各分兩派。未嘗以老於官僚而必舊。亦未嘗以久處外洋而必新。郭嵩燾李鴻章之爲當時所詆諆不齒者以此。乃自甲午而後。講西法言自强者。紛然滿於全國。而守舊者始噤不敢有所言。蓋國人心理變化第一原因。不得不歸功於國際壓迫之反動。吾所謂國際壓迫之反動。於何徵之。現今交通各事業。以招商局爲最早。其收買旗昌洋行。在距今五十五六年前。（同治十二年）而路電諸政。則津沽津滬電報之議設。在距今四十七八年前。（光緒五六年）海軍衙門之成立。爲主張築鐵路之中堅。在距今四十二年前。（光緒十一年）津沽蘆漢鐵路之剏設舉辦。在距今三十八至四十年前。（光緒十三至十五年）皆三十年以前事也。方是時。中法戰終。中日戰起。政府感於軍事梗阻。運用不靈。而益知路電諸政之需要。外人於通商換約互圖均益之下。又咸思以築路爲推廣勢力之方。故自俄築西伯利亞鐵路。（光緒十六年）同年而有展長津榆之事。自俄助索還遼東。（光緒二十一年）翌年而有東三省鐵路密約之事。法占廣州灣。（光緒二十二年）更二年而有訂龍州鐵路合同之事。德占膠州灣。（光緒二十三年）更一年而有膠澳租界條約、膠濟路建築權之事。而蘆漢鐵路之興築。（光緒二十二年）京張鐵路之自修。（光緒三十一年）又實以抵制某國染指之故而促成也。惟關內外鐵路之借款。（光緒二十四年）其發端稍殊。而疆吏之銳欲築成。由商路而變爲官路。則完全由於謀軍事上之利便。蓋吾國交通諸政之萌芽。大率由於軍事挫敗之覺悟。而實則國際間所受直接間接之壓迫。爲其反動之根源。戊戌前後所言變法自強。本虛憍空言。初無計畫與經驗。故其效甚微。庚子以後。國力益弱。各國於吾領土上得以爲所欲爲。有如聯軍借代管時期而築成京通蘆漢各鐵路。（光緒二十七八年）日本乘與俄戰爭時期而自設奉天新民屯鐵路。（光緒三十年）而俄國之自設新疆電線。（光緒二十九年）法國之自築滇越鐵路。（光緒三十年）德國之自設膠州上海水線。（光緒三十一年）亦丁此時。於是以外交之結果而取得優先權者有之。如英國之五路建築權之類是也。有以條約之束縛而發生者有之。如制定內地水陸船行規章、（光緒二十四年）議訂通商行船條約之類、（光緒二十七八年）是也。有以商業之目的而借債者有之。如興辦大沽上海與芝罘大沽海底電線之類（光緒二十六七年）是也。夫吾國之交通事業。十九皆成於光宣之間。而所以促其成。則皆由國際上之壓迫被動而非自動。於是自己之利害。不暇有詳細之抉擇。且進行之遲速。亦將以時勢之緩急爲準繩。若此無政策之交通。豈尚有良果之可言哉。然就當時政府之眼光與手腕論之。亦有不可謂無尋尺之進步。而非前此無意識之舉措者。乃如知諸大國之有野心。遂變計而多借小國之款。京漢、汴洛、正太皆比款是也。（光緒二十二、二十五、二十九年）爲防止德國山東路之西進。遂先築津浦線以限之。（光緒三十年）爲慮一國之壟斷南北幹線。不惜別借巨款以收回之。（光緒三十一年粵漢）爲路權之宜屬我。則設法改性質爲借款（光緒三十一年道清、三十三年新奉）是皆在當時爲差强人意之事。而謀國者之進步也。

若夫民間之視政治。如秦越人之肥瘠久矣。雖有國中學會海外留學昌言救國。大率一責難政府而止。而自任艱業。開通風氣。唐景星而外。絕不之見。自光緒三十年。四川省鐵路奏准歸川紳商自辦。三十一年、浙江鐵路亦歸本省商辦。三十二年、吉林省人民自辦吉長鐵路。江蘇省紳商自辦蘇省鐵路。是爲商路之起原。四五年間。徧各行省皆有商辦鐵路公司。此各公司皆知造路之利而無能力。乃欲以空言集事。而對於政府借債造路之策。皆以爲失權喪路。卽足以亡國。語雖失當。而全國人之警覺實由於此。航業自光緒初年英華合辦之鴻安公司。航行揚子江以外。皆外國人之所經營。而浙紳亦以法人堅索滬紹航權、擬辦寧紹輪船公司。三北祥泰康寧諸家於是繼起。而招商局則先由商辦。旋改半官半商已又償還官款。收爲民業。國人既知主權之宜重。而前此失權之約。卽不顧當局之困難。而奮起力爭。如粵漢合興拒絕以美繼美之說。蘇杭甬廢約。乃有借款造路分訂章程之調停。當其事者乃至蒙惡名、蹈不測。蓋民氣之不可侮。至是而極。此則國人心理之一大變化。而其原因則由東西洋留學之輸入新思想。民智益開。觀念銳變之所致也。然同時蘆漢鐵路本定不收洋股。而華資入股者甚稀。南滿鐵路增加資本。請華人入股。而應者寥寥。九廣鐵路簽字。預留華人債額。而粵商無一應者。京漢鐵路贖路。發行公債千萬。而國中銷售之數乃僅數萬元。其實歸商辦之鐵路。又一無成績。則知空言愛國之無裨於事實矣。宣統末年、商路之無效。乃大爲政府所藉口、而爲改革之前驅。

自是以後。政體改變國民以主人翁之地位。宜若可以視前清而益爲發舒。而顧不然者。以迷信共和與倚賴政府之過深。而獨立自治之能力。不足以副之也。自交通大擴充之舉。以內爭歐戰種種之原因而失敗。向來力拒借款詆爲亡國之國民。未聞於此外款不繼之時期。起而任此鉅責。迨勢力範圍之局成。國際共管之議起。而後始稍稍悟。此數年間。國人於經濟侵略之得以灼然。而於主權界限。取益防損。得有正當之主張者。未必非鐵路界同人奮起呼號之力也。此又國民最近心理之變遷之一也。

二、人才培植之收穫。　海通以來。吾國推行新政工藝。無不以借才異地。爲一時救濟之方。其時粗能解外國文字者。卽得爲洋務人才。而科學之心得。與治事之經驗。則未嘗措意也、夫學問與經驗、二者固不容偏廢。而欲僅以隨同客卿練習事務。儲他日獨立之專門人才。固戛戛乎其難。於是育才一事始爲當事所注意矣。

在滿清時代。養成人才之途有三。一曰國內各專門以上學校。如由南洋公學嬗改之上海郵傳部高等實業學校、如唐山路礦學堂、如北京交通傳習所、如湖北鐵路學堂、如福建船政學堂、是也。一曰國外派遣留學生。如郵傳部選派留學鐵路郵電各科學生是也。而官費自費畢業歸國者。亦恆調用。一曰附屬於各路之速成學堂。如京漢之車務見習所、藝員養成所、津浦之路政學堂、滬甯之車務傳習所、正太之鐵路學堂、道清之工匠學堂、夜學所、及各電報學堂、是也。

民國以來。養成人才之途較多。國內專門以上學校。則有由工業專門學校改設之南洋唐山兩大學。南洋大學養成機械電機及鐵路管理三科人才。唐山大學養成土木工程人才。又有鐵路管理學校郵電學校遞嬗之北京交通大學。養成鐵路管理人才。計至上年止前後畢業南洋大學大學部六百三十七人。中學部及預科一千三百四十一人。小學部八百零四人。畢業唐山大學者前後二百六十八人。畢業北京交通大學者前後一千六百五十人。國外派遣留學。則於每屆畢業時。繼續擇尤選派。兼定有高級人員及實習生、派赴各國公司局廠修習實務辦法。計二十年間、派赴英國者一百十八人。比國五十二人。美國二百三十五人。日本一百十九人。德國三十七人。奧國四十一人。法國二十三人。俄國六人。瑞士三人。此外各私立學校。則有畿輔大學之崛起。其組織大半如交通大學。造就鐵路人才。近方由管理擴充土木機械諸科。爲近時私立大學最有希望之一。補習教育。則有各路職工藝徒各學校車務電務各見習所。而國內外專門人員、官費自費回國後未有致用之地者。復有徵用考驗條例。使無遺才。其爲人才計者。可謂至周且密已。

故以滿清與民國相比較。郵傳部未成立以前。可謂爲人才最缺乏之時期。鼎革以前。則中下級人才。已足於用。而總攬及獨立之人才仍罕。工程界僅有一詹天佑吾國之對外。遂藉以標異而自慰。此又一時期也。民國初年、留學歸國者益衆。一切資格復不足以限人。由是專門人才各有所憑藉以發揮其積學。此爲人與事相劑合之時期。歐戰以後。今凡十年。國中實業無不停頓。而工業人才咸改就政治或商業與一切餬口之計。蓋已顯然人浮於事。供給與需要不相應。而相率聽其戕賊廢棄而不惜。此又一時期也。

雖然。人才之廢棄戕賊。不惟實業衰敗無所事事之結果而已也。復有一事焉。黨系之傾軋是已。吾國不足以言政黨也。專門人才。復不足以供在朝在野者之分用。於是黨派互爲消長。而以留者爲把持。凡所以詆毀敵方者。無所不用其極。凡平日所不喜之人。與於個人有不利之事。無不可以黨尸之。毀譽是非。本無定憑。而輿論之成。製造至易。於是某黨某系爲政爭之利器。爲人才犧牲之善法。聞者以耳爲目。咸以爲誠然。而被指目者。或將無從知說之所自起。於是變爲習熟媚軟以取容。反顏申詈以自白者。往往有之。此人才之潛沮於無形。歷歷可見者也。夫歐美之政黨。其內部之儲備人才者何如。而背後爲儲才而蓄之資力又何如。不明乎此而謬稱政黨。可哂也。非政黨而爲借刀者所中。尤可憐也。國中少數之青年。其速憬悟。勿自殺矣。

三、行政能力之增進。　自民元以來。交通事業之狀況。視其他政治。較爲能循正軌而有統系。識者咸以極大之希望期之。此實光宣以來。淬練人才所得之果。亦國際間種種失敗所獲之教育也。緣是之故。政府交涉之折衝。部署事務之整理。以至一切法令之修明。藝術之研究。咸有相當之進步。一鐵路借款也。前之喪失主權。授人管理。且分沾餘利。如滬寧京漢諸路合同者。一變而爲營業工程完全自主之津浦路合同。再變而爲路線無定不受束縛之裕中公司合同。一鐵路章制也。初辦之時。非沿襲各國。自爲風氣。卽長官專制。意爲喜怒。今則各路漸有通行之規則。凡不適用於吾國之舊制。已漸次修改以盡。而會計之統一。尤其效之彰明者焉。一鐵路技術也。往者以專材之缺乏。與科學之不發達。凡屬於藝術者。往往聽命外人。今則人才蔚起。漸能獨當一面。又深知目前最急之事。乃在劃一技術。制定標準。使製造購買儲備。由此無紛歧之處。而人才更調。有無相通。其獲益尤巨矣。一郵區之因時變更也。郵政初辦之時。僅因各通商口岸與水陸利便之地爲區域。而後則改以行政區域爲標準。分設管理局。以期敷布之平均。一電政之整理與推廣也。始則收買商電。減低電費。以增進款之收入。繼則增訂各種章程。規定部辦省辦權限。以漸施統一之計畫。而各省區管理局之分配。與線路總管之設立。亦皆爲管理漸臻完備之現象。一國際間交通事業之聯絡也。鐵路之與日本聯運在民國二年。自後直接與日本朝鮮聯絡。間接卽與美俄聯絡矣。郵政之加入萬國郵政大會、在民國三年。嗣是出席會議。簽字郵約。爲爭回郵權之始矣。電政之加入外國電報公約、在民國十年。嗣後遂與與會各國享同等利益矣。至歐洲有所謂萬國鐵路大會者。自前淸時郵傳部已加入之。其他利用國際之宣傳。爲吾國交通爭正義者。不一而足。凡此者皆行政能力增進之表示也。下至中下級事務人才。經一二十年之磨練。其敏練多不讓於東西國人。而營業收入之年有進益。此則爲交通事業當然之結果。不足言矣。

四、國家思想之發達。 對於上而有民權之爭。對於外而有國權之爭、其發源也正同。故自東西國新學說輸入以來。而國中主權大爲國人所注意。是以路債廢約之運動。收回路權之運動。一呼百和。雖有專制之暴主。强肆之鄰國。不得不懾我民氣而姑中止其企圖。蓋主權之宜重而民氣之可善用如是也。夫天下有明明準之理而悉當。衡之勢而協宜。費前人之心力。僅克如願。後人不善繼承。則反以爲咎者。蓋有之矣。合興公司之廢約、京漢鐵路之贖回、各省商辦鐵路之收買、是也。夫使合興之約而不廢。或責其不如約之事而亟易之。或稍遲延。俟路成而後贖。則今日者南北固已貫通矣。使京漢不即贖於比人之手。而以所借之款別營新線。度鐵路爲軍事所蹂躪。或未至如今日之甚。而吾國中已可獲二千里之京漢而二之矣。使各省商辦鐵路。不以同時定爲政策而盡予收買。或猶可使政府負擔少輕。不至虛縻此巨款於無用之地也。此三者、皆議者所追痛以爲失計者。甚者且謂膠濟之贖回。爲全國心血財力所得之果。而今者管理之能力。視德人時何如。視日人時何如。此亦其例之一也。雖然。事故非一端而已。當其激於公義。或迫於環境。冒險爲之。非不知來日之大難。而姑以守成之責期之後人。冀尚不至爲方來之大害。譬如借築路之款以挪用於政治者。其與倡議廢約贖路者。賢不肖固絕懸殊。而苟計目前。毫無具體計畫。則一也。然自有此種種之運動。而國中婦人孺子皆知路權之當保。賣國之宜誅。賢士大夫因得進而研究統籌各預定路線分合存廢之方法。此則國家主義之深中於人心。而前事之有造於後者也。

至若外郵自五口通商之初。許各國傳送郵件之權。允以不加阻礙。民十一年、始由華會議決除租借地內或約章特別規定外。一律撤除。電政除有綫電台尙有日本在南滿者、（凡三十四）在山東者、（凡十四）在長春琿春營口者、暫不能撤而外。無線電台凡日本十一、法國四、美國三、英國二、亦經華會議決。限制發商電及電浪長度。并預定未經中國允許者、中國得收買之。內河行船自中日馬關條約准洋式船隻行駛運河及吳淞江。（光二一）中英長江內港行輪章程。不論華洋輪船均可報關行駛內港。（光二五）中俄訂松花江行船章程。而松花黑龍諸江支幹河流。幾於完全公開。（宣二）今亦一再提出國際交通大會。予以限制。凡此皆吾國具有收回主權之覺悟與決心。而爲自立之初步者也。

循上四者而觀之。三十年來交通事業。退步者一。而進步者四。凡見爲退步者。已著之事實。受政治與時局之影響。而出於不得已者也。見爲進步者。未來之希望。徐待其時機。緘一發而不可遏者也。然則吾人當此三十年之紀念。而思所以致頌禱之語。此或猶持之有故者歟。外人論吾國鐵路歷史。以前三十年爲鐵路布設妨礙時代。近三十年、前十年爲利權獲得競爭時代。中五年爲利權收回熱勃興時代。後十餘年爲利權護得競爭復活時代。外人之觀察。宜爾也。而前事不忘。後事之師。後三十年之國民。其處此蓋必有道矣。國內之割據。不足憂也。省治修明。境內闤闠、則水陸便利。物產激增。經濟組織完備。行將轉移商業中心。而據全國最重要之位置。或反以比較而促成他省區聯治之實。戰事之破壞不足計也。軍閥之起滅無定。大局之定一有時。今之營業疲敝。章制破滅。號令不行。特偶然之現象。非能持久。而刺激國民之反省力則甚强。語有之。破壞者建設之母。然則破壞之猛進。抑可云建設之母之猛進矣。孟子曰、天下之生久矣。一治一亂。亂之愈甚。則其距治也益近。尺蠖之屈。所以求伸。方其屈時、正所以爲伸之地也。然則民國以來交通事業之在今日。其殆屈蠖式之進步乎。

我國電信事業之前途

陸夢熊

一國之交通事業。譬之於人。鐵道其血脈也。電信其神經系也。脈絡貫通。血行流暢。則身體旺健。而神經系司全身之知覺。稍有鈍滯。立致痲木。且一切交通事業。欲其組織鞏固。運用靈活。胥有賴乎電信。故論者謂電信事業爲一切交通事業之樞機。非虛語也。遜清之季。國勢凌夷。廟堂之上。不諱言利。草茅之士盛倡維新。同治末年、俄人在京試演電報。兩江總督沈葆楨首請仿辦。光緒初、英商在上海租界敷設電話。其後十八年、盛宮保始於天津電報局內附設電話。又十五年、北洋陸海軍亦聘外人教練無線電報。鼎革之際、並准德商德律風根公司於北京南京兩地設立電臺、試驗遠程通信。創辦伊始。國人昧於西學。經營締造、悉賴楚材。中經拳亂。北京天津上海等處。均有外人私設海陸電線暨無線電信。迨民國成立。雖私設者已逐漸收回。商辦者亦歸爲國有。而以時局俶擾。財政枯窘。每因政治上之情勢。而牽涉於電信事業之進行。迴溯五十年來。我國電信事業。蓋無在不與外人爲緣。夫以一國之神經系統。交通事業之樞機。而隱有外力爲操縱而指使之。其危害及於國之本幹。可勝言哉。夢熊從政交通、於茲有年。間嘗內審國家之歷史。外準世界之潮流。於我國電信事業之前途。竊有所見。願貢國人。方今之世。橫海棣通。國於大地。如人羣之立於社會。凡茲思想之表現。意見之溝通。人與人間。唯口及耳以分其功。而致其用者。至於國際之間。一惟電信是賴。故電信事業之於國家。不獨爲其神經系統。亦且爲其耳目喉舌也。我國幅員廣大。山川閉塞。而電信事業。年有發展。西北京恰京喀兩線。橫亘大漠。綿延達七八千里。與俄國西比利亞線差相伯仲。其在各省。舉凡政治工商之都會。海陸軍備之要塞。江河島嶼之險阻。莫不有電線爲之聯絡。計全國爲電報局千。爲電話無線電局百。雖脈絡未盡畢張。而綱維粗具。發展可資。獨至對外通信。動必假手外人。滿蒙回藏滇粵沿邊綫十餘萬里。與英俄法日四國接壤。通信方法。恃兩國陸線相接者無論矣。沿海數千里間。外國海線。蜿蜒蝟集。若長蛇之羣吮我腹。歐美通信。全權握於兩三公司之手。國人迫於環境。莫可如何。夫自無線電發明以來。已自短距離通信。進而爲橫貫大洋度越全球之電信。東西各國競造大電台。如法之聖大西波多美之落機泡、夏威夷。德之腦恩。日之原町。未及十年。相繼成立。用以謀對外通信之獨立與安全。下之新造之邦。如波蘭蘇俄。亦均有大電力電台以與海線相頡頏。外此則無線電話傳遞之程。亦幾及數千里。今日國際間通信。蓋寖恃無線電矣。往者我國交通當局。嘗有建設大電台之企圖。而以外交上形勢之禁格。卒未有成。雖然廁國際之林。而不自有其喉舌。縱橫長短。一聽之人。至利權外溢。尤其小焉者。此計畫大電台以樹對外直接通訊之基礎。一也。電報事業之發達與否。與一國之文化有關。先進諸國。國內電報線路。參互錯綜。密如蛛網。我國以現有之局所線路。比例於土地人口。至少應爲數倍之擴充。夫如是使電報事業有若布帛粟菽。同爲民生日用之常。斯民智開而文化以進。至於人海政治之都。工商百業之會。人事殷闐。交際繁複。設爲電話。上下交利。此國內電報電話之有待於發展。二也。比年國事蜩螗。風氣丕變。人習浮囂。世輕敦厚。亭林有言。天下興亡。匹夫有責。凡我電政同人。執業必恭。蒞事以敬。已失之權利。何以挽回之。未來之事業。何以光大之。羣策羣力。早作夜思。以播爲風氣。而蒸爲習尚。庶幾一循軌道。百廢俱興。此電界同人之應敬業樂羣。三也，電信之發明。不過百年。進步之程。幾日新而月異。自莫爾斯而進於雙工多工之應用。自記信符號而進於筆跡影像之遞傳。其他如語言音樂之收發。不論有線無線。莫不維妙維肖。至對於事業上之管理與運用。亦各臻其周密靈活之境。先哲有言。爲政在人。矧交通事業。關乎科學經濟。神而明之。存乎其人之學術與經驗。今我國從事於電信事業之人才。雖未敢冀其必有所發明。亦庶幾其能規步東西各國而無隕越焉。此陶鑄人才以適應時勢。四也。綜此四端。初非高論。雖爲老生之常談。竊擬救時之良藥。當世君子得我說而行之。電信事業之前途。庶有豸乎。

中國電話事業之概況

鍾鍔

我國之有電話。始於天津北京。在前清光緒二十六年、當庚子拳匪作亂聯軍入京之時。有丹麥人璞爾生者乘機擅自設立電鈴公司於北京天津唐沽。是時規模粗具範圍極小。三處用戶。共計不過二百家。至光緒三十一年始由政府收回自辦。此爲我國政府辦理電話事業之始。而由此且擬歸爲國家專有矣。嗣後滬漢蘇甯等處電話。先後由交通部開辦。至十三年止。其成績大要如左。

局所	二二
用戶	三九、〇三五
電線長度	
市内電話	九四、二六〇哩
長途電話	九、四六五哩
每日通話次數	五四六、四九五
技術員	一四〇
電話生	一、六〇〇
工匠	七〇〇
電話資本總數	一八、〇〇〇、〇〇〇〇元

十三年度電話收入　　三、二〇〇、〇〇〇元

電話事業。雖爲政府專有。惟交通部爲經濟所限。未能普及。故民有及地方自辦者亦在允准之列。地方自辦電話大都未報部註册。無從記述。民有電話公司之報部註册者。現有三十五處。茲將各公司之營業區域。資本數目。開辦年月。以及機件程式容量等項。列表於左。

非部辦電話局所一覽表 民國十四年二月

地名	公司或局所名稱	省辦或商辦	營業區域	資本數目	經辦人姓名	技術員姓名	開辦年月	交換機式樣	現裝機號	現有用戶	月租數目 甲種	月租數目 乙種	備考
常熟	電話公司	商辦	常熟縣城廂內外	三萬六千元	卜炘熙	林長湧	七年九月	磁石單式	三百號	二百三十二	三元六角		
無錫	電話公司	商辦	無錫縣城廂內外	二十五萬元	楊伢千	鄧福培	元年六月	共電式	一千號	七百〇七	牆機五元	桌機五元五	
太倉	電話公司	商辦	太倉縣城廂內外	二萬元	楊翰西	鄧福培	七年九月	磁石單式	二百號	一百六十	三元		
溧陽	電話公司	商辦	溧陽縣城廂內外	一萬元	楊肇興	鄧福培	七年九月	同上	一百號	七十四	三元		
吳興	電話公司	商辦	吳興縣城廂內外	三萬元	王莐韶	壽天麟	七年九月	同上	四百號	三百五十五	三元二角		
鄞縣	四明電話公司	商辦	鄞縣城廂內外	二十萬元	厲汝熊	蔡珪爵	十年一月	磁石複式	一千二百號	六百十	三元五角	四元五角	
安東	電話公司	商辦	安東縣城廂內外	小洋一萬三千元	李書銓	陳濟	七年九月	磁石單式	三百六十號				無報告
濱江	電話公司	商辦	濱江縣城及與俄和界接綫爲限	二十四萬元	吳子青	王德恆	七年九月	磁石複式	二千八百號	七百三十九	六元		
武進	電話公司	商辦	武進縣城廂內外	四萬元	莊石	莊石	七年九月	磁石單式	六百號	四百五十七	三、五、	無	

江陰	電話公司	商辦	江陰縣城廂地方	二萬元	吳增元	張文明	七年十月	磁石式	三百號		三元		
雙城	電話公司	商辦	雙城縣城廂內外	吉洋二萬二千五百元	譚耀庭	于保卿	七年十月	磁石單式	三百號	二百十四	六元		
江西	電話公司	商辦	江西省城城廂內外	五萬元	鄒彥瑩	張德華	七年十二月	公共電池式	五百號	三百七十五	六元		
濟寧	電話公司	商辦	濟寧城廂內外	五萬元	馬惠階	馬子安	七年十二月	磁石單式	三百號	一百五十七	五元		
龍口	電話公司	商辦	龍口商埠地方	五萬元	馬惠階	馬子安	八年一月	磁石單式	二百號	一百	五元		
濟南	電話公司	商辦	濟南城廂內外	一百萬元	馬惠階	馬子安	八年一月	共電式	八千號	三千			
張家口	電話公司	商辦	上下兩堡及大境門外元寶山	八萬元	沈文炳	黃逃西	八年二月	磁石單式	七百號	三百七十二	六元	無	
福建	電話公司	商辦	福州省城及南台地方	四萬五千元	劉崇偉	劉崇倫	八年六月	磁石單式及複式	九百號	五百九十四	六元		
廈門	電話公司	商辦	廈門鼓浪嶼	三十萬元	黃奕住	錢咸昌	十三年五月二十日換照	共同電池式	四百號	三百五十二	五元		光緒三十三年開辦
河間	電話公司	商辦	河間城廂內外	一萬五千元	劉廷芳	劉文和	八年六月	磁石單式	一百號	二十	三元		
南通縣	大聰電話公司	商辦	南通縣城廂內外	二萬元	陳琛	喬福	八年九月	磁石單式	三百號	一百六十四	四元	五元	
紹興	電話公司	商辦	紹興縣城廂內外	六萬元	應心	馬祖厚	九年三月	共電單式	四百三十		四元		
平湖	永通電話公司	商辦	平湖縣城廂內外	二萬五千六百元	胡謹裕	陳福綏	九年五月	磁石複式	二百號	一八一	三元		
高陽	電話公司	商辦	高陽縣城廂內外	一萬元	劉廷秀	劉建衡	九年九月	磁石單式	五十號				無報告
浙江	嘉善電話公司	商辦	嘉善縣境內十五英里	三萬元	郎國俊	鄧福培	十年二月	磁石複式	一百號	九十二	三元		
嘉興	中興電話公司	商辦	嘉興城廂內外	三萬元	王箎韶	程義藻	十年十一月十六日	磁石單式	三百號	二百五十五	三元二角		

硤石	捷利電話公司	商辦	硤石全鎮	一萬元	徐光溥	楊經富	十一年一月	同上	二百四十號	一百四	三元
徐州	電話公司	商辦	銅山縣城廂內外	一萬五千元	尹華棟	張彬濤	十一年六月	同上	二百號	一百六十七	五元
崑山	電話公司	商辦	崑山縣城廂內外	一萬元	楊景煥	鄧福培	十一年九月	同上	一百號	七十七	三元
綏遠	歸綏電話公司	商辦	歸北城綏遠城	五萬元	沈文炳	傅爾卓	十一年十一月	同上	三百號	一百五十一	六元
熱河	電話局	都統署辦	承德城內及莊頭營子之營房	五千元	張文運	董樹棠	十二年三月	同上	一百號	三十五	五元
博山縣	博山電話公司	商辦	博山縣城廂內外	五萬元	馬惠階	潘尹	十二年四月	磁石單式	三百號	一百二十	五元
山東	周村電話公司	商辦	周村鎮	五萬元	馬惠階	潘尹	十二年五月	同上	三百號	一百	五元
延吉	電話公司	商辦	延吉六道溝及銅佛寺	四萬九千三百三十三元	高鵬翔	吳家和	十二年九月	同上	四百號	二百五十二	五元六角
盛澤	電話公司	商辦	盛澤全鎮	一萬元	仲頤	李興相	十三年三月	同上	一百號	九十	五元
巴彥	電話公司	商辦	巴彥縣城廂內外	一萬五千元	張翼南	鮑德一	十三年三月	同上	一百號	五十七	四元

國有電話各局之沿革及近狀、略分述於下。

市內電話

北京　北京電話之發達爲全國之冠。當日電鈴公司收回之時已設有總西南三局總局在燈市口。卽今之東局也。各局房屋均租自民間營業範圍尙小。所用機器係磁石式三局容量合計祇一千八百號。至宣統元年、營業逐漸發達原有機件不敷應用。遂大加擴充。改用共電式新機。自建局舍。裁撤西局。改分爲東南二局。東局卽就原有地基改建新屋。南局設於琉璃廠總局辦公處移設于是。各種機件均爲西方公司所造。容量初各一千五百號。其後屢次擴充。迄今南局容量已有五千四百號。而東局容量已有四千八百號矣。西局設於缸瓦市。於民國三年動議。六年成立。機件購自德商西門子洋行。現有容量三千號。南分局在三里河。成立於十三年。機械亦係西方公司所造。容量三千號。以上四局爲北京電話之近况。但因仍有不敷應用之故。現正計畫設立北局。及擴充西局。又近畿通縣南苑北苑西苑香山湯山等處。均先後設立小分局。以長途話線與北京相聯。

天津　天津電話亦爲璞爾生所創設。與北京同時收回。局在閘口元會庵。至民國二年始改建局舍。更換新機。十年又增設南分局於英租界。兩局機械均係西方公司所造。額共八千二百號。但尚不敷應用。現正從事擴充。已向西門子洋行定造九千號自動話機。行將落成。是將爲我國國有電話史上開一新紀元矣。

武昌漢口漢陽　三處電話成立於光緒二十八年。由地方籌資自設。後於光緒三十三年改爲商辦。至民國初又改爲官督商辦。民國三年始由交部收回。四年、即將三處電話大加革新。建漢口電話局於英租界。武昌電話局於觀音山。並更換共電式新機。由中日實業公司承辦。而漢口租界電話亦於是時收回。自此以後。逐漸發達。現已有用戶五千餘家。爲國中大局之一矣。至漢陽電話於十年始行革新。額設二百八十號。

上海　上海租界電話。係華洋德律風公司所辦。時有越界設線之舉。交通當局爲保護主權起見。於前清光緒三十三年設立上海電話局於南市。明年又設閘北分局。自開辦以來。屢向華洋德律風公司磋商接線卒以用戶多寡懸殊。未能就緒。遂於民國七年籌設滬寧長途電話。並將市內電話改換新機。藉以促成華洋接線。今上海電話新機、已於十一年竣工。華洋接線合同。亦於十四年簽訂。而滬寧長途亦行將通話。故上海電話頗有發達之望。聞已着手擴充矣。

南京蘇州　寧蘇二處電話。係前清農商部所創辦。至民國初改歸省辦。其後省政府曾擬租與商人。並允設浦口電話及寧蘇長途電話。已有成約。經部查明與定章不符。故遂作廢。於三年五月收回部辦。後於八年重建局舍。更裝新機。現南京有分局三處。容量二千八百號。蘇州容量爲二千號。

除上述各局外。部辦電話。尙有烟台、鎭江、揚州、九江、蕪湖、保定、太原、鄭州、沙市、荆州、農安、洮南、蚌埠、吉林、長春、哈爾濱等十餘處。範圍極小。故不細述。茲將近十年來國有電話之用戶發達情形。列表如左。

局名	五年	六年	七年	八年	九年	十年	十一年	十二年	十三年	十四年
北京	五七六六	六三五六	七七三〇	八四二〇	九二三二	九九二一	一二〇五九	一三八三四	一三六二七	一五三三五
天津	二九七九	三二五一	三七二四	四〇四二	五〇六〇	五三〇四	六八六四	七三八〇	七四一〇	七六二三
漢口	七九六	一三一九	一九三八	二六一六	三二四一	三七三〇	四〇七四	四五二三	四七五五	四九〇一
上海	二一八	二四六	二八一	三一九	四〇九	四七〇	六八〇	一〇五〇	一四四四	一七五〇
南京	三五九	四三三	五二二	五九〇	六二七	六五五	一三〇六	一四四九	一五九七	一六八六
蘇州	五二一	五八一	六四九	七〇九	七三九	七六〇	八七五	一〇四七	一二六二	一三二一

煙台	三三二	三五三	三九九	四二六	四七五	四九八	五八三	五八九	五七九	五七六
蕪湖					三〇〇	三四二	三三八	三五七	三九一	三九八
鎮江	一二一	一二三	一二四	一九五	二三三	二六六	二八二	三一〇	三二二	三二六
農安				四一	五二	六八	七六	八〇	八六	九一
揚州	一一七	一一八	一四三	一七一	一九一	一九八	二〇二	二三六	二四〇	二四九
蚌埠							八四	一三八	一三六	一七三
吉林					三六〇	四一二	四一六	四三五	四五〇	四五四
太原	一一六	一二四	一四三	一九二	一九七	二一九	二二八	二三九	二五五	三〇七
九江	五八	七二	八五	九一	一〇九	一一〇	一一八	一二五	一七五	一八六
鄭州	四二	三四	二九	五二	六三	七七	一一六	一三二	一四〇	一四四
沙市						七九	一〇四	一〇九	一一四	一二五
荊州						一〇	一八	二〇	二三	二五
洮南				八二	九九	一二三	一四六	一五九	一七〇	一七四
長春					二四〇	二〇八	一九〇	二五〇	二五一	二六一
哈爾濱										五〇
保定	一二六	一〇四	一五七	二〇四	一五六	二九六	三七五	三一九	三〇六	三二一
用戶總數	一二五二一	一三一一三	一五九二四	一八一五〇	二一七八三	二三七四六	二九二三四	三一七六一	三三七三三	三六四九六

長途電話

我國長途電話均爲國有。其中以京津一線開辦最早。近年來重要幹線。如滬寧濟青津奉等。亦均次第開辦。茲撮要分述於下。

京津　此線在庚子拳匪亂時爲丹麥人璞爾生所設。後於光緒三十一年與京津二處電話同時收回。當時祇有話線二回。其後屢次增設。迄今已有九回。營業之繁。爲各線之冠。

濟青　濟青長途電話沿膠濟鐵路敷設。係日人管理青島時代創辦。附設路局。自十二年春接收青島後。濟青兩方電話局要求由地方自辦。當以長途電話應歸政府經營。未便開地方自辦之例。因與濟青兩方屢經談判。至十三年十月十五日正式簽訂合同。十四年四月實行通話。一年以來。營業甚形發達。

津奉　津奉長途電話係於十三年十二月興工。就原有電桿安設二百磅銅線二條。十四年二月復加掛四百磅銅線一條。沿線設看守所三十處。各處置警三名。四月十五日實行通話

京綏　十四年一月。西北邊防督辦公署函請迅設京綏間之長途電話。以利軍訊。當以電料奇絀。京綏相距甚遠。准由北京至張家口先設一線。於四月完工。專供軍用。張綏一段尚在建築中

滬寧　民國八年、交通部籌備建設滬甯長途電話。所有材料向中日實業公司訂購。嗣因江蘇教育會反對。遂致停頓。十四年間、適値滬寧電報線大修之際。乃乘機於報桿上加掛銅線兩對。以便上海無錫間先行通話。俟有成效。再行展至南京。現正與無錫電話公司商訂接線合同。通話之期要亦不遠矣。

部辦電話交換機方式及月租

部辦電話局所用機械。大都購自外洋。小局用磁石式大局用共電式。惟天津一處現方擬用自動式。不久卽將實現。至各局電話月租。均按各該地情形分別訂定。最少有收月租三元者。最多有收月租九元者。茲將各局交換機方式及月租列表於後。

部辦電話局交換機方式及月租一覽表

局名		交換機					機月租		
		式樣	製造廠名	裝置日期	最大容量	現有容量	甲種	乙種	桌機
北京	南局	共電式	西方公司	宣統二年	6400	5400	$7	$8	各月加一元
北京	南分局	共電式	西方公司	民國十三年	6400	5000	$7	$8	各月加一元
北京	東局	共電式	西方公司	光緒三十一年	6400	4800	$7	$8	各月加一元
北京	西局	共電式	西門子廠	民國六年	10,000	3000	$7	$8	各月加一元
天津	總局	共電式	西方公司	宣統元年	10,000	5200	$6	$7	
天津	南分局	共電式	西方公司	民國九年	8000	2500	$6	$7	
上海	南市	共電式	西方公司	民國十一年	8000	2000	$3	$3	各月加一元
上海	閘北	磁石式	比式		4000		$3	$3	各月加一元
上海	南翔	磁石式					$3	$3	各月加一元

漢口	共電式	日本電氣株式會社	民國四年	10000	4200	$6	$7	各月加一元
武昌	共電式	日本電氣株式會社	民國六年	9600	1000	$6	$7	各月加一元
漢陽	共電式	西方電氣公司	民國十一年	280	280	$6	$7	各月加一元
南京 總局	共電式	西方公司	民國十一年	8000	2000	$6	$7	
南京 下關	共電式	西方公司	民國十一年	4800	800	$6	$7	
南京 浦口	磁石式	西方公司	民國九年			$6	$7	
蘇州	共電式	西方公司	民國十二年	8000	2000	$4	$5	各月加一元
煙台	磁石式	那威造	宣統二年	600	600	$5	$6	各月加一元
蕪湖	磁石式	西方公司	民國四年	500	400	$4.50	$4.50	各月加一元
鎮江	磁石式	比式	民國元年	500	315	$4	$4	各月加一元
揚州	磁石式	日本沖電氣公司	民國四年	500	300	$4	$4	各月加一元
九江	磁石式	西方公司	民國六年	200	200	$4	$4	各月加一元
蚌埠	磁石式	西方公司	民國十一年	500	135	$4.50	$4.50	各月加一元
鄭州	磁石式	法國式	民國十年	200	148	$3	$3	各月加一元
沙市	磁石式	法國式	民國十年	1000	120	$5		
荊州	磁石式	日本電氣株式會社	民國十年	50	26			

洮南			民國十年					
長春			民國元年			$5	$5	
吉林	磁石式	日本沖電氣公司	民國元年	1200	429	$5	$5	
太原	磁石式	日本沖電氣公司	光緒三十四年	300	250	$4	$6	
哈爾濱						$5	$5	

電政之危機及目前挽救之計畫

朱善培

民國三四年間。國家統一。凡百政事。權集中央。即就電政一端而論。交通部發一命令。各省電報電話無綫電局。無不奉行唯謹。莫敢或違。六年迄今。內訌迭起。各省電政。名雖隸屬中央。實則營業發達收入較多之局。半爲地方當局所據。各自爲政。統一無望。使多年慘淡經營之電政同歸於腐敗滅裂之途。以貽來日無窮之憂。良可慨已。夫外債之以電政爲抵押品者。合計本息已達七千萬元。迄今無法償還。拖欠日久。外人勢必要求履行條約。實行干涉。設或至此地步。則喪權辱國。追悔何及。又大東大北兩公司、與吾國所訂之水綫條約。於一千九百三十年滿期。吾國被條約所束縛。每年損失在一百萬元以上。若不及早自行籌設國際通信機關。屆時該公司勢必居奇挾制。以求續訂條約。則吾國事前既無準備。亦唯有依然聽其壟斷而已。又安有能力拒絕之耶。

先論電報。全國電報局。至今不過一千。視彼歐美列强。不逮遠甚。即與日本較。亦望塵莫及。至於機綫之優劣。技術之高低。其程度之相差。更不可以道里計。以吾國幅員之廣。物產之富。內憂外患之交迫。其需要電報之急切爲何如耶。乃觀最近之狀況。則危機四伏。險象環生。匪特無改良擴充之財力。即求維持其原狀。亦覺爲難。就綫路方面言之。每次戰事發生。軍隊往往佔用電線。任意加接電話機器。互相擾亂。不能通電。至於敗兵與土匪之割截桿線。妨礙交通。更屬無法禁止矣。即在平時。凡往來邊遠各省之電報。亦時通時阻。有時或竟不及郵信之快。桿朽線枯。必須修理。各省款不解部。工費無着。惟有任其敗壞阻滯而已。內爭不息。則電報之厄運定無已時也。

次論電話。交通部所創辦者。僅十餘局。除京津武漢三大局營業發達。每月收入略有盈餘外。其餘各局。或僅收支相抵。或則入不敷出。全國統計。有虧無盈。近亦牽入政治旋渦。局長之去就。視地方當局爲轉移。每易一人。則局款搜刮一空。交部鞭長莫及。無可如何。夫電話本爲生利之事業。一歸官辦。即遭失敗。說者謂我國官營事業。無一得有良好之結果者。觀電話局之前途。亦樂觀少而悲觀多也。

再次無線電。交通部所建立者。共計十八局。廣州一台毀於兵。庫倫一台淪於俄。今存十六局。上海、崇明、機器陳舊。已不適用。張家口、武昌、福州、煙台、洛陽、均係火花間隙式機器。通報困難。青島、濟南二台、係由日人手中收回自辦。效力不及往時。大沽、天津、包頭三台、電力均小。範圍不廣。迪化、喀什兩台係弧光式機器。英商馬可尼公司所承辦。迄今尚未能與內地各局通報。北京、吳淞二台。近雖更換新式真空管機。因種種關係。尚未動用。觀以上所述各局機器、大半陳舊。應即更換。徒以經濟窘迫。諸事停頓。今則各局皆有人滿之患。員生薪水。尚難按時發給。遑論改良。如此最新事業。在歐美則進步之速。一日千里。在吾國方始萌芽。即成僵局。良可歎也。

今進而言挽救之計畫。爰就鄙見所及。條述於下。

一、廢除官僚式之監督局長等名稱。改稱經理。以杜外界覬覦。實事求是。注重營業。某某電報局。改稱某某電報營業所。所設經理一人。由交部委派品學兼優。經驗豐富之電務員生充任之。電話局無線電局、均照此辦理。

二、裁撤現在之兼理電政監督出納員、巡線總管等制度。另行設置三項委員會以替代其職務。(甲)電政行政委員會。(乙)電政出納委員會。(丙)電政技術委員會。每會設委員長一人由交部直接選派。其各會委員應由本省之電報電話無線電各機關。公推若干人充任之。委員會有指揮與調動本省電務員生之權。並當盡其保障之責任。電務員生應絕對服從並遵行本省委員會命令。不得違抗。委員會設被當地官廳非法干涉時。全體電務員生應爲委員會之後盾。據理力爭。不爲威屈。委員會設因非法干涉。不能行使其職權時。得移設於鄰省或其他相當之地點。全體電務員生仍當尊重其意見合力奉行。

三、取消官電記帳辦法。實行付現。自官電准許記帳以來。發報僅憑印單。流弊百出。往往事非緊要。輒發急電。是以官電日多。商電日少。電報局收入銳減。受此影響。將來恐終有不能發薪之一日。此宜責成各省委員會。設法與各該省最高級官署竭力交涉。申明利害。請其維持。縱被逼而停業。亦所不惜也。

四、各電話營業所之經理。應由主任工程司兼任。未設工程司之所。即由工務員兼充之。誠以電話技術員皆有固定之資格。決不致如普通人員之來去無常。可以爲所欲爲、肆無忌憚也。

五、解除與日美兩國所訂之無線電合同。由吾國自行招募公債。建立大電台。限期三年竣工。以與世界各國直接通報。免受大北大東兩水線公司之挾制。添設邊省電台。以固國防。嚴令各輪船公司。於往來江海各大輪上建立電台。以防危險。准許各無線電台收發商電。與電報相輔而行。

上述五條。係爲目前救危之計畫。倘能見諸實行。則電政前途、庶有希望乎。倉卒草此。見解謬誤之處。自不能免。願當世留心電政諸君子、一討論焉。

美國鐵路運輸之新變遷

約翰生(E. R. Johnson)
徐佩琨 裘維裕 合譯

予承不棄，得與諸君子相敘於一堂，榮何如之。余今日之演講，僅就美國各種運輸事業現在之變遷而言之。至於貴國之鐵路問題，余來茲未久，不敢妄議。

美國運輸之情形，與貴國實同，均因水運不便，而用陸運，而長途陸運，莫如鐵路，於是遂有鐵路之建設。在百年前鐵路方興，大都以之載運乘客，補助水運之不足。二十年後，凡昔之以水運者，漸改用鐵路。至十九世紀之末葉，除洪湖巨澤，仍用水運外，他處罕用焉。於是美國之長途運輸，均用鐵路。

當美國鐵路之初興也，大道(Highways)未備，故與英法之情形稍異，而與貴國之情形則相同。美國鐵路，雖供長途之運輸，然局部運輸，亦利賴焉。是以每一幹路，均附支路。美國全國鐵路哩數之長，職是故也。紐英倫(New England)諸省之鐵路，爲便利局部運輸計，多建支路，此其一例也。

紐英倫北部之運輸，全恃波梅鐵路(Boston & Maine Railroad)。該路於兩年前，曾請美國政府，准予撤除支路二千哩，幸以尙無他種相當之準備，未得允准。余舉波梅鐵路之請求一事，所以表示鐵路與局部運輸關係之重要也。

美國現在局部之運輸，全賴電車及汽車。夫由支路運輸，一變而爲電車汽車之運輸，實運輸上之一大進步也。三十年前，電車與鐵路相競爭，附郭乘客，多用電車，鐵路營業，損失甚大。是以每一新運輸事業之起也，必分舊事業之利，電車卽其例也。然不數年後，電車經過之地，新市勃興，舊市之居戶，亦逐漸增加，鐵路營業，亦因之而發達，故電車之興也，鐵路非特未受其害，反蒙其惠焉。

電氣鐵路，成效既著，均謂現有之蒸汽鐵路，將盡改用電力（或稱電化）。蓋電力實較優於蒸汽。發電總廠，規模既大，成本較輕。總廠發電，可以傳輸各處，以待應用。夫以成本較輕之電力，又可以應用於無論任何大小之事業，其利可知。然鐵路電化，迄未發達。雖已有少數鐵路，完全電化，然多數鐵路，大都一部分採用電力。其採用電力之處，（一）在山洞地隧之中，（二）在鐵路終站，（三）在山路崎嶇之處。蓋在美國，鐵道每哩之電化，須加美金五萬元，以修改軌路，添置設備。夫投此巨資，必增加收入，方有盈餘。收入不能增加，則投資者必受損失，此改用電力困難之原因也。是以美國鐵路，一時尚無改用電力之希望焉。

蒸汽鐵路，問題甚多，然電氣鐵路，亦有問題，其困難一也。美國現有之電氣鐵路哩數，約有四萬（包括城內之電車路計之）電車公司之經濟狀況，尚屬平穩，然於近十年內，美國大城，並無電車路之增添。現在凡城與城之運輸，不賴電力鐵路，而賴新創行之气車。此種气車，非特推廣電力鐵路之運輸，並補助其不及。然附郭乘客，都改用气車，電力鐵路之營業，遂以減少。實則公共气車與電力鐵路之競爭，亦猶昔日電力鐵路與蒸汽鐵路之競爭也。

气車盛行後，火車亦受其影響，而發生兩種問題。一爲支路問題，已如上述。凡局部之支路，營業大都不佳，無有盈利。一爲气車競爭問題，蓋自气車駛行後，火車之乘客及運貨，均有減色。鐵路對於此二問題，現在解決之法，卽於支路上行駛之車輛，改用气油車。每一气油車，可抵火車兩三輛。每車均裝置气油機，及發電機。氣機動作時，卽發電以行動車輛。氣油能力變成電力，然後用之，故車輛之行駛，甚爲平穩也。

局部運輸，火車旣有電車之競爭，現在又有氣車之競爭，故鐵路現亦兼管氣車載客運貨，以爲抵制之法。此種氣車，或爲鐵路直接行駛，或與氣車公司，訂有契約，由氣車公司行駛。鐵路則負有運輸之全責，氣車公司僅攬任鐵路之運輸而已。

鐵路之兼營氣車運輸事業者，推大北鐵路 (Great North Railway)。大北鐵路，由蘇伯利湖 (Lake Superior)池西二千五百哩至帕及脫桑特 (Puget Sound)。此路發端於米里蘇太省(Minnesota)。米省多農產，然無通都大邑，大北鐵路，遂置氣車一百三十八輛，以載乘客。此種氣車，在米省經行之大道，計二千哩，較之米省內大北鐵路之哩數爲長云。

當予離美時，費雷鐵路(Philadelphia & Reading Railway)（計長二千哩，專供潘雪藩尼 Pennsylvania 及紐球瑞 New Jersey 兩省之運輸）呈請潘省之公衆事業委員會准該路於潘省內組織氣車運輸，以載運乘客貨物。並請該委員會在未通過此項請求以前，任何氣車公司，不得給予行駛之執照。蓋費雷鐵路欲以氣車補助火車，兩者合作，庶幾潘省之運輸，益臻完備。公衆事業委員會，對於此項請求是否允准，余尙未有所聞。實則此種請求，大都爲增進人民之便利，當加鼓勵，使該路於潘省內經過之大道，組織氣車公司，以利運輸。

至於氣車之影響於火車之乘客運貨，余無正確之統計，不敢妄斷。予可言者，氣車運輸，在美國已甚發達，約有二千萬輛。其中大半都屬私人所有，然為公衆載客運貨者，亦屬不少。三四年前，美國總商會，擬重修鐵路律，以備參議院之採用。並欲將未來十年中鐵路乘客運貨之需求作一預算。當時聘請委員四人，以主其事。所預算者為一九二二年至一九三二年十年內美國鐵路車務需求之增加。上述四人之委員會，一為諸省商務委員會之統計專家，一為美國鐵路經濟部主任，一為美國總商會運輸科經理，一即余也。我儕之研究此問題也，先將美國歷年來各鐵路乘客總數及載貨噸數之增加，每十年作為一期，加以研究。知在歐戰以前，乘客之數，每十年遞增一倍。戰後之增加率，逐漸低減。故依據過去之統計，則未來十年中，乘客之數，當可增百分之五十。至於載貨之噸數，歐戰以前，每十七年，遞加一倍。戰後亦逐漸低減。綜觀此問題之各方面，余等遂定未來十年中（至一九三三年止）載貨之噸數，將增三分之一（或百分之三十三又三分之一）乘客之數，將增百分之二十五。

十年之期，已過其三。據去年美國鐵路載貨之統計，與前四年之平均，無甚變更。既不減少，亦不增加。至於乘客之數，非特不增，反形驟減。故鐵路乘客，逐年減少，必因气車之駛行。近數十年來，美國諸業均甚發達。車務商業，增進無已。運輸事業，亦必相若。然而鐵路運輸，反以不振，其為气車所奪，無疑義矣。

無論載客或運貨气車，皆為鐵路之勁敵。現在美國所有之獨立運輸機關，不下數萬，其中載運貨物者尤多。此種運輸機關與普通運輸機關不同，僅與運貨者訂有契約。對於公衆之規律，既不負責，亦不遵守。獨成一軍，以與鐵路爭利焉。

然為國家之利益計，鐵路運輸，斷不可因此種機關，遂以陵夷。國中須有鞏固强大之鐵路以補救之。無論何時，運輸無論若何繁重，此種鐵路，必須處之裕如。美國鐵路，已知气車之競爭，決不能漠然置之而不顧，須有切實辦法以對付之。或於大道，亦組運輸機關，以分其勢。現在當局，已有鼓勵鐵路組織气車運輸之趨勢。若是則鐵路事業可藉气車之扶助，以圖局部或大於局部運輸事業之發展矣。

現在美國所有之鐵道可以利用气車運輸者實屬不少。茲舉數例，述之如下。波梅鐵路，由麻省 (Massachusetts) 之波城 (Boston) 經潞 (Lowell) 臨 (Lynn) 兩城。沿路人煙稠密，气車運輸，甚易發達。波梅鐵路現已組織一气車運輸公司（雖爲另一合作社，然仍附屬於鐵路公司。）波梅气車運輸公司，可將運貨者之貨物，在波城之貨棧或製造廠直接運至潞城或臨城之貨棧或受貨者之處。其運貨之法，或全用气車，或用气車送貨至附近之波梅鐵路車站，再以火車運往他城。故波梅鐵路之運輸貨物也，或全用大道，或大道鐵路兼用之。其運貨之價則同。運貨者可將貨物，於出貨之處，逕運至受貨之處。或於出貨者附近之車站，運交受貨者附近之車站。二者之運法既不同，則運貨之價亦當因之而差別焉。

又如濱省 (Pennsylvania) 鐵路公司，亦用气車以運送貨物。他若紐約中央 (New York Central) 或其他鐵路公司亦皆採用此法。濱省鐵路營業頗盛，其中段壁城 (Pittsburg) 至費城之間，雖四軌並列，然每軌運貨之忙，仍爲世界第一。以前該路局部之運貨甚多，與他種運輸，頗有妨礙。蓋費城外三十哩，有小車站二十七。貨車每至一站，必停駐以上下貨物。故貨車離費，必以夜間。於此三十哩內，每站必停。車站或在軌（四軌）南，或在軌北，故局部貨車之行駛與通車頗有妨礙。且同時尚有貨車開向費城，在三十哩內，亦必每站停駐，以上下貨物，其不便爲何如也。今則此種貨車，均已停駛。凡貨物之不足一車者，均用气車運送。所用气車，自一輛以至數輛，或由費城開往他處，或由他處循大道開往費城，以運送不足一車之貨物。其有可裝足一車者，則運至區站(Zone Station)以待鐵路之運輸焉。

今則三十哩內之二十七站，分爲四區，每區設一區站。假使波城有人欲運貨至此二十七站中之任何一站，則鐵路先將其貨物運至受貨者附近之區站。例如濱省費城之哈佛埠（Haverford），非區站也，其附近之一站，則爲區站。若有人焉，欲自波城運貨至哈城，則鐵路先將其貨物，運至哈城附近之區站。然後再用气車，運至哈城。若欲由一非區站，運貨至他處，亦須先用气車，運至其附近之區站，然後由鐵路運往他處焉。

上述運貨之法，大都用於不足一車之貨物。然貨之滿一車者，間亦用之。惟工廠之大者，均自設軌道，使廠內貨車，可以直達於鐵路，則此法不能適用矣。濱省鐵路車站分區之法，紐約中央及其他鐵路公司，多採用焉。

以前美國鐵路，裝貨車均於終站內互相交換，以爲間站(Interstation)運輸。現在仍多用之者。例如濱省鐵路欲運貨物交在同一終站區內之兩城，如薄（Baltimore）瓦(Ohio)兩城，則貨物卽使不滿一車，均用裝貨車運至終站，然後互換。此種運法，都漸已停止。茲述瓦海瓦(Ohio)河濱莘城(Cincinnati)內鐵路之辦法，以表明之。莘城之舊趾，爲濱河之平原。幅員頗小，四圍多山，高不過二三百呎。鐵路或直達城北，或跨河而抵城南。各路之終站，所擇之地，均爲現在繁盛之區。裝貨車之作間站交換運輸者，每多稽滯。於是各路集議，與一气車公司商定辦法。凡莘城內之間站交換運輸，均歸气車公司。於是終站內之裝貨車，不致稽遲。凡整車之貨物，欲由甲路轉交乙路者，其交換之處，均在終站區域之外。

余所述者，頗覺冗長，但余知聽者多爲在鐵路服務之人，必不厭其煩。且余欲將美國運輸法之新變遷，詳確言之，以期明瞭。以上所舉諸例，（均爲現在之變遷）不過其發軔耳。將來鐵路，水道，大道，必能聯成一氣，以便運輸。余於气車與水路運輸之關係，未曾言及，實則上述之理，現亦用於水路運輸。气車汽舟，互相聯絡，以收互相副助之效者，有進無已。此種聯運制之機關，繼起而採用之者必衆。人民既習知其利，必能予以贊助也。余嘗細察歐戰時之情形，知各種運輸機關，若能聯爲一氣，互相扶助，以利人民，則今日之互相競逐，未足以爲憂也。

由此觀之，美國聯運事業之成功，爲期至短。於十年或數十年後，美國全國必有一極完備之運輸組織。非特鐵路水路之運輸，益臻完備，凡磨坊，工廠，農戶，窮荒僻陋之區，貨物亦能直達。余在日本及貴國他處之演講，均謂大道運輸與鐵路運輸，必須同時擴充。日本於余之所議，或能採用。日本鐵路車務總監，已有請日本政府建築五千哩气車運輸路之提議矣。

以中國目前之情形觀之，鐵路事業，固難有所擴充，然將來貴國運輸，必有發展之一日。數日前，余在天津時，亦述斯言。蓋大道運輸與鐵路之發展，必同時並進，然後能收副助之效也。（下略）

譯者按：此篇原爲約翰生博士(Dr. Emory R. Johnson)於今年七月二十四號在北京協和大學應鐵路協會之演講稿。承寄本校，作爲卅週紀念文字。茲爲迻譯於此，並附原文於後。

LECTURE BY DR. EMORY R. JOHNSON DELIVERED BEFORE THE RAILWAY ASSOCIATION AT THE P. U. N. C. AUDITORIUM, JULY 24, 1926

LADIES AND GENTLEMEN: I have much pleasure in addressing this Railway Association. As the Chairman has said in the introductory statement, I have had the privilege and honor of teaching a considerable number of men who are now operating the railroads in China. During the past year there have been twelve Chinese in my graduate seminar—twelve out of twenty-seven members of that group of students are Chinese.

I shall speak to you to-day on American transportation, and particularly with reference to the changes that are now taking place in our transportation system. I shall not attempt to talk about Chinese railroad problems. I have not been in China long enough to presume to do that. Possibly the experience of the United States may, however, be of some value to you.

American railroads, like those in China, were built to provide long distance transportation, where the waterways were unable to provide that transportation. Railroad building began just about one hundred years ago. The first railroads were built with the idea that they would handle passengers largely and that they would supplement the waterways. It was not two decades, however, before the railroads began to take the place of waterways as transportation routes; and before the end of the last century, the waterways had ceased to be used to any considerable extent in the United States, with the exception of the Great Lakes. The railroads have provided long distance transportation in the United States.

The railroads in the United States, unlike those in Great Britain and France, were built before there were good highways. In a way, our experience was similar to yours. Good highways were not built in China before the beginning of railroad construction. Our railroads, then, were built to provide other than purely local transportation. That meant that not only trunk line railroads were constructed, but that branch line railroads were added to these trunk lines. There is a very large mileage of local railroad branch lines in the United States. New England may be cited as a good illustration of the extent of branch line railroads for purely local transportation in the United States.

The northern half of New England is served mainly by the Boston and Maine Railroad. That railroad asked permission of the United States government two years ago to be allowed to abandon one thousand miles of local road. That permission, I may say, was not granted. The Boston and Maine is obliged to operate its local roads until in the judgment of the government the communities are adequately served with other transportation facilities. I cite this petition of the Boston and Maine Railroad to show the importance of the railroad in local transportation.

Local transportation is now being provided in the United States mainly by electric railways and more particularly by the automobile operated over improved highways. The change from local railroad transportation to the use of electric railways and better highways represents one of the important developments of transportation in the United States. The electric railways became competitors of the steam railways thirty years ago. In interurban passenger business they made large inroads upon the traffic and revenues of the steam railroads. The first effect of any new transportation facility is to divide traffic with previously existing facilities. This was what the electric railway did. But in the course of a comparatively few years these electric lines built up new communities and caused old communities to increase in population, so in the end the steam railroads did not suffer from but were benefited by their competitors—the electric railways.

When the electric railroad demonstrated its success, it was quite generally expected that it would not be long before all railroads were electrified. Electric power is better than steam power. It can be generated in central plants in large units economically. It can be applied in small units. It is a cheaply created power that can be very flexibly applied. As a matter of fact, however, electrification of steam railroads has not taken place to any considerable extent. There has been some electrification, but for the most part the steam railroads have adopted electricity: First, for tunnels to avoid smoke and to make subway construction possible; second, for the electricification of large terminals; and, thirdly, they have in a few instances only used electricity for mountain grade sections. The general electrification of American railroads is not in prospect for the simple reason that it would probably add about fifty thousand dollars per mile to the investment in American railroads to equip them electrically, both as to track and as to equipment. To add fifty thousand dollars per mile to the investment in American railroads would so increase the capital from which earnings must be made, as to make the change unprofitable; so, for that reason, electrification of American railroads generally is not to be anticipated in the near future.

The electric railways have their own problems, just as steam railroads have theirs. There are some forty thousand miles of electric railroad lines in the United States. A part of that mileage includes the city street railroads. They, of course, are secure in their position, although I think there is no large American city that has constructed any additional trackage of street railways in the last ten years. The development of transportation in the cities is not by increased trackage of street railroads, but by the inauguration of auto-bus services, which not only extend but supplement the street railroads in the cities. The interurban lines are suffering very severely from the competition of the auto passenger buses. They are in this regard in the same position as the steam railroads.

The steam railroads have two problems which result from the large use of the automobile. I have referred to the branch line road problem. The great majority of the local branch lines have become unprofitable to their owners. The other problem which the steam railroads have is the loss of traffic, generally both passenger and freight, as the result of the large use of the automobiles. The railroads are meeting this situation in a practical manner. The branch line railroad situation is being met in part by the invention and use of gasoline railroad cars. A single gasoline-driven railroad car can perform the service that would be performed by a local train with its locomotive and tender and two or more cars hauled by its engine. This gasoline railroad motor-driven car is usually provided with what is called an electric drive; that is, the motor gasoline engine drives a dynamo which creates an electric current which is applied for the driving of the cars. The power is converted into electricity and then applied. That gives a very flexible and smooth-running car.

For the most part, however, the railroads are meeting the bus competition in local transportation by engaging in the bus transportation business themselves, and they are also operating motor trucks. Sometimes the railroads operate these buses and trucks as direct railroad operation, as a direct railroad service, and sometimes they operate through motor companies with which they make contracts,—the railroads assuming the responsibility of a common carrier, the motor company becoming the agent of the responsible railroad.

A good illustration of the extent to which a railroad is engaged in motor transport is that of the Great Northern Railway. The Great Northern Railway, as you may know, extends from Lake Superior westward twenty-five hundred miles to Puget Sound. It originates in the state of Minnesota.

That is an agricultural state. It is not a state of many large cities. The Great Northern Railway has gone into the passenger transportation upon the highways by installing one hundred and thirty-eight passenger buses. These buses operate over highways, the total length of the highways over which the operation is carried on in the state of Minnesota alone being two thousand miles. That is a longer mileage of motor bus transportation service than is the mileage of the Great Northern Railroad in the state of Minnesota.

When I left home the Philadelphia & Reading Railway, which has a total mileage of about two thousand miles and serves mainly the states of Pennsylvania and New Jersey, had filed with the Public Service Commission of the state of Pennsylvania a petition requesting authority to organize a motor transport service, both for passengers and for freight, throughout the territory in the state of Pennsylvania served mainly by the Reading Railway. The Reading Railway asked the Commission to pass upon that petition before it granted certificates to other motor carriers. The purpose of the Reading Railway thus is to supplement its railroad by organized motor transport, in order that, by combining both the railroad and the motor service, it may more completely serve the territory that depends upon it for transportation. I do not know what action has been taken or will be taken by the Public Service Commission, but my judgment would be that it would be in the interests of the public to encourage this great railroad company — it is a prosperous one — to organize motor transport upon the highways of the part of Pennsylvania served by that company.

It is impossible to state with statistical accuracy just what effect the automobile has had upon the passenger and freight traffic of American railroads as a whole. I may say that motor transport is very largely developed in the United States. There are said to be twenty million automobiles in use in the United States. A majority of those are private cars, but there are large numbers of passenger buses and motor trucks. Between three and four years ago the Chamber of Commerce of the United States was considering a program of legislation in regard to railroads, a program to be recommended by the Congress of the United States. It was desired by the Chamber of Commerce of the United States — which represents in its membership all the chambers of commerce throughout the country to measure the demand, or increase in demand, upon American railroads as regards passenger and freight traffic during the next ten years. Four men were asked to estimate what would be the increased demand upon the traffic of American railroads from 1922 to 1932.

This committee of four men that undertook this investigation consisted of the statistician of the Interstate Commerce Commission, the director of the Bureau of Railway Economics of the United States, the manager of the Department of Transportation of the Chamber of Commerce of the United States, and I was the fourth member. We went at this problem as you would have gone at it, and made a careful study of the increase in the freight traffic and the passenger traffic of American railroads decade by decade in the past. We found that prior to the World War passenger traffic had been doubling nearly every decade. There had been a slowing down in the rate of increase, but it would seem from the statistics of the past that the passenger traffic of American railroads during the coming decade would increase by 50 per cent. Railroad freight tonnage was doubling every seventeen years, prior to the World War. Well, we knew that the rate of increase would slow down. We considered the various factors of the problem and came to this conclusion, that during the ten years ending in 1932 the freight traffic of American railroads would increase one third — $33\frac{1}{3}$ per cent — and our judgment was that the passenger traffic would increase 25 per cent.

One third of the decade has already passed. As a matter of fact, the freight traffic of American railroads last year was no more than it had averaged during the previous four years. There has been no falling off, but there has been no increase whatever in the freight traffic of American railroads during the first third of this decade. As regards passenger traffic, there has not only been no increase but there has been a sharp falling off. The railroads are carrying less passenger traffic year by year. Now that must be due to the automobile, because the United States has been fairly prosperous. There has presumably been the normal increase in the volume of traffic. The business of the United States has gone ahead at an average pace and there must have been the average increase in transportation. But that has not come to the railroads ; it has evidently been taken by the automobile.

The auto bus and the auto truck are very active competitors of the railroads. There are literally tens of thousands of independent carriers, especially carriers of freight. For the most part these truckmen are not common carriers, but they perform services by contract with the parties whose freight they move. They are, to a large degree, irresponsible and they are not subject to public regulation. They constitute an unregulated army of competitors making warfare upon the railroads.

It is not in the interest of the country that the railroads should be weakened as carriers. We need strong, prosperous, vigorous railroads. They must perform the heavy service of transportation for all time. The railroads have recognized the necessity of meeting this competition of the auto truck and bus in a practical way, not by disregarding it but by becoming carriers on the highways themselves, and the tendency of public authorities is to encourage the railroads to develop motor transportation. The railroads are supplementing and extending their services locally, and even more than locally, by engaging in motor transportation.

I will give only a few illustrations of many that might be given of the way in which the railroads are making use of this new agency of transportation. The Boston & Maine Railroad serves the thickly populated region from Boston to Lowell and Lynn, Massachusetts. In this region, motor transportation naturally developed on a large scale. The Boston & Maine Railroad Company has organized a motor transport company — a separate corporation but a subsidiary of the railroad company. The Boston & Maine Motor Transport Company will take the shipper's freight, we will say, from the warehouse or store or factory in Boston and it will deliver it to the store or consignee in Lowell or Lynn, and the freight may be taken all the way by truck, or it may be taken by truck to a nearby railroad station of the Boston & Maine and transported between the cities by railroad. The railroad reserves the option of performing the service entirely on the highways or partly on the highways and partly on the railroad. The charge is the same. They also give the shipper the choice of a complete service from the shipper's door to the consignee's door, or a service from station to station. They have two charges, one for station-to-station service, another for door-to-door service.

Another important use that the railroads are making of the auto truck may be illustrated by reference to the Pennsylvania Railroad Company. I might refer to the New York Central or other companies that are doing the same thing. The Pennsylvania Railroad Company has a very busy line. Its central section, from Pittsburgh to Philadelphia, although containing four tracks, is the busiest freight line in the world. In the past, the local freight, which is of very considerable volume, has interfered seriously with the movement of the other traffic. They are meeting that situation in this way: from Philadelphia out thirty miles there are twenty-seven local stations. In the past, each one of those stations was served by local freight trains ; a freight train would leave Philadelphia in the evening and work its way out thirty miles, stopping at these twenty-seven stations on the way out. As some stations are on the north side of the four tracks, other stations on the south side of the tracks, the local trains interfered greatly with the movement of through trains. At the same time, a local freight train was working its way in from thirty miles out to the city serving these local stations. Now those two trains have been taken off and the less-than-carload freight is handled entirely by auto trucks. One or more trucks start from Philadelphia out, one or more start in over the highways, handling the less-than-carload freight. The carload freight has to be delivered at zone stations along the line.

The twenty-seven local stations in this thirty-mile stretch have been divided into four groups, or four zones. In each group or zone there is a zone station. If a merchant in Boston ships to one of these stations, the freight will be delivered to the zone station. Haverford, Pennsylvania, nine miles out of Philadelphia, is not a zone station; a station near by is a zone station; if something is shipped from Boston to Haverford it is delivered by the railroad at the zone station and then motor trucks take the freight to the station of destination. Likewise, outbound freight from a station not a zone station is taken by truck to the zone station and there loaded and taken by the railroad to points off the line.

This method of handling freight applies to all less-than-carload tonnage. It applies also for the most part to carload freight, but in the case of large industries that have sidings and need to have their cars put within their plants the railroad must make an exception to this general rule, and spot cars and take up cars at points within plants. This zoning of stations that I have described with reference to this one thirty-mile stretch of the Pennsylvania Railroad applies on one thousand miles of that company's trackage, and it has also been largely adopted by the New York Central and other railroad systems.

Another extensive use that the railroads have made of their freight cars in the past, and which they are making to a large extent at the present time, is the use of freight cars for interstation movement of freight within terminals. That is, the Pennsylvania Railroad may have to deliver freight to the Baltimore and Ohio in the same terminal area. The practice in the past was and for most part at present is, to send that freight, even though it be less-than-carload freight, in a freight car. Now the railroads are stopping that at many points and to an increasing extent. What they are doing may well be illustrated by reference to the city of Cincinnati on the Ohio River. The original city was built on the river plain, a comparatively small area, surrounded by hills two or three hundred feet in height. Into this early city area several lines of railroad came from the north, and other lines made their way in from the south, crossing the Ohio River on bridges. Every railroad was careful to locate its terminal within what has now become the central and congested part of the large city of Cincinnati. Some years ago the railroads found that it caused them much delay of their freight cars to use their freight cars for interstation movement of traffic, so they united and made an arrangement with an auto-truck company, and the interstation movement of freight in Cincinnati is now by truck. It is lessening the detention of freight cars in the terminal area very greatly. Carload freight that has to be exchanged from one railroad to another under present arrangements is for the most part kept out of the terminal area, the exchange being made from one railroad to another outside of the terminal district.

I have ventured to put these perhaps wearisome details before you, partly because I am talking mainly to railroad men but more because I wanted to state specifically and concretely the changes that are actually taking place in transportation methods. What I have illustrated — and I have only illustrated what is going on — is but the beginning of what will eventually result in a coördinated system of transportation by railroads and waterways and highways. I have not spoken of the relation of motor transportation to the waterways, but the same principle is being applied to traffic that is handled over trunk-line water routes. The motor is coördinated with the steamboat. This process of coördinating these agencies of transportation has begun. It is going to continue. It is a process which is going to be carried out by the carriers themselves with the approval of the public. We no longer regard competiton among different carriers and their separate operation as most in the public interest. We realize in the United States — and we came to the realization largely as the result of conditions that prevailed during the World War — that it is better that these different agencies of transportation should be used as a unit in serving the entire public.

I picture for the United States the completion of this process in a comparatively short time. It may be a decade or it may be more, but it will not be long before the people of the United States are everywhere served by organized transportation. It will not be merely the transportation upon trunk-line railroads or scattered waterways, but it will be a system of organized transportation that reaches the mill, the factory, the farm, the home of every man. In my talks in Japan, and also at one or two other places in China, I have suggested the advisability of developing highway transportation at the same time that the railroad systems are extended and developed. In Japan that seems the policy that is to be adopted. Within a few weeks, the director of traffic of the Japanese railways has come out with a proposal for the construction by the Government about five thousand miles of highways for motor transport.

In China the extension of railroad systems under present conditions is not possible. But the time will come when you will resume the development of your transportation system. I suggested in Tientsin a few days ago that it would be wise to lay as much emphasis upon the development of highways as is laid upon the development of railroads in China in the future.

In conclusion, I want to say that I marvel at the patience with which you have listened to these details on this warm afternoon. A lecture that is given twice cannot avoid being monotonous, although I have discovered that thoughts expressed in Chinese seem to have more eloquence than when expressed in English. That has been the case this afternoon. I wish to thank you for your very kind attention.

三十年來美國汽車事業之發展

胡嵩嵒

三十年前美國汽車(註一)事業方在萌芽。迄今已成爲國內第四大實業。汽車殆遍佈全國。依今年正月之統計。照全國人口論。每六人有汽車一輛。而加尼福亞州一州之統計。尤爲驚人。蓋已至每三人有汽車一輛。全球汽車註册數爲二四、四五二、六六七輛。而美國竟有一九、八四三、九三六輛。佔世界汽車百分之八十。去年(一九二五年)一年。新車銷售之代價。爲二十六萬九千萬元。出口汽車五十五萬七千餘輛。代價四萬一千六百餘萬元。(註二)三十年來。其發展之速。達如此地步。大可使人驚異。

美國汽車事業之發展。若分析研究之。可分爲四時期。第一時期自西曆一八九五年至一九〇〇年。可名爲「創始時期」。是時歐洲汽車初次造成。美國芝加哥時報舉行第一次汽車競賽。輸入汽車之介紹。第二時期自一九〇〇年至一九〇五年。爲「製造時期」。各大汽車製造公司次第產生。第三時期自一九〇八年至一九一二年。爲「出品時期」。是時完全汽車方出面問世。大規模製造方法。亦同時漸臻完備。第四時期卽自一九一二年以還。爲「盛行時期」。汽車機械製造方面。益加進步。

自動車之發明。當溯源於歐洲。法人古腦氏(N. J. Cugnot)實爲始祖。其手造之全球第一部自動車。猶存於法京巴黎之博物院。其原動力則係一蒸汽發動機。自動車之用汽油發動機爲原動力者。則自德人班支氏(Benz)始。美國之用汽油自動車。則以竇冶氏(C. E. Duryea)爲第一人。時在一八九二年。三十年前之事也。

一八九五年秋間感恩節。美國芝加哥時報舉行美國第一次汽車競賽於全國人口中心之芝城。地址在沿密希根湖岸之舊世界市場空地。爲一五十哩速率競賽。與賽者祇四車。一寶冶(Duryea)成於一八九二年。一福特(Ford)成於一八九三年。一海音斯(Haynes)成於一八九四年。餘一則爲自德國輸來之班支(Benz)競賽結果。立即傳遍四十八州。當時與賽之車皆不過試驗品而已。美人始信汽車定爲將來交通之利器。乃有發明家與富有思想之機匠繼起研求探討。逐件改良俾合於實用。十九世紀末葉。約於一八九六至一八九九年間。汽車製造家次第興起。其名大都傳至今日。如海音斯(Haynes)。冶頗生(Apperson)。奧吐卡(Auto-car)。阿芝(Olds)等。當時蒸汽與電氣自動車。均爲社會所注重。製造家頗感困難。不知究以製造何種車爲佳。從事於蒸汽車者頗有數家。而其多數則鑿於歐洲汽油車之成功。皆從事於汽油車。美國汽車事業之創始時期於是確立。

第二時期實美國汽車事業發展進程中之重要時期。計自一九〇〇年起至一九〇五年止。凡六年。今日爭逐於此業者百分之九十。均於是時露頭角。在此時期中。汽車實業非但已具雛形。且立定特式。開始猛晉發展矣。歐洲車盤製造方法。是時甫傳至美。蓋最初製造汽車者。多將發動機置於車之後部。以愈近後輪爲愈妙。至法人班赫(Panhord)獨破陳法。另立新式。以發動機置於車之前部。機後接以齧合子。變速齒輪。然後再以鋼鍊傳動達於後輪。如今日通行汽車車盤佈置之設計。此種佈置。在今日已視爲當然之設計。在當日實班氏與勒法沙氏(Levassor)合力研究。經八年試驗結果之所得。班氏之車盤新式成於一八九五年。但以當時尚無討論汽車學之報章雜誌刊行。消息傳佈至爲遲緩。降及一九〇〇年。法人舉行巴黎汽車展覽會。廣告全球。當時美國汽車製造家。始能獲得歐洲汽車製造之工程知識。

美國紐約及芝加哥之全國汽車展覽會亦於一九〇〇年第一次舉行。此種展覽實爲一種强有力之鼓吹宣傳。引起社會對於汽車之興趣與熱望實多。是年美人惲登 Alex. Winton 加入法國之高登班納(Gordon-Bennet)競賽。使美國得於歐洲重要汽車比賽場中一顯身手。而以美國式之汽車製造設計方法介紹至歐洲焉。

一九〇一年。美國國內汽車事業之發展進步極速。各城市大街中。大都已有汽車之蹤跡。而紐約至白佛羅之第一次長途汽車旅行。亦於是時發軔。麻省之直道速率競賽路。亦於是時期中築成。爲今日汽車速率競賽之濫觴。

美國各地汽車俱樂部及全美汽車聯合會相繼成立。樹立路標。印行旅行指南。以便利汽車旅客。並從事各種工作。以促進汽車事業之發展。(註三) 其時各種便利施用汽車之設備。逐漸創設。例如鮑沙氏(Bowser) 創立零售汽油特別存儲法。俾用汽車者。可隨時隨地買油。不必如向之須往叩雜貨鋪之後門。以裝加汽油矣。修理輪船之特別器具。亦在是時發現。一九〇四年。哈特福德 (Hartford) 發明減震器。使旅行於鄉間不良道路上者。亦較前安適。瓊斯 (Jones) 發明測速計里器。至一九〇五年。華那司(Warners) 又加以改良。應用磁鐵式。是時電磁響號。輪胎。唧筒。及其他零件。次第發現者。不一而足。

就汽車本身而言。改良進步亦屬不少。一九〇一年。由單汽缸進爲雙汽缸。繼更增爲四汽缸。駕駛輪亦由歐洲傳來。廢去向之笨拙橫桿。輪底長度。因一九〇三年皮亞辣斯(Peerless)車改用壓鋼。由八十二吋增至百吋以上。

一九〇五年之秋。六汽缸之汽車出而問世。又爲汽車界放一異彩。各種改良發明。絡繹而出。不能盡述。總之此六年中。汽車事業各方面無不猛晉。一九〇五年之冬。真正完美之汽車。備有一切應有附件。如探路燈，響號，減震器，測速計里器等等。已能見於美國各地矣。

此第二時期非但有如上述之種種發展。且爲第三時期之導線。此乃指世界第一著名之阿芝汽車出品量數而言。蓋阿芝公司於一九〇〇年。出車一千四百輛。實當時夢想所不及之成績。而六年來。出品量數年有增加。一九〇一年出二千一百輛。一九〇二年達二千五百輛。一九〇三年達三千輛。一九〇四年達五千輛。至一九〇五年竟達六千五百輛。如此多數汽車出產之能實現。皆以威爾遜氏（C. B. Wilson）發明一種出品方法故也。其法卽利用級進裝配之重要原理。今日福特及其他製造家亦均應用此法。但更推而廣之。使至其極而已。

第三時期自一九〇八年至一九一二年。可名之爲「出品時期」。實第二時期發展之自然結果。一九〇八年十月。福特開始製造二萬輛丁字式汽車。一種發動機式出品如是之多者。前未之聞。同年通用汽車製造公司大組合(General Motors Corp.)成立。於是今日稱霸於汽車界之兩大領袖皆出。福特丁字式汽車產量之多。與其售價之廉。爲汽車業別開生面。汽車事業之發展較前更有希望。加以此後各種重要發展蟬聯而至。互爲因果。而使汽車事業日進千里。至今日之境地。

一九一〇年。復有增進一汽車出品之重要運動開始。蓋美國汽車工程學會已經成立。而從事於汽車各部材料之統一標準工作矣。此項工作爲減輕製造成本產生汽車零件製造業與促成大規模製造出品實現之重要主因。一汽車中之零件。每多至數百件以上。若一汽車製造家。欲均由己廠一一定製。勢所不能。蓋若是則其廠中之設備應異常完備。而資本之巨大。非一二小製造家所能措辦。凡機器製造之物。出品量數愈多。則每件工價愈小。因機器成本之利息分配於多量出品上。則其數較微。汽車零件經標準統一之後。各汽車製造者所用尺寸均同。於是乃有零件製造業之產生。以完美之機械。作大規模之製造。於是其成本減輕。而出品速率亦猛增矣。當時汽車工程學會會長爲柯芬(Coffin)氏。其功實不可沒。

一九一一年正月。薩爾丹(Selden)之汽車專利權判決無效。爲美國汽車發達史上之重要一頁。此案之判決。當歸功於福特。而福特之能發達至今日者。亦即受此案結果勝利之賜也。先是紐約州有名薩爾丹者。於一八七九年向政府請求註册。專利製造自動車。以內燃發動機爲原動力。即今日所謂汽車。惟至十六年後。一八九五年。始獲政府批准。及至一九〇〇年。薩氏又以此專利權轉讓與紐球塞之電氣車輛公司。於是後之製造汽車者。均須向該公司商得允許。並須繳納借用利權費。因此製造汽車者多一重擔負。使每車成本增加不少。福特不能堪之。並覺薩氏專利權不能繼續存在。包攬一切汽車。乃不顧電氣車輛公司。而自行製造。該公司遂即提起訴訟。控告福特侵害專利權。要求賠償損失。福特獨當其衝。與車輛公司週旋於法庭之上。竭力爭辯。幸得勝訴。判決之理由。謂薩氏所註册專利者。乃指明當日薩氏所用之發動機裝於汽車上。並非包括一切汽油發動機。福特發動機另係一式。不在薩氏專利範圍之內云云。此判宣佈後。薩氏專利權無異完全取消。蓋當時製造汽車者所用之發動機。早非如薩氏註册原文中所述者。於是皆可無庸納費。而汽車界至此不啻解除一層束縛。發展更易。

一九一一年之冬十月。電氣始動器又經產出。汽車界更爲一新。同時輪胎方面。又有兩大進步。其一。加速劑之發現。向之製造橡皮輪者。須使橡皮在高强熱度下。歷四小時之久方成。自此種化學藥料發現後。僅需五十分鐘。不但製造手續時間減短。而製出之輪。較前尤爲堅固。其二爲一九一二年所發現之加固輪面法。製造橡皮輪者。向用一種炭素黑 (Carbon Black) 爲篩濾橡皮原料之用。若以此物加入橡皮中以製輪之壓地面。可成一種黑色輪面。較前之顏色輪面更爲堅固而耐用。

一九○九年。英丁那波立司 (Indianapolis) 之汽車競賽場成。又爲汽車速率發展增一試驗所。此種場所殊爲重要。因車輛有時必須經過長時間高速上下之試驗。方能決其優劣。而每年之速率競賽。尤能促進汽車製造家之進步。蓋凡與賽之跑車。必須特別製造。各種部份。皆須經精密計劃裝配而成。汽車速率愈高。車身之搆造。發動機之設計。非愈精妙不可。此種錦標主義之競賽。確能鼓勵製造家悉心研究。精益求精。爲功頗非淺鮮也。

第四時期卽自一九二二年以至今日。此四年來。不過第四時期之發端耳。此時雖無多足述。但其日進不息之趨勢在在可見。由前述之統計。可知今日美國汽車盛行之一斑。製造者之發展。亦日進無已。其趨勢在力求駕駛之簡便。及修理之經濟。賓生保 (Duesenberg) 發明直線式八汽缸發動機。及四輪輪聞。海爾氏(Hull)改良橡皮輪。成一種汽球式輪胎。使乘車者更覺舒適。其他各種大小新奇發明。日有所聞。不能縷舉。

第四時期開始中。尚有一極可注意者。即是城市與長途公共汽車事業之勃興。大有與火車電車爭長一日之勢。故各大火車電車公司。均特聘專家兼營此業。庶免他人所經營。而爲本身營業之勁敵也。

此三十年來美國汽車事業發展之概況也。至於其發達之由。則當另文論之。茲不贅述。總而言之。皆美國人民之熱心毅力。有以臻此耳。吾國交通事業。創辦迄今。有五十餘年。鐵路僅不過築成幹線數條。機車則國內猶不能自製。汽車事業。更不足述。觀美國之汽車發展如此。不禁感慨係之。幸國人以美國爲龜鑑。羣起研究。使數十年後中國汽車交通事業之發達。亦猶今日之美國。則余有厚望焉。

(註一)按 Automobile 一字。當譯爲自動車。Gasoline Automobile 則爲汽油自動車。俗譯 Automobile 爲摩託車或汽車。均未妥善。自動車之原動力不限於內燃發動機。有用蒸汽。有用電氣者。而內燃發動機之燃料。亦不僅限於汽油。有用酒精。有用煤氣者。摩託兩字。實馬達(Motor)之又一譯音。電氣鐵道中有機關車與馬達車之分。自不能又用於自動車。惟汽車一名。習用已久。爰以之爲汽油自動車之簡名。

(註二)汽車統計見今年二月份美國出版之汽車實業週刊統計號。(Automotive Industries, Statistics Issue)

(註三)可參看拙譯之「美國汽車聯合會及其工作」載於十四年四月間之申報汽車新聞欄。

電機鐵路與中國

陳章

民國十五年十月，我母校將舉行卅週紀念，并有學術特刊之印行。章雖不學，而惓懷母校，不後於人；願將關於當今各國交通界與電工界之一大問題，及其與我中國之影響貢其所知，既以就正於我師長與學友之前，并以表章區區祝賀母校盛會之微意。此問題唯何？電機鐵路是也。

我中國地大物博，人口繁庶，而全國鐵路止七千餘英哩；美國面積小於我五分之一，人口少於我四分之三，而所有鐵路，較我多三十六倍。無怪我國之貧弱如此，而美國之富强如彼。是以國內有識者莫不以廣築鐵路，謂今日救國之急務；而欲以有限之資本造極長之鐵路，自非考查外國趨勢，斟酌地方情形，謀一最適當辦法不爲功。是則外國電機鐵路之狀況何若，利弊何在，與汽機鐵路比較優劣又何如，固亦吾國民所急宜研究者也。（本文所指電機鐵路，專指長途幹路而言，至於街車及短途電車，不在本文範圍以內。）

電機鐵路者，利用電力轉動電機，藉以運輸客貨之謂也。其需用路軌，與尋常蒸汽機鐵路相同。惟其機車一部分，（俗稱龍頭）去蒸汽機鐵路所有之汽鍋，汽機，貯煤水車，而代以近代效率最高，使用最便之電動機耳。電力自遠處水力電站，或蒸汽機電站，用高電壓經長距離而傳達於沿鐵路分建之支站；然後改變壓力分佈至高架線；經過機車轉動電動機後，復返入支站。長途高壓傳導線，盡用交流電。至於支站發出之分佈線，用以轉動機車者，則有用交流電者，亦有用直流電者。交流電有三相單相之別。直流又有高壓(如三千或一千五百伏脫)低壓(如五百伏脫)之異。各制利害異同，常爲電工界爭辯之點，要視地方情形而定。但在一國之內，當按大體情形，採用劃一制度。庶全體鐵路電化以後，機車運行，不致因電流不符，而有不能交換之弊。猶之車軌闊度若無一定標準，則車輛聯運，必遭阻難，理由甚明也。現在瑞士與德國則採用交流單相，英國法國則採用直流高壓，惟美國因鐵路尙有電制互異，他日必蒙其害。發電站有用蒸汽透平者，有用水力透平者，視何者便利而定。若能將各站聯接一起，即所謂公電制，(Super-Power System)則電源更穩，行車更便。在昔電化之路局，自備電站及傳導制，今則以大電站傳導制之普遍，路局向電廠購電行車，可免去籌建電廠之負擔。此外有燃煤油以動機車，以爲短途或站內用者，爲數究鮮。此乃電機鐵路工程上之大較也。

至於電機鐵路與汽機鐵路之比較，利益若何，其犖犖大者，可分舉如下：

一、因電力傳送運用之便，營業開支可節省也。近代蒸汽機中央發電站，逐漸進步，已至極經濟之地位。加以傳電制及電動機效率均高，故自中央站發電傳至路上各車，損失甚微。據精密計算，一磅煤斤，燃於中央電站，其所發出運輸列車之能力，較之燃於蒸汽機車之汽鍋內，可抵二磅之效。電機利益，顯然可見。若欲以河流瀑布之水力發生電力，更非電機鐵路不能合用。此外汽機鐵路，每列車必耗費其一部分能力以運輸煤水，經年計之，其費甚鉅，而電機鐵路，則完全可免。電機修理不如蒸汽車之頻繁。又電機一停，電流即止；反之蒸汽機車因需用相當汽壓之故，車未開先須燃煤，車停後仍燃煤如故，此又爲常人所習知。至若駕駛靈便，人工減少，猶爲餘事。凡此種種，皆爲減省經常開支之重大原因。年久計之，數逾鉅萬。此電機鐵路之利一也；

二、因電機工程上之特點，行旅之舒適與安全，可增加也。電機轉動均勻，震撼微弱，無濃煙之飛散，乘客與居民均受其利。車行隧道中，又無窒悶之患。電機能臨時加增短時間之負荷，於山行尤爲相宜。上坡時，臨時加增負荷，速度不受重大影響。下坡時，可用重發電制動法(Regenerative Braking)以制動緩行，同時協助上坡之列車，以減少中央站之負荷。此爲蒸汽機車事實上所不能辦到者。又電機控制簡易，動停敏速，即有意外阻隔，可以加增速度，故行車時刻易於遵守。平均速度較蒸汽機車爲勝，而安全過之。此電機鐵路之利二也。

三、因電機車行駛較速，鐵路營業可增進也。電機車速度較高，同一時間，可以多開列車，不受擠塞。故往往單軌鐵路，因運輸繁盛，路不敷用，改用電動機車，其收效與建築雙軌等，而費用較省。尤以經過叢山峻嶺，高下不平之路爲尤甚。電機鐵路特宜於高山地，此亦一因。電機車不用煤水，無須沿路停歇，機件堅穩，不必時常修理，皆爲增進運務之原因。以固有之路軌，增行車之回數，其爲經濟，自不待言。此電機鐵路之利三也。

上述三端，僅舉大概，分析討論，更僕難盡。且皆根據學理，有統計可資參證，非臆造之談可比。是故蒸汽機車雖經近年工程家之竭力改進，已有顯著之進步，而徒以汽鍋與汽機固有之缺點，不能與電機鐵路爭長，事實彰彰，不能諱也。

然則電機鐵路竟無弊乎？是又不然。其弊有二。

一、初辦資本太昂也。電機車所需路軌，與蒸汽機鐵路無異。而電機車與蒸汽車本身價値，相去懸殊。且機車以外，尙須高架線分佈線分站等之設置，類須鉅大資本。若自建中央發電站，則需款更巨。故在同一路線之上，電機鐵路之創辦成本，常較汽機鐵路超過二三倍以至五六倍之多。此一不便也。

二、全路停頓堪虞也。萬一電站停電，卽致全路阻塞。所有機車，頃刻停止。不若蒸汽機鐵路，機車受損，萬無影響全路之虞。此二不便也。

然電機車價格之昂貴，由於長途幹路之使用，迄今不過十五年，尙乏豐富之經驗。且如美國各路電制不一，各自爲政。故每次應用，必費去長時間之研究與計劃。此後經驗多，電制統一，計劃較易，機車價格，自必逐年遞減。且目今趨勢，路局多向大電廠購電，可減去路局大部分之負擔，而以電車路營業開支較小之故，以其節省之金錢，償還額外資本之本利，亦綽有餘裕。故第一層不足慮也。至於電站停給路務停頓之患，則因近來大電站防患機件之進步，不易斷電。若電廠目光稍遠，能多費資本，以力求設備上完美，停給爲可免之事實。若路局分向數廠購電，甲廠卽停，乙廠可供，更萬無數廠同時停給之理。此第二層不足慮也。觀於此，可知電機鐵路，雖有不便之處，而皆有術可期補救，不能引以爲電機鐵路之不如汽機鐵路之說也。

電機鐵路之利益，既遠勝於蒸汽機鐵路，無怪歐戰以後，鐵路電化之空氣，幾瀰滿於全世界各國。故稱電機鐵路，爲當今世界交通界之大問題，實不爲過。各國中急急謀此，又各有其不同之理由。如歐洲之瑞典那威，則以水力最富，利用天然之力，以供人用。德奧則以戰敗之後，煤礦被奪者多，急於省煤，不得不以鐵路電化爲最上策。南美之智利巴西等國，亞洲之日本，則以煤藏素少故電化鐵路急求進行。英法等國產煤雖多，然爲保存此國家生存之利器，亦急以鐵路電化爲謀。其他如意國捷克奧大利亞加拿大非洲印度墨西哥西班牙等國，鐵路電化均在計劃與進行之中。至於美國，則鐵路電化，成績卓著。惟以煤藏素豐，鐵路商辦，贏利受政府之限制，投資者難期踴躍，故鐵路電化之利益雖已大明，而全國路線之改用電機者尙止百分之二。然以美國電業之盛，鐵路電化，勢在必行，不及十年，必有大進展者。此世界各國鐵路電化之概況也。

電機鐵路，在世界各國，已成爲交通界大問題，既如上述。然則對於我國，究有若何之影響，爲一極足研究之問題。我國已成鐵路，寥寥無幾；且屢經摧毀，維持不易。鐵路既零落殘破，更無所謂電化，故今日中國對於電機鐵路問題，非已成鐵路之宜否電化問題，乃未成鐵路之是否用汽或用電問題。今日我國交通界若不將此問題鄭重討論，則再經一二十年，我國鐵路粗具規模之時，環顧各國鐵路，均已電化，而我國則仍煙塵蔽天，糜費喪財，將興望塵莫及之嘆。故章以爲我國今日不築鐵路則已，如築鐵路須先考查電機鐵路與汽機鐵路之利害異同，然後決定宜用蒸汽或用電力之問題。若能愼審情勢，量力而行，雖不能比美各國，庶免來日噬臍之悔也。

我國今日未成之鐵路，其最重要者，當推川漢與粵漢。前者爲巴蜀與中原相通之要道，後者爲南北之總脈，俱爲我中國急切不可緩之鐵路。然而川漢一路，沿途所過，多係崇山峻嶺，而自重慶至宜昌一段，三峽危峙，江水急湍，其水力之富，著稱全球。若能建設電廠，利用天然水力，以發電力，而行車輛，繩以前述電機鐵路之特長，其利益可以操券。三峽之水力，據外人估計，在數百萬馬力以上，除運行川漢鐵路全線列車以外，可以供給川鄂兩省之電力，其裨益於工商實業，更非淺鮮也。又如粵漢鐵路全線，所未築者止韶關至株州一段，所經多屬山脈，益以萍鄉煤礦之便利，若將該段用電機鐵路，其利不讓川漢。此策就我國急宜建設之路而言。餘如已成之京綏鐵路，所經山嶺隧道甚多；所用機車，多係特製；其經常維持費用，頗屬不貲，若能電化，其利甚宏。故即以我國已成鐵路言之，電機鐵路，亦有其相當之位置。至於我國果用電機鐵路，則所用電制，究宜採取何種，宜集合全國交通界電工界學識深造之士，參酌情勢，審定一標準制度，免蹈他國電制不統一之弊。尤爲吾人所宜注意者也。

論者或曰，電機鐵路，其利誠如所述。奈我國資本缺乏，集資不易，此昂貴之電機鐵路，萬非我國將破產之交通界所能勝任何？則應之曰。物質文明之進步，恆經過高價時期，功效既著，遂成需要，利用普徧，需費隨減。即如鐵路本身，在我國初創之時，多以爲糜費公帑，得不償失。迨至今日，則鐵路經過之處，人民無不樂用。又如電燈，開辦之時，亦有視爲奢華之品，非常人所能用者，迄今通都大邑，用電燈者益盛，未有嫌其價貴，復願改用油燈者矣。電機鐵路開創雖需巨資，而以後經常開支之節省，及其所影響於公衆之利益，足以超出創立資本而有餘，固不必預抱杞憂也。

我母校同學，類皆盡力交通事業，學驗豐富，卓負一時人望者，不乏其人。對茲重大問題，研究有素，自不必言。近來築路救國之聲，洋溢國內，倘我同學在交通界者，對於某路某段，宜用蒸汽或宜電力，能以具體之計劃，作一致之論調，以解決此關係國計民生之重大問題，我母校之貢獻於國家，誠不在小。此又章草此篇後無窮之祝望也。

中國運輸動力宜改用電氣之意見

梁興貴

近世人類文化之發展。交通事業之改善。實有以促進之。交通事業之直接影響於國民經濟者。厥惟運輸事業。所謂區域及國際分工(Territorial and international divisions of labor)者。使地盡其所宜。所謂同時及聯絡分工(Contemporaneous and successive divisions of labor)者。使人盡其所長。今日工商業之突進。物質文明之發展。使無近世之特殊運輸事業。曷克臻此。古代運輸之改進。肇今日規模之基礎者。則在利用牲畜及天然之能力。降至十八世紀。蒸汽機發明。迨十九世紀初葉。蒸汽機遂相繼用於陸路及水道交通。富爾敦氏製輪舟。史梯芬生氏創火車。於是有限之牲畜能力及不可控御之天然能力。遂一變而爲取用不竭控御極易之物質內部能力矣。然而所謂運輸事業本身之改進。固無時已也。不特機械之計劃日有改良。以增進其效率速率及安全管理之方法日益周密。以增加其運輸之能力。減輕運用者之擔負。即原動力亦已由蒸汽熱力電磁引力及於汽油熱力矣。德意志法蘭西諸國更進而倡議用火酒熱力於自動車焉。

吾國數千年前已有舟車之利。自元以來藉運河以供轉漕之用。蓋於運輸事業已知其重要矣。晚近數十年來國人益知運輸事業之重要。惟吾國交通事業大都受外交之影響。故鐵路之敷設漫無具體之計劃。航路利權亦喪失殆盡。所謂兵工築路。雖一時甚囂塵上。但卒以政局關係殊罕成效。言之痛心。現時動力之用於吾國運輸事業者。可大別爲五種。

(一)人力　吾國多山諸省。陸路轉運貨物。全賴扛夫。旅客代步。均用肩輿。雖價値昂貴。然限於地勢。莫可如何。水道交通除輪船帆船尙能假用風力航行內河中之舟楫。則仍用人力。故人力運輸在我國實占重要之位置。

(二)牲畜力　北部諸省地勢較平。騾車牛馬等實爲城市鄉村間主要之運輸工具。

(三)蒸汽力　我國之蒸汽鐵道。當以一八六六年英商所築之淞滬線爲濫觴。輪船之航行於沿海口岸。在海禁未開以前已有之。然船政局之創設。當以馬江爲最先。據最近之調查。國有鐵道總數約七千公里。機車約在一千左右。合其他非國有鐵道而計之。共一萬公里有餘。機車約二千左右。國人自備商輪。據一九二〇年調查。約有一百餘艘。共一十四萬餘噸。近則大小商輪已達四百艘。噸數則未詳。然吾國之蒸汽運輸事業。較之他國尙不逮遠甚。

(四)汽油力　汽油自動車之盛行於國中。近數年事耳。然大都在通都大邑商務發達之區。如京、津、滬漢等處。近來國人提倡修築長途汽車路。或築路代賑。或化兵爲工。其意甚善。直魯晉豫蜀楚浙蘇諸省均有長途汽車路之建築。更有城鄉汽車。惟多困於經濟。發展甚難。故我國現時所有之汽車。大都仍在都市之內。其數約在三萬左右。較之他國。誠瞠乎其後矣。

(五)電力　電力用於運輸事業。雖有六七十年之久。然在我國不過二十年而已。且皆限於繁盛之區。如上海天津北京等處。上海公共租界之街車。創辦最早。規模亦較大。在民國十二年。用電約六百萬啓羅瓦特小時。津京兩處規模較小。北京於民國十三年始有街車。電力自動車在德法美諸國早已有之。

在吾國除上海有少數行駛外。他處罕覯。哈爾濱之街車尙未開車。宜長錫長途電車之敷設。不能進行。至於主要鐵道之電化、以及電汽鐵道等。非待干戈平靖。恐難望其有所建設也。

吾國人口衆多。幅員廣大、出產豐富。設政局粗定。建設事業當可進行。若目前之運輸設備。缺乏尙多。城市鄉村均須有良好之道路。互相連接。以供行駛車輛之用。用人畜能力以運輸貨物、在我國雖占重要地位。然其勢寖衰。終歸淘汰。至若蒸汽汽油及電氣之應用於各種運輸事業者。又因情形而各異。電氣可用於陸路之運輸。而不能用於水道之運輸。商輪軍艦雖有用電力行動者。考其原動力仍爲蒸汽輪或蒸汽機。燃料則或用煤或用石油。間亦有用內燃機者。但爲數尙少。

陸路運輸以蒸汽汽油爲主。在城市則街面電車、高架電車、隧道電車、及電力自動車等。用途各異。可以並用。自動車或用汽油或用電氣。前者發達較早。且汽油之產額亦巨。加以年來從事此業者。努力進行。進步甚速。現在全世界汽車已超過三千萬輛。每年用油約三四百餘兆桶。電力自動車爲數尙少。實則汽車之構造。並非較優於電動車。蓋前者歷史較長。速度較高。於長途及鄉村間旅行。故覺便利。實則電力自動車之構造。現在尙屬幼稚時代。而兩者相較。電力車有數點較優於汽車。(一)機件簡單。管理較易。(二)無內燃機之震動。壽命較長。(三)無汽車機件複雜之組織。價値較賤。(四)常年經費及修理費較汽車爲少。(五)同一重量電力車。拖力較大。(六)發動較易。費時較少。(七)加速率較汽車爲快。由此觀之。電力車之發達。未可以限量也。且車輛之駛行於城市中者。有一定之速度。不可超越。所以保障市民安全者也。高速汽車在城市行駛。已失其所長。某專家云。城市運輸所用之汽車四分之三可以電力車代之。非虛語也。至於輸送貨物及日用品物。尤合於用焉。

以上所述。僅就電力自動車構造上之優點及在城市之效用而論。茲再將能力供給問題及燃料問題。分論如下。

(甲)能力供給問題　電力自動車之動力。取諸電池中之電。故其費用當以電力之價爲標準。年來煤及石油之價甚貴。獨電價因機械計畫之改良。效率之增加。管理得宜。反而低減。是以汽油之價與年俱增。而電則反是。近來中央發電廠規模極大。供電甚多。唯負荷最高之時。皆在午前六七點至午後九十點。夜中之數小時需要甚小。致多數發電機不能不停息。常年負荷係數(Load factor)。遂因之而低減。倘用電力自動車。則所有蓄電池均可於夜中過電。電廠方面不必使發電機停息。非特收入可以增多。即效率及負荷係數。亦可以加高。而使電價益低。若是則電力車及電廠均蒙其利。豈不美哉。

(乙)燃料問題　汽車所用之油。取於地層。其量有限。以目前世界用量。必有用盡之一日。其替代之物尚未覓得。且石油產區大都皆操之英美兩國。亞細亞及美孚兩公司。在我國可以操縱一切。我國產油之區。僅有陝西四川新疆等省。其量既微。開採亦匪易。且延長油礦又已停採。假使吾國之汽車事業日漸發達。用油日增。則石油之供給。誠一大問題也。

是以吾國將來運輸事業。動力方面以電氣爲宜。且各國工程專家(如法美兩國)對於電力自動車。研究不遺餘力。將來電池之構造。必有改良。車輛之馬力。必可增加。電力車之前途誠未可以限量。吾國從事運輸事業者。不可不加以考慮。庶幾我國對於此事。亦有相當準備。不致再落人後。

至於鐵路動力問題。惟蒸汽力及電氣。蒸汽力之用於機車者已有百年。電力鐵道雖有四五十年之久。然初僅用於街車。漸及於鄉村城市間之電車。近二十年來始有用於鐵道之幹線者。然亦限於一段一區。因特殊之理由。如鐵路通過大都會之時。蒸汽機車。因有煤屑妨害市民之健康。爲市政所禁止。或通過隧道時。烟霧太重。信號不易分辨。往往發生危險。或隧道過長。空氣不足。燃燒之力薄弱。機車能力爲之銳減。或遇山道崎嶇。則電力機車之拖力較大。下駛時因電動機反換轉向。發生電流。輸回總廠。凡此種種。均電力機車之優點也。數年來對於電動機車實地之觀察及費用之統計。方知電動機之優點除上述數端外。莫若用費減少。能力增加。燃料節省等等。而高速度電力機車之構造。亦逐漸完備。前年奇異公司爲法國所造一車。每小時可行百餘英里。電力傳輸。近年來發達之速。尤足驚人。長距離傳輸線。已過三百餘英里。所用電壓已至二十二萬伏。而脫保護器具。亦逐漸完善。雖經暴風狂雨。酷暑嚴寒。亦不致有意外之事。倘我國他日電氣事業發達。所有電廠必可互相連接。變壓站及變流站。均可沿路建築。電力機車之取電自易。路局方面既不必自設發電廠。中央電廠又可以擴充其營業。此又互相爲用之道也。是以鐵路幹線電化問題。今日已無疑義。美國電化幹線已達二千餘英里。德意志瑞士之幹線。電化者亦已不少。日本及法蘭西之主要幹線。現方從事電化。反顧吾國。內戰不息。路政凋敝。不知何日方能計及此也。

茲再將電力機車之優點略述如下。(一)可以減少常年經費。(二)可以增加運輸能力。(三)可以節省燃料。(四)可免煤屑及過分之振動。(五)可以增加規定之速度。(六)雖停車次數加多。速度亦不因之而低減。前三者實爲使電力機車發達之主因。節省燃料一層。尤爲主要。蓋煤之產額有限。而年來之消耗日增。倘不節省。地下之煤必有告匱之一日。以我國而言。未採之煤約有四五十億噸。倘每年用二十兆噸。尚可支二千年。然我國實業之發達。方興未艾。用煤必增。數十年後恐難乎爲繼矣。且大陸國家鐵道必多。用煤亦多。以美國近狀言之。每年開採之煤。用於鐵路者約百分之三十。倘我國蒸汽鐵道發達。其比例亦必相若。且蒸汽機車熱能之效率。遠遜於中央發電廠。前者每馬力小時約須煤八九磅。後者每馬力小時不過一二磅而已。在吾國南部及西南多山諸省。倘有相當之籌備。或可利用水力以發電。則每年所省之煤必有可觀。各種工業凡須用煤者。均逐漸增高其效率。減少其消耗。則煤盡之期。或可稍爲延長。

電氣鐵道之利既如上述。然電化蒸汽鐵道亦非易事。蓋建設總電廠、分電站、以及傳輸電力所用之桿線等爲費甚大。其難一也。現在鐵道所用之蒸汽機車、及附帶設備。均須棄置。損失匪小。其難二也。有此二難。電化鐵道尚須時日。吾人所希望者。政局定後。建設事業得以進行。動力問題細加考慮。如川漢鐵道運輸事業必繁。而地又崎嶇。與其建築雙軌。仍以獨軌電力鐵道爲宜。不但運輸能力可以增加。常年經費及建築費亦可以減少。其他如滬寧京奉京漢津浦等幹線。將來運輸發達。有電化之必要。亦可以免雙軌之建築。

本篇所論之電化陸路運輸。於短時期中或難有所發展。然政潮時局終有寧靜之一日。吾人從事工程事業者。宜未雨綢繆。以免貽憂於他日。中央發電廠與電化運輸事業。既有密切之關係。必須改良其制度。務使互相連接以資挹注。高壓週波。必須劃一。車輛設備。須有標準。庶幾全國一致。運輸事業易於發達。更有進者。全國鐵路均成電化。所需電機必多購諸外人。漏卮甚大。是亦吾國製造家所應及早預備者也。

中國航空事業之概況及其前途

厲汝燕

無論何種事業。欲推測其將來。必先究其過去。此不特航空一端爲然也。故余欲述中國航空事業前途之希望。當先略談過去之經歷及目前之狀況。並以外國航空之情形。作爲參證或比較焉。

我國航空。創始於前清宣統年間。當時清政府在京派有專員。行小規模之試驗。雖因材料及經驗關係。無若何成績。但當時科學先進諸國。對於航空器械。亦尙在研究試驗之中。我國政府竟能提倡此舉。足見前清末年間奮發圖强之一斑矣。民國成立至今。政府對於航空事業。未嘗急起直追。稍有進步。吾人撫今思昔。未免感慨係之。

當前清末年。余時在英。呈請清政府。略述航空對於立國之重要。請派專員研究製造駕駛之術。數月後。竟得批准。迨民國成立。百事改革。人民思想。爲之一新。於是私人之研究航空學者。既不乏其人。實力派爲擴張自己之勢力計。亦開始注意及之。元年。余應滬軍政府之電召。購奧國飛機兩架回國（第一、二圖）。原爲北伐之用。後因赴德奧法諸國調查。回國稍晚。即在滬寧等處試演飛行數次。爲航空之宣傳。（同時在粤有馮君如及譚君根等）二年、冬。北京參謀本部航空學校成立。購高德風雙翼飛機十餘架（第三圖）。於京南之南苑地方。並設修理廠一所。時余供職於京師第三師。任飛機廠廠長。從事研究製造。教練飛行。同年、三師開往河南。余因注意研究學術。得該師師長卽曹前總統之許可。入新立之航空學校。專任教練飛行及製造。彼時飛行教員尙有潘君世忠及法人二。其規模雖較歐美諸國爲小。但在中國。此種專門學術機關。僅此一處。（惟同時在廣東。亦有較小範圍之同樣機關。）海軍方面於民國三四年間。在福州之馬尾地方亦有同樣之計畫。附屬於魚雷廠中。專任試造飛船及水面飛機。成績頗好。（第五、六圖）後因限於經費。並於試驗時失慎數次。未能發展。前功盡棄。誠可惜也。

京中方面。則南苑航空學校。於開辦後二三年。教練飛航。研究製造修理。成績尚好。計畢業學員兩期。約得七八十人。自造飛機十餘架。並組成臨時飛行隊。參與勦匪。助戰數次。雖未收大效。然對於軍事航空之實地經驗。亦得益不少。教練方面。因材料之分撥不充。大受影響。加以經費困乏。航空遂無形停頓。時値歐戰發生後。我國參戰之始。余曾條陳當道。說明大隊兵士輸送及訓練之不易。擬遣航空隊助戰。藉此機會。且可要求聯軍供給中國航空器械若干。以供教練之用。本國航空亦得發展。事半功倍。一舉數得。當時倘有一二百之飛航員。參與歐戰。則中國今日國際地位。可高數倍。不幸此項計畫。當道竟視爲無足重輕之紙上空談。至今思之。猶覺可惜。其後數年之間。因受歐戰影響。外洋材料不能來華。中交票又停兌（經費係發中交票）。維持困難。遑論進展。時余適接辦校務。對於個中情形。知之甚詳也。但教師及學員。日以冒險進行研究學術爲事。並未稍輟。至民國九年。航空借款告成。航空事務處成立。航校卽歸併該處。於是中國航空氣象爲之一新。前此交通部亦另設一航空處。主管者爲丁君士源。原擬開辦北京庫倫間之航空線。所用飛機爲亨達倍治式(Handley Page)及愛佛羅式(Avro)教練飛機數架。爲飛航員習練之用。飛航人員。係由航空學校調撥。因所有飛機。比較航空學校所用者爲新式。擬稍加訓練。當卽開航。後因政治及經費關係。未能進行。不久卽歸併航空事務處。改組之航空署。署長爲丁君錦。督辦爲當時之國務總理靳君雲鵬兼任。規模宏大。計畫精密。設立工廠於京北之清河。改航空學校爲教練所。原擬從事商業航空組織航空線。先由京滬一線着手試辦。宣傳航空之利益。後因歷年國內戰爭。百政具廢。航空一端。亦受影響。故京滬線試航二三次。僅至濟南爲止。一切地面設施及所有其他計畫。亦隨之中輟。站廠完工。不過北京之清河及上海之虹橋兩處。由此借款所購之飛機。爲英國之大機維梅式(Vimy)六十架。中號維姆式(Vim)(第四圖)三十餘架。愛佛羅式教練飛機四十架。外加備用零件若干。增加飛航員七八十人。今則航署已空空如也。一機無存。所有飛機及零件。每次內戰發生。必損失或分用若干。詳細情形。不可勝述。

北京之外。創辦航空機關。有奉天航空處。該處組織完備。有製造廠及教練所。飛機多數爲法國白立蓋軍用飛機。其餘有法國之高德風式。英國飛機亦不少。有自購者。有爲戰利品者。不詳其數也。其他則爲山西。其飛機爲德國之榮克式(Junkers)此種飛機。皆係金質。教練極不經濟。漢口、張家口、南京、雲南、保定、山東、浙江等。亦皆有同樣之機關。有注意商業航空者。有注意教練者。有注意軍事者。各處人員。多由航校畢業。所可惜者。常受軍事上及政治上之影響。參與內爭。而不能從事於航空事業之發展也。今將國內所有各種飛機式樣。就余所知者列表於左。以備留心航空者之研究。

中國國內航空器式樣調查表

(注意)　油量及人數並無一定。若須多載他物。則可減少油量(即爲飛行時間)及人數。表中有已廢不用者。亦列入備考。

奧國愛秋里去(Etrich)式單翼飛機

第一圖

第二圖

法國高德風(Caudron)式雙翼飛機

第三圖

英國維姆(Vim)式雙翼飛機

第四圖

第五圖

第六圖

本國潘世忠造單翼飛機

第七圖

本國厲汝燕造雙翼飛機

第八圖

日本造之法國尼何保(Nieuport)式單翼飛機

第九圖

世界第一次環游全球之特拉司(Douglas)水面飛機

第十圖

名式	洋文名	某國造	發動機馬力	發動機名稱（洋文）	發動機之具數	航空器之座位	航空器之速度	航空器飛航耐久時間	插圖號數
雙翼高德風	Caudron	法	四十	Anzani	氣涼式恩殺尼（法）一具	單座	四、五十英哩	二小時	三
同上	Caudron	法	五十	Gnome	氣涼式尼何姆（法）一具	雙座及單座	八十及九十英哩	三小時	三
同上	Caudron	法	八十	Gnome	氣涼式尼何姆（法）一具	雙座	八十英哩	三小時	三
雙翼亨德佩治	Handley-Page	英	七百二十	Rolls-Royce	三百六十馬力水涼式羅司考司（英）二具	二十座	九十英哩	九小時	
雙翼愛佛羅	Avro	英	七百二十	Mono-Soupape	氣涼式木那（英法）二具	雙座	八十英哩	三小時	
單翼式	Pan	本國潘世忠造	八十	Gnome	飛涼式尼何姆（法）一具	兩座	八十英哩	三小時	七
雙翼式	Z. Y. L.	本國厲汝燕造	六十	Austro-Daimler	水涼式特姆拉（奧）一具	雙座	八十英哩	三小時	八
白立蓋	Brequet	法	三百	Renault	水涼耳立那（法）一具	雙座	一百十英哩	五小時	
單翼愛秋里去	Etrich	奧	六十	Austro-Daimler	水涼式特姆拉（奧）一具	雙座	六十英哩	三小時	一、二
堅翼式高德風	Caudron Rigid-wing	法	一百十	Le Rhone	氣涼式拉龍（法）一具	單座	八十英哩	二小時	
保磁式	Potez	法	四十	Renault	氣涼式恩殺尼（法）一具	單座	六十英哩	二十時	
單翼式榮克	Junkers	德	二百	Junkers	水涼式特姆拉（德）一具	六座	八十英哩	五小時	
克天司式	Curtiss	美	九十	Curtiss	水涼式克天司（美）一具	兩座	八十英哩	三小時	
克立司討發生	Christophson	美	一百	Hall-Scott	水涼式何爾司高狄（美）一具	兩座	九十英哩	二小時	
白立蓋十四號	Brequet	法	四百	Lorraine	水涼式勞來根（法）一具	兩座	百二十英哩	四小時	

愛司伊佛夫	S. E. 5	英	二百	Hispana-Suiza	水涼式伊司班那（義）一具	單座	六十英哩	二小時	
司佛	S. V. A.	義	三百	Hispana-Suiza	水涼式司維殺（義）一具	單座	百二十英哩	三小時	
單翼尼何保	Nieuport	法式日造	八十	Gnome	氣涼式尼何姆（法）一具	單座	八十英哩	二小時	九
維梅式	Vimy	英	七百二十	Rolls-Royce	三百六十馬力 水涼式羅司考司（英）二具	十座	九十英哩	五小時	
維姆式	Vim	英		Rolls-Royce	水涼式羅司考司（英）一具	二座	九十英哩	三小時	四
柔體式氣艇		日本造	二十		無名（日）一具	四座	二十英哩	三小時	
段何物蘭	DeHaviland	英式俄造	二百	Rolls-Royce	羅司考司（英）一具	二座	九十英哩	五小時	

我國航空之沿革及現狀。既如前述。然則國人對於航空事業之發展。應作何等之感想與希望。姑就余之所見爲國人一述之可乎。查航空一門。在泰東西各國。不論其創始時期較之我國或早或晚。要之已成爲一種大規模之事業。公認航空事業。對於社會之進化。國家之强弱。經濟之狀況。均有莫大之關係。該項事業之進步。對於國際上。亦有無限之利益。將來世界和平。亦利賴之。是以美國於此五年內。有二萬二千五百萬之航空擴充計劃。在歐州英法兩國。對於航空之設備。亦競爭不遺餘力。範圍並無制限。將來或至超過美國而有餘也，其他諸强國。亦有同樣之進行。有從事航務者。有研究製造者。事業進步。日新月異。雖其主要目的。皆爲軍事。但同時可以促進交通。兼收富國利民之效。返觀我國航空事業之不振。雖由經費不足。或因設施失當。然而國內他項工業之凋敝。人民心理之不知重視。亦其原因之一。各國航空事業。所以有今日之盛況。雖爲數年歐戰所促成。亦實其人民進取之心理。及各項工業之發

達。有以輔助而獎進之。余從事航空近二十載。政府無獎勵辦法。而人民方面。亦無具體之表示或要求。國人之無奮鬬進取精神。亦無可諱言也。

余意中國航空之發展。莫善於由輔助交通着手。蓋我水陸交通。較之他國極爲幼稚。已成及未成之鐵道均屬無幾。惟一之補救辦法。惟有發展空中航線耳。建造經費既省。籌辦時間亦短。其載重能力。固不如水陸交通。但各有所長。不可偏廢。卽使他種交通發達至於極點。若無空中航線。終爲美中不足。猶如有陸海軍而無航空軍。未免爲軍事設備上之缺點也。我國航空線。並可設於其他運道之前。此實至爲重要。既可以便利交通。且可藉以探察情勢。對於運道建設。當不無裨益。水面空中。較之陸面空中。辦理航空線。尤爲相宜。其最顯之點爲速度。水面運輸。至速不過每小時十餘哩。空中可達十餘倍。又一切設備。較之陸面航空線爲節省。爲安全計。尤屬可靠。蓋沿途皆可降落也。水面航空線。首推長江。以今之普通速度計之。商用飛機可坐三四人。並帶簡單行李。於五小時內可由上海至漢口。每人旅費。不過百元左右。郵件每一盎司費僅二角。若以此作標準。而推算之。一旦航空線布滿全國。則於十日內。無不能安抵之處。設備完美。夜間同一飛航。時間又可減去一半。將來國家統一。固事實上所能辦到也。

讀者或疑今日航空器無此能力。余可舉數事實以證之。或尙爲讀者所能記憶。近五六年間。大西洋已經空中飛越數次。第一次爲美國政府組織之飛航。第二次爲英之氣艇。其成績尤佳。出發路程由英之北部直達紐約三千五百哩。在空中八十餘小時。飛回路程時間稍少。計六十餘小時。各國成功之長途飛航。不勝枚舉。大都皆由短程湊成者。週繞全球之飛行。亦已早告成功。(第十圖)如最近美國之航空北極探險。尤爲航空器進步之一證。我國陸海軍設備之不完美。已達極點。航空軍隊。亟應急起直追。勿落人後。國家有事。或可稍補助於萬一。然軍事航空。與商業航空有密切之關係。余以爲商業航空一旦盛行。軍事航空未有不隨之而發達者。蓋商業航空。既能生利。足以自給而有餘。一方可以養成航空應用人才。一方可以維持多數製造之工廠。一部分人民既可寄生於斯業。而國家費少數之補助費用。有事之時。卽可用以爲保國安民之助。非若軍事航空完全係銷耗性質。國家財政未經一番大整頓之前。萬無如許能力。以供給應用之航空隊伍也。至於此種辦法之有否效力。或其效力之大小。則完全視組織及研究之完美與否爲斷。如航行路線之支配。航空器之式樣。規定民間飛行。競賽之鼓勵。均應由國家之航空衙署。規劃一切也。

今人每以他國皆有飛機來華。絡繹不絕於道。而怪我國竟無一人能爲國爭此榮光。以此而責中國航空人員。未免失當。蓋空中航行。並非十分難事。若有充足之經費。卽可實行。外機每次來華。大都皆係政府或工廠之計畫。其目的不外乎商業廣告或示威舉動(亦非僅對我國)。由表面言之。則此種飛航爲國家爭榮。並可喚醒世界人民之航空思想。亦促進航空事業之一道也。

至於學界諸君。亦可提倡航空。無論普通或專門學校。皆可以航空之學理思想傳授於生徒。學者方面。亦可以飛機模型代替風箏爲消遣之用。今日各國。航空器模型會恆以百數十計。航空書報。多不勝數。而製售能飛模型或供給需用零件之工廠尤所在皆是。亦可見該項事業之重要矣。余願將來熱心學子。提倡此門學術。既可促進航空事業。又係一種有益之消遣。事既易舉。且不受何種障礙。功效雖遠。而可使幼年時代早得航空知識。是亦有力之提倡也。

教育今昔之經過

王植善

丙寅秋、母校舉行三十周紀念。廣徵海內外同學之文字、彙刊行世。所以使南洋之名、與碩儒之經綸、並垂於久遠。同人之所以壽母校者。其意可謂深且遠矣。噫嘻、三十年爲一世、人生長壽不及百年。母校之興。其一世哉。以愚昔日年少氣盛。馳騁當代而交接天下賢豪。意氣之榮不可一世日月幾何。而吾之丹者已爲槁木。黑者已爲星星。白雲蒼狗。電光石火。人事興衰之感。家國存亡之歎。憂患之生、六十之年。回首三十年中雲煙變幻。雞蟲得失、撫今傷逝。不知從何處說起且亦不知所以爲母校壽者。夫學者多貴古而賤今。談者有廢視而任聽。今古影象之不同。或亦視聽任廢之各異。居今之世而追述往昔之教育事業。則貴古賤今之念。不禁油然以生。三十年教育界之變遷。愚以一人目擊而身歷之。則凡愚所感想者。廢視任聽之誚所不受也。愚主持之南洋中學、今且三十一年矣。自離母校。即任南洋中學事。憶予初主中學也。生徒不過數十。而聘請教師極艱。校課之中。物理化學之設備教授最爲難事。有熟習口文之教員、不諳英語。而生徒每自行集合。購西文原本。孜孜參考。早作夜思。尙憶某日某君授物理、拆閱時鐘機器。學生圍坐討問。經日不散。由今思之。求真之誠、耐勞之心、今之學生未可與從前同日而語也。嚮之鬧風潮者雖時或發生。而指導得宜之學校。則師弟之間。敬愛之義猶有存者。學生投軍入伍者有之。從事革命者有之。其英姿勃發之雄心。純一進取之壯志。今之學生似又未可同日語也。居今日而觀中國。尙有教育可言耶。整頓名教。提倡風義。凡可以保存國性而振勵民質者。無不以反動派之名義目之。嚴考績振紀綱者。無不以蔑視學生人格誣之。校政公開。而學生反弟爲師矣。反對考試。而青年之技能末由養成矣。政黨充塞。而理智囿於黨綱。真理無由發達。不啻回復中世紀宗教威權統制一切之景象矣。且夫師弟之間。不尙感育、而謀對付。不尙誠心、而重機詐。自擬勞資之懸絕。因啓階級之戰爭。現象若此。自今以往。教育事業之不能發展。蓋亦世界自由主義不能向榮之同一潮流乎。一黨專制、主義治國。皆自由主義之致命傷。亦教育真義之蛇蝎也。予今老矣。少年所志。百無一遂。而獨於垂暮殘年中。覩此教育界之特殊狀態。瞻望滬西吾母校之鐘塔、矗立雲表。隱約可見。教育事業未來之進化。變遷孔多。正未容置其懷念。獨吾質非金石。軀本骨肉。行見雲煙過去。而吾舊時母校風物。永無重見身歷之日。爲可慨已。

我國工程教育之前途及母校之責任

莊澤宣

一、工程教育之現狀

今年爲母校三十大慶。關於中國文化之大事。與母校同年發生者。有康有爲之上書變法。梁啓超之講學長沙。及上海商務印書館之創辦。而是年亦即中國革新運動起端之第三年也。（日人稻葉作清朝全史謂中國近代之革新起端於一八九五而母校成立於一八九七）故母校之歷史實與中國文化有關。而母校之發達。實中國進步之象徵也。

母校之初設。雖嘗注重師範及政治之學。然不久卽趨於實業。至於今日則爲中國工程教育之最高學府。其負建設新中國之責任。較他校爲尤鉅。

近世文化之有賴於自然科學。雖婦孺亦知之。歐美主張之趨於物質文明者。甚至以一處之電力銷耗爲該處文化進步之標準。此種極端主張吾人固未必贊成。惟一考近世文化之精神。卽與科學處對待地位之哲學亦受科學之影響。至於科學之進步。其有裨於國富民生者。尤非淺鮮。使無自然科學之應用。而能有今日之各種進步者。吾不信也。

自然科學之應用。其進步之大端。則蒸汽機之發明與電力之受人控制是也。母校今日之注重電機機械二科。可謂扼要。他日全國之原動力。盡受吾同學之支配。意中事也。

今歲之春。清華因十五周年紀念發行特刊。徵文於余。余嘗作中國之大學教育一文應之。文中余舉北京工大，唐山，河海，同濟及母校代表中國之工科大學。然尤以母校爲能在工程教育界中佔最重要之地位。是亦有故。上海爲中國近代文化實業之中心。而母校適臨滬瀆。母校雖爲工程教育之機關。而對於國文及中國固有之典章文物。未嘗不重視。同學無洋氣。實母校成功之要素。至於上下同聲氣。孳孳求學業。近年以來。各處鬧學之風日盛。學生以外務爲正課。獨母校同學猶未沾染此惡習。此亦使母校能繼續不斷前進之一原因也。

二、工程教育之缺點

余嘗考今日中國工程教育之缺點有二。卽工程界中等人才之養成。及建築工程之教育。猶無學校謀及耳。

同濟嘗設中等技師養成所。成效昭著。惜因用德文。習之者不多。此項中等技師。國內極爲缺少。高等工程人才。卽使國內乏人。猶可借才異域。況各大學畢業生及留學回國者日衆乎。一般工役。除以力役於人外。不必具若干學識。至多略加補習。卽可充任。若夫中等技師。旣不需高深學識。復不能如工役之僅具粗淺常識。而社會之需要。較之高等技師或專家尤亟。蓋一切工程。皆需此種人才爲之監視。一般工役。全賴此種人才爲之指導也。今日之中等技師。多由資質較高之工役提升。經驗雖富。學識不足。偶由初畢業之大學生任之。不惟所受之教育太高。且亦太偏於學理。補救之道。在於速設中等工程教育機關。招收年長力富而經濟能力未能畢業中學者。授以實用之技術。則其畢業後。定能施展技能。有所貢獻也。

建築工程向爲土木之一部分。而近始獨立自成一系者也。建築工程亦爲一種基礎工程。而效用極普遍。凡公署，商店，學校，工廠之創始。莫不賴有建築。年來中國建築工程事業頗爲發達。然建築工程一科。猶未見有設立者。

建築工程教育。一方面爲工程之基本教育。如材料學力學等是。一方面爲美術之智識。如圖樣之力求精美與實用是。余嘗考查建築工程科之創設。其所需經費並不多。若附設於一已有成績之工程教育機關。則更易易矣。

惟建築工程教育機關。宜設於通都大埠。庶學生能有機會參考各種建築物之優劣與適用。若設於小鎮或僻鄉。則必有坐井觀天之弊。此吾人所不可不注意者也。

三、母校之責任

上述中國工程教育之二缺點。負補救之責者母校也。母校執全國工程教育之牛耳。既如上述。而地點復在中國物質文化中心之上海。從種種方面觀之。完成中國之工程教育者。舍母校其誰。

余書至此。適南洋旬刊來。母校中學改制之議定。且將酌設職業科。以爲交通事業中級人員之預備。此言實獲我心。母校既有電機機械二科。正可養成電機機械工程事業之中等人才。余深望母校此事能及早爲之。

余更希望母校能辦建築工程科。以供社會此項人才之需求。母校同學之在建築界中卓然自立者。已不乏人。卽母校之建築物。亦正方興未艾。及時設科。誠人己兩利。名實兼收之舉也。

斯二者。余對母校最低限度之希望也。邇來母校既受中美基金之補助。復得中英委員之贊許。前途殊可樂觀。余深望母校當局能作遠大之計劃。若不以余爲末學而許有所論列。則除上二項外。余以爲應有下列諸事之計劃。

一　舉辦推廣教育

二　設化學工程科

三　設工程研究院

上海爲中國物質文化中心。近復有大上海之計劃。居民之勞心勞力於工程事業者以萬計。近且日增而無已。母校既爲上海工程教育之最高機關。則凡有益於工程界之事業。皆所應爲。故余意母校宜辦推廣教育。舉凡夜校。在校及出外演講。發行雜誌。參與討論會。舉辦展覽會。以及與工程教育有關之事業。皆應視力之所及。一一爲之。此種推廣事業。從經濟上觀之。似太糜費。實則若母校與工程界關係愈深。則校譽愈隆。而贊助者亦愈多。且推廣教育中有許多事業。可由學生任之。既服務社會。又得經驗。誠一舉兩得者也。

化學工程。爲重要工程之一。國內各大學設此科者。僅北京工大。然而化學工程科若望成效昭著。非設於上海不可。故吾以爲惟母校具此資格。

母校若能向橫的方面推廣。並設建築及化學工程科。更從縱的方面設中等技師養成班。則冠以工程研究院。理至當也。況中國工程學會已委託母校試驗材料。是工程研究事業已開始。今後當更確定系統。擴充組織。若試驗室之增加。圖書之擴充。皆研究之預備工作也。今日之工程教育。決不全在教授功課。而在乎教師能有所研究。若研究院不立。則名師無所施其技。日以其所知授之於學生。而不能自求進益。此自劃者也。研究院之初設。不必有具體的課程。純視教師之所長。設備之所及。收少數大學畢業生。作專精之探討。蓋研究貴精不貴多。重質不重量。與推廣適處於反對地位。若研究有得。當以中英文字刊布示人。庶母校不獨爲國內工程教育之最高機關。且聞名於世界。此今後母校所亟應努力者。幸我同學善圖之。

我國今日工程教育上應注意之事項

梁士超

工程教育之重要。人人知之。歐美各國研究改良。已數十年。經驗豐富。設備優良。用能人才蔚起。學理日昌。新奇疊出。社會咸蒙其賜。吾國興學迄今。歷年有限。成績不能與人爭衡。原無足怪。但今日之設施。是否與環境適合。異時之結果。是否能副社會之望。此正留心工程教育者所急宜研究者也。余竊以爲就目前之情形而論。有工程教育上特須注意者六事。請分述如左。

(一)工程常識

外國學生對於機械建築以及一切工程上之事物。多平素耳目所及。熟知梗概。至於淺近科學智識。又多童而習之。了然於心。故一旦入校。進求深造。按圖索驥。領會自易。循序漸進。不難成材。若在吾國今日。實業方在萌芽。青年學子。接觸蓋鮮。而初級學校。對於自然科學。又未能認真教授。故雖畢業中學。而對於工程事業上之觀念及智識。蓋極有限。驟入工科。自有扞格不入之苦。且所用書籍。又多外國文原本。專名非素識。圖樣未熟習。甚至文字亦非所擅長。閱讀數過。或僅明白詞意。遑論其能融會貫通。學有心得矣。無怪國內某大學外國教授。謂中國學生初二年進步甚緩。後二年亦仍較外人爲遜也。今日之工程學生。其天分高者。成績固甚優。其程度次者。每多徒讀成書。不能運用。欲求其在工程事業有所貢獻。固戛戛其難。而教育效率。亦因之減色多矣。

故學生缺乏工程之常識。實爲事實上之缺點。欲謀補救。不能不有適當辦法。茲擬數端如左。

(甲)設立工程常識一課。每星期授課以二小時爲度。

(乙)參觀工程事業。每星期至少一次。

(丙)多購機器模型及標本等件。俾教師隨時可作詳明之講解。

(丁)設一工程陳列室(Engineering Museum)搜羅愈多愈佳。陳列室中任人參考。關於工程上之一切物料。及標本等件。(如棕繩、鋼纜、洋灰、磚瓦、生煤、焦炭、木石標本、機油標本、各色油漆、鋼軌、鋼條、鐵板、螺絲鍋釘、各色五金、機器標本工程用具、汽管、水管、各種電料、以及表册圖樣等物、)

(二)勤勉與耐苦性

國人體育不講。文弱者多。貪逸惡勞。習慣成性。起居小事。假手傭僕。學校出身者。又易養成驕慢習慣。實與服務工程界。須以勤勉及耐苦爲第一條件者。適相背馳。因之操作過勞。卽不勝其苦。中途改業。時有所聞。是實幼時家庭教育不良有以致之。故欲養成真正工程人才。必先除去幼時之驕惰根性。務使人人有奮勇之精神。有勤勉之習慣。而又益以相當之學問。方能達工程救國之目的。非有適當訓練方法不爲功。訓練方法有二種。一爲校內之教練。一爲校外之教練。校內教練甚簡單。祇須根據校章之精神。對學生實行訓練。已足挽救多數不良之習慣矣。

校外教練。方法甚多。試舉一例以待研究。

野外生活。最於身心有益。不妨於假期中由學校主持。在郊外擇一相當之地點。設帳旅居。日中則從事於饒有興味之工作。如工程、測繪、漁獵、參觀、游泳、賽船、及長途步行等事。旅舍各事。均歸學生輪流料理。

期養成操勞、獨立等良習慣。由教員查報勤惰。視爲學生畢業成績之一。有不到者。以缺課論。非補足不予畢業。

(三)工廠實習

凡學校課程之中。工廠實習之外。更有參觀工場之舉。以助學業之進步。法至善也。顧平時參觀。爲時甚促。獲益淺鮮。不如改駐廠中作長期之工作。較爲有益也。按英國大學制度。學生於假期中入廠實習。其工作成績單須由廠中負責人員簽字作證。復由學校方面存案。認爲該生實習成績。若無此項成績單者。不准畢業。此種辦法。頗有可取。吾國學校或可仿行也。

(四)衞生常識

服務工程界者。往往遠在杳無人煙之荒野。偶染疾病。求醫爲難。故爲思患預防起見。工程學生。應有相當之衞生常識。略知普通疾病之原理。及其預防治療方法。庶有小病時。即可自爲醫治。其爲利便。非淺鮮也。

(五)國貨工程物料

國貨不振。舶品充斥。社會人士利其新奇。競相購用。金錢外溢。習尚日奢。實爲世道人心之隱憂。學生人格與知識。超出平民。似宜具感化社會之決心。於置辦物品之時。應先國貨而後外貨。奢侈品物。無論其爲國貨、外貨。尤宜一律擯絕。此固學生之天責。而學校方面亦宜有以申儆而訓練之。

又近年來吾國製造工業。頗有進步。國貨出品洋灰、火磚、紅瓦、電料、竹節鋼骨、石棉製品、各色油漆、及各種機器等件。質地優良。不亞於外貨。工程界人士亟宜首先購用。以資提倡。學校爲人才之出產地。似宜隨時指導。養成習慣。俾異日之工程師。人人心中均有一購用國貨之觀念。亦振興實業之一助也。

(六)研究院之設立(Research Department)

求學之時間有限。學問之進步無窮。專科範圍雖狹。亦安能悉得其窾竅。而一一學畢之。學校所謂畢業云者。不過授學生以必需之通用知識。及自行研究之能力。俾再有深造之機會耳。故學生由專科畢業後。必進研究院學習。方能有發明新事物造福社會之希望。此所以外國大學之中。多有研究院之設立。俾畢業生之優秀者。皆得入院研究也。吾國今日尚少此種機關。尤願提倡工程教育者亟起而圖之。

工程教育之研究

三·十二

茅以昇

民國十有五年，上海南洋大學舉行卅週紀念。將刊專集，徵文於蒙，並命題示範，囑於工程教育，抒其懷見。自維淺學，惶恐曷勝。顧年來從事教育，探討所得，亦思將積年蘊蓄，貢之當世。倉促成篇，固知譾陋，聊以表慶祝之誠耳。倘希南洋同人，有以教正，無任感幸。

十五年八月茅以昇謹識

我國新式教育中，舉辦最先，成效最著者，當無過於工程教育。此誠我工程教育同人所堪引為忻慰者。然吾人遂卽躊躇滿志，不加省察，自封故步乎。抑現時狀況，果已悉臻完善，無須改進乎。

工程教育之最大目的，在培植工程上之有為人才。此種人才，應具下列之條件，（一）善於思想。（二）善用文字。（三）善於說辭。（四）明於知己。（五）明白環境。（六）科學知識，知其所自來，及運用之方法。（七）富於經濟思想。（八）品德純潔，深具服務之精神。以我國工程教育之現狀，已足盡其職責，毫無遺憾乎。據考察所得，固知其不然。然其癥結究何在乎。

茲篇所述，係就工程教育之現狀，加以建設之評論。計分學制、招生、課程、實習、考核、教授及服務七章。各成段落，而贅以結論。至其旨趣及範圍，則有如下述。

1. 專就大學程度之工程教育立論。文中『工校』二字，皆指工科之大學，或大學之工科。
2. 我國工程教育之情形，因無詳細調查，致難有精密之統計。雖有兩三校為著者所深悉，然掛一漏萬，無寧從缺。篇中事實，無準確數字證明者，以此。

3.我國工校之學制，多與美國工校相似。著者之經驗，亦以此類學校爲限。故發言立論，未免偏囿、閱者諒之。

4.此篇所述範圍，以純粹教務爲限。至經費、設備、管理及其他有涉行政事宜者，均從略。

5.教育之事，頭緒紛繁。欲圖改進，決非倉猝能成。本篇旨趣，祇在列舉事實，貢其意見。卽有建議，亦純憑理想，未經實驗。謂爲研究之塗徑則可。改進之說，殊不敢承。

6.篇中參考事實，獨詳於美國者，亦爲學識經驗所限。倘承歐陸學者予以指教，曷勝感幸。

一　學制

我國工校學制，雖因歷史關係，頗不一致。然除少數因襲德法等國學制外，其大多數皆模倣美國。茲舉其特點如下。

1.學生入校須經本校執行之入學考試。及格後，方得錄取。

2.錄取學生，照其志願程度分科編級。所有各科各級之課程，均經列表規定，全班一致。每週按時上課，不得無故缺席。如是修學四年，始得畢業。

3.各種學科包含之學識，就其性質內容，分爲若干課。各繫一名，略無重複。並按照一定之標準，分別前後。循序修習，不得躐等。

4.每種課程，修畢後卽經一種考試。如能及格，則對於該課之責任已盡。如全級之課程，皆能及格，則該級之肄業終了。至不及格之課程，則須於下年度補習。

5.各課程度，以所用課本為標準。教授方法以注入督促為原則。考核制度，以劃一程度為目標。

6.所有課程規章等，一經規定，甚少更動。故各校皆有其特殊之精神。

以上情形，在吾人習知美國學制者，大都視為當然，不覺其利弊之所在。然試取歐洲各國之學制相較，則其中優劣，有足供吾人研究者，殆亦參考之借鑑也。

(二)英國　英國實業隆盛，故工程教育以實用為主。最初之工程師，祇就其經驗所得，發展其技能，因職務所需，涉獵於科學，並無高深教育為入世之準備。所有著名大學如『劍橋』(Cambridge)等，對於應用科學，其初皆不重視。迄於晚近，因局部之實業學校增多，程度漸躋於大學，始有陸續開辦工科者。按其現行制度，最足引人注意者，則其富於伸縮之彈性。如畢業學位，不僅限於在校學生，即校外學生具有相當學力者，亦可應試取得，如『倫敦』大學是也。此外各大學大都有三種學生：一為希冀取得文憑者，一為希冀取得學士學位者，一為希冀取得學士學位而附以榮譽者。第一類學生，祇須具有選讀工科之能力。第二類學生，則須經入學試驗，對於本國及一種外國文、數理化等科學，均應具有根柢。第一二類學生之肄業期限，除『格拉斯哥』(Glasgow)大學為四年外，其餘大都為三年。第三類學生，則或須四年，或仍三年而將功課加重，初無一致。至各課程之內容，則完全偏重於科學及工程方面。所有普通之基本課程，均假定於中學時修畢。學生所讀功課，雖經規定，但理論部份，則除在課室講授外，餘僅示以範圍，列舉書名，由學生自行選讀，不似美國學生所受之拘束。各課成績，亦賴考試為稽核。但因每班人數甚少，教師照料較周，故學生之程度參差不遠。此英制之大略情形也。

（二）法國　法國富於研究科學之精神，故工程教育在一七六〇年時即行開辦。蓋認爲科學研究之分枝，與英國之實用主義有別也。學生入校，皆須經極嚴格之考試（Concours）。其艱深遠在我國之上，故錄取人數極少，而入校學生之降級或不及格，亦爲少見。各課教授方法，理論部份最爲透澈。學生修習，除作題外，每星期皆有口試。年終時，各課亦有大考，爲評定之根據。肄業期滿，由校授予文憑，但無學位。至教授人選，則視課程而別。大抵科學理論，均延名宿，而技術學課，則聘著名工師。故法國工程學生之科學根柢甚深，而攻讀之勤，亦爲罕見。其畢業後之執業工程界，以研究改進爲最大之興趣，則固其國民性有以致之也。

（三）德國　德國工業科學，俱極注重，故工程教育之完備，亦彪炳一時，而中等職業教育之完善，尤爲各國所罕見。茲專就大學論之，則創立機關，均爲各邦政府，私立者幾不一見。學生入校，祇須中學畢業，得有憑證，並在實業界有半年之實習，即可收錄，無須經過考試，且無名額之限制。入校後，亦極自由，既無班級課程之束縛，更無學分成績之可言。蓋將學業進步之責任，完全置諸學生本身，而鼓勵其自動研究之精神也。其教授之人選，至爲精當，不僅學識湛深，大都得有博士之學位，且其工程上之經驗，尤稱宏富。曾任工程重要職務，至十年以上者，比比皆是。故待遇固極優厚，而社會重視教授之心理，尤爲他國所少見。教授亦以是爲終身職業，用能忠於所事，奮發有爲。學生入校後，所選學科，概由自定，無相當之指導。每科課程，亦無規定之時間表，按時上課。除應讀科目由教授預爲規劃，以定範圍外，其餘修習時間，進行程序，均由學生自行酌定。且因各校之程度，全國一致，並可往來各大學之間，擇其景慕之教授，隨從學習。蓋德國工校之教育，皆集中於一二教授之身，每校皆有其特長，而非他校所能及也。其教授方法，以造成相當環境，啓發學生自動能力爲目標。如每一學科之主任教授，皆有其教室、辦公室、圖畫室、藏書室、試驗室之類，互相聯絡，自成一組，身處其中者，宛若服務於實業界之研究室，而無學校形式之拘束。教授儼若工廠之總工師，所有學生工作，皆預爲規劃監察進行，故能引起學生之興趣，養成高等技術之人才，誠德制最良之特點。學生之修習時間，自入學起至畢業止，至少爲九學期，其中最末一期，則爲預備論文之用。全期考試，共祇兩次：第一次在肄業兩年後舉行，考驗其基本科學及力學之類。第二次則在九學期之末舉行，考驗其工程技術上之學識。此外更須有半年之實地經驗，方得畢業，接受文憑。至平時各種功課之成績，則均不加考核，即上課與否，亦無規定。此德制之大略情形也。

上述各制，各有其精髓及目的，因國情之不同，自難一律，然亦有其共同之點焉：(一)分科學習，(二)每科課程之修習，依直線式前進，(三)畢業生程度，務求一律，如有半途廢讀者，祇成畸形之工師。此從高等教育觀之，不能不認爲當然之原則，然爲廣植實用人才，及發展學校機能計，亦未始無研究之餘地。近年來頗有工程學者力主打破此種現行制度者，茲舉其極端之說如左：

(一)分職法　現時工校之分科，皆依工程事業之性質爲標準，如土木、機械、電機是也。選修某科者，則對於該科之學識，皆當涉獵，而該科範圍內之各種職務，亦假定可以逐一勝任。然人之秉質，個性既殊，且雖同一學科畢業生，同在一地服務，而其職務之性質，亦不能彼此皆同，或任管理，或主營業，或事研究，皆爲各業所應用、今試就主持管理者言之、則其在校所受之教育，果能盡用於管理之事乎、其他學科，因在校無暇兼顧，果於管理毫無關係乎、精於一種實業之管理者，遂不能改就他種實業管理之事乎、若任管理之事已久，深得其中樂趣，亦願改就他項職務乎、準此以觀，只見工校學生將來之歸宿，必依其性質趨向，而投身於一種最適當之職務至其在校所受之分科教育，於將來事業之應用，並不能有充分之裨益。此不能謂非分科制之缺點。美國『威斯康新』(Wisconsin)大學教授『拜納蒂』氏(E. Bennett)有見於此，因有分職教育法之提議、就各種工業應有之職務，分爲研究、計劃、督察、管理、營業五種，而將每種職務應需之學識技能，編爲課目，各成一科，由學生自由選習畢業於某一科者，則該種職務卽可勝任，而所知之事物，固不以一種工程爲限換言之，卽既行之分科法爲橫的分類，而此項分職法，乃直的分類也

(二)混合法　現時工校之課程，皆先談理論，次及實驗、基本科學，雖蓄義精奧，必習之於先專門課目，卽顯明易曉，亦置之於後此種程序，不僅減少讀者之興趣，晦藏各課之關係且學生選科時，既不知各科之背景及真相，以資擇別，修習時復無適當方法驗其是否相宜，分別淘汰，於教育效率及學生前途，實多防礙美國『康奈爾』(Cornell)大學教授『加拉比多夫』氏(V. Karapetoff)爲救濟此種現狀計，因有『混合教育法』(Concentric Method)之提議、將每科課程從新編製，取其性質專門，而易於講解，足以引起興趣者，儘量置於初二年級其基本科學之陳義較深應用較晚者則酌量分配於較高年級每一功課，視其內容之深淺，分爲數目，編入相當年級、總以應用部份在前理論部份屬後，且每年

功課自成一組。各組之表面相同，程度有別。照此方法，學生在第一年級時所讀功課，皆屬一種工程之精要。使其周知涯略，審別所選學科之當否，性質不投者，卽可及早他去，免入歧途，志趣符合者，亦無艱深理論，阻其上進。至第二年級時，則將上年之功課重新複習，但理論漸多，程度較深，如是遞進至第四年級時，則工程部份已大半修畢，尙餘純粹科學之艱深而有關部份，爲透澈之研究。學生經此種教育，有特長之點三：(1)修習目標確定，旣早則精神貫注，對於一切課程，知其輕重關係。(2)課程中之實用部份，先於理論，則彼此之聯絡關係，益爲明顯，而理解亦更爲透闢。(3)前後課程之名目相同，則重要部份必多重複，不致遺忘。

(三)階段法　此爲美國著名工師『瓦特爾』氏(J. A. L. Waddell)所建議。將每科課程，分爲若干階段。程度深淺，依年遞進。畢業於第一段之學生，離校後得爲低級工師。畢業於第一及第二段者，則可爲較高工師。各段全行修畢者，則可爲高等之工程顧問及研究工師。此法之意味，介於上述兩法之間其優點在予學生以彈性之訓練，以取得相當之職務。蓋與職業教育之用意，如出一轍也。

以上各國現行及提議之學制，(工學並行制見實習章)與我國通行者相去甚遠。冒昧倣效，固有未當。然其中不乏精義。倘能參合國情，酌量採用，抑亦當世教育家之專責矣。

二　招生

現時最普遍之招生方法，含有三種程序。(一)審查志願入學者之資格。(二)資格相當者，予以甄別之考試。(三)考試及格者，依其成績次序，按照預定名額錄取之。

(一)審查資格　最重要之條件，爲學力之證明。入學者之程度，須能與所入學校銜接。如投考大學者，應有中學畢業證書是也。此外如年齡籍貫等，視各校之情形，亦間有規定。

投考生之資格，是否必有憑證，始能確定其學力相當，品質俱佳。而因特種原因，未能在中學畢業者，是否卽因此而剝奪其入學之權利，實爲教育上之問題。然此事牽涉學制，推其極，不過阻遏少數求學者之機會，茲姑不具論。

(二)甄別考試　嚴格言之，資格既經審查，是已有甄別之意味，原無待於考試。美國大學之招生，往往僅憑中學畢業證書爲學力之證明，無須另經考試。此蓋假定中學之畢業試驗，與大學之入學試驗，有同等價值也。然以我國中學程度之幼稚，及大學章制之不統一，此種辦法，一時殊無實現之可能。但照現行之考試制度，其中亦不無可議之點。

1.現時工校之課程，大都用西文講授。故入學考試之試題及答案，除國文外，亦相率而用西文。致多數中學畢業學生，爲之裹足。

2.入學考試之各科命題，大都由各學校各該科教授擔任，彼此無切實之聯絡，及共同之標準。以致各科程度高下不齊，而應考者亦不知所措。

3.普通入學試驗，僅有筆答一項。錄取與否，卽以此爲衡。至投考者之志趣、品質、個性，及一切狀況，悉置不問，殊失甄別之本意。

4.多數工校，爲表示程度高深起見，所出入學考驗之試題，往往過於艱深，而忽略各科之基本學識，此種偏於消極的縮減方法，實不足以鑑別全體程度之真相。

(三)錄取標準　工校因設備關係，對於錄取名額，不得不加限制。故投者雖經考試及格，亦未能儘量容納。祇可就成績之高下，定取舍之標準。此種限制，一時自無取消之望。然亦有應行考慮者。

1.工校每次招生，報考人數，輒達招生名額十倍以上。錄取標準自當嚴爲規定，以杜倖進。然照普通情形，因試題過於深奧及考生程度太低之故，評卷之時，轉形困難。錄取標準，竟不得不隨之低落。故從事實言之，各校錄取之新生中，求其無一不合格者，直爲從來所未有。

2.入學考試之試卷，大都由出題之教授評閱，其成績如何，祇憑主觀之意見，未足爲確實之定評。且最後總成績，由各科成績均等平均，尤不足爲取舍之依據。

3.各校有因特別情形，對於考生之籍貫及情狀，不得不加以注意者。往往爲求適合某種條件之故，以致影響於取錄之程度。

由上所述，具見現時之招生方法，以考試爲中心。所謂審查錄取，不過爲當然之手續。今欲研究改進之道，應先問招生當以何爲標準。欲達此目的，是否以考試爲惟一之方法。從學校言之，每一學生之培植，須費若干之精神財力，始克有濟。對於來學之士，自應懸一標準，以爲取舍之根據。猶工之作器，必慎於取料。嗣後之工作，始不致於虛擲。然從學生方面言之，則投考之先，本無堅定宗旨。祇知就聲譽卓著之學校，報名投考。所選職業，是否適當，無暇過問。而一經取錄入校，其一生之事業，遂定其趨向。將來有無成就，胥視其所循途徑，有無差誤。在校之光陰，有無取償，尚其餘事。則招生之舉，影響於學生者，較學制爲尤大。雖命爲工程教育中最重要之問題，亦非過語。據美國工校統計，每一百人入工校後，有六十人不能畢業。我國雖無此項統計，但半途廢讀者亦必居其多數。此猶指在校情形言。若更推及出校後之狀況，則此少數畢業生中，能終身從事工程，有所成就者，其數將益爲減少。故從學校言教育之效率，已極低微，而入學者所受之損失，尤不可以數計。此種現象，不能謂非招生不當所致也。

招生之須立一種標準，固無疑義。即以考試爲檢定甄別之方法，亦事實所容許。然考試之目標如何擬定，方法如何規劃，除考試外應用何種鑑別爲輔助之工具，則不可不先爲考慮。

普通考試最大之弱點，在用主觀方法預懸標準，而以能達此標準者爲合格。至於此種標準是否適當，不能達此標準者以何爲區別，則悉視一己之意見，不能爲公允之憑斷。且照普通方法，學生之個性如何鑑定，智能如何測驗，將來能否成一有爲之工師，均無從知悉。是考試之功用，不過於試卷中領略學生之記憶能力而已。

欲圖補救，有先決之事三。

1.所招學生應有何種資質、志趣、能力、體格、習慣及程度。

2.欲洞悉以上各項之真相，應用何種鑒督方法。如須用考試，則每項應有如何標準。其測驗之法如何。

3.各種考試及測驗應如何始能免去主觀之臆斷，而得可靠之結果。

工程師之事業，大都偏於物質，用客觀方法，原可量度其成就。故工程教育亦不難藉科學方法，圖其進步。美國哥倫比亞大學教授桑戴克(E. L. Thorndike)氏曾用極精密簡單之客觀方法，試驗某工校之第一年級生。就其結果，推定各生在校之已往及未來成績，與事實若合符節。是足見招生問題已有解決之可能也。〔據開萊(T. L. Kelley)氏之研究若僅用五種關於數學及二種關於塡字之試驗，則於五小時內，卽可周知一學生之程度及特性。〕

三　課程

我國工校課程大都抄襲歐美，而以美國式爲尤夥，究其內容，是否爲最良之制度，能否適合我國之現狀，皆應予以充分之考慮。蓋美國積多年之經驗，已深悟其現行制度爲有改進之必要也。美國工校，大都附麗於大學，爲文理科所主宰。故其歷年進展之塗徑，多受各方之牽制，與法醫等科之發動於各該業之本身者情況不同。故效率亦相形見絀。如醫生律師幾無一非大學畢業生(指美國)而工程師之受有大學教育者，爲數蓋鮮。此不能不歸咎於教育方法之失策也。然課程爲實施教育之主要工具，欲求教育之實效，自當首謀課程之改進。

(一)課程次序　工程爲應用科學。故現時之工教課程，有一公認之點，卽將各種純粹科學置於專門學科之前，而假定理論必先於實驗是也。如學生之在初二年級時，必先授以數理化之科學，及人文課程。至三四年級時，始有各項專門技術之學科。卽每種課目之內容，亦必先談理論而繼以實驗。此種程序，完全受大學文科之影響，而實有背於教育之原則。蓋人類求知之欲，發源於好奇之念。今先授以精深之理論而不使知其應用之所在，則不但減少求學之興趣，且研習理論亦不易得明澈之了解。此外尙有連帶之障礙如下、

1. 學生入校之始，若先授以理論科學，則與其在中學所習者，除程度深淺不同外，無多差別。不能引起對於所習工科之興味。

2. 普通學校規章，升級次序，不能躐等。今科學理論在前，而工程課目在後，則有工程天才而於高深理論欠缺者，勢必先受淘汰，而理想高超不宜工程者，反隨衆升級，致入歧途。

3. 工校分科，大都始於第二年級。今第一年級之課程，旣屬於理論科學，與各種工程同有密切關係，則學生不能鑑別各種工程之異同，爲選擇學科之準備。

4. 理論科學原爲工程之基本學識。但兩者之關係如何，輕重何在，初二年級之學生，往往不能識別。祇就課堂所授，囫圇修習。及至升入高年級時，處處應用科學，反不知其關鍵之所在。

5. 工程事業，日新月異，困難問題，隨在皆有。今學生在校，動將理論歸納於事實，則此後解決工程上新事實時，將有不知所措之感。

根據上述原因，現時工校已覺現行制度之不當，故有多種提議，以爲補救。如（一）在第一年級時，加入簡易工程科目，如測量工廠實習之類。（二）在第一年級時，請工程界名人常川演講，並出外參觀。（三）從第一年級起，將理論及實習課程並行，一半時間受課，一半在廠實習（見實習章）之類。然除第三法外，其餘收效甚微。今人有提議先授工程科目，次及理論科學，將現行程序完全倒置者，然事屬創舉，變動過鉅，非經長時間之縝密研究，恐難遽成事實也。

（二）課程內容　工科課程可分爲三部份，（1）基本課目，（2）專門課目，（3）選修課目。第一部份爲各種工科之基本學識，第二部份爲某種工程之必需學識，而第三部份則參酌各生情形規定之選課也。

1. 基本課目　此爲各種工程之中心課目。蓋一切工程，均有其共同立足之點，如純粹科學（數學、物理、化學等），機械藝術（繪圖、測量、工廠實習等），文學（本國及外國語），經濟及管理等類是也。惟各類之內容，則因各地情形不同，觀念互異，至不統一。如以「微積分」之課目而論，則在美國有兩校規定鐘點相差至四倍以上。其他如關於文學外國語及工廠實習等課之爭論，至今亦尙無適當之解決。尙有一普遍之現象，卽此種種基本課目，各自爲政，彼此固無聯絡，對於工程本身，尤無特殊關係。所謂科學課程，祇係純粹科學，對於工程上之應用，甚少注意。工廠實習，祇係學校一種功課，無實業界工廠之環境。而文學課目，則故與工程分離，庶可領略高尙文化之空氣。此種現狀，固由於組織之不善（如文學由文科教授主持，與工科無涉），而亦課程內容無審愼研究之所致也。

2. 專門課目　近世科學進步，一日千里，工程之發達，亦不可預期。最初之工程學校，祇有一二科者，今則擴充至六七科。昔日每科之獨成一類者，今則復分爲若干系。工程之範圍愈廣，學校之分科愈細，而學生之擇業乃愈益艱難。（昔日之學生，祇須於土木機械及採礦工程中任擇其一，今則分科之數，無慮數十，如飛機、農工、營造、汽車、橋梁、凝土、造瓷、化學、土木、建築、電機、煖室、取光、道路、水利、管理、船機、機械、冶金、採礦、鐵路、衞生、汽機、機車、動力、紡織、造船、電信、測繪等，均各成專門工程）。歐美之工校，往往十科並設，我國雖未臻此境地，分科比較簡單，（但唐山之土木，南洋之機械及電機，均於第四年級時各分三四門不等）然卽以現在通行之土木、機械、電機、化學四科而論，其名目雖同，而內容亦多差別，各有所偏，（如同一土木，唐山重鐵路，河海重水利。）至每科課程，除所謂基本者外，其餘應以若干爲該科必修課目，理論與實驗應如何支配銜接，每種課程應有若何內容，需用若干時間，則更無恰當準則矣。

3. 選修課目　工程學校之選修課目，有兩種性質。一爲專科之高深課目，一爲工科以外之課目。蓋前者所以資深造，而後者所以謀廣博也。在美國工校，兩種均有規定。我國則尚未達通行時期，故除第四年級各校間有選修課程外，其餘三年之課程，概經規定，無抉擇之機會。

(三)課程容量　以上三種課目，共需之時間，普通規定爲四年。但每種應占之比例成數，至不統一。最大原因，卽在學科之增多，與每科範圍之擴大。依現時工程發達情形，若欲於在校讀書之時間，周知一科之學術，實爲情勢所不許。今於去取之間，既有所擇別，則其規劃，自必因觀念之不同而互異，故課程之種類日多，教務實施，遂發生兩大趨勢。

1. 將每科課程，擇其性質比較專門高深者，分爲若干組。由學生任選一組修習，而不顧及其他各組。

2. 將學生之修業年限，延長至四年以上。在此時間內，將各組之重要功課，儘量分配修習之。

我國工校雖不逮歐美之恢宏，然已感覺課程擁擠之困苦，故唐山南洋兩校，已有分科分門之舉，（延長年限，除前東大工科有此提議外，尚未見諸實行。）其他各校，則仍就四年之時間，將應有課目，儘量容納，因此發生之困難，遂日甚一日。茲舉其關係較重者如下，

1.課目太多，學生之時間不足以充分預備。但爲求升級起見，不惜將課程支離割裂，强憶其所謂重要之點，希冀勉强及格。至各課之精義，彼此之關係，及實際上之運用，均無研究之機會。

2.課目既多，每課之時間必少，而內容遂趨於簡陋。

3.實驗功課雖爲課程中之重要者，但因占時較多，往往設法縮短，或竟儘量删免。

4.同時修習之課目太多，則意分識亂，難辨輕重，減少讀書之精神，增加教授之困難。

5.學生終日疲於功課，無閒暇時間爲身心修養之需。

6.課目增多，難免無內容重複之處。不僅減少興味，抑且虛費時間。

7.工校教授大都爲該科專家，對於所授功課，具有特殊興味。往往將課程內容，逐漸提高，以顯其博，而其教授下之學生，處境乃愈苦。

據美國專家意見，按照普通學生之能力，每星期能貫注精神潛心研習之課程，其學分總數，不能超過十八，（每一學分指一點鐘講授，兩點鐘預備，或三點鐘之實習。）而同時修習之課程，不能超過五種，（美國 Rennslaer 理工大學同時祇准修習三種，故較短課程，於半學期內卽行修畢。）此種標準，雖屬假定，然倘能參照實行，於學業之進步，未始無補也。

以上爲現時課程之概況，綜其病狀，則有如下述。

1.現時編排課程，大都祇定各種功課應需之時間，至每課內容，則由該課教授在應得時間內自由支配之。以致各課內容，缺少聯絡，彼此不能呼應。且程度容量，參差不齊。卽同一功課，因主教者之不同，亦先後互異。

講授之功課，與實地工程，殊少接觸。雖各校皆有工廠及實驗室之設備，而所經事物，仍不出書本範圍。既無工程上環境啓發其興趣，復無實際上問題爲自動研究之督促。

3.課程分目本屬假定。今各課既少聯絡，則如何融會貫通，陶鈞運用，胥視學生個人之能力。學校實未盡指導之責。

4.學科太多，分類太細。究其實際，常有無關緊要，互相重複，或可以自習之課目，羼雜其間。以致學生之精神時間，往往不能貫注於中心課目，以收事半功倍之效。

5.各種課程之內容因人地關係，至不統一。雖同一名稱，而實質迥異。以致各課之標準，程度，及教授方法，均隨主觀而定。

6.學生所受功課，大都偏於物質。對於人事及經濟，殊少注意。耳濡目染，漸成機械化。無開闊胸襟，遠大眼光，爲應付人事問題之助。

7.各種實施之成績，無客觀的方法，爲測驗之工具。以致進行時不易周知利弊，爲改進之南針。

以上爲現行課程之通病。欲事補救，其道多端。茲就其癥結所在，略述解決之方，爲參考之一助。

1.各種工程師應有若何之基本學識、辦事才力、及資質個性，方能勝任，應先加研究。然後就其必備條件，規劃各科應有之共同課程，及每種課目應有之內容與程度，用爲一切工程學科之中心課程。

2.每種學科之課程，爲該科工師所必需者，亦爲同樣規劃之。

3. 按照以上大綱，將所有各課應需之時間，用客觀的方法求得之。

4. 各課之內容及時間，既經規定，則照各科情形編製課程表。但每學期內每生所修之課程，不得多於五種。每星期內每生修習課目，不得超過十八學分。

5. 在初二年級內，應多方輸入工程課目及工程實習，並予以充分接觸工程之機會。（既在三四年級之專門課程，可設法酌量提前）

6. 各生所受之教育，應以知識廣闊學力充實爲原則。分科不可太細，人文學科應多加涉獵。

7. 工程之最大目的，爲促進生產。故學生之經濟思想，效率觀念，應先爲培植。

8. 實驗課程應以解決問題爲目的，不徒爲證明理論之附品。

9. 各種課程之實驗及理論部份，必須融合無間，互相闡明。其程序分量，皆應妥爲規劃。

10. 各種專門課程，應與當地之工程界發生密切關係，庶有實地練習及參觀考察之機會。

11. 各學科之特殊課目，應定爲選課。由性質相近者選習之。但不宜過於精細。

12. 各種課程之內容，均須敷陳精義，避免重複。且應彼此聯絡，前後貫串。

13. 各種科學所需之修業年限，應以該科課程之內容爲主，不必求其統一。

四　考核

學校教育應以啓迪感化爲原則。學生在校，倘能各盡其責，毋荒毋怠，則現行之考試制度，記分方法，原不過爲消極之甄別。然此種玄虛理論，遠於事實。蓋考試之最大功用，在鑑別各生之個性，測驗教育之效率，以爲職業指導及教務改進之張本。若其觀念錯誤，有失考核之眞義，則無怪現時廢考說之日囂塵上矣。我國年來教育不振，各地考試往往有名無實，固不必論。工科學校素以嚴格著稱，然其考核之結果，亦盡可憑信乎。

工校學生自入校起至畢業止，四年之內，不受打擊而能循序升級者，爲數甚少。據美國統計，此項按期畢業學生不過占其入校時同班學生百分之四十。其餘百分之六十，則因身體、學力、經濟、家庭等種種原因，不待終業，卽離校他往，或須延長年限，始能修畢。我國工校情形，在昔時亦與此相類。近年來雖此項畢業成數較高。然是否因中等教育之進步，抑大學程度之衰落所致，尚無從確定。但工校效率之低微，固無疑義也。

1. 據考查所得，各校之降級學生，在第一年終爲最多，約占總數之半。第二年終較少，約占總數四分之一强。可知第一第二兩年之功課，最足使學生退縮，而長於該項功課者，則此後無憂。然則第一第二兩年之功課，果足以鑑斷學生之工程趨向乎。照現行制度，此兩年之功課，均屬純粹科學及文學之類，而專門技術課程爲僅見。是多數學生在未曾領略工程意味之先，業爲普通性質之功課所淘汰。其中如有富於工程之天才，亦必因此而遭屛棄。

2. 設取任何工校之歷年成績，而加以分析研究，則可知物理微積分及力學三課之成績，均爲各課中之最低，而亦爲多數人降級之關鍵。卽就其及格升級者言，此三課之成績，至少亦有半數爲勉强及格。足見每一百學生中，雖有四十人畢業，而其中之二十人，則對於基本學課，並無滿意之成績。然此類學生畢業後，遂終身困頓，永不能成良好工師乎。據調查所得，則又不然。有時且適得其反。其故安在。

3.各校之成績，以記分爲憑證。但記分乃一極無標準之方法，全憑主觀爲臆斷。其陳述試卷，如作文者無論已，卽工程之專門學課，亦多憑記憶能力，而不能灼見其誤解之程度，與運用之能力。故學生之才識，往往受他種影響（如文學之類）不能儘量呈露。而爲教師者亦祇就其個人之習向，將考試試卷爲約略之估價。至所估是否恰當，則無從辨別矣。

4.教師之觀念不同，故記分方法亦各有其所本。或就平素成績爲伸縮之根據，或定一極深標準，務使成績減色，以顯其授課程度之高。或偏重敍述體裁，或講究圖表簡潔。行之既久，不期流露教師心理，乃成學生研究之資料。同一學校，同一學課，同一學生，而因教師之更迭，程度乃隨之升降。此種現象，足以減少成績證明之效用。不僅轉學不便，而畢業後不能得服務處所之信任，尤足爲前途之障礙。

5.各校考核之最大標準，卽及格與不及格之分。通常以得六十分者爲及格，不足六十分者爲不及格。其及格者可以升級畢業，不及格者則須補考補習。故學生心目中以六十分爲最大關鍵。倘成績能在六十分以上，而各課成績皆能如此，自可按時畢業，無庸顧慮。寖假而養成一種敷衍之習慣。其素性懶惰無志進取者，以僅能及格爲滿足，固無論矣。卽天資穎異，才力過人者，亦以努力進步，無論得分多寡，其結果亦不過及格而已，與其他勉强及格之中等階級，固無差異。所費之精神腦力，無所取償。積久亦漸爲中等階級所同化。甚或受同班之威逼，而不敢過於孟進，以招嫉妬。此種現象，爲人類之天性。猶工廠作工，祇以到時散値爲念，而毫不計其當日之成就。現時學校中已有見及此弊，而思有所改革者。如頒發各種榮譽奬牌，以啓誘其虛榮之念（昔日學校之榜示與此意正同）或准予免繳學費，以動其功利之心。然皆無補於事實。且値今思潮盪激之際，尤適足見其迂闊，而各生之泄沓如故也。

6. 以上尙係可以記分之成績。若論及學生之操行品質，各校雖皆有極嚴之考核章程，實施則漫無準則。既無各種測驗爲輔助，更無客觀標準爲評判。故任取一校之操行成績觀之，幾於人人雷同，不相上下。足見現行方法之無據。

綜上所述，可得現時考核制度之病源如下。

1. 受招生及課程之影響。

2. 成績記分無超然客觀之方法爲憑斷。

關於招生及課程之問題，前章業有論列。茲述第二項之補救方法如下。

欲求一超然客觀不涉遊移之考核方法，其必備之條件有七。

1. 考試之性質，須能確定工程師必具之才能學識。

2. 每種考試，祇驗一種才能，視爲單獨動作。庶該項才能可以表現。如考試數學，則以數學爲主，不計其他無關之事實。

3. 每項考試之命題，須按程度深淺，遵循一定之次序。每兩題之程度差別，務求大略相等。

4. 考試學生須能使其不假文字之力，而充分表現其意思及才識。
5. 考核成績時以學生能了解問題之程度爲斷。所有評判者之主觀意見，須減至最低限度。
6. 考試成績，可以用確切數字表明之。
7. 無論何種科目，隨時隨地可以應用而不失其功效。

按照以上條件，現時考核制度惟體育一門尚可牽就。其餘多不適用。美國「哥倫比亞」大學之桑戴克教授（見招生章），曾擬有一種考試方法。需時極少而結果異常確切。曾費八小時之時間考試四十名之工校畢業生，就其所得結果與該生等服務多年之成績相比較，高低之判，如出一轍。是可見考試之法固有改革之道可尋也。

工程師應備之資格，除學識外，品質尤關重要。然此事最難衡鑑。若擯除主觀之臆斷，則尤無着手之餘地。美國「辛辛那地」(Cincinnati)大學，曾擬有工程師品質標準表。由全校教師將校內學生各爲單獨之評判。然後集合衆志定其等第。結果頗爲圓滿，似可倣辦。其標準表所列之品質，計有十六項。每項定有正反二類，由評判者圈定。無解說之必要。茲將其項目列下。

(1)體强——體弱　(2)勞心——勞力　(3)鎮定——飄忽　(4)室內生活——室外生活
(5)指揮——倚賴　(6)創造——模倣　(7)狹隘——開闊　(8)適應環境——深自滿足
(9)愼重——率性　(10)音樂嗜好　(11)顏色嗜好　(12)行事準確——行事疏忽　(13)思想準確——思想疏忽
(14)神凝——紛亂　(15)搆思遲速　(16)活動——沉靜

五　教授

往年我國工校教授，大都係延聘客卿充任。以致教授設施，處處以模倣西法爲原則，未能適合國情以求實效。且西法本身，未嘗無過，漫予抄襲，缺漏滋多。近年來我國專門人才日盛一日。各校教席，遂漸爲本國人士所擔任。然歷年遺規，依然存在。而西法之利弊，亦不難於此中尋之。

1. 各種課程，除本國文外，大都用西語講授。課本之輸自國外，固無論矣。即講解問答，口驗筆試，亦無一非西語不辦。

2. 教授方法，或用課本，或憑口述，或重練習，各依教授之主觀見解爲定，不求最適當之方法。

3. 授課程序，輕重徐急，各自爲政。彼此參商，無互相聯絡之協調動作。

4. 授課以灌輸知識爲惟一要義。對於生徒之創造性如何啓誘，智力如何發展，個性如何鑑別，多置不問。以致學生受教日深，機械性日重。

5. 課程內徵引之事物，及學術之應用，多援國外之例，不能引起本國學生之興趣。如工程材料，中外不必盡同。然我國學生，對於本國材料，則異常隔膜。

6. 我國工程幼稚，課程內所述之工程事物，往往爲目不經見，而又無相當模型，爲講解之助。

7. 歐美之工校範圍甚廣，生徒常逾千人，教授亦過百數。分科既多，人才亦衆。因此發生科自爲政，彼此隔閡之現象。我國工校教授，多者不過二三十人。然人各一科，自爲主宰。所有課程內容及教授方法，彼此亦不相討論。此蓋受科自爲政之影響，而客卿所輸入也。

8.學生受課，如考試及格，則此課之責任已了。卽日後發見該課程度不足之事實，亦無從補救。如英文數學已經「及格」之學生，若在他課修習時發現英文紕繆或數學錯誤之憑證，則至多惟有在該課設法，而不能重修英文或數學。

工程教授大都係本科專家，對於教育方法，無多研究。故施教效率，至爲低微。若在可供測驗之課程，如繪圖工廠等，尙不難自求其癥結。此外課程，則學生實得幾何，殊無確切方法，可資考驗。故改進亦非易易。然我國學生之通病，據經驗所得，亦有足述者。倘從此入手，不無塗徑可尋也。

1.好問爲求學捷徑。然我國學生，大都深自歛抑，不願於廣衆之間質疑問難。積久自成習慣，播爲風氣。而爲教師者，乃不能周知學生之隱曲。

2.我國學生富於模倣，而缺乏獨立性質。故課程中之有分組演習者，每一組內祇有極少數人實心求事。其餘大都遲徊觀望，不求甚解。

3.缺乏常識。往往試驗或計算結果，顯爲事實所不許者，亦不知其錯誤所在。

4.重視考試，而不求所學之應用。雖博聞强記，但對於淺近事實，不知解說。尋常工作，不知措手。

5.讀書方法，未嘗研究。以工校課程之繁重，遂覺難於應付，而祇求及格爲能事。

教授方法，本視科目而異，無一定之界說。然據美國工程教育家之研究，則工程課程之教授，若參照下述方法，斟酌倣行，必可獲較佳之結果。

1.通常有試驗之課程，其教授次序，均爲講解、問答、試驗。卽理論先於實驗。但爲考查學生之悟力，增加學生之興味起見，若將前後次序，稍加更動，使因試驗之故而自答其所問不明之理，再行講授，則收效必速。

2.各種異名之課程，應重加整理。其性質類似者，卽合併爲一，以減紛歧。蓋課程之命名，原屬假定，其間並無嚴格之界劃也。

3.課程中須徵引日常目擊之事物，以增興趣。對於有關經濟人事之問題，尤當特別注意。

4.各科教授，應時常彼此接洽，藉以考查各生各課之程度。如發見某生某課之弱點，不論該課是否爲本人所擔任，或該生讀該課時業已及格，均須公開討論，速謀補救。

5.各課應用之標本模型，應廣爲設備，以便講解。

6.學生心理，應時加研究。如發見不當之點，應從速設法矯正。

六 實習

工校課程中之理工部份，幾無一不可輔以實驗或練習，爲闡明理論及增長技能之助。惟事實經濟，俱有限制。各課皆求其備，自所難能。祇有視其性質內容，酌量擇要舉辦，期於學校之範圍內，得有充分之機會，此工校計劃實習課程之原則也。然各校因境遇之不同，觀念之歧異，現行方法，至不一致。其因經濟困難，設備單簡，以致實習課程徒具虛名者，姑不具論。茲就資望經濟相當之學校，別其趨向如下。

1.在未授技術課程之前，以一定之時間，令學生逐日至校內工廠，目擊各種機械工作之程序及方法。並由教授從旁講解，以便洞悉其原理。但無自行工作之機會。

2.將必須實習之課程，各指定修學時間，按照性質內容，設立各項實習功課。此種學校工廠，須有相當設備，學生始能悉數參加。故較前法費用較鉅。

3.將校內工廠，參照商業廠所之情形組織之。所有設備工作等狀況，皆求其逼似學生實習之時。按照一定計劃，分別任事。時期屆滿，則各人所經工作，適足造成一種工業製造品。價值務求其廉，工作務求其精，以便與市場之同樣物品競銷。(實際上學校出品成本必鉅，但因人工不計值，故售價可低)。此種方法，不僅使學生得有工作之技能，且使周知商業製造之內幕。

4.上法雖甚完備，但製造一種物品，其中類似工作極多，且爲時間所限，品物種類必甚單簡，以致有有餘不足之憾。今若將一切製造之工作，加以分析研究，求其共同之基本工作，用爲校內實習之藍本，則時間節省較多，而所知爲更廣。此法各校倣行者最多。然工作時無商業製造之空氣，出品無市場競銷之可能，則其結果必使學生忽略經濟上之問題。

5.讀書實習同時並舉。將學生分爲兩組，當一組在校讀書時，其他一組則派往鄰近商業廠所實地工作，各以兩星期爲一週，期滿互易其地，輪流工讀。廠所之性質，各各不同，每一廠所之工作，亦預爲分配。學生每次實習時，應入何廠工作，皆由學校指定，並派教授隨時到地指點。如遇困難過多，或理論較深之處，則於讀書時間講授，務使理論事實，得以完全溝通，互爲驗證。似此辦法，如以五年爲期，每年作業十一月，則所有學校規定之課程，皆可如期修畢。較之其他方法，在校修業四年，畢業後仍須實習多時者，堪稱事半功倍之良法。此種學制，最初由美國之「辛辛納地」(Cincinnati)大學創行。在工業城市之學校，俱可倣傚。蓋此法從廠所方面言之，則學生工資低廉，且可培本廠需用之人才。從學校方面言之，同一設備，可容兩倍之學生。且一切實習設備，皆可從減。從學生方面言之，費時五年而得兩年半之經驗，及大學之教育。且理論事實，均能融會貫通，所獲尤爲切實。至費用之減省，出路之無憂，猶其餘事。此誠工程教育中別開生面而效率最鉅之學制也。

我國工校因受經濟影響，設備多不完善，以致實習與理論課程，未能占同等之地位。而畢業學生偏於理論，亦幾成一般之輿論。實則學生中固多體孱畏勞，不能任重者，(此招生不當所致)然大多數則以在校欠練習，出校少觀摩之故，致未能得社會之信仰。此其責任固應由學校擔荷也。欲圖補救，自非整頓實習課程不可。然以現時之工校狀況，欲求如歐美之完善，既不可期，亦惟有擇其比較易行者，參照原有設備，儘量擴充而已。上述諸法中，第一第二均病其簡陋，第五雖屬最上，而又爲我國現狀所難能。惟有第三第四兩法，尚可採用，而以前者爲尤經濟。各校中之機械科，化學科，雖已有類似之辦法，但其出品之種類數量，均極簡單，且工作者未必盡係學生，各生所經之工作，亦未能始末悉備。倘能加以改進，或亦足爲整頓之初步。至土木科課程，除測量外，實習較難。應如何與校外之工程事業聯絡，以爲參觀或實習之場所，亦爲工校之一問題，而現尚未臻完全解決之期也。

七 服務

科學以探索真理爲目的。其工作結果，於人類生活有若何之關係，所費之精神、時間、財力，是否足以取償，初非始料所及。工程則不然，其唯一使命，在應用宇宙間之事物，以謀人類生活之幸福，故着手之先，卽有一預定之目標，爲進行之歸宿。所有科學知識，藝術技能，以及經濟之研究，皆爲其趨赴目標所需之工具，及應用之方法。而其主要觀念，固不在科學藝術或經濟之本身，能有若何之貢獻。此種區別，雖難嚴格確定，但工程師之事業及活動，自有其一定之範圍與趨向，則固顯然之事實。而工程教育所異於文理等科者，亦不難於此中尋其端緒。今試將我國工校現狀，就此點研究之。

1.所有課程中之純粹科學部，如數理化等，因係基本學識，均異常注意，務使學生有充分之了解。其鞭策方法與文理等科初無二致。

2.所有關於工程之專門課程，力求其內容充實，理解詳明，務使學生洞悉竅要，周知涯略。任舉書中一事，能照課堂所授，背誦其原委。

3.所有實驗課程，就設備所及，財力所許，務求完備。使學生就指定範圍內，領略實驗室中之世界。

4.所有理論課程之考核，均務求嚴格，而以試卷爲評定之依據。其實驗課程，則祇須按期畢事，考核標準，亦較有伸縮。

以上爲工校之最大目標，卽使完全達到，所教育之學生，充類至盡，所知亦祇限於各種理論及理論之徵驗。至各種理論應如何融會銜接，固未計及。卽有資質超邁之學生，能自求溝通，同冶一爐，而理論如何能用於事實，亦依然渺無準備。蓋其所受之教育，有使其不得不然者。

1.據多數工程師之意見，工程師成功之要素，至少計有六項。依其重要之次序，卽品行、決斷、敏捷、知人、學識及技能。以上僅最末之學識及技能兩項，爲現時學校所注意。其他四項，雖係天賦，然學校既無測驗之法，復無培養之方，以致無從進步。

2.無論何種工程所包含之事物，不外真理材料及人工三項。普通工程學生，對於工程理論固有幾分把握，材料人工則所知已屬有限。若與材料人工有關之經濟問題，更爲隔閡。

3.效率爲工程師最要觀念。同一工程，其消耗精神時間財力最少者，斯爲上乘。然工程學生，對於一種工程，或能稍知其梗概。若以同一功用之數種工程，使爲較量其效率之等差，則必難於解决。

4.工程管理中之最大困難，卽人工之進退調遣及其發生之影響。除勞資問題溢出工程問題外，卽就人工本身言之，如僱用之選擇，獎勵之方法，酬報之標準，工作之訓練等等，均工程師應有之責任。然工校學生，對於此種問題，固已研究準備否乎。

5.工程師之職務，偏於物質。接觸既久，往往有生活乾枯行動機械之煩悶。雖因研究經濟及人工之對象，不時有窺察社會內情之機會，然倘爲物質所囿，不於陶情養性之文化學科中，求有相當之了解，則一方使其胸襟狹隘，不能應付諸般之問題，一方使其觀念錯誤，不能領悟人生之真趣。故將來之工程師，必須有生活化之趨勢，始足成偉大之事業，而增高其社會上之地位。然現時工程學生所受之教育，及其歷年所處之環境，固仍使成機械化也。

以上列舉之弱點，雖爲工校之通病。然其重要實不亞於科學之研究。歷來世界著名之工程師，無論是否爲工校出身，而其能力器識，固無不可用以測驗其成功之程度。我國現時實業不振，工程師之事業尚無多表現。況屈下僚者既居多數，身親要職者復故步自封。對於工程所負之使命，及應盡之責任，殆無深切之覺悟。上述種種，或不感覺其重要，然爲將來之工程師計，則工校固未可漠然視之也。

就我國之現狀言之，已往之工程教育於實業之啓發不能謂無影響。然其程度則至爲微小。工程專家既時爲實業界所排擠，而工程學生更不爲實業界所樂用。其間隱有無形之畛域，足爲雙方接近之障礙者，則誠工程教育之急切問題矣。

我國工校畢業生服務之狀況，因無詳確之統計，尚難爲切實之研究。然就所知之情形及各方之閱歷言之，則實難滿意。

1. 除交通部立之工校，其畢業生皆派往路電各局練習服務外，其餘工校畢業生之出路問題，每爲辦學者最大之苦痛。蓋實業既不發達，需用自少，而每年培植人才，則以數百計。供求懸殊若是，求一生活之地已屬不易，更不遑計及其他。

2. 即以交通部立之工校而論，其畢業生雖有派遣練習之舉，然考其實際，則練習之所與學校每多隔閡。其視學生之練習與普通員司之服務，初無特殊之差異。訓練方法既鮮注意，升調之途亦無規定。較之歐美實業廠所之訓練學生，每人有一定之計劃，每日有一定之工作者，相去不可以道里計。故雖名爲練習，實與派差無異。學生縱能苟安自滿，其如教育之目的何。

3. 其他工校畢業生之出路，祇有就各人之能力機會隨遇而安，不能過事苛求。如在工程機關服務已屬幸事，至其職務是否需專門人才，性質是否屬所習學科，個性是否適宜，前途有無希望，均無暇過問。

4. 在政府之技術機關任事者，除極少數之中外合辦者外，大都如入仕途，毫不感覺其教育之重要。所謂官僚氣習，不惟不時求其免，且日求其精，以爲登庸之捷徑。此種已完全失去工程教育之本義，最堪惋惜。

5. 在外人所辦之實業機關服務者，因外人辦事比較認真，且有營業關係，不能敷衍，故所得閱歷較多。雖不能如歐美訓練之切實，然在國內已爲難得之機會。其最大之缺點，卽行事過於機械，不能養成偉大之人物。楚材晉用，原亦不能求全責備也。（其他缺點，如中外待遇不均，國家觀念薄弱，皆不在本文範圍之內，故不論）

6. 我國人自辦之實業機關，除由客卿主持者，其利弊略如上述外，大都眼光淺近，不以提攜工程學生爲責任。其規模廣大者，以工程爲深奧莫測之能事，非延外人主持莫辦。規模狹小者，則又以節省經費，祇以僱用工匠爲了事。故我國之工程事業，多半爲外國工師及本國工匠所把持，幾無工程學生插足之餘地。

7. 近來工程學生曾受歐美之教育，及有實地經驗者，憤國勢之積弱，實業之凋殘，多有自行集合組織公司廠所，以與惡勢力奮鬪者。然其技術雖精，學識雖富，而於本國實業界之內情則完全隔膜。以致倏起倏滅，不能經長時間之試驗，依然無從改善其環境。

8. 除上述各途外，其餘工程學生，大半以教育界爲生活。上焉者得一工程學校爲講學之地，將其本身所得之學識經驗，一一傳授於來者，期其能創立工程事業，繼本人未了之志。次焉者則求一任何學校爲生活之所，不復更作無益之奢望。此類既不以工程爲專業（Profession），更不以教育爲職業（Vocation），而爲多數優秀份子所棲遲，誠我國工程界最可傷痛之事實也。

據上述之情形，可見工程教育在我國實未盡其功效之萬一。從美國教育史觀之，工程教育自始卽附屬於文理等科，不能與法醫等科有平行之地位。而實業家對於工程師之可由學校培植，尤深致疑問。故彼邦工程學生之出路，亦幾經困難，始獲得今日之結果。然求其足爲一種事業之中堅者，仍不多見。可知工程教育本身，仍有其應負之責任。我國工程教育中病之深，較美爲尤甚。益以實業之不能與日俱長，對於工程教育之始終懷疑，其所以造成今日之現象，固非一朝一夕之事也。

然實業不振，不過爲暫時之現象，教育不良，亦非無改進之可能。祇在求其癥結，謀所以互助合作而已。試舉其途徑如下。

1.工程教育本身應先加改進，務使入學者有工程師之志願及資質，畢業者有工程師之技能及品德，一如本文所提出。

2.實業界須有覺悟，應自知內容不免腐敗，如管理無科學方法，執務無專門人才，出品仍未盡善，成本亦可減低。倘衡以歐美新法，一一考察，則發見之缺點必多，而感覺高等技術人才之需要。

3.實業界應與教育界接近，互明彼此需要，以爲合作之基礎。如工校教授應與實業發生特殊之關係。編列課程應迎合實業界之需要。教育方法應徵實業界之意見。研究結果應供實業界之採用。而實業界對於工程學生，則應予以充分實習之機會。登進員司，應依其教育爲標準。工校困難，亦應儘力予以協助。

4.工程學生應以致身工程爲原則，而以實業界服務爲前提。堅苦耐勞，實心任事，以取得實業界之信任，爲最大之目的。

依此趨向，最有效力之實行方法，自無過於工讀並行之實習計劃（見實習章）。此在我國雖覺其過早，然果實業界感覺工程學生之需要，則及時準備，小試其端，亦未始非工程教育之福音也。

八 結論

以上各章所述，我國工程教育之現狀及其利弊之所在，祇係就觀察訪問所得之印象，約略加以評論。按諸事實，既無精密統計爲確切之佐證。推其理想，更乏適當場所爲具體之徵驗。但其效率之低，徵改進之需要，則昭然若揭矣。

茲將上述各種問題，分類綜結如下。

（一）工程教育之功能及責任

1.工程學校對於高等理工教育之以文科爲藍本，及專門技術教育之以法醫科爲藍本者，應有若何之態度。

2.學校課程應如何規劃，始能與實業界之需要相呼應。學生學術應至如何程度，始副實業界之期望。其專門技能應有若何標準，始能投身服務。普通智識應如何發展，方能深造有得。

3.教育計劃，應以學生資質爲標準，抑隨實業界之需要爲轉移。課程之編製及內容，應如何伸縮以期雙方兼顧。

4.學生畢業後服務時所需之訓練，除服務場所應擔任者外，學校應負何種之責任，及繼續訓練之方法。

(二)編製課程之原則及教法之改進

1.課程內之科學、技術、經濟及人文等部份，應各占若干時間，其教材內容，應如何編訂。

2.每一學科之各種課程，應如何溝通聯絡，以期貫串。

3.實業界之工程上及經濟上各問題，在課程內應占何種地位，始足為闡明學理增廣應用之助。

4.教授方法之改進，應有如何趨向及程序。

(三)學生及師資之問題

1.招收學生應用何種方法鑑別其志趣及資質。其性格不合之學生，應如何淘汰。入學程度應如何規定，始能與中學銜接。學生擇科選課時，應如何指導，以收事半功倍之效。

2.學生在校，應如何考核成績，不良之學生應如何淘汰，其原因何在，如何可以改善。

3.學生畢業後，學校應負何種責任，代覓相當職務。實業界之各種位置，如何可使畢業生勝任。

4.學校教員應如何養成，從何延聘。任職時應用何種方法與實業接觸，以免隔閡。

(四)工程學校之聯合

1.各工程學校之間，應有如何結合，以促教育之進步。其政策、方針、計劃，應如何商定，以謀協調動作。

2. 各工程學校與工程界之學術團體，應有若何之關係。

以上問題欲求解決，當先有精密之研究及詳切之調查，繼以穩健之實施，始可獲美滿之結果。試舉其步驟如左。

1. 調查現狀　規定各種表式，分請各工校塡寄，並從事實地調查，以補其不足。
2. 分析統計　就調查所得，條分縷析，俾作有統系之報告。
3. 討論研究　現狀既明，則進求其利弊之所在，而加以研究。
4. 實地試驗　研究有得，將其結果實地試驗，以覘其當否。
5. 公佈推行　試驗無誤，確有把握，則可貢諸當世，以便推行。

我國近年來之普通教育，經多數專家之努力，頗有刷新之氣象。然究其實際，是否果有顯著之進步，殊屬疑問。其故有四。

1. 所謂教法、學制及種種計劃，皆不外進行之方案，或祇是一種儀式。倘教材師資等不求實質上之改進，雖學制務求其新，亦無非形式之改進。
2. 我國各種事業之通病，在顢頇敷衍，不下腳踏實地之切實工夫。教育界雖屬先進，亦未能免此。
3. 現時流行之各種教育新法，皆從國外搬演而來，對於本國情形能否脗合，殊少研究。
4. 外國之議創新法，必其舊法已經切實做過，毫無遺憾，雖其成績已有可觀，效率亦不低微，但意不自滿，仍欲精益求精，更進一步，始有變法之提議。然亦必慎之又慎，經多少試驗，確有把握，方敢逐漸推行。反觀我國則不然。因進行不力而諉過於學制，因舊法厭倦而求新以自解。方法層出不窮，結果愈期愈遠。

以上四端，爲談改革者所當戒。我國工程教育，在各種教育中比較已有成績。現行制度，欲加改革，尤不能不出以審愼此負教育重責者所當深思而熟慮者也。

答客問太湖流域水利計畫

王清穆

客有留心太湖水利者。過余而問曰。水利與農田。關係最切。太湖爲蘇浙公共之水櫃。上下游數十縣財賦繫焉。君督治有年。雖時時發布關於水利之論著。而全部計畫。尚無所聞。豈測量未竣。無從預言耶。余曰。不然。計畫根於測量。此工程家之言。無可非議。惟太湖流域與江北異。江北以淮失故道。欲求歸海之路。不得不決之於測量。若太湖流域。就歷史地理考之。古人具有精密計畫。祇以後世不能遵守。因時改良。遂致久久失修。處處廢墮。設局以來。調查考察。利害得失。粗有所知。歷年預算。原期工程測量。分途進行。無如經費不繼。測量則時作時輟。工程則舍難而就易。遺大而治小。近狀如此。尙何全部計畫之可言。客又問曰。考太湖流域歷史地理。而知古人有精密計畫。可得聞乎。余曰。可。范文正有言。修圍浚河置閘。三者如鼎足。缺一不可。斯言也。看似簡單。而分析論之。千言萬語不能盡。今去文正時不足九百年。地形大有變遷。低鄉爲備潦計。則三者皆適用之。高鄉爲備旱計。則浚河置閘二者爲急。崑山郟氏所謂治田爲本。決水爲末者以此。蓋田治而水旱皆不爲害。害去斯利興。本文正之言而推廣之。則太湖本區。亦應修圍。所謂環湖築隄是也。有隄必兼有閘。而後可以盡操縱之能事。昔人謂水之爲道。蓄洩由人。則有益。旱潦任之。則爲災。洵至言也。今人多患太湖面積之縮小。（太湖號稱三萬六千頃。實際連淤漲處不下四萬餘頃）而不知湖底墊高之尤爲可懼。（試觀錫湖行輪時。以水淺停駛。即湖底墊高之明證）今人多防太湖盛漲之難洩。而不知湖水無蓄之尤爲可虞。環湖築隄。以防泛濫。亦宜擡高水位。一二尺以資灌漑而利航行。沿隄低蕩。用水利工程家之區處。增闢水田。以救米荒。厲行撩淺。以保持相當之容量。撩淺所出之土。加高水田之面。培修水田之隄。杭稻依水爲命。需水至多。故湖田之成。無損於湖。有益於人。(今湖濱漫無規畫而私墾者不足語此)崑山郏氏謂湖瀼三十餘處。深者不過三四尺。淺者一二尺而已。皆可修治。永爲良田。又謂柏家瀼。宋南渡時。水底尙有民家階甃遺址。此古者民在圩中住居之舊蹟。由此觀之。近代農政之荒。不逮古人遠矣。太湖位置。居揚子錢塘二江之間。錢塘之潮猛。懼其侵入敗稼也。故築塘以隔絕之。揚子之潮緩。沿江資其灌漑。內地亦狎而玩之。昔人隨在置閘、今皆廢棄。無一港不通潮。無一港不受淤。余故擬沿江規復閘座。兼顧交通者。均用雙閘。宋趙霖謂開浦莫急於置閘。當先置閘而後開浦。所以防隨浚隨淤之弊者。計至周也。有清一代。注重置閘之法。而深明防淤作用者。余稽載籍。得二人焉。一乾隆初上海鄉先正曹謂廷。一道光中江蘇撫院林文忠。按曹公浚肇嘉浜議略云。黃浦濁沙。日添一箬。必得流水猛迅。泥沙不留。始無淤塞。其道全在來口去口。併歸一路。不使分洩。水勢自然迅利。今浦傍日赤港。從肇嘉浜半腰相接。濁沙衝入。易致淤塞。前朝用堰壩斷。爲慮至周。今宜仍於舊址築堰。以遏其衝。又大東門外內郎家橋前用堰壩斷。使肇嘉浜水皆從小南門外薛家浜出浦。歸併一路。水勢迅利。城河日深。後爲奸民私行掘去。今仍請照舊築堰。以蓄城濠內外水源。又云。前朝萬歷年間。因肇嘉浜蒲匯塘屢浚屢淤。邑令博采輿論。以爲分流則勢緩。勢緩則沙積。乃於龍華地方特建一閘。月惟朔望兩啓。視時水旱爲蓄洩。其泗涇七寶諸水。單從蒲滙塘徑走肇嘉浜入浦。去來歸於一路。水勢極其迅疾。濁沙不積。河底日深。蒲肇兩無淤塞之患等語。惜不久堰閘俱壞。兩水交病。城濠亦淤。林文忠籌挑劉河白茆奏疏云、劉河白茆淤塞多年。莫若挑作淸水長河、不必求通海舶、而與吳淞黃浦。交匯通流。適足以助其建瓴之勢。劉河本有閘座。隨時啓閉。今於閘外再建滾水石壩一道、以堵渾潮、白茆亦建閘築壩。使潮汐泥沙不入、如遇內河水大、仍可由壩上瀉出。則河水有淸無渾。卽永遠有利無害等語。惜文忠離蘇後。劉河白茆攔潮大壩失修。而閘亦等於虛設、不久而諸河淤塞如故。然二公之計、深明治水學理。而指點防淤妙用。尤爲明白易曉。明歸震川水利論。謂太湖入海之道。獨有吳淞江一路、議者不循其本。取目前之小快。別浚浦港、以求一時之利。而松江之勢日失。所以沿至今日。僅與支流無辨。或至指大於股。海口遂至湮塞。豈非治水之過歟。歸氏又力辨禹貢三江。與震澤無涉、於以知宋元以來治三吳水利者。誤解禹貢。僉主分流之說。治之愈力。而失之愈遠。至可慨也。明夏忠靖見吳淞江不可治。乃開上海范家浜以通黃浦、引澱泖之水由黃浦以入於海、迄今五百餘年。太湖盛漲之洩歸此一路、已成天然之趨勢。然自浚浦局成立後。加深浦身。約束浦面。而漲潮之力內灌益遠。能達浙境嘉興。若遇霖雨兼旬。太湖水漲。止有黃浦落潮時間。可以洩出若干。往往早潮未盡退。而晚潮又來。所以湖水之洩。其勢甚緩。其量甚微。且潮流所至。泥沙隨之。日積月累。松嘉一帶。河港悉淤。欲杜其患。莫如修建隄閘。使支河小港。於水漲時仍可洩放。而平時絕不受渾潮侵入。與揚子江南岸各口建閘用意正同。交通部顧問西人方維因亦有此議。余深韙之。惟是水利工程至爲繁重。總當分別辦理。需費少而民力能舉者。縣市鄉治之。省款能舉者。省政府治之。其工費鉅大者。國家治之。無如民國財政。軍用爲先。防災治水。徒託空言。工程愈大。籌措愈難。反不如偏隅下邑。官紳合作。猶有小小興革也。徵客問。余固以能說不能行爲恥。焉敢侈言水利計畫。客曰。子言不無憤慨。有計畫而不能行。非言者之過也。盍編製一種太湖水利計畫書。俾社會共同研究。能行固善。不能行亦足昭示來茲。余曰。今人崇尚科學。水利事業。大都信仰工程專家。太湖局亦有工程師。非全部測量完竣。不輕作計畫書。蓋愼之也。若如余之參考歷史地理。集古人之成說。以爲計畫。則太湖局中一二三等職員優爲之。且古人書冊。社會共見。討論水利。得失昭然。揭而出之。固人人應有之常識耳。竊其說而推衍之。名爲計畫書。不免貽通人笑。抑亦余所恥也。客聞之默然。未幾客退。余因濡筆而記之。

整理永定河工程之意見

王洪熙

民國十四年春、余受永定河督辦鳳凰熊公之委任管理工次會計事宜。乃乘京奉車至黃土坡出站。騎驢西行約一里餘。見高約二丈許之巨岸連隴南行。北岸堤工在焉。踰堤下行。渡細石之沙地。即永定河河身也。蓋此時夏季麥黃水尚未上汛。原有細流。已由工程師計畫。在上流蘆溝橋西岸開口導入小清河矣。策驢西行。五里許。見南岸一帶殘堤零落。工人蝟集。始知即本年堵口處。地當宛平縣屬之高嶺及夏場一帶。計長二十餘里。中間決口四處。第一處長二百六十九丈四尺。第二處長二百五十五丈六尺。第三處長九百一十二丈五尺。第四處計長二百四十七丈二尺。登堤西望。小清河與殘隄中間土地盡作黃色。聞諸鄉民。田宜種稻。現經沖刷。雖幸籌款搶堵。歷來受害已深。急盼有人焉能為一勞永逸之計。覩此情形。惻隱之心。為怦怦動。因聯想及河務經費應如何籌畫。治河工程應如何改革。種種問題。隨之而起。爰就考察所得。述經過情形及改良意見如左。

一　經過地方及被決原因

經過地方　直隸有大河五。其源流最長而為患最烈者。首推永定河。全河長約一千一百五十六里有奇。沿途受有名之水。計二百七十有零。北起山西之馬邑。經西寧懷來。入宛平縣界。水由重山中行。迭受山泉之鬱注。經石界山下。乃一瀉汪洋。每至夏季麥黃水發。習為民患。迄無寧歲。前清康熙三十七年、特築石景山至蘆溝橋兩岸石隄以防之。計長一十八里有奇。束水入中泓。京師賴以保障焉。出蘆溝橋。則兩岸土隄漸離漸遠。闊度自一百五十餘丈至六百餘丈不等。就堵口處論兩岸闊度。亦達六百二十丈。水再向東南流。歷良鄉、涿州、固安、永淸東安、武淸諸縣。合鳳尾河會大淸子牙等河。至天津入海。此源流大概也。

被決原因　北方河流。土帶沙性。春涸冬冰。水患自絕。河身可種麥荳。春熟收割。及至夏季、河水暴漲。高度以一二丈計。宛如天降。水勢既如此之急。而防禦又未得當。故往往釀成水患。請析言之(一)水發時人民驚爲神水。家家自危。雖有二丈餘土隄可資保護。而水與隄平。田地又低於隄岸。且隄岸多用沙土和秫稭稻草堆成。根基不固。一經沖刷。弱點立見。加以歷來圖緩水勢。每將兩岸放闊。水力因之轉弱。中泓積淤。高過隄身。中間水道。變成曲線。水愈盤鬱。沖隄愈猛。反釀成決口之患。一也。(二)兩岸隄工。除近畿蘆溝橋石隄外。多用沙土而不用石料。下層易爲水刷。卽有淤泥護隄之說。(河務人員多如此言)未必可信。中間又無擋水石壩。以禦水入中泓。(今年乃川此法)每次整理。恆以開河洩水爲治標之計。未遑爲統籌大局之謀。二也。(三)年來經費竭蹶。平均每年每里計算。僅合用費洋一百七十三元有餘。年年照發以充工兵人員之薪餉。至購料維持之款。尙難籌措。測量估計等費更不必言矣。三也。有此三端。河安能治。

二　籌畫經費之擬議

整理經費　永定河之水患。華北人士及寄居外商多能道之。卽民六之大水。京畿及天津衞大沽一帶。鄉民田地廬舍之被沖。各國商務之被困。猶能憶及。雖目下海河一帶。及天津隄岸。多由工程局修治。而注重之點。仍在下游。上游根本之患。未能顧及也。當此司農仰屋之秋。欲籌巨款。談何容易。不得已之計。

惟有向尙未退還賠款之外國。由政府商撥一部分。爲整理永定河之費。不特七縣人民永受其利。華北商務亦裨益非淺。贊成者當不乏人。

用款　整理款項。倘能辦到。宜選擇正直人士。曾辦理直隸河工。確有經驗。其聲望爲政府及直省人民所信任者。以監督之。另請直隸省長及京兆尹襄理其事。一方面或可并舉退還賠款國之正直外商。爲顧問。羣策羣力。共負簽字支款之責。庶河務可期整理。款項不致虛靡。

經常費　照下節所述方法整理河務。闊者使狹。灣者使直。新隄內之舊河身。可盡變爲上等水田。一年兩熟。其一熟之租。（因以前夏季河身水來不能墾種）即可爲經常費之來源一也。又河水漲時。適當稻田需水之時、沿河西岸地形略低。（即以去年河水改道入小清河便知）自蘆溝橋舊隄西岸起。與小清河平行一帶。再下行良鄉涿州舊隄。與忙牛正河成角線一帶。再固安太平河。與舊隄成角線一帶。土地均低於永定河隄岸。而高於小清、忙牛、太平三河。河身倘利用之以灌田。兩熟增收。可期成功。而增加舊隄以內水田之賦稅。以充經常費。亦事理所當然。此經常費之來源二也。其他收入。尙未計算。經常費有着可無疑義矣。

三　工程改革之擬議

治河工程應改革者。約可分爲六項。（一）自蘆溝橋以下。兩岸闊度。均宜改狹。使水奔中泓。水流湍急。刷沙之力必强。上游河身雖挾沙而來。存留者既少。停淤之患可免矣。（二）凡逢盤紆曲流之處。均宜裁直。以暢水流。（三）土隄須改用石隄。以期經久。若慮款項太費。可用石片護隄脚。上覆以舊隄之土。兩面種柳以保護之。亦一法也。（四）兩岸宜建水閘。以灌田。如河之西岸。沿宛平、良鄉、固安之小清、忙牛、太平三河中間。（其餘南北岸測量時可察其高低以利用之）田岸與河高低不同。可利用之以灌溉田地。非建水閘不爲功。(五)宜購機船以便疏濬。蓋永定河自西北挾沙而來。下游又有七十二沽之盤折。雖逼其急流東下。而中下游淤墊之事。勢所難免。疏濬不可少也。(六)宜設複隄於上游。以緩水勢。蓋此河來源。至妙峯山以南。水勢漸急。現中下游改狹。上流水必更急。盛水之時。即利用水閘放水以增減之。仍恐其上流改道。故上流宜用複隄存水之法。以損益之。使水急則流入複隄。水緩則開閘。或放水下行。或就以灌田。如此、上中下游之水。盡操於人工。河患自平寧矣。

總之、目覩永定河水患者。必有感於整理之不可緩。以上擬議。雖屬坐井觀天之見。而河患之可治與否。地利之可興與否。全賴有力者之計畫與提倡。毋校卅週之盛。將有紀念特刊之發行。勉草此篇。聊以補白。或可作國人暮鼓晨鐘之一助也。

鐵筋三和土建築算法捷徑

黃　炎

鐵筋三和土結構,其計算力量,支配大小,惟屬於承受灣力之板與樑二者,最爲繁難。計算步驟如下:

第一　求得其所受之灣力量若干,(M, in.-lbs.)　第二　求板或樑之厚,(d, inches.)

第三　求鋼條之截面,(A, sq. in.)　第四　檢定鋼條大小及支數。

此外計算剪力,安設馬蹬鐵等,亦須斟酌定之。

作者平時自備表格數紙,凡板與樑之厚薄大小,鋼條之多少分配,向表一檢即得,以免上列四步計算之繁。應用既久,頗覺便利。雖用此表所得之結果,較用最精確算式所求得者,略有不同,而於實際毫無關係也。

此表之作,根據下列各項要素:

三和土抗壓力　每方寸六百磅,($f_c=600$ lbs/sq. in.)

鋼條抗拉力　每方寸一萬八千磅,($f_s=18{,}000$ lbs/sq. in.)

$N=15$,　$P=0.0056$,　$K=0.333$,　$J=0.889$,　$M_c=899bd^2$,

$M_s=f_s j Ad=16{,}000Ad$,　$M=\frac{wl^2}{10}$,　樓板寬以一尺計。

第一表　樓板荷重之彎力量 M

以 1,000 in.-lbs. 為單位

載重 Live load lbs./sq.ft.	長 l 以尺計 4′	5′	6′	7′	8′	9′	10′	11′	12′	厚 d	板重 lb.	力量 Mc 1,000″lb.
										3″	44	9.6
25	1.32	2.06	3.0	4.0	5.3	6.7	8.3	10.9	13.0	3.5	50	13.0
50	1.80	2.81	4.1	5.5	7.2	9.1	12.0	15.4	19.4	4″	56	17.1
70	2.18	3.41	4.9	6.7	8.7	11.7	15.2	19.2	23.9	4.5″	63	21.6
75	2.28	3.56	5.1	7.0	9.1	12.2	15.7	19.9	24.8	5″	69	26.6
100	2.76	4.3	6.2	8.5	11.5	15.2	19.5	24.4	31.3	6″	81	38.4
112	2.99	4.7	6.7	9.1	12.4	16.4	21.7	26.1	33.2	6″	〃	〃
150	3.72	5.8	8.4	11.8	15.8	20.7	26.2	33.5	43.2	7″	100	52.2
200	4.67	7.3	10.8	15.1	20.2	26.2	33.8	43.5	51.8	7″	〃	〃
224	5.13	8.0	11.8	16.5	22.4	29.6	36.4	47.0	58.5	8″	113	68.2
300	6.58	10.5	15.4	21.3	29.4	37.0	48.0	59.9	73.4	9″	125	86.2

第二表 樓板內鋼条與三和土之力量

以 1,000 in.-lbs. 為單位

鋼条 Ms			板厚 d (自上面至鋼条中心)								
Size	C.to C.	A.Sq.in.	2½"	3"	3½"	4"	4½"	5"	6"	7"	8"
¼"φ	2"	.28	11.8	14.1	16.5	18.8	21.2				
	3"	.19	7.8	9.4	11.0	12.6	14.1				
	4"	.14	5.9	7.1	8.2	9.4	10.6				
	5"	.11	4.7	5.7	6.6	7.5	8.5				
⅜"φ	3"	.44		21.2	24.7	28.2	31.7	35.2	42.3		
	4"	.33		15.8	18.5	21.2	23.8	26.4	31.7		
	5"	.27		12.7	14.8	16.9	19.0	21.1	25.4		
	6"	.22		10.6	12.3	14.1	15.8	17.6	21.2		
½"φ	4"	.59				37.7	42.4	47.1	56.5	66.0	75.4
	5"	.47				30.1	33.9	37.7	45.2	52.8	60.3
	6"	.39				25.1	28.3	31.4	37.7	44.0	50.2
	8"	.30				18.8	21.2	23.5	28.2	33.0	37.7
	10"	.24				15.1	17.0	18.8	22.6	26.4	30.2
三和土 Mc			6.7	9.7	13.0	17.1	21.6	26.6	38.4	52.2	68.2

第一表　示樓板所荷活動載重與本體之重所生之灣力量。既知板長與每方尺之動載,在其縱横格相交處,得灣力量。復循梯級形之曲線,至右邊,得板應具之厚,其體之重,及其能承灣力量之數。但須注意者,表中所示之厚,均係自上面量至鋼條中心,鋼條以下之三和土,不計在內。

例　某屋,樓載每方尺一百磅,板長十尺。從表中檢得:

$M=19{,}500$ in-lbs, 厚 $=4\frac{1}{2}''$, 重 $=63$ lbs/sq. ft,

$M_c=21{,}600$ in-lbs.

第二表　示鋼條與三和土二者之力量。二者中以小者爲限。

前例　某屋樓板所承灣力量　$M=19{,}500$ in-lbs。　從第二表檢得:

$4''$ 厚之板　$M_c=17{,}100$ in-lbs,

$4\frac{1}{2}''$ 厚之板　$M_s=21{,}600$ in-lbs,

故此處樓板之厚,當在四寸以上,四寸半以下,用四寸二分卽可。

又檢得:　$4\frac{1}{2}''$ 厚之板,用鋼條　$1/4''\phi$,　$2''$c.-c.,　$M_s=21{,}200$ in.-lbs;

　　　　,,　　,,　$3/8''\phi$,　$4''$c.-c,　$M_s=23{,}800$　,,　;

$4\frac{1}{2}''$ 厚之板,用鋼條　$\frac{1}{2}''\phi$,　$8''$c-c.,　$M_s=21{,}200$ in.-lbs

以上三種鋼條配法,均可採用,惟以第二項最爲相宜。

第三表 樑內三和土之力量 M

以 1.000 in-lbs. 爲單位

d / b	10″	12″	14″	16″	18″	20″	22″	24″	28″	32″
6″	53.2	77	104	136	172	213	258	307	417	509
8″	71.1	101	140	182	230	285	344	410	558	728
10″	89.0	128	174	227	287	355	430	510	697	910
12″	106.4	154	209	273	345	426	516	614	835	1,090
14″	124.8	179	244	320	404	499	602	718	979	1,275
16″	142.5	205	279	365	461	570	690	820	1,115	1,456
22″	178.0	256	348	455	575	711	860	1,022	1,395	1,820
24″	213.0	307	418	545	690	850	1,030	1,230	1,670	2,180
30″	267.0	884	523	682	862	1,070	1,395	1,540	2,094	2,730

上表備計算長方形樑之用,其公式爲 $M=89bd^2$ 若計算T形樑,其公式之系數,隨板之厚,t,與鋼條之比,p,而異,如

$\frac{t}{d}<.22$, $P=0.002$, $M=30bd^2$

$<.26$ $=0.003$, $=44bd^2$

$<.29$, $=0.004$, $=58bd^2$

故欲求T形樑之力量,從上表檢得後,當按公式中系數之比例而損益之。

第三表　爲求樑之大小而設。例如某屋樑長20尺,每尺重載1,000磅,

得　$M=\frac{1000\times 20^2\times 12}{10}=480,000$ in-lbs.

從表中見有數種大小,可供選擇:

如　$b=10''$,　$d=24''$,　$M=510,000$ in,-lbs

$b=12''$,　$d=22''$,　$M=516,000$ in.-lbs.

$b=14''$,　$d=20''$,　$M=499,000$ in -lbs.

以上爲長方形樑。今若樑上有樓板,厚4″,與樑一氣鑄成,則可作T形樑算、

假定樑厚$d=16''$,$\frac{t}{d}=\cdot25$,　$M=44bd^2$

此處公式中之b.,可作樓厚之十二倍,　$12\times4=48''$。但此公式之系數44,　祇及表中長方形樑公式之半,故b之數,亦僅取一半,卽可借用第三表矣。

茲定　$d=16''$,　$b=24''$,

從表中得:　$M=545,000$in-lbs,　可知其力量足以勝任裕如。

第四表 樑內鋼條之力量 Ms

以 1,000 in. lbs. 爲單位

鋼條			樑厚 d（自上面至鋼條中心）								
Size	Pcs.	A,sq.in.	10″	12″	14″	16″	18″	20″	22″	24″	28″
½″φ	1	.196	31.4	37.7	44.0	50.3	56.5	62.8	69.1	75.4	87.9
	2	.392	62.8	75.4	88.0	100.6	113.0	125.6	138.2	150.8	175.8
	3	.586	94.2	113.1	132.0	150.9	169.5	188.4	207.3	226.2	263.7
	4	.784	125.6	151.8	177.0	201.2	226.0	251.2	276.4	301.6	351.6
	5	.978	157.0	188.5	220.0	251.5	282.5	314.0	345.5	377.0	439.5
½″⊔	1	.25	40	48	56	64	72	80	88	96	112
	2	.50	80	96	112	128	144	160	176	192	224
	3	.75	120	144	168	192	216	240	264	288	336
	4	1.00	160	192	224	256	288	320	352	384	448
	5	1.25	200	240	280	320	360	400	440	480	560
⅝″φ	1	.307	49	59	69	79	89	98	108	118	138
	2	.614	98	118	138	157	177	197	216	236	275
	3	.921	148	177	206	236	266	295	325	354	413
	4	1.228	197	236	275	314	354	393	433	472	551
	5	1.535	246	295	344	393	443	492	541	590	689
¾″φ	1	.442	71	85	99	113	128	142	156	170	198
	2	.884	142	170	198	227	255	283	312	340	396
	3	1.326	212	255	298	340	583	425	467	510	595
	4	1.768	283	340	397	453	510	566	623	680	793
	5	2.210	354	425	496	566	638	708	779	850	991
⅞″φ	1	.692	96	116	135	154	173	193	212	231	270
	2	1.204	192	231	270	308	346	385	424	462	539
	3	1.806	289	347	404	462	520	578	636	693	809
	4	2.408	385	462	539	616	693	770	848	924	1,078
	5	3.010	481	578	674	770	866	963	1,060	1,155	1,348
1″φ	1	.785	126	151	176	201	226	251	276	301	352
	2	1.570	251	301	351	402	452	502	552	602	703
	3	2.355	377	452	527	603	678	753	828	903	1,055
	4	3.140	503	603	703	804	904	1,004	1,104	1,204	1,406
	5	3.925	629	754	879	1,005	1,130	1,255	1,380	1,505	1,758
1″⊔	1	1.0	160	192	224	256	288	320	352	384	448
	2	2.0	320	384	448	512	576	640	704	768	896
	3	3.0	480	576	672	768	864	960	1,056	1,152	1,344
	4	4.0	640	768	896	1,024	1,152	1,280	1,408	1,536	1,792
	5	5.0	800	960	1,120	1,280	1,440	1,600	1,760	1,920	2,240

第四表　爲支配樑中鋼條而設。如前例長方形樑［d=24″, M=480,000 in.-lbs. 檢表得數種配法:

用方鋼五條 $\frac{1}{2}''$□,　M_s=480,000 in.-lbs.;

或圓鋼三條 $3/4''\phi$,　M_s=510,000 in.-lbs.;

或圓鋼二條 $1''\phi$,　M_s=602,000 in.-lbs.;

或圓鋼二條 $\frac{1}{2}''\phi$,

及三條 $5/8''\phi$,　M_s=505,000 in.-lbs.

若爲T形樑, d=16″, 其鋼條分配,可任擇下列之一:

用圓鋼	$3-3/4''\phi$	又$2-5/8''\phi$	M_s=497,000	in.-lbs.;
或 ,,	$2-7/8''\phi$	又$2-3/4''\phi$	M_s=535,000	in.-lbs.;
或 ,,	$1-1''\phi$	又$2-7/8''\phi$	M_s=509,000	in.-lbs.

其他配法極多,選擇甚便。

以上四表,若逆其序而用之,則凡已成構造中樑板各部之強弱力量,瞭如指掌。較之用公式反覆推算者,其利鈍奚啻十倍。

近年以來三和土之應用於各項工程者,日漸繁多。故常見未習土木工程之人,有時須用三和土,而苦未審其算法,若得上列四表以濟之,尤爲便利。

諸表爲作者所創作。謬誤與不合用之處,在所不免,倘蒙工程專家進而教之,則幸甚矣。

油漆原料概要

戴濟

製造油漆之原料最要者有三。曰顏料。曰油。曰促乾劑。玆分別言之。

甲、顏料。

白。 中國有鉛粉、銻白。而無鋅白、及立東封。(Lithopone) 鉛粉有廣東土產、及上海開林振華兩公司之出品。銻白產湖南。內含鉛鋅白等質。略帶鹼性。法國禁用鉛粉。多用鋅白。美國鉛鋅並用。立東封之成分。爲硫化鋅百分之二十九半。硫酸鋇百分之七十半。發明已二十八年。初時質粗畏光。近五年來製法漸趨完善。內含鋅白不能過千分之十五。否則和油後易結塊。以上均爲主要顏料。以其被覆力均強也。倘有補充顏料。可免油漆結塊。或使漆膜持久。如磁土、石灰石、重石、石膏、石英、石棉等均是。吾國出產亦富。

紅。 耐光比較。以銀朱爲最勝。歐美警號。多用鉛丹一成、立梭爾紅(Lithol red)三成之混合物。天然鐵養亦爲重要紅色。以硫酸溶化廢鐵。得硫酸鐵。和石灰熱之。成鐵養及硫酸鈣之混合體。亦爲紅色顏料。

藍。 羣青及普魯士藍最通用。法人以硫黃、白泥、玄明粉造羣青。迄今已逾百年。刻世界最大製造廠四。德美各二。

綠。 純者係養化鉻或輕養化銅。混合成者爲鉻黃普魯士藍之混合體。乾拌者劣。同時沈澱者佳。

黃。 爲硫化鎘及鉛或鋅之鉻酸鹽。黃土亦可用。

黑。 吾國窰烟。(磚窰附產)、與歐美之燈烟(以油爲原料)相伯仲。但較酸洗骨烟及氣烟(天然氣燒成者）爲劣。黑色顏料之着色力弱者。可用亞尼林顏料增進之。

乙、油　各種乾性油。除桐油外。均可用硫酸精製之。通常用油千份。取濃硫酸（波氏表六十六度）一份。逐滴加入。以機械或高壓空氣。充分攪拌。全體變成黑色。放定後。清油上浮。濁滓下降。可以分別取出。清油卽可供製造白色漆用。濁滓先以石灰中和之。成硫酸鈣及油脚之混合物。取出後加鐵養。可成紅漆。

亞麻仁油吸收養氣。歷四五日卽成實體。其乾率可以促乾劑促進之。生桐油乾後。多縐紋。惟加熱至華氏五百四十度。助其複化。則成造漆佳料。

桐油用土法搾取時。每先加熱。故色不潔白。精煉方法有二。一、熱至華氏一百五十度。靜置三星期。清油上浮。油脚含脂肪纖維等品。二、以多孔石英爲附着劑。繼以壓濾。則雜質可除去。以上方法。蓖麻油豆油等亦合用。

碘值關係於油之不飽足度。碱化數可辨別礦質着假品之有無。折光指數所以別油之純雜。三者爲最便利之試驗法。中和性油之甘油及脂肪酸。其比例常爲一與九。但商品乾油不含游離酸者殊鮮也。

丙、促乾劑　紅丹、黃丹、醋酸鉛、硼酸錳等。皆可爲油漆促乾劑之用。欲製造基本乾料。可取松脂二千份。熱至攝氏二百度。逐漸加入醋酸鉛十二份。紅鉛六份。錳養二十二份。俟其作用完成。熱至二百五十度。加入亞麻仁油二十份。保持原溫約十五分鐘。冷後以松節油或輕石油和之。卽成液體乾料。此爲通常製法。近十年來新發明促乾劑甚多。以松脂、亞麻油或桐油。與鉛、錳、鈷等質化合。均可利用。性質不同。效用各異。茲姑從略。

濟南電話總公司換裝新機之經過及其工程之現狀

潘 尹

濟南電話總公司爲吾國商辦電話事業之巨者。營業之發達。亦較他處爲速。當民國六年時。用戶不過五六百家。至民國十年卽增至二千戶上下。因機器係磁石老式。不能再行擴充號碼。故於民國十一年間購裝新式共電機。現今已達二千五六百戶。倘非受軍事影響。當更不止此數。余於民國九年。應該公司之聘。擔任工程事務。至今年（卽民國十五年）夏初。始以公司改組。辭卸職務。計共在職六年。所有線路改良、修築地線、架設電纜、更換新機、添建機房、全係余個人經手辦理。今幸成績頗有可觀。用戶不無便利之處。惟年來濟南疊遭兵亂。加以公司股本未能招足。以致財政方面困難達於極點。負債至百餘萬以上。此公司改組之所由來也。

該公司原有由交通部收歸國有之議。嗣以資產過巨。部中一時未易籌付巨款。因而中止。今則公司內情形。更非昔比。非有厚資。不易清理債務。公司每年收入。雖在承平之世。亦不過二十萬元上下。常年開銷。向極節省。然終難以贏餘之數。於短期內清償積欠。是公司所以日趨於困境也。

余入公司之初。局面尚狹小。當時用戶頗不滿於接線事宜。實因磁石式老機不甚靈敏。而線路又未加改良。所有話線。均係單根。甚至有將電纜內之一對線分作兩戶者。故聲音雜亂。鈴聲誤響者時有其事。遂向承辦人建議。改換新機。修築地線。整頓線路。不二年而新機裝就。地線完成。用戶稱快焉。

由磁石老機改用共電新機。非獨局內總機須重新換去。而用戶話匣亦須同時更換。在更換之時間。又不能使電話交換停止手續困難。可想而知。乃先於各戶屋內線上裝一分線閘將新盒裝於舊盒之旁。俟局內外機皆裝就後。卽佈告用戶在一定時間自行將分線閘搬過。同時局內則將老機配線架上之保險球取去。新機配線架上之保險球裝上。如是而新機交換通矣。余以此法行之於晚間。經數小時而新機卽換成。是亦大幸事也。然當時所最感困難者。莫如用戶一時不明新機之用法。有將分線閘任意移搬者。有將聽筒忘掛者。以致略生障礙。經一月後。此項困難始除去焉。

地線建設。所費亦巨。余爲節省起見。材料大半取之於本地。如瓦管係在博山定製。人孔鐵蓋及附屬鐵料等係在本地鐵廠冶製。其餘鐵料如拖電纜車之類。皆在本地製成。其省費較之舶來品當在數倍以上。又所有桿上接線之鐵扁擔及螺絲等。皆向本地購置。在本公司油好。其堅固合用。固不弱於舶來品也。地線電纜由地下引出接至桿上。外人每用接線鐵盒或由三百對電纜分成百對三條。或分成百五十對二條。余以此種鐵盒。每因封裹不固。透進雨水。發生重大障礙。認爲不良之品。特自製圓筒式之鐵箱。上用鐵皮圓蓋。其分線電纜則從下孔而出。用之數年。絕無透水之弊。頗收良效。

修地線所用最緊要之材料。莫如瓦管及洋灰兩物。交通部採用唐山燒製之瓦管。其貨固不差於西人所用者。余在山東博山定製之瓦管。亦與唐山所製者無異。價值不相上下。而轉運費則減少多矣。洋灰以唐山啓新公司所出者爲可用。故全採用該廠出品。埋管之法。其相接處。非用布包不可。否則終不免灰砂射入。防阻管道。又人孔牆之內外皮。非厚糊洋灰漿。不足以防水之浸入人孔鐵蓋。又非加用內蓋不可。否則街道上之水。亦易入孔內也。

地線大半採用三百對鉛包電纜。此項材料。最宜愼重選購。稍不經心。或圖價賤。卽得劣貨。貨之劣者。鉛皮不固。遂發生種種障礙。現今吾國所採用之電纜。多半取之於日本古河公司。以余之經驗察之。古河之貨。頗質優可靠。西洋貨有時反不及也。

該公司線路雖已稍加改良。然大部分均仍舊觀。所謂改良者。不過將單線改成雙線。在繁密之區。將鐵線改用銅線而已。其餘線桿等類。如桿之弱者及鐵線之已銹敗者。均以費用過巨、一時不易全換。又屋內線尙有小部分用棉包線未改者。故每當雨季。不免發生音小之弊。夫用鐵線實於經濟上甚不合算。緣鐵線易銹不能耐久、而號數又必較銅線爲粗大。以同等距離之線。若用鐵線。其重量必多一倍、所用之年限既減少。故所費與用銅線無差異。而話音之宏亮則不及銅綫遠矣。

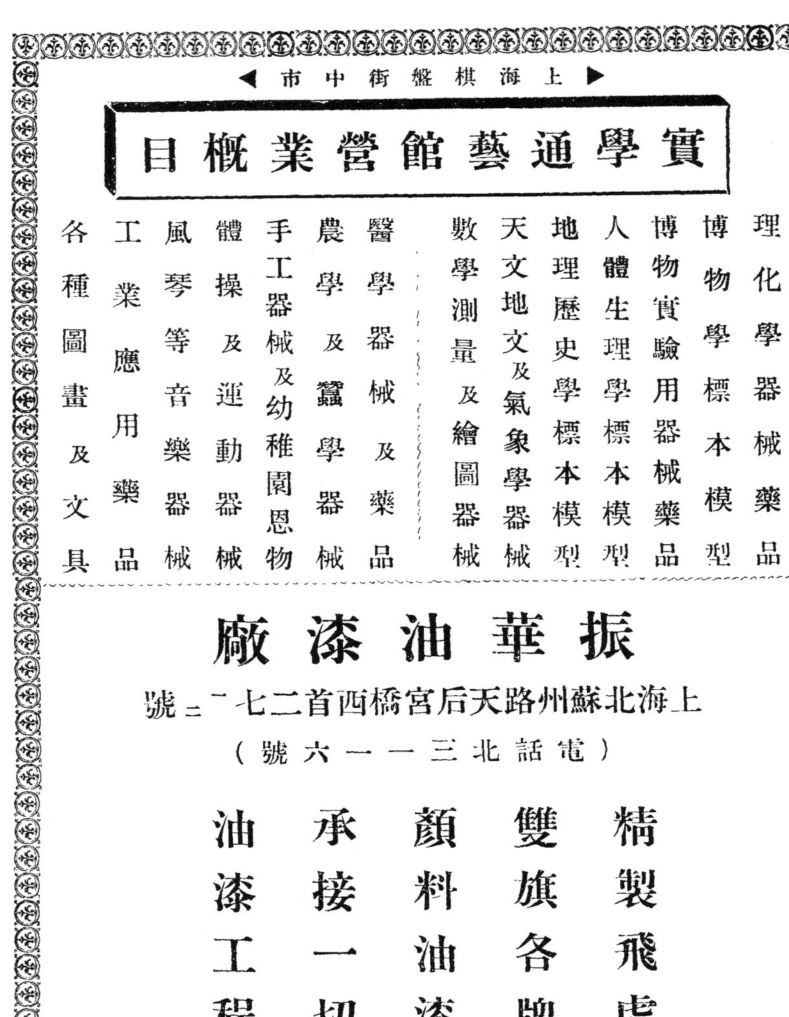
上海棋盤街中市
實學通藝館營業概目
理化學器械藥品
博物學標本模型
博物實驗用器械藥品
人體生理學標本模型
地理歷史學標本模型
天文地文及氣象學器械
數學測量及繪圖器械
醫學器械及藥品
農學及蠶學器械
手工器械及幼稚園恩物
體操及運動器械
風琴等音樂器械
工業應用藥品
各種圖畫及文具
振華油漆廠
上海北蘇州路天后宮橋西首二七一二號
（電話北三一一六號）
精製飛虎
雙旗各牌
顏料油漆
承接一切
油漆工程

科學研究與無線電交通

李熙謀

近世工程事業、如鐵路航運、製造工藝、電力交通等、凡與科學技術有相互關係者、則其應用日廣事業日隆。不讀近數百年歐美工業史者、或將謂其勃興之現象爲偶然爲僥幸。若按其歷史考其由來則恍然於歐美工藝之興、雖遠至加立里屋、牛頓、近及華德、弗拉臺、談卡爾、開而文輩、均著有勞績、而當代學者嘗手自擘劃經營措工程事業於今日之隆盛者、更無論矣。無線電信、爲近代電力通信事業之著者、觀其發達之順序、由學說而實驗、由實驗而應用、由應用而蔚爲國際間最重要之交通事業、爲時已六十餘年矣。然在此六十餘年中、設無潛心力學之士、爲之解疑難、抉困阻、則無線電通信、或尙爲學說玄理、供物理學者聚訟探討之淵藪、亦意中事也。自來工程交通事業、未有能脫離科學、擯斥學者、而自謀發展者、無線電事業、固亦未能獨異也。茲篇所及、僅略舉大者要者數端、與無線電交通有至切近之關係、亦所以見無線電事業發達之由來也。

無線電第一難題、當爲電力傳送問題。蓋依物理學之公理、與吾人日常之經驗、則力之傳送、必藉物體、電力之傳送、必經導體。今欲以兩地之間、去一切導線之連絡、而以電力作言語文字之傳遞、在十九世紀中期、磁電學尙未昌盛之際、其視爲不可能之事、乃情理之當然。然無線電交通能否成爲事實、全視此問題之如何解決。設電力而能脫離導體、流行空間、則無線電交通爲可能之事、無疑也。設電力傳送、全受導體之支配、則無線電交通爲不可能之事、亦審矣。在一千八百六十年頃、英國物理學者墨克司威爾、將前輩弗拉臺畢生所得物理上實驗之結果、與以數理之解釋、繹思構想、推敲隱微、而忽有重要之發現。蓋墨氏在萬忙推解中、得磁力場强度與電力場强度二公式、此二公式所表示、則謂磁力與電力在空間或任何絕電體內、得如波浪式流動分佈也。惜墨氏學者耳、理想家而非實驗家也、雖有學說、而未能佐以證驗。當時物理學者又狃於故常、怯談新理。自墨氏學說發表後二十五年、時墨氏已早謝世、德國物理學者黑淞、歷六七年之實驗、始得證明墨氏學說之不謬。使墨氏而如黑氏、爲理想家而兼長實驗、能證明其學說於發表之時、則吾知無線電交通事業、必有更盛於今日者。於此可知不特工程事業進步之艱難、即科學研究、亦非易事也。黑淞實驗既公佈於世、電磁力在空間傳送之理大明、無線電交通之基礎因以樹立、則無線電通信、似宜可立就矣。然自黑氏而後、歷十有餘年、至馬可尼氏、方告成功。中間繼黑氏而起者、實繁有徒、英之陸琦、法之白朗蘭、均一代學者、而未有所就。若考當時情勢、審察研究無線電信各學者環境地位之不同、則知馬氏之成功、或亦事理之當然。蓋黑氏實驗、僅限於學校研究範圍之內、磁電波之收發、相距不逾十數公尺耳。繼黑氏而起者、類皆墨守舊法、未能自闢蹊徑。今欲將無線電通信、與已有成績之有線電信交通、並列於交通事業中、抗衡爭長、則其通信距離、非能達千百里外者、實無希望之可言。績學如陸琦白朗蘭、尙不能如願以償、則其困難亦可知矣。馬可尼者、年盛力壯、爲意國物理學者立奇之高足弟子、師傳既高、陶鎔自富、渡英後、又得英國郵務大臣柏里司之同情、與以金錢上之援助、實驗之便利。蓋柏氏固亦試驗無線電通信而未得成功者、其希望馬氏之心、宜其倍切也。馬氏既得此實力之輔助、試驗自益便利、未久而成效大著、長距離通信、克奏膚功、馬氏亦於此成名、至今世稱馬可尼爲無線電發明家者、職是故也。自馬氏迄今、忽忽又三十年矣。在此三十年中、無線電交通之方法、與乎機件製造裝置等、經種種之改進者、不可勝計。若發報機、則由火花隙式、改用滿幅波發電機、滿幅波發音純潔、電台互擾減少、通信距離加長、國際通信大電台亦得增加收報機件、初用鐵屑管及留影機、或虹吸記錄機、既而馬可尼造成磁感探波器、美人騰武狄等發見礦晶、能探測磁電波信號、於是以電話聽筒、亦可接收無線電信、而靈敏迅疾、則又過之。天地線間之耗阻、爲消耗電力之主因、於是麥愛司那及英國馬可尼公司則創安設地網法、亞力山竇生則發明多路調諧法、今日世界高電量無線電台、天地線間耗阻、每能減至小於一歐姆者、皆麥氏與亞氏等之功也。然於此三十年無線電信發達史中、集各項發明而較量之、何者爲最有價值、在無線電交通上、有最大之貢獻、則衆意所歸、必爲真空燈無疑也。在一千八百八十年頃、愛迪生氏於尋常電燈發光時、察知有電子發射、英人弗蘭敏即利用此現象、造成二極真空燈、爲接收無線電信探波器之用。未數載、美人第福來司脫改之爲三極真空燈、而其效用益著、凡探測磁電波、發生高週率電流、放大或傳替電信等、三極真空燈皆優爲之。歐美二洲人士、或爲之作應用試驗、或爲之作學理研究、指不勝屈、第福來司脫、溫特別爾、立卓生、朗特等則其著者也。自眞空燈發明以來、無線電交通、不獨於技術上爲之改造、得種種之進步、即其事業範圍、亦因之而擴大、如昔日僅有電話電報者、今則無線電音樂廣播、收音機之製造、短電波通信、無線電影相傳送等、皆爲已成之事業。近則高電量電台、亦多採用真空燈爲發電機、以代昔日滿幅波電機、有線電信長距離通報、亦早利用真空燈、爲傳替或放大電力之用。以真空燈效用之廣、加以學者研究之盛、真空燈與無線電交通、正方興而未艾、可斷言也。

由上所述、則無線電交通每期之進步、無不有科學研究、以爲之先驅、科學與工程交通事業之重要、彰彰明矣。雖然、無線電交通與科學相關之切、乃其一端耳。自歐美物質文化侵入以來、憂時之士、奔走呼號、以振興工業爲救亡要圖、富國裕民、莫此爲急、事誠然矣。然科學者、工業之泉源也、興工業而不治科學、猶求水而塞其泉源。吾國工業、自昔師承歐美、在創始之初、邯鄲學步、原屬無妨。若在根基已立之後、非自由發展、則無進步、非獨立創造、則受淘汰、於是不得不求之科學、使泉濬而源疏、乃水達而流暢、而工業方有發達之望。今之徒談工業教育、工程救國、而置科學研究於不顧者、其亦不揣其本而齊其末矣乎。

電傳筆跡術之昌明與中國電政改革之希望

夏炎

著者從事電政。十有餘年。深慨事業之疲滯。不堪言狀。以民族之大商埠之多。每年收入不足七百萬元。以與蕞爾之比利時較。尙居其後。民間百人中能知利用電報者。恐無十人。其故何居。蓋吾國文字艱澀。不獲施之機械。直接傳達。而創設電報。三十年來。墨守文碼迻譯之弊。耗時誤事。致人民無樂用之心。非萬不得已。則罕有以電報爲溝通思想之利器者。其失之疲滯。電報本身實尸其咎。蓋電報之所貴。在敏捷將事。始足以應人生之需求。若一電往來。由文言譯成碼字。需時若干。由碼字逐個傳拍。需時若干。不幸而錯誤叢滋。往返校對。需時若干。既達收報人之手。尙不能直接明悉。復須由碼字譯成文言。更需時若干。耗費如許光陰。與快郵相去有幾。轉不如快郵之克達完全意思。此電報之所以不受民衆歡迎。使營業臻於發達也。往歲於役巴黎。究心電氣機械。思以注音字母、造成與波多類似之電機。俾國民有直接傳達意志之機會。而掃除文碼迻譯之弊。顧吾國南北方言複雜、注音字母。非朝夕可通行。終不免有刻鵠成鶩。畫虎類犬之憾。嗣得電政會議之介紹。參觀巴黎柏蘭工廠。見所謂電傳筆跡法者。試之而驗。因請於廠主。爲短期之練習。其機械靈巧。殊有可供吾人研究之價值。故不揣淺陋。筆之以投諸母校三十年紀念册。諒亦吾同人之所見許者也。

電傳筆跡術之研究。遠在十四年以前。柏蘭工廠之廠東柏蘭先生。因見電氣試驗。能將各種電氣形狀。就電動計（Oscillographe）攝成影片。以供學者研究。思利用之以傳送照片。開電力交通之新途徑。乃

第一圖

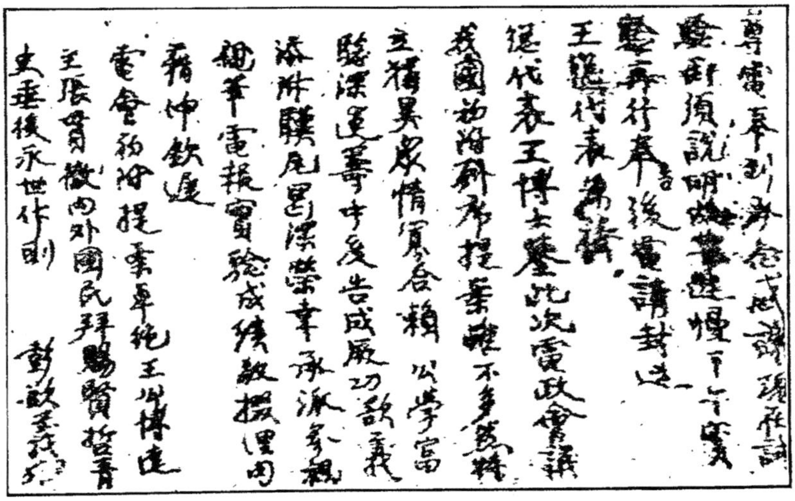

潛心研究。卒得發明電像法。(Teléphotographie)推而及諸實用。遂成今日之電傳筆跡術。一轉移間。省去電報上無數手續。對方手跡。雖隔萬里之遙。得以一紙傳達。既省時間。復杜贋冒。電報也而有郵信之真。郵信也而兼電報之速。其術罔至奇也。

上圖爲著者在巴黎收到電政代表團彭君由司脫拉司堡發來回電。相隔一千七百啓羅米達之遠。費時四分。計得一百五十一字。當時傳閱。靡不驚異。若按照華文舊法。譯成碼字傳送。則非歷四小時不可。於以見舊法之不可再用。柏蘭電機製造原理。係兩端用大小相等速率相同之圓滾各一。發報圓滾上。捲附原電。此項電紙係用特種墨水書寫。經寫處自行凸起。然后以觸針依紙面經畫。斯時若圓滾旋轉。并由一端向彼端推行。觸針卽可經畫電紙全面。而其所經凸起之處。每能發生微顫。觸針之背若安設電鈕。借針之顫動以自相開閉。則可發出斷續不斷

第二圖

第三圖

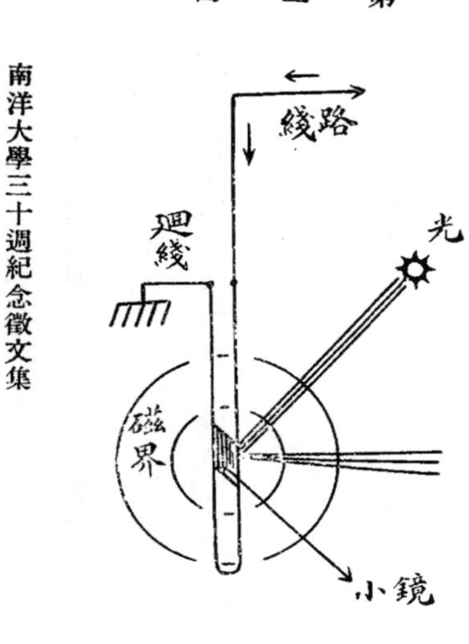

之電流。此項電流純由觸針經過電紙上凸起部分而產生。有如第二圖。

觸針落於非凸起部分。則電鈕相合。電流在局部電環內 (Local circuit) 自行週轉。設觸針為圓滾上凸起部分所推後。則電鈕相離。而電流轉入線路。電氣變動由是而生焉。

在收報方面感受此項電氣變動而表作之者。為電動計 (Oscillographe)。其磁界甚强。而顫動之金屬線上鑲有小鏡。借以迴折光線。有如第三圖。

迴折之光線穿過聚光管。由管尖小眼以射入暗室。然為避去有礙工作之光線故。(即發報方面觸針不在凸起部分時電動計上小鏡恆射之光線以及反折之陽光等) 聚光管之前面僅留一小門。小鏡之角度如安置得宜。則惟觸針落於凸起部分時。電動計所表作之光線。始得射入聚光管以逗入暗室。暗室之中。閉置圓滾上黏尋常晒影紙。而電動計感受之動作。因得藉光線迴折。將發來電報、影印於晒紙上。以流傳真跡也。

此項傳達筆跡方法。係將電紙分成無數行。逐行傳送。然后逐行接收。故兩方面圓滚既須大小相等。復須遲速相當。則收到之報始克湊成原狀。柏蘭君維持等速之法。有如第四圖。

第四圖

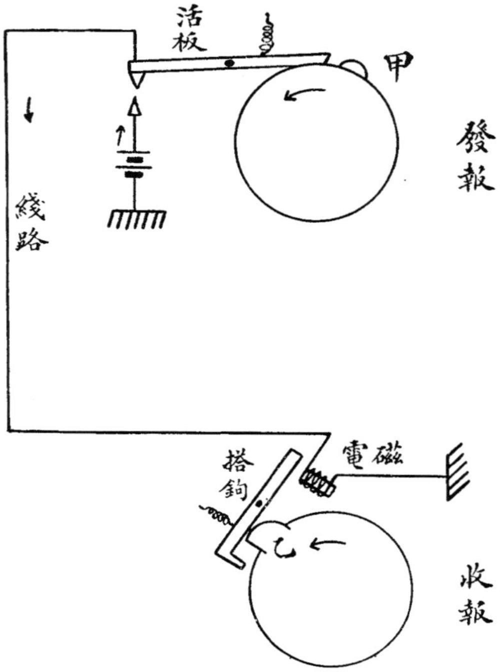

發報滚軸有物如(甲)。能推動活板。以關閉電路。收報滚軸有物如(乙)每轉一週。卽爲搭鈎所牽住。靜待發報方面(甲)物與活板相觸。輸送電流至收報方面。或生電磁。以吸起搭鈎。而縱圓滚自旋。設收報滚之速率略大於發報滚。經過此項佈置。則兩滚之速率。恆能均等維持。無或前或後之弊。以視用 Synchorous motor。繁簡異致矣。

柏蘭氏電傳筆跡機。其製造之準確。與運用之簡單。爲三十年來電機學中各種發明品之所不及。無間風雨。均能收發自如。其特異之點。能兼用於無線電作雙工通信。至其傳遞速率。則比較用於有線電高出一倍。綜計自書寫電底以迄顯視晒紙之時間。最長不過十分鐘。以較電報各種快機。洵無遜色。而拍送世界各種歧形之文字。是大有造於東方各民族也。

電傳筆跡術既已昌明。其影響於我國電政事業若何。著者之意。以爲有四大問題。可資研究。

一、關於技術方面　當日創設電報。因陋就簡。取用之莫爾司機。過於陳舊。人方日圖革新。我仍墨守舊法。以致三十年來司其事者。懷重苟安。岸然自足。不肯深求高尙學術。矧至濫竽電界。阻礙進步。爲圖事業之革新。非採用新機不可。

一、關於經濟方面　舊式電機。端賴人工運用。生活日昂。工資擴大。無法裁抑。坐令全部收入。不敷支付人工。設採用新機。則抄寫校譯之種種手續可免。於裁汰冗員。節省經費。不無裨益。

一、關於營業方面　人民既免文碼迻譯之煩。復享真僞易別之利。自易發生推用之效。設採用新機。釐定報價。每張收費若干。不再斤斤字碼之計算。是以電報之迅速。而兼擅書郵之便利。必爲民衆所歡迎。又況傳送支票、照片、地圖、手紋等。（見第五圖及第六圖）足以輔助各種事業。尤足以推廣營業無

（第五圖）柏蘭機傳送之照片

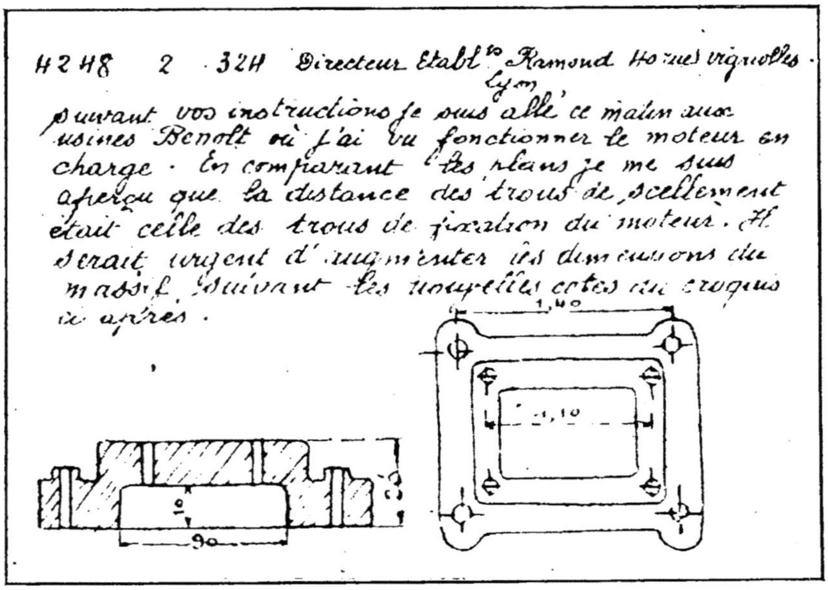

（第六圖）柏蘭機傳送之圖畫

數。其利豈不溥哉。

一、關於工作方面　雙工電報。爲繁忙局所所應採用。吾國雖間已採用雙工快機。然文碼轉譯之弊不除。電報之制度。終不能盡善。設採用新機。就已有之無線電台。雙工通信。必尤臻敏捷。增進事業於無旣矣。

夫中國電報事業。幼稚極矣。人口密度。十倍於美。而收入不及人十分之一。雖種種有待改革。而善事無利器。固失其本矣。又惡可哉。又惡可哉。

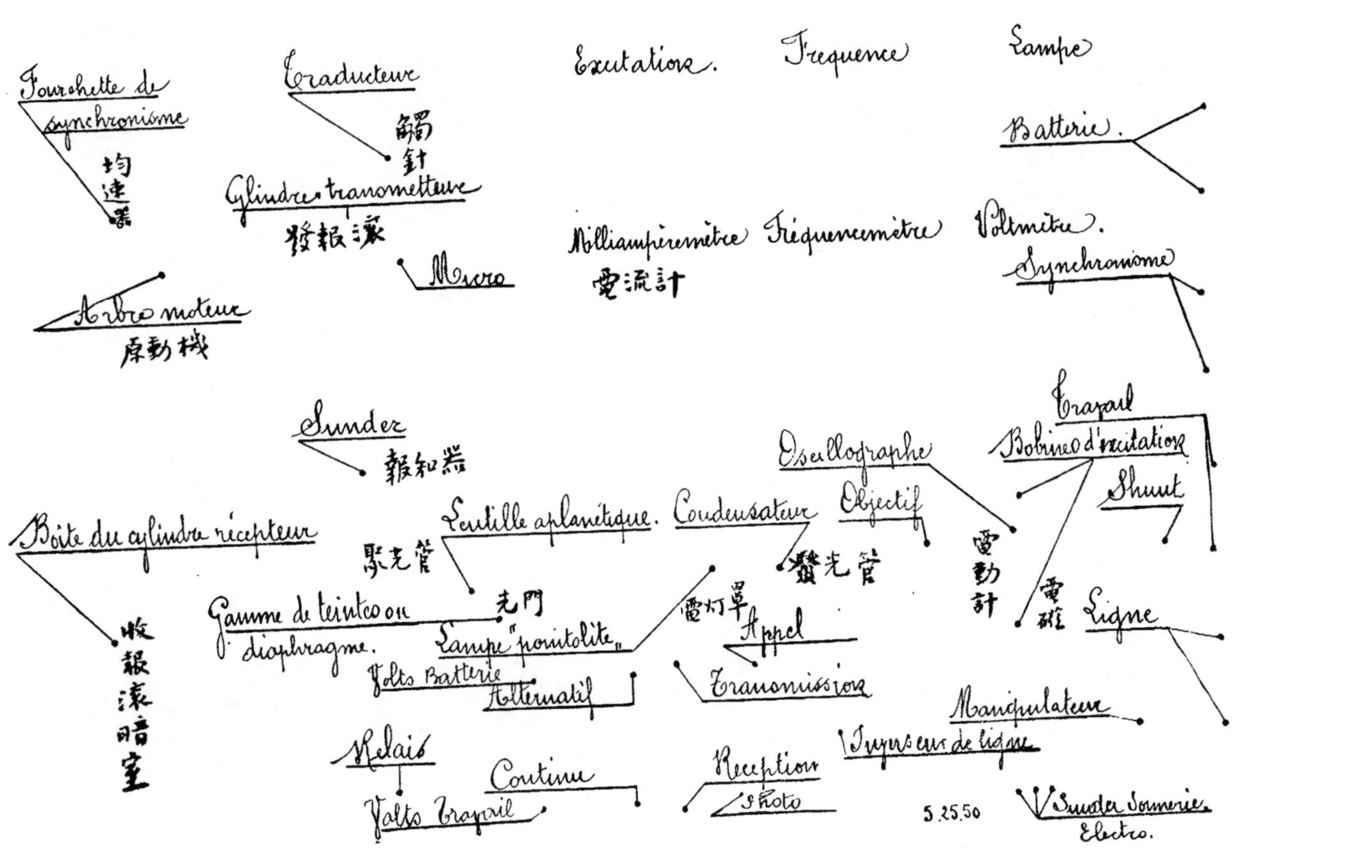
Fourchette de synchronisme
均速器
Traducteur
Cylindre transmetteur
發報滚
Micro
Arbre moteur
原動機
Excitation.
Fréquence
Lampe
Batterie.
Milliampèremètre
電流計
Fréquencemètre
Voltmètre.
Synchronisme
Sunder
報知器
Boîte du cylindre récepteur
收報滚暗室
Lentille aplanétique.
聚光管
Condensateur
Oscillographe
Objectif
Bobine d'excitation
Shunt
電動計
Gamme de teintes ou diaphragme.
光門
Lampe "pointolite"
電灯罩
Appel
Ligne
Volts Batterie
Alternatif
Transmission
Manipulateur
Relais
Continu
Réception
Photo
5.25.50
Sunder Sonnerie.
Electro.

柏蘭電傳筆跡機平面圖

（約原機五分之一）

無線電發明史

莊智煥

各種新事物之發明。莫不藉多數科學家之腦力。數十年之探尋。始能漸次改良。適合實用。吾人欲於事後確定各人貢獻之分量及應得之榮譽。實非易易。故著科學發明史者。意見每涉紛歧。恆於無意中誇張本國科學家之功績。而忽視他國人之優點。蓋人類自私之念。隨地表現。即此超然之科學史。亦難免受其支配。可勝嘆哉。此篇所述。考據各國書籍。公平論斷。自信無阿好之弊。第錯誤之處。在所不免。倘讀者賜以糾正。則幸甚矣。

法國物理大家安培(Ampère)、在一八二二年。嘗宣言二相距物之在動電學上有相吸相拒之作用。爲散在空中之流體之反應。而此流體之震盪。即爲發生光學上各種現象之原因。至一八四〇年英物理學家亨理(Henry)因凝電器放電而得高周波震盪。一八五三年開爾文(Lord Kelvin)用數學推求、而得電路中有電氣震盪時應具之條件、以上三者、皆與無線電之發明。有直接之關係。而不能列入無線電發明史者也。

無線電之始祖。當推英物理學家馬克斯惠爾(Maxwell)彼於一八七三年、以數學方法證明、電路中有電氣震盪時。即發生電磁擾亂。而成波浪。以某種速度離電路本身而散播於空際。此速度即等於靜電絕對單位、(Absolute Electrostatic unit)與動電絕對單位、(Absolute Electrodynamic unit)之比例數。又用種種方法求得此數、爲每秒鐘三十萬公里。(300,000km. per sec.)又以此數與光之速度等因揣言電磁波與光波爲同一性質物。而其異點僅在波長而已。當時科學家惟知電流必在導電體中流動。不能離電路而外射。故聞馬氏之說。羣目爲妄誕無稽。英人弗雷台 (Faraday) 雖嘗發見二同樣凝電器。因其中絕緣物之不同。而收電量各異。人亦莫之注意。而仍認絕緣體爲絕對惰性物。其功用在隔斷電路。其時電路外有任何電流。未能實驗證明。馬氏之日受攻擊。原無足怪也。至一八八七年德人哈慈 (Hertz) 始以實驗證明馬氏預言之空中電磁波之存在。且量得其波長與速度。幷測知其性質與光波相同。服從互礙(Interference) 折曲 (Infraction) 及極化 (Polarization)等諸定律焉。哈慈第一次所用之攪電器(Exciter) 如第一圖。圖中之A爲感應圈。BB′爲二金屬球。直徑各十五公分。CC′爲金屬直線。長一百五十公分。M爲火花隙。II′則爲傳電線。金屬球之容電量頗大。其初自感應圈接受異性電。及火花隙間發生火花時。球上之電卽互相交換。每半週波一次。而磁電波於是散播於空際。哈慈又以方金屬板二片代替圓球。而得同樣結果。至其所用之電波探尋器。則爲一中斷之金屬圈。受感應作用。於中斷處發生火花。而知電磁波之存在焉。其後法人白龍羅 (Blondlot) 以金屬直線曲成長方形。復移近二金屬板。使成爲凝電器之二極。亦可爲攪電器之用。彼又利用之爲電波探尋器。較中斷之金屬圈已進步矣。

第一圖

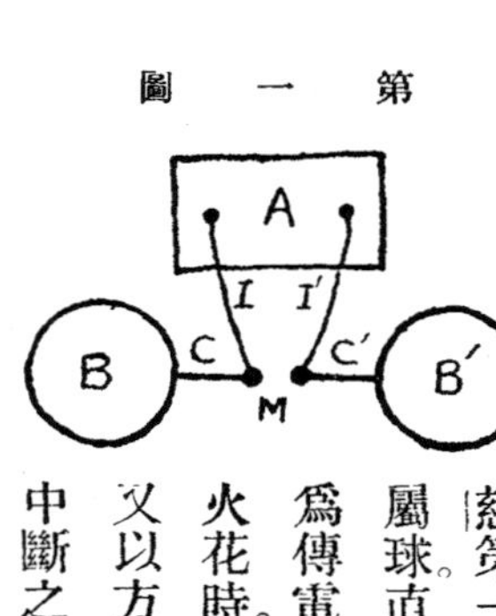

今日科學家多言哈慈發見電火花發射電波。以光之速度、(卽每秒三十萬公里之速度)、在空中傳播之。與彼當日實驗所得、微有不同。今將彼之實驗記錄抄譯於後。

(實驗報告分見 Aunales de Wiedemann 1887,1888,1889) 量電結間之距離而求得之波長$\lambda = 280$ cm. 每週波之時間 $T = 1.40 \times 10^{-8}$ sec. 故 $v = \frac{\lambda}{T} = 2 \times 10^{10}$ cm. $= 200,000$ km. 故彼求得之電磁波速度爲每秒二十萬公里。卽等於光之速度三分之二也。

此外則哈慈曾斷定波長不因銅絲之粗細而異。更與金屬之種類無關。故吾人可以鐵絲代銅絲。或用粗細不同之銅鐵絲。而可得同樣之結果。

據其實驗與結論。有可注意者如下。

第一　費奈與古奈爾 (Fizeau and Gounelle) 在一八五〇年試驗之結果。證明電氣震盪在銅絲傳播之速度。與在鐵絲上不同。在銅絲上爲每秒十八萬公里。而在鐵絲上則僅每秒十萬公里。今哈氏所得之結果、與此相反。

第二　哈氏求得之電波速度。固不及光波之速。然適爲光波三分之二。似成一簡單比例

時德物理學家海莫好慈 Helmhliltz 別創電磁波與光波速度不同之說。攻擊馬氏者。多依附之。至哈氏實驗完成後。多數物理學家始欽佩其實驗。且思加入三分之二之數。以糾正馬氏之臆說焉。按其實則馬氏之推算較哈氏之實驗爲準確。其後法人白龍羅及壽拜Joubert等以較精良之儀器。重演哈氏之實驗。而證明馬氏之臆說完整無誤。當是時哈氏方在旁城(Bonn)建立新試驗室。甫竣工卽纏綿牀榻竟以不起。不克實行其策劃。良爲憾事。彼因海莫好慈之助。得在開茲路Carlsruhe試驗室中成就無線電發明。功業已足不朽。卽其對於陰極光Cathod Rays試驗及力學之著作。亦大有造於物理學家也。

其時世人雖因電磁波。不能受牆垣等阻礙。彌播空際。皆爲驚異不置。而科學家仍不信其能成爲交通利器。卽哈氏本人。亦認彼之實驗爲試驗室中物。而不能應用於長距離之信號傳遞。彼於一八八九年。答工程師烏百 (Huber) 之詢問。固明言無線電話。爲不可能之事實。蓋以電磁波與音浪之周波率相差甚巨也。使今日起哈氏於九泉。使參觀跨越大洋之無線電通訊。及三尺童子能運用之廣播接收機。不知其驚奇將何如也。

吾人欲研究高周波電氣震盪。則探尋其存在、測量其强度之器。必不可少。哈氏之微小火花法。既多困難。復費時間。在技術方面殊爲簡陋。其實驗之不易實行。良由於此。及法人白浪雷 Branly 之凝屑器 (Coherer 白氏本人稱之爲無線導電器 Radioconducteur) 出。而無線電始開一新紀元。此器之製爲一盛金屬屑之小玻璃管。金屬屑本體爲良導體。然屑間空隙之電阻絕大。致此器之全部足阻電流之通行。白氏之實驗。發見此器之電阻。因電磁波之感應而大減。故以附屬電路加諸此器。卽成一絕佳之電波探尋器矣。

意人加石氣奧乃底 (Calzecchi-Onesti) 亦曾將此器插入感應圈之第二電路上。Secondary of an induction coil) 而發見當第一電路放電時。此器之電阻大減。彼之實驗在一八八五年舉行。而白氏之發明。則在一八九〇年。故三年前法意兩國科學家。曾因討論二人之功績。在法國大起爭執。雙方各具理由。繁引博證。以相辯難。惟白氏胸懷坦白。未嘗參與。平心論之。加氏凝屑器之發明。固在白氏之先。但彼之實驗。未嘗使此器脫離感應圈之電路。而白氏之成就。乃在置此器於離電波攪動器 (Excited)

數十公尺之別一電路上。此器在無線電上之應用。自當歸功於白氏也。

與白氏凝屑器同時發明之電波探尋器頗多。然無能及其靈敏者。故當時以電眼(L'Œil électrique)之名錫之。此器弱點。在其受電磁波感應後。導性繼續。非輕擊其玻管。不能恢復其未受感應時之原狀。故其旁必裝一小槌。使每次通電時。因附屬電路上電磁石之作用。輕擊玻管。使其電阻隨時恢復焉。

此外白氏重要之發見。尚有二事。

第一、 彼在一八九一年。發見安設在金屬籠內之電磁波接收器。雖近在籠外之火花。不能使之發生影響。若使連接凝屑器之金屬線。外露數公尺。(此外露線自當與金屬籠隔絕) 則遠處之電火花。亦能使之起作用。

第二、 彼曾將金屬棒連接於火花發生機之一端。而知電波散播之距離。可以增加。

彼之第一發見。即弗雷台籠之原理。(Cage of Faraday) 吾人今日通用以避免電氣擾亂者也。其第二發見。即今日天線之雛形。惜白氏繼續其試驗室中之研究。未嘗作大規模之試驗。致實用無線電之發明。有待於意人馬可尼(Marconi)也。

一八九四年。英人陸琦 (Oliver Lodge) 利用白氏凝屑器。重演哈慈之實驗。結果甚佳。

一八九五年。俄海軍學校教授寶葆甫 (Popoff) 研究空氣中之放電。利用避電針。開天線之先河。彼將凝屑器之二端。一連於避電針。一連於地。而成一巨大之接收台。復將凝屑器安置於金屬箱中。避免繼電器方面之擾亂。寶氏利用此法。不僅可記錄遠處之空中放電。幷可用之爲電火花之研究。用球徑三十公分之哈慈攪電器彼能於一公里外記錄之。若用球徑九十公分之畢克納斯攪電器。Bjerkness Oscillator 則五公里外亦可記錄之。一八九五年十二月五日。寶氏宣言能保證無線電訊符號之接收。所缺者强有力之發電機耳。蓋彼之理想。以爲此發電機必須具發生空中閃電之力量。而未嘗思及以天線加諸發電機。若彼之加於接收機。然電波卽可傳播遠處矣。使寶氏能作此想。則亦先馬可尼而發明實用無線電矣。

馬可尼之第一專利特許。得之於一八九六年六月。其特點在發電接收二台皆裝天線。其接收台之裝置與寶氏所用者相同。其發電台則以哈慈之啞鈴式電氣震動器之一端。埋入土中。其他端則高升空際。彼最初得三公里間之通信。漸增加爲十五公里。爲二十二公里。已能切合實用矣。一八九七年陸琦用調合電波之結果。犧牲馬可尼天線之小部份放射能力。而得較延長之震動。與較佳之接收。一八九八年。無線電始應用於東哥達文 (East Goodwin) 燈船與海岸間之連絡。其明年。馬氏始成就杜佛與費末婁 (Douvers to Wimereux) 間跨越英法海峽之通訊焉。其距離爲五十公里。彼於衆人贊許中。以無線電致白浪雷。表示其欽佩之情。蓋以此次之成功。當歸其功之一部份於白氏凝屑器也。

實用無線電於是正式成功。此後則入於改良之途矣。馬可尼爲發明家。兼實行家。彼具堅決之信心。强毅之精神。復知利用他人之成績。其所以能成就偉業名垂不朽者。非偶然也。

第新事物之發明。每賴多數科學家分功並進。雖外表不相連屬。而實則異途同歸。譬之河流分歧。朝宗於海。無線電之成就。亦猶是也。其發明途上之主力軍。雖爲英人馬克思惠爾、德人哈慈、法人白浪雷、意人馬可尼。而別動隊如法人白龍羅英人陸琦之功。亦不可沒。而其他科學家有貢獻於此學者尚多。請略述之。

一、法人達松佛 (d' Arsonval) 發明各種器具甚多其顫觸器(Tikker) 一物係一八七八年告成。於不減幅電波之聽覺接收實有大功且在三極燈 (Vacuum Tube or Triode)未發明前尤非此不可。至巴黎鐵塔(Tour Eiffel)電台中之高周波機件亦多彼在一八九〇至一八九二年間實驗之結果也。

二、烏丁 (Oudin) 爲善用高周波電之醫生。而發明歧路供電法 (Derivative Exitation or Direct Coupling)以代馬可尼之直接供電法(Direct Excitation)用於天線方便多矣。

三、戴斯辣(Tesla)與哈慈同時。而各自研究高周波電有感應供電法 (Inductive Excitation or Inductive Coupling) 之發明。不過戴氏雄心較大。不獨欲利用無線電以傳遞符號。且思用之於傳遞電力焉。一八九二年時彼卽豫言用直立天線二連接於容電量甚大之金屬線上。分設於發電收電二站。可以傳送電力。彼更創造高速度交流機。以發不減幅電波。其得高周波發電機之特許權。固在多數現代發明家之先也。

戴斯辣認定不減幅電波爲惟一適於調合之電波。以爲前途希望盡繫於此。彼視火花式機及減幅電波之研究爲絕徑。且曾宣言哈慈引人誤入歧途。使無線電發達遲緩十數年。吾人觀今日火花式電台之漸就淘汰。可見戴氏見解之超卓。固加人一等也。

無線電發明史此其大概也。今請更略述無線電進步史上之重大事蹟。以終此篇。

一、馬可尼在其實用無線通訊成功後。復於一九〇二年利用磁性因電流震盪而變之現象。發明磁性檢波器。(Manetic detector)

二、一九〇三年科學界復有電液檢波器(Eleétrolytic detector)之致用。其原理則一九〇〇年時。法人費理安(Ferrié)所發見也。

三、一九〇五年。鄧伏地(Dunwody)及畢嘉(Pickard)復先後發明礦石檢波器。(Crystal detector)

前二種檢波器較凝屑器靈敏。在無線電進步史上。自有相當之位置。及礦石檢波器出。運用輕便。感應敏銳。雖在今日。尚多沿用。其功效自更大矣。

至於近年無線電之發展。則三極燈(Vacuum Tube or Triode)之發明。實爲主因。而線圈天線(Coil Antenna)之應用。亦有足記者。茲分別言之。

(一)三極燈。一八八三年、美人愛迪生(Edison)發見在真空中之白熱絲。放射負電。即電子也。至一九〇三年。弗雷鳴(Fleming)以數十伏爾脫電壓之電池。接在二極燈之片極上。而發見穿越二極間之真空順MPF方向之電流。(如第二圖。片極P須接在電池B之陽極上。反之則不生電流)即以爲檢波器之用。頗著功效。及一九〇七年。竇佛來斯(de Forest)以網極(Grid)加於片極及白熱絲之間。而正式之三極燈。始出現矣。其功用不復限於檢波。且可用以擴增電力。發生電波。使今日之無線電。有此燦爛之成績者。三極燈之功也。

第二圖

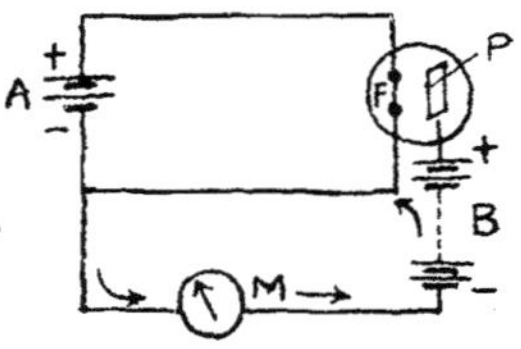

M……電表
P……片極
F……白熱絲
A
B……電池

(二)線圈天線。 以線圈天線爲探尋發電台方向之用。一九〇一年已有人提及。經試驗之結果。此天線雖有辨別方向之能。而射程太短。難合實用。但此類實驗。迄未中輟。至一九一一年。法人白龍代(Blondel)始宣布線圈天線之全部理論。蓋亦根據歷年實驗之成績也。拜利尼(Bellini)及套西(Tosi)二人亦研究此事。最初用大面積之線圈天線。嗣以其運用不易。始改用二固定線圈感應第二線圈法。即今日所稱爲拜利尼套西法(System of Bellini and Tosi)者也。彼等於一九〇九年。設線圈天線於法海岸上。(在法西部 Dieppe and Boulongne)以測定裝置無線電機船隻之所在。繼復設電台定向器 Radiogoniometer 於船上以作試驗。其成績亦甚佳。及一九一六年後。三極燈擴增器之製已精。而線圈天線。又復臻完美。既作定向之用。復恃爲接收之器。而定向發電 Directional Transmission 亦因之日有進步矣。

此二器之進步。實歐戰時各國科學家在其政府督促之下。殫精竭思極深研幾之效。戰爭往往促進科學。此又其一例也。至於無線遙控機。(Telemecanie) 以製作複雜之故。成功尚難預言。其應用亦偏於軍事。無線傳遞影像 (Radioirsion) 則已有成功者。如美人靳金 (Francis Jenkins) 等。是稍假時日不難致用。無線傳送電力。(Radiotransmission of Energy) 則戴斯辣久已注意於此。徒以無線電技術尚嫌幼稚。故至今猶在理想之境也。

原子中心的物理學

五・二十　夏元瑮

昔人以物體之大小部別科學之種類。天體最大治之者爲天文學。地球次之治之者爲地質學地文學。分子更次之治之者爲物理學原子最小。治之者爲化學此文所言尙遠較原子爲小。Atom 之義本爲莫破昔人以原子爲世間最小之物不可再分不但地球爲此數十種之單純物體所造成有光帶分析後。知各天體亦爲此數十種之物體所造成並無別種新奇之物。今所知原質共有九十二種內有五種尙未發明。（序數或原子數爲 43,61,75,85,87.） 原質何以止有九十二種。不能更多或以中心結構。不可過於複雜。形體過巨。將不復穩固歟。

久有人疑原子仍爲複雜之組織。內含更單純之物體。自 Prout 以來。此類學說頗多。卽吾國之治西學者。亦早慮及此。予幼時已屢聞先父有此思想矣。電學發達後漸悟以電可以解釋物質之來源最著名之學說有 Thomson, Rutherford, Bohr) 諸家。Thomson 說今已不能存立。Rutherford 說謂原子組織如太陽系。中爲荷正電之中心。外爲荷負電之電子。互繞兩者之公重心。中心質量而爲電子質量徵。Bohr 因 Rutherford 說仍不可通。更引用量子論。謂 Kepler 之定律外。原子之天文學尙有其特殊之第四定律。卽電子之動量轉率。必爲 $\frac{h}{2\pi}$ 之整倍數。以數式顯之爲

$$mav = \frac{nh}{2\pi}$$。

式中 m 爲電子質量。a 爲電子軌道之半徑。v 爲電子在軌道上之速度。h 爲 Planck 之作量。n 爲任

何整數。故電子不能如行星之可在任何軌道。必合上式運動方能穩固。此爲今日最精之學說。用之則氫及氦之光帶線可算至極密爲從來所未有無數原子問題及中心問題漸有解釋之希望。本文以 Rutherford 及 Bohr 之原子模型爲出發點。止論中心內部情形。不涉環繞中心之電子。物質科學在此已到最小最深之境界。中心物理學現時方在萌芽。問題多而答案少本文所言亦多未能有確實之斷語。不過舉近數年學者之所研究耳其詳須參考歐美各物理雜誌。Cambridge 及 Wien 兩大學教授之出版品尤爲重要。

電子質量較氫中心質量小 1850 倍。普通計算原子質量。止顧中心。不論電子。原子質量幾全聚於中心。研究每一種原子中心。須知兩個常數。一、中心質量幾何二、中心荷電幾何。數種原子可以荷電相同。而質量不同。各同位質。由同位質及放射性。可證明中心仍非最單純之物體。內尚含更簡之原料。故中心亦有結構。觀「皮他」光線可知中心必包含電子。觀 Rutherford 以「愛而發」光線打破原子中心之試驗（見後）可知中心必含初子。（即氫中心） 中心荷電數子。必爲中心所包含初子數 p 與中心所包含電子數 N 之較。且中心所含初子電子總數可至極巨。如鐳之原子重爲 226。序數爲 88。鐳之中心必有 226 粒之初子。再加 138 粒之電子則總荷電數適爲 88。鐳中心初子電子總數共 226 + 138 = 364。環繞中心之電子數止88。遠較上數爲小。最重之原質中心外之電子。亦止有92粒。可知中心結搆必極複雜。惜現時尚無法推測。同位質者。即兩種原子中心。其 p 及 n 之數不同。而子則同。p 及 n 之數既不同。各同位質之中心質量。即不能同。故同位質之中心荷電數雖等。而原子重則異。中心最簡者爲氫中心止一粒初子。其次爲氦中心可假定爲四粒初子。兩粒電子造成。如電子質量因小不計。則氦中心質量爲四荷電爲二。觀多數放射性原質之發出「愛而發」光線及許多原子重可以四除足證氦中心特別穩固。不易破裂或爲物質最初原料之一種。理論亦可證明氦中心特別穩固。如規定氧之原子重爲十六。則氫之原子重不爲一而爲1.008。氦中心之重應爲初子重之四倍。但事實上則止3.97倍。尙短0.03倍。以0.03乘初子質量。得四粒初子合成氦中心時質量缺少之數。依相對各論能力有質量。以光在真空速度之平方乘質量數。卽得能力數。四粒初子合成氦中心時。何以一部分質量失去。可假定其化爲黏合能力。其數 10^{-5} 至 10^{-4} Erg。黏合能力巨。故氦中心特別穩固。予意他種中心若有模型。亦可依同術算其質量缺少之數。由此可將各中心之穩固次序排列成一表。與各原質之放射性及壽命問題亦必有關。黏合力之來源及其定律至今尙在黑暗中。Einstein 則以爲黏合力亦由電所致。

Lenz 因欲計算中心半徑。假定一種中心模型。如氦中心爲四粒初子。整齊排列在一圓形軌道之上。同向繞行。軌道軸之兩端。爲兩粒電子。每粒電子所受四粒初子之吸力。與所受其他一粒電子之驅力。必適相消。由此可算軌道半徑與兩電子間距離之比例數。又每粒初子運動時之離心力。與其他三初子之驅力兩電子之吸力。亦必三力適相抵消。又合量子條件動量轉率必爲 $\frac{h}{2\pi}$ 之整倍數。則可算氦中心之大小。

如承認此與 Rutherford-Bohr 原子模型相反之中心模型。則 Coulomb 定律在中心內似不復有效。

情形與研究電子環繞中心時完全不同不能用距離平方反比必用一更高之乘方之反比但其數則各學者意見不一不預定何次乘方亦可得一較 Coulomb 定律更普遍之定律距離極小時乘方在二與三之間。Smekal 用此假定算得氫中心最大不過 1.5×10^{-13} cm 用 Lenz 模型而仍保存 Coulomb 定律則氦中心半徑爲 5×10^{-12} cm 比較以「愛而發」小體通過原子所得之最大限（黃金中心 3×10^{-12} cm 氫中心 2×10^{-13} cm）似嫌太大。Coulomb 定律似不能保存 Rutherford 及 Chadwick (1924) 假定距離極小時同號之電不相驅而相吸而吸力與距離之四乘方反比中心所以能團結亦因此吸力所致。Bieler 之意亦同依其試驗鋁及鎂中心驅力與吸力交界處在 3.4×10^{-13} cm Pettersson (1925) 另用一假定謂「愛而發」小體距原子中心極近時發生感電作用中心之正電被驅負電被吸情狀與用一有正電之點行近一有正電之球同昔 Maxwell 已解決此問題用 Maxwell 所得方程式則可證明遠爲驅力而近爲吸力在吸力範圍內吸力與距離之五乘方反比用 Pettersson 說。Coulomb 定律似無論在中心內外均有效力綜觀各派學說及中心複雜之組織可知 Coulomb 定律在中心內究有效力與否現尚不能斷言中心大小乃極重要之問題。最近學者又偏向大中心說。與上所言不同。即輕原質中心之半徑亦不在 10^{-12} cm 之下重原質中心之半徑則爲數更大。

中心之結構似亦如原子爲量子條件所支配原子既可發生光帶線中心或亦可發生光帶線中心能力豐富所生光帶線之顫數亦必極巨觀「葛馬」光線之硬度可知人類今日所知之電磁波最長者爲

無線電報之 Hertz 波長至數十 Kilometer，最短者葛馬光線有短至 10^{-11} cm 者。電磁波之長短似無限制。其中心卽有光帶線，吾等恐亦無法研究。Lane 之結晶體就今所有之電磁波之短者已不能用，况遠較今日所有更短者乎。

觀有放射性各原質之發出「愛而發」光線及「皮他」光線，可知氦中心及電子，必爲原子中心之原料。但電子質量遠較初子質量爲小。如各原子中心止含氦中心及電子，則各原質之原子重必皆爲四之整倍數。事實不然，可知各原子中心不必皆爲氦中心及電子，必尙有初子在內。但有放射性各原質所發光線止「愛而發」「皮他」「葛馬」三種，並無初子光線。直至 1919 年 Rutherford 以「愛而發」小體射擊氰中心，方發見一種遠距較「愛而發」光線遠距爲大之光線。試其電質比例數，與氫中心之電質比例數同，因斷定爲氫中心之光線，簡稱 H 光線。中心變化，初止見於有放射性各原質，毀破速度毫不受人力之影響，用極高極低之溫度，極大之壓力，極强之磁場，均不能使毀破速度改變分毫。有 Rutherford 試驗後，方知可以人力打破原子中心。各原質物理上化學上性質之不同，止在荷電多寡。今既可以人力打破中心，似去隨意變化原質之日不遠。殊不知以「愛而發」小體射擊各中心，極難命中，有如亂放鎗彈，不能描準。打破之中心爲數微甚。Rutherford 試驗在科學上固異常重要，於人生則可云毫無影響。化銅鐵爲黃金，爲期恐尙甚遠也。

Rutherford 以「愛而發」小體射擊氰中心，除得 H 光線外，尙發見一種光線，荷電數爲二，質量數爲三。可視爲氦之一種同位質，人稱之爲 X_3。氦中心包含初子電子外，尙包含 X_3，可假定爲四粒 X_3，兩粒初子、七粒電子、因氰之荷電爲七、而原子重爲十四也、氮中心亦可發出X、故氮中心亦必包含X。但X。之存在。後人並未證實、用打破中心法。亦不能得「愛而發」小體各原子中心包含氰中心之假定。似未必能成立。因如各原子中心有氰中心而打破後止有初子飛出、則氰中心必已被打破但打破氰中心需能力甚多、似未必也有放射性原質之發出「愛而發」小體。臨發出時造成、亦未可知、中心打破後。初子飛出。「愛而發」小體及中心餘塊亦各自飛散。但 Pettersson 以爲愛而發小體不飛散。而黏於餘塊之上。最近 Blackett 用 Wilson 照像法照氰中心發出之初子所行過之路。亦可證 Pettersson 之說。承認黏住說。則中心打破初子飛出後愛而發小體與餘塊再合成新中心。亦不可知且飛出者是否止有初子。或另有因速度太小不能觀察之中心部分。如電子及其他中心碎塊之類。亦不可知。

總結上文。則世間物質之結構。約略如下。第一步有電子及初子。其來源不可知。第二步氰中心電子居中。初子環繞之。第三步。初子氰中心電子等合成各種原質之中心。但各原質中心是否含氰中心。尚不能斷定。第四步。中心荷電總數不爲零而爲一正數。故吸引外來之電子。中心居中、電子環繞之。電子軌道遠較中心內之初子軌道爲大。電子數多時。則排列成層。中心合電子成原子。第五步。原子總電數不爲零時。則更與其他總電數不爲零之原子合并。成分子。

上已言中心物理學現時方在萌芽。無數問題。未有答語。初子全爲正電。電子全爲負電。何以不因相驅散滅。而能團結成一小粒。電力外是否尚有他方。中心總電數何以不零不負。永爲正數。在原子及中心之小世界何以必用量子條件。普通力學不復完全有效。在原子及中心小世界能力永存定理仍有效力否。原質何以止有九十二種。此九十二種原子及九十二種中心之結構。究竟如何。其光帶線數式又如何。中心是否亦如太陽系。亦有光帶線否。各原質是否均有放射性。是否均有一定之壽命。Coulomb定律在中心仍有效力否。最短之電磁波。其長幾何。電子初子在兩量子軌道間情形如何。種種問題。卽能解決。必仍有無數新問題發生。可見造化奧妙無窮。物質究竟終不可知也。

夏日如蒸。勉應南洋大學淩校長之命。以一日之力草就此文。語焉不詳。譯名尤未遑考慮。讀者諒之。

附　中德文名詞對照表

(以文中所見先後爲序)

中心物理學	Kernphysik	光帶線	Spektrallinien
序數	Ordnungszahl	原子模型	Atommodell
原子數	Atomnummer	中心質量	Kernmasse
中心結構	Kernstruktur	中心荷電	Kernladung
量子論	Quantentheorie	同位質	Isotope
動量轉率	Drehimpuls	放射性	Radioaktivität
作量	Wirkungsquantum	皮他光線	Betastrahlen
氦	Helium	愛而發光線	Alphastrahlen

打破原子中心 Zertümmerung von Atomkernen
葛馬光線 Gamma strahlen
初子 Proton
硬度 Härte
質量缺少 Massendefekt
電磁波 Elektromagnetische Wellen
能力之質量 Trägheit der Energie
遠距 Reichweite
黏合能力 Kohäsionsenergie
電質比例數 Spezifische Ladung
中心模型 Kernmodell
H光線 H-Strahlen
量子條件 Quantenbedingung
毀破速度 Zerfallsgeschwindigkeit
相反之模型 Invertiertes Modell
層 Schalen
愛而發小體 Alphateilchen
小世界 Mikrokosmos
顫數 Frequenz
壽命 Lebensdauer

關稅會議與司法調查

孟森

關稅會議將告一段落。司法調查未及報告之期。吾國方太阿倒持。有主權之國民不得過問國事。公僕以主人爲市。乃召集此不應召集之關稅會議。招待此不應招待之司法調查員。一般人尙有未盡留意於此事之曲折。見公僕之殷勤奔走。而莫名其妙者。今爲疏其事實。以告國人。庶共知吐棄此帝國主義者之愚弄。而一以廢除不平等條約爲歸宿也。分節釋之如下。

一　遠因

庚子拳禍。北京不守。辛丑爲城下之盟。懲凶賠款。惟命是從。此本爲最劣等國之一事。而今日之關稅會議許加二五附稅。司法調查許考量領事裁判之能否撤消。實以辛丑約之第十一款爲始。

第十一款文云。大清國國家允定將通商行船各條約內諸國視爲應行商改之處及有關通商各他事宜。均行議商。以期妥善簡易。

次年壬寅。適屆中英訂約之六十年。蓋鴉片戰後。割香港。賠兵費。開五口爲商埠。廢粵商十三行。而令洋商得自設洋行。是爲壬寅白門條約。時當道光二十二年。正馬凱約前之一週甲也。前壬寅爲橫被不平等之發軔。後壬寅爲解放不平等之動機。是爲光緖二十八年壬寅訂於上海之中英續議通商行船十六款條約。其首段卽揭明承上年辛丑約而來者也。

中英續議通商行船條約首段云。大清國大皇帝大英國大皇帝兼五印度大皇帝。因曾於光緖二十七年七月二十五日。會定議和條約之第十一款。內開大清國國家。允定將通商行船各條約內諸國視爲應行商改之處。及有關通商各他事宜。均行議商以期妥善簡易等因茲欲按照該條約將各該約章事宜。分別改修商定。是以大清國特派呂海寰盛宣懷大英國特派馬凱各將所奉諭旨。互相恭校。俱屬妥當。現將會議修增各款。開列於左云云。

由是可知光緒壬寅以後之改定商約皆根據辛丑約而來此約一面擴張其侵占之强權一面又表示其提攜之善意。其侵占若長江西江之航權入該約第五第十兩款開長沙萬縣安慶江門爲口岸入該約第八款之第十二節。是也。其表示善意。則即今日所議之海關加稅及允棄領判權之提出條件是也故今之關稅會議及司法調查。並非參戰以後所得之報酬乃辛丑城下之盟所賦與者也由辛丑公約。移賦於各國續訂之商約。英國首先續訂。即有此兩端之見好錄該約文如下

中英續議通商行船條約第八款第二節云。英國允願洋貨於進口時除按光緒二十七年所訂和約（此即所謂辛丑約）內載進口貨稅增至切實值百抽五外。（辛丑約各國逼我賠款至四百五十兆兩關平銀之多此即今所謂庚子賠款美國首先以款數浮冒願退還辦學者也。當時因我國驟增此鉅額之歲出力所不勝特爲闢其財源。允由海關徵進口貨稅增至切實值百抽五）再加一額外稅照和約所定之稅加一倍半之數。以抵裁撤釐金子口稅及洋貨各項稅捐并酬此款所載各項整頓之事。凡經陸路邊界運入中國十八省及東三省之貨。與從海道運入中國之貨。一律征收此項加稅（此即所謂由值百抽五。加至值百抽十二五爲止）

以上爲加稅之約。照約蓋中國關稅無自主之日。

又該約第十二款云。中國深欲整頓本國律例。以期與各西國律例。改同一律。英國允願盡力協助。以成此舉。一俟查悉中國律例情形。及其審斷辦法及一切相關事宜皆臻妥善。英國即允棄其治外法權（治外法權字樣。沿舊來誤稱。實即謂領事之裁判權也。）

以上爲撤消領判權之約

英約訂時。英人認所允我之兩端。爲彼非常之恩惠。因於約中留遲不實行之餘地。蓋即以國際團體協以謀我者。爲牽制之妙用。令我逐一與各國皆訂此同樣條文。而後英約爲有效。是名爲見好。實則永無有效之日者也。其條文如下

該約第八款第十四節云。凡在中國應享優待均沾之國。亦須與中國立約。允照英國所定英商完納加增各稅。並所許各項事宜。中國方能允照此條所載各節辦理。　凡各國與中國或以前或以後。立定條約內。有優待均沾之款者。亦須一律允立此約。又各國不得明要求中國或暗要求中國給以政治利權。或給以獨占之商務利權。以爲允願此條之基礎。英國方能允照此條所載各節辦理。

如上云云。其文字似乎中英兩方各設一保留之條件。實則皆爲英國保留。並設極嚴酷之留難。令當時所謂外交團者。有一國遲延。即全體停頓。故終清之世。設商約大臣。爲與國同休之職。多一糜費之窟穴。而無事可爲而已。其勉强隨英之後而訂約者。於英約訂後之翌年。尚有美與日本。繼續訂此商約。嗣是則益趨冷淡。並無從復提及此事矣。

二　近因

清室告終。始急於得承認。繼且非分之想。有求於外交者。不在國民之利害。商約遂不復置議。未幾而外交團自行破裂。歐戰勃興。吾國以參戰加入協約一方。戰後凡爾賽議和。協約國所以報我者。將強迫使受野心國家束縛。益鞏固戰前欺壓之待遇。此時吾國之惟一轉機。在拒絕簽約。以後乃有另議之機會。而尤關改約者。爲中德和約單獨締結。不爲各國所指揮。由此得一改正條約之模範。當中德約簽定之日爲民國十年五月二十日。而華盛頓會議。列國所以仍縛我於辛丑條約之狀況者。由美總統哈定。於是年七月十日。始行倡議。至八月十三日。始由美政府發出各國正式請帖。是時吾國受國際間連結把持之局。業已分裂。何以外交當事諸人。若茫然不知有此事。俯首下心。受華會之羈勒。而事後獨盛稱華府會議之成績。若爲國爭得大勝利者。此真忘天地間有羞恥兩字矣。該會中有所謂對中國關稅問題。對中國領事裁判權問題。兩議決案。是爲今日關稅會議及司法調查之所由來矣。

華會議案。一一抱定光緒二十八九兩年之英美日商約。即抱定辛丑城下之盟之母約。就與會之國與辛丑與於公約之國較之。

辛丑約爲德奧比西美法英意日荷俄十一國對我之公約。

華會爲美英法意日比荷葡八國合我共成九國之集會。

其中德奧爲交戰團體之對方。俄爲大革命後主義特殊之異派。此時固未與會。而亦與我交際間自有特點。已非辛丑約所箝制之列矣。是故在會之國。較辛丑約中國際團體。不過少一西班牙多一葡萄牙而已。西葡二國。出入無關宏旨。其立意束縛我者。前後自然一貫。今試核其議案。爲當時與會之外交人員。及今日急於得加稅之額以供內爭之軍閥。所稱頌爲華府會議之恩惠者。錄其條文。與辛丑約所發生之商約。兩相對勘。國民應悟其爲痛上加痛辱中加辱焉矣。

議決關稅問題之主要條款。

第一條　關於修改中國關稅。依據中國與各國所訂現行條約。使稅率合於切實值百抽五。締約國各國代表。於一千九百二十二年二月四日。在華盛頓定有決議。作爲本款附件。茲締約國承認該項決議。並擔任接受此項修改結果所定之稅率。宜從速實行。惟至早須在公布日起兩個月後（附件規定切實值百抽五辦法從略。以省篇幅。）

第二條　由特別會議立卽設法。以便從速籌備廢除釐金。並履行一九零二年九月五日中英條約第八款。一九零三年十月八日中美條約第四款第五款。及一九零三年十月八日中日附加條約第一款。所開之條件。以期徵收各該條款內所規定之附加稅。

特別會議應由簽字本約各國之代表組織之。凡依據本約第三條之規定。情願參與及贊成本約之政府。亦得列入組織本會議。惟須及時知照。俾所派代表得以加入討論。該會議應於本條約實行後三個月內。在中國會集。其日期與地點。由中國政府決定之。（此特別會議。卽今之關稅會議。又所謂本約第八條之規定云者。本約第八條凡未參與本約各國。如其政府已經締約各國所承認。且與中國現行條約。訂有進出口貨稅則。不得超過值百抽五之規定者。應請其加入本條約。因此美利堅合衆國政府擔任爲必要之通告。並將所接答復。知照締約各國。任何國家之加入。自美政府接到該國通知時起。發生效力。）

第三條　在裁撤釐金切實履行第二條所載各條約中諸條款所定條件之前。第二條所稱之特別會議。應考量所應用之過渡辦法。並應准許對於應納關稅之進口貨。得徵收附加稅。其實行日期用途及條件。均由該特別會議議決之。

此項附加稅。應一律按值百抽二・五。惟某種奢侈品。據特別會議意見。能負較大之增加。尚不致有礙商務者。得將附加稅總額增加之。惟不逾按值百抽五。

以上爲華會根據辛丑後中英等商約所規定加稅辦法。惟商約本定裁釐後可加稅至十二・五。華會則又添未裁釐以前充作裁釐抵補之用者。可先加過渡之二・五。使裁釐不先受無償之損失。此華會之促我裁釐。又進於辛丑約後之商約者也。

至於撤消領事裁判權。在各國本非不可許我之事。惟居奇延宕。亦決不能慨然立允。用一調查司法爲伸縮之計。事已定於辛丑約後之商約。在華會中不過復述之。其議案條文如下。

參與限制軍備會議。討論太平洋及遠東問題之各國代表。卽美利堅合衆國、英帝國、比利時國、不列顛帝國、法蘭西國、意大利國、日本國、和蘭國、及葡萄牙國。

因注意於一九零二年九月五日中英條約。一九零三年十月八日中美條約。一九零三年十月八日中日條約。各該國允助中國政府。以便實行其所表示改良司法制度。期副歐洲各國之志願。並宣言一俟中國法律地位。及施行該項法律之辦法。並他項事宜。皆能滿意時。卽預備放棄其領事裁判權。

又因關於此事、同情促進中國代表團於一九二一年十一月十六日所表示應將中國政治上法權上行政上自由行動之現有各種限制、立時取消或體察情形從速廢止之願望。又因任何決定關於達此目的之適當動作、應就中國法律司法制度及司法行政手續之複雜情形、考察詳悉、方有依據。此則本會議所不能決定者也。

決議　上列各國政府應組織一委員會。（各該政府各派委員一人）考察在中國領事裁判權之現在辦法。以及中國法律、司法制度、暨司法行政手續、以便將考察所得、關於各該項之事實報告於上列各國政府。本議決案所擬設之委員會。應於本會議閉會後三個月內。按照上列各國政府嗣後所定詳細辦法組織之。應令該委員會於第一次集會後一年以內將報告及建議呈送。上列各國之每國、可自由取舍該委員會建議之全部或任何一部、但各該國中之任何一國、不得直接或間接、以中國給與政治上或經濟上任何特別讓與或恩惠或利益或免除為條件。而採取該項建議之全部或任何一部。

以上為華會根據辛丑後中英等商約所規定撤消領事裁判權辦法。此其周折延宕。使我可望而不可即之作用。與辛丑後商約毫無出入。

綜此兩端。照華會議案應組關稅會議。應派司法調查員、本以華會閉會後三箇月內為限。華會於民國十一年二月六日閉會。所云三個月以內。直至三年有餘。上年民國十四年五卅慘案以後。英人用架礮租界及調兵艦來華等威嚇之說。一一嘗試無效。中國則提出改正條約之條件。各國乃以緩利民氣之故突然將閣置三年有餘之華會議案自願實行矣。

三　開成關稅會議之實際

上所云遠因近因。不過事之來歷。其真能見諸事實者。非於各國本身有利害之關係。何能決然進行。所云緩和民氣。固卽利害關係之一。而尤以日本與美國促成此關稅會議爲最力。日本更在美國之上。此蓋借履行華會議案爲名。而索回無擔保借款爲實。無擔保借款。爲資助段祺瑞等軍閥殺人之痛史。國民當永永不忘者。華會所決之過渡附加二五稅。則所以資我裁釐之用。今乃變更性質。取其多數理債。又許軍閥濫用其一部分。其餘顧全裁釐原案者。爲極少之數。此中外朋串。朘削我國民之真相。又以既開關稅會議。不得不幷派司法調查員以掩飾其純爲理債而利用華會議案之面目。於是又有各省招待法委之醜劇矣。

段祺瑞既遁之後。軍閥之聲勢。又變易其方向。然急於得加稅之利者一也。因急於得加稅。不得不稱頌華會。故如近日法委至湖北時。大受吳佩孚之歡迎。大感華會之恩惠。夫軍閥果稱頌華會。亦曾知華會中於關稅約簽字之前。先有一極不堪之裁兵勸告乎。夫華會中討論軍備限制問題。則中國擯不預議。其意固謂中國之軍備。祇堪自殺中國人。無與於各國之利害。故裁減與否。不得與各國之兵同論。獨至議及中國關稅。則先之以裁兵勸告。獨對中國而發。所謂中國之兵不裁。任如何增加收入。無補於國而適以殃民。觀於華會中裁兵勸告之議案。及加拿大代表鮑騰之演說。痛詆中國武人。不知彼歡迎外人之軍閥。稱頌華會之軍閥。感激加稅之軍閥。亦知其先固有此一段關目否。如以華會爲然。第一應先解兵。第二應停重原案用途。悉充裁釐之用。軍閥不知此二義。而惟利於加稅所得之款。外人以急於理債。亦不復深求。是爲中外朋串朘削我國民之隱情。尤可恨者。國中之外交系。在華會中爲親自列席之人親聞裁兵勸告。親見加稅所定用途。而今日則又親助軍閥與外人鈎結。移花接木。朋分加稅之款。吾國近來政局。非賣國不足圖軍閥之存。非外交系不足成賣國之事。蓋使國民久久不見天日者。外交系與軍閥共成之也。國民今日無奈之何。願各知此顛末。永矢勿忘。軍閥終有途窮之日。外交系諸人至冰山已倒之後。請視其果作何面目以對我父老兄弟也。

四　關稅會議與司法調查之結果

關稅會議中附一滑稽之議題。謂之關稅自主。既稱自主。何用會議。既已提議。與虎謀皮。胡能有濟。在提此議之中國當局。明爲愚弄國民。外人亦祇用延宕爲拒卻。不加嘲訕。正與中國當局合謀愚弄之證據。華會所許之過渡附加稅。既爲外人倚以理債。自必通過於會議之中。其餘關稅自主及撤消領判權。視我有改正條約之決心。自然同時解決。我國當局。方以不改正條約。爲外交系容身之窟穴。爲軍閥利已之徑竇。則除國民自動之外。倚賴政府。卽倚賴軍閥外交系。烏能收改正條約之效。故今此之結果。惟加稅至華會所許過渡之程度。爲必可有成。關稅自主及司法調查。仍付諸無何有之鄉。此一定之結果也。

五　關會略予加稅之利害

在政府方面之人物。以爲加外貨進口之稅。稅額由外貨負擔。終於我國爲有利而無害。此讆言也。不觀華會議案之言乎。所云能負較大之增加。倘不致有礙商務者。得將附加稅總額增加之。在外人所容許之加稅。以不礙商務爲標準。卽以能轉嫁於貨價爲標準。轉嫁於貨價而我國民仍不能不購買。於外貨之消路無損。是爲不礙商務。夫未加稅以前之貨價。所以不能加高者。以各國間商品自相競爭。計算成本。有利卽不能不售。今以加稅之故。各國成本同加。卽無從競爭減售。而中國人需要之程度則必不能不購。是以謂之不礙商務云爾。然則供政府之用者。仍由國民負擔。於外貨何與。惟國民能仿製此貨。於成本略可企及。此或尙爲幾微之利。但外人視我國民所能仿製者。卽不輕予增加稅額。而吾國民所處之環境。仿製之能力幾何。卽使偶有仿製。政府又以關稅同等之稅課之。故加稅之無利於國民。彰彰明甚。所利者軍閥有殺人之資耳。夫使軍閥資以殺人則害尙有大於此者乎。

加稅之害之更大者。爲預提以後若干年之加率。先一次募發公債。使軍閥得放手殺人於目前。而可恥可痛之關會所易得之微末財源。已將若干年中所得。浪費盡淨。殺人既已放手。禍端勢必蔓延。後來收拾需款。又將無中生有。假手於外交系。再尋朋串之題目。又況禍既蔓延。且無收拾之可言。以禍續禍。生生不已。從此軍閥殺人益勤。外交系賣國益奮。此則以加稅起債。所成無窮之害也。

六　結論

國民以五卅慘案之犧牲。表面易得此關稅會議與司法調查二事。其實爲外人理無擔保之債。於我國家於我國民則有害無利。又使我國軍閥。添若干殺人之資本。國民不從改正條約。取根本解決之正路。而聽政府枝枝節節與外人爲市。多一爭國權爭平等之虛文。卽多一媚外人媚軍閥之實禍。雖然。我國民亦有未盡照察者矣。我國民且有與加稅等事。同其私利私害者矣。此所以除廣州之外。未見有絕對不贊成關稅會及司法調查者。嗚呼。尙忍言哉

交通事業與銀行

胡祖同

一國之經濟狀況、恆視其實業發達之程度以爲差。實業盛者經濟必豐裕。實業衰者經濟必支絀。而農、工之物品。商市之貨物。其所以能銷行流通而無阻滯者。厥惟金融業是賴。故金融業非實業也。而爲實業之媒介物。一國實業之盛衰。恆視金融業發達之程度以爲差。苟金融機關設備不完。則農產物工藝品之採辦不易。輸出不遠。而資金之周轉不靈。儲蓄無方。一切實業皆呈萎敗消歇之象。反之金融活潑。運掉自如。立收貿易旺盛生產蕃殖之效。如桴鼓之相應焉。

金融業直接發達一國之實業。間接卽助長一國之經濟。是故經濟學內。特立銀行一科。屬於交易部分。以示斯業之重要。譬之人身。猶血脈之貫通全體。有一部分之窒塞。則人體立見不舒。銀行亦然。苟銀行有不安全之傾向。則是地之商業居民。必大受其影響。然則期銀行之蒸蒸日上。必須與實業家攜手進行。此固盡人皆知。但銀行本身之發達。尙有他種密切關係在。關係維何。卽交通事業是也。

何爲交通事業。路航郵電四者、其大端也。蓋銀行之爲業。義取流通。事取迅速。若消息不靈。動輒後時。轉輸莫達。氣脈不貫。雖商務繁盛。信用昭著。而失銀行運用之機能。終無發展之餘地。遑論振興實業哉。故經濟學者。以交通事業與銀行同列於交易部分。良以性質相似。關係同等。有相輔而行之勢也。請分別詳言之。

鐵路開通之地。商貨運輸。一日千里。商人於甲地以貨押款。至乙地持款取貨。是曰押匯。商家既多便利、而銀行放款。百貨作抵。過期得以處分。事穩期短。利益亦厚。其便一。商埠林立。現金鈔票之需要。各有緩急。酌盈劑虛。供必應求。鐵路所到之區。運現送鈔。朝發夕至。無不給之虞。有肆應之妙、其便二、道路遼遠、鞭長莫及。審察市況。調查行務。有時必經身歷。方能措置得宜。交通利便。則總分各行。臂指相連。呼應靈通。業務易臻發達。其便三。此鐵路之關於銀行者也。至於水道航線。猶之陸地鐵路。關係大略相等。而原料之輸送。大抵皆出乎此。苟陸路不通之地。則交通僅恃航輪。其關係尤爲重要。如沿海一帶。或戰爭之際。陸路失其安全。則汽船之行。雖轉爲遲緩。亦必寶貴之矣。

郵信之與銀行。關係密切。更屬顯然。銀行郵件。逐日必數十百函。而信匯票匯之款。必賴郵筒以達。匯款爲銀行大宗營業。而其關鍵全在郵政。郵政所達之地。卽銀行匯款可能之地。否則匯兌不通。銀行立失其效用。此郵務與銀行視若尋常。實至爲重要者也。

至於銀行處理緊要事務。全賴乎電。當地之市情。通以電話。各埠之調度。達以電報。甚至國內外貨幣之行市。股票證券之漲落。瞬息皆知。萬里之外。有若戶庭。於是布置協乎機宜。調劑合乎時會。而銀行業務乃日臻發達。有左右實業之能力。爲擴張經濟之原動焉。是故路航郵電四者。與銀行相得益彰。誠哉其性質同而關係密也。

以觀我國今日之銀行業。非不飈舉雲興。有一日千里之勢。而夷考其實。尚未能組織完全。設備周密。達於助長國民經濟之地位。此其原因雖不一端。而受交通事業之影響。良非淺鮮。蓋已有之鐵路。不過幹線數條。其餘支線。雖極繁盛重要之區。仍未敷設。而幹線中如粵漢川漢等路。至今擱置。隴海亦未竣工。

此區區者卽皆通行無阻。已不足發我國地大物博之生產、展銀行家宏通博大之能力；況又加以南北兵爭、津浦京漢千里之間、已貨運不通、乎實業固顯受打擊、銀行亦間接幾於停頓矣、以言夫航首重國外行輪。而我國無此公司、海外貿易。航路噸位、權操外商、甚至國內航線、亦外商多而本國之商少、奄奄不振、較之陸地、尤爲痛心。曾謂如是狀況之下。而銀行能日有起色耶、至於郵電二者、郵務年來逐漸推廣、尚覺差强人意。電則取費亦嫌太重。阻滯尤爲通病。此有關於時局者。有關於電政本身者。不可不亟謀設法改良也、

總之。處茲分工之世。任何一業。必與環境相關連。而交通事業。大都在國家行政範圍以內。非商家力量所能與之協作。然其息息相關之原理與事實。既如上所述。吾人正不可歧而二之。必當合學者之研究。與當局之經營。而切謀其聯絡。勿使銀行孤行獨進。陷於不易發達之地位。則實業庶幾有振興之望。而全國經濟。亦可有雲蒸霞蔚之觀矣。

金禁解除前後之英國

徐新六

六・十四

（一）戰後財政之回復

當歐戰時。財界動搖。物價騰貴。世界經濟。大爲恐慌。英國亦然。計自一千九百十四年八月四日對德宣戰以後。迄一千九百十九年六月二十八日。批准講和條約。在此五年間之國家歲出入額。皆收入短於支出。國庫空虛。其歲出總額。統計實達一百十二億五千九百四十萬磅。今列表如左。（單位千鎊）

年度	歲入	歲出	剩餘
一三—一四年	一九八、二四三	一九七、四九三	七五〇
一四—一五年	二二六、六九四	五六〇、四七四	—
一五—一六年	三三六、七六七	一、五五九、一五八	—
一六—一七年	五七三、四二八	二、一九八、一一三	—
一七—一八年	七〇七、二三五	二、六九六、二二一	—
一八—一九年	八八九、〇二一	二、五七九、三〇一	—
一九—二〇年	一、三三九、五七一	一、六六五、七七三	—
二〇—二一年	一、四二五、九八五	一、一九五、五二八	二三〇、五五七
二一—二二年	一、一二四、八八〇	一、[illegible]七九、一八七	四五、六九三

二二—二三年	九一四、〇二三	八一二、四八六	一〇一、五一六
二三—二四年	八三七、一六九	七八八、八四〇	四八、三二九
二四—二五年	七九九、四三六	七九五、七七七	三、六五九

至戰後第一年其歲計卽見剩餘更因國內勞動黨內閣與現時保守黨內閣之整理改善結果。故一九二四—二五年度之歲計。其成績已大有可觀。歲入爲七億九千九百萬鎊。歲出爲七億九千五百萬鎊。實達收支均衡之途焉。又關於戰時所募集之巨額國債政府一方削減軍事費騰出剩餘金。一方規定國債轉換新票辦法。延長償還期間。藉以減少國庫負擔。今將其國債增減之趨勢示左（單位百萬鎊）

年度	長期公債	定期年金	短期公債	其他	合計
一九一四	五八六	二九	三三	五六	七〇六
一九一五	五八三	二八	四三九	五六	一、一六一
一九一六	三一八	二六	一、七八八	五九	二、一八九
一九一七	三一七	二四	三、六六九	五二	四、〇六三
一九一八	三一七	二一	五、五三二	二九	五、九二一
一九一九	三一七	二〇	七、〇九六	四六	七、四八一
一九二〇	三一四	一九	七、四九七	四六	七、八七八
一九二一	三一四	一七	七、二五二	四八	七、六三四

一九二二	五八〇	一六	七、〇七九	六六	七、七四二
一九二三	九九七	一三	六、七六〇	七〇	七、八四二
一九二四	九八〇	一三	六、六八六	六六	七、七四七
一九二五	一、〇二六	一四	六、五九六	七二	七、七〇八

故英國金禁解除前之財政。實已達大體回復之狀態也。

（二）國際貸借之內容

貿易狀態入超甚巨。詳列左表。（單位千鎊）

年次	輸出	輸入	入超
一九一三年	六三四、八二一	七六八、七三五	一三三、九一四
一九一四年	五二六、一九五	六九六、六三五	一七〇、四四〇
一九一五年	四八三、九三〇	八五一、八九三	三六七、九六三
一九一六年	六〇三、八四六	九四八、五〇六	三四四、六六〇
一九一七年	五九六、七五七	一、〇六四、一六五	四六七、四〇八
一九一八年	五三三、三六四	一、三一六、一五一	七八三、七八七
一九一九年	九六三、三八五	一、六二六、一五六	六六二、七七一
一九二〇年	一、五五七、二二三	一、九三二、六四九	三七五、四二六

一九二一年	八一〇、三一九	一、〇八五、五〇〇	二七五、一八一
一九二二年	八二三、二〇三	一、〇〇三、〇九九	一七九、八九七
一九二三年	八八五、八〇二	一、〇九六、二二六	二一〇、四二四
一九二四年	九三五、五一四	一、二七九、八四五	三四四、三三一
一九二五年			
一月	八二、三三四	一二八、九〇七	四六、五六三
二月	八三、一八八	一一〇、一四八	二六、九六〇
三月	八三、〇八〇	一一二、八六一	二九、七八一
四月	七三、二八八	一一〇、三五八	三七、〇七一

然政府因戰後對外投資之增加。與海運界之景況良好。故國際收入增加亦多。戰前爲三億三千九百萬鎊。一千九百二十年爲五億二千五百萬鎊。一千九百二十三年爲三億五百萬鎊。一千九百二十四年爲三億七千萬鎊。其收入數足與貨物貿易之入超額相抵有餘。內容如左。（單位百萬鎊）

	一九一三年	二〇年	二二年	二三年	二四年
海運業淨收入	九四	三四〇	一一〇	一一五	一三〇
海外投資淨收入	二一〇	二〇〇	一七五	一五〇	一八五
手續費	二五	四〇	三〇	三〇	四〇

其他收入	一〇	一五	一〇	一〇	一五
合計	三三九	五九五	三二五	三〇五	三七〇

附註　（一）海運業淨收入。爲航船水脚運費等。及外邦船舶在英國口岸消費額之收入（二）國外投資收入。爲英國國外投資及存款所生利益之收入（三）手續費係銀行保險公司等在國外所獲之利益。（四）其他收入者。各舊船之賣買旅行者之消費額。及由國外所來之送款等皆包含在內。

（三）通貨之減縮與金利之提高

大戰以來。政府對於通貨減縮政策。亦已見效。一千九百二十年後。逐漸減少。至一千九百二十五年三月末。爲三億八千三百萬鎊。同時對於正貨準備。增加亦巨。信用頗爲膨脹。其表如左。（單位千鎊）

	紙幣	正貨	準備
一九一七年	二五八、七四六	八六、八三七	百分之三三.六
一九一八年	三九三、五四八	一〇七、六二〇	百分之二七.五
一九一九年	四四三、五〇二	一一九、八四三	百分之二七.〇
一九二〇年	四八一、〇二七	一五六、七六八	百分之三二.六
一九二一年	四三二、六五四	一五六、九三四	百分之三六.三
一九二二年	四〇三、五三九	一五四、四四三	百分之三八.三

一九二三年	四〇三、三三四	一五五、〇一九	百分之三八.四
一九二四年	三九六、三七一	一五五、五六〇	百分之三八.九
一九二五年			
一月廿八日	三七七、三九三	一五五、五七〇	百分之三九.二
二月廿五日	三七七、六六八	一五五、五八七	百分之四一.二
三月廿五日	三八〇、三三八	一五五、六二〇	百分之四〇.九
四月廿九日	三八二、九四三	一五五、七四二	百分之四〇.七

英蘭銀行於一千九百二十五年三月五日。貼現利率。由四釐提高爲五釐。短期放款率。亦由四釐半提高爲五釐半。力謀匯市之安定。而防資金之巨量流出。故立此高利率。茲將其一千九百二十一年以來之公定金利變動示左。

一九二一年	四、二八	六釐半	同	六、二三	六釐
同	七、二一	五釐半	同	一一、三〇	五釐
一九二二年	二、一六	四釐半	同	四、一三	四釐
同	六、一五	三釐半	同	七、一三	三釐
一九二三年	七、五	四釐	一九二五年	三、五〇	五釐

（四）英美物價之接近與鎊價之騰貴

英美兩國之物價指數在一千九百二十四年七月。已見一致。其後英國比美漸騰。至一千九百二十五年三月。因英國金利提高之影響。物價復落。兩國指數復趨一致。其表如左。

	英國	美國		英國	美國
一九二四年					
一月	一五六	一六三	二月	一六〇	一六三
三月	一五八	一六〇	四月	一六二	一五八
五月	一五八	一五六	六月	一五五	一五四
七月	一五六	一五六	八月	一六〇	一五八
九月	一五八	一五六	十月	一六一	一五九
十一月	一六七	一六〇	十二月	一七一	一六五
一九二五年					
一月	一七五	一六八	二月	一七五	一六七
三月	一七一	一六九	四月	一六八	一六四

鎊價自杜威斯案實行後。提高金利。趨勢已見堅穩。自一千九百二十四年八月以後逐步上騰。至一千九百二十五年四月。金禁解除時。已爲四元八四。（對美金滙價）與平價之四元八六六五相比。僅差百分之一・五。茲將其金禁解除前後之鎊價騰勢示左（合美金）

一九二四年	最高	最低
一月	四.三一〇	四.二〇九
二月	四.三五七	四.二九〇
三月	四.三〇四	四.二六三
四月	四.三九四	四.三〇二
五月	四.三八六	四.三〇九
六月	四.三三八	四.三〇八
七月	四.四一〇	四.三二一
八月	四.五五七	四.四一〇
九月	四.四九一	四.四三三
十月	四.五二三	四.四五五
十一月	四.六三八	四.五四三
十二月	四.七三四	四.六四〇
一九二五年		
一月	四.八〇四	四.七五〇
二月	四.七九三	四.七五七

三月	四・七八八	四・七六二
四月	四・八四五	四・七七六

（五）金禁解除時之準備

英政府鑒於上述財政界各項狀況。實已達相當之成熟時機。一方對於解除後之形勢。關於金本位復活制。及政府紙幣之處分等。考察不遺餘力。組織調查委員會。以從事研究。他方節約政費。酌減賦稅。於是於一千九百二十五年四月二十八日。聲明金禁解除。然其主要之準備。則為一千九百二十三年一月。對美戰債信用之協定就緒。國際金融。可不生變動。故遽恢復其金之自由市場也。

（六）金禁解除後之財界

鎊價自金禁解除以後。大體已恢復平價。常在四元八六左右。列表如左。

月份	鎊價	月份	鎊價
一九二五年四月	四・七八又二分一	五月	四・八五又十六分七
六月	四・八五又十六分十三	七月	四・八六又八分一
八月	四・八五又十六分十一	九月	四・八四又三十二分二十七
十月	四・八四又三十二分一	十一月	四・八四又十六分十三
十二月	四・八五又十六分一	一九二六年一月	四・八五又十六分三
二月	四・八六又十六分七	四月（十九日至二十四日）	四・八六又八分三

然國內產業。甚為不振。勞動工潮。時相起伏。失業率亦日增。去年對外貿易輸出亦減。入超大增。計去年

之入超額爲四億一千萬鎊較前年之三億四千四百萬鎊增起六千六百萬鎊本年一月迄三月之輸出入率亦見衰退其表如左。（單位百萬鎊）

	輸出			輸入		
	一九二六年	一九二五年	一九二四年	一九二六年	一九二五年	一九二四年
一月	七二	八二	七七	一一七.六	一二八	一〇一
二月	七六	八三	八一	九六.八	一一〇	九〇
三月	七八	八三	七三	一〇六.八	一一二	一〇三
四月	—	七三	七四	—	一一〇	八六
五月	—	七八	八三	—	一〇四	一二三
六月	—	六九	七二	—	一一一	八八
七月	—	七六	八一	—	九八	一〇八
八月	—	七四	七五	—	九一	一〇二
九月	—	七一	七二	—	九七	一〇〇
十月	—	八〇	八一	—	一〇八	一二〇
十一月	—	七四	八〇	—	一一四	一一八
十二月	—	六五	八一	—	一三四	一三一

合計	——	九一二	九三五	——	一,三二二	一,二七九

（七）現金之流出

現金自金禁解除以來。流出極鉅。據最近英蘭銀行發表。謂至本年四月底止。其流入額爲二千四百十八萬五千鎊。流出額爲三千三百八十三萬五千鎊。出入相抵。流出九百六十五萬鎊。此實足以使英國金融發生緊迫。將來存金流出究竟達何程度。乃當今正貨政策上之重要問題。故近來英蘭銀行。又有將提高金利之消息。不知其對於國內產業上。又生若何影響否也。

近三十年來之歐美經濟思想

唐慶增

天下無論何種學術、恆時有變遷之痕跡、不論其爲進步或退步、要其時在更換中之狀態則無疑義。姑以文學論。吾國以唐宋時期爲最盛。韓柳歐蘇等先後媲美。一時有八大家之稱。時至今日。每况愈下。文章規律蕩焉無存。所謂文學改良者良處已改革殆盡。此爲退步的變遷。若不佞所欲述之經濟思想。則一日千里。方興未艾。過去成績。既屬如火如荼。將來情狀。亦甚可抱樂觀。母校成立已三十載。此三十年中泰西經濟之狀况頗有可述者。請先言其早日之歷史。再紀其最近之概况。

經濟思想史可劃分爲三時期。（一）一千七百七十六年以前之經濟思想爲第一期。是爲草創時期。彼時經濟學附屬於哲學及政治學。經濟思想雖已存在。然破碎不全。且乏有統系之著作。（二）英人亞丹斯密斯(Adam Smith)之原富（Wealth of Nations）出版於一千七百七十六年。是書爲學術界不朽之作。而此後有價值有統系之著作亦漸見其多。直至一千八百四十八年。成一段落。後人恆稱此爲經濟思想成立時期。（三）穆勒（J. S. Mill)而後。研究此學者日衆。經濟思想紊亂不可究詰。是爲經濟思想之發展時期。此第三時期復可分爲二部。蓋最近三十年之經濟思想。頗具有特點。爲向所未有者。此近代經濟思想之下半部。當稱之謂經濟思想之極盛時代。亦卽不佞所欲敘述者也。

（一）經濟思想之變遷

經濟思想之內部。既隨時日而變更。故不佞此文。自當先述此時期中各種重大之變更處。約略言之。計有四端。(甲)派別之消長。(乙)方法之變更。(丙)經濟思想範圍之劃定。(丁)討論焦點之轉移。試分述如下。

(甲)派別之消長

持某時代之學術思想與另一時代所存者比較。其最大不同之處。在學派勢力之盛衰與消長。在一時期中某派學說或能家喻戶曉。風行一時。乃經歷若干時日。該派竟一落千丈。勢力頓衰。他派遂代之而興。此在學術界上。爲數見不鮮之事。經濟思想亦有此種現象。

泰西經濟思想。向分五大派。卽經典學派 (Classical School) 歷史學派 (Historical School) 奧國學派 (Austrian School) 算術學派 (Mathematical School) 社會學派 (Socialistic School)。經典學派中人。以英人爲多。斯學鼻祖亞丹斯密斯。卽爲此派之創始者。此派極重原理。以交換論爲中心。假定人類爲自私自利的。對於商業。主張政府應用放任主義 (Laissez-Faire)。所發議論。不限定於一國或一種族或某時間。故世人恆稱此學學說爲一種世界經濟學 (World Economy)。歷史學派。泰半係德人。謂經濟理論。必須根據於歷史的研究。蓋經濟原理。實爲時間與地點及環境所支配。無論何種經濟原理。不能永久適用。至於究竟適合何處何時及在何種環境之下。則須將經濟史細加研究。方能下一適當之定義。創始者爲德人羅休氏 (W. Roscher)。奧國學派之最大貢獻。厥爲利息論及價值學說。該派人數則不多。至於算術學派。吾人顧名思義。卽可知其着重於算術學理。欲以算法公式。解決一切經濟問題。究以學理太高深。微嫌不切實用。故其勢力遠不能與上述三派相頡頏。社會主義學派。其領袖爲馬克斯專爲勞動界吐氣抨擊現代工業制度馬氏以爲工人能創造一種贏餘價値而其應得之酬報爲雇主劫掠以去故工人常處失敗地位云此派人物皆持唯物史觀 (Materialistic Interpretation of History)此亦一特異之點也

此五派中以資格言以勢力言均應推經典派爲首自斯密斯以降若馬爾塞斯（Malthus）利嘉圖(Ricardo)穆勒父子(J.Mill and J. S. Mill)等俱隸該派爲經濟學發揮光大成一代宗匠乃一千八百四十八年後勢力頓衰一因德國歷史學派異軍突起與經典派對抗且算術學派奧國學派等相繼成立如風起雲湧有增無已經典學派不免受一打擊進步遂形停頓再因穆勒以後該派新出人才甚少可述之貢獻無多故穆勒死後至一千八百九十五年左右經典派實在衰敗時代近三十年中情形一變此派驟入復興時期儼然爲經濟思想中各派之盟主母校成立之日實爲該派復興之期

經典派何以能開一新局面恢復原有勢力乎曰有經濟學大家馬休爾故 (Alfred Marshall)馬氏爲英倫劍橋大學(Cambridge Univ.)教授生平鉅著有經濟學原理(Principles of Economics)工業與貿易(Industry and Trade)及金錢信用與商業 (Money, Credit, and Commerce) 等書用極謹嚴之筆墨陳述各種原理於舊有經典派學說多所修改新加學說亦復不少最要貢獻爲土地論及收效漸減律(Law of Diminishing Returns)經典派理論至是乃成完璧氏不特爲經典派中堅人物且爲近代經濟思想界之泰斗穆勒而後一人而已

經典派有馬氏一人聲勢大壯蓋劍橋大學原爲英倫最高學府馬氏在該校任教授垂三十餘年造就

人材。不可勝數。今日英倫著名之學者。泰半出其門下。故經典派學說。賴以不墜。二十餘年前。英之西閣維克(Henry Sidgwick)尙在。輔助馬氏爲該派張目。此外尙有英之納克而孫(J. S. Nicholson)美之蹈雪格(F. W. Taussig)。均隸是派。現尙健在。吾人可稱此最近三十年爲經典派之中興時代

在百年前。未聞有歷史學派之一名詞也。當時德國有一派研究法律之學者。着重歷史的觀念。三數經濟學者。襲其說。倡歷史學派。後來居上。竟奪經典派之席。時在一千八百五六十年間。厥後該派又因時期先後分爲新舊兩組。而攻擊他派言論。則新派尤爲激烈。

屬於舊派者。有赫爾提不蘭(Bruno Hildebrand)克納斯(Karl Knies)羅休(Wilhelm Roscher)。隸於新派者。以斯穆勒(Gustav Schmoller)爲領袖。餘者若(Bücher, Schäffle)等。均爲經濟思想史上極重要之人物。赫克羅三人先後病歿。故最近三十年中之活動。全由新派人物支持。其間聲勢之隆。僅亞於經典派耳。

斯穆勒在德柏林大學爲教授。著作至爲宏富。渠不但致力於經濟思想。卽對於經濟歷史。造詣亦深。又嘗創立經濟學會。其中會員。多係知名之士。因其學理基礎之厚。宣傳之廣。該派縱橫於歐洲學術界者幾五十年。直至十九世紀末。勢力始稍稍衰頽。然仍能與經典派爭競。成犄角之勢

自一千九百年。至母校舉行念週紀念時。此短時期中。該派無甚進步。蓋此派學者。前輩相繼凋謝。後輩難乎爲繼。休穆勒雖在。而年老力衰。著述甚少。其時該派之勢力。在英甚爲薄弱。在美轉形發達。蓋以美邦著名之經濟學家。若伊利(R. T. Ely)若詹姆斯(E. J. James)留學德國時。曾一度爲羅休及克納

斯弟子。薰陶既久。遂亦爲該派學說之信徒也。（伊利氏至今猶藏有克氏未曾刊行之演講筆記。珍如拱璧云）

奧塞之宣戰也。如雷霆乍驚聞者不及掩耳。各種重大之經濟變化。遂應時而生各經濟學專家。咸於報章雜誌。發表其救濟之方法。獨歷史學派。竟寂然無聞。無絲毫之貢獻。遂授反對者以口實。未幾斯穆勒又以病故。聞此轟轟烈烈之歷史學派。遂一蹶不振。不能復興。和議定局後。經濟學在德國雖仍有發展現象。然歷史學派一名詞。恐將隨斯穆勒以俱逝。成爲經濟思想史中一過去事實矣。

奧國學派之初立也。約在五十年前。其時鋒鋩甚顯露。聲勢殊壯。內中幾全係奧人。尤以巴維克(Eugen Von Böhm-Bawerk) 爲出類拔萃之人物。其所著「利息正論」(Positive Theory of Interest)「資本與利息」(Capital and Interest) 皆其精心結撰之作。論者或以此二書擬諸斯密斯之原富。其價值可知。渠以「人類視將來不及目前之重要」一基本觀念。解釋利息存在之理由。其論價值則以利用(Utility) 爲歸。該派究以人數過少。繼起乏人。刻下亦甚岑寂。但該派諸經濟家。對於此學建功甚偉。所出重要著述十數種。其價值當久存於天壤間也。

至於算術學派。其勢力從未間斷。但不及他派之雄厚。因經濟學家專研算法者。雖代有其人。而大多數對之。則持消極態度。在此最近之卅年中。算術經濟家。頗不乏人。在英則有愛巨華士(F. Y. Edgeworth)濮雷(A. L. Bowley)。美則有非休 (Irving Fisher)。德則有郎赫德(Launhardt)。法則有(Aupetit)。意大利則有拍雷士 (Pareto)。荷蘭則有柯享 (Cohen)。而愛非二人。能將算術經濟。作有統系之研究。爲前此所無。該派人物頗有隸屬於奧國學派及經典學派者。然不相混雜、近四五年來。此派尤爲發達云。

社會主義學派。除少數科學派 (Scientific Socialist) 外。均不以學理爲前提。而維以宣傳爲事。本世紀中。該派對於經濟學貢獻甚少。而馬克斯之學說。又因其數十年前之預料。至今日悉不符合。大遭世人之抨擊。平心而論。該派學理頗多缺點。近三十年中。其勢力在歐美實已一落千丈。在吾國則三五年前。耳食者流。猶多津津樂道。今則時過景遷。亦成強弩之末矣。

概括言之。此三十年中能操有極大影響歷久不敗者。爲經典學派。歷史學派及奧國學派影響甚巨。但不能持久。算術學派綿延三十載、始終如一。但影響甚小、信仰者只少數經濟學家耳。社會學派似更不足數。可勿深論。

至於各派別將來之趨勢。當於下文中論之。

（乙）方法之變更

我之所謂方法者。蓋爲一種名學方法、用以發現或試驗真理者也。名學中原有所謂二大方法者。曰演繹法(Deductive method)。曰歸納法(Inductive method)。前者偏重原理。根據於抽象的推論 (Reasoning) 後者注重事實。根據於精密之觀察、如純粹哲學則用第一種方法。地質學則用第二種方法。在經濟學中。舊日之經典派每用演繹方法。歷史學派則反是。二種方法究以何者爲宜。五六十年前爲爭論之焦點。聚訟紛紜。莫衷一是。

實則學理與實情。互相爲用、並行不悖。不可強爲軒輊。遂謂某種方法。較爲重要也。夫研究學理、將以施

諸實用耳苟於實在情形了無觀察則其所發議論必難精到此理甚明也

最近之三四十年中無論何派之經濟思想家鮮有單獨用演繹方法者卽如經典派中人物以善用該法著名者然亦早知該法之短兼用歸納法矣環顧近來之經濟學大家其學理精到者觀察力必勝人一等不特前輩如此卽後起者蕭陶口久亦能具有是種精神美邦芝加哥大學經濟教授凡納 (Jacob Viner) 在哈佛大學所作博士論文 (Canadian Indebtedness in Foreign Trade) 爲極有價值之作亦因其能兼用二種方法之故此實爲經濟學中之一種好現象不可不記者也

（丙）經濟思想範圍之劃定

欲將一種科學與他科作明顯之劃分本非易事而尤以經濟學爲最難此學前在萌芽時代輒與倫理學及政治學相混卽如十八世紀之英倫學者休謨(David Hume)以哲學家鳴於世同時亦爲政論家及經濟學家此種現象其明證也至最近之三十年則經濟思想之範圍始確定雖與他種科學仍有連帶關係不能完全隔絕但經濟學中應包含之事項易於辨認明確不至與他種智識相淆亂矣試觀年來出版之經濟思想書籍其中決不雜有政治思想或純粹哲學之論調此其故有二（一）經濟思想家平日對於已所專攻者潛心著述除與經濟思想確有密切關係不能不附述一二外餘則不贅一詞留待他科專門家之討論（二）各種科學近來俱極發達而智識之門類分出益繁如社會學之成爲單獨科學在大學校中研究不過爲近二十年之事心理學之歷史尤暫他如政治學哲學等其範圍如何早經學者公定職是之故經濟思想之性質與範圍亦較以前爲明顯也

（丁）討論焦點之轉移

經濟思想本身固時時變更。即其所討論之事物、亦往往隨時世爲轉移。經濟思想、範圍甚廣、要以生產、消耗、價值、分配、交換五項爲最要問題。細目更繁。研究其一、已非窮年累月不爲功。吾人苟將三十年來之經濟思想研究一過。可知其討論之焦點與前逈異也。

今請先言分配。分配凡四大部份。即（一）地租（二）利息（三）贏利（四）工資。是百餘年前因英人利嘉圖發明有地租律(Ricardian Theory of Rent)。地租一事。頗引起後人注意。至十九世紀中葉。分配內四項均經通人討論。至一千八百七八十年間。奧國學派驟於利息論推翻陳說。另創他論。爲經濟史上開一新紀元云。

此三十年中經濟組織有二大變動。即爲勞動階級在社會上之重要日增一日。及大規模之商業組織逐漸發達是也。近時工界糾葛之多。爲不可掩之事實。即近來世界各國罷工日多。亦無非爲解決工資問題而已。至若大規模之公司。在歐美日形發達。單人企業(Individual Enterprise)漸歸淘汰之列。於是工資及贏利兩問題。極引起經濟家之注意。利息亦尚有人討論及之。研究地租問題者。實比較的最少也。

價格問題。固早已引起經濟思想家之注意。不過昔祇於論價值時一併述及。頗少單獨的討論。衆所注意者。僅爲「價格如何定奪」一問題。至本世紀初。情形一變。所討論者。爲價格能否由政府規定。吾人苟細觀近二三十年來經濟雜誌。其中關於該項文字獨多。其重要可知。歐戰而後。馬克法郎等貨幣漲落無定。故最近經濟思想家討論之焦點。多在貨幣漲落與物價之關係云、此外如窮困(Poverty)失業(Unemployment)完全爲實際上問題。頗有富有價值之言論貢獻於世、此皆爲近三十年來所特有之現象在昔因經濟情形不同固無人承認其爲重要問題也、

(二)經濟思想發達之情形

近三十年中經濟思想本身之變更。既如上述。則斯學在此時期內之發達情形、自當連帶及之、惟篇幅有限。詳細之記載有所不能。祇能就其重要者。約略言之共分二層。(甲)學科之增加。(乙)出版物之發達。

(甲)學科之增加

三十年前研究經濟學者雖已不少。而經濟思想在歐美各大學校中猶未占重要之位置試取當時世界各大學之章程細覽之。其規模甚小設備不週之大學校。姑勿具論。卽在第一流大學中。課程表內所具者大半只「經濟原理」科爲各校所有。其設有「經濟思想」(Economic Theory)一門者。已若鳳毛麟角。不甚多覯。遑論其他。今試將三十六年前(一千八百九十年)美邦四大學之經濟課程列下。以見當時學校對於經濟思想設施之簡陋。

學校	經濟思想科目	教授
Harvard	1. Economics 2. History of Economic Theory	Dunbar and Taussig
Yale	1. Political Economy 2. Schools of Pol. Econ. 3. Modern Econ. Theories	Sumner and Hadley

Pennsylvania	1. Political Economy 2. History of Political Economy	Patten
Columbia	1. Elements of Pol. Econ 2. Historical and Practical Political Economy 3. History of Economic Theories	Seligman and Osgood

厥後學校科目、分類漸繁。經濟思想。早已分為早年及近代二部。不數年歐美各校皆將各大派別經濟思想分別研究。如以上半年研究經典學派之思想、下半年更研究歷史學派、上半年討論斯密斯利嘉圖學說、下半年又選讀馬爾塞斯名著。以研究經濟思想者人數甚衆。故歐美各大學當局亦樂於開班云。

默觀近七八年來之情形。各校所有關於經濟思想之科目。有增無減。而觀其經濟系中、經濟思想往往占科數最多。且有多校於經濟思想(Economic Theory)之外、另設經濟思想歷史(History of Economic Thought)一科。前者較繁。著重於名著之選讀。每派只研究一二人。使學生作自動的討論。後者稍簡略。用書較少。目的在研究此學發達之大綱。則又往往重在教授之演講矣。欲求獲益、自當俱行選讀。今日歐美各大學所設立之經濟思想科目、除已述及者外。餘者尚多、姑就最普通者、略記數門如左。

(一)價值與分配論。Value and Distribution

(二)經濟學方法。The Method of Political Economy

(三)經濟書籍。Bibliography of Economics

(四)價格論。 Price Levels

(五)經濟學中未解決之問題。 Unsettled Questions in Political Economy

(六)經濟調查。 Economic Investigation

(七)經濟學派別。 Schools of Political Economy

(乙)出版物之發達

一國出版物之多寡。頗能代表其文化之進步與否。觀近年來歐美學術界中。關於經濟思想之書藉、汗牛充棟、堆積如山。可徵斯學之發達。及彼邦人士求學之真摯矣。茲將近三十年中之重要出版物。臚列如下。其有過於淺顯。近於學校課本者。概不列入、又關於經濟思想之雜誌及印刷品等。亦不遑一一枚舉也。

Alfred Marshall: Industry and Trade, 1919.

F. Y. Edgeworth: Papers on Political Economy, 1924.

A. C. Pigou: Wealth and Welfare. 1912

P. H. Wicksteed: Common Sense of Political Economy, 1910.

J. B. Clark: Distribution of Wealth, 1899.

T. N. Carver: Distribution of Wealth, 1904.

F. W. Taussig: Principles of Economics, 1911.

Gustav Schmoller: Grundriss der Allgemeinen Volkswirthschaftslehre, 1900.
Eugen Von Philipovich: Grundriss der Politischen Oekonomie, 1896.
Paul Leroy-Beaulieu: Traité Théorique et Pratique d'Economie Politique, 1895.
A. Landry: Manuel d'Economie Politique, 1908.
Vilfredo Pareto: Cours d'Economie Politique, 1896.
Enrico Barone: Principii di Economica Polititica 1908.

（三）經濟思想之將來

近三十年之經濟思想。今已略見梗概。其將來之情形。亦有可得而預測者。未來五六載中五大派別外、未必能有新派別出現。然不久歷史學派必漸與經典派合併成一强有力之學派。爲經濟學史中放一異彩。此後經濟思想家。對於方法上必更有精密之研究。人民對於經濟思想之信仰力。定更進一層。而大學校中所有關於經濟思想之科目。亦當更見完備也。

又荷蘭瑞士西班牙各國。不乏經濟學名家。以文字上之不同。鮮爲世人所注意。年來研究各國文字者日多。且交通日便。各小國對於斯學之貢獻。必能大彰於世也。

不佞握管爲斯文。而憬然有餘思焉。吾人對於此短時期內之經濟思想。自不能不承認其爲進步的。即東瀛三島。其學術界在今日固尚未離翻譯時代。然彼邦人士。譯書能選擇得當。故能爲歐美人士所欽服。（如馬休爾諸書甫經出版。即已譯就）不似多數國人徒知趨時髦。炫新奇。毫無鑑別能力也。顧國人觀於近三十年經濟思想在歐美之發達。而知所奮勉。急起直追、世有具馬休爾斯穆勒之讀書精神者乎。爲之執鞭。所忻慕焉。

機械灌田之經濟觀

支秉淵

引言 吾國自后稷教民稼穡，數千年來，養生所需，以米粟爲大宗。禾稻之生長，惟陽光地力雨水三者是賴。地利可以人力控制，陽光亦不患不足，惟水則全恃乎天。自上古以迄今茲，僅恃人工器具以爲調劑。人力既有限，器用復簡陋，竭手足之力以與天爭，故其爲效，終不能宏大。故雨多則苦潦，雨少則患旱，終歲勤勞，鮮有把握，豐年大獲，數年不一見焉。此不僅農民之困苦而已。人口日繁，農產不增，近年以來，食糧一項，亦須外貨之挹注，此其關於國計民生，至爲深切者也。作者近年來對於農田灌溉，稍有所得，知吾國種植禾稻，非採用機械灌溉不爲功。且近來工資高昂，以人工或牛力引水，極不經濟，故有不得不採用機械之趨勢。然而購備機械，資本頗巨，而吾國各地小農人，率皆財力不厚。非利害得失，審之周詳，自不敢貿然嘗試。爰彙集各處所見情形，及各種機械之利弊，附以推算，草成茲篇，以供留心農業者參考焉。

雨量 吾國產米之區，以江浙爲最。各處雨量，據徐家匯天文台及他機關之記載，摘錄如下：

陽歷月份	鎮江	蕪湖	九江	漢口	宜昌	重慶	煙台	靑島	牛莊	香港
1	2.524	3.272	3.792	2.095	.941	.681	.547	.461	.13	1.417
2	1.299	1.827	3.449	1.055	1.102	.665	.268	.244	.079	1.146
3	2.976	4.771	5.378	2.847	1.914	1.224	.583	.843	.398	2.63
4	4.055	5.847	8.307	4.752	3.407	3.587	.815	1.46	1.248	5.488
5	3.417	4.398	6.485	4.969	4.193	4.063	1.728	1.992	2.012	10.200
6	6.191	7.449	9.870	6.989	6.614	6.803	2.043	3.62	2.969	15.070
7	9.103	8.083	7.055	8.563	7.196	5.677	6.830	7.680	5.664	11.370
8	6.264	5.488	5.599	4.646	5.906	4.05	5.514	5.718	7.492	13.957
9	3.063	3.512	3.713	2.228	3.784	5.512	1.614	3.33	2.583	11.496
10	2.709	3.173	4.72	3.914	3.906	4.92	1.385	1.905	1.488	4.480
11	1.106	1.638	3.126	1.142	.972	2.252	.925	.441	.89	1.587
12	1.114	1.744	1.906	.610	.453	.933	.878	.579	.173	1.256
全　年	43.821	66.898	63.403	43.81	40.388	40.367	23.130	26.959	25.125	80.097
春 3 4 5	10.268	15.024	20.13	12.567	9.906	8.86	3.126	4.285	3.657	18.307
夏 6 7 8	21.958	21.02	22.52	20.197	19.717	16.516	14.40	18.47	16.126	40.400
秋 9 10 11	6.870	8.323	11.56	7.284	8.661	12.677	3.92	5.81	4.961	17.63
冬 12 1 2	4.937	6.843	9.146	3.86	2.496	2 279	1.693	1.181	.382	3.819
年數	十一年平均									
最　多	54.783	63.83	79.958	42.14	53.210	55.910	37.597	36.027	36.858	97.418
最　少	30.458	22.534	40.051	22.915	25.279	31.113	14.214	17.523	18.395	55.774

陽曆月份	汕頭	梧州	廈門	福州	温州	寧波	杭州	松江佘山	松江	上海	澱山湖
1	1.205	1.587	1.228	1.744	1.902	3.067	2.429	1.618	1.139	1.132	1.112
2	1.721	1.618	2.591	4.134	3.466	3.063	3.348	1.741	2.485	2.588	2.627
3	3.760	3.632	4.569	5.265	4.294	4.378	5.391	3.465	3.455	2.021	3.160
4	7.850	7.181	5.119	4.391	6.496	5.788	5.759	3.612	3.577	3.154	3.098
5	8.122	8.723	6.771	5.581	6.381	3.712	4.331	2.874	4.366	3.331	4.183
6	9.776	7.161	5.145	8.100	9.360	6.651	9.794	5.158	8.755	8.629	8.855
7	6.925	6.537	5.729	6.658	7.042	5.043	6.124	6.378	5.034	5.505	5.441
8	6.600	5.671	5.916	7.482	9.085	6.694	6.821	4.646	5.102	3.850	4.792
9	6.240	4.438	3.829	9.214	6.221	6.221	5.346	2.996	6.565	6.153	5.806
10	3.134	2.362	2.697	2.772	3.792	4.148	4.214	3.396	1.135	2.184	1.482
11	1.811	1.358	1.134	2.090	1.969	2.089	3.401	1.441	2.082	2.596	2.295
12	2.272	1.976	1.539	2.197	1.267	1.535	2.374	.976	2.294	1.543	1.210
全年	59.416	53.244	46.267	59.528	61.275	52.329	59.332	38.301	45.989	43.486	44.061
春	19.730	20.18	16.482	15.234	17.205	13.839	15.558	12.992	11.398	9.306	10.441
夏	23.303	19.41	16.775	22.23	25.473	18.512	22.639	22.642	18.891	17.984	19.088
秋	11.182	8.041	7.658	14.058	11.999	12.49	12.984	13.385	9.782	10.933	9.583
冬	5.197	5.163	5.358	8.074	6.658	7.675	8.148	69.67	5.918	5.263	4.949
年數	11	11	11	11	11	11	15	9	7		
最多	91.281	94.899	64.794	99.529	80.493	73.309	72.271	49.348			
最少	29.371	38.387	24.185	40.274	44.472	36.291		30.198			

今春之旱　今年自一月至五月底，雨水稀少，爲近三十四年來所罕見；溯自 1892 年起，上海天氣，接連五閱月而不見大雨者，祇今年有之。玆將徐家滙天文台所發表今年雨量及歷年平均數並列於甲表：

表甲

陽曆 月份	今年	去年	五十來平均
一月	1.84″	2.96″	1.94″
二月	1.10	2.32	2.35
三月	2.20	3.27	3.44
四月	2.18	3.67	3.67
五月	2.52	3.70	3.65
總計	9.84″	15.92″	15.05″

表乙

月份	雨量	化汽	遺留之水
正月	1.942	1.762	.180
二月	2.345	1.707	.638
三月	3.443	2.524	.919
四月	3.666	3.043	.623
五月	3.645	3.574	.071
六月	7.363	2.914	4.449
七月	5.936	3.264	2.672
八月	5.572	3.247	2.325
九月	4.696	2.835	1.861
十月	3.073	2.935	.138
十一月	2.046	2.441	−.395
十二月	1.292	2.087	−.795
	45.019	32.333	12.686

上海一區如此，他處當亦相去不遠。因之各地農民呼天不應，溉地無方，稍有機械知識者，急切採辦引擎邦浦。於是上海市上合灌溉用之發動機抽水機爲之一空，而各地製造家亦日不暇給矣。

化汽　水置空氣中，恒有一部分化成水汽，無形消散。故地面之水，即無泄漏，亦必日漸乾涸。此化汽之速率，視氣候及空氣中所含水量之多寡而殊。據徐家滙天文台五十年之記載，其平均數如乙表：

灌溉　雨水降地後，其去路可分爲四：

一，排泄江河中流入海洋；

二，蒸發成汽，上騰空中；

三，爲草木種植所吸收；

四，滲入泥土，存貯地中，或積聚於地面而成池窪湖蕩。

就上海附近區域言，每年平均雨量爲 45 寸，其直瀉江河而流入海者，得之於黃浦江排洩量之計算，每年爲 12 寸。其化汽之量，在水面上，全年32.3寸，惟在農田有稻葉之蔭蔽，其量當稍小，今假定爲26寸。自雨量中除去以上兩項，尚餘七寸，此卽爲種植草木所吸收之水分矣。至於地中及池沼，潦蓄旱取，不過具調劑貯藏之功用，於水量謂無損益可也。

由是可知農田種植，每年僅得雨量七寸。然而禾稻係水作，須有二十寸以上之水，方能生養繁殖。則其所缺少十三寸之水，必須取諸積水，灌注田中，以之養活禾稻。此必有賴乎灌溉一也。天雨之時，往往不能與禾稻需水之時候相應。例如四五月間，正耕田插秧之時，而雨水極少。六七八月，雷雨時作，傾盆奔注，低地受其淹沒，勢必排洩廢棄。此因雨水與需要不相應，而必有賴乎灌溉二也。每年之雨量，至不一致，多雨之年，其量可倍於旱年而過之，低田積水不得排洩，旱年則高田無從得水。水旱不一，而田中水量不得過於參差，是必有賴乎灌溉三也。灌溉爲治農之要圖，不能不亟亟研究，從可見矣。

原有之器具　灌田之器，首推龍骨翻車，或駕牛馬，或以人力，或用風力，其功用甚溥。全國農田之灌溉，胥賴乎此，而其弊在於車長有限，水頭不高，人畜之力有限，而出水不多，雨暘不一，不能時時應用。故僅水邊之田，得以利賴，遠而高者，不可及矣。且近年來生活日繁，工資日昂，灌溉之費，實耗農產之小半。常州一帶之田，賴運河以資灌溉，通例自運河起水，注於漕河，再由漕河分灌各田，運河低於漕河可三丈，漕河低於稻田者數尺至十餘尺不等。每年插秧之期，灌溉每畝稻田，須用人力一工半至二工，計工資四角至六角。待插秧後以至成熟，尚須加水四五次以至十餘次不等，隨雨水之多少而異。但每次所加之水，不如前次之多，約二三寸即足，每畝每次約須人力半工。綜上計算，一畝之田，若純恃人工灌水，其費用即在雨暘時若之年，亦須在二元以上。若一遇亢旱，灌溉費用，且增至四五元，而猶難期全穫焉。在無錫情形與常州相似。農田需水，仰給於漕河，漕河乾涸，取給於運河，各漕河狹小而短，資以灌溉之田，自一二百畝以至千畝不等。雨後漕河積水，農夫踏翻車，水即可至田，迨漕河水罄，需水者須先設車，自運河起水，暫貯漕河，後用車轉灌田中，其灌田費用，與常境不甚懸殊。在嘉興嘉善一帶，田勢較低，取水較易，農人所種之田，似較常錫一帶爲大，一戶種田百畝以上者，比比皆是。田高於水約四五尺以至十餘尺，起水較易，然每遇亢旱，猶有灌注不及之歎。今年五六月間，作者爲裝機事至嘉一行，見農民踏車者，憔悴困苦，駕車之牛，其背上承軛之處，早已皮盡露肉，而猶被迫於鞭策，盤旋無已時。然而多數田畝，尚不得下種插秧，農夫日夕咨嗟於隴畝之間，良可憫也。

機械灌溉　四五年前外商之業機器者，沿滬寧綫上各處推銷引擎抽水機，問津者極鮮。旋在常錫售去數具，試用之下，功效甚著，農民羣起組織抽水公司，而本地廠家，亦相率仿造。無錫實業，本冠各區，故機械灌溉，實較他處爲盛。益以去歲苦旱，凡有機械灌溉者，概得收穫。無機者，甚至插秧不能及時，受損頗巨。於是今歲引擎邦浦銷路，爲之激增；除上年原有者外，今歲新增者，僅在無錫一縣，約三百具以上。嘉善湖州一帶之農民，亦漸知機械之利，今夏約有小發動機百具之數。此外常熟、江陰、安慶、蕪湖等處，採用機械者亦漸多。其他各處，尚未聞有購置者。提倡改良農作機械，惟有望於我工程界之協力耳。

機械種類　在常錫所用者，俱屬離心抽水機，其出水管爲八吋或十吋。抽水機有來自外國者，有爲滬錫各處工廠所自造者，形式各異，效力亦有上下。大概外商售與吾國之抽水機，多係次貨，取其價廉而易售。本地製造者，則又仿洋貨而不及。觀現在流行者，多屬低效率單面進水式，農人稱爲田螺邦浦。作者今春爲上海新中工程公司計劃離心式抽水機二種，係雙進水式，製造銷售，備受歡迎。蓋雙面進水，機內受力平均，行轉穩捷，出水功效增加，馬力較省。且結搆形式，務求適合本地情形，購者一覩式樣，不待試用，卽爭相定製，其見信之深，實有出乎預料之外者。嘉善一區，多購備二馬力半及四馬力之火油引擎，用以帶動特製之木車，其起水功效亦甚高。所患者木車龍骨太多，損壞極易，需水緊急之時，每多斷鏈停工之弊，故用者恒苦之。今夏作者將新中六寸離心抽水機與彼原有之二馬力半小引擎接聯，裝於舟中，可起水上十尺之岸，又將八寸邦浦與四馬力小引擎接聯，可挈水高逾一丈，而水量倍於六寸。彼原有機轉木車者，見用邦浦簡便而可恃，裝設船中，易於移動，舍木車而用邦浦者，已大有人矣。

機械灌溉之經濟　機械灌溉，風起雲湧，其流行之速，不可思議。近者常錫農民，因習於機械，幾有非用抽水機不能種田之感想。此雖由於機器起水速而且多，足以滿其望，要亦費用省儉合乎經濟有以致之也。兹將設備資本，開行費用，售水進款，逐節推算於後。

新中六吋抽水機

（用黑油引擎拖動　每點鐘每馬力燃油約半磅）

水頭尺	馬　力	出水量	設備資本	每小時費用	附　　　記
5 尺	1.5 匹	5.5 畝	500. 元	.03 元	資本項下引擎邦浦管子等一概在內 費用項下僅算火油柴油車油等消費不計利息 出水量以每小時每吋能灌溉之畝數計算，下同
10	2	6.4	530.	.04	
15	3	7.7	680.	.06	
20	5	9.0	800.	.10	
25	7	10.0	1100	.14	
30	8.5	11.0	1250	.17	

新中八吋邦浦

水頭尺	馬　力	出水量	設備資本	每小時費用	附　　　記
5 尺	1.5 匹	9.0 畝	550 元	.03 元	同一抽水機出水量之多寡，及馬力之大小，以水頭之高下而定。水頭高者，轉數速，水量亦多，馬力因之亦費，抽水機效率無甚大異也。若抽水機之速度，配就於二十尺水頭，而在水頭十尺之處抽水，則水量增加，馬力稍費，而效率大減。
10	3.5	13.0	700	.07	
15	6.5	16.0	1100	.13	
20	10.0	18.5	1300	.18	
25	14.0	21.0	1700	.24	
30	18.0	22.0	2060	.30	

抽水機出水量與灌溉面積對照表

每分鐘出水加倫	每分鐘方數	每小時方數	每十二小時方數	每小時畝數(每吋水深)	每十二小時畝數(每吋水深)
100	.134	8.021	96.25	1.3	15.9
200	.267	16.041	192.50	2.7	32.5
300	.401	24.063	288.75	4.0	48.0
400	.535	32.084	385.00	5.4	65.0
500	.668	40.105	481.25	6.6	79.0
600	.802	48.125	577.50	8.0	96.0
700	.936	56.146	673.75	9.3	112.0
800	1.069	64.167	770.00	10.6	127.0
900	1.203	72.188	866.25	12.0	144.0
1000	1.337	80.209	962.51	13.3	159.0

附註　每方等於一百平方英尺

每畝等於七千二百六十平方英尺

售水進款依常錫一帶普通價目計算，每畝每年包水，約可收款一元至二元，各以地方情形而異。大抵夏季農田，一寸高之水面可以經過三日不至乾涸。故每小時每寸能灌田九畝之抽水機，每日可灌田二百十六畝，三日間可灌田六百四十八畝，總計每年可得售水進款自六百四十八元至一千二百九十六元，而設備資本僅五百五十元，其利不可謂不溥矣。

購機須知　欲從事機械灌溉，有必須知者數事：——

1. 水源——須有旺足之水源，以供給所預算之田畝；

2. 田畝——須接連，不宜太散太遠，以免水路過長，漏水過多也；

3. 抽水機——須詳察其構造與出水之成績，其大小，須與田畝所需之水量相稱，勿貪價廉而購劣質之邦浦。蓋所省之成本不過數元，而日後所耗損數十倍於此也。

4. 引擎——引擎之馬力，與水量及水頭相關，當詳加推算。燃柴油者最爲合用，但最小之引擎，亦有用燃火油者。引擎之式樣，務免繁雜，求開用易而管理便也。

經濟之限度　灌溉費用，隨水頭高低而異。江浙之地，形勢平坦，水頭最高者，不過二丈餘，故凡有水之處，均可採用邦浦，而合乎經濟。若多山之區，田高水低，其費必巨。然則果至若何高度，邦浦即不能合用乎？欲解答此問題，須視乎其地之生產力爲斷。據西籍所載，夏威夷之蔗田，高出水面五十丈，而猶恃灌溉以種植之，此蓋地屬熱帶，生產力强，不能與地處相提並論。若以尋常溫帶之情形言之，大約五丈以下之水，均可用邦浦抽而致也，過此則逾經濟之限度矣。

中國農田之面積

據農商部所刊佈之調查，全國農田園圃之面積如下：

省區	農田	園圃	總計
京兆	14,177,930	598,170	14,776,100
直隸	75,827,940	5,578,990	81,406,930
奉天	44,748,170	1,038,970	45,787,140
吉林	83,578,060	2,680,910	86,258,970
黑龍江	37,600,390	1,265,200	38,865,590
山東	102,848,430	2,160,770	105,009,200
河南	348,851,960	51,024,890	399,876,850
山西	49,809,480	959,560	50,769,040
安徽	39,696,690	2,169,290	41,865,980
江西	36,315,100	4,526,910	40,842,010
江蘇	79,311,920	4,915,260	84,227,180
浙江	26,993,650	4,198,670	31,192,320
福建	11,845,580	1,530,770	13,376,350
湖北	154,886,830	6,896,150	161,782,980
湖南	18,704,950	3,319,150	22,024,100
陝西	30,033,910	566,980	30,600,890
甘肅	26,499,440	414,690	26,914,130
新疆	10,726,230	1,300,550	12,026,780
四川	56,318,400	69,114,320	125,432,720
廣東	22,905,620	3,096,270	26,001,890
廣西	78,404,740	5.000,980	83,405,720
雲南	10,456,700	1,040,150	11,496,850
貴州	1,336,510	134,520	1,471,030
熱河	15,792,130	1,051,210	16,843,340
綏遠	6,011,420	270,850	6,282,270
察哈爾	11,971,300	17,610	11,988,910
總計	1,395,653,480	174,871,790	1,570,525,270

農田有水田旱田之分，園圃指種植桑茶蔬菓之地而言。水田旱田之分配，視區域而互異。北部雨水缺乏，天氣寒冷，因之多爲旱地。中部揚子江流域，水旱兩田，重要略等。南部多水，水田獨多。水田皆爲植稻之用，而米爲吾人必需之食品，凡在可經營稻作之區，多從事於水田。將來益以機械之灌溉，其中有一部份之旱田，亦必能種植水作，如是吾國之米產可望增加，亦解決糧食問題之一要途也。

米之產量　吾國產米之區，在北緯三十二度以南，自此以北，氣候土地，均不宜稻。但在陝西灌溉便利之處，亦有小規模之稻田；滿洲西部，多種旱稻，近十年來，尤見發達。其本地產量，超過銷額，能以盈餘供給外省者，惟江浙皖贛湘鄂川七省，其產米總額年達二萬二千萬石以上。加以其他各處之米產，總計約有四萬萬餘石。然而近年以來，以棉麥種植之推廣，致稻之栽培，有逐漸減少之勢。加以水旱頻仍，歲收不豐，吾國米糧，遂感缺乏，市價飛騰，外米輸入。吾國素以農爲本，今漸至不能自給，長此以往，何堪設想。夫水旱災患，雖曰天禍，抑亦人謀之未臧。苟河流舒暢，堤防增修，則水患可弭。溝澮整理，灌溉有方，則旱災可救。凡此皆通盤籌劃，官民合作，假以時日，可奏膚功。若爲農民獨力所能及，而旦夕之間可見效者，其惟採用機器灌溉乎。機械之利，已如上述，荒旱之年，不僅可免災害，更可希望豐收。何以言之，植物之生長繁茂，賴乎陽光與水，旱年晴日較多，陽光充足，苟按時而施以水，穀實長成，豐盛可期。不惟無旱荒之患，而更受日光之賜。是機械盛行，足以增加米產也。農作收穫之無把握，緣於天時之變異，雨水之不勻。今能以人力節制水利，則天下無不可救之田，而地上有可利用之水，盡祛從前迷信天道之陋習，而納種植之事於科學軌道之上，復於種子施肥耕耘上加以研究，米產之增加，可操券而待也。

農家之收穫　購備引擎抽水機，大者需費數千元，小者亦近千元，爲灌溉稻田之故，而投此鉅貲，農民擔負，驟視之似覺太重，實則機械成本雖鉅，按畝分配，爲數甚微。今欲得較確切之推想，試先一考農田每年之收入。據調查之結果，山東西部，少雨之區域，以小麥，大麥，豆，甘藷，棉花，菸草，高粱，小米，落花生等爲主要之作物，每年每畝之收入，平均自六元以至八元。中部各省，雨水充足，耕種稻麥，其收入約自十元至十八元不等。茲將民國十一年在青浦縣之調查，附錄於下。

農作物收穫比較表

每戶管業	農戶人數		作物收入					價值		雜項收入
	全戶	能工作者	稻	麥	荳	其他	共計	總計	每畝	
畝	人	人	石	石	石	石	石	元	元	元
75	14	6	180.0	90.0	0.2	14.0	284.2	1180	15.84	180
29	7	3	45.0	19.5	4.0	—	68.5	308	10.60	93
60	21	11	96.5	90.0	—	20.0	206.5	871	14.51	119
80	19	14	125.2	172.2	—	32.5	329.9	1,508	18.84	244
45	8	5	67.2	63.0	—	85.0	188.2	621	13.79	150
14	6	2	24.3	—	21.3	—	45.6	250	17.84	97
50	31	14	75.0	60.0	24.0	—	159.0	699	13.98	231
90	16	12	315.6	—	—	—	315.6	947	10.52	144
25	6	6	54.0	24.0	—	16.0	94.0	319	12.76	99
13	4	3	32.1	—	9.5	—	41.6	146	11.20	95

觀上表，每畝每年之收入自十元至十八元有奇，而以農產副品所經營之雜項收入猶不計焉。年來米價飛騰，每石漲至十六元以外，今每畝田若不種他物，可收穀三石餘，舂米一石五斗，其値可過二十元以上矣。苟遇天旱，收穫中折去一成，卽無形之中損失二元；若折去二成，卽失四元。若有機械焉以爲之用，既可節灌溉之工資，而又可免荒旱之損失，是無異爲收入之一重保證。而況所投五百餘元之資本，五百畝之田享其利澤，每畝負擔僅得一元，祇及全年收入二十分之一，又何樂而不爲耶。

引擎之利用　引擎非僅用於灌田已也。秋收之時，可以拖動軋花碾米等車。若配以發電機，晚間可以燃燈。若購一磨粉機，則麪粉可自製。若應用於油車，則牛隻可省，若應用於船隻，則大川可涉矣。其他用途變化不一，神而明之，存乎其人也。

將來之趨勢　機械灌溉，方在萌芽，故皆用於稻田，以產量大而需水多也。又皆在常錫嘉湖一帶，以風氣開而民智高也。此後逐漸推廣，稻作之外，必兼及於他類種植。常錫嘉湖之外，必推及於全國。至於機械種類，現在通行者爲六寸、八寸及十寸水管三種。將來必日漸增大，自十寸而二十寸而三十寸。蓋機力愈足，邦浦愈大，出水愈多，而費用愈省。舉凡江淮河漢大川巨瀆所經之處，行見引擎邦浦，星羅棋布，如龍之探頸而吸，以膏澤萬頃之良田也。至於小量機械，勢必同時發達，水管尺碼或自六寸遞降至四寸三寸，俾二三十畝之農戶，均可自置一具，隨時使用，不必復依賴他人也。機器之需要既多，工廠之製造必因觀摩而日精，而一般農民，亦藉是以獲機械上之智識經驗，足以引起利用天然力以從事工業之興趣。其有裨於吾國實業界者，固不僅改良種植、增加米產而已也。

或謂鄉民蠢騃，駕駛新機，必有形格勢禁之虞。是實不然。作者曾默察嘉善一帶情形，三年以前使用機械者寥寥無幾，每買一機，必經詳細之指教，方能運用，而猶時有停機之苦。近來用者日多，一年以內，驟增至六七十具，鄉民互相傳授，使用自如，鮮有賴機匠之修整者。可知運用機械本非難事，世人徒驚其形式之新奇，以爲非專家不能使用者，觀於此可憬然悟矣。

結論　吾華立國，首重農桑，而農田之生產，惟資灌溉。是故採用機械，藉補天時人力所不足，以增進農田之出產，而杜塞無窮之漏巵，實爲今日之急務。而推銷國產機械，俾蒙其利，提倡根本工業，而免其害，又爲國人所應爲。吾國農民，雖以守舊聞於世，然利之所在，趨之若鶩，絕非墨守成法，不知改良者流，此觀乎常錫間抽水機械之盛行可知。惟望有識之士，指導提倡，使他處農民聞風興起，得所遵循，則全國農田，咸被利澤，而生產激增，必大有可觀者矣。

南京與中國未來之鋼鐵事業

周厚坤

鄙人於十三年大陸報雙十節特刊中曾作一文。題曰中國之鋼鐵事業。該文就已往現在將來三期立論。其結論末節。有將來中國鋼鐵中心。不外南京浦口二處。而以南京爲尤有希望云云。並允於暇時作較詳之討論。茲値母校三十週年紀念。鄙人被徵作文。雖餘暇無多。而事關母校。不得不應命焉。

鋼鐵事業與他項實業不同之點。卽原料與精品均極笨重是也。每噸生鐵。自採取原料以迄銷售用戶。其總成本四分之一。實係運費。譬如萍鄉之煤。出井成本不過三四銀元。大冶之鐵砂。其採本亦不過一元數角。但運至漢陽鐵廠。煉成生鐵。則運費幾及其半。再將生鐵運至上海日本。則又須增加運費。自三四元至五六元不等。運費與鋼鐵成本關係之鉅有如是者。

美國鋼鐵事業在全世界爲最發達。凡一廠地之選擇。均經縝密之考慮而後定。數十年來。因多人之研究。已得一公例。其法如下。

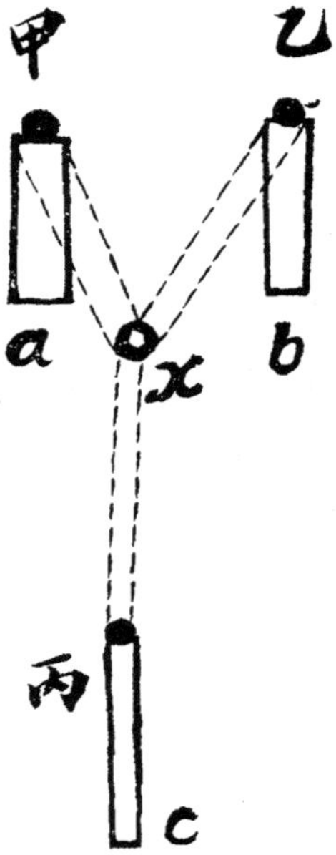

譬如甲代表鐵鑛之位置。乙代表煤鑛之位置。丙代表人口中心之位置。三處之相互距離。均照地圖而定。又假設用等長橡皮三條。代表自甲乙丙至廠址x處每里之運費。（卽每煉生鐵一噸應需一噸幾分鐵砂之每里運費。應需之煤同此解釋）其里費大者。橡皮之截面亦大。譬如甲處鐵鑛。須自造鐵路。鐵砂方能運出。則里費必大。假設用四分之一英寸橡皮代表之。乙處煤鑛。有現成鐵路。煤可運出。假設用十六分之三英寸橡皮代表之。丙處爲人口中心。適有河流。可與鐵廠x交通。則生鐵運出里費。更較甲乙爲小。假設以八分之一英寸橡皮代表之。

倘將橡皮之一端各釘於地圖甲乙丙三點上。而另用小銅圈一個將其他端連貫之。則三橡皮條。均被拉長。其均衡之點。(Point of Equilibrium) 卽爲化鐵爐廠地址應居之地位。而甲乙皮帶之長。卽鐵砂與煤應擔之運費。丙皮帶之長。卽精品(已成之生鐵)運至人口中心(銷場)應擔之運費。復將甲乙丙橡皮之總長。變爲運費總數。再將煉費加入。卽得最低之成本。亦卽最高之利益也。

以上公例。可於美國鋼鐵歷史證明之。美國南北戰爭之時。西部鐵路。寥寥無幾。人民薈集東方沿海各省。人口中心在勞支堡城（Pittsburgh）故戰後二十年內。鐵廠大半築於該城或該城附近。自後美國人民西進。人口中心漸移向西。先在沃海沃（Ohio）省。繼在印第安省。（Indiana）繼在伊利諾省。(Illinois) 亦卽今日人口之中心。鐵廠亦卽隨之以西。至今芝加谷(Chicgao)之鐵廠。雖煤運極昂。而營業仍佳者。實因廠之住址。貼近人口中心。精品之運費。較任何地點爲廉也。

自後哥羅拉特省(Colorado) 之鐵業。亦漸發達。則因該區人口漸繁。鐵路日多。鋼鐵用處日增。故本地造成之貨。其造價雖比他處爲貴。但照上圖計算之。尚較他地之貨爲廉也。

米內蘇打省(Minnesota)之陶路斯城(Duluth)與阿拉排馬省(Alabama)之伯明罕城(Birminham)。均煤鐵兼有。造本極輕。鋼鐵事業宜可發達矣。乃數十年來。無人經營鐵業於該地者。則因人口缺乏。鋼鐵需要全無故也。近十年來。該處人民漸衆。鋼鐵需用遂增。而鐵廠因以興焉。

回顧中國。煤在何處。鐵在何處。人口中心。復在何處。照此三者相互之位置關係。依上節公例而研究之。蓋亦極有趣味之問題也。

欲明中國未來之鋼鐵中心。須先就現有之鐵業而討論之。

一、漢陽鐵廠　漢陽鐵廠廠址之選定。其中有趣味之歷史焉。該廠創始於張文襄。時方督粵。鑒於中國之弱。由於軍械之不利。軍械之不利。由於鋼鐵之不精。故奏准設廠於廣州附近。以資提倡。乃機器將到。而文襄適調兩湖。卽攜以赴任。定基漢陽。何處可以得鐵。何處可以得煤。固茫無計畫也。故該廠廠址之選定。可謂完全出於人事之湊巧。至於用科學方法以選定廠址。在三十七年以前。固未如今日之昌明。卽普通擇址之常識。蓋亦未嘗運用也。

該廠之得以存在至今。實因國內祇此一廠。所出生鐵。可以壟斷市場。及歐戰以後。他廠繼起。生鐵市場。已由專營而變爲競爭矣。

二、大冶鐵廠　大冶鐵廠。與漢陽鐵廠。同屬漢冶萍公司。該公司爲增加出貨。減輕成本起見。依數十年痛苦之經驗。於民國二年。擇廠址於大冶。照鐵業學說。此係以煤就鐵之辦法。蓋鐵業學說。原分兩派。一派主張以煤就鐵。一派主張以鐵就煤。該公司以新廠置諸大冶鐵鑛。係採用前說。實則兩派學說。均有缺點。所謂缺點者。卽未將市場距離（人口中心）加入討論也。大冶鐵廠位置之不妥。卽在此點。

三、龍烟鐵廠　龍烟公司之組織。尙在歐戰期內。當時生鐵價格騰貴。最高時至二百四十兩。（現價三十二三兩）而貨尙不可得。鐵鑛之價値。幾與金鑛不相上下。該公司先取得張家口外龍關。及宣化府烟洞山兩處之鑛權。所出鑛砂。由京綏京漢兩路運至漢陽。由漢廠代煉生鐵。以當時價格之高。雖以長途運費之大。每噸仍有鉅額之盈餘。同時該公司。復計畫自設煉廠。初擬廠址爲宣化。後卒定基於北京郊外永定河邊、石景山旁。乃不旋踵而歐戰停止。鐵價暴落。漢廠代煉之鐵。銷售幸免損失。對於日後石景山煉廠所出之貨。營業殊無把握。但機器已定。欲罷不能。近年來鐵價益跌。該廠殊無開爐之望。雖因國內企業之衰落。增資之難集。亦因廠址之擇定。未就煤、鐵、人口中心、三者均衡之點。加以縝密之考慮。或雖經考慮。而三點之總拉力（卽總運費）較他廠爲强。徒以鐵價騰貴。以爲無論設廠何地。總有利益可圖。此種見解。係人類普通之弱點。固不能專爲該公司咎也。

四、揚子鐵廠（現改六河溝鐵廠）　該廠發軔於歐戰未葉。其原料之鐵砂。則取給於大冶官鑛象鼻山。其原料之煤。則取給於京漢鐵路沿線之六河溝煤鑛。該廠址之選擇。一則似因與本廠（卽揚子機器公司）之關係。再則似有與漢陽鐵廠競爭之用意。故定在漢口。然其最大原因。則以鐵價之騰貴。當時急不暇擇。祗須可製生鐵。不論廠址之何在。總拉力之大小。均以爲有鉅利之可圖。乃廠未完工。而歐戰告停。鐵價一落千丈。而該廠因債務關係。不得不移轉於人焉。

五、和興鐵廠　此廠亦發軔於歐戰末期。其原料之鐵。則取給於蕪湖采石磯。或湖州長興。其原料之煤。則隨市購買。並無一定。該爐產量較小。卽外洋所謂商爐(Merchant Furnace)是也。其廠址爲上海之浦東。既非以煤就鐵。亦非以鐵就煤。乃以廠就市。蓋上海爲銷鐵之大市場。設廠於此可免精貨(卽生鐵)之運費。亦計之得者。但上海是否爲煤、鐵、人口中心、三者均衡之點。卽認爲均衡之點。而其總拉力(卽總運費)是否較漢陽鐵廠爲小。當軸者恐均未計及也。

是以總觀中國鐵業廠址之選擇。由於人事之湊巧而定者。如漢陽鐵廠。是由於鐵價騰貴作爲投機事業而定者。如龍烟揚子和興均是。然則關於煤、鐵、人口中心三者最小拉力均衡之點。果何在乎。以作者愚見當在南京或浦口。請詳述之。

本文所稱之煤。係指輕硫、輕磷、輕灰、可以煉成硬焦之煤而言。此四者缺一不可。如硫磷灰三者均輕。而煉成之焦。鬆脆異常。難經化鐵爐內部重壓。卽不適於煉鐵之用。

本文所稱之鐵。係指輕硫、輕磷、輕矽、含鐵成分較高之鐵砂而言。大約每百分中。至少須含有鐵質五十分。以之煉鐵。方合經濟。

本文所稱之人口中心。係指用鐵人民之重心而言。譬如四川人民五千萬。比較江蘇之三千四百萬。浙江之二千二百萬。超額甚鉅。然四川每年用鐵。不及江蘇省內一縣之數。則人民雖衆。無裨鐵業。照海關統計。漢口一埠。輸入鋼鐵。每年不過三千噸。漢口爲外貨輸入鉅埠。百貨由此轉運內地。故漢口統計。可以代表湖北湖南四川河南陝西甘肅諸省之需要。由此觀之。可知用鐵人民之重心。不在漢口。而在他處，作者雖無精密之統計，可以作爲根據。但就八九年辦理鋼鐵事業之經驗而懸測之。則此重心不出江蘇。可斷言也。

然則煤之可以煉鐵。而又近人口中心者何在乎。曰沿津浦鐵路者。有中興之煤，沿膠濟鐵路者。有博山坊子之煤。海運直達者。有開灤之煤。而其中尤以中興之煤。距離南京最近約四百三十公里。然鐵路運費。常較海運爲貴，故中興與開灤較。其差數亦不甚大。至博山坊子運費。雖較以上二者稍鉅而比諸他處可以煉鐵之煤。則運費尙屬低微也，安徽宣城方面。現由官鑛公署。試採煤鑛。質地尙好。但目下未至大宗出貨之時。前途如何。殊難逆料。惟據鑛學家言。該處煤田頗廣，果爾。則宣城煤區。亦可供南京鐵廠之需因宣城離蕪湖不遠，而蕪湖又離南京不遠也，

可以煉鐵之砂。而又近人口中心者。則有江蘇之利國驛鐵鑛，及鳳凰山鐵鑛。安徽之采石磯鐵鑛。當塗鐵鑛，荻港鐵鑛。利國驛卽在津浦鐵路徐州車站，鑛質極佳。與大冶鐵鑛、獅子山佳處鑛砂，不相上下。鳳凰山距南京祇三十餘里，采石磯在蕪湖下游五十里。當塗在蕪湖下游三十里。荻港在蕪湖上游六十里，均係半日以內可以達到之地。故鐵砂之拉力。(卽運費)除利國驛外，實較煤之拉力爲小。

人口中心，(卽用鐵人民之重心)假定在上海。大致不差。因江蘇爲全國實業最發達之省，而南部之蘇松太，尤爲江蘇實業菁華所在，故假定蘇松太商業中心之上海爲用鐵重心。於理想事實均當相差不遠。

煤、鐵、與用鐵重心、三者地點。既已尋得。其第二步。卽爲鐵廠廠址之擇定。依照上述公例。用橡皮二條，代

表每噸生鐵所用烟煤或鐵砂重量之運費。(每一公里之運費)再用橡皮一條。代表製成生鐵、運至市場重心之運費。(亦係每一公里之運費)然後將三頭接在一起。即知均衡之點。(Point of Equilibrium)約在南京近地。

照此公例而求得之廠址。或不甚準確。但如求得之點。與南京相去有數十里之遙。而仍將鐵廠置之南京。亦無不妥。蓋以中國之大。數十里之差數。無關緊要。而廠址之選定。除以上大綱外。尚有小目亦須注意。譬如求得之點。適在荒山僻壤。渺無人烟之區。則將來當地運輸問題。工人吸收與安置問題。副產物之推銷問題。必極困難。倘附近數十里內。有一人口衆多之城市。則廠址之確定。當然在此而不在彼也。南京之所以爲未來鋼鐵事業之廠址。就當地情形而論。其利益約有數端。

一、交通之便利　南京交通。陸運有津浦滬寧南北之幹路。他日寧湘造成。更可直達江西河南。水運則有長江橫亘東西。輪船民船。無時或絕。且因水深。外海輪船。終年得以靠岸。故製成生鐵。不特國內舟車運輸極形便利。即遠而至於日本。其海船亦能終年直接裝運也。(漢口大冶於長江水涸之時日本海船須停運五個月)

二、工人之供給　鐵廠所用原料。與所出成品。均係笨重之物。其製造與轉運。全恃有充分之勞工。設廠於窮鄉僻壤。工人招致爲難。若南京則有五十萬之人口。普通勞工。不患缺乏。專門技匠。可在滬地雇用。朝喚夕至。於廠於工。雙方均極便利

三、副產物之售銷　三十年前。冶鐵之學。尚未昌明。以爲鐵廠之惟一目的。在於出鐵。除鐵之外。其餘均

係廢物。以後漸知化鐵爐流出之物。均有用處。化鐵爐之煤氣。昔之所謂廢氣者。(Waste Gas) 今則可代生煤。爲鍋爐燃料。現時所有化鐵爐部份之原動力。咸取給於此而有餘。

向時製造焦炭之際。蒸出煤氣。任其飛散。莫知利用。其後方知蒸出之煤氣不特可作高價之燃料。而且含有柏油。用途甚廣。從柏油內復可提出種種染料藥物等品。照中國目下情形。雖染料藥物提取不易。而所有煤氣柏油。一則可作燃料。產生蒸汽。一則可以出售。善價而沽。

化鐵所出渣滓。其堅如石。須設備人工。運至遠處棄置之。非若鐵爐所出煤氣。任其飛散。卽算了事。惟此昔日視爲可憎之鐵流。今已知其爲一極有用之物。其用有四。一、磨粉可作水泥。二、碎塊可作鐵筋三和土所用之石子。三、乘其液體未凝之時。用大鐵缸運至低窪之處。作爲填石。四、變成流砂。可以製磚。

先就化鐵爐剩餘之煤氣。與煉焦爐所出之煤氣而言。此種煤氣。均係有價値之燃料。倘用以發電。則江寧城內火車。可以改用電機車頭。自來水廠、軍械局、造幣廠、商辦工廠。以及普通電燈之原動力。均可取給於是。再有剩餘。可用水線。將電傳至浦口。以應該處原動力之需要。

再就鐵流而言。除水泥、流磚、石子三項。義極顯明。無庸贅述外。填石一層。最適用於南京地形。蓋南京濱臨大江。沿江地形低窪。下關近邊。可用之地甚少。皆因填土缺乏之故。目下用山泥填塞。價貴功緩。極不經濟。若用鐵渣。則每日一百四五十噸之量。(就一百五十噸化鐵爐算)祗須鐵缸來往七八次。而其事已蕆。江邊可用之地。因以增加。低窪之地。乃成有用之廠基焉。且江岸因急流冲刷之故。常有塌倒之事。(下關已有兩次)倘有鐵渣填塞。其堅如石。江岸卽可穩固。又南京之上下游。農民均築堤岸。以防江水浸入。若此種堤岸亦用鐵渣築成。可永無潰決之虞。

故設廠於南京。實有以上種種利益。至於生鐵之成本。因副產物之收入。約可較漢陽、大冶、揚子生鐵。每噸減去十元。一化鐵爐每日產量二百五十噸。每年三百日算。當為七萬五千噸。卽七十萬五千元。換言之。卽鐵市而佳。則通常盈餘之外。更有此特別盈餘七十五萬餘元。鐵市而疲。則他人虧本之時。南京鐵廠。尚有若干盈餘。得以分與股東焉。

依作者愚見。龍烟公司之化鐵爐。目下位在北京西郊。實非煤、鐵、人口中心、三者均衡之點。除政府與以特別獎勵。規定國有鐵路。應用生鐵鋼軌。均須向該公司購買。又除大戰再起。鐵價騰貴。機會重來外。實無開爐希望。或卽能開爐。亦無盈利可期。但爐已造成。不與運用。銹蝕可慮。再隔十年。恐成廢物。譬之人身。既罹極重之病。必用非常之醫。龍烟股東。不如將爐遷至南京。於無可設法之中。或有生路之可尋也。

(漢陽大冶揚子之爐或因太舊或因太大或因太小故無移置之價值)

南洋大學三十週紀念徵文集

國產原料與近世工業進步之關係

六・六十二

徐名材

南洋大學成立卅載。舉行慶祝。擬印行紀念專刊一種。記述各種學術之進步。以誌過去而策將來。僕既參與其事。不能無一詞之供獻。而三十年來化工學術。又進步甚速。撮述概況以諗社會。亦責任所不容已也。顧念國人講求實學。已逾數紀。而對於學術進步。努力蓋鮮。侈談盛況。臚舉外聞。而於國人如風馬牛之不相及。徒災棗梨。亦復何益。故專就吾國重要原料着想。以一證近來工業化學之進步。庶讀者可曉然於西人工商之繁盛有自。而欲爲振興國貨之謀者。或亦可引爲他山攻錯之資也。

海通以來。舶品麕至。國人利其新奇。競相購用。舊式工業。恆受此影響而日趨式微。如洋紙盛而中紙之銷路日蹙。火柴出而火石之用途消滅。其變遷之經過。多爲吾人所習知。是篇所述。僅以關係於學術進步者爲限。其損害於吾人者固多。裨益於國產者亦復不少。而可以發吾人之深省。供改良之南針。則一也。

吾國原料輸出。熟貨輸入。習爲成例。據民國十三年海關報告。輸出土貨價值最鉅者。爲豆及豆製品。占百分之十九強。次爲絲。約百分之十六弱。又次爲棉花。約百分之五。此外占輸出總值百分之三以上者。爲花生及生油。爲蛋及其製品。百分之二以上者。爲綢緞、爲獸皮、爲茶葉、爲煤、爲五穀、爲桐油、爲棉紗及棉製品。百分之一以上者。爲紙煙、羊毛、木料、錫塊、生鐵、豬鬃。其他不及百一之貨物。共占百分之二十五。熟貨少。原料多。此其實況也。就原料言之。約可分爲三大類。一、植物品。二、動物品。三、礦產。其重要者具如上述。

而求其用額消長。與近世化工進步。饒有關係。足以供國人之借鏡者。共得十四事。凡植物品七。曰豆。曰棉。曰桐油。曰花生。曰靛青。曰苧蔴。曰高粱。動物品四。曰絲。曰豬油。曰豬鬃。曰麝香。礦產三。曰銻。曰錳。曰鎢。請分別論之。

(一)豆　豆爲普通食物。習用已久。西人初未注意。前清光緒末年。始有大宗輸出。至民國十三年。豆類輸出計二千四百萬擔。豆油二百萬擔。豆餅二千二百萬擔。總值一萬五千萬兩。增進之速。實由化工學術進步所致。最初輸出。僅爲亞蔴油代用品。以供製造水皂之需。其銷額極有限。自硬化法(Hydrogenation of oils)發明後。假鎳質之力。油與輕氣化合。可以製成硬脂。既供製皂之用。又可與他油混合。爲製造人造牛油及豬油之原料。豆油之用途乃激增。嗣後又知油性易乾。可製油漆。高熱加氣。變成濃油。又可爲製造烤漆、油墨、漆布、磁漆等品之原料。故美人視豆爲工業必需。現已自行種植。收穫歲達百萬石之巨。其重要可以想見。惜吾國主要產地。偏於滿洲一帶。運輸銷售之利。多爲日人所壟斷耳。

(二)棉　棉爲織物原料。習用已久。棉子向爲廢物。僅供燃料之用。今亦成爲工業要品。其殼可肥田。其粉可製食物。其油可資烹調。可以入藥。可以製皂。油渣可供燭皂、油布、炸藥等需。其棉子附着之短棉。亦復爲假漆、假革、棉織品、人造絲等原料。效用之廣。不勝枚舉。據專家計算。美國產棉省分。因利用棉子之結果。歲增利源。蓋不止三萬萬元。其影響於棉產之需要者。固非淺鮮也。

(三)桐油　桐油爲吾國特產。三十年前始輸出歐洲。二十六年前輸出美國。其初需用甚少。嗣經積極研究之結果。技術突進。用途漸擴。舉其大者。約有數端。桐油遇濕。亦能乾燥。爲製造船底漆、防水漆等所必需。一也。結膜堅實耐用。適合磁漆、地板漆之需要。二也。桐油製成之漆。用以保護三和土。可免碎屑飛揚。用以粉刷牆壁。可以經水冲洗。不虞剝蝕。三也。合松脂製假漆。以供木器等用。價較他法爲廉。四也。製造油布、印墨、假革、假橡皮等。亦可用是爲原料。五也。與錳鉛等質化合。可製亞麻油等乾化劑。六也。積是諸因。桐油已成爲工業要品。昔時僅爲亞麻油代用品。今則用途之繁。且超而上之。民國十三年輸出額。幾達九十萬擔。値銀一千七百七十萬兩。十四年度僅就輸出美國者言。較十三年又增百分之二十五。其需用之急、與增進之速。概可見矣。惜產地川湘等省。兵爭時見。輸運維艱。市價漲落靡定。用者恆以爲苦。曩者僕在美時。見某漆廠方試種一桐樹。高僅二尺。圍以鐵欄。視同奇卉。今已在南方諸省徧行試植。最大農場。種十萬株之多。據其近年實驗。收穫甚佳。油量極富。色白質佳。且遠勝於華產。雖以美人工資昂貴。採集不便。未必遂爲大宗種植之舉。但以桐油關係之巨。而腹地運輸之梗。吾國沿海諸省。擇地試種。以維利源。實爲急不容已之舉。否則外人迫於需用。終必籌一適當補救之策。自在意中。去年美國火棉製漆。(Pyroxylene Lacquer) 技術突進。汽車木器等廠。相率採用。此後桐油用途。或受影響。今年出口額量。較去年爲遜。已露其端。昔時大宗輸出。吾人旣食學術進步之賜。此後或更因技術改進。而不能長保利源。亦意中事也。

(四)花生　花生出品。除供食物外。悉爲搾油之用。烹調、製皂、滑機等均用之。故生油亦爲工業要品。十三年份之輸出額。共九十六萬擔。生仁二百七十萬擔。生油六十七萬擔。價値計達三千萬兩。而歐美諸國自行種植者。產額亦復不少。卽法之馬賽一埠。搾油用額歲達五百萬擔之巨。美國收穫歲量。亦達此數。但以生仁需用既廣。而生油關稅又輕。故供油廠用者較少。而需用油量多恃輸入耳。

(五)靛青　靛青向爲重要染料。南方諸省均有出產。自人造品發明後。吾人習用已久。近年輸入。歲達二千一百萬兩之巨。歐戰時土靛營業。曾勃興一時。今又日就衰削。較之印度三十年前歲產達四千萬元。不及二十年而減至六十萬。其情形如出一轍。人造靛之發明。經德人斥一千萬元之鉅資。費十有七年之研究。僅乃獲效。今則全球各國相率利用。而他種染料先後發明者。且達千餘種之多。薑黃紅花等亦復無立足地。極深研幾。辛苦後穫。其收效固非相時弋利者所能望其項背。而印度農場。利用新理。積極改良。至今仍能保持一部分利源。(歲產約三萬磅)不爲人造品所擯奪。又學術研究之明效也。

(六)苧蔴　苧蔴產湘贛等省。質地光亮。可爲織物製紙之用。近且成爲輸出一要品。歲達五百萬兩之巨。實受煤氣燈罩發明之影響。蓋以蔴質製罩。浸綠化鍶等溶液中。乾後燃燒。經熱不熔。發出奇光。較尋常煤氣。明亮勝數十倍。煤氣燈能沿用至今。不爲電燈所排擠以盡。全賴此罩之賜。滬上習用煤氣。此物亦數見不鮮。吾人每視爲奇製。而不知其構成原料。乃遠取諸吾國也。

(七)高粱　火酒製造。向以甘藷五穀爲原料。價值高昂。效用未廣。嗣得糖滓製酒之法。廢物利用。價乃大跌。吾國東三省直隸及江北一帶產高粱甚富。向爲製酒原料。即泰興一縣之地。歲產且值三百餘萬元。地方賴以饒給。近數年來商人利用廉價火酒。攙水冒充。利益優厚。羣相倣效。火酒輸入。乃日增月盛。竟達二百萬兩之巨。而泰興酒業衰削。仍僅逮昔時三之一。向使火酒價昂。冒充者無所施其技。製酒用麥。則成本無從減跌。學術進步之影響國產。此又最近一實例也。

（八）絲　絲爲吾國特產。輸出達一萬二千餘萬兩之巨。其與吾人生活關係之切。固人人所習知。乃近來人造絲輸入。竟日甚一日。廠家以之攙合真絲。外觀既佳。成本又廉。社會人士爭相購用。禁止既無速效。售價又復屢跌。國人卽欲仿造。而苦無術。製造原料實爲製紙用之木漿及棉子上附着之短棉。以苛性鈉及炭硫二溶化成液。用壓力經過微孔。通入酸液。紡絞成絲。方法甚多。而以此法爲最通行。以原料與人造絲較。價值僅四十分之一。跌價競爭自在意中。將來影響絲產。事實上恐難避免。現在此物發展甚速。產量已超過真絲三倍。近且以剩餘絲頭。製成人造羊毛。又有空心絲之發明。技術進步。方興未艾。溯人造絲之利用。迄今不過三十餘年。而成效已若此。亦可驚矣。

（九）豬油　豬油亦吾國輸出品之一。歲值達百萬兩。強半供製造食物之用。外人以植物油用輕氣硬化成脂。製爲人造豬油。習用已多時。近則輸入吾國。市肆上已習見矣。

（十）豬鬃　豬鬃輸出。歲約八百萬兩。外人消毒後用爲製刷原料。近以棉花爲原料。有豬鬃代用品之製。粗細勻淨。漬染便利。較之真品不易辨認也。

（十一）麝香　麝香產西藏等省。收取不易。價值昂貴。磅數百元。而又爲配合香料所必需。外人研究代用品。歷有年所。近亦早告成功。雖成分較真品不同。而性質極相似。售價僅約三十元。次者不過十元。已爲工業上一重要原料矣。

（十二）銻　銻之輸出。歐戰時達一千三百萬兩。近年亦復存二百萬兩之鉅額。其用途大者有三。製造鉛字。用銻攙合。則稜角分明。印刷清楚。機器櫬軸。用銻製合金。則質地堅硬。不易損蝕。而槍彈製造。加銻亦可增加硬度。故戰事一起。銻之需要大增。而世界產銻之邦。以我國爲獨富。乃不得不遠求諸我也。

(十三)錳　錳礦產湘粵等省。重要不下於銻。普通煉鋼。須加錳質。以增特性。加至一成以上。卽成錳鋼。爲兵艦鐵甲及銀箱製造所必需。乾電池構造。亦用養化錳以增壽命。二者原料。皆取自錳礦。又錳與銅鎳等質拼合。成白色合金。電阻絕高。冷熱不變。亦電機工業所不可少也。

(十四)鎢礦　鎢礦亦產湘省。輸出歲約五十萬兩。近來技術進步。鎢之效用大擴。鎢熔度甚高。可爲電爐之用。又電燈製造。向用炭絲。色紅光弱。近時已不多見。習用者乃係鎢絲。以新法製煉而成。質甚堅韌。可抽極微之絲。細或不逮人髮五分之一。而電省光強。三倍炭絲。質堅用久。歷千時而不壞。又製鋼加鎢。遇熱不軟。以製刀械。機器可以加速十倍。而刀不刓缺。同一機廠。設備不加。而出產可激增十倍。其供獻於社會尤鉅也。

以上所述。雖東鱗西爪。語焉不詳。而吾國重要國產。無一不受工業進步之影響。亦概可見矣。歷考各品現狀。其主要用途。爲三十年來所發明者。殆占強半。更閱十載。研求愈精。今日無關重要之土產。異日一躍而成世界重品者。必且層出而未有已。吾能提倡出產。改良品質。以應世界之需要。未始不能乘機弋利。以爲抵塞漏卮之一助。否則或以來源之通塞不時。價格之漲落靡定。外人不便於用。必力求所以替代之方。迨效果既著。新品暢銷。而向日專利不可復恃矣。若夫國產銷路。爲外品所排擠。日就削弱。至局促無立足地者。更不可以僂指數。推原其故。何一非受學術進步之影響。優勝劣敗。公例難逃。吾人卽欲保持原料出產國之地位。又豈易得耶。

抑國人年來鑒於舶品之日增。競思爲抵制之謀。設廠仿造。紛紛不絕。規模過小。效果無幾。勢力稍雄。經營非易。力量薄弱。幾如强弩之不能穿魯縞。而社會嗜用外貨。方相習成風。靡有底止。行見衣食所需。仰給異邦。言念前途。不寒而慄。夫以吾國天產之富。吾人任其廢棄。莫能利用。而外人得其一二。恆成絕大利源。點鐵成金。寧有異術。夫亦曰學而已矣。惟其經營製造。一本學理。籌畫改良。不遺餘力。故能才智輩出。取精用宏。而創作新奇。便民利用。乃日進而未有已。彼所以能以經濟勢力稱雄一時。而弱國受其壓迫。莫敢誰何者。非偶然也。吾卽師彼成法。急起直追。成敗利鈍。猶難逆覩。而論者乃猶以學問爲無足重輕。而欲以空言折衝。徒手力搏。以收抵抗侵略、挽回利權之實效。其勝負之數。固不待蓍龜而決矣。

日本電報電話概況

周傑

一、緒言

遜清末葉。歐風東漸。日本有明治之維新。吾國識時先賢。亦稔知非奮發自强。不足圖存。乃亦投巨資。興新政。設郵傳部。分列郵電路航四政。漸次興辦。氣象爲之一新。蓋吾國於新政之創設。初未嘗甚後於日本也。乃至今日而情勢迥殊。日本交通事業日益發展。駸駸與歐美爭衡。而吾國受內戰之影響。各業彫敝。並現狀亦無從維持。良可慨矣。傑畢業之後。奉派實習。旋即呈准。負笈東來。春末交部有視察團至日。傑曾追隨參觀。是夏。又得遞信省允准。從事實習。具見彼邦百政修明。電報電話。尤爲發達。耳目所及。無非發皇振興之謀。妒羨之餘。隨加記錄。適值母校卅週徵文。因稍加參考。彙集成篇。冀邦人讀之。或足引爲他山攻錯之資也。

此篇所述。爲日本之有線及無線電報電話概況。先述沿革。次述組織。殿以現況。就電報、電話、及無線電信三項分述之。

二、沿革

有線電報。 日本之電報事業。蓋始於明治二年。初用英國之勃來克機。後用莫爾斯機。同時即仿造以供各地之用。厥後日就擴展。皆以國內爲限。海外通信。完全在大北電報公司之手。及加入萬國電信條約。始得脫此羈絆。明治三十年以來。收買各公司之海底電線。及安設海線侵入吾國上海等處。而機械之裝置、亦逐漸改進。依通信狀況。分別採用二重、四重、自動等各種多重通信方式。至大正十三年末。（十四年統計現尚未有。）共有局所五千餘。架空線路五八、六〇〇餘日里。海底電線約八千海里。一年間共收發電報七千一百三十七萬通。

有線電話　日本政府之正式經營電話。在明治二十三年。當時日本之電業。尚在萌芽時代。電報之外。僅有電燈。人民對於電話。初不十分注意。政府亦祇就大都市設立之。惟一經試用。需要立增。厥後。因等需用者愈多。乃添設號碼二十一萬。及市外電話線二萬九千日里。並採用直列複式、並列複式、共電式機械。及地下線電纜等方法。

大正十二年。有大震災。擴張計畫。暫時中止。自大正十四年起。又投資二億五千萬圓。添設號碼二十六萬八千餘。及市外線一萬九千日里。其他若電纜之採用。搬送式電話線、及長距離海底電話線之計畫。皆積極進行。東京一部分及橫濱。已採用自動交換機。大阪方面。亦將於今秋改換一部分。

創業後之第三十六年。爲大正十三年。年末結算。電話用戶共達四十四萬餘。市外電話回線共長四萬餘日里。局所五千數百個。

無線電報電話　日本之有公開無線電報。在明治四十一年。至大正十三年止。陸上無線電信局共有二十二所。船舶無線電信局約五百餘所。對外通信。近有日本無線電信株式會社。專負其責。短波長無線電報。近亦力謀發展。

至於無線電話。實用處不多。惟青森函館間及神戶港用之。放送局則有三個。聽取者異常發達。

三、組織

日本電信皆由政府掌管。然有屬於遞信大臣管理者。有屬於殖民長官管理者。

(一)屬於遞信大臣管理者。

A國營。 供國家及公衆通信用者由國家經營之。最近之對外國無線電信。因促進必要設備之完成。改歸民辦。試立日本無線電信株式會社。專負其責。政府亦出相當資本以扶植之。至管理權。則仍屬之政府。

B官廳用。 各官廳因有特殊事務。執行依遞信大臣所指定而建設者。

C私設。 供某特定事業或特定人之專用。依據遞信大臣所定之規則而設立者。謂之私設。此種私設所遇必要時。得作爲公衆通信或軍事通信之用。最近之無線電話放送局。蓋皆爲私設者。

(二)屬於殖民地長官管理者。

朝鮮總督府、台灣總督府、關東廳、樺太廳、南洋廳、各管內之電信組織。大體與日本內地者同。惟台灣總督府樺太廳南洋廳之事務。由遞信大臣監督之。

管理電信之官廳。皆屬遞信省。其組織如下表。

秘書課
文書課
保健課

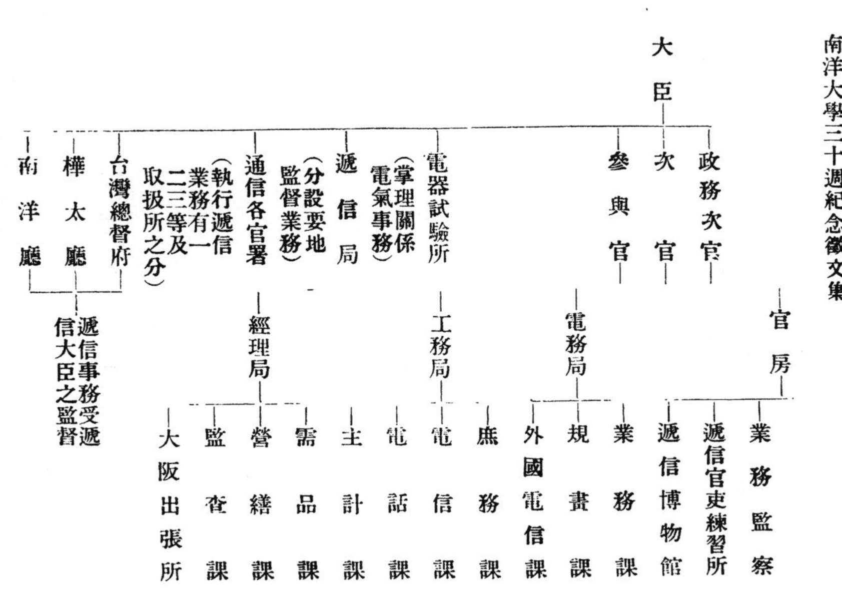
大臣
政務次官
次官
參與官
官房
業務監察
遞信官吏練習所
遞信博物館
業務課
電務局
規畫課
外國電信課
庶務課
電器試驗所
(掌理關係電氣事務)
工務局
電信課
電話課
遞信局
(分設要地監督業務)
主計課
通信各官署
(執行遞信業務有一二三等及取扱所之分)
經理局
需品課
營繕課
監查課
大阪出張所
台灣總督府
樺太廳
南洋廳
遞信事務受遞信大臣之監督

日本電報電話局所　大正十四年十二月一日統計

區別＼事務別	電信事務取扱局所：單獨電信局	電信事務取扱局所：電信取扱郵便局	電信事務取扱局所：合計	無線電信取扱局所	電話事務取扱局所：單獨電話交換局	電話事務取扱局所：電話交換取扱郵便局	電話事務取扱局所：通話事務取扱局所	電話事務取扱局所：公衆電話所	電話事務取扱局所：合計	總計
一等局	三	六五	六八	三	六	六九	二		七七	七七
二等局	六	一七五	一八一	陸上三〇 船舶九		九八	八一		一七九	二二〇
電話分局					三六				三六	三六
特定三等局		六二	六二			五二	一〇		六二	六二
普通三等局		四、八七八	四、八七八			一、七三八	二、〇五四		三、七九二	四、八七八
小計	九	五、一八〇	五、一八九	四二	四二	一、九五七	二、一四七		四、一四六	五、二七三
電信取扱所			一、〇〇三							一、〇〇三
同右（無線）				陸上一〇 船舶五一〇						五二〇
公衆電話所								一、三三四	一、三三四	
合計	九	五、一八〇	六、一九二	五六二	四二	一、九五七	二、一四七	一、三三四	五、四七〇	六、七九六

附　一、表中各局所皆爲日本原名。「取扱」者「辦理」之意。「電信」即「電報」。

註　一、總計爲電信事務取扱局所、無線局所、單獨電話交換局三者之總數。

七・六

日本電報電話人員統計

大正十四年十二月一日

區別	電信現業從事員	電話現業從事員	合計
高等官	三七人	三一人	六八人
判任官	七、六八七	二、二八八	九、九七五
囑託員	三六	一〇六	一四二
雇員	五、四七七	二八、四二六	三三、九〇三
傭人	一〇、五八〇	一二、九四八	二三、五二八
三等局職員	一八、一六一	六、六九二	二四、八五三
吏員	一〇、七二一	五、九八九	一六、七一〇
傭人	七、四四〇	七〇三	八、一四三
合計	四一、九七八	五〇、四九一	九二、四六九
附記	表中皆日本官名。判任官大概爲三等局長等資格。囑託員次之。雇員即電報生及電話接線生等。傭人則郵差之類。		

四、電報

(一)制度　日政府所經營電報可分三種。一、內國電報。二、日支電報。(即與中國通信者)。三、外國電報。茲所言者關於內國電報之制度也。

甲、電報之種類。官報、局報、(即關係電報無線電報事務之電信)私報。

乙、電報書法。　和文、歐文。

丙、電報用語。　普通辭、（吾國之四位電碼亦認爲普通辭。）隱語（用日本語或他國語而其意義不通者）祕辭。（不成字者）

丁、特別電報及特殊收發制度。

A、新聞電報、船舶通報、氣象通知電報等、皆爲特別報。收發時皆特別辦理。

B、至急返信料前納、（先付回報費）照校、（欲使電報一無差誤、請收發兩局返復校對。）受信報知、（所寄之報。欲使收報之局報明收報之人何時接到）追尾、（受報人地址初寫不明、或誤寫、繼而改正。）再送、（轉送。）同文、（一報分投一地之數人）外國郵送、（請受報局郵送外國。）時間外取扱、（規定時間外請發報）夜間配達、（配達者、送達也。）留置（留置局內。）別使配達、（在電報局區域以外、專差送達）艀船配達、（受信人在船上送信時用船）局待、（在局中等回音。）親展配達日時指定等。

C、其他特別收發電報。　電線託送、（用電話通知電報局、託打電報。或託電報局於收到他人來電時、用電話通知。）受信人略號、（掛號。）配達先特定、（受信方面掛號。）局渡、（在局內取報。）閱覽及正寫、尋問、改正、及停止。

戊、電報費。　電報應收各費如下。

A、和文。　以字數計。十五字以內三十錢。（不到吾國三角。）十五字以上、每五字加收五錢。地址姓名不收費。所收費者、僅電報中之本文、及指定略號、與補足辭等。所以普通電報。大概只需數十錢。合吾國約數角。所以中人以下之商家自外埠返家、或至外埠訪友。必先打電報通知。不若吾國之人民、視打電報爲浪費。非至緊急時不打。蓋皆報費之昂廉不同有以致之。

B、歐文。 以語數計。地址人名亦收費。

(二)設備

甲、通信方式及機械設備。 茲將日本現有之通信方式及機械設備、分列二表如下。

A、通信方式表

自働電信機	自働現波機	自働中繼盤	交直四重	交直雙信
二重	重單信	單信音響機	單信莫爾斯機	電話機
氣送管	同報電信機	電信交換機		

(附記)交直四重、交直雙信、重單信法、及現波法等。爲日本精心計畫之特別機械。自動現波機、大概用之於長距離海線。若長崎台灣間、長崎上海間等處皆用之。氣送管、用之於大都市內之中央局及市內局之間。東京市內之二十一局、大阪市內之四局、神戶市內之二局、皆藉氣送管與其中央局連絡。電信交換機、東京大阪等皆設備之。以連絡市內及附近小局。蓋中央局有交換機時、各小局可不須人力轉發。直接與外埠通信。同報電信機、則設於東京及大阪之交易所。電報來時。各交易所可於同時接報。

B、機械設備表 大正十三年度末統計

機械方式	數量
現字機單信	四七六
現字機二重	六
音響機單信	五、〇〇二
音響機二重	四二六
音響機重單信	一〇五
交直四重	二二三
交直雙信	三七
自働中繼盤(振動式二重)	八
電話機	二、七一三
高周波電信	四
自働機二重	一三六
現波機單信自働	四
現波機二重自働	一一
自働中繼盤單信	二
自働中繼盤複流二重	二三一

	七・十
自働中繼盤高速度二重	一〇〇
電信通信用電話交換機	五
電信監査機	六六
電信交換機	二

〔附註〕上項機械使用時。共有回線二千六百餘。

此外尚有關係高能率通信之機械。茲併在實驗中者及已實用者。列舉如下。

A、多重印刷電報機。　多西洋輸入者。震災前、曾在東京大阪間、及大阪長崎間試驗、方擬採用而震災作。東京局機械完全燒燬。惟研究試驗。現仍努力進行。東京中央電信局。近又裝置云。

B、受信鑽孔機及鍵盤鑽孔機。　嘗試驗克利特受信鑽孔機及改鑽機於長崎電局。結果甚佳。又有克冷因希米脫鍵盤鑽孔機。歐文及和文二種俱備。一打一字。鑽孔極便。既可省力且免差誤。誠良器也。目下東京、大阪、神戶、長崎、及磐城無線電局皆採用之。其能率之增進、在一百分以上。

C、打字機。　耳聽音響機。手卽按打字機打之。較之手寫便利清晰。日本電報本專用假名。（假名卽吾國注音字母之類。）打字機只要五十餘字。完全照歐文打字機式樣。字橫列。紙橫插。打畢取出。仍爲豎行。

D、和文印刷電報機。　仿歐文印刷電報機而作。

E、其他電報方式　此外尚有搬送式多重電波法、及可爾恩式照相電送機等。均在研究中。

乙、線路施設。 日本之電報線路。至大正十三年度末止。其延長約有六萬日里。其詳細各類分別。則如下表。

大正十三年末電報線長統計

種別	亙長	延長	心線延長
架空裸線	九、〇二八里一一丁	五八、六三二里二八丁	
架空電纜	一四 三五	三二 二一	二、二四九・一〇里
地下電纜	三九 八	五三 〇〇	四、六七六・三二
水底線		八、〇七五・五浬	九、三九九・八
附註一	亙長即經過地面長度。延長展而延之長度。		
附註二	日本里制。三十六丁爲一里。表內里數皆日里也。		

陸上線路。大多爲架空線。然架空線不便時。或保安上必要時。則改修地下線。最近頗多用之。電纜心線有多至八十對者。形似電話電纜。所得結果甚佳。

長距離重要回線所用電線爲二、九粍銅絲。其他則多用四、五粍鐵線。

海底線。 普通用一心、二心、四心、七心等各纜。大概爲單鎧裝。流氷巖石或海底多磨損處。則用二重鎧裝者。因海底之深淺。有淺海線、中間線、深海線之分。至於心線。則大概爲一百三十磅線。特別長距離時。則用二百磅線布線海底時。需要船隻。日本現有三艘。其船名及概要如下表。

海底電線布設用船隻表

船名	沖繩丸	小笠原丸	南洋丸
噸數	二、二三二	一、四五五	三、六〇〇
電線槽數	三	三	四
實馬力	一、九三六	一、七八九	三、〇〇〇
平均速度(節)	一〇	一〇	一〇
造船所	英國勞勃尼支公司	長崎三菱造船所	大阪鐵工所
進水年月	明治二十九年二月	明治三十九年六月	大正十二年一月

(三)利用狀況。日本電報創業迄今已五十餘年。其利用狀況實較吾國為優。歐洲大戰時。發達尤甚。電報通數倍加昔時。戰後財政變動。不無影響。大正十二年大震災作。電報通數又減。然較之戰前。仍多一倍有餘。可見歐戰時日人獲利之豐也。大正十三年、電報通數又增。蓋震災之損失。又漸次恢復矣。茲將其近十年之電報通數比較表列後以資參考。

電報通數歷年比較表

年度別	內國發信	同上內無線電	國外發信	同上內無線電	國外着信	同上內無線電	總計	同上內無線電
大正四年度	三三、三八四、〇五一	四三、六四三	四六二、七四七	六、二二五	五一六、四三二	一、二八二	三四、三六三、二三〇	五一、一五〇
六年度	五一、五九二、四六四	八〇、一五九	七八五、〇一七	一〇、一九三	八六七、九一四	二、一一三	五三、二四五、三九五	九二、四六五
八年度	七四、〇一〇、一七三	一三三、三九三	一、一四六、五四三	二〇、二〇六	一、二一六、五七二	二四、五七一	七六、三七三、二八八	一七八、一七〇
十年度	六八、二九三、七一二	一二三、七一七	一、〇七七、三七六	一九、三八〇	一、二六〇、一七五	八、〇四六	七〇、六三一、二六三	一五一、一四三
十二年度	六六、九八三、二〇七	一五一、九三一	一、一〇五、四二七	三三、四〇三	一、一六八、二三〇	一三、七八六	六九、二五六、八六四	一九九、一二〇
十三年度	六九、〇三八、〇九一	一八五、七二四	一、一四六、一六八	二八、四六二	一、一九一、四七九	二一、六八〇	七一、三七五、七三八	二三五、八六六

五、電話

（一）制度。日本之電話制度。可大別之爲公衆用、官廳用及私設三種。茲專就政府經營之公衆用電話之制度言之。

甲、加入制度。加入卽 Subscriber 之意。吾國本稱用戶。惟不甚妥切。故採用日譯。

A、普通電話與特設電話。加入制度。有普通電話與特設電話之分。凡普通電話。加入時需要之一切設備。均由政府負擔之。大概行之於各都會。而加入者亦多。特設電話。大概施行於鄉村間。因加入者過少。電話局之維持經費。加入者亦須分任之。

B、加入種類。加入之種類有三。

a、單獨加入。一加入有一回線。

b、共同加入。二加入共同而爲一加入。

c、連接加入。接於單獨加入而成一加入。

C、加入區域。普通電話。有普通加入區域與特設加入區域之分。經費上亦有均一負擔與個別負擔之別。特設電話。則無上項區域之分。大概加入者之範圍。以一定地域爲限。

乙、通話制度。

A、通話時間。市內通話時間。普通無限制。市外則以每三分鐘爲一通話時。普通每次電話。可延長三通話時。

B、電話呼出。凡欲與無電話之家通話。可託電話局將此人喚至電話局接聽。謂之電話呼出。

C、通話費與呼出費。凡不須呼出者。祇收通話費。須呼出者。並收呼出費。

丙、加入手續。凡普通電話。其加入有一定之手續。因請求加入者過多。而號碼過少。是以每年由電話局公布。規定某日至某日爲請求加入報名時期。此時間大概爲十日。每年僅一次。欲加入者。須於此時至電話局報名。以滿豫定之擴張號碼數目爲限。若報名人數超出豫定數目時。則抽籤決定之。然後規定自某日起開裝。派工匠至各家裝置。其次序則依報名先後之號碼爲準。

丁、特別制度。

A、電話至急裝置與特別裝置。 電話裝置本須依照加入手續。以報名先後爲次。但有急於裝置者可請求至急裝置與特別裝置。惟設備費負擔額、請求辦理條件、及裝置後之制度等皆與普通者異。

B、市內專用電話。 在同一電話加入區域內。政府之電話線可供同一人之專用。

C、市外專用電話。 政府之市外電話線亦可供同一人之專用。惟遇必要時。在特別條件之下。須納特別費用

D、鑛業特設電話。 專供鑛業及其直接附帶事業經營上必要之通信用

戊、電話費。 大正九年前、完全爲年收制。因打話者打話次數太多。乃於九年後改用度數制。價目各地不同。且一地內亦逐年變更。大阪電話局今年每打電話一回、收費三錢。去年則每回僅二錢耳。至於市外電話依遠近爲標準。大約一里以內者五錢。三里以內者十錢。（皆爲日里。） 愈遠則每里之取價愈廉。確價各處皆不同。未悉其詳。

日本電話。收押金甚巨。初時本甚廉。因加入者過多。押金遂亦日增。大阪電話局於大正十三年時。每加入者收押期四百五十圓。今年則加至一千三百圓。而加入者仍踴躍異常

(二)設備。 電話設備狀況。詳下列各表。

甲、電話線條延長。 十三年度末計算。

市內　五四八、六七九日里

市外　八〇一、四五一日里

合計　六三〇、一三〇日里

乙、電話線路狀況。十三年度末。

種別	市內里數 亙長	市內里數 延長	市外里數 亙長	市外里數 延長
架空裸線	五、三六五・日里	五四、七〇三日里	三、一六〇日里	六一、七四九日里
架空電纜	四一・	一三三、九四六	一二	心線 四、六一一
地下電纜	一六一・	三五九、九〇八	六六	心線 一四、六二〇
水底電纜	〇・三	一二二	四五	心線 四七一
合計	五、五六七・三	五四八、六七九	三、二八三	八一、四五一

丙、市內電話交換式。

日本全國各市市內交換式

大正十三年度末

種別	局數	市內交換機數	記事
單式	一、九二三	三、一〇〇	普通局一七八。特設局一、七四五。
直列複式	四五	二五一	將來不用。
磁石式並列複式	三	六〇	同右
監視信號並列複式	六	七一	同右
共電式(甲號)	三三	九七三	複局地用之。
同(丁號)	二	一九	將來加入者在六千名以上之單局地或二局以內之複局地用之。
同(戊號)	三	二三	將來加入者不出六千名之單局地用之。
自働式交換機	—	—	
附記	自働式交換機現在已有東京一部分及橫濱二處採用。今秋大阪亦將開辦。此表爲大正十三年者。故未列入。		

丁、交換方式市外電話局數及交換機數。

種別	局數	市外交換機數
共電式	一	二〇八
磁石式大市外	二八	一九六
同右小市外	四七一	一、一〇一

合　計	五一〇	一、五〇五

戊、雜記。

A、多心電纜之採用。　因電話之發達。須回線日多。乃不得不採用多心電纜。計現在用者。有一千二百對、（心線B. S. No. 24）八百對、（心線B. S. No. 22）六百對（心線同上）三種。中繼用者。則爲B. S. No. 19之四百對線。目下正在研究二千五百對之電纜。不日卽將採用

B、地下線與都市計畫。　近年日本之重要都市。皆有具體之計畫。若道路、水道、房屋建築。皆受一定限制。而市內電話線須改建地下線。亦爲規定之一。

C、市外電話用電纜。　最近市外電話。亦有改用電纜者。茲將已築成者、錄之如下。

區間	距離	區間	距離
東京、橫濱	八里廿三丁餘日里	大阪、京都	未詳
大阪、神戶	九里十六丁餘日里	門司、黑崎	六里十五丁餘日里

除此之外其他重要都市間。亦正節節興築。

D、長距離電纜與中繼器。　大正十年後規定在東京、岡山間修建長距離電話。此距離約有四百七十英里。全用電纜。惟因地勢上之關係。併用地下式及架空式。用一百八十四對重信鉛被紙電纜。其設計大要如次。

回線數。	二線式B. S. No. 16	實回線	五四	重信回線	二七

二線式	B.N.No.19	仝	一八	仝	九
四線式	B.S.N.19	仝	五六	仝	二八

裝載型式。 中程重裝載（裝載間隔六千英尺、裝載線輪實回線一七六 M.H. 重信回線一〇六M.H.）

中繼局所 七

此工程始於大正十一年。第一段爲東京靜岡間。惟震災之後。工程不得不變。於是乃改大阪名古屋間爲第一段。計長八十六英里。大正十四年八月龜山中繼局開始。豫定大正十七年時、大阪岡山間可以通話。若全線告成。可成世界有數之長距離電話線。

龜山中繼局之實裝及將來之容量。

現在計畫	二線式中繼器	六四	四線式中繼器	八四
將來增設計畫	二線式中繼器	六四	四線式中繼器（特別輕裝載二〇）	五四

E、海底電話電纜 日本之電話用海底線。向祇無裝載電纜。大正十一年十一月、在住友電線製造所造連續裝載鉛被紙電纜。放設於備讚海峽。（約六海里）近復於青森函館間、（約四十海里）放設連續裝載GP電纜。在計畫中者。尙有藝豫海峽、越佐海峽、朝鮮海峽等處。皆擬安設連續裝載電纜云。

F、AB托爾方式。 用之於大都市與近郊都市間。京都伏見間、卽採用此方式者也。將來東京大阪等處、皆擬採用。而東京橫濱間、並將採用自働托爾式者。

G、自動電話交換方式。 大正十一年、遞信省內設備之。約有三百餘回線。震災後東京橫濱電話。幾全部毀滅。乃卽就一部分改用自動交換式。今年三月、東京一部分及橫濱已實行自動通話。東京所用者爲 A. T. M. 型。橫濱者爲西門子式。大阪神戶、亦已預備。預定今年年內東京將開通五局。大阪二局。神戶一局。現在掛號報名者已滿額。計算至大正十五年度末止。共爲 59500 號。其詳如下。

東京約	41,100號	橫濱約	10,700 號
大阪約	3,500號	神戶約	4,200 號
		合計	59,500 號

對於電話之擴張。現在偏重於自動式。將來若名古屋京都等處。皆擬採用。

II、過渡時代之手動式。 現在之採用自動式。係逐步漸進。大都市局所頗多。尤不能同時改換。所以自手動式打至自働式。或自自働式打至手動式時。另有種種設備。簡述如下。

a、自手動式加入者打至自動式加入者。先由打話者打至電話局。說明號數、由接線者在A台代轉轉盤。打至受話者。

b、由自動者打至手動式加入者時。電話局有打話指示計。打話者轉動轉盤時。指示計上卽現數字。接線者卽將所示號碼接通之。

又自市外加入者、打至市內時。辦法與 a 項同、

I、乾燥裝置。 日本天氣潮濕。不利於自働電話。故自働電話局皆備有彼邦理化學研究所發明之乾燥裝置。

丁、搬送式電話方式之採用。 去年設計。不日在東京大阪間實施。

(三)利用狀況。 日本電話之初設人民視之皆不措意以爲非生活上必需物也惟因辦理得宜。人民試用既得利益遂羣起要求積久而成今日之盛況蓋皆管理得法之效也附表以供參考

大正四年度以降電話加入者並電話通信狀況

電話通話數

年度	電話加入者數	同一加入區域內			加入區域外	
		加入者相互間通話數	上記以外通話時數	呼出請求件數	通話時數	呼出請求件數
大正四年度	三三、四〇八	一、一八七、九六一、三二六	三、七四一、二六六	二九、〇一三	二二、二七四、八七九	九一八、九三四
六年度	二五〇、九五四	一、五五九、〇九二、八七四	五、三九四、六七六	三五、三七三	二九、二五一、七八五	一、三一六、四三五
八年度	二七七、二〇一	一、九五三、〇九五、二三〇	七、四五七、二七九	四四、九九八	三八、六一四、七三一	一、六六六、〇一三
十年度	三七一、六〇三	一、四〇九、二七八、七六六	三、三三六、二四四	三五、五三六	四六、八六〇、八〇一	一、五九九、五七三
十二年度	四三〇、七六八	一、六七一、〇四〇、〇六〇	八、一〇七、六五八	三九、六四一	六二、一七六、九二八	一、八五二、七六五
十三年度	四四二、八五二	一、六六九、五二七、一二七	九、八六一、一四五	五四、九八九	七三、八六一、一九七	一、八八五、五八一

附記——十年度加入者相互間通話數之減少。乃改行度數制之故。

六、無線電報電話

(一)制度。

甲、無線電報。

A、艦船發着無線電報。　陸上與艦船間或艦船與艦船間、無線電報之送受也。在陸上之無線電報官署曰海岸局。艦上之無線電報官署曰船舶局。遇艦船上無船舶局之設置時。可借用軍用、官廳用、或私設之無線電報局所。與海岸局或船舶局通信。而此被借用之無線電報局所。即謂之艦船託送發受所。至於電報之種類及收發制度等。皆同有線電報。

B、陸地間無線電報。　無線電報官署。專以連絡陸地間者。則稱固定局。至固定局寄發電報。照收無線電費。惟在特別範圍內固定局之收費及寄發電報方法。與有線電報局同。

C、放送無線電報。　凡欲通告在航行中之各船舶。或某境內之各團體。或各地新聞紙。或其他各處。其目的欲使多數人同時受信者。謂之放送電報。其報費總向發報人收取之。

乙、無線電話。

A、海陸連絡無線電話。　港灣碇泊中之船舶內無線電話與陸上普通電話佣厂通話也。通話費按通話之時間徵收之。

B、放送無線電話。　設立放送無線電話者。須年納政府特許費五百元。惟政府則允放送局向聽取者收費大約每月一圓。聽取者並須年納政府特許費一圓。放送事項。祇限時事講演音樂等。且禁止放送廣告。

（二）設備。

甲、長波長無線電報。長波長無線電報局共有二十餘個。茲舉其最大者十。列述如下表。

日本主要無線電報局設備概要

局名	方式	電力KW	波長（米）	塔高	開局年月日
磐城	發電機式 電弧式	四〇〇 三五〇	一五、五〇〇 一四、六〇〇	六〇〇尺混凝土柱	大正十一、三、二六
落石	電弧式 瞬滅式	三〇〇 三〇〇 七	三、〇〇〇—八、〇〇〇（五種） 三、〇〇〇—四、〇〇〇（九種）	三〇〇尺鐵柱五	明治四十一、一三、二六
銚子	瞬滅式 眞空管式	七 一・五	三〇〇—三、六〇〇（七種）	一五〇尺木柱一 一〇〇尺木柱一 二二〇尺鐵柱二	明治四十一、五、一六
潮岬	瞬滅式	[illegible]	三〇〇—一、〇〇〇（四種）	一五〇尺鐵柱二	明治四十一、七、一
下津井	瞬滅式	[illegible]	三〇〇—一、〇〇〇（七種）	二三〇尺鐵柱一	大正四、四、二六
角島	瞬滅式	[illegible]	三〇〇—一、八〇〇（六種）	一八〇尺鐵柱二	明治四十一、七、一
大瀬崎	瞬滅式	七・五	三〇〇—三、七〇〇（八種）	二六〇尺鐵柱二	明治四十一、七、一
那覇	電弧式 眞空管式	七 一・五	三、四〇〇—三、七〇〇 三、八〇〇 八〇〇 六〇〇—一、〇〇〇	一八〇尺鐵柱二	大正十三、十一、十一
東京	眞空管式 電弧式 瞬滅式	一・五 七 [illegible]	三〇〇—四、八〇〇（七種）	一八〇尺鐵柱二	大正十三、十、二五
大阪	眞空管式	[illegible]	八五〇 四、一〇〇	未詳	大正十五年五月送信裝置

乙、短波長無線電報。短波長無線電報。尙爲近時之新發達者。日本現在巖槻無線局以五百 Watts

之電力可與德國通報。與美國各實驗者迖受通信。最近日本之發信。已接南美、倫敦、紐約、澳洲等處之QSL信片。

內、東京無線電報局。　東京無線電報局。包括檢見川迖信所、巖槻受信所、及東京中央通信所三處。其建設目的。爲與殖民地及日本內地通信。設備極大。日人自稱爲遠東無線通信之焦點。故特述之。此局之通信方式、爲中央集中式。通信所、迖信所、受信所分在三處。中間以連絡線連之。凡迖受電信皆可於中央通信所直接執行。而迖受兩所、因分處兩地。無互妨之弊。茲將三所設備、略述如後。

A、檢見川迖信所。

a、電力設備。

供給電源	3300 volts 50 Cycles 三相交流最大電力150 K.V.A.	一臺
預備電源	50 H.P. 石油發動機直結 220 volts 30 KVA 交流發電機	一臺
蓄電池	日本電池株式會社製LT十二號型五〇四 Amp. hr. 電池	五〇個
充電機	12 K.W. 150 volts 直流電動發電機	二臺
變壓器	220 volts　75KVA　110 volts 15 KVA	各一組

b、空中線。

鐵塔	九〇米鐵塔	六座
	七五米鐵塔	三座

三〇米鐵塔　二座

空中線　五組

c、送信設備。

50 K.W真空管式送信機　英國馬可尼公司製

電動發電機　50 KVA　500 Cycles 交流發電機　一臺

6KVA　500 Cycles交流發電機　一臺

1K.W.　250 volts直流發電機　二臺

使用真空管　整流用M.R.7型　一〇個

發振用M.T.9型　一三個

波長範圍　5,000-10,000　米

常用波長　7,900及9,000　米

15K.W.真空管式送信機　英國馬可尼公司製

電動發電機　15KVA　500 Cycles 交流發電機　一臺

1K.W.　250volts 直流發電機　二臺

使用真空管　整流用M.R.7型　四個

發振用M.T.6型　一個

M. T. A. 7型 三個
M. T. 9型 二個
波長範圍 3,000-7,000米
常用波長 4,500及6,500米

6K.W. 真空管式送信機 日本安中製作所製
電動發電機 10KVA 500 Cycles 交流發電機 一臺
使用真空管 整流用M. R. 7 A 二個
發振用M. T. O. 7 A 二個
波長範圍 20-40米 2,000-4,000米
常用波長 20,30及40米 3,900米

3K.W. 真空管式送信機 日本無線電信電話株式會社製
電動發電機 4KVA 500 Cycles 交流發電機 一臺
使用真空管 整流用M. R. 4 二個
發振用M. T. 4 四個
波長範圍 600 800米 2,000-4,000米
常用波長 600及800米 3,300米

B、巖槻受信所

a、電力設備。

供給電源 220 及 110 volts 50~ Cycles 三相交流

電動發電機 4 及 5K.W. 150 volts 直流發電機 (Plate 電池充電用) 一臺

18K.W. 15 volts 直流發電機 (Filament 電池充電用) 二臺

1K.W. 2,000 volts 直流發電機(試驗用) 一臺

0.5K.W. 500 volts 直流發電機(試驗用) 一臺

蓄電池 L. T. No. 12 型 8 volts 504 Amp. hr. (Plate 用) 三組

L. T. No. 3 型 100 volts 125 Amp. hr. (Filament 用) 二組

b、空中線。

培立尼托希型空中線 高三〇米 一組

屋外環狀空中線 高二〇米 二組

仝 高一〇米 二組

屋內空中線 二組

c、受信裝置

空中線配線盤 一式

R. A. 七一號型中波長受信機	四臺
A. V. 四一號型記錄用增幅器	一臺
G. E. 製虹吸管記錄器	一臺
連絡線用配線盤	一臺

C、東京中央通信所。

電力配電盤　電源爲市內電力 220 volts 57 Cycles 三相交流	一座
記錄用增幅器	一臺
送信監視用受信機	一臺
接續配線盤（臺數未詳）	
通信用機械臺	四臺
蓄電池　500 Amp. hr. 一次電池	五個
36 Amp. hr. 二次電池	四個

丁、無線電話。起初曾用T Y K式無線電話。然對真空管式無線電話亦竭力研究。若同時送受法、有線電話無線電話連絡法、高周波式電信電話法等皆在研究之列。在青森函館間、（一百十粁）及福岡釜山間、（二百二十粁）曾行通話試驗。結果甚佳。現在青森函館間之無線電話。由青森用陸線通至仙臺。又由函館接至札幌。以供鐵道之用。又在神戶有公衆用之陸海聯絡無線電話。

戊、放送無線電話。共有放送局所三處。列表如下。

日本放送局主要記錄

地名	名稱	空中線入力	空中線水平部長	空中線高	空中線型式	電波長	開局年月日
東京	JOAK	一KW　〇·七KW	二七米	四五米	逆L	三七五米	一四、三、二二
大阪	JOBK	〇·五KW	三〇米	六〇米	逆L	三八五米	一四、六、一
名古屋	JOCK	一KW	二五米	三七米	L	三六五米	一四、七、一五

聽取者所用收音機。礦石式真空管式者皆有之。大都來自美德法三國。日本自製者亦有之。初不甚佳。現亦進步矣。

(三)利用狀況

甲、無線電報數年度比較表見有線電報。

乙、海陸聯絡無電線話通話數尚少。然船舶內之無線電話通話所已有一二一五個。

丙、放送無線電話聽取者至大正十四年十二月一日止三局共有 286591 人。

七、結論

以上所記。僅為概略。疎漏自不待言。然是題範圍過廣。若詳細縷述。頗需時日。且振興工業。端緒紛繁。即但求模仿亦非身履其地潛心研究不為功。若以書籍記述。寄回祖國。而謂國人即可據以仿作。實事實所必無。而況以簡短數千字之文。總述日本之電報電話無線電等之狀況。其不足以供國人研究參考之資。固無疑義。瑣瑣詳述。抑又奚啻傑之本意。蓋以爲電業之東漸。吾國及日本實處同一地位。電報電話之設立。吾雖稍落人後。而創始之初。未嘗不亦步亦趨。以今日之成績與日人較。當亦自訝其相差之遠矣。述日本之盛況以告國人。心中蓋別有懷抱。深願有心者讀之。而一籌所以補救及擴張吾國電政之方。則幸甚矣。

附錄專門名詞中英對照表

篇中多專門名詞。非誌英文不易了解。謄正時未及塡入。彙列一表以便考查。

二重 Duplex	音響機 Sounder	心線 Conductor
直列複式 Series Multiple	鎧裝 Armouring	裝載 Loading
共電式 C. B. System	托爾 Toll	充電 Charge
電纜 Cable	電弧 Arc	增幅器 Amplifier
搬送式 Carrier Currunt System.		瞬滅火花式 Quenched gap spark transmission
中繼盤 Repeater		虹吸管記錄器 Siphon Recorder
受信鑽孔機 Receiving Perforator		發振用真空管 Oscillating valve
鍵盤鑽孔機 Kep Boord Perforator		整流用真空管 Modullating valve
改鑽機 Translator		

浙東鹽務之概況

崔志鉌

余棄學而入社會、進鹽務稽核近十載矣、學問一未加修愧無以副諸同學之期望、惟自供職以來、先之浙江餘姚。繼而溫，而定、而台。治牘之暇、就地調查於鹽業情形略有所知。茲因母校卅週紀念惠函徵稿、爰就平昔考察所得分述如左。曰沿革。曰產區。曰製鹽。曰運銷。曰課稅。曰緝私。曰放鹽。曰結論。

(一)沿革

考鹽政始於漢初吳王濞煮海爲鹽。後人遂有煎曬之漸。鹺務漸繁、故設官治理之、此鹺使(鹽運使署)所由設也。民二四月。政府善後借款成立、始設監督機關以整頓鹽政、是稽核總所所由立也。稽核總所復於各省區設分所、收稅局、暨秤放局。直接管理。成立以來、雖鹽價略增、然歷年產地秩序整齊。政府度支有恃、商民之受惠。國課之驟增。其效固已大著也。

(二)產區

餘姚鹽場在餘姚縣北七十里。北界杭州灣。西至上虞縣。南盡餘姚縣之六塘。東界慈谿縣境。形似梳子。東西綿亙九十里、南北直跨十八里。地勢平坦、儼若沙場。惟晒板林立、堆泥縱橫、緣泥土每屆朔望。爲海水汎入。製鹽者利用此項鹹泥製晒成鹽也。(製鹽法詳第三節)

溫屬雙穗場在永嘉縣南四十里、北至永嘉場境、西界青田縣境、南至瑞安縣、東界飛雲江。晒坦星列、灶舍櫛比。製鹽分煎晒二種。

岱山場以在定海縣屬之岱山故名。爲舟山羣島之一。重嶺疊起。鹵地紆迴。形勢略作扁圓。南北相距二十里。東西則三十里。而附屬岱山產鹽之島有六。曰衢山、長塗、蒲門、觀山、秀山、大羊山七區之鹽。悉爲晒製。

長亭場在台州寧海縣東南七十里。東界象山。南至三門灣臨海。西盡天台山。北達奉化縣境。袤延海線數百里。形勢重要。面積占一千三百餘畝。是場分東南二鄉。東鄉計一百六十餘畝。南鄉一千一百餘畝。中間隔蛇盤洋。水陸交通。均感梗阻。製鹽有煎晒二種。

（三）製鹽

餘姚製鹽法。先由採滷入手。採滷之方。就塗場較高之處。每二丈作泥墩。中嵌製泥碗（如水門汀之堅）。可容水者。謂之漏碗。漏碗旁有鏟集之鹹泥（詳見第二節）以備傾入漏碗之需。另於碗旁場地置二三滷缸。以備儲滷。漏碗製法。係用油灰沙土敲成圓形。計徑六英尺。深二尺。復將小竹管銜於碗底之孔。以接通滷缸。製滷時先於碗中鋪以稻草。繼將鹹泥挑入敲使堅實。再以海水灌之。俟水滲透時。自有滷出。經竹管。流入缸內。延至三日。方將殘泥撒諸碗之四週。至次年正月。乃鋪諸場地。經一個月得雨淋、日晒、風吹之惠。面上現有白霜。復刮成堆泥。週而復始。循環不息。每缸儲滷約計十擔。用蓮子滷吊量滷之濃淡。浮四粒者。即可製鹽。每碗用泥自二十擔至三十擔。每滷一擔。成鹽自三十斤至五十斤。滷成。即用水桶肩入曬板（英尺長七尺四寸寬三尺深一寸）曝曬成鹽。鹽成收諸簍內。由小倉復移大倉。鹽之多寡。以天時滷質爲標準。冬時每板日成鹽六兩至一斤。夏時成鹽二斤至三斤。鹽價每擔自七角至一元。此類之鹽。色白味鮮。顆粒粗大。是故製鹽土人所謂刮淋攤晒卽概括製鹽之法。大有深意在焉。

餘姚現有官餘私板五十四萬餘塊。以每板年產三百五十斤計之。統共產數爲一百八十九萬餘擔。以稅率二元計算。則年收三百七十八萬餘元。兩浙產數。餘姚幾占其半。每因緝私不力。間有走私之弊。否則國家之稅收更大有可觀矣。

雙穗製鹽。有煎製曬製二種。煎製法、亦先採滷。採滷將糠灰滿散灰坦。（卽曬坦）次用坦邊溝中潮水、（係自外海放入）潑入。凡經三潑三曬。可二三日。鏟聚成堆。卽用此灰淋製成滷。（與餘姚淋滷法同）煎灶係用油灰泥磚所砌成。高約七尺。方三尺。半埋土中半在地上。形式如轎爐上銜以鐵框。框上置田字形鐵鍋四。鍋徑計一尺五寸。煎鹽時灌滷生火。每灶一晝夜煎十二次。每次八十斤。共成鹽九百六十斤。每年平均約煎一百日。全場灶數共二百七十座。年產鹽二十餘萬擔。是鹽色白味鮮。顆粒細結。鹽價九角至一元五角。至缸坦則由碎缸片平砌而成。四週圍以四寸高竹片。有正方長方二種。大小計丈七八尺不等。所曬鹽斤。亦用灰潑滷質。每坦一日成鹽約十斤。每年約曬八十日。共坦七百八十餘格。年產鹽六萬餘擔。鹽價自六角至一元。該場產銷。雖不及餘姚。然較之小場超過多多矣

岱山製鹽。與餘姚曬製大致相同。惟曬板僅二十四萬八千餘塊。以每板三百五十斤計算。則年可產鹽八十六萬八千餘擔。長亭場製鹽。亦有煎曬二種。與雙穗場製造。泰半相同。

（四）運銷

餘姚之鹽、分引鹽毛鹽二種。引鹽則由餘姚醬商赴甯波支所報稅。持單捆配。然爲數殊小。其餘大宗毛

鹽、則由廒商運諸屯鹽地點。如瀏河、紹興、濠河頭、上棧。復由商人向松江、杭州、寧波、各分所報稅分運蘇五屬之蘇、松、常、太、鎮、徽屬綱地之常、廣、黟、歙、休、等縣、暨鄞縣境內。間有銷諸嘉湖及上海租界者。餘姚現有鹽廒十。場鹽咸爲之承銷。銷暢時。每有求過於供之勢。

雙穗場之鹽。多就地報稅。行銷本境。暨永嘉、端安、泰順、各縣境。

岱山鹽斤。除運銷蘇五屬。暨上海租界外。（與餘姚運毛鹽手續同）兼由奉化、臨海、商人就地報稅。持單購運漁鹽。供給本境淹製鹹魚海蜇之需。

長亭煎曬鹽。指定商人僅就地報稅。運銷寧海縣及本境內。蓋銷地既狹小。而南鄉未開辦。產鹽復有限。故稅收恆無起色。現正籌備擴充。他日稅收增加。可預卜也。茲將近三年四場銷鹽列表如後。

餘姚雙穗岱山長亭四場銷鹽表、

場名／年別	餘姚	雙穗	岱山	長亭
民國拾貳年份	一、四三六、一九二担	一五二、五一五担	五三四、〇四四担	本年尚未實行秤放故放鹽無從查填
民國拾叁年份	一、三七〇、一四二	一六七、一一七	五三〇、七五九 是年值兵災瀏河鹽不銷	六、七八七担
民國拾肆年份	一、三九〇、〇三五	一四六、〇七〇	五〇三、一九三 是年久雨產鹽不多	八、五四三

（五）課稅

兩浙所屬稅率。雖經近年逐漸整理。然以銷路不同之故。仍參差不齊。茲將十三年一月實行稅率。分別產場銷岸列表如左。並將近三年四場稅收數目附入。以供參考焉。

餘姚雙穗岱山長亭四場稅率、及稅收數目、

場別	稅收每担稅率	拾貳年份	拾叁年份	拾肆年份
餘姚	蘇五屬二元七角至三元二角 上海租界一元五角 餘姚及紹蕭二元二角 寧屬一元五角	本場運鹽因係毛鹽並未承辦稅收	無賬可錄詳見第四及第七節	
雙穗	鄞鹽二元 食鹽一元(均由本場收稅)	二五七、四五二元	二九〇、二五三	二五五、三七九
岱山	蘇五屬二元七角至三元二角 上海租界一元五角 醬鹽一元 漁鹽自一角三分五釐至二角三分五釐(僅漁鹽由本場收稅)	四二、四五七元	五四、〇五七	六二、六二九
長亭	寧海境內醬鹽一元 長亭本境三角由本場收稅	本年尚未實行秤放稅收無案可稽	一、七九二元	二、五六二

(六)緝私

水陸兩處。無地不有私鹽。大半係私梟及奸商所爲。爲截獲私鹽、推廣官銷起見。故有緝私營之設。而緝私營。由鹽場知事督率節制。秤放局則監督場知事。皆各奉上官飭遵。兩浙緝營。計十六營。緝私統領(歸鹽運使督率)直接統轄者也。茲將四場緝私隊兵數目,駐紮地點,列表如次。

餘姚雙穗岱山長亭四場緝兵駐紮數目、

場名	緝兵數目	分駐處
餘姚	第十四營營長一人暨四隊長目兵共二百二十人。	分駐餘姚四大區。
雙穗	第十一、十二營之一部分計四十人。	分駐雙穗暨上望兩場。
岱山	第十五營營長一人暨二隊長目兵一百十八人。	分駐岱山四處。
長亭	第九營第三、六隊目兵計四十人。	分駐寧海境內。

緝隊所獲私鹽。名曰功鹽。除價在百元以上者。呈報部署（統部運署）核辦外。百元以內者、則報由秤放人員眼同過秤秤售。並會同發給賞款。考四場緝務。以雙穗辦理、爲認真焉。

（七）秤放

餘姚產鹽爲全浙之冠。收放手續、亦較繁。鹽民每日產鹽先存木桶內、或小倉地上。商廒每屆收鹽。飭由篷長（係廒商雇用。鹽價均由篷長轉給製鹽板戶）報明秤放分局。派員會同廒司事及篷長一同到倉。（係草舍由廒商向民間租用。大者每倉可儲鹽五千擔。）用竹竿高懸旗號。標示板戶使於繳鹽三方面按戶名鹽數。隨收隨即登記花碼簿。收畢由司秤員於鹽面蓋戳。並由局封鎖。然後塡註收鹽報告。送秤放總局備查。如收鹽已滿。須俟放竣結賬。始許續收。秤放毛鹽。由商廒於放鹽先一日。備具報條。連同場知事署所塡運單艙單、及廒商之保單證書等項。送呈分局。詳加核對。始由分局派員會同廒司事、及篷長船戶等。前往設倉地點。揭封啓倉。裝包秤準。捆畢、交車夫裝船。取具船戶收據。先由小駁輸運至大船。仍將鹽堆蓋戳。並加封鎖。一面由分局將運單、放秤報告、並送總局核對簽字交船戶起運。秤放引鹽。僅由商人赴寧波稽核所報稅領單來姚配鹽。放鹽手續。與放毛鹽同此餘姚收放鹽斤情形也、

雙穗收鹽乃廢商屯儲之倉稱爲歸堆大多係瓦屋每屆收鹽製鹽灶戶、業已將鹽成簍、（一簍連皮重計三百十二斤）成擔。（一擔連籮重計一百十斤）由牙戶報由秤放人員廒司事眼同過秤登賬進倉。加以封鎖。至發秤鹽斤。分簍食兩種。（一）行銷秦順簍鹽。由商人照章先向秤放總局完稅、領單、掤配外。其他運銷溫處簍鹽。均由商人先向溫州中國銀行繳稅。由行填給稅單、持赴溫處鹽稅局請領准單。督銷局填給運照。然後由秤放員驗明、轉交分局監秤員督同司秤在堆眼同過秤、秤畢卽在簍面加蓋驗印放行。並在准單上註明出運日期。秤放醬鹽同、（二）運往瑞安永嘉等處食鹽由各商販先將運鹽數目。報由牙戶（職事與餘姚篷長同）出具報單。向各秤放局報稅領單。並由場屬之員司填給護票。由各監秤員照章秤放。

岱山收放毛鹽、與餘姚同、惟秤放漁鹽略異。發放之初、須由漁戶納稅領單。邀同篷長投報放鹽所在地之分局。一面由鹽民將鹽擔至泊船地點、由秤放人員查明前往。逐籮過秤傾入船中。秤畢。於鹽面加蓋戳記放行。凡毛鹽行用毛鹽運單。漁鹽現用漁鹽准單

長亭產數寥寥。故辦理手續亦殊簡章。僅有食鹽一種。每次放鹽。由商販報稅領單、邀同團長（職事同餘姚篷長）投報秤放人員。到倉照章秤放。肩往行銷矣、

（八）結論

綜觀各節。兩浙區域四場所用曬板煎鍋。製成鹽後。凡入倉、封鎖、出倉、秤放、各手續。大率已臻完善。其已開辦而未述及各場。因民情地勢各別。辦理程序亦略有異同。其他各場自產自銷。公家從未過問者。不過數處。蓋由民情強悍。或由時局擾攘。於進行上不無窒礙。開放而未設廒之場。收放手續。宛如紛絲。整頓又非易事。倘假以時日。由鹽務當軸會商設法整理。創廒疎銷。使鹽盡歸倉。而得實行秤放。則私售減少。官銷自暢。於國課民生更有裨益也。

三門灣之形勢及其開放

崔志鉌

形勝　三門灣以在浙江寧海縣南之三門。列三山堡。故名、向扼海防之要。爲台屬海灣之一、羣島棋布。海面紆折。河港紛叉。周圍百里外控八排口林門、而匯大海。內扼五嶼門爲天然險要門戶。西進五嶼門而過蛇盤洋、入海游、沙籛、白嶠、諸港。繞白嶠至寧海縣。爲程僅十里。沿海百餘里市舶交集。交通上極重要。(詳三門灣圖)明季倭人輒入內地。濱海騷擾。因駐守備(一名水師汛)鎮懾。設總部於健跳所。嘉靖三十年。賊船由此登犯。官兵追逝。又嘉靖四十一年。番船突犯。官兵擒獲。有清以迄民國海盜常自台灣山出沒洋面、故亦駐警備於彼處。每屆漁汛。復有兵艦過港梭巡。平時間有巡船往來游弋。寧海人及客商得以安然往來貿易者以此。近又有輪船行駛由象山境之石浦。經三門灣而直達寧海屬之海游。行旅稱便焉

開放　沿三門灣、海水純係鹹水。因此沙塗類多鹹性。除內港及東南二鄉產曬地外。在灣之西北大胡暨三門港口附近各區土質較優者。前有富紳價購數處。擬興農墾。因港水不佳。欲興而止者再。茲聞中華商務航業公司徐冠羣。(一說謂爲華僑)已勘定三門灣近地。建設全國造船義勇公會。擬具組織大綱。呈請總部暨省署核示。他日公司成立。成績當有可紀耳。　考鹽之爲物。非特可供食用、抑且供製造之需。碱其一也。就學理而言。作食品製皂、造紙冶金等。莫不須碱。而造碱一擔、需鹽一百三十斤、今若能招商將三門附近二三十里之長亭場鹽。(詳地圖)收作造碱。獲利豈止倍蓰。況該場南鄉產區。(詳附圖屬健跳花嶼)正待開放、假如用南鄉鹽五萬擔。製碱四萬擔弱。運銷國內外。以稅一元計。年多鹽稅五萬元。售碱又必踴躍。既可斷

絕私鹽。抵制舶來洋碱。復足惠及鹽民。增益國課。是開碱廠。於實業鹽政兩有裨益、留心實業者曷起而圖之。

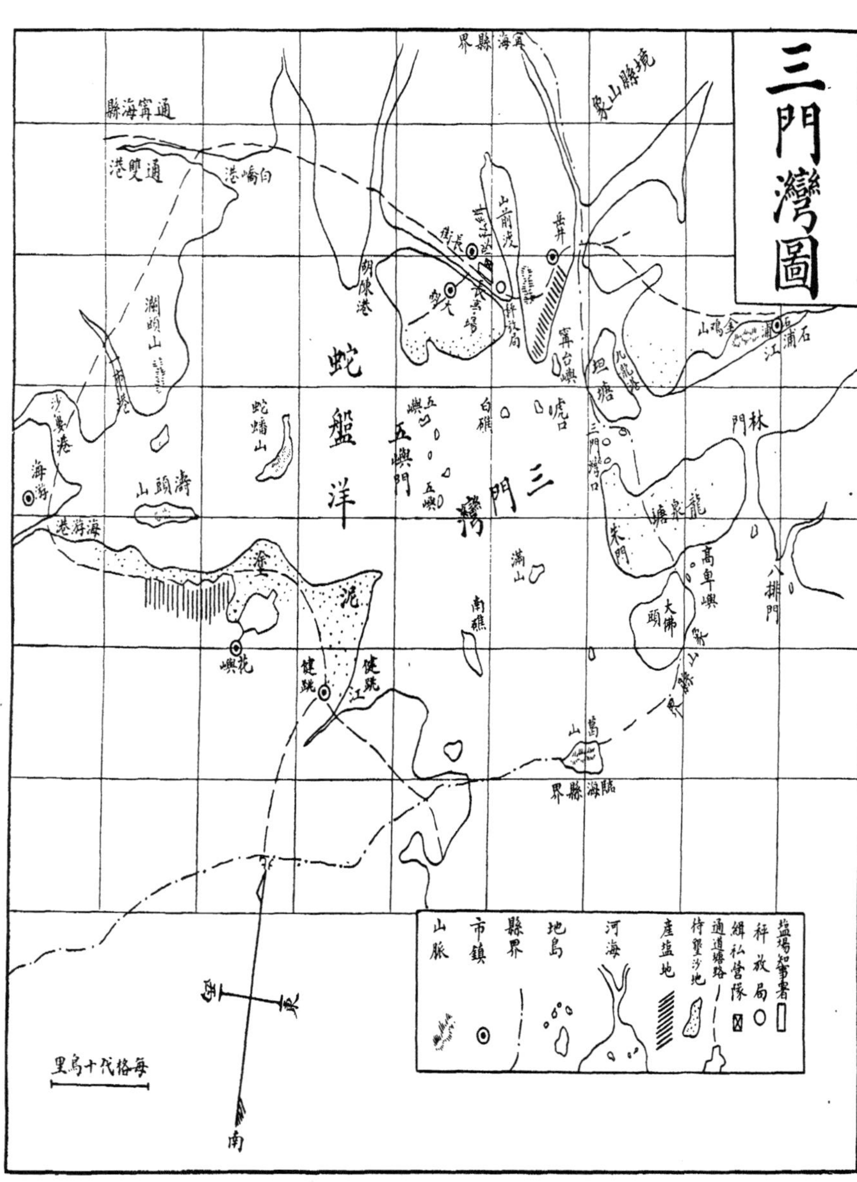
三門灣圖
蛇盤洋
三門灣
每格代十島里
南
東
西
鹽場知事署
秤放局
緝私營隊
通道塘路
待墾沙地
產鹽地
河海
地島
縣界
市鎮
山脈

隨測平滂包五兩路線略記

竇瑞芝

瑞芝離母校後、於民國十一年冬、服務北京京綏路局工務處。二年以來、迄鮮增長工程經驗之機會。十四年春、交通部令京綏工務處組織測勘隊、初測平滂及包寧兩路線。芝亦蒙派入平滂隊襄測、秋間、又加入包五定線隊襄測。諸事幸免隕越。飲水思源、輒感念母校不置。一年來塞外見聞所及、頗有可述。爰就自身親歷、撮記一二、以供關心西北交通之諸君一覽焉

(一)平滂路線

平滂路線之概述　平滂線乃自平地泉北至滂江、爲平庫鐵路之第一大段、長二百四十公里。曩時草測張庫路線、因張家口大境門外之大壩工程艱鉅、改由平地泉起始。平庫全線共分平滂、滂烏(滂江至烏得二〇〇公里)、烏叨(烏得至叨林二二〇公里)、及叨庫(叨林至庫倫八〇〇公里)四大分段、均經草測。因路線太長、又經行蒙古沙漠之地、故交通部決先測定平滂一段。此段自平地泉往北、過霸王河、至華山子、五十四公里間、土地已經皆民開墾、行旅頻繁、村落相望。自華山子以北、路線行經紅海子、石鞭、地勢漸高、居民漸少。至七十六公里、爲煉丹爐峯、乃平滂線第一處高點。再北人煙更少、一百二十公里至土牧台、爲全線適中地點、又爲察哈爾特別區與內蒙古交界之處、四方行旅多經其地、負山面隰、形勢衝要、土地亦多開墾。而自土牧台以北、路線即入蒙古草地、一片荒涼、杳無人烟、偶見蒙人氊幕、散居水草之旁、喇嘛廟宇高據山坡之上耳。五十公里間、盡屬陰山東西餘脈、岡巒綿亘、測勘爲難。又蒙地氣候寒冷、五月猶降雪雹、測量之苦、莫可言

險、路線迂繞多次、始越過陰山餘脈、過藍石山（一九六公尺）後、乃見平原、一路下坡、至於滂江。滂江地點、在平地泉之正北二百十公里、路線全長為二百四十公里、溝道八十餘處、坡度均在一百五十分之一以下。將來定線時、溝道坡度、均可改善也。

平滂測勘隊進行之經過　蒙地測量、有如探險、故余隊出發前一月、即着手籌備、對於野宿禦寒之設備、食品燃料之供給、及掘取井水之器械、尤為注意。時因蒙古適有匪患、特帶軍隊、隨行保護、又購置汽車二輛、以利運輸。四月初、諸事籌備就緒、全隊五十餘人、齊集平地泉、四月十二日開始測量、隊長黃君、隊員馮君、白君、及余三人（三人均南洋校友）。馮君司經緯儀、白君司水平儀、余擔任地形測量、兼製平面圖。因蒙地村居河流均少、遂側重地形、等高線之間度 (Contour interval) 定為一公尺、路線左右各測三百公尺、取便就圖參酌、改良路線、減少土方也。全隊每日上午八點出測、下午四點止測、回至宿處、晚間繪製平剖面圖、往往繪至十二點以後、亦不覺其苦也。最初因測役不甚熟練、又數經改線、每日只測定六公里。四月十六日住霸王河村。二十日住大六號村、此村頗大、有教堂一所。二十六日住奔洪村、駐有軍隊、二十七日抵蘇山子。自此以北、居民漸少、故余隊先日探訪宿處、確定北方向遠近、方始進測。二十九日住華瀨、有喇嘛百餘人、招待甚好、路線在此過煉丹爐梁、此梁平頂凹圈、狀如香爐、故名。初定線時、行經梁之西面、坡度太峻、改行東面、方告成功。此本線之第一處難關也。再北至圖葫蘆溝、（九十五公尺）驛道行入谷口、兩梁夾峙、中通狹路、其形頗似葫蘆之口、故名。此處亦因坡度不良、改線三次、始度過本線之第二難關。再北至九台、（一二〇二公尺）九台有村居、有驛道、東通張家口。五月十一日余隊測抵土牧台、（一二〇七公尺）完成全線之半、十牧台有村屋旅店、地多開墾、在此住留三日、由此以北、叢山聳出、大谷連亘、只見黃沙白草、渺絕人煙、一二喇嘛廟、又遂在山坳隱僻之地、余隊幸有嚮導、熟知蒙情、先日尋訪召廟、借定宿處、並預帶蒙文檄示、向喇嘛僧衆宣傳。故測隊到時、喇嘛均竭誠招待、供給水草、並將余等四人延居內院、餽送生羊、（余等亦[illegible]）蓋皆嚮導及告示之效果也。五月十四日、測隊由十牧台進駐畢希吐召廟、（一四〇公里）滯留八日、因十牧台山溝、爲本線第三難關、屢經改線、且連日雨雪風冷、故爾躭延。五月二十三日移駐何羅蓋廟、（一八〇公里）此廟甚大、有喇嘛三百餘人、廟宇建在半山、形式整齊、輝煌耀目、頗有印度建築之風、余隊在此廟內、住留六日、此處大谷低窪、繞避爲難、爲本線之第四難關。時値風寒、連朝陰雨、故進行極緩、二十八日測抵鑑石山溝、（一九六公里）又有山梁橫亘於前、爲本線第五難關、過此山梁、即一路緩下、至滂江大平原矣。鑑石山有煤礦、西蘇尼蒙古王禁止開採、測隊住鑑石山時、飲水中含有礦質、全隊均病泄、將來入蒙者、對於飲水、特宜注意。三十日測抵紅山、過張庫汽車道、見馮軍軍用汽車多輛、往來不絕。三十一日測抵滂江、（二二四公里）滂江無村落、祇寥寥房屋四所、即（一）滂江電報局、（二）京恰電線工程處、（三）張庫汽車站、（四）烏滂守備隊兵房是也。地多沙質、中有晶瑩之石卵、可推想昔代山水之多、現只有一小水潭耳。六月一日、復展測十公里、至二五〇公里止測。二日量定滂江車站、六月三日、測隊循驛路而回、驛路經過山梁山溝多次、較路線短二十公里。余隊因汽車損壞、早已換用騾車、每日行四十公里、回程在十牧台留一日、余與測隊同人、聯騎登附近之寶石山遊覽、並視察水晶礦、礦質不甚佳。六月十一日抵至平地泉、測事告一結束、回時見晉北人民、全家移往華山子者、絡繹不絕、蓋移民殖邊、有莫之爲

而爲者。平滂路線北段、雖不免荒曠、但若工程逐漸設施、路工建築與移民屯墾同時並進、則此路當亦不難實現也、

(二)包五路線

包五路線概述　包五線乃自包頭西至五原、爲包寧鐵路之第一大段、長一百七十五公里。(又自五原至西磴口爲第二大段自西磴口至寧夏爲第三大段)包寧路爲京綏幹路之西展線、其重要遠在平滂之上。故春季初測以後、秋間即又組織包五定線測勘隊、以便早日開工。按五原在包頭之西偏北。初測結果有二線可用、其一行經烏拉山之南、黃河之北、曰前山線。其二經烏拉山之北、大青山之南、曰後山線。後山線所經、村落較多、產有煤礦、但昆都侖山溝一段、工程浩大、故不適用。前山線盡屬平原、施工極省、故定線即採用前山線。此線自包頭至西山嘴一段、方向爲西偏北、延長一一八公里。自西山嘴至五原、又爲一段、方向爲北偏西、延長五十八公里。共長一七六公里。灣道共祇十一處、坡度均在五百分之一以下、土方橋溝所費亦屬不多。是以工程方面、可稱圓滿。至於經過之地、近包頭及五原各五十公里以內、地均開墾、村居相望。而中間七十六公里一段、則完全蒙古草地、未經墾闢、幸沿驛道、有旅店可以投宿、又沿線鄰近黃河、北有烏拉山脈、屏蔽朔風、故氣候較平滂線溫和云、

包五定線隊進行之經過　十四年六月、余由平滂測畢回京、八月二十日、又到包頭、加入包五定線隊隊員共有七人(有四人係唐山校友)八月二十五日、由包頭車站往西進測。余仍擔任地形測量、通常定線時、本無須再測地形、此次因初測平面圖之等高線間度爲五公尺、略而不詳、不敷應用、又此次定線所經之地、

與初測頗有異同、故仍注重地形也。此路經馮玉祥催促測修、並提倡軍工築路。故余隊趕速先測第一分段、參酌初測之線、自包頭西經賈老灣蔴池什八爾台至爾家海二十二公里、爲第一分段。九月一日測完。並將水平單、土方單、路基截面圖、繪製完成、以便馮軍照築路基。不料馮軍因所定路線、行經該軍營房地基、要求遷避。不得已重新改線、又費一星期之久。第一分段方始蕆事。其後又因等候保護軍隊。延至九月十八日、方進駐爾家海、續測第二分段。路線所經、乃屬烏拉山陽之平原、進行頗速。余所測地形、等高線用一公尺、已頗稀少、若用五公尺、將無地形之可言。十九日測隊住哈彥色氣、（三十二公里）二十日住桃兒灣、（四十六公里）此處南距黃河五公里、三虎河由此分岔、與黃河平行而西。二十一日測隊至甲克齊廟。（六十公里）自包頭至桃兒灣、地多墾種。桃兒灣至甲克齊廟、村落漸少。而自甲克齊廟以西、全屬蒙古草地。二十三日測至達子店、此處逼近三虎河、故路線加設灣道、改線一次。二十四日測抵西公廟、（西公旗王府之家廟）建築頗偉大、附近又有西公王府、無村居。此處距包頭八十八公里、爲全線之適中地點。測隊在西公廟內留住四日、繪製平剖面圖。二十八日進測至小廟、（亦爲西公王府之家廟）再西即至西山嘴。自公廟以西、西山嘴以東、三十公里之間、矮樹叢生、高五六尺、柳幹栢葉、樹皮色紅、土人稱爲紅柳。路線行經林中、斬伐頗費時間、進行殊多窒碍。又紅柳林中、三虎河迂迴出現、路線又須繞避、故在小廟滯留九日。十月二日爲舊歷中秋節、測隊在小廟休息一日、晚間同人廟前痛飲、月下高歌、亦塞外測量之樂事也。小廟之西、西山嘴、爲烏拉山西面盡頭、山嘴突伸、橫當南北、黃河流經其下。此處路線屢經改移、方始決定爲包五線惟一之難關。過西山嘴後、即至河套大平原、敷設直線、毫無困難矣。十月六日測隊住西山嘴之雙關店、路線自此改向北偏西、就圖定線、直趨五原、中間不設灣道、長五十四公里。此段較初測行近大道之線、省短五公里。惟所經多沙堆窪地、離大道村鎮又遠、是其缺點耳。線路既直、測隊進行極速。十日至扒子補隆村、有教堂。十一日至西槐木。自扒子補隆以北、渠道極多、地多墾種。居民於秋季放水澆地、浸潤土質、以便明春耕種。故西槐木附近、汪洋一片、路線行經淺水之中、不勝其苦。十二日測抵三盛泉、十四日測抵五原南面隆興長市。十五十六日、測繪隆興長全市詳圖、擇定車站位置、並展測路線至一七六公里止。五原城內、祇寥寥房屋數所、其商業之精華、全在隆興長市。市有大街、東西長四里許、有商舖三百家、附近居民極多、自此北通蒙古、西通甘新、河套之中心、綏區之要地也。十八日製圖完竣、十九日全隊、啓程回包頭、循行前山驛路、較路線繞長十公里。沿途見包寧長途汽車、日有來往、余等騾車行程、每日四十公里、二十三日回抵包頭、包五測量告一結束。十一月六日、余又隨購地丈量隊出發、丈購包五段沿線應購地畝。因地主甚少、進行亦速。十二月九日、即已量完、回包頭。至於第一分段之路基、去年曾由馮軍建築少許、後因戰事停止。包寧工程處另行招標、由包工修築、完成七公里。原擬今春繼續進行、不幸北方戰事、遷延不決、包寧款項無着、工程遂致停頓。測同人等一年來對於測勘路線計劃工程諸事、莫不積極進行、今不幸擱淺、已有四月、殊屬可惜。所盼時局早定、包寧路工程得繼續進行、則此重要之鐵路、庶有剋期告成之希望耳。

三十年來之墨學述評

陳柱

本年南洋母校舉行三十週紀念、校中舊友、來書徵文、余本期適爲大夏大學諸生講墨學、並念墨子之學、大則兼愛非攻、爲今日救時之急、次則名理科學、爲民生所必須、其自備城門以下、注重工程、尤與母校宗旨相合、故竭數日之力、獨寫所見、而爲斯文、

欲知三十年來墨學之發達如何、不能不先略知三十年以前之墨學以爲比較、蓋歷史乃連接之物、而非片段之物、學術尤其著者也、自前清光緒二十三年丁酉至本年爲三十年、故自丁酉以前者爲三十年以前、自丁酉以後者爲三十年以來、俞樾墨子平議在諸子平議內、諸子平議刊於同治九年庚午、距今五十六年、俞氏後有孫詒讓、著墨子閒詁、初用聚珍版刊於光緒二十一年乙未、後復修正、鏤版於光緒三十三年丁未、距今二十年、故今所論以俞孫二八爲分界、自俞以前爲三十年前、自孫以後爲三十年來、

今試略述三十年以前之墨學、此則自有墨子以至於前清光緒丁酉之間之爲墨子學者皆是也此一長時期、可分兩期、一爲傳授時期、二爲研究時期、凡三十年來者則爲中興時期、茲先略論墨學之傳授時期、

孟子言楊朱墨翟之徒盈天下、而呂氏春秋尊師篇亦言孔墨之徒屬彌衆、弟子彌豐、充滿天下、則墨子之學、其於戰國之際、蓋曾與楊朱共奪儒家之席、及楊氏學衰、亦嘗與儒家中分天下、其盛蓋可知矣、及秦焚書坑儒、而墨與諸子百家亦同受其厄、然漢興、仲尼之言遂縣諸日月、而諸子之籍亦漸見重於世、老莊之徒、其盛萬萬不及墨子、然自漢以降、爲老莊之學者亦幾敵孔孟、獨墨子之書則傳之者絕少、幾有滅絕之憂、何哉、豈以其非樂節用以自苦爲極、而其行難爲（二語見莊子天下篇）歟、抑亦老子所謂柔弱勝剛強、強梁者不得其死、故墨衰而老盛歟、韓非子曰、儒以文亂法、而俠以武犯禁、儒者之文、於秦則爲亂法、故痛絕之、自漢以後、則一變而爲隨時抑揚、譁衆取寵、（二語見漢書藝文志）故世主特尊寵之、豈眞能尊孔子之道哉、至於墨者之學、則俠也、（陳澧云、墨子之學、以死爲能事、戰國俠烈之風、蓋出於此、詳東塾讀書記）其自苦既爲墨者所難能、而以武犯禁、又爲法网所甚惡、且其名理異同之辨、已爲學術統一之後所不需、器械攻守之具、尤爲國家統一以後所大忌、則其學雖欲不微、其可得乎、

墨子公輸篇、墨子說楚王曰、臣之弟子禽滑釐三百人已持臣守圉之器在宋城上而待楚寇、蓋此墨子之高弟、常隨侍左右者、猶孔子之有七十子、非墨之弟子止於三百也、其後淮南王書亦稱墨子服役者百八十人、其弟子姓氏可考者據孫氏詒讓所攷有十有五人、一禽滑釐、二高何、三縣子碩、四公尙過、五耕柱子、六魏越、七隨巢子、八胡非子、九管黔敖、十高孫子、十一治徒娛、十二跌鼻、十三曹公子、十四勝綽十五彭輕生子、再傳弟子三人、一許犯、二索盧參、學於禽滑釐、三屈將子、學於胡非子、三傳弟子一人田繫、學於許犯、此十九人、皆傳授可考者也、而此十九人中、魏越原非人名、（詳見拙著定本墨子閒詁補正） 則可考者十八人而已、其餘墨學名家、有田俅子、相里子、相夫氏、鄧陵子、苦獲已齒、五侯子、我子、纏子之徒、墨家鉅子、有孟勝、田襄子、腹䵍、其墨學雜家、又有夷之、謝子、唐姑果之屬、（皆見孫氏墨語） 就中惟隨巢子著書六篇、胡非子著書三篇、田俅子著書三篇、我子著書一篇、見於漢書藝文志、相里子著七篇、鄧陵子亦有著書、見於姓纂引韓子語、纏子有著書、見於意林、其餘皆未聞有著述、卽此諸家所著述、其書亦皆已不傳、今墨子書五十三篇、在宋爲六十三篇、在漢爲七十一篇、則其亡者亦多矣、今墨子書蓋皆不盡墨子作、或者墨子弟子之作、亦有所附益歟、古之著書、非同後世之爲名也、故爲某家之學者、其所爲文、則往往附於本師、故管子之書、非盡管子之作、爲管子之學者皆有焉、莊子之書、亦非盡莊子之作、爲莊子之學者均有焉、此非古人之僞增也、其風尙體例蓋如此也、周秦之書、蓋大氐類是、其學可爲一家之學、其文多非一手之文、故居今日而讀古書、以謂某書必爲某人一手之作者非也、見其偶有抵牾、則遂斥以爲後人之僞者亦非也、故吾於墨子之書、其醇粹者固可定爲墨子之語、而年代偶有差誤、言語或有駁雜者、亦可知其爲後之爲墨學者之所增益、後之爲墨者之書雖不傳、然亦可由是而睹其一斑矣、

古之爲學者有自鳴其一家之文、無爲其師說作章句之書、故荀孟不聞爲孔子書作注疏、孔子之於易傳、亦止明其大義而已、韓非子有解老喻老、墨子書有經說、皆說大義、非章句之學也、故墨子一傳再傳諸弟子之書雖不傳、然其必無章句之書則可知也、蓋弟子一再相傳、微言大義、各自明通、固無須研究其章句而後明、此則古代之學術皆如此、又不特墨學而已也、

章句之學、始於漢儒、然無爲墨子作注者、司馬談六家要旨、及劉氏七略、漢書藝文志、雖論列其學、然以史遷之博、已不詳傳墨子、則其

上海交通大学百年报刊集成・第一辑（1896—1949）・学术学科

學之不甚爲漢儒所重可知、至晉魯勝始爲墨辯作注、故論研究墨學者、當以魯勝爲始矣、墨辯者、墨子之一部分、卽今之上下經及經說上下篇也、茲錄其敍云、

名者所以別同異、明是非、道義之門、政化之準繩也、孔子曰、必也正名、名不正則事不成、墨子著書作辯經以立名本、惠施公孫龍祖述其學、以正別（孫星衍校改刑）名顯於世、孟子非墨子、其辯言正辭、則與墨同、荀卿莊周等皆非毀名家而不能易其論也、必有形（當作名必有形）察（疑挩形字）莫如別色、故有堅白之辯、名必有分明、分明莫如有無、故有無序之辯、是有不是、可有不可、是名兩可、同而有異、異而有同、是之謂辯同異、至同無不同、至異而不異、是謂辯同辯異、同異生是非、是非生吉凶、取辯於一物、而原極天下之汙隆、名之至也、自鄧析至秦時名家者世有篇籍、率頗難知、後學莫復傳習、於今五百餘歲、遂亡絕、墨辯有上下經、經各有說、凡四篇、與其書衆篇連第、故獨存、今引說就經、各附其章、疑者闕之、又采諸衆雜集爲刑名二篇、（刑當作形）畧解指歸、以俟君子、其或興微繼絕者亦有樂乎此也、（晉書隱逸傳）

名學爲一切學術之基本、故孔孟老莊荀墨之徒、莫不討論其學、蓋以非此則其學說無由而成立、此西人所以謂名學爲科學之科學也、（見王國維譯英國隨文辨學）然至於漢儒、已不爲所重、故諸子名學之書、皆不顯、惟晉魯勝獨能致意及此、墨子之書、世儒之所輕也、而墨經上下經說上下四篇、則輕中之尤輕者也、彼魯勝者、獨能爲之於舉世不爲之日、懷興微繼絕之志、豈非人傑之士乎、然推求其因、或亦受釋老之影響、與夫當日淸談之風氣使然歟、然魯勝之書、據其序、則當甚可觀、而其書亦已不傳、則亦以世儒尙浮華、崇文而棄質故也、故晉人所注之老莊至今完好、而墨辯之注闕焉、

雖然魯勝之書、止墨子書之四篇而已、其爲全書作注者、則概乎其未之有聞、至宋鄭樵通志藝文略、始列有樂臺注、其書已亡、無由論述、至淸乾隆間碩學輩出、考證之學大興、學者始以治經之餘、校注子籍、注墨之書、畢沅實爲之導其先路、其自序云、

先是仁和盧學士文弨陽湖孫明經星衍互校此書、略有端緒、沅始集其成、因徧覽唐宋類書古今傳注所引、證甚譌謬、又以知聞疏通其惑、

此畢書之大略也、孫星衍序之云、

弇山先生於此書、悉能引據傳注類書、匡正其失、又其古字古言、通以聲音訓故之原、豁然解釋、是當與高誘注呂氏春秋、司馬彪注莊子、許君注淮南子、張湛注列子、並傳於世、其視楊倞盧辯空疎淺略、則倜然過之、時則有仁和盧學士大興翁洗馬覃谿、及星衍三人者、不謀同時爲其學、皆折衷於先生、

足以見當時此書之價值矣、然疏失之處、亦正不少、

一好以儒言傅會、如親士篇君子進不敗其志內究其情、畢云、舊脫不字、據上增、疚究同、猶云內省不疚、而不知古文退字作衲、从內聲內卽衲字之渻叚、（俞樾謂內當作衲、其說是也、其改字非也）進不敗其志而退究其情、正足見墨子進退勇於爲道之決心、非內省不疚之消極主義也、又親士篇云、雖雜庸民、終無怨心、畢注云言遺佚不怨、而不知此謂志在救世、雖窮而在野、與庸民雜居、亦無怨也、凡此皆傅會儒言之失、

二引據類書尙多漏略、如法儀篇云、昔之聖王禹湯文武兼愛天下之百姓、畢注云、舊脫愛字、以意增、而不知羣書治要所引正有愛字也、（劉師培說）七患篇大臣不足以事之、畢注云、舊脫以字、一本有、而不知羣書治要所引正有以字也（見孫說）

三徵引尙多未備、古字古言、通以聲音訓故之原、爲畢書得意之作、如耕柱篇云、古者周公非關叔、畢注云、關卽管子假音、一本改作管、非是、左傳云、掌其北門之管、卽關也、畢說、是也、然說文本部、棺、關也、从木官聲、管亦从官聲、則从官聲有關義可知、此關管相通之最要義證、而畢氏未之及焉、

此外疏漏尙多、讀孫氏閒詁自能知之、玆不復一一、至其對於墨子之評論、則尤爲非是、其自敍云、

非儒則由墨氏弟子尊其師之過、其稱孔子諱及諸諱詞、是非翟之言也、案他篇亦稱孔子、亦稱仲尼、又以爲孔子言亦當而不可易、是翟未嘗非孔、孔子之言多見論語家語及他緯書傳注、亦無斥墨詞、

據畢說則墨子殆不道孔子諱、必事孔子如師也、有是理乎、孫星衍承其說而爲之敍其書、竟引淮南子要略訓云、墨子學儒者之業、受

孔子之術、以爲其禮煩擾而不說、厚葬靡財而貧民、服傷生而害事、故背周道而用夏政、以爲墨出於儒之證、而不知淮南要略之所謂受與學者、蓋猶今之所謂讀、讀其書而知其是非、非必師事之也、

孫星衍盧文弨二家之注、已見畢書中、畢書集其成、而其簡略尚如前之所云、則盧孫之簡略更不足論矣、

同時又有汪中、亦治墨學、其書今不傳、惟見其序於述學耳、然就其敍言之、其書必大有可觀者、其敍略云、

墨子七十一篇、亡十八篇、今見五十三篇、明陸穩所敍刻、視它本爲完、其書多誤字、文義昧晦、不可讀、今以意粗爲是正、闕所不知、又采古書之涉於墨子者、別爲表微一卷、

今定其書爲內外篇、又以其徒之所附著爲雜篇、倣劉向校晏子春秋例、輒於篇末述其所以進退之意、覽者詳之、

則汪書之內容、與諸家之不同、蓋可知矣、至其持論、亦比畢孫爲精進、

墨子之學、其自言者曰、國家昏亂則語之尚賢尚同、國家貧則語之節用節葬、國家憙音沈湎、則語之非樂非命、國家淫僻無禮、則語之尊天事鬼、國家務奪侵陵則語之兼愛非攻、此其救世亦多術矣、備城門以下、臨敵應變、纖悉周密、斯其所以爲才士與、傳曰、世之學老子者則絀儒學、儒學亦絀老子、惟儒墨則亦然、儒之絀墨子者、孟氏荀氏、（藝文志董無心一卷非墨子今亡、孔叢詰墨僞書、不數之、）荀之禮論樂論爲王者治定功成盛德之事、而墨之節葬非樂所以救衰世之敝、其意相反而相成也、若夫兼愛、特墨之一端、然其所謂兼者、欲國家慎其封守、而無虐其鄰之人民畜產也、雖昔先王制爲聘問弔恤之禮、以睦諸侯之邦交者、豈有異哉、彼且以兼愛教天下之人子者、使以孝其親、謂之無父、斯已枉矣、後之君子、日習孟子之說、而未覩墨子之本書、其以耳食、無足怪也、世莫不以其誣孔子爲墨子辠、雖然、自今日言之、孔子之尊、固生民以來所未有矣、自當日言之、則孔子魯之大夫也、而墨子宋之大夫也、其位相埒、其年又相近、其操術不同、而立言務以求勝、雖欲平情覈實、其可得乎、是故墨子之誣孔子、猶孟子之誣墨子也、歸於不相爲謀而已矣、吾讀其書、惟以三年之喪爲敗男女之交、有悖於道、至其述堯舜、陳仁義、禁攻暴、止淫用、感王者之不作、而哀生人之長勤、百世之下、如見其心焉、詩所謂凡民有喪、匍匐救之之仁人也、其在九流之中、惟儒足與之相抗、自餘諸子、皆非其比、歷觀周漢之書、

上海交通大学百年报刊集成・第一辑（1896—1949）・学术学科

凡百餘條、並孔墨儒墨對舉楊朱之書惟貴放逸、當時亦莫之宗、躋之於墨、誠非其倫、自墨子沒、其學離而爲三、徒屬充滿天下、呂不韋再稱鉅子、（去私篇尙德篇）韓非謂之顯學至楚漢之際而微、（淮南子氾論訓）孝武之世、猶有傳者、見於司馬談所述、於後遂無聞焉、惜夫以彼勤生薄死而務急國家之事、後之從政者、固宜假正議以惡之哉、

其謂墨子之誣孔子、猶孟子之誣墨子、雖似太過、然當時諸子尙未定於一尊、則互相非詎、不免流於偏激、亦勢所必然者、故墨子之不尊孔子、本不宜爲墨子諱、汪氏之見、蓋卓於畢孫遠矣、

汪持論雖精于畢孫、然其注不傳、未知其果能勝畢書否、自畢以後、則有王念孫、其書成於道光間、王氏爲遜清考證學鉅子、故其成就尤遠在諸家之上、今節錄其墨子雜誌敍如下、

是書錯簡甚多、盧氏所已改者唯辭過篇一條、其尙賢下篇、尙同中篇、兼愛中篇、非樂上篇、非命中篇、及備城門備穴二篇、皆有錯簡、自十餘字至三百四十餘字不等、其佗脫至數十字、誤字、衍字、顚倒、及後人妄改者、尙多、皆一一辨正之、以復其舊、此外脫誤不可讀者尙復不少、

蓋其書有四大特色、（一）改正錯簡、如自敍所舉諸篇是也、（二）發明古義、如非儒篇云、曩與女爲苟生、今與女爲苟義、畢氏讀爲苟且之苟、而王氏以說文訓自急敕之茍正之、是也、（三）因傳寫之譌、以考見古字、如尙賢中篇、賤傲萬民、賤傲二字義不可通、王氏以賤爲賊之譌、殺字古文作放、與敖相似、知放譌作敖、又譌作傲、是也、（四）闡明同聲通假之字、如尙賢中篇、故不察尙賢爲政之本也、王氏引管子侈靡篇、公將有行、故不送公、以明故胡通用、是也、有此四者、故墨書至王氏而大略可讀矣、然其誤解者、亦時或有之、茲舉一二例如下、

一、天志中篇、雷降雪霜雨露、王注云、雷降雪霜雨露、義不可通、雷蓋隕之譌、霣與隕同、春秋經莊七年、星隕如雨、公羊隕作霣、按王氏欲改雷爲霣、非也、考說文雨部霣下云、齊人謂雷爲霣、从雨員聲、雷說文作靁、籀文作䨻、云靁間有回、靁聲也、蓋回員雙聲、故雷霣同字、叚霣爲隕、爲同聲之叚、與叚雷爲隕、爲雙聲之叚、其理同也、王氏必以雷爲霣之誤、此於古音考之未審之過也、

二、非攻下篇、以諍諸侯之斃、王云、涉諍下文諸字從言而誤、今改、按王氏改諍爲爭、非是、說文言部、諍、止也、支部、救、止也、然則諍救同義、以諍諸侯之斃、猶云以救諸侯之斃、義自可通、何勞改字、此於古義考之有未審之過也、

墨子書雖至王氏而略已可讀、然經上下及經說上下四篇、爾義既奧博、訛脫尤衆、畢王之書、尙未能得其十之一二也、武進張惠言、則有墨子經說解、以專釋此四篇、其書據其後敘、成於乾隆五十七年、然其書未嘗刊布、至光緒丁未孫詒讓始得校寫本、以其說入於閒詁、乙酉國學保存會、始有景印本、其書先列經上旁行爲一篇、而後以經說上附於經上爲一篇、爲上卷、經下旁行爲一篇、又以經說下附於經下爲一篇、爲下卷、其註均用單行小字、其書之得失、孫詒讓論之甚允、孫氏云、

余前補定經下篇句讀、頗自矜爲剏獲、不意張先生已先我得之、其解善談名理、雖校讎未宋、不無望文生義之失、然顧有精論、足補余書之闕誤者、

至其後序立論、尤多精闢、今節錄如下、

當孟子時、百家之說衆矣、而孟子獨距楊墨、今觀墨子之書、經說大小取、盡同異堅白之術、蓋縱橫名法家惠施公孫龍申韓之屬皆出焉、然則當時諸子之說、楊墨爲統宗、孟子以爲楊墨息而百家之學將銷歇而不足售也、獨有告子者與墨爲難而自謂勝爲仁、故孟子之書亦辯斥之、嗚呼豈知其後復有烈於是者哉、墨子之言誖於理、而逆於人心者、莫如非命非樂節葬、此三言者偶識之士可以立折、而孟子不及者、非墨之本也、墨之本在兼愛、而兼愛者墨之所以自固而不可破、兼愛之言曰、愛人者人亦愛之、利人者人亦利之、仁君使天下聰明耳目相爲視聽、股肱畢強相爲動宰、此其與聖人所以治天下者復何以異、故凡墨氏之所以自託於堯禹者兼愛也、尊天明鬼尙同節用者其支流也、非命非樂薄葬、激而不得不然者也、天下之人惟惑其兼愛之說、故雖悖於理、不安於心、而從而和之不以爲疑、孟子不攻其流而攻其本、不誅其說而誅其心、斷然被之以無父之罪、而其說始無以自立、

其論孟子闢墨不闢其他說、而獨闢兼愛、可謂得擒賊先擒王之旨者矣、張氏書外、治經說四篇者、尙有丁小疋許周生二家之書、見孫志祖讀書脞錄、小疋名杰、周生名宗彥、並德清人、孫詒讓云、然其書今皆未流布、不知尙存否也、

繼畢王而爲全書校釋者、有蘇時學著有墨子刊誤、其書刊於同治丁卯、孫詒讓與梁啓超書、（見籀高述林原題梁卓如）稱其書爲專門之學、陳澧爲之跋云、

蘇君爻山以所著墨子刊誤見示、正譌字、改錯簡、渙然冰釋、怡然理解、而備城門以下尤詳、墨子以善守稱、備城門諸篇、乃其法也、此又兵書之最古者、墨子之書害道、而爻山乃能取其長、探其奧、眞善讀古書者、

觀陳孫兩家所稱道、則其書之足重可知、然以予觀之、亦有鉅失、

一篤信僞尚書、故往往据僞尚書而誤解墨子、如非命中篇仲虺之告曰、我聞有夏人、矯天命布命於下、帝式是惡、用闕師、蘇氏云、此與上下二篇所引略見孔書、而其詞稍異、所引太誓亦然、眞古文也、而世必以古文爲僞何歟、豈作書者不能雷同以徵信、反加點竄以致疑歟、抑孔書不足信而墨子亦不足信歟、（此說孫氏閒詁不載入）其篤信古文如此、故於非命下篇爲鑑不遠、在彼殷王、蘇云、殷宜作夏、泰誓曰、厥鑑惟不遠、在彼夏王、引僞書欲改殷爲夏、而不知作書者勦襲墨子、墨子所引之泰誓、乃伐紂後告戒之辭、（此簡朝亮說、見尙書集注述疏卷末僞古文）而作僞者乃以爲伐紂時之言、故改殷爲夏也、

二、小學非其所長、故所說時或不免於陋、如親士篇云、谿陝者速涸、蘇注云陝與狹同、（此說孫氏閒詁不錄）而不引說文𨸏部、陝隘也、爲釋、以明狹爲陝之俗、尙賢篇、是在王公大人爲政於國家者、不能以尙賢事能爲政也、蘇注云、事當爲使、二字形近而譌、而不知古事使同爲一字、見於金文也、（見吳大澂說文古籀補）

至其本書校勘之疏、尤爲他書所罕見、如『則子西易牙豎刁之徒是也』乃所染篇之文、而錄入法儀篇、修身篇雖勞不圖、而注竟以啚爲圖、皆未改正、刊書草率、未免太甚、餘詳余所作墨子刊誤刊誤、茲不贅、

蘇書孫氏閒詁採取甚衆、然亦間有不錄者、如上所舉二例之類是也、然蘇書行世甚少、世之得見其書者、蓋亦寡矣、

與蘇氏同時而治墨學者有鄒伯奇陳澧、孫詒讓與梁啓超書稱其學云、

經經說上下及大小取六篇、文義既苦奧衍、章句又復褫貿、昔賢率以不可讀置之、爻山（卽蘇時學）刊誤、致力甚勤、而於此六篇、

竟不著一字、專門之學、尚復如是、何論其他、唯貴鄉先達蘭甫（陳澧）特夫（鄒伯奇）兩先生、始用天算光重諸學發其指、惜所論不多、又兩君未遑精校之本、故不無望文生訓之失、

蓋以泰西科學釋墨經、實始於鄒陳二君矣、鄒說多載於陳氏東塾讀書記、孫氏閒詁采之、多題爲陳說、此學者所當知者也、陳氏對於墨子、亦有極精闢之言論、茲節錄其三則如下、

諸子之學皆欲以治天下、而楊朱之計最疏、墨翟之計最密、楊朱欲人不貪、然人貪則無如之何、老子欲人愚、然人詐則無如之何、商鞅韓非皆欲人畏懼、而自禍其身、墨翟兼愛非攻、人來攻則我堅守、何以爲守、蓄其人民、積其貨財、精其器械、而又志在必死、則可以守矣、此墨翟之所長也、

孟子謂墨子無父、嘗疑其太甚、讀墨子書而知其實然也、墨子書云、公孟子曰、三年之喪學吾之慕父母、子墨子曰、夫嬰兒子之知獨慕父母而已、父母不得也、然號而不止、此其故何也、卽愚卽至也、然則儒者之志豈有賢於嬰兒子哉、（自注公孟篇）此之謂無父、韓非子云、墨者之葬也、冬日冬服、夏日夏服、桐棺三寸、服喪三月、儒者破家而葬、服喪三年、大毀扶杖、夫是墨子之儉、將非孔子之侈也、是孔子之孝、將非墨子之戾也、（自注顯學篇）韓非猶以墨子爲戾、孟子謂之無父、不亦宜乎、蓋專欲富國強兵、遂至於戾而無父而不顧、是則墨子之學也、

其論墨學之得失、可謂深得要領矣、繼蘇氏之後、而爲全書之考證者、有俞樾、著有墨子平議、刋布於同治庚午、其書精博與王念孫等、且後出於王書、故足補王書之所未備者甚衆、然疏失之處、亦時或不免、姑舉一二如下、

一、兼愛中篇云、雖然天下之難物於故也、于舊本作於、俞云、於故二字疑衍、而不知於道藏本作于、于有大義、故从于之字均有大義、說文大部夸、奢也、从大亏聲、段玉裁注云、奢、張也、是于有張大之義、艸部、芋大葉實根駭人、故謂之芋也、从艸亏聲、段注云、口部、吁、驚也、毛傳曰、訏大也、凡于聲多訓大、然則于故猶言大故也、呂氏春秋節葬篇、不以便死爲故、注云、故、事也、大故、猶大事也、難物大事、正相對爲文、豈得謂之衍字乎、此俞氏於古人語根未及深求之故也、

二、節用上篇云、冬加溫夏加凊者芊䱉、不加者去之、芊䱉二字、學者多不得其解、俞云、芊䱉疑當作鮮且、鮮且者鮮䱉也、說文鱻部、䱉合五采鮮色、从鱻、虘聲、鮮色謂䱉、故合而言鮮䱉、而不知中篇皆作則止、鮮䱉或可誤爲芊䱉、而斷無可誤爲則止之理、予以謂俞氏以芊䱉爲鮮且、其字則是、其義則非也、鮮斯雙聲、古多通用、易繫辭君子之道鮮矣、詩鮮民之生、鮮均當爲斯之聲轉、說文且部、且所以薦也、从几、足有二橫、一其地下也、且古文且字、又以爲几字、几者人之所止、故且有止義、故凡从且之字如阻沮等均有止義、然則此文之鮮且、其義猶云斯止也、若俞氏之說、則未免深求之過矣、

以上自晉魯勝以後研究墨學之大略也、亦卽三十年以前墨學之大略也、今請說入本題、而略論三十年以來之墨學、

自畢氏至俞氏八九十年間、墨學已日臻完備、然自畢書外、汪書不傳、其餘均不列入墨子原文、故著者雖衆、散見各家之書、未使學者研誦、其於墨學、猶未爲大功也、後俞書二十五年、乃有孫詒讓之書、取許叔重題注淮南王書曰鴻烈閒詁之義、名其書曰墨子閒詁、博采諸家之說、錄入墨子本文之下、俞樾敍其書云、

唐以來韓昌黎外無一人能知墨子者、傳誦既少、注釋亦稀、樂臺舊本久絕流傳、闕文錯簡、無可校正、古言古字、更不可曉、而墨學塵薶終古矣、國朝鎭洋畢氏、始爲之注、嗣是以來、諸儒益加讎校、涂徑既闢、奧窔粗窺、墨子之書、稍稍可讀、於是瑞安孫詒讓仲容、乃集諸書之大成、著墨子閒詁、凡諸家之說、是者從之、非者正之、闕略者補之、至經說及備城門以下諸篇、尤不易讀、整紛剔蠹、脈摘無遺、旁行之文、盡還舊觀、訛奪之處、咸秩無紊、蓋自有墨子以來、未有是書也、

俞氏之說、誠非溢美之談、然孫書實有兩種、一爲聚珍本、於光緒乙未在蘇州毛上珍印行、二爲定本、卽今通行之本、鏤版於光緒丁未、兩者各有長短、孫氏定本云、

余續勘得譌義百餘事、有誤讀誤釋、覆勘始覺之者、咸隨時逐錄別册存之、此書最難讀者莫如經經說四篇、余前已未見臯文先生經說解爲憾、一日得如皋冒鶴亭孝廉廣生書云、武進金湛生運判武祥、臧有先生手稾本、急屬鶴亭馳書求叚錄、金君得書、則自寫一本寄贈、得之驚喜累日、既又從姻戚張文伯孝廉之綱許叚得陽湖楊君保彝經說校注、亦間有可取、因張解並刪簡補入錄册、

是定本所罔羅、殆富於聚珍本、然就版本之校勘而論、則聚珍本之錯誤少於定本、茲略舉一二如下、

一、本文之挩誤、如尙同中篇、以求興天下之害、興下挩天下之利除五字、本作以求興天下之利除天下之害、各本均同、聚珍本不誤、而此獨誤、

二、注文之挩誤、如尙賢上篇文王舉閎夭泰顚於罝罔之中、注引畢云、或以詩兔罝有公侯腹心之詩而爲之說云云、詩字畢本原作語、此誤爲詩、而聚珍本則不誤、

此則聚珍本比定本爲優者矣、然亦有聚珍本誤而定本不誤者、要在少數而已、茲不略舉焉、

孫書共四種、一閒詁十五卷、二目錄一卷、三附錄一卷、四後語二卷、於墨學之故訓、及學說等、可謂甚備、蓋不獨孫氏之學力使然、亦時勢所使然也、蓋治墨子者多、其說亦日備、故孫氏得以收其大成之功耳、

孫書所採、或前此治墨者、尙有洪頤煊及戴望、其說無多、今不論焉、

至孫氏之對於墨子學說、亦頗有持平之論、其自敍云、

身丁戰國之初、感悕於獷暴淫侈之政、故其言諄復深切、務陳古以剴今、亦喜稱道詩書、及孔子所不修、百國春秋、惟於禮則右夏左周、欲變文而返之質、樂則竟屏絕之、此其與儒四術六藝必不合者耳、至其接世務爲和同、而自處絕艱苦、持之太過、或流於偏激、而非儒尤爲乖盭、然周季道術分裂、諸子舛馳、荀卿爲齊魯大師、而其書非十二子篇於游夏孟子諸大賢、皆深相排笮、洙泗齗齗、儒家已然、儒墨異方、跬步千里、其相非寧足異乎、綜覽厥書、釋其紕駁、其純實可取者、蓋十之六七、其用心篤厚、勇於振世救敝、殆非韓呂諸子之倫比也、

稍後於孫氏而研究墨學者、有章炳麟梁啓超、章氏精訓詁及佛乘、故所言多獨到之處、惟無專書、略見於國故論衡原名篇而已、如云、

墨經曰、知而不以五路、說在久、說曰、智者若瘧病之之於瘧也、（自註上之字訓者）智以目見而目以火見、而火不見、惟以五路知、久、不當以目見、若以火、此謂瘧不自知、病瘧者知之、火不自見、用火者見之、是受想之始也、受想不能無五路、及其形謝、識籠其象、而

思能造作、見無待於天官、天官之用亦若火矣、五路者若浮屠所謂九緣、一曰空緣。二曰明緣、三曰根緣、四曰境緣、五曰作意緣、六曰分別依、七曰染淨依、八曰根本依、九曰種子依、自作竟而下、諸夏之學者不敢辯、汎號曰智、目之見必有空明根境與智、耳不資明、鼻身不資空、獨目爲具五路、既見已、雖越百旬、其像在、于是取之、謂之獨影、獨影者知聲不緣耳、知形不緣目、故曰不當、不當者不直也、是故賴名、曩令所受者逝、其想亦逝、卽無所仰於名矣、此名所以存也、

其解說之精大氏類此、

然自畢氏以來、爲墨學者、或整理全書、或書中之一部分、雖各有精審之處、然大氏皆訓詁章句之學、而於墨子之學說、評論者不過廖廖千百言之敍文、略見己意而已、言墨子之非者固自有其卓識、而言墨子之是者、亦多游移於孟墨之間、未有大聲疾呼、提倡墨子之學說者也、有之自梁啓超始、其于清末撰新民叢報時、曾作有墨學微、其發端敍論云、

新民子曰、今舉中國皆楊也、有儒其言而楊其行者、有楊其言而楊其行者、甚有墨其言而楊其行者、亦有不知儒不知楊不知墨而楊其行於無意識之間者、嗚呼、楊學遂亡中國、楊學遂亡中國、今欲救之、厥惟學墨、惟無學別墨而學眞墨、作子墨子學說、

以墨學爲救國之學說、雖似言前人所未言、然俞樾于序孫氏閒詁云、

嗟乎今天下一大戰國也、以孟子反本一言爲主、而以墨子之書救之、儻亦足以安內而攘外乎、

則俞氏早已見及此、惟俞氏之說、似偏於戰守之具、而梁氏則直大倡其學說耳、梁氏書第一章墨子宗教思想、第二章墨子之實利主義、第三章墨子兼愛主義、言論頗爲清晰、胡適謂其能引起多數人對於墨學之新興趣、其言良是、梁氏至民國十年、復刊行其墨子學案、蓋爲清華學校演講而作者、其書第一章總論、第二章墨子之根本觀念、第三章墨子之實利主義、及其經濟學說、第四章墨子之宗教思想、第五章墨子之新社會組織法、第六章實行之墨家、第七章墨家之論理學及其他科學、第八章結論、幷附有墨者及墨學別派、墨子年代考、梁氏自敍、謂與墨學微全異其內容云、

梁氏又別有墨經校釋、刊布于民國十一年、其書一自序、二凡例、三餘記、四正文、五旁行原本、六經上之上、經說上之上、七經上之下、經

說上之下、八經下之上、經說下之上、九經下之下、經說下之下、十胡序、此爲張惠言後專釋墨經之鉅著、蓋梁氏前二書爲提倡墨子學說之論述、後一書爲校釋墨學一部分之著作、前者近於義理之學、後者近於考據之學也、茲將梁書分別論之、先略舉墨學微及墨子學案之一二例如下、

一梁氏於墨學微論墨子之政術、及墨學案論墨子之新社會組織法、均引墨子尚同上篇選立之說、以爲與盧梭民約絕類、謂選立爲人民選擇而立、其墨學微云、

其謂明乎天下之亂生於無正長、故選擇賢聖立爲天子、使從事乎一同、誰明之、誰選擇之、民選擇之、誰立之、誰使之、民立之、民使之也、然則墨子謂國家爲民意所公建、其論甚明、中國前此學者言國家所以成立、多數主張神權起原說、惟墨子以爲純由公民同意所造成、此其根本的理想與百家最違異者也、

其墨學案且舉墨子建立鉅子之法以爲例證、而不知此乃大謬特謬、余以爲墨子之所謂選立者、乃言天之選立、非謂由人民選立也、舉證如下、

甲、墨子尚同上篇云、『古者民始生未有刑政之時、蓋其語人異義、是以一人則一義、二人則二義、十人則十義、其人茲衆、其所謂義者亦茲衆、是人是其義而非人之義、故交相非也、是以內者父母兄弟作怨惡、離散不能相和合、天下之百姓皆以水火毒藥相虧害、至有餘力不能相勞、腐㱙餘財不以相分、隱匿良道不以相教、天下之亂若禽獸然、夫明虖天下之所以亂者生於無政長、是故選天下之賢正者立以爲天子、天子立以其力爲未足、又選擇天下之賢可者置立之以爲三公、天子三公既以立、以天下爲博大、遠國異土之民、是非利害之辯、不可一二而明、故畫分萬國、立諸侯國君、諸侯國君既已立、以其力爲未足、又選擇其國之賢可者置之以爲正長、』此段諸選立字、且置其選立天子之說而不論、而論其他之選立三公、立諸侯國君、選立正長、果爲誰之選立乎、其云天子立以其力爲未足、又云、天子三公既以立以天下爲博大、又云、諸侯國君既以立、以其力爲未足云云、此諸所謂以爲者天子三公以爲也、諸侯國君以爲也、其文義甚明、然則下文接言選立乃天子選立三公、天子三公立諸侯國君、諸侯國君選立正

長甚明、此皆由尊立卑、則墨子之意、以選立天子歸之於天可知、

乙、墨子天志上篇云『庶人竭力從事、未得次己而爲政、有士正之、士竭力從事、未得次己而爲政、有將軍大夫正之、將軍大夫竭力從事、未得次己而爲政、有三公諸侯政之、三公諸侯竭力聽治、未得次己而爲政、有天子政之、天子未得次己而爲政、有天政之、天子爲政於三公諸侯士庶人、天下之士君子、固明知天之爲政於天子、天下之百姓未得之明知也』此文云天政之云天之爲政於天子、是明以天爲天子之上司、而此天所云、亦皆爲以尊政卑、與尙同篇所云以尊選卑者文同一例、則彼雖不明言天選立天子、而以此文例之、則墨子之意、固以天選立天子甚明也、

丙、尙同篇既云一人一義、二人二義、十人十義、倘選立者爲人民、則一人選一人、二人選二人、十人選十人、安能選出一人立以爲天子者乎、

要之、墨子此論、如以爲民選天子、決非初民政治所能有、遠事實、如以爲天選、亦遠不及柳子厚封建論爲有合於理、梁氏於此等處、均未闡發、不免多阿所好之言、

一、梁氏墨子學案第三章論墨子之實利主義及其經濟學說、有一段云、

我想現在俄國勞農政府治下的經濟組織、很有幾分實行墨子的理想、內中最可注的兩件事、第一件、他們的衣食住都由政府干涉、任憑你很多錢、要奢侈也奢不得、墨子的節用主義、眞做到徹底了、第二件、强迫勞作、絲毫不肯放鬆、很合墨子財不足則反諸時的道理、雖然不必日夜不休、以自苦爲極、但比諸從前工黨專想減少工作時刻、卻是强多了、墨子安有善而不可用者、看勞農政府居然能彀實現、益可見墨子不是幻想家了、

依梁氏此說、則墨子直二千年以前勞農政府之先達矣、然梁氏謂墨子的節用主義、眞做到徹底了一語、考墨子之節用中篇所言、聖王制爲節用之法云云、聖王制爲衣服之法云云、下文皆繼之曰聖王弗爲、而不云聖王禁民使不爲、且所稱者古聖王、則古聖固未有絶對干涉人民衣食住之事、則墨子此言、亦必非如梁氏所說、都由政府干涉可知、

要之梁氏之學、頗似商賈趨時、好以外國學說、皮傅古書、往時人喜談盧梭、故以盧梭說附會之、今人喜談勞農政府等、故又以勞農政府等附會之、此乃梁氏之長技也、其學術之能聳動聞聽者在此、其短處亦在於此、

至於墨經校釋、長在文字明晰、能引人入勝、依魯勝之例、引說入經、各附其章、又以校與釋分而爲二、均極便學者硏究、若其疏失、亦可得而言、

一、拘守經說必牒舉經文首一字以爲標題之說、故多妄加妄減、而不知經說固多牒舉經文首字爲題、而亦有牒舉兩字者、有首句說與經文有同字而遂不舉者、不必拘字一律、以削趾就履也、此條胡適已論之、

二、本前人之說、而不出前人之名、如經上云、勇志之所敢也、經說云、勇以其敢於是也命之、不以其不敢於是也害之、張惠言云、人有敢亦有不敢、就其敢於此者則命之勇矣、孫詒讓云、命猶名也、言因敢得名、而梁氏則云、命、猶名也、言因敢得勇名、人有敢亦有不敢、就其敢於此卽命曰勇、雖不敢於彼仍不害其爲勇也、其說全本張孫、又句下校釋之語、亦多此類、如經說下云、極勝重也、孫注云、說文木部云、極棟也、屋棟爲橫木、引申之凡橫木通謂極、梁注云、說文云、極、棟也、屋棟爲橫木、引申之凡橫木通謂之極、梁氏此注、亦全本孫氏、如是之類、未免有攘美之譏、

三、援引多譌、如經說上云、不若金聲玉服、梁云、不著之不、孫云疑衍、然今考孫書本云、不疑當作必、而無疑衍之文、如經上云、纑間虛也、梁本改纑作櫨、云櫨字從孫校、然考此條孫注引王引之云、纑乃櫨之借、是當云從王校、而不當云從孫校也、又梁氏引張惠言云、但就虛處則謂之櫨、今考張原本作從系之纑、不作從木之櫨、而梁氏旣改經文纑爲櫨、并改張注之纑爲櫨誤矣、凡此皆著書不小心、或削趾就履之過、

四、改字太多之病、如經上云、同異而俱於之一也、說云、侗二人而俱見是楹也、若事君、梁校云、侗疑當作同、楹字當爲相楹二字分寫之譌、人字涉上人旁而衍、見字涉上是字形近而衍、事君二字不可解、是說文十二字、而梁氏疑改者幾過半數、如此解釋古書、其意雖美、恐非古人之意也、不知此文本無一誤、侗與同同、猶侒與安同、墨子之意、謂當立一以爲法儀、於依也、之此也、謂人人雖異

而俱依此一以爲法儀也、說云、二人而俱見是楹、則譬此一爲楹、以此盈爲標準、雖二人之不同、而俱見是楹、以是楹爲標準則同、若事君者、謂若萬民之事君而志無不同也、舉二人爲言、卽仁從二人之意、多數之稱也、此卽法儀尙同天志之恉、不須改字而本文自通、

五、考證之學本疏、故於古音義無所證明、如經下云、謂而固是也、說云、未有文名也、梁氏以牒經文首字標題之例改未爲謂、是也、然不知未卽謂之音轉、桓二年公羊傳云、若楚王之妻媦、解詁云、媦、妹也、按媦從胃聲、妹從未聲、媦妹聲近義同、則謂從胃聲、故轉而爲未、此經作謂而說乃作未之證也、蓋梁氏考證之學本非所長、故其書除刪改文字外、於古音古義少所闡發也、

雖然、梁氏提倡墨子、前後著書三種、其功可謂勤矣、可謂墨子之功臣矣、

自梁氏提倡墨子之後、有胡適、章士釗、皆喜以名理說墨子、胡氏著有墨辯新詁、然刊布者止小取一篇、其書甚有條理、此外於中國哲學史大綱上卷有墨子及別墨兩篇、幾占全書之大部分、然惟別墨之論、與梁氏不同、其餘則梁氏之墨學微實已開其途徑、胡氏據莊子天下篇俱誦墨經而倍譎不同相謂別墨之語、以經上下經說上下及大取小取六篇爲別墨之書、或爲公孫龍惠施之徒所作、而不知莊子明謂倍譎不同者相謂別墨、則謂雖誦墨經而背於墨經者乃謂之別墨、是別墨乃背于墨經之稱、安得反謂墨經爲別墨之書乎、別之古文爲八、說文八部、八、別也、象分別相背之形、重之則爲穴、說文八部云、穴、分也、從重八、孝經曰、故上下有別、虞翻說尙書分北三苗、北古別字、蓋北篆文作[illegible]、亦象二人分別相背之形、則北八穴別四字、古音義相近相同、則別墨猶云背墨、相謂別墨、乃彼此互相詆斥之詞、故下文接云、以堅白異同之辯相訾、以觭偶不作之辭相應、言其彼此相非難也、韓非子顯學篇云、孔墨之後、儒分爲八、墨離爲三、取舍相反不同、而皆自謂眞孔墨、韓云取舍相反不同、猶莊云倍譎不同也、韓云自謂眞孔墨、此斥其自是、莊云相謂別墨、乃斥其相非、是己則非人、非人則是己、其言不同、其實一也、夫以誦墨經而背墨經者因謂墨經爲背墨者之作、是何異於以稱誦孔墨而背孔墨者因謂孔墨爲背孔墨者之學乎、且倍譎不同者相謂別墨、則別墨非一人、而墨經者乃所俱誦者也、若以墨經爲別墨之書、則屬別墨中何墨之書乎、爲此一別墨之書、則彼一別墨必不誦、何云俱誦乎、凡此於論理有不可通者、而世人乃大共尊信之、是眞大不可解

者矣、至章士釗乃反其說以墨經爲墨家與施龍辯難之書、一立一破、學者或又共相尊信之、以爲最新之發明品、章所著有名墨訾應論、名墨訾應考、最爲學者所稱道、又有章氏墨學、皆闡發其訾應之義、然其訾應二字、本於莊子書、而所徵引者爲墨經、則是以墨經爲訾應之辭矣、其說之不可通者有二、一、莊子所謂訾應、指俱誦墨經者之互相訾應、非謂與名家訾應、而章氏題云名墨訾應、是命題不可通也、二、莊子之言、謂以誦墨經不同之故而訾應、則訾應之言當別有書、決不能以墨經爲訾應之書、猶漢後誦春秋者有三家、倍譎不同、學者互相駁詰、其駁詰之辭亦當別有其書、不能指春秋爲駁詰之辭也、而章氏乃以墨經爲墨者訾應之辭、是何以異於謂春秋經爲後儒駁難之文乎、此其不通也明矣、

章氏釋墨經、其精審之處固多、其牽強之處亦復不少、茲舉一例如下、

經上云、盈莫不有也、說云、盈、無盈無厚、於尺無所往而不得二、（自著原衍一得字）章釋之云、盈說在盈否之盈、以釋兼愛主義、但盈矣以詞害意而別無說以通之、是將受攻者以柄而大義終莫明也、故說曰、盈無盈、墨經與說以正負兩面相互而明一義、其例有之、如經厚有所大也、說厚惟無所大是、惟無盈之說亦然、夫無盈者非無盈、盈而吾見其有間可得將吾意以入之也、雖有間矣、而其間前於區穴而後於端、爲域極細、不容一髮、必吾將以入之者無厚、而後遊刃有餘、此莊生所以稱居牛垣以無厚入有間者也、果無厚矣、凡遇整然成形、渾然一致之物、無往而不可分、分尺得二、是爲顯證、由是兼愛而適然愛其一體、何害、愛其一體而仍無損於兼愛、抑又何難、

章氏謂經與說以正負兩面相互而明一義、其例有之、其說誠當、與余不謀而合、其解說則病添字太多、如訓無盈、盈而吾見其有間可得將吾意以入之也、訓無厚爲必將吾之所入者無厚而後遊刃有餘云云、添字已如許之多、此外尚多加如許枝節之語、皆原文所無之義、如此釋古書、將何說而不可乎、余按前條釋纑、纑即盧之借、（別見拙著）上云、盧間虛、即一無所有、此云盈莫不有、即無一不有、義實相反、然惟其相反、故恐人以爲非盈則虛、是以非莫不有、即爲無所有、此乃大誤、故經說釋之曰、無盈、猶云無厚也、蓋既已謂之厚矣、如刀刃然、無論如何之薄、必有厚者存、若云眞無、便是無刃、不得謂之刃矣、是故既已謂之刃矣、則必有刃之厚存、於尺無所往而不

得二、謂如一尺之棰、日取其半、萬世不竭、無所往不得以二分之也、世所謂無厚之厚、即此不竭之二、於論理決不能謂之無也、惟盈亦然、雖與虛反、然此與有無之反不同、如云無有則其爲無可知、若云無盈斯虛、斯乃大謬、蓋既云盈矣、則所謂無盈者、無論如何之微、必有有存焉、而不得謂之無有、猶無厚之不得謂之無有也、此節蓋論積極名辭與消極名詞之關係、積極名辭示一性質之存在、如金類的、有機的是、其相當之消極名辭、則示此性質之不存在、如非金類的無機的是、凡消極名辭往往加以消極冠字於積極名辭之上、是爲消極名辭之形式、然亦有無消極之形式而有其性質者、如虛之一語、乃盈之消極語是也、有有消極之形式而不必即有消極之性質者、如無盈之於盈是也、此猶無厚之於厚也、異乎非金類之於金類、有消極之形式又有消極之性質者矣（參考王國維譯辯學）

稍前於梁氏而與孫氏並時治墨而不爲後人所注重者尚有四家、一王樹枬、二吳汝綸、三王闓運、四鄭煒、鄭書自以爲過孫氏閒詁、今不刊布、王樹枬有墨子校注補正、以萬曆本校墨子、足補孫氏所未逮、吳書雖注重文章、然訓釋亦頗有足以改正畢王之說者、略舉二例如下、

一、尚同下篇云、若苟義不同者有黨、上以若人爲善將賞之、畢云、賞舊作毀、一本如此、吳云、毀字是、將毀之者、百姓將毀之也、承有黨爲文、故有百姓字、下將罰之罰、乃譽之譌耳、

二、尚賢下篇、今也天下言士君子、王云、言當爲之、吳云、言助句之辭、爾雅與之同訓間也、王改非、所染篇、子墨子言見染絲者而歎、與此同也、

諸如此類、頗爲精審、其子闓生、亦時加有案語、固頗有可採者、然如兼愛上篇云、必知亂之所自起、焉能治之、闓生注云、男謹按焉猶乃也、夫焉字訓乃、王念孫父子早有此說、而闓生竟不出王氏之名、言之如己出、何邪、豈王氏之書亦竟未之讀耶、諸如此類、亦不可殫舉、

王闓運書刊行早於吳書、（王書于光緒甲辰刊於江西官書局吳書於吳氏沒後刊於宣統元年）闓運本詞章家、考證非其所長、除武斷妄改外、並多襲前人之說、然亦有足以補諸家之闕者、如

非攻中篇、欲以抗諸侯、以英名攻戰之速、

此英名二字、諸家均忽略無釋、而闓運注云、當作莫若、實爲至當不可易、其書自城門之外、校釋比諸篇爲詳、可謂能詳人之所略、且引說就經、復經文上下旁行之舊、又其善於諸家者也、

與王闓運同時治墨者、尚有曹耀湘、箸有墨子箋、刊布於民國四年、王闓運深稱之、其書於每篇之末、皆略論其大義、亦頗有膽識、如書兼愛篇後云、

墨子之學、其爲儒者所詆訾、在於兼愛、孟子至比之於禽獸、以爲無父、究其實忠孝之理所由推行而盡利也、人必視天下猶一家、中國猶一人、萬物猶一體、然後可以得親順親、爲人爲子、故孝經曰、愛親者不敢惡於人、又曰、合萬國之歡心以事其先王、合百姓之歡心以事其先君、又曰、先之以博愛而民莫遺其親、蓋重之以申明之聖人之訓炳若日星矣、儒者即欲自別於墨氏、獨不思孝經之言乎、孟氏之書、其自蹈於偏蔽者歟、

在前清老儒、能發爲此言、顯斥孟子、（王闓運墨子注自敍云、吾友曹郎中耀湘、又題曹書稱爲鏡初先生、）亦可謂異于常流者、然其引孝經云云、豈果與墨子之兼愛同乎、孝經一則曰萬國、曰先王、再則曰百姓、曰先君、三則曰民、皆指天子國君有位者而言、非墨子之教人愛無差等、愛人親若其親者比也、又如書大取篇後云、

按墨子經上經下經說上下大取小取凡六篇、篇第相屬、語意相類、皆所謂辯經也、大取則其所辯者較大、墨家指歸所在也、凡墨子之說、其爲儒家所排斥、世情所毀惡者三端、節葬也、非樂也、非儒也、有爲儒家所排斥世情不以爲惡者、兼愛也、非命也、有爲世情所毀惡而儒者不以爲非者、尚同也、非攻也、節用也、有與儒術相合而亦不違乎世情者、則尚賢也、天志也、明鬼也、與夫親士修身貴義之說皆是也、既與人情有違、則行之不能無窒、與儒術有異、則言之不能無爭、墨子述大禹箕子之教、修內聖外王之術、思以易天下、故必爲辯經、博極萬事萬物之理、窮其原而竟其委、使天下後世咸曉然於易知簡能之故、則亦有不得已焉者矣、其宗旨則略具於此篇、所辯者大、故曰大取也、

此說可謂深知墨學之要領矣、其校改亦頗有卓見、如

親士篇焉可以長生保國、

長生二字、諸家皆不留意、而曹本改生爲世、云原訛作生、則長世保國其義實比長生保國爲長、蓋世古作卋、與生字形近而訛也、又如

節葬下曰、必捶捈差通壟雖凡山陵、

此文諸家校釋多未安、曹校改爲曰、凡山陵必捈涂差通壟隧、注云、雖隧音近而訛、文義遂以可讀、其書於大取頗詳、而略其攻城門以下、其言云、

自備城門以外、存文十一篇、訛脫特甚、今亦不復校錄其文、墨子以非攻爲教、若非詳明守禦之法、則世之溺於功利之說者、未必因口舌而爲之沮止、故其止楚勿攻宋、亦示之以能守之實用而後楚人信之、非僅以空言感動暴人也、老子稱兵者不祥之器、有道者不處、若墨子專言守禦、猶是仁人之事也、唯是古賢之書、有言理言事之別、言理者可救一時之人心、卽可救以復世人之心、此心同、此理同、俟諸百世而不惑也、言事者則視乎其時、視乎其地、可以捍此時之患、未必可以行之於彼、可以捍一時之患、未必可推之於後世、故墨子備城門諸篇、縱使文義完足、在今日實爲已陳芻狗、況其訛脫不可讀乎、倘泥古法、逞臆說、以斷爛殘缺之簡記、疑誤後人、殃氏覆國、仁人必不忍出此、豈墨子之志乎、與其過而存之、毋寧過而缺之、倘亦有當於先聖之教耶、

其言固似持之有故、然天下學問、有求行求知二者之別、研究古人之至理名言、是求行者也、研究古代之事跡、則多屬於求知而已、泥古以行、固大可不必、然若以爲不能行者則一概不當論述、則古史之事迹、其爲吾輩所不應究者、不已多乎、

與曹書同年刊布者、尙有胡兆鸞之墨子尙書古義、其自序云、

欲證古書、必求古籍、墨子生孔子後、在孟子前、其時眞本具存、墨子出游關中、載書甚多、則亦勤於稽古之士、呂覽當染篇稱墨子學於史角之後、淮南要略訓、又稱墨子學儒者之業、受孔子之術、其稱尙書者必孔子删定之本、閻氏若璩王氏鳴盛江氏聲魏氏源程氏廷祚陳氏橋樅皆嘗引之、或略而不詳、或辨而不精、讀者不無遺憾、兆鸞幼承家學、粗涉經術、於趨庭之暇、時有所獲、輒依墨子篇第編輯尙書古義、凡前人之說、一一明稱、於義未安、亦不敢曲和古書奧邃、難以強通、義從蓋闕、不復詮釋、

上海交通大学百年报刊集成·第一辑（1896—1949）·学术学科

蓋專取墨子之一部分、以治經、於墨學經學、均爲別開生面者矣、然其引淮南王書以謂墨子所引尚書皆孔子所刪定者、則殊未然、淮南書所稱蓋謂墨子讀孔之書耳、非以墨爲孔子弟子、墨子非孔子弟子、故其立說務與孔子反、孔子言焉能事鬼、而墨子獨明鬼、孔子言天何言、而墨子獨言天志、孔子重喪葬、而墨子獨言節葬、孔子言親親之殺、而墨子獨言兼愛無差等、孔子聞韶三月不知肉味、而墨子獨非樂、皆受孔子之反響、而爲反孔之論者、當時孔子雖刪書以授弟子、其未刪者猶在天下、墨子既多反孔之論、則其所讀之書、安能謂其必在孔子所刪之內者乎、

稍後曹書而爲全書訓詁者、又有尹桐陽、其書成於民國八年、大氐述祖王闓運之說、然絕不出王闓運姓氏、是可異也、然其書以親士脩身非儒經上經說上經下經說下大取小取爲墨經爲卷一、其餘所染法儀七患以至非命下等爲墨論爲卷二、耕柱以下爲雜編爲卷三、則與王異、注釋句讀、亦閒有與王異者、且能徵引古書以證明王說、信可爲王氏功臣矣、亦頗能以近世科學釋墨經、如經上云、止以久也、經說云、止、無久之不止、尹云、久從人象後有止之、因以爲稽留之詞、運動之物體、不受作用於外力、必不變其運動之狀態、止之故必須有久也、無久則可推定永動不止耳、

凡若此等、皆能發前人所未發者、

此外最近刊布者則有四家 一劉師培 二陶鴻慶 三張純一 四李笠 今分別論之、

劉氏所箸、有墨子拾補、其卷上已發表於國學叢刊、卷下予於友人鹽城陳斠玄鐘凡段讀之、斠玄劉君高弟、故得鈔錄其稿本也、其書重檢治要六帖文選注類聚御覽等、均足以補孫氏閒詁之缺遺、其釋義多精塙、如天志中篇、檄遂萬物而利之、劉云、檄爲交字段音、詩小雅、桑扈、彼交匪儌、漢書五行志中、引交作儌、論語陽貨篇、惡儌以爲智者、釋文云、儌鄭作絞、莊子庚桑楚篇、交食交樂、徐無鬼篇作儌食儌樂、（自注此用許議說）是敫聲之字古與交通、此文段檄爲交、檄遂猶云交育也、管子兵法篇、定宗廟、遂男女、是遂育義同、交遂萬物、交與上語兼字對文、猶他篇所云兼相愛、交相利也、

其精審處多類此、蓋劉氏爲近代考證學大家、其書信非淺學之徒所能幾也、

陶鴻慶箸有讀墨子札記、說亦精卓、如

大取篇、大人之愛小人也薄於小人之愛大人也、其利小人也厚於小人之利大人也、陶云、此當云大人之愛人也、薄於小人之愛人也、其利人也厚於小人之利人也、愛人利人、卽指下文以臧愛利其親、以樂愛利其子言之、上文云、天之愛人也、薄於聖人之愛人也、其利人也厚於聖人之利人也、與此文同一例、如今本則不成義、

其書頗足與劉書相頡頏、

張純一所箸有墨子閒詁箋、刊布於民國十一年、至十二年復有補校之刊行、章炳麟序其書、謂精卓之義、往往有諸家所未發者、然而李笠則頗多非議之云、

純一自言注墨都二十餘萬言、此編專緝其訂正閒詁者、特其一部分耳、笠繕寫校補方竟、適友人伍君叔儻、寄贈此書、取加考覈、則校勘之功甚疏、旁參之本絕少、肊說孤證、時所不免、空言充牣、余頗病之、又其校語與王景羲諸家同者數見不鮮、亦閒有與余暗合者、

李氏斥之雖太過、然謂其校勘之功疏、旁參之本少、則良然、如

兼愛下篇、然卽敢問不識將惡也家室奉承親戚、

此文孫氏閒詁所校既有未安、張氏校云、惡下當從俞說校增從字、也字衍當删、疑當作然卽敢問有室家者不識將惡從奉承親戚、意雖不誤、語意大非周秦、不知明萬曆本、原無敢問不識惡也六字、焦竑校本陳仁錫本亦均無此六字、證以後文云、然則敢問今歲有癘疫、萬民多有勤苦凍餒轉死溝壑中者、既以衆矣、不識將擇之二君者將何從也、與此上下文云、然則敢問今有平原廣野於此、被甲嬰冑將往戰死生之權、未可識也、又有君大夫之遠使於巴越齊荆、往來及否、未可識也、然卽敢問不識將惡也家室奉承親戚、提挈妻子、而寄託之、不識於兼之有是乎、於別之爲是乎、此兩段文詳略雖不同、其文例當一、然則萬曆本陳仁錫本無此六字者是也、張氏以參證本之少、故於俞孫諸家所不照者、多無能匡正、又如

親士篇逝淺者速竭、

此逝字王氏引之謂當作遊俗書游字作遊、俞氏謂當作澨、張云論語子罕篇、逝者如斯夫、逝卽川流意、不必破逝爲遊、李笠云、張說謬、論語子在川上曰、逝者如斯夫、何晏集解引包曰、逝往也、言凡往也者如川之流、邢昺疏亦云言凡時事往者如此川之流、則逝字實爲感歎時事之往、又游流字並从水、含有水義、故可云淺云竭、而與谿字對文、且論語逝者如斯、上有川字、卽如張說義或可通、離川言逝、以爲水流、可乎、張箋引四子書多用朱熹注、取材既卑、毋怪其陋、李氏此言又未免斥之太過、考唐以前詩文已有逝水之名、（王褒尉遲綱墓碑、逝水詎停、光陰不借、）則以逝爲指川流、自是唐以前古義、惟不應離川言逝、以爲水流耳、又說文㫃部、游、旌旗之流、從㫃汓聲、此游字取義於流字之證、李不引此以證王駁張、而云游从水、故有水義、殆亦自失於陋矣、夫游字說文入㫃部、可云从㫃从汓、寧可云从水从㫃邪、

李笠所著有定本墨子閒詁校補、觀其敍蓋成於民國十一年、而於十四年十二月始刊布、茲略錄其自序云、

笠廿年受書、便私淑孫氏、甲寅之歲、初讀墨子閒詁、輒爲舉正數字、辛酉春月、館邑之南鄙、索居無聊、取定本閒詁與聚珍本畢刻本對勘、互有不合、定本之挩譌尤多、（自注一字至五六字不等）因念孫氏閒詁斟酌諸本、至爲勤劬、重刻之後、便有差跌、則諸氏引據諸本、庸無差跌乎、孫氏所未見者、不更有差跌乎、盡校書掃葉之功、伸大儒未竟之緒、積累之事、談何容易、其時亡友楊君則剛嘉亦體斯恉、會獲明茅坤校本及百家類纂本、並孫氏所未見者、更取孔本陳本俞本北堂書鈔與定本閒詁互勘、頗有匡益、笠每欲合楊君所校及王氏墨商、撰爲墨子校勘記、以爲讀閒詁者之助、頻以事牽、終年未暇、今歲在王氏家塾、爲諸生講授墨子、參讀梁啓超墨子校釋、見其中有因定本閒詁致誤者、爲之不怡累日、如經說下『或不非牛而非牛也則或非牛或而牛也可』、聚珍本閒詁則上原有可字、道藏本茅本畢本王本張本楊本並同、定本偶挩可字、而梁氏云孫本無此字、據嘉靖本增、胡適後序便詡爲創獲、曰、梁先生的校釋、有許多地方與張惠言孫詒讓諸人大不相同、又曰、梁先生這一條乃是用嘉靖本校墨的第一次、噫何其出言之悖而厚誣孫張諸人歟、又本篇「謂有智焉有不智焉也」定本「也」譌作「可」、而梁氏承之、以爲涉上條而衍、不復據嘉靖與茅張畢王

諸本改、胡序亦不及正、夫梁胡二人、並邃墨學、展轉承譌、則篤信定本閒詁之過也、蓋閒詁爲學人崇奉久矣、因陋就簡、將有不自覺者、則校勘之役、庸可緩歟、因復重理鉛槧、別取張楊經說、影嘉靖本顧校本王注本、暨孫籀高王子祥朱墨校本、稽覈異同、推尋誼恉、更取則剛所校附入編中、間有差失、輒爲審定、蓋論學無私見、亦孫氏治墨之矩也、

李書大略、已盡於此、其書採獲自比張書爲多、蓋自閒詁以後、能博採諸家以注墨者、惟李書而已、其功亦豈時流所及乎、然採錄雖勤、發明則少、墨辯數篇、李氏自謂別撰集解、今且勿論、大小取以下、所採亦陋、除王闓運及楊嘉校語外、幾無物矣、至其採錄王景羲之語、尤多鄙陋可笑者、

此外尚有胡韞玉劉昶二家、胡著有墨子經說淺釋、止畢經上及經說上、又有墨子學說、均刊布於所編國學彙編、墨子學說分總論、非攻說、節用說、非樂說、節葬短喪說、兼愛說、尚同說、法天說、雜論等、頗多新穎之議論、其經說淺釋、亦引說就經、於梁啓超之說、頗多非難、其釋義亦頗有發明、如

經上云、儇秪秪、說云、儇昫民也、胡改秪秪爲秪柢、依孫說改民爲氏、釋云、儇爲環之借字、周禮樂師環拜以鐘鼓爲節、司農注、環、旋也、說文、秪復其時也、虞書秪三百有六旬有六日、蓋歲一周爲秪也、說文、柢、觸也、引申之爲接觸之稱、言環者如歲之周而相接觸也、說文、昫、日出溫也、氐、下也、日出溫者、日初出也、日初出以至氐下、卽環之義、經以一年釋環、說以一日釋環、

其新穎處多類此、

劉昶著有續墨子閒詁、其書亦刊布於民國十四年、頗能以小學闡發古義、其凡例略云、

通段之例、必徵於字句、分作雙行、免與正文相混、墨學多古字古誼、每與說文相發明、故宗主許書、而以段桂朱三家之說輔之、形譌之字、必列篆隸、其沿革稍繁者、則比而識之、非敢於變更也、

其解釋之精新者如解經說久彌異時條云、

久（段）彌異時也、（譌）守彌異所也、經上

（舊本）

（到）（譌）（正）
今久古今且莫宇東西家南北 經說上
（正）　（正）（正）
宙彌異時也宇彌異所也、
（今釋）（順）（正）（俗）
宙今古亽旦暮宇東西家南北、

莊子庚桑楚有實而無乎處者宇也、有長而無本剽者宙也、注宙爲古今之長、而古今長無極、宇有四方上下、而上下四方未有窮處、三蒼云、宙雖增長而不知其始末之所至、宇雖有實而無定處可求、此異時異所之說也、是則久乃宙之音叚、（自注經下說在長宇久亦是叚久作宙蓋宙久一聲之轉耳）守卽宇之形譌、（自注當從說以正經）孫云、舊本久上有今字、衵案以下句爲例、當是久下有今字、今且莫當是亽旦暮、（自注亽乃集合之正字、俗人不知亽卽集字、疑爲今之殘文、轉寫作今且莫、則顚倒譌誤、萃於一句矣、）蓋地體自轉、此旦則彼莫、（俗莫字）行南陸則晝長、行北陸則宵長、今古亽旦暮而成、故云彌異時也、地爲圜體、無在不是中央、無在不有四方、亦無所可稱爲何方、如圖次於❸家、則❹家謂爲北、❶家謂爲西、❷家謂爲東、❺家謂爲南、而自❸言之、莫不相反、任何遷徙、而中央四方從無定稱、故不曰東西中南北、而曰東西家南北、斯爲彌異所也、經下云、謂此南北過而以己爲然、始也謂此南方、故今也謂此南方、淮南齊俗訓、西家之謂東方、東家之謂西家、雖皋陶爲之理不能義其處、皆斯義也、

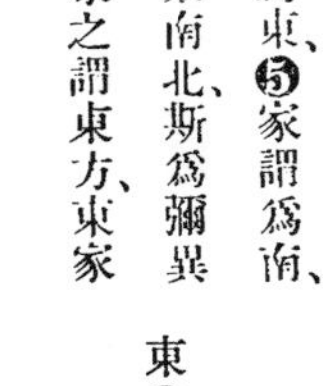

東
○
○❶○
北○❺❸❹○南
○❷○
○
西

觀此一條、可見其書之內容矣、然其所釋、亦往往有前人所已言者、如親士篇、甘井近竭、招木近伐、劉引莊於山木篇、直木先伐、甘井先竭、小注云、俞曲園謂近爲先之形譌、當以此語證之、而不知孫氏閒詁已引之矣、又大取篇、益其益尊其尊、劉云、尊乃劗之音叚、減也、而不知閒詁已引俞云、尊當讀爲劗、說文刀部、劗減也、劗有減損之義、故與益對文成義、然劉氏之續、不已複乎、凡此之類、可見劉氏於閒詁、尚未細讀也、

此外注墨子者尚衆、有張子晉之墨子大取釋義、章炳麟爲之序、有張子高之墨經注、邢子述之墨子玄解、均見稱於章士釗、又有張純一之墨子分科、其書均未得見、想尚未刊布、未能論列、其餘討論墨學者、有釋太虛之墨子評議、勝義甚多、有伍非百名墨訾應考辨正、

辨正章說、蔚然可觀、又有墨經原本非旁行考、墨辯釋例、墨辯定名答客問、評梁胡欒墨辨校釋異同等篇、其非旁行考、余已於拙著定本墨子閒詁補正辯之、文長茲不能錄、然伍氏諸篇、要均甚有價值之作、無疑也、又有錢穆著墨辯探原、明墨辯之恉、在乎兼愛、可謂洞見本原之論、又如汪鎰甫之墨家名稱派研究、汪馥炎堅白盈離辯、無觀之墨子與科學、李毅衷墨學衰微的緣故等作、亦不無可取、各有所長、江瑔讀子巵言、陳鐘凡諸子通誼、均有論墨之作、並多獨到之言、墨子之學、蓋於斯為盛矣、

然天下之事、為之太過、必有反響、而學術尤甚、有漢儒之考據、則必有晉人之清談、有唐人之注疏、則必有宋人之空疎、有宋人之空疎、則必有清人之徵實、在一學派獨盛之時、亦必有一二人極力反對、以為異時一變其學之先導、墨學亦何能外是、故墨學自孟子辟而闢之之後、晦暗二千餘歲、雖唐之昌黎、一倡其學、以孔墨同視、而世亦莫之應、以至清乾嘉之間、漢學盛行、注經者已次第臻於極盛、故學者又別開生面以治子、而墨子始為人所注意、然猶多不敢顯稱墨子以違孟子、唯汪中獨以墨之誣孔、猶孟之誣墨為說、則已受孟學盛極之反響矣、至於清末、文網已弛、言論自由、學者遂一反而詆孔孟、而尊墨子、梁啓超著書、且稱為大聖人、學者向風慕義、而墨子之學、遂如日之中天矣、於是有二人焉、遂著書以力詆今之治墨子者、柳詒徵作讀墨微言、其略云、

今人多好講墨學、以墨學為中國第一反對儒家之人、又其說多近於耶教、揚之可以迎合世人好奇騖新之心理、而又易得昌明古學之名、故講國學者莫不右墨而左孔、且痛詆孟子距墨之非、然世界自有公理、非徒憑少數人舞文弄墨、使可顛倒古今之是非也、墨子之道、本自不能通行、自戰國以來、墨學久絕者、初非舉數千年若干萬億人皆為孟子所愚、實由墨子之說、拂天性而悖人情、自有以致之耳、

其論證甚詳、不能具錄、墨子兼愛下篇言別士兼士之分、柳氏駁之、以謂兼之與別、豈止兩端、見人飢寒、衣之食之、不若吾身吾親可也、未必不若吾身不若吾親、即是飢即不食、寒即不衣、兼愛下篇有愛利人之親、然後人愛利吾親之說、柳氏斥之、以謂墨子之意、專為交易起見、人人以市道相交、必至眞誠盡泯、皆為精絕之論、柳氏外有孫德謙、作釋墨經說辯義、其略曰、

吾於諸子、字句之間、謹守多聞闕疑之義、不欲曲為之解、以失其眞、墨子一書、其中最難通者、莫如備城門以下、與經上及大小取六

篇、備城門諸篇、論兵家守城之法、爲墨子非攻之說、見諸實用者、而可以私意穿鑿之乎、如以私意穿鑿、將貽害無窮矣、經上經下經說上下大取小取、此六篇者、其中雜䣸等字、他書不經見、又其所言之義、亦多有索解而不得者、故如墨子之經、吾一以闕疑歸之、凡吾之所謂闕疑者、以考據家之治諸子、往往求之訓詁、而其道幾窮、不曰衍文・則曰脫文、再不然則曰傳鈔之誤、語云、君子於其所不知、蓋闕如也、則無有爲此者矣、其所以不能闕疑者、乃將以便其輕改古書耳、夫古書而可以任我輕改、則讀古人書亦太易矣、觀於今日、其釋墨經也、以一少於二而加於五謂論算學・以平同高也中同長也謂之論形學、以景之大小說在地缶遠近謂之論光學、以力形之所以奮也謂之論力學、(自注此外尚有心理學等不備舉)如其說、未嘗不持之有故、言之成理、然形光諸學，近世乃開、墨子遠在戰國、豈已預知之乎、夫天下事慮理可以推測、學問之道、後人所爲者、必謂前人早言及之、墨子雖自成一家・亦未必能創造此種學說也、

此皆與今之治墨者以痛切之譏評者也、古書固不可以輕改、然若謂古書決不可以改一字、則是謂古書之傳、必無脫衍、必無傳鈔之誤、亦豈盡然乎、今人著文刊書、自經手校、尚不免於譌挩而不自知者、況傳數千年之書而謂一無譌脫可乎、墨子之學、固不能預知今世之科學、然焉知墨子之必不見及此而爲古今不謀而同者乎、孫氏之說、亦不可以不辯也、余幸生俞孫(詒讓)諸賢之後、得與近世治墨者同時、又性好考證之學、讀書每有疑難、輒好博覽羣言、以求其是、不得則自爲取證、不敢妄逞臆說、諸子之中、於墨書孾誦尤久、時作時輟、近乃略有所成、其關於討論墨學者、有墨子新論、其內容、一墨子之大略、二墨學之大略、三墨子之經學等及此篇是也、其關於考證者、有定本墨子閒詁補正、成書數十萬言、書末並附以近人論墨名著、自今以前、爲墨子之學者、大略見於是矣、書成、錫山唐蔚芝先生許爲孫氏之功臣、侯官陳石遺先生許爲孫氏之畏友。奬掖後進、既感且愧、卷帙浩繁、刊行有待、謹將敍例錄於下、以俟博雅君子教正焉、

定本墨子閒詁補正自敍

自孟子闢墨氏爲無父、而世儒遂交非墨子、同目爲禽獸、不得與於人之列、追問其學之得失哉、然自近人表彰之後、墨子且爲天下

大聖人、孔子尚不敢望、則又相與尸祝神明之不暇矣、是二者何其返邪、其皆是邪、其皆非邪、曰皆是也、皆非也、曰何也、曰皆一偏之見也、夫各就一偏之見以立論、則安有不各有其是各有其非者哉、吾嘗以爲墨氏之書、其言兼愛、亦本於欲人之愛利其親、故愛利人之親、（兼愛下篇、姑嘗本原孝子之爲身度者、吾不識孝子之爲親度者．亦欲人愛利其親與、意欲人之惡賊其親與、以說觀之、卽欲人愛利其親也、然卽吾惡先從事卽得此、若我先從事乎愛利人之親、然後人報我愛利吾親乎、意我先從事惡人之親然後人報我以愛利吾親乎、卽必先從事乎愛利人之親、然後人報我以愛利吾觀也、然則之交孝子果不得乎毋先從事愛利人之親者與、）其經篇亦曰、孝利親也、其貴孝如此、豈無父者比哉、曰然則孟子之說非與、曰、是何言也、吾之所言墨子之心也、情也、孟子之所言、墨子之學也、勢也、墨子之心、未嘗不孝其親、墨子之情、未嘗不愛其親、然而以墨子之學求遂墨子之孝、則其勢必不可得、既必不可得、則其勢必將有不能孝或舍其親而不顧者矣、奚以明其然邪、今設有人於此、月得百金、有教之者曰、爾親當與之半、爾兄弟當五之一、汝若妻子亦當五之一、其餘十之一以濟窮乏、則從之者必甚易、是何也、其勢可爲也、今墨子則不然、教之曰、愛人之身若愛其身、愛人父兄若其父兄、愛人妻子若其妻子、（說本兼愛上篇）夫所謂人者何邪、非所所謂天下之人者邪、然則雖累千萬猶不能給區區百金、豈能有濟乎、是故愿者從其說、則均分其金而其親之所得將不及秋毫之末、其狡者爲之、則不特不能視人之親若其親、乃反而視己之親若人之親矣、是從墨子之說者、將不至凍餓其親不止矣、然則欲愛涂之人如愛其親者、墨子之心與情也、未嘗不善也、其卒也則反而視其親如涂之人焉、則又墨子之學之必至之勢也、雖不謂之過不可得也、此墨子之兼愛無差等、所以爲世詬病、而儒者之學、本於親親之殺、所以易行而鮮敝也、豈非然哉、且夫墨子之兼愛、既無差等、則不能不重實利、重利之過、則親死不足悲、（公孟篇、公孟子曰、三年之喪、學吾子慕父母、子墨子曰、夫嬰兒子之知獨慕父母而已、父母不可得也、然號而不止、此其故何也、卽愚之主也、然則儒者之志、豈有賢於嬰兒子哉、）而不能不力疾從事、唯利之是務、故其究也則利之所在、將重於其親、死者既不足悲、則生者又安足事、是其勢又不主於無父不止也、孟子之闢、又豈足謂之過乎、且夫愛從何生、非生於其身之最親切者邪、天下之親切者、孰有過於父母者乎、以最親切之父母、尚以實利故、亦有不暇悲、不暇事、況於兄弟乎、況於朋友乎、況於涂之人乎、是墨子之學、其究也不特不能兼愛、且將無一焉可愛、而唯愛其身而已、此又其勢之必然者也、曰、然則墨子之學、不亦可廢乎、曰、是又不然、莊生有言、墨子天下之好也、將求之不得也、雖枯槁不舍也、才士也夫、是可謂知墨子之心者矣、夫孟子蓋懼墨學之末流、其勢將爲天下禍、故不得不辭而闢之、若夫原墨子之心、則所謂國家昏亂。則語之尚賢尚同、國家貧則語之節用節葬、國家憙音湛湎、則語之非樂非命、國家淫僻無禮、則語之尊天事鬼、國家務奪侵淩、則語之兼愛非攻（魯問篇語）者、當此人欲橫流、爭城爭地之世、倘能以墨子之義告之、則亦救時之良藥矣・豈可忽哉、然則尊墨子爲大聖人者非也、距其說而不考者亦非也、墨子之說、見於漢志者七十一篇、今存五十三篇、自漢之後、耳食之儒、既本孟子之言、變本加厲、深相疾惡、無有治之者、中間魯勝墨辨、及樂臺注、其書皆已不傳、蓋墨子之書、二千餘年來、若存若亡、亦已久矣、至清畢尚書沅始開涂徑、迄於王蘇張俞諸家、尤多闡發、於是瑞安孫君仲容、乃集諸說之大成、著墨子閒詁、採取既博、所得亦精、蓋信乎治墨書空前之作矣、然自是迄今、治墨子書者亦何啻數十家、綜其所得、蓋亦必有足以補孫氏所未逮者矣、予自志學之年、好治子部、其於墨子、尤所用心、孫君之書、研尋尤舊、鼎革以後、子學朋興、六藝之言、漸如土苴、余性好矯俗、乃轉而治經、其於墨子、亦棄之久矣、乙丑之春、兼大夏講席、車中無事、聊取閒詁觀之、忽有所得、至則筆而記之、自是以爲常、一兩月間、乃裒然成巨册矣、於是發憤爲孫書作補正、遂博覽羣書、鉤稽異本、而後益知孫氏之說尚多未備、補正之作、更不容緩、略陳其概、蓋有九端、一曰、解釋尚多未備也、如明鬼下篇云、武王逐奔入宮、萬年梓株、折紂而繫之赤環、載之白旗、以爲天下諸侯僇、此萬年梓株四字、孫注云、未詳、此句文義固甚難通、故近人如吳汝綸王闓運諸家亦均無敢下筆、張純一云、疑爲鹿臺之財之屬、上有挩文、說亦非是、按此文當讀爲萬人宰誅、說文年作秊、从千聲、千作孑、从人聲、故年人聲近、年變爲人、亦猶節用上篇子生可以爲二三年矣、二三年亦爲二三人之變也、梓、說文从木宰省聲、故梓借爲宰、漢宣帝紀損膳者宰注、宰爲殺也、則宰有殺義、株誅同聲之借、萬人宰誅、謂萬人爭宰殺紂也、下文折紂而繫之赤環、說文、折作斲、斷也、即宰殺而裂其體、繫之赤環也、兩句義正相應、凡茲之類、形聲之叚、有當亟待補入者一也、二曰、詮詁尚有謬誤也、如尚賢中篇云、無故富貴面目佼好則使之、此無故富貴四字、注引俞樾說以無爲衍文、謂當作故富貴、謂本來富貴者也、其說之不當、孫氏已知之、然又謂無故爲無攻、攻即功之借字、今按說文支部云、故使爲之也、本書經上云、故所待而後成也、是故者有所使有所得之謂、凡富貴皆當有得於功業、皆有功業使之然、若無故富貴則是無功業而富貴者、貴戚之類是也、然則無故富貴、義自可通、何必改字、凡此之類、不免求之太過、有當亟爲訂正者二也、三曰、古訓尙有未明也、如尙同中篇云、靡分天下、設以爲萬國諸侯國君、注引俞樾云、誅當爲歷字之誤也、大戴五帝德篇、歷離日月星辰、文義正同、若作靡字、則無義矣、按俞說非也、周禮匪頒之式、鄭注云、匪分也、此靡分卽匪頒之異文、說文叢部、叢賦事也、从叢、八聲、讀若頒、一曰讀若非、段玉裁云、凡从非之字、均有分背之意、讀頒、又讀非者、十三十四部與十五部合韻之理、今按匪頒連綿字、匪靡聲相轉、頒从分聲、匪頒與靡分、皆卽分字之義、廣雅離也、是靡亦分也、惟周禮用於賞賜之事、此則言域分天下耳、此古語之僅存者、而俞說妄易靡爲歷、孫氏引俞說而不能證其非、凡此之類、有亟待闡正者三也、四曰、折衷尙多未當也、如天志中篇云、今夫兼天下而受之、檄遂萬物而利之、若豪之末、非天之所爲也、而民得而利之者、則可謂否矣、注引蘇時學云否義未詳、疑作厚、俞云、否義不可通、乃后字之訛、后讀爲厚、謂若豪之末、無非天之所爲也、而民得利之、則可謂厚矣、孫注以俞說爲是、今按蘇俞之說、字異義同、其實皆非也、此文否字、本自無誤、否猶無也、謂若有豪末之小、非天所爲、而民得而利之者、則可謂無也、意謂人之所利、無一非天之所爲者也、天之所爲下、下篇無也字、義更明顯、墨子書也字往往作者字用、天志下篇、昔也三代聖王、又云昔也三代之暴王、也均讀爲者、則墨子猶云若豪之末、非天所爲者、而民得而利之、則可謂無矣、文義更顯、其否字之不誤、更明矣、孫氏於此、無暇細審、誤從謬說、凡茲之類、此文有亟當訂正者四也、五曰、獨見尙須旁證也、如尙同中篇云、是以先王之書術令之道曰、惟口出好興戎、孫注云、術令當是說命之叚字、禮記緇衣云、兌命曰、惟口起羞、惟甲胄起兵、惟衣裳在笥、惟干戈省厥躬、鄭注云、兌當作說、尙書篇名也、此文與彼引兌命字義相類、說令命音並相近、必一書也、晉人作僞古文不悟、乃以竄入大禹謨、近儒辨古文尙書者、亦均不知其爲兌命逸文、故爲表出之、按孫說是也、然術說相通、令命同字、尙未列證、劉師培云、古籍兌隧通用、左傳襄二十三年、夜入且于之隧、禮記檀弓下鄭注引之云、隧或爲兌、隊術亦通用、如本書耕柱篇、不遂卽不述、備城門篇衙術卽衙遂是也、說叚爲遂、因叚爲術矣、至令命二字、古金文以爲一字、吳大澂說文古籀補、于命下注云、古文命令爲一字、令字下又云、古文以爲命字、則術令之爲說命、其說塙矣、孫氏雖闡發其說、而尙未及證明、凡玆之類、有亟當錄補入者五也、六曰、訓詁尙當增訂也、如所染篇云、五入必而已、則爲色矣、孫注云、必讀畢、左隱元年傳同軌畢至、白虎通義崩薨篇引畢作必、是其證、按孫讀必爲畢、是也、然必卽畢盡之畢之本字、說文𦫳部、畢、田网也、从田、𦫳象形、是畢本無盡義、八部、必、分極也、从八弋、八亦聲、分極有盡義、是必乃畢盡之本字、畢乃同聲叚借字也、故說文王部珌之古文作蹕、是其證、又說文攴部、斁、盡也、此叚畢爲必後起之本字、凡玆之類、有亟當訂補者六也、七曰、校訂尙多漏略也、如法儀篇云、其賊人多、注云、其賊舊作賊、其俞、云當作其賊人、多與上其利人多相、對孫氏據俞校乙是、也然考治要所、引正作其、賊而俞孫二、家據治要 以校墨子、均未之及、未免漏略、凡玆之類、有亟當據補者七也、八曰、刊印不免譌謬也、如天志中篇、雷降雪霜雨露、注引王念孫云、雷降雨霜雨露、義不可通、雷蓋霣字之義、霣與隕同、今考王氏讀書雜志、義字本作誤字、孫氏聚珍本尙不誤、此乃譌謬爲義、校者未及細勘、凡玆之類、有亟當校正者八也、九曰、體例尙有未善也、德淸俞氏稱孫氏此書、謂旁行之文、盡還舊觀、訛奪之處、咸秩無紊、斯固足以當之無愧色、然經上經、下考定旁、行止附篇、末篇中章、句尙仍舊、觀明知其、訛沿而不、改雖矜愼、重實礙犨、尋斯又亟當改正者九也、凡此九者、或獨申己見、或博采近人、或足補闕遺、或足資參考、至諸本異同、可供愼擇、今玆所撰、亦並錄焉、昔孫君序其書云、是書甫成、已有旋覺其誤者、則其不自覺而待補正於後人殆必有倍蓰於是者、然事吾今日補正之作、其亦孫君之志乎、自春徂秋、已至經篇、英夷難作、爰歸定省、家居二月、復稍增益、方待成書、忽又就道、至滬之日、閱商務館目錄、知瑞安李笠已有校補之作、奇其命名之相似、復於學衡得讀其序、乃甚偉其書、以爲孫君之功臣、非夫今日之淺學者所能一二也、乃廢書而歎曰、昔李翰見杜佑通典、歎曰、翰嘗有斯志、圖之不早、竟爲善述者所先、今吾於孫書亦云然矣、遂閣筆不理者數月、已而李書竟已宣布、取而讀之、則猶覺多有未稱意者、李君爲孫君同鄉、參校之本、固甚有本原、然疏略之譏、恐亦未免、蓋有本譌而不覺其譌者、如尙賢下篇、昔伊尹爲莘氏師僕句、注引淮南子時則篇云、其曲撲筥筐、聚珍作具、與淮南子本書同、此誤爲其、宜據訂正、而李書忽之、又有以不譌爲譌者、如尙賢下篇、唏夫聖武知人句、注引蘇云、唏當从口作唏、唏夫歎詞、猶嗚呼也、李云、注唏夫譌唏大、當從聚珍本正、今考唏譌爲晞是也、若夫字則定本並不譌大、商務景印本亦仍作夫、字均不誤、而李書竟認爲誤、夫以聚珍本校定本、李氏所沾沾自喜者、而漏誤猶如此、至於故訓之精奧、形聲之展轉、發冡解難、尤多未備、則吾書又不可不卒成之矣、于是重理舊業、繼續論撰、都爲若干卷、布之海內、求正通人、艸創既就、爰書其始末於此、並略論墨學得失之所在、以告讀者、庶幾舍短取長、有益於身心家國云爾、

凡例

一、本書依俞樾羣經平議例、墨子正文高一格寫、

一、本書略仿羣經平議例、凡訂正舊注、或疏明之者、時節錄舊注原文於前、然後列案語於後、

一、凡所補正、均加桂按二字、以別於舊注、

一、本數卷數、悉依孫氏閒詁、惟卷十經與經說卷帙繁多、則仿段玉裁說文注、於第十一篇上、分爲一二之例、於經上及經說上爲十之上、經下及經說下爲十之下、

一、閒詁經篇、止以旁行之文附於篇末、篇中章句、一仍舊觀、未易尋尋、其失已於序文言之矣、茲特依旁行爲注、既復墨經之舊、且便學者之觀、

一、閒詁經與說分、未便觀覽、茲特移說就經、以便學者、變亂之舉、所不敢辭、然移傳就經、古來正多其例、

一、經上下、經說上下、大取小取六篇、自家苦其難讀、本書解釋特詳、幾於無句不釋、閱者無譏其冗焉、

一、自備城門以下諸篇、多言守城之事、事關器具、尤難訓詁、惟桐城吳汝綸、湘潭王闓運、常寧尹桐陽、多所闡發、最足以匡孫氏之不逮、故本書採錄尤多、

一、本書於諸家之說、凡足以爲參考之資者、均多採錄、或特加辯正、其不加辯正者、亦未必即以爲是、惟學者慎思焉、至於所錄諸本文字異同亦然、

一、閒詁注文所引、自經子諸部以至王念孫墨子雜志、張惠言墨子經說解、蘇時學墨子刊誤等、均據原書細校、其餘如羣書治要北堂書鈔之類、凡孫氏所漏、亦力爲搜補、

一、校補閒詁、余與瑞安李笠實不謀而合、李書刊布較早、（余書寫錄始於十四年春、而李書刊本在十四年十二月、）本書亦略爲補入、其以嘉靖本校墨子、及以聚珍本閒詁校定本、均與余同、然或有爲杜所漏略而於李書得之者、亦必書明李說、以明不敢攘美、

一、墨子閒詁、有初印聚珍本、有木版定本、有商務印書館景定本、聚珍本與定本、其內容之不同、孫氏已自言矣、卽其文字、亦時或有異、大氏定本譌挩、比聚珍本爲多、至於景印本、又比定本加誤、如七患篇、此皆備不具之罪也、具字以形似譌作其、由此觀之、凡景本書籍、亦有不可盡信者矣、本書以定本爲主、既以聚珍本正定本、然其聚珍本及景本有誤者、亦兼訂正、

以上述三十年以來之墨學中興之時期竟、於是乃與三十年前而爲比較之論曰、夫墨學傳授之時期、固難與後世並論矣、今試以研究時期與中興時期相較、言其要略焉、自魯勝至畢氏、中間千餘年、止有樂臺一家之注、而不傳、則自畢沅以前、可謂墨學之中絕、所得而論者、亦自畢沅而後耳、自畢沅至俞樾、共有十人、畢沅、盧文弨、孫星衍、王念孫、王引之、張惠言、蘇時學、鄒伯奇、陳澧、俞樾、後三十年以前治墨學者其書之尚可考者也、自孫詒讓以後、至今可知者有二十有一人焉、孫詒讓、章炳麟、王樹枏、吳汝綸、王闓運、梁啓超、胡適、章士釗、曹耀湘、尹桐陽、胡兆鸞、劉師培、陶鴻慶、張純一、李笠、胡韞玉、劉昶、張子晉、張子高、伍非伯、錢穆、此三十年來、治墨學者各有專書者也、其他偶涉筆而論、與鴻篇巨製、爲余所未知者、尚不在此、嗚呼、自畢氏至俞氏凡八九十年、作者十人而已、而自孫氏至於今三十年、著者已有二十餘人之多、雖不謂之墨學之中興之時期得乎、今再分別而論之、三十年前、學者論墨、皆不敢顯違孔孟、三十年來、乃有尊墨子爲大聖人者、此其一、三十年前、墨經始現曙光、今則大有發明、已泰半可讀、此其二、孫氏定本閒詁、网羅衆說、蔚爲大觀、近來劉陶吳李等、均有補訂之作、或會萃羣言、或獨陳己意、皆於墨學大有裨益、而三十年前無其盛、此其三、雖然、自孫劉而外、能如王張蘇俞諸人之好學精思、實事求是者幾人乎、此又令人思之而失望者矣、

述拳術之要旨

八·三十四　劉震南

余十一二齡時。卽喜習武藝。技擊之術。得自世傳。雖家居奮勵。練習多年。而藝仍未工也。後迺徧歷口外。又從精於此道者遊。專心致志。日就月將。而技乃益進。於是北走幽燕。南游吳越。本積年之經驗。得拳術之指歸。雖不敢謂探驪得珠。要亦可以略窺門徑。今老矣。迴憶少年時橫戈躍馬。意氣縱橫之情狀。猶歷歷如在目前也。第是拳術精深。毫釐千里。弗加抉擇。奚辨真訛。爰請貢其一得。願與世之研求斯術者商榷焉。

拳術之門類至夥。茲不具論。今之所述者。卽余所習之心意六合門是也。六合者何。蓋心與力合。力與氣合。氣與意合。此之謂內三合。手與足合。肘與膝合。膀與胯合。此之謂外三合。合內外三合而謂之六合。此卽心意六合之旨趣也。

世之學武者。大抵皆以拳有八式爲奇。所謂八式者。卽封、閉、閃、跨、鉤、擄、掤、打之謂也。然絕不思八式之中。尤有奧妙之作用焉。蓋拳貴神速。人雖有手足。必使其毋所用之之爲能。何者。人每以善走爲奇。抑知拳術中之有追法乎。人每以封閉爲妙。抑知拳術中之有截法乎。人每以左右封閉爲得力。抑知拳術中有動不見形。一動卽至。而實不及封閉乎。其機至靈。其動甚捷。風吹草動。有觸卽應。此中神妙。非精於揣摩者。不能心領神會耳。

拳法有三頂、三扣、三抱、三提、三毒、三元、三垂之分。今列舉之於下。舌尖頂上顎。頭望上頂。手掌望外頂。是三項也。膀尖要扣。手背要扣。脚面要望下扣。是三扣也。丹田要抱。心氣要抱。胳膊要抱。是三抱也、肛門要提。腎中要提。筋骨要提。是三提也。心毒。眼毒。手毒。是三毒也。脊背要元。胸脯要元。虎口要元。是三元也。氣要垂。膀要垂。肘要垂。是三垂也。明了三項是一快。明了三扣是一精。明了三抱多一勢。明了三提多一力。明了三毒多一急。明了三元多一妙。明了三垂多一靈。此又學者不可不知也。

人之一身、有三節焉。手肘爲梢節。足腿爲根節。胸腹爲中節。而梢節之中。又有其三節焉。卽手爲梢節。肘爲中節。肩爲根節是也。根節之中。又有其三節焉。卽足爲根節。膝爲中節。胯爲根節是也。中節之中。又有其三節焉。卽胸爲梢節。心爲中節。丹田爲根節是也。要不外於起隨追而已。梢節起。中節起。根節追之。則不至有長短曲直參差俯仰之病。又有四梢焉。四梢者何。卽髮爲血梢。牙爲骨梢。舌爲肉梢。手足指甲爲筋梢。四梢齊則肉筋出。明了四梢多一快。更有五形焉。心肝脾肺腎。此內五形也。口耳鼻眼舌。此外五形也。內五形相動。外五形相隨。內五形望外發。外五形卽相連。則內外五形。聯爲一氣。誠能三節明。四梢齊。五形備。則拳術之道、思過半矣。

拳法之中。有身法也。步法也。手法與足法也。上法與動法也。三性調養法也。顧法與截法也。茲數者亦其中至要之關鍵。學者不可不致意焉。身法者何。起落進退。反側收縱。要以中平爲宜。以真正爲妙。此身法之要也。次則步法。有寸步殿步過步快步剪步種種之不同。而遠不可發脚。尤爲此中之精髓。又次則爲手法與足法。手法者。單手雙手是也。起如鷂子之鑽林。落如燕子之取水。足法者。起翻落鑽。忌踢宜踩而已。蓋起脚望膝。起膝望腹。其忌踢者。脚踢則渾身是空也。手足之法殆相同。而足之爲用。宜如虎行之無聲。龍行之莫測。方爲妙耳。若夫眼爲見性。耳爲靈性。心爲勇性。能知三性調養之法。則藝中之妙用存焉。至於上法與動法之道。於拳術應用之功。更有密切之關係。上法者。其方有六。曰工。曰順。曰勇。曰急。曰狠。曰直。工者巧妙也。順者自然也。勇者果敢也。急者緊快也。狠者動不容情。直者發必中的。六方明。上法得。然後因其遠近。隨其變化。一發而即至矣。動法以粘勁爲貴。蓋粘勁既捷又靈。能使日月無光而不見形。手到勁發而不費力。所謂打拳不露形。露形不爲能。其理亦甚明也。末則言顧法與截法矣。用手肘身蔽住敵人之體。而使其不能動移。則顧法也。彼先動而截其手。彼未動而截其身。辭露而截其言。色露而截其面。意露而截其心。此則截法中之截手、截身、截言、截面、截心之道也。九法既明。一以貫之。則拳家所謂手眼身法步者。道悉寓乎其中。而武藝不亦幾於成乎。

夫明六合之理。識動靜之機。得進退之宜。極變化之能。智也。英傑邁衆。凌厲無前。勇也。然技擊之道。用以强身衛家。非所以好勇鬬狠也。尙德不尙力。仁也。具斯三者。體用兼備。則能剛能柔。能去能就。夫然後乃爲天下之大勇。又豈特膂力過人而已哉。學者苟潛心思之。則近道矣。

辛丑遊學之經過

李復幾

過去之事。已成陳迹。況更歷二十五年。有何追述之必要。惟現値母校三十週紀念。徵求文稿。因念余於一九〇一年（辛丑）十二月四日。偕曾宗鑒筠圃胡震平鍾英趙興昌炳生。到英留學之日。經歷情形。猶在目前。追而錄之。聊以塞責而已。余輩啓行時。先由伍昭扆先生電約藍卜德先生爲管學人。藍固英人。向充英國水師士官學校物理教授。嚴幾道伍昭扆兩先生均從受業焉。是日下午二時。泊輪於太姆士江口之鐵爾勃來埠。沿江眺望。迎候親友者。肩摩而轂擊。余輩與藍夫婦不相識。因出伍函由船主介紹。握手相見。頗形歡洽。檢付行李後。卽出埠直往鐵道專車。藍氏夫婦實引導之。旣登專車。計行四小時。全在大霧中。愈近倫敦。則霧愈厚。旣達開能街。（卽停車站）藍卽導余輩至愛皮西咖啡館茶點。略事休憩。四時後乘雙馬闊輪之一辨士樓車。直向倫敦橋進發。遙見霧中夕陽。如炭絲電燈泡。並無燦爛之光。而倫敦古壘。隱約在目。藍於是時囑余輩下樓車。瀏覽太姆士江之霧景。旋入鐵道。向格林尼前進。及抵格山上。斜照猶存。藍偕余輩登嶺遠眺。遊興旣倦。相率下山。山下左近曰半你街。面南之四十號屋。爲壽爾家。藍向壽爾租賃住屋兩間。爲余輩棲息之所。後遊格林尼市場。藍告余輩種種方便之事。又云。如逢迷途。宜詢警士。惟須稱之曰甲必丹。則欣喜過望。必殷勤指導。竟有護送至目的地者。若稱之曰破里司蠻。則怒目相向矣。散步後。返壽家晚膳。藍夫婦亦告力乏。與余輩握別。（藍住勃拉希司。相距約八英里。有火車可通。）是晚就寢時。用打綱球配對法。以單雙決之。於是胡曾爲一室。趙李爲一室。破曉。壽婦來邀早膳。壽爲皮酒肆經理抄帳。年近八十。而壽婦尤强健。年六十三。反小於女四歲。蓋壽之後妻也。壽女設油畫美術館於家之後院。雙棟間男女生合計數十名。而女生爲多。分日夜兩班。余輩租居樓室。故學生出入時常見之。旋由壽婦導入參觀。令諸生起立示敬。壽女且述及二十餘年前隨父母遊覽法京名勝時。生母便客死他鄉云。以上所述爲去今二十五年之實事。追而錄之。若有餘味焉。

十載南洋隨感錄

▲由二十週紀念至三十週紀念

徐鍾淮

一 緒言

曩者吾校念週紀念，余方在小學肄業，當時盛況，今猶彷彿憶之。駒光如矢，瞬又十年，而余已由小學而中學而大學卒業矣。此十年中，校名之變易，校長之更換，校務之改良，日新月異，進步無疆。設備既漸趨周密，課程亦益臻完美。余知十年二十年後，必又有一番新氣象焉。余以民國四年來小學，今夏大學卒業，肄業於斯，凡十易寒暑。（停學一年不計）其中在家時少，在校時多，庭園廣廈，遊息既慣，師生同學相處愈熟，一旦言別，知此際之黯然魂銷者，當不止余一人也。今逢卅週紀念盛會，承籌備委員會諸公以文字見屬，余雖不文，頗願以鄙見所及，就正於大雅之前，爰將十年經過與感想綴爲十載南洋隨感錄。惟倉猝成篇，舛錯脫漏，知所難免，敬乞讀者正之。

二 十年學生生活之迴顧

十年中事蹟繁多，記不勝記，茲謹就記憶所及，擇其較有價値者錄之如左，或亦關心教育者所樂聞歟。

（甲） 小學生活

民四之夏，余既畢業於縣之小學，與同鄉數人來滬投考。所考之學校，一爲浦東中學，一即吾校小學是也。蓋來滬之先，久仰南洋聲譽，又恐難於錄取，故寧降格以試。其後浦東雖取未往也。入學後，試讀一星期，編入二年級。蓋試讀多口試，余不能上海方言，成績欠佳故也。二年中，余所學者厥爲英文與算術，其餘均已習過，初無成績與興趣可言，殊不經濟。現小學招生已取消試讀制，新生再無降級之處，此改良之一端也。

吾校小學管理之嚴，秩序之佳，學生成績之優良，精神之活潑，皆他校所弗及。國人譽爲模範小學，豈偶然哉。校中起居以時，飲食有節，凡不良之習慣，無益之嗜好，弗染絲毫。上課能潛心聽講，下課亦遊戲有度，天真爛漫，其樂無極，此人生黃金時代也。

晨光熹微，空氣新鮮，此時小學生泰半黎明即起，（當時尚無早操）或在操場散步，或往課堂讀書。余雖不喜運動，然在春光明媚中，每興高采烈，勉效馳驅。所得區區進步，未始非勤練之功也。今者小學運動成績愈著，棒球籃球已應有盡有，而童子軍尤能進行不懈，中外馳名。非辦理認真，曷克臻此。

小學自修功課亦在教室，故宿舍按時開閉，清潔整齊爲上中院所弗及。他如沐浴有定時，飲食有節制，無故不得出校，皆小學生之良好習慣也。

民國六年春爲吾校二十週紀念之期，自四月二十六日起，開會三天，前後放假八日。來賓都數萬人，有不遠數千里而來者，頗極一時之盛。此爲余在小學最樂時期。

（乙）　中學生活

二年期滿，余乃升入中學，籠中鳥一旦自由，未有不歡欣鼓舞者。時初年級學生住校外宿舍，飲食遊戲，一無拘束，軌外舉動，在所難免。余仍謹愼自守，未敢放肆，蓋受同室學友之薰陶，有以致之。其後忽沈溺於賭博事發乃悟．是年同學中因犯校規除名者凡數人．甚矣交友之不可不愼也．

中學二年級功課較嚴，尤以英文爲最．時逃課之風甚熾，凡較難與非重要之功課，皆以一逃爲樂．余有時亦不免焉．蓋逃者愈多，愈無忌憚．廢時曠業，莫此爲甚．聞此風至今猶未盡革，深望吾同學有則改之，無則加勉．

八年春，余以腹痛入醫院割治，在院凡四十八日．旣出院，適値五四風潮罷課．返里後，補習功課，預備暑後考試．不意來校卽遭拒絕，蓋校章缺課逾三之一不得與考．雖其時余已將功課預備充足，然不得不與舊雨暫別，歸享半年家庭之樂．在學校定章固不得不爾，然而學生苦矣．區區一病，竟耗一載光陰．且求學貴及時，最忌中途停頓，余自經此挫折，頗失進取之心，尤不勝今昔之感．與余同病者不乏其人，將來校中採用純粹學分制，此弊庶乎可免．

童子軍以知仁勇爲徽章，亦實有知仁勇之精神．各種應用常識與測驗爲吾人應具之智識無論矣．某日値野戰之期，余騰躍過小溪而追者亦涉水以過，衣履盡濕不顧也．又某夜余與同隊虞君匿小學人迹罕到處，勝敗之心，有如兩軍對壘．及今思之，猶賈餘勇．可惜吾中學之童子軍已裁撤數年，甚願其能恢復舊觀也．

(丙) 大學生活

小學例於每晚九時就寢，中學十時，大學則十一時始熄火．可知程度愈高，功課愈繁，用腦時間亦愈多．且學生年齡愈長，交際愈廣，故大學生活最爲複雜．每日除上課外運動休息也，閱書看報也，課外服務也，應做之功課，每延至寢前數小時。有時功課較多，則焚膏以繼。苟終日爲功課忙，必致無自由思想與活動之餘地。此大學生所以有「老爺」之稱歟。

工廠實習與圖畫計劃約占課程三分之一。一則以動，一則以靜。前者用力，後者用腦。性趣不同，各有喜好。有時人數過多，每致苦樂不均，易起偷懶之心，袖手旁觀者大有人在，去分工合作之旨遠矣。黃教授有言曰：此非分工(Division of Work)乃分學識 (Division of Knowledge) 也，旨哉言乎。

人生百年皆有一死，惟學未成，身先死，爲最可憫。大學四年之中，先後凡死四人，曰顧國華，曰華壽奎，曰陳福梅，曰朱鼎章。顧陳二君以肺病，朱君染時症，華君則身歿胥江，爲義而亡。四君皆品學兼優，工科之高材也。不幸短命，悲夫。

爲公衆服務，乃練習辦事之機會，亦學生應具之才能。余之初任本校義務學校教職也，某君再三敦請，固辭不獲，濫竽一年。課前既須預備，上課復應付爲難，蓋初次上講臺，缺乏經驗故也。其後辦理通訊社事，顧此失彼，頗難盡如人意。同時兼任級務，任勞載怨，在所不免。擔任其他各種職務，若非具十分之熱心與堅強之毅力，弗能勝任愉快。語云『事非經過不知難』，余於此益信。

余酷嗜書畫，自幼卽然。會南洋學會倡辦書畫部，學校當局復殷殷敦促，余乃不揣冒昧，銳意經營，卒於去冬成立。半載以還，初無若何成績，惟旨在調劑生活，提倡美術，余於此亦得認識多少名家，結交幾位同志，可謂平生幸事。

三　十年學生生活之印象

（甲） 個人性情之變遷

余性情之變遷，可約分爲三期。一曰競爭時期，由小學至中學二年級。 性情最爲活潑。舉凡運動遊戲諸般結會，莫不有余之足跡。惟少年好辯，慣爭意氣。爭必勝，勝必驕，致與二三年相若性相似者釀成絕交風潮，彼此不共言語，至今引爲憾事。

二曰閉關時期，由中學二年級至四年級， 自五四留級後，性情爲之一變，謝絕一切社交，不作任何活動。惟功課則頗爲認真，稍有進步。蓋此時讀書慾最盛。

三曰解放時期，由大學一年級至畢業。 同學相處愈熟，感情愈洽。好談心，喜議論，樂爲羣衆生活，有暇則著述自娛，署名无憂子，可見性情趨向之一斑。功課除數門心得外，每多不求甚解。蓋年紀長，心緒勞，記憶力減，讀書心淡，其故由於早婚者亦半。此早婚同學普遍之傾向，明知故犯而無可如何也。

（乙） 學業成績平議

在小學二年，多半爲複習課程。祇英文算術，稍有進步。英文教員許安之、算術教員吳叔釐兩先生皆不可多得之良教師，循循善誘，誨人不倦。惜皆先後歸道山。中學四年，以算學一門成績爲最著。此雖由於性之所近，要亦教授之有方也。憶在二年級讀幾何，余每於上課時，將所授講義默誦而記憶之，其心得有如此。朱貢三先生授三角與高代，純粹用聰明教授法，能別開生面，引人入勝。蓋深得同學之心理，使人不覺其難，亦良教師也。余所最厭惡者爲英文，每覺格格不入。祇二年級時，稍有進步，此不得不感謝徐守五先生教授之熱心。

吾校國文素稱注重，而同學每多視爲無足重輕，致教學效率大減，似亟宜認真改良．余國文根基極淺，且乏研究，成績平庸，初無進步，有時平均祇八十分，有時則非百分卽九十五分．蓋教者之所欣賞有不同耳．

大學課程較中學繁重，現當局已注意及之，漸漸改良矣．蓋課程過多，難以兼顧，勢必就性情之好惡及教員之嚴寬而分緩急．

（丙） 不能已於言者

（一）教授不良之影響　教授之良否影響於學生學業至鉅．學生對於各科功課之優劣與好惡由於該科興趣之濃淡，興趣之濃淡視教授之合法與否．教授得法，則有條不紊，引人入勝，雖鈍根人亦易領略．然後自有心得，自有進步．反之教授不得其法，必致日久厭生，興趣毫無．深望吾校諸教師於教授法加注意焉．

（二）中小學管理不銜接　小學過嚴，一旦由小學升入中學，難免放情縱慾．蓋物極必反，無怪其然，負管理之責者應求所以補救之．

（三）大中學思想殊途　人之思想舉止，隨年齡爲轉移．大中學同學思想殊不一致，此可於每次大會中（如討論愛國運動諸事）覘之．一則少年血氣方剛，每多意氣用事．一則閱歷較深，態度較穩．思想既殊，意見各異．無謂之爭執，勢所難免．分部成會，或者於事轉有濟乎．

四　三十週紀念感想

吾校卓立東南，於茲卅載，爲國內工業大學之領袖，成績優異，譽滿全球。值此卅週紀念，十年一次之盛會，來賓校友，聯袂涖止，共襄盛舉，追念既往，思及未來，對於吾校前途之希望，實具無限之感想。夫希望乃成功之母，十年前之希望，今已泰半成功，如體育館，調養室，無線電台之建築，工廠校舍之擴充，皆此十年中之新發展。今者工業館已在募捐，學制課程亦在改良，則四十週紀念時，必更使吾人歎進步之神速。余在校凡十年，離校纔數日，對於校中近狀，知之較稔。謹貢芻言，以供借鏡，倘不以人微言輕而忽之，曷勝欣幸。

（甲）　對於學校當局之建議

（一）改用純粹學分制　學分制現已風行全國，裨益甚多。可以因性之所近而選習課程，可以因人之天賦而增減修業年限，有一心向學之誠，無食而不化之弊，庶幾學有專長，人皆心得，成績優良，意中事也。不幸而有疾病，或一二門成績不佳，亦不致影響全部。吾校今日之學制，雖亦有學分，然祇因學科之重輕，給學分之多寡，非所謂純粹學分制也。

（二）完成三大建築　張前主任所發起之三大建築，已成其二，惟學生會集室仍在理想中。良以學校主體，厥爲學生，今者校舍湫溢，結會爲難，既少學生辦事室，更無公共娛樂所，苟欲學生精神之渙發，公共事業之發展，則學生會集室之建築，爲不可緩也。

校中應興應革之事，不止一端，以上所言，或已在當局規劃之中，或因經費困難，未能即時實行。余謹拭目以俟之。

（乙）　對於師長之請求

（一）增進師生感情　師生相處貴能以誠.學生敬師長,必誠心聽講.師長愛學生,乃誠心教授.有敬愛之心而後有信仰.有信仰之心,然後能發生教學效率.增進師生感情,互相了解,再無隔閡之處.吾校教職員與學生除上課接洽而外,一無聯絡.習慣相沿,無可諱言.爾爲爾,我爲我,無協助之精神,乏師生之情誼,殊非好現象也.願諸師長謀所以改良之道.

（二）改良教授法　教法不良,影響於教學效力至大,余前已言之矣.是在教者因科目之難易,趣味之深淺,默察學生心理,以作教授方針.或博搜旁證,以期完備,或刪繁就簡,俾易瞭然.教材以適可而止,程度以中材爲準.教科須有預算,講義貴乎清楚.教者能準此以行,再參以一己之經驗,未有不使學生翕服者.余謹爲同學請願焉.

（三）認真指導　吾校效法歐美,於各班設指導員,法至善也.惟事屬創舉,奉行不力,除二三指導員例於每學期有一茶會外,幾等於虛設.學生學行如何,從未過問.質難解紛,更所罕聞.此豈吾校創設指導制之本意哉.

（丙）　對於同學之希望

（一）級際觀念太深　因宿舍之不同,鮮接觸之機會.同在一校,不期而有級際之分.彼此心存界限,一無聯絡.意見分歧,感情漸惡.他如運動比賽,競爭過烈,亦由於級際觀念太深故也.

（二）同學感情薄弱　同學苟非至好,原無感情可言.惟誼屬同窗,朝夕相見,謂毫無情感,非人情也.然而同級之中，每多不相識，不共言語者．其他無論矣．在校之同學如此，離校之校友亦如此．蓋感情薄弱，自昔已然，其或多時隔絕，漸成疏遠，偶爾相遇，頷首而已．余於西鄰同文之重禮節，不禁有感焉．

(三) 對公共事業冷淡　衆擎易舉，集腋成裘，必羣策羣力，乃能成大事．吾校許多同學，對於公共事業，大都莫肯負責，非獨善其身，即敷衍了事．無研究學術之精神，欠完備精密之組織，此或由於校課繁重，不克分心．然而「天下興亡匹夫有責」公共事業，亦猶是也．夫人不能離羣而獨立，孤陋寡聞，焉能立　身社會，此南洋同學所應特別注意者也．

(丁)　對於團體事業之管見

余在校對於公共事業，雖曾略盡綿薄，惟學識淺陋，心餘力絀，初無裨益．然以數年經驗，默察羣衆之心理，知吾校現有之各團體，辦理未必盡善．其不能得同學之信仰，非無故也．是在辦事者認真改良，會員之隨時監督．茲編所述，乃本責備賢者之意，冒昧陳辭，諸希鑒諒．

(一) 南洋學會　南洋學會在吾校組織最早，成績最著．歷年爲公衆謀福利，始終不懈，以前如學生雜誌之編輯，二十週紀念時之功績，皆足以表現學生服務之精神，發揚大學之校譽．其後雖因辦事人之熱心與否，幾經興替，而精神未嘗稍減．近如照相部書畫部打字部棋奕部皆能積極進行，成績甚著．倘再繼長增高，則前途未可限量．所可惜者，該會無儲蓄基金，祇恃販賣部之區區贏餘與臨時捐款，殊非長久之策．又該會所應注意者爲設置會員建議箱於走廊，及每學期趕將收支帳目公布．蓋吾人辦事，首須集思廣益，與經濟公開，會員既可明白會中經濟狀況與職員辦事之成績，職員亦可採用會員之意見而知所改良與建設質之該會諸君，倘亦以爲然否．

(二)學生會　學生會爲吾校最大之組織，亦學生領袖之機關．其性質與南洋學會截然不同．南洋學會爲自由組織之團體，所以輔學校教育之不及，作課外生活之調劑．學生會則爲全校同學合作之機關，人人皆有義務與權利．苟能辦理完善，實足代表一校學生之事業．經濟既不虞拮据，人才更不患缺乏．惟以範圍過廣，部分複雜，熱心辦事者固多，濫竽充數者亦不免．進行殊非一致，成績大有參差．當務之急，在對症施藥．慎重選舉，認真辦事．悉心規劃，盡力推行．而南洋週刊之革新，尤不可或緩．良以一校之出版物，最能代表一校之精神．今之南洋週刊，其能代表吾校之精神否．無怪乎校內外人士之嘖有煩言．余於此不得不歎編輯者之一意孤行，尤怪吾數百同學皆袖手旁觀，一籌莫展．願此後加之注意焉．

(三)工程學會　工程學會爲工科同學研究學術唯一之團體．成立以來，頗能銳意進行，如工廠參觀，名人演講，皆不辭勞苦以謀進行．現工程學報已與季刊合併，其他尚少新發展．似宜廣聘教授爲指導，多作問題之研究．俾師生合作，發展較易．並可增進會員入會之興趣．

他如管理科同學組織之經濟學會，與學校主辦之技擊部與軍樂隊，皆各著成績，頗負時譽．惟余非其中份子，知之較淺，未敢妄參末議，謹從略．

編輯經過

今年欣逢本校成立之三十周歲。校中同人謀所以誌慶祝而垂紀念者。爰有刊行紀念出版物之舉。既印校景冊、以示校內設備之概況。又編同學錄、以通新舊校友之聲氣。復以三十年來本校造就之盛。同學建樹之宏。不可無所表示。以察既往而勵將來也。因有紀念徵文之發起。思集海內外校友著述。彙印專冊。爲本屆慶祝留一永久紀念。一再徵文。歷時四月。幸蒙同學贊助。踴躍惠稿。較之原定篇幅。超出數倍。匆促編印。諸多失當。經過困難。有不能不爲諸同學告者。請列述之。徵稿之初。酌定門類。大概以學術進步、交通實況、教育評論、辦事經驗、四者爲準。嗣後收到稿件。合乎此者固多。出乎原定範圍者亦不少。琳琅滿目。美不勝收。不得已依題旨比附。分爲八類。一、本校歷史及希望。二、交通事業。三、教育。四、工程。五、科學。六、經濟。七、調查。八、雜著。權宜區分。無當大雅。編次先後。尤難愜意。此應請讀者諸君原諒者一也。徵文期限。原定太促。雖一再展長。旅居海外者。均不能撰文應徵。而遠近同學來函。因時促不克投稿者。亦不可勝計。取材既隘。遺珠實多。此應請讀者諸君原諒者又一也。徵稿截止。距慶祝期不滿兩月。篇幅既多。排印不及。不得已復於臨時抽出專門著作多篇。以備改登本校出版物南洋季刊或旬刊。有負盛意。抱歉實深。此應請惠稿諸君原諒者一也。本編選錄文字。以專應徵文而撰作者爲斷。其有以舊著賜登或先在他處發表者。恕從割愛。刊印費時。不能不略定限制。此應請惠稿諸君原諒者又一也。付梓過晚。校勘不週。魯魚亥豕。知難幸免。亦有原作間或疏漏而不及函詢更正者。唐突鴻文。辜負讀者。此尤應向惠稿暨愛讀諸君道歉者也。編輯日期。至爲短促。幸承裘次豐、王爾綯、徐叔劉、胡明復、李振吾、范靄春、柴芷湘、王誦閩諸君襄助審閱。得以早日蕆事。編者校勘既竣。不能不對惠稿及審閱諸君表示深切之感謝。至於是編內容。是否合於原定宗旨。是否足留卅週紀念。竊願愛校諸君。加以公平之論斷。抑學術之進化日劇。本校之希望無窮。此後新舊同學學成用世者益多。學詣之深。事功之著。行且繼長增高。靡有底止。深冀本此精神。日進不懈。十載以後。或更有四十週紀念冊之印行。其蒐羅之廣。資料之豐。將有倍蓰於此集者。斯則編者所馨香禱祝者也。

編者 徐名材 趙祖康 識 十五年十月

胡跋

中華民國十五年十月爲南洋大學三十週紀念之期余向在校備員教長數年能無動浮屠三宿桑下之感爰就紀念刊之盛舉僭附一言其亦爲同人所贊許乎夫南洋大學隸屬於交通部者也原以工業爲志幟溯自考工失傳吾國工業數千年進步殊緩海通以還歐士東來其所爲交通之利器者愈相形見絀有清季世我南洋大學乃乘時起而振之綿綿延延歷今已閱三十寒暑古人稱三十年爲一世其成績固卓有可傳惟吾人冀望之願甚大在此三十年中不過爲吾校研究工業之初期卽在中國工業此時亦僅可謂萌芽之始後此繼長增高迨二世三世以至百年吾國工業當放一異彩吾校學術亦將與歐美抗行成大業者無近功吾黨其無自畫可也身處京華夢縈滬瀆昔時賢友往來中心斯以紀念刊之作益動余懷舊之蓄念焉於是乎書

民國十五年七月八日胡棟朝跋

The Views of

The University Campus

in this Volume
are the Work

of

Chung Hwa Studio

The Shanghai Leading Photographer

Artistic Portrait
Technical Photography
Commercial Work
} Our Speciality

Phone C. 5352

德禪臣洋行商

創立於西曆一千八百四十六年

總行上海江西路六十號

敝行經售德國著名製造廠各項機件如下：

(一)原動機　各種內燃機。煤氣機。蒸氣機。透平機。水力車等。

(一)鐵路材料　各種機關車。客車。貨車。鋼軌。橋樑。挖泥機等。

(一)電汽機件　大小電光電力廠。水電廠。紗廠。麵粉廠。榨油廠。水泥廠。造紙廠。煤氣廠。造船所等應用一切電汽機件及材料如透平發電機。發電機。馬達變壓器。配電盤。電線。電纜。電表等。

(一)印刷機。紡織機。抽水機。冷氣機。造冰機。種類繁多。不勝枚舉。

樣本及價目單函索即寄

SIEMSSEN & CO.

SHANGHAI OFFICE . . . . 60 KIANGSE ROAD

BRANCHES ALL OVER CHINA

IMPORTERS : ENGINEERS : EXPORTERS

International Dispensary Co., Ltd.

Head Office: 581-584 Foochow Road
Factory: Kin Kee Road, Siccawei

SHANGHAI

■營業宗旨

本公司凡各國醫療藥品　原料藥品
工業藥品　醫科器械　照相器具
各種衛生物品　化妝品一應俱全

▲唯一國貨

亞林（防疫）臭水

▲質料純淨　▲成分充足
▲消毒滅菌　▲功效無比
▲凡惠顧者　▲須認明顯微鏡商標

本廠自製經驗家用良藥

人造自來血　女界寶
非洲樹皮丸　魚肝油精丸
海波藥　代參膏
呼吸香膠　良丹

上海四馬路五洲大藥房謹啓

中華興記香皂

上年八月間　本公司盤買中華興記香皂廠　合併於五洲固本廠內　牌號悉仍其舊　專製各種中華興記香皂及各種化妝品

五洲固本香皂

特聘經驗技師選用上等原料精製化妝各種香皂　質純氣芳　國貨上品　價廉物美　有口皆碑　請試購用　方知不謬

壽比南山

ASIA LIFE INSURANCE COMPANY
EVERLASTING AS THE HIMALAYAS
INCORPORATED

恭賀
南洋大學
卅週紀念
友邦人壽保險公司謹祝
上海廣東路三號

孫一茂紙號

本號紙貨　首屈一指
品質優美　信用久著
今更銳意　研製精良
優待主顧　取價從廉
諸君一試　定能滿意
地址上海城內三牌樓中

南洋大學出版股介紹

中國牙科醫院
附設牙科留醫院
院長司徒博牙醫生

司徒先生學術深邃經驗豐富敢以一言爲
牙疾諸公介紹

中國牙科醫院在法租界霞飛路尙賢坊三百
零四號　▲電話西五七七號

英商
怡和機器有限公司
獨家經理名廠五十家
本公司承辦一切精美機械聘有專門技師
代客計畫與夫指助各機用法並備有各種
現貨如蒙　惠顧卽請
駕臨
圓明園路A八號總公司
或各處要埠分公司均可

自由之庫

本會創辦於民國元年。用獎金鼓勵儲蓄。信用昭著。保障穩固。每月積零成甍。且有最鉅大之希望。凡來本會儲蓄者。不但進幸福之門。亦如入自由之庫。學生時代如入本會儲蓄。則將來游學之費。可以無憂。倘有室家者。尤當亟早儲蓄。以備子女之教育費。凡爲未來之家計者。宜一加計算。早來儲蓄。

（詳章函索卽奉）

全會　每月付十二元

半會　六元

四分之一會　三元

上海愛多亞路七號

萬國儲蓄會啓

The World's Greatest Graduation Class

During the period of a year's time between four and five thousand students of the International Correspondence Schools complete their Courses and are awarded diplomas thereon. In 1925 7,242 students were graduated.

Can you picture in your mind's eye the extent and the possibilities of such a group of ambitious men and women who have accomplished their aim solely in spare time?

Can you visualize the advancement in position and salary resulting from such a concerted effort on the part of a group of earnest, well-meaning, home-study students?

An I. C. S. Diploma is awarded only to a student who, by the excellence of his work, merits one. A Diploma is a statement signed and sealed by the officers of the Schools and members of the Faculty certifying that the person whose name appears thereon has satisfactorily completed the subjects taught in a given Course, including a Final Examination.

No one can buy these Diplomas; they are given only for meritorious work. They have come to be recognized as an evidence of merit and are frequently passports to promotion. They may be found in the offices of many successful business men.

International Correspondence Schools

Dept. 51 83 Szechuen Road, Shanghai

List of some of the Courses offered:

TECHNICAL & INDUSTRIAL

- ELECTRICAL ENGINEERING
- MECHANICAL ENGINEERING
- GAS ENGINES
- CIVIL ENGINEER
- RADIO
- ARCHITECTURE
- AGRICULTURE

BUSINESS TRAINING

- SALESMANSHIP
- ACCOUNTANCY
- BOOKKEEPING
- ADVERTISING
- HIGH SCHOOL SUBJECTS
- BANKING & BUSINESS
- GOOD ENGLISH

Ask for a descriptive Catalog

先施有限公司

唯一大商店

滬行
上海南京路

津行
天津法租界（籌備）

本公司統辦環球貨品推銷中華國貨舉凡日用所需罔不搜羅齊備價廉物美招呼週到 諸君賜顧無任歡迎

粵行
廣州市長堤

總行
香港德輔道

SINCERE'S

(ESTB. 1900 A.D.)

HONGKONG CANTON SHANGHAI TIENTSIN *(In projection)*

UNIVERSAL PROVIDERS

MAIL ORDERS A SPECIALITY

上海

新新公司

本公司統辦環球貨品推銷中華國產舉凡名貴珍品加意搜羅一切日用需求無美不備至於學界所用中西文具運動器械久已悉心研究務使貨美價廉如蒙 惠顧格外歡迎

貴客函購貨品＊郵票滙單通用

附設

新新旅館酒樓　新新屋頂花園

水火保險部　銀業儲蓄部

發售各種禮券＊買貨可以代價

（地址）南京路市政廳對門　（電話）中央二七一一，二七二，二七三

美商慎昌洋行

本行專辦機器、工程、進口、保險。成績優美。經驗豐富。代表美歐各大名廠。經售電力電燈廠全部機器材料。紡織、針織、建築、電業、工廠、鐵路、農業、印刷、各種機器材料。種類繁多。不勝枚舉。如蒙詢問或購辦。無不歡迎。

總行上海圓明園路。

分行漢口、天津、北京、奉天、濟南、香港、等處。

DUNLOP CYCLES

鄧祿普脚踏車

LEAD THE WORLD IN CYCLE VALUE

CYCLISTS WHO KNOW THE NECESSITY OF HAVING ONLY MATERIALS OF THE FINEST QUALITY, THE MOST EXPERT OF WORKMANSHIP AND EXCELLENCE OF FINISH, FIND IN DUNLOP CYCLES, THE IDEAL MOUNT AT A PRICE WITHIN THE REACH OF ALL. BUY ONLY BICYCLES BEARING ONE OF THE FAMOUS DUNLOP MARKS

DUNLOP
老人頭牌

POPULAR
泡潑勒牌

THREE FLAG
三旗牌

CONVINCIBLE
康文雪白兒牌

SELBY
賽兒牌

BOIDA
巴德牌

ADVANCE
愛德文司牌

RED LION
紅獅牌

"Count them on the road and ask the man who owns one"

EVERY MACHINE CARRIES THE DUNLOP GUARANTEE OF QUALITY

DUNLOP RUBBER Co., (CHINA) LTD.

23 AVENUE EDWARD VII, SHANGHAI

滬寧鐵路廣告

啓者本路客列車往來於上海崑山蘇州無錫常州丹陽鎭江南京等站穩妥迅速設備週全沿途古蹟甚多風雅幽靜別饒興趣堪稱爲東南名勝菁華之區風景之佳甲於全國其最著者如南翔之古漪園崑山之馬鞍山蘇州之虎邱天平山無錫之惠山梅園太湖勝景常州之天寧寺太平寺鎭江之金山焦山甘露寺及南京之明陵莫愁湖等處均爲我國特殊勝景如乘車出行作竟日之郊游必能爽心悅目於精神上康健上獲益匪鮮特別夜快車備有臥車床位清潔舒暢倘係團體旅行本路訂有定章以人數多寡核減票價惟須先期函知車務總管核准此佈

車務總管奉命啓

蘇州虎邱塔之遠景

科學儀器館股份有限公司

The China Educational Supply Association, Ltd.

ESTABLISHED 1901

MANUFACTURERS AND IMPORTERS OF

SCHOOL AND LABORATORY SUPPLIES ETC.

CABLE ADDRESS
'KOHYOKWON' OR '6427'
SHANGHAI

HEAD OFFICE
C. 58-59 HONAN ROAD
SHANGHAI, CHINA

TELEPHONE
CENTRAL 2081

營業要目

貨物精良充足
價值克己低廉

物理器械 測量器械
化學器械 化學藥品
博物標本 博物模型
醫學器械 醫學藥品
農業用具 工業材料
繪圖器具 美術用品
音樂器具 運動器具
文具用品 書籍碑帖

備有各種目錄
函索隨即寄奉

◎發行所

總館 上海棋盤街
分館 奉天鼓樓北 漢口後花樓
新鄉大北街

本館剏立距今二十六年前科學思想時方輸入本館編譯書籍設所傳習北抵遼瀋南及桂林雖規模簡陋而國人知有所謂科學者實自此始嗣後教育發達新編日出本館乃專致力於儀器之製造未遑他務惟是學識日進思想日新器械日精本館以固陋之技能閉門造車深以未能合轍自懼世有績學之士晉而教之幸何如焉

◎製造廠

總廠 上海恆豐路
新廠 新鄉大北街

Deutz Solid Injection Diesel Engine

DEUTZ-VM

The New airless injection Deutz Diesel Engines in sizes from 100 HP to 1,000 HP for all industrial and marine purposes: for Electricity Works, Cotton Silk, and Oil-Mills, etc. and with reversing gear or direct reversible for: Tugs, Cargo and Passenger-Boats, auxiliary Power for sailing vessels, Junks, Motor driven Anchor and Cargo winches, Electric Generating Sets, Fire and Bilge Pumps. More than 3,500 marine Engines have been supplied by the Factory and more than 25 Boats are running with Deutz Marine Engines in China.

Unrivalled Economy and Efficiency

Fuel Consumption: 0,375 lbs per B. H. P./Hour

The principal advantages in comparison with other Heat Engines are:

1. Simplicity of design and easy control.
2. Moderate weight.
3. Small Engine Room space required.
4. Easy and speedy Erection
5. Runs on all cheap Liquid Fuels.
6. No high duty Compressor, no Magneto, no Blow Lamp, etc.
7. Low cost of maintenance.
8. Utmost reliability and safety of operation.
9. Maximum of Economy.
10. Always ready for immediate service.
11. Very economical consumption, of Fue and Lubricants.

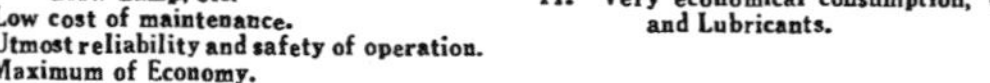

Passenger and Cargo Boat "Young Ning", a triple screw Motor Vessel, built by Nanyang Engineering Works, Shanghai. She is constructed for an overall length of 137 feet, a beam of 25 feet and a moulded depth of 6½ feet; she draws in service order 4 feet and carries 90 tons of freight at a draft of about 5 feet. She is driven by three Deutz airless injection Diesel Engines of 200 h. p. each and when timed over the measured mile, she performed a speed of 14 miles an hour. The Boat is now on her regular run between Ichang and Chungking and is capable to pass the Gorges by her own power.

The MOTORENFABRIK DEUTZ A. G. was founded in the year 1864 by N. A. Otto and Eugen Langen. The invention of the gas engine by N. A. Otto was the occasion of its founding. It is thus the earliest and oldest factory for internal combustion engines in the world. The further collaboration of the inventor with Eugen Langen led to the production of the four-stroke engine, which resulted in the enormous development in international intercourse and during the last 50 years.

The leading idea of the founder, who from the beginning had recognized, *in gas and oil engines, the power of the future*, was to aim at rendering such engines simpler and cheaper. His successors have continued loyal to these aims and have succeeded, by the introduction of mass series production of the several types of engines in introducing to the world market machines which are not merely cheap but also of faultless design and which meet every requirement.

More than 165,000 engines with more than 2,200,000 B.H.P. output, 7000 motor locomotives and 12000 Gas Producing Plants with an output of 43 million cub. ft. of gas per hour, is the record of productions of the "Deutz" Factory so far, who, by their technical perfection based on the intimate association of scientific study and the practical experience of over 60 years have established a world-wide reputation for "Deutz" productions.

The Han Yung Company, Shanghai, with her branches in Hankow, Ichang, Chungking, Tientsin, Hongkong and Canton is since February 1922, the representative of the MOTORENFABRIK DEUTZ for the whole of China and during that time more than 250 internal combustion engines of more than 11,000 H.P. were installed by her in China. The Company carries a permanent stock up to 200 B.H.P. Diesel Engines for industrial and marine purposes. For the installation of all engines from 6 H.P. to 1000 H.P. a permanent staff of German construction and expert erecting engineers is maintained in Shanghai and the Hankow, Chungking, and Tientsin Branches so that every guaranty for a good installation and a proper running of the engines can be given at any time.

南洋大學卅周紀念

徵文集

葉恭綽題

南洋大學卅週紀念徵文集

廣告索引

INDEX TO ADVERTISERS

介紹良醫

同學周君常君

同學周君延勛號君常幼年肄業母校後轉學同濟大學醫科民國八年畢業在南潯創辦潯溪醫院造福鄉里非淺十年春留學德國海台山大學研究內科及小兒科得博士學位返國後即懸壺滬濱周君學術精深經驗豐富性情溫篤藹然可親弟等願爲同學介紹焉

林康侯　淩鴻勛　張孝安
黃炎培　沈叔逵　虞順懋
章宗元　陸達權　王寅清
張世鎏　李熙謀　沈　奎
謹啓

診所　新世界西首福源里廿三號

時間　門診下午一時至四時　出診下午四時至八時

電話　中央七三九八

SIEMENS CHINA CO.

德國

西門子電機廠

代表

總行 上海江西路二十四號

德律風根廠 無線電報電話機

西門子雪克脫廠 電燈廠電力電動透平機以及電燈材料家用電力器具等

西門子海斯克廠 電話電報測量儀器水表炭養二表以及醫學電療機等

萊因愛爾勃聯合公司 各種路礦機件工廠機件及鋼鐵

分行 北京 奉天 廣州 天津 漢口 香港 哈爾濱

BABCOCK & WILCOX

BOILER PLANT

If ordered will ensure that You are getting the benefit of our world-wide experience free of charge.

BABCOCK & WILCOX BOILER, FITTED WITH INTEGRAL SUPERHEATER AND MECHANICAL CHAIN GRATE STOKER.

諸君如購置

拔柏葛水管鍋爐

非但得省煤耐用之著名汽鍋且可不費分文因而得敝公司之全球經驗代君解決一切疑難問題

拔柏葛鍋爐公司啓

上海黃浦灘一號

南洋大學出版股出售書報目錄

(1)南洋季刊 每年四期 已出創刊號電機工程號經濟號三期。每冊大洋二角。郵費外埠二分半，本埠一分。

(2)南洋旬刊 每年二卷凡二十四五期。已出至第三卷。零售每期一分。訂閱每半年連郵一角六分。

(3)收回路電權議 每冊零售大洋一角半。函購一角八分。

(4)本校西文章程 Nanyang University Catalogue for the Thirtieth Year, 1925-1926 函購連郵每冊洋三角五分。

(5)南洋大學概況 每冊零售大洋二角 函購連郵大洋二角三分。

(6)南洋大學卅週紀念徵文集

(7)南洋大學校景冊

(8)南洋大學校友錄

NANYANG MIRROR

TRICENNIAL COMMEMORATION PUBLICATION
OF
NANYANG UNIVERSITY
SHANGHAI, CHINA

中華民國十五年十月九日出版

每冊定價大洋二元

編輯者 南洋大學卅週紀念出版物委員會
徐名材 范永增
趙祖康 柴福沅
王永禮 劉曾佑
李熙謀 張孝安

出版及發行者 上海南洋大學出版股

印刷者 上海商務印書館

NANYANG UNIVERSITY

《交通大学四十周纪念刊》简介

该刊于 1936 年为纪念交通大学成立四十周年而发行，共一册。分为纪念志盛、史料汇
现状一览、征文集刊四个栏目。该刊刊载了学校成立以来的简史、大事记、重要变迁等
贵文献，以及彼时校舍、院系、研究所、图书馆概况和学生活动，为交通大学四十年的发展
史提供了参考史料。同时，还汇总了王同文、庄智焕、徐缄三、顾澄、许国保、徐名材、陈柱
各科知名学者有关四十年来关于铁道、电政、纺织工业、数学、物理学、化学、文学等学科
革、近况或展望的文章，包括《四十年来中国之铁道》《中国纺织工业之检讨》《近四十年
理学进展状况及述略》《四十年来吾国之文学略谈》等，为学科发展追本溯源。

该刊另外收录了诺贝尔和平奖得主尼古拉斯·默里·巴特勒（Nicholas Murray Butler，
52—1947）的贺信。

交通大學
四十週紀念刊

民國二十五年

交通大學四十週紀念刊

目錄

一 紀念誌盛

二 史料彙編

三 現狀一覽

四 徵文集刊

紀念誌盛

四十週紀念會盛况記略

四月八日爲本校成立四十週紀念日,黎校長以際茲國難時期,不願多事舖張,故僅於是日上午十時展覽成績,并在工程館內空地馬可尼所手植之天線銅柱對面植紀念樹,下午二時在上院文治堂舉行紀念儀式,五時在容閎堂二樓舉行容閎先生像揭幕禮,旋在容閎堂會議廳開茶話會,晚六時三十分在體育館舉行慶祝大會,七時管絃樂隊在文治堂開音樂大會,十時在大操場放焰火,並於前後數日內,乘課餘之暇,隨時舉行各種球類比賽及話劇,電影,學術演講,國術表演等以資慶祝。茲分誌各情於次:

一 紀念典禮

下午二時在文治堂舉行,到會來賓計有市長吳鐵城,鐵道部張部長代表黃伯樵,次長曾養甫,上海市教育局長潘公展,上海市審計處長林襟宇,及張壽鏞,劉湛恩,歐元懷,蕭友梅,翁之龍,何炳松,錢新之,顏福慶,伍連德,李登輝,趙修鴻,任傳榜,梁小禰,陳能之,陸幹成,楊盆惠,徐善祥,曹雲祥,陸紹雲,周仁,劉廷蔚,葉恭綽代表,王正廷代表,前監院福開森及其女公子,麥克來根,伊利,勞克何特,巴烈夫人,暨各地校友代表:徐佩璜,張寶桐,張惠康,樓兆念,張軼歐,鍾文江,劉應麒,武書常,張行恆,徐恩第,金家鳳,沈叔逵,秦紹基,平院代表麥健曾,唐院代表潘承梁,並本校教職員學生等共七百餘人。

甲.儀式

(一)奏樂,(二)全體肅立唱黨歌,(三)向黨國旗及總理遺像行最敬禮,(四)主席恭讀總理遺囑,(五)校長報告,(六給奬,(七致紀念會詞,(1.上海市吳市長鐵城,2.鐵道部長張公權代表黃伯樵,3.鐵道部次長曾養甫,4.上海各大學聯合會代表光華大學校長張壽鏞,5.同學會會長張貢九,6.前監院福開森博士,)(八)禮成,奏樂。

乙.報告

我校自成立至今已四十周年,雖不能與歐美各大學並論,然在國內已不多覯。在昔範圍甚小,其後屢經擴充改進,始得今日之規模。茲擇其質量兩方之最要者報告如次:

一. 本校上海本部有五學院,凡工程,管理,科學俱備;唐山另有一工程學院,除土木工程外有採冶工程科;北平又有一鐵道管理學院;可稱爲世界上一有相當程度之工業大學。此後當再求充實發展。

二. 上海本部計有教職員二百九十八人;學生六百九十餘人,其中習科學者一百人,習管理者約二百人,習工程者約四百人;唐山工程學院計有教職員五十五人;學生一百八十餘人,其中習土木工程者一百四十餘人,習採鑛冶金者約四十人;北平鐵道管理學院計有教職員六十四人;學生一百六十人。

三. 關於校基,計上海本部所有地產樓房價值共約五百餘萬元;唐山工程學院共約五十餘萬元;北平鐵道管理學院共約三十餘萬元。

四. 關於設備,計上海本部所有儀器機械共值一百餘萬元,中外文圖書共八萬二千餘册,中外雜誌共九百餘種,中外日報共五十餘種;唐山工程學院所有儀器機械共值三十餘萬元,中外文圖書共二萬四千餘册,中外雜誌共一百餘種,中外日報十五種;北平鐵道管理學院所有儀器機械共值五萬餘元,中外文圖書共二萬六千餘册,中外文雜誌共二百零三種,中外日報二十二種。

五. 歷屆畢業生,計上海本部自最近三十年來,共約二千名,其中土木科佔四百四十，機械科三百一十五，電機科五百八十，管理科四百五十，科學三十；唐山工程學院自成立以來共約七百名；北平鐵道管理學院自民國九年後共約一千零十八名；大部分供職於政府機關，其餘分散於實業界教育界。依照年度經費平均每一學生在昔約佔五百元，在今一千元。

六. 關於研究學術及服務社會方面，本校設有研究所，為國內開辦最早者。除研究工業及交通技術問題，暨調查社會經濟狀況外，並解答各界科學諮詢，承辦中央各省市機關各路局中外廠商及工程師委託試驗，截至上學期，已達一千三百餘件。

以上僅就本校成立四十周年以來進展狀況，擇要報告，或可以徵吾校之能否為國育才，為民服務。至於將來能否進展，則固深望政府維持，更須期求社會各方時予贊助，以匡不逮。即以校舍而言，大都由政府撥款建築，然如圖書館，體育館，調養室，及工程館之一部，均由歷屆校友及各界仕女樂捐，得告完成。復承各界及校友捐贈獎學金十三種，最近又由民八級畢業生捐贈獎金一千元，以獎成績優異者。是可知將來校務發展，仍須賴各界繼續贊助也。再者吾校教務，在上海唐山兩方面，向得外籍專家臂助；即本部始基，實有賴於福開森博士之計劃與建立。今福開森博士年逾七十而康健猶昔，本日特來觀禮，同人深表謝忱焉。

丙.給獎

本校並於四十週年紀念之期，分別發給教授及學生之獎品，計教授方面有服務本校二十年之陳石英先生，獲得鐵道部褒獎狀一張，由校長宣讀褒獎狀詞，並介紹陳教授登台致詞。又二十四年度國語演說獎品第一名程威廉，第二名劉景峯，第三名楊天孫，由劉景峰代表領獎，又團體錦標由程威廉代領。又二十四年度英語演說獎品第一名丁憲祜，第二名周瑞琴，第三名黃海齡，由黃海齡代表領獎，又團體錦標由周瑞琴代表領獎。又上海銀行二十四年度第一學期獎學金第一年級呂保齡，第二年級劉景峯，第三年級周廣誠，由周廣誠代表領獎。又念珠獎品爲蔡秋琴女士所得，又二十四年第二學期邦杜紀念奬學金，爲姚傳甲所得，均一一發給。

丁.演詞

（一）吳市長　略謂一校能有四十年之歷史，決非偶然，更非倖致。交大與中國維新史有甚密切之關係，其特點有三，（一）交大爲中國最高權威學府，學風純正，始終如一，（二）四十年來對中國科學文化供獻甚多，（三）在中國新過程中，造就不少人才。交大經四十年之奮鬥，終有今日，深足慶賀。吾人欲建設現代國家，必先有現代化之人才，深望交大進步無彊云。

（二）鐵道部長代表　鐵道部長張部長因公未能來滬參加，特派京滬滬杭甬鐵路管理局黃局長伯樵到會代表致詞。略謂交大爲國內工業敎育歷史最久之學府，四十年來，人材輩出，試觀今日國內各種工程方面，均有交大畢業生服務，對社會供獻之多，即可見一斑。交大之特點，在招生時試驗較嚴，標準較高，迨學生入校後，即灌輸以歐美最新知識，故學生中西學識根柢均佳。此種精神，希望能永久保持，否則不能得社會之信仰，畢業後即使有學問，亦將無由發展其抱負。一二十年來國家多故，一切建設，類無成績可言，學生出路，乃成爲問題。我國衣食住行，無一項能自給自足，何能立國，故年來當局爲國家及民族生存計，已努力從事建設，而自開發交通事業始。蓋我國地大物博，惟因交通不便，國產物品不能與舶來品競爭。惟將來的鐵道建設，不在沿江沿海，而在內地，慣於江浙安適生活者，恐不能經受內地生活，希望同學加以注意，而有所準備。

（三）曾次長　演說達一小時之久。以交大學生譬作軍事學校學生，而以鐵部比作士兵，謂如有良好之軍校學生，即可訓練精强士兵，交大與鐵部之關係亦如此。工業學校之缺點，在課程太多，實習太少，希望有意改善。繼又對學生畢業後，對於事業之態度，反覆引證，解說指導，趣味盎然，大受學生之歡迎。

曾次長致詞後,繼有大學聯合會代表光華大學張校長致詞,復由管理學院鍾院長代表前校長立法院孫院長宣讀祝詞。(見後)機械工程學院胡院長代表唐前校長蔚芝宣讀紀念會文。(見後)

(四)福開森先生　略謂,此次四十周紀念,引起余對於本校創辦人盛杏蓀先生之回憶。先生爲過去實業界政界之翹楚,在當時凡鐵路電政紗廠銀行輪船等新興事業,莫不經先生之力,由創始而推進。先生又先後任郵傳部商部尙書等要職,治事特勤,成功亦多,而以經營此學術機關,爲最費苦心。余等最初主持之南洋公學,由盛先生任督辦,何梅生先生任總理,張經甫先生任華文總敎習,余任監院,與余等共事者,尙有朱有濟,張在新,及陳頌平等三先生,張陳二先生與余,迄尙健在,張先生掌新聞報筆政多年,陳先生現爲北平大學祕書,余等三人謹向黎校長諸先生及維持交大之鐵道部致賀。回憶過去四十年中之歷史,覺本校日趨發展之原因有二:其一,學生國文根底深厚,能發揮其從西籍中所獲得之智識。其二,每一畢業生均能瞭解負有啓迪後進之責任,本校第一班師範生在當時半敎半讀,至今尙保持良好之影響。余在任內,卽負責選擇地段從事建築校舍,其式樣亦經余選定,所建校舍,用費省而材料堅實,業已經過四十年之試驗矣。中國經過四十年之變遷,業已進展至新而較善之階程,我校實與有力,此非余空作誇言。蓋南洋出身者,實到處受人之信仰也。余所引爲關切者,卽余等必須繼續努力,精益求精,甯使少數畢業生習得少數學科,比較多數人僅受得一半之訓練者爲益多多。吾人不欲表見美麗之房屋與場地,吾人所需要者,爲一羣優良之敎師,爲一羣能尋出可以造就之人才之敎師。黎校長,及諸同仁,余願諸位在將來之十年中,更有進益,余且希望來此參加五十週紀念會也。

福氏演詞畢,復由敎職員代表胡敦復先生及南洋同學會會長張貢九先生前後致詞,卽攝影奏樂而散。

二 容像揭幕

散會後,來賓卽入容閎堂,舉行容閎先生銅像揭幕禮,奏樂後,由校長報告容閎先生簡略歷史,及本校總辦公廳命名之意義,(按容閎先生曾於一八四五年畢業於美國耶魯大學為我國最初之留學生,提倡科學,主張興實業救國之第一人)卽由校長親自揭幕,幕啓後,由校長介紹美國耶魯大學中國同學會顏福慶博士致詞,繼卽入容閎堂會議廳茶點而散。

三 成績展覽

八,九二日上午九時起至十二時止,為成績展覽時間,當時全校各試驗室,工廠,圖書館等全部開放,任來賓自由參觀。所有機械儀器,模型樣品以及歷載學生成績等各就原在處所,羅列展示,在每一展覽品上用卡片說明名稱,用途,用法等各項,作簡單之介紹,使觀衆一目瞭然,增加興趣不少;各部並有招待員多人,引導參觀,隨時解答來賓之詢問。當時來校參觀者,二日中不下數千人,鐵道部曾次長,特於九日上午十時,再度來校參觀成績展覽,歷時凡二小時云。

四 慶祝大會

八日下午六時半在體育館籃球房舉行慶祝大會,事前籌備會恐來賓擁擠,預發入場劵以示限制,故會場秩序甚佳。經主席說明慶祝意義後,表演卽行開始,其精彩者有培眞小學學生之歌舞表演,中國女體師所表演之漁家樂,黑奴舞,秦女士以及本校同學之平劇淸唱等。

五 音樂大會

本校管絃樂隊為表示慶祝及娛樂來賓起見,於八日下午七時半在上院文治堂開音樂大會，並邀海上音樂專家參加表演。鐘鳴七下，文治堂中已告客滿，七時半開會，由何隊長致開會辭，繼即開始表演，首由該隊全體隊員合奏黨歌，聽衆均肅立致敬，繼又合奏一曲，樂聲鏗鏘，令人興奮，旋爲個人表演，有孫葆堂夫人之鋼琴獨奏，華美熙君毛楚恩君之小提琴獨奏，郎毓秀女士，應尚能先生之獨唱，葉懷德先生之長笛獨奏，一時珠玉並呈，美不勝收。

六　話劇公演

交大話劇社在過去歷史中爲一頗有聲譽之學生藝術團體，此次爲慶祝計，於六日下午七時公演於體育館，遠道來觀者，頗不乏人。翌日晚上復重演一次。其所演節目有二：一爲喜劇「委曲求全」，一爲悲劇——「日出」。表演精彩，博得美譽不少。

七　學術演講

科學，管理，工程三大學術團體聯合舉辦之學術演講，於十日下午七時半舉行於工程館第一教室。同學往聽者極爲踴躍，七時許，會場已患人滿，後至者多倚墻而立，誠空前盛況也。首由三學會推定管理學會代表董寅初君主席致詞，略述演講會宗旨及歡迎之意，繼請校長致介紹詞。校長首先介紹中央氣象研究所所長竺可楨先生演講，講題爲『復興民族與歷史』。竺先生首述國內外許多學者引證歷史倡國家盛衰爲週期性說，指斥中國無望悲觀論之錯誤，史實之類似，乃偶合而非必然，故不應悲觀，或抱自暴自棄之態度。聽者甚爲感動。

校長繼請本校特約教授陳伯莊先生講『如何發展路運』，因時間之限制，陳先生僅在『農產品限期運到』一點加以發揮。言及農產品之不能如期運到，市場不能與洋貨競爭，以致無人問津，農村破產。希望交大學生將來服務鐵道，應注意及之云。最後校長乃介紹錢塘江鐵橋工程處處長本校校友茅以昇先生講『橋樑工程』。茅先生除將『橋樑工程』之理論與實際加以說明外，並將十數年來本人所得之經驗與知識灌輸於同學。講畢已十時許，由主席致謝詞而散。

八　國術表演

九日下午二時在體育館舉行。參加者有中華體育會畢茂林，國術研究社，忠義拳術社，劍光社，中華兒童國術團，及名家張璽亭，武匯川，吳南倬，孫存周（老名家孫祿堂先生之公子），佟忠義等，名家藝術，不同凡響，各拳社中亦多英俊之士，表演頗爲精采。該日節目達數十種之多，均有獨到之處，如得民國二十年上海市國術錦標之劉欽俊等，穩而老練，神韻天然；鄭懷賢之飛叉，紀逢春之猴拳，最稱精彩；此外紀寶貞（十四歲）采貞十二歲）姊妹，高龍德（八歲）和德（七歲），以孩提之年，玲瓏活潑，進退有序；佟忠義先生之公子佟嘉俊及劉鴻禧二君，年僅十四，步法老練，身手高強，可見其平日曾受嚴格之訓練也。表演完畢，已鐘鳴四下矣。

九　球類比賽

本校體育當局以恭祝校慶，特約海上有名各勁旅來校，作各種球類友誼比賽，並排定程序：計有八日下午四時，校友隊對東華隊之足球比賽，九日下午四時，校際隊對滬江大學排球隊之排球比賽，五時半南星隊對滬江之籃球比賽，十日下午四時半本校女生排球隊對清心女中排球隊之排球比賽等。除足球比賽因該日雷雨交加，宣佈停賽外，其他均順序舉行，玆分記結果如下：

男子排球賽	二對一	本校勝
男子籃球賽	三十六對四十三	滬江勝
女子排球賽	一對三	清心勝

十　禮品誌謝

本校此次舉行四十週紀念慶典,承各機關各團體,各界名人,各地同學,惠寄聯畫,立軸,鏡架,銀盾,磁瓶,賀電等百餘件,琳瑯滿目,不勝列舉,厚禮遙頒,良深感謝。又荷各方寵賜鴻文,增光祝典,拜嘉昌言,彌感高情,玆韋足資,流傳宜廣,謹錄下方,永矢勿諼。

頌　　詞

一

粵維民國二十有五年四月八日忻逢我交通大學四十周紀念良辰,四方君子濟濟焉莘莘焉咸萃於斯,懿歟盛哉!是校創設於盛杏蓀尚書,維時主持之者,爲武進何梅生先生美國福開森博士,篳路藍縷,建設權輿,厥功非尠。其地則襟帶申江,縮轂吳會,遂成東南第一學府。余於清光緒三十三年秋,來掌斯校,迄民國十年解職,凡十四載,所有土木電機管理三科,粗具規模,稍資引鐩,而二十周與二十五周紀念,余先後承乏其間,惟以格於經濟,少有苟完,內心滋疚。洎今校長黎曜生先生主校,又得孫院長哲生先生匡助指導,於是各院各系次第成立,器械精良,千辟萬灌,藝學羅抉,鉱拋兼呈,爰有今日之盛,中外稱譽,聿無間然。余維古者大同之治,其精誼曰,修禮以耕之,陳義以種之,講學以耨之,本仁以聚之,播樂以安之。夫工藝用也,道德體也,諸生於以上五者既涵濡中和之化,而又發揚工業,利用厚生,與時六府孔修,庶

上海交通大学百年报刊集成·第一辑（1896—1949）·学术学科

士交正,救民利國,非吾校其誰屬,而矅生先生之功,於是益宏遠矣。抑余更有進焉,易言利用爲大作,又言有孚惠心富有之謂大業,日新之謂盛德,此非一人之力所幾也。矅生先生虛懷毅力,博採衆長,其所經畫,悉係久大之模,則凡中外同志,舉當竭其知能。匡所不逮,輔之翼之,從而振德之,俾我校日新又新,與國家同臻自强不息之效。他時五十紀念百年紀念,其興盛當復何如,是則余所厚望也夫.並爲頌曰:

柔兆余月　清明扇和　辭乎學府　工業先河
形上形下　格致靜專　陰陽橐籥　理化精研
牢籠宇宙　枕被山川　觀雷觀火　坎離位焉
祁祁多士　鵰翮高翥　標新領異　灌輸八埏
孰懋厥功　番禺崇宜　天有四時　乾有四德
元亨利貞　健行不息　以時敌之　爲泰爲益
雲龍風虎　其道大光　於萬斯年　厤美無疆

唐文治

二

緊維斯校　締造艱辛　爲山九仞　積累迺成
南洋公學　是爲前身　旋改工專　規制漸增
唐山路礦　專校陶甄　鐵道管理　院設舊京
爲謀統一　合併經營　組成大學　爰正今名
幾經充實　規模始宏　分科邃密　研究精深
多士負笈　良師盍簪　鎔冶日久　才俊雲騰
遙瞻寰宇　宛在戶庭　航郵路電　學術專精
觀摩互競　日異月新　工商以利　實業以興
我國交通　如木始萌　山川阻障　時感邅迍

如何展拓 端賴羣英 卌年黌舍 日月升恒
摛詞致祝 驩欣情殷 相期努力 共奮前程
迎頭趕上 歐美蜚聲 阜民裕國 學府光榮

孫 科

三

伊惟大黌 運周四十 庇此廣廈 以成學業
儲材育德 工程是資 濟濟祁祁 克永其儀
乃徵論文 推展教育 默察既往 光若炳燭
我宅南交 同是作人 類感聲孚 邁於陶鈞

鄒 魯

四

兟兟黌舍 靈光巍然 星躔載易 歷四十年
經營經始 有開必先 發揚光大 實賴時賢
交通學府 卓爲中堅 學科粲備 宗風宏宣
人才蔚起 廚俊連翩 濯磨効用 雲路騰騫
育才宏效 交譽爭傳 承前啓後 斯爲關鍵
皇皇特刊 包羅萬千 高文名著 璧合珠聯
氣求聲應 如會百川 是程是式 不倚不偏
巴人下里 深愧詹詹

顏德慶

五

卌年努力 作育專材 巍巍學府 桃李花開
立教有方 網羅英傑 出類拔萃 輔助建設
祁祁濟濟 西學東膠 鴻都刻石 紀念千秋

陳延炯

六

神州文化　權輿南洋　陶鑄之宏　甲於他邦
居稽正學　其道大光　工程建樹　機械精良
路電管理　寰宇颺揚　南金東器　薈萃一堂
學以致用　並重工商　交通便利　藉資國防
猗歟貴校　培植棟樑　涵濡卅載　歷史悠長
莘莘學子　鳴鳳高岡　敬致蕪頌　壽至無疆

劉海粟

七

皇皇學章　郵電路航　民以是富　國因是强
綱維在握　體要貫通　人文雲起　慕道風從
菁莪造士　棫樸作人　前程無限　德業日新
溯洄伊始　於斯卅年　英才敎育　何止萬千

洪世濤

八

機械之學　工程之科　設敎最久　造就最多
栽成大器　成績巍峨　逢此紀念　足以詠歌

商務印書館

九

巋然學府　海上靈光　建始迄今　四十星霜
英才樂育　桃李成行　扶輪文軌　山海梯航
聲敎遠被　文化闡揚　樓臺近月　相得益彰
作人棫樸　日進無疆

南洋模範中學

十

欽維母校　學主交通　神臯沃衍　富蘊靡窮
巖深谷邃　風氣顓蒙　乃闢學藝　乃闢鴻濛
辨物析理　電製車攻　梯山航海　聲教攸同
儲才植幹　品彙陶鎔　果行育德　建立事功
人文蔚起　桃李花穠　門牆忝列　廣被春風
緬懷教澤　蘊結五衷　四十年來　校譽益隆
萬間廣廈　規模廓充　圖書彝器　徵集彌豐
後來居上　肆外閎中　新知舊雨　傾蓋相逢
一堂風雨　其樂融融　蹌蹌濟濟　鬱鬱葱葱
招攜俊侶　三祝呼嵩　祝我母校　地久山崇

南洋同學會

十一

巍巍母校　藝文淵海　體大用亨　德宏道泰
發越國華　騫騰邦釆　弁冕南朔　彪炳中外
盛會聿張　榮光共戴　丕績咸熙　俊髦胥賴
紀躋四秩　功超百代　霞蔚雲蒸　方興未艾

杭州同學會

十二

春風桃李　蔭滿門牆　梯山航海　示我周行
萬年彪炳　四政膺揚　猗歟母校　邦家之光

武漢同學會

史料彙編

本校簡史

交通大學創始於民國十年，合三校以成立。是時在上海者，曰上海工業專門學校，在唐山者，曰唐山工業專門學校，在北京者，曰北京郵電學校及交通傳習所，統轄於交通部。交通總長葉譽虎先生，爲謀增進管理效能，及統一部轄高等教育起見，呈准政府，以此四校合併爲一大學，並名之曰交通。設總辦事處於北京，有董事會專理其事；校長則由葉氏兼領，而於京滬唐三校，各設正副主任一人，分掌校務。組織甫成，未及一年，復分爲二，各冠以交通部名義，在上海者，曰交通部南洋大學，在唐山者，曰交通部唐山大學，在北京者，則爲唐校之分院，及民國十二年，仍復獨立，名爲北京交通大學，此創立經過情形也。

民國十六年夏，國民革命軍統一南北，國都建於江南，國民政府任命蔡孑民先生爲校長，總理三校。未幾又以均隸於南京交通部，其校長職，由部長王伯群先生兼領，狀况略有變異；上海南洋大學改稱交通部第一交通大學，唐山交通大學改稱第二交通大學，北京交通大學改稱第三交通大學。次年秋，部頒直轄交通大學組織大綱，推行合併計劃，十七年冬中央各部改組，增設鐵道部，全校遂改隸鐵道部直轄焉。

孫部長哲生先生兼任大學校長後，在十八年秋，鑒於培植交通人才之需要，及改良部轄教育事務之急切，組織交通教育整理委員會，以部校之重要職員爲委員，依照先總理遺教，决定教育方針，並注意於管理問題。乃即爲大學寬籌經費，力圖整頓。同年六月，裁撤祕書長職，添設副校長，而以鐵道部次長黎照寰先生兼任之。定全校辦公處於上海，總理校務，修正大學組織大綱，又頒布各項法規，以資遵守。次年十月，部令遵照教育部大學組織規程，廢除副校長制，適孫部長復辭校長兼職，國民政府命黎副校長繼任校長，黎校長遂辭去鐵道部次長職而專任校務。

大學十八年度開始時，上海本部，設有鐵道管理，土木工程，機械工程，電機工程四學院，唐山設土木工程學院，北平設鐵道管理學院。十九年夏本部更立科學學院，內設物理化學數學三學系。二十年秋復將鐵道管理學院擴充，改稱曰管理學院，內分鐵道管理，實業管理，財務管理，公務管理四科。同年唐院增設採礦冶金學系，更名曰唐山工程學院。二十三年秋機械工程學院添設汽車工程門，至二十四年秋又改爲自動機工程門，分爲甲乙兩組。大學基礎，由是固定。

前南洋大學時代，設有工業研究所，專事研究與試驗工作，後因政變，稍爲停頓。至十九年夏，呈准鐵道部改組之，增設經濟一部，名曰交通大學研究所，自編預算，經濟獨立。次年設分所於唐山工程學院，二十二年復設分所於北平鐵道管理學院。

本校經費來源，悉由鐵道部撥定，計年度預算，連直接徵收學宿等費，已超過一百萬元。但爲購地建築，以及添置儀器圖書，需用繁鉅，甚感不敷，須賴國內外熱心人士之協助耳。

大學之沿革梗概如此，至於滬唐平原有三校略史，可分述如次：

上海各學院

上海原有南洋大學，產生於昔之南洋公學，由創始人盛宣懷先生奏准開辦，時在遜清光緒二十二年三月，迄今適四十年，現以四月八日爲成立紀念日。校址在滬西徐家匯，占地一百二十畝。當時經費由招商輪船局及電報局撥充。其始僅設師範科,繼設預科,七年後,裁撤師範,添設商務專科,此爲南洋公學時代。

八年後電報局移歸商部管轄,校名改稱上海商務學堂,嗣又改爲商務高等實業學堂,後招商及電報局改隸郵傳部,又名郵傳部高等實業學堂。其間停辦商務專科,添設鐵路專科。迨太倉唐蔚芝先生爲監督,添設電機專科。又增設船政科,但不久移設校外,獨立爲商船學堂。同時預科亦改爲附屬中學,五年畢業。武昌起義,經費困難,校長唐蔚芝先生勉力維持,改名曰南洋大學,此爲上海學校改稱大學之嚆矢。

鼎革後,郵傳部改爲交通部,校名又易爲交通部上海工業專門學校,改鐵路專科爲土木科,中學改爲四年制,另設預科一年。民國七年春,增設鐵路管理科;此時學校有土木電機管理三專科。九年夏,唐校長以年邁多病,辭職歸鄉。越年改組,稱爲交通大學上海學校,移土木科於唐山,管理科於北京,本校添設機械工程科,唐山之機械科則歸併於此,以後發展狀況,已詳大學總史。

關於學制之改革,原屬因時異旨。本校開辦之初,設師範科,注重培養師資,故另設小學,以爲實驗之用。又以其時風氣未開,招生不易,乃設附中,并由附小升附中,爲進專科之預備,此制因沿未革者二十餘年。及國民革命軍底定東南,交通部派符鼎升先生代理校長,實行裁撤小學,暫改中學爲預科,三年畢業。民國十八年教育部通令大學不設預科,故至二十一年止,本校預科遂告結束。

唐山工程學院

唐山學院成立於前清光緒三十一年四月四日,迄今已三十有一年,現定五月十五日爲成立紀念日。初名鐵路學堂,後定爲路礦學校,其時經費,由關內外鐵路局及開灤礦務公司撥給。越二年,改歸郵傳部管轄。隨後礦科停辦,經費悉由部發。民國成立,該院直隸於交通部,更名鐵路學校。至民國二年九月,增設機械科,改稱唐山工業專門學校，與上海工業專門學校並立。十年夏，交通部實施合併計畫，唐校隸屬於交通大學，名曰唐山學校，原有機械科生，轉送滬校肄業，而上海學校之土木科，則與唐院合併。翌年又復獨立，仍隸交通部，定名爲唐山大學，單獨遴派校長，專設土木工程一科；中間又更稱唐山交通大學校。至十七年，再屬於交大，名曰唐山土木工程學院。二十年夏呈准增設採礦冶金學系，改稱工程學院。此唐山學院之沿革情形也。

唐院於民國七年時，設有預科兩班，以爲升入專科之預備，至十九年，遵照部令裁撤。

北平鐵道管理學院

北平學院，爲前清郵傳部所創辦，於鼎革前三年七月成立，現以五月二日爲成立紀念日。旨在訓練鐵道管理人才，始名曰鐵道管理傳習所。越二年增設郵電班，更名爲交通傳習所，對畢業期限，或爲一年，或爲三年，視學生所習之學科而異，民國五年。交通部令改組專門學校，原設之鐵道郵電兩班，乃分爲郵電及鐵道管理兩學校，各置校長，分掌校務，同時提高程度，并建設無線電，以爲實習之資。

民國十年，與上海唐山工業學校合併，改爲交通大學北京學校，設鐵道管理科，并招收預科新生。民國十一年，改隸唐山交大，稱爲分校。翌年，又復獨立。至民國十七年，又兩易其名。十八年八月，部令命名爲交通大學北平鐵道管理學院，新基鞏固，益圖改進。

民國二十年秋，預科停辦，特設補習班，現已裁撤。

本校大事記

羅君惕

光緒二十二年(1896)

大理寺正卿盛宣懷奏由招商局電報局盈餘項下（該時兩局係官督商辦純爲商業性質盛爲兩局之督辦商准各股東每年招商撥銀六萬兩電局撥銀四萬兩）撥銀十萬兩設南洋公學於上海造就新學人材奉旨允准派盛宣懷爲南洋公學督辦

光緒二十三年(1897)

春督辦盛宣懷奏派何嗣焜爲南洋公學總理　聘張煥綸爲總教習假上海徐家匯民房開辦南洋公學　設師範院考取學生四十名　三月初六開學　秋設外院考取學生一百二十名派師範生輪流教之　聘美國福開森博士爲監院

光緒二十四年(1898)

春設中院錄取學生二十名（按該項學生由外院高級生選拔充之嗣後外院生遞升中院取消外院之準備）　夏總教習張煥綸辭職　延李維格爲提調兼教師範院英文　購地一百餘畝於徐家滙北建築校舍　冬派師範院生章宗祥雷奮中院生楊廷棟富士英楊蔭杭胡礽泰留學日本

光緒二十五年(1899)

夏中院校舍落成　提調李維格辭職延伍光建爲提調兼教師範院英文　秋全校遷入新校舍　購校南民地爲擴充計　冬開第一次運動會

光緒二十六年(1900)

春上院校舍落成　夏北洋大學學生避拳匪亂來就本校遂添設鐵路班及增中院班數　秋設譯書院譯印東西教育政治經濟各書並考取學

生一百二十名附屬該院肄習日本文語聘張元濟爲譯書院主任（按該院分設於上海虹口） 八月二十七日初開祝聖大會 冬派師範院生章宗元日本留學生胡礽泰赴美留學

光緒二十七年（1901）

春正月何總理嗣焜卒張元濟繼任總理 規設附屬小學以師範生陳懋治爲主任二月初一日開學 設特班招學生一百二十人爲應經濟特科之預備聘蔡元培爲主任教員王舟瑤及師範生趙從蕃爲教員 夏中院第一次畢業計曾宗鑑等六人 派曾宗鑑李福基胡振中趙興昌四人赴英國留學 總理張元濟辭職勞乃宣繼之未幾辭職沈曾植繼之 設政治科由師範生及中院之高級生選入之 冬監院福開森辭職

光緒二十八年（1902）

春總理沈曾植辭職汪鳳藻繼之 夏中院第二次畢業計包光鏞等十名升入政治科 冬除師範及附屬小學外各班學生同時因事散學 總理汪鳳藻辭職劉樹屏繼任 提調伍光建辭職張美翊繼任 散學之各班學生除特班外均歸校

光緒二十九年（1903）

春師範院生均就事不到師範院裁撤 總理劉樹屏辭職提調張美翊兼任 夏中院第三次畢業計張在湝等十一名小學第一次畢業計吾蔭垣等十五名 選派畢業生及政治科生赴比國留學計侯士綰張景堯王壽祺周𢢼王澤利張保熙楊德森金頌庚王明熙李昌祚十名又派教員程文勳同往 冬張鶴齡爲總理 招商電報兩局改隸北洋經費縣絀

光緒三十年（1904）

春總理張鶴齡辭職提調張美翊兼任 小學主任陳懋治辭職以教員林祖溍繼之 夏中院第四次畢業（即高等預科）計徐維震等五名小學第二次畢業計沈連奎等二十七名 派上屆畢業之胡壯猷及徐維震陳同壽居慰曾吳乃琛邵長光與教員胡詒穀計七名赴美留學 招商電報兩局改隸商部以經費出自兩局本校亦改隸商部 秋督辦盛宣懷辭職 冬提調張美翊辭職

光緒三十一年（1905）

春商部奏派楊士琦任本校監督（總理提調之稱始廢） 易校名

爲商部高等實業學堂 延伍光建爲教務長 議另建附屬小學校舍 夏中院第五次畢業（卽高等預科）計夏孫鵬等十名 派夏孫鵬沈宏豫徐恩元任家璧秦銘博周善同周承裕林汝耀孫家聲張鑄十名赴英留學 秋楊士琦晉京由王淸穆代任監督 教務長伍光建辭職教員馮琦代之 冬中院第六次畢業（卽高等預科）計林則蒸等十三名備入商務專科

光緒三十二年（1906）

春設商務專科 監督楊士琦回校 派學生范況程承遒張承樾三名赴日本留學 夏中院第七次畢業（卽高等預科）計張謂等十四名小學第三次畢業計董邦霖等二十名 秋設鐵路專科 冬附屬小學校舍落成 招商電報兩局改隸郵傳部本校因改名郵傳部上海高等實業學堂

光緒三十三年（1907）

春監督楊士琦辭職楊文駿繼任 三月因時疫傳染停課 夏商務專科第一次畢業計楊錦森等十三名中院第八次畢業（卽高等預科）計曹永城等三十七名小學第四次畢業計朱玉如等二十九名 秋監督楊文駿辭職 郵傳部奏派唐文治爲監督常川駐校辦事 派商務專科畢業生楊錦森趙景簡徐經郛胡鴻猷林則蒸楊蔭樾六名赴美國留學

光緒三十四年（1908）

春改延梁業爲教務長並委李聯珪爲國文科長 設國文硏究會於星期日分班教授（由監督與國文科長分任之） 夏中院第九次畢業（卽高等預科）計陸殿揚等四十四名小學第五次畢業計薛桂輪等二十七名 遵學部定章改高等預科及中院各班爲中學五年畢業 秋設電機專科 開國文大會監督及職員等捐資獎勵

宣統元年（1909）

夏鐵路專科第一次畢業計吳思遠等五名中學第十次畢業計李大椿等五十一名小學第六次畢業計吳福同等三十七名 派鐵路專科畢業生吳思遠高恒儒潘善門胡士熙四名赴英國留學 教務長梁業辭職胡棟朝繼任 各省咨送學生來校 秋設商船駕駛科聘吳其藻爲主任 開國文大會 補給本校留英自費生劉曾揆學費學習船政 添購校後民地設金工廠（民國十九年改造）

宣統二年（1910）

春就中院後餘地添建宿舍　建築電機廠（民國十九年拆去）全校減膳助安徽賑捐　舊同學組織同學會設總會於上海北京分會同時成立　夏鐵路專科第二次畢業計俞亮等十三名中學第十一次畢業計沈宗漢等七十二名小學第七次畢業計李熙謀等四十名　派鐵路專科畢業生俞亮郭鵬二名赴美國留學王繩善林莊顧詒燕盛守鑫余建復五名赴英國留學　教務長胡棟朝辭職改任鐵路科科長　初收通學生　延美國敎員謝而屯爲電機科長　秋開國文大會　多選派學生赴南京參與全國體育大會　建築木工廠（民國十九年改造）　延辜鴻銘任敎務長　附屬小學開十週紀念會　農商部舉行南洋博覽會於南京本校獲優等獎狀及金牌獎狀各一

宣統三年 (1911)

春延拳術敎師授學生技擊　小學主任林祖溍辭職敎員沈慶鴻繼任　江淮水災全校減膳助賑　購地於吳淞建商船學堂校舍　購本校東南之民地房屋添建宿舍商船駕駛科遷設於此　校外宿舍落成　派第二次鐵路專科畢業生李保齡康時清陸世勛周熙梁樹釗五名赴英國留學　夏電機科第一次畢業計孫世纘等十名中學第十二次畢業計鄭維藩等七十六名小學第八次畢業計沈學洪等四十名　秋商船學堂成立延夏孫鵬爲主任招生百餘人　開國文大會以獎金移充賑捐　電機科長謝而屯介紹畢業生孫世纘孫寶鑑鄧禍垣華蔭薇鍾鍔郎國楨朱福顧孫世芬八名赴美國電廠實習郵傳部發給津貼並由廠給予薪水以資旅費本校學生專赴外國工廠實習者自此始　敎務長辜鴻銘辭職　九月武昌起義江蘇響應本校學生組織義勇軍　本校改名爲南洋大學其時南北尚未統一本校經費無着不得已提用招商電報兩局存欵充之　十月遵用陽曆放年假

中華民國元年 (1912)

春照常開學以經費艱窘徵收學費　鐵路科科長胡棟朝辭職委美國敎員畢登暫代　延胡詒穀爲中學科長　監督改稱校長　商船學堂離本校獨立推薩鎮冰爲校長　校長唐文治爲本校經費事如京　議籌國民捐以拒外債　夏鐵路專科第三次畢業計朱鏊昌等十二名電機科第二次畢業計顧光宥等十六名中學第十三次畢業計張蔭熙等六十七名又中學四年級生同時畢業計薛桂輪等七十二名小學第九次畢業計杜光祖等三

十五名自是年始遵部令中學以四年畢業小學以三年畢業並增設專門預科一級　本校歸交通部直轄改名交通部上海工業專門學校　改鐵路科爲土木科電機科爲電氣機械科　中學科長胡詒穀辭職本校留美畢業生徐經郛繼任　開國文大會　國慶日爲灤州殉義白烈士鏡崑開追悼會

中華民國二年 (1913)

續聘胡棟朝爲土木科科長　改訂本校章程送交通教育兩部　夏建立白烈士紀念碑於校園　土木科第四次畢業計魏景行等二十名電氣機械科第三次畢業計朱彭壽等八名中學第十四次畢業計傅煥光等六十八名小學第十次畢業計四年級鄒恩潤三年級張毓良等四十三名　七月滬上第二次革命軍起攻戰甚烈本校商船學校舊址爲德輿兵屯駐旋由校長與該軍官接洽即行退去　開國文大會　電氣機械科科長謝而屯熱心教授勞瘁不辭由唐校長函達交通部轉請政府奬給勛章　電氣機械科科長謝而屯介紹電氣機械科畢業生朱彭壽胡端行黃錫藩三名入美國電廠實習教員桑福介紹土木科畢業生鈕因祥楊毅尤乙照三名入美國火車公司實習均由各該公司給予薪資並由交通部按月匯給津貼

中華民國三年 (1914)

春教職員學生一律着制服　夏土木科第五次畢業計楊培琫等十名電氣機械科第四次畢業計鄭維藩等十名中學第十五次畢業計戴成垣等五十八名小學第十一次畢業計張承祜等二十七名　秋添招初年級生一班　開國文大會　電氣機械科長謝而屯介紹電氣機械科畢業生鄭維藩赴美國西方電氣公司實習張行恒赴美國機械公司實習教員桑福介紹土木科畢業生徐佩璜楊培琫赴美國鐵路公司實習　冬本校足球隊與各校比賽屢獲勝利並赴武漢與西人比賽由漢陽鐵廠漢口海關及本校寓漢同學會各贈銀杯

中華民國四年 (1915)

春任美人萬特克爲土木科科長　實行强迫運動　學生組織南洋學會刊行雜誌　夏參與遠東運動會中學學生李大星列本國第一　土木科第六次畢業計淩鴻勛等十七名電氣機械科第五次畢業計汪瀣龍等七名中學第十六次畢業計顧懋勛等五十二名小學第十二次畢業計黃恭任等二十八名　建材料試驗廠（民國十九年改造）　延英理遜爲體育教

員秋開國文大會　冬添建養息所及教員宿舍　試辦童子軍旋由上海中國童子軍總會認可中學童子軍列爲第九團小學童子軍列爲第十團派英人培克斯爲團長英人李思廉及小學教員沈維楨副之　開英文大會　電氣機械科長謝而屯介紹電氣機械科畢業生汪懋龍陸法曾赴美國奇異電氣公司實習土木科長萬特克介紹土木科畢業生凌鴻勛陳體誠赴美國橋樑公司實習　得巴拿馬博覽會第一大獎章

中華民國五年(1916)

春得北京專門以上學校賽會一等獎　夏交通銀行停閉匯兌不通校費萬分支絀唐校長竭力挪墊幸得支持　土木科第七次畢業計薛次莘等十八名電氣機械科第六次畢業計裘維裕等八名中學第十七次畢業計胡鴻勛等五十一名小學第十三次畢業計黃丕傑等三十六名　開國文大會　冬爲本校創辦人盛公宣懷開追悼會　體育部日益發達除學田徑賽外共分八部曰足球部曰網球部曰籃球部曰棍球部曰游泳部曰野外賽跑部曰技擊部曰童子軍部　交通部開交通會議庶務長阮惟和代表赴京

中華民國六年(1917)

是年爲本校二十週紀念之期四月二十六至二十八日開紀念大會三日在大禮堂開勸工場陳列各學科成績來賓數千人莫不歎賞　延山東劉震南爲技擊教員　整理雨中操場　夏土木科第八次畢業計裘燮鈞等十二名電氣機械科第七次畢業計楊耀德等四名中學第十八次畢業計鄒恩泳等六十八名小學第十四次畢業計陶景弼等四十一名　電氣機械科長謝而屯介紹電氣機械科畢業生楊耀德等土木科長萬特克介紹土木科畢業生陸銘盛等赴美國工廠實習　改專科三年制爲四年制　秋開國文大會　職員宿舍不敷擇地於上院之西南校長宿舍後建築樓房一幢五楹（民國十三年拆去）

中華民國七年(1918)

設立鐵路管理科　春籌建圖書館相地於中院之東南估費約八萬元唐校長請撥部款並擬募捐啓由各同學分組勸募後即招工投標承造委派教員胡士熙等監工　夏土木科第九次畢業計孫寶墀等十二名電氣機械科第八次畢業計陳長源等三名中學第十九次畢業計陳良輔等八十三名小學第十五次畢業計黎繼壬等四十一名　電氣機械科長謝而屯介紹

電氣機械科畢業生陳長源等赴美國紐約奇異電廠實習土木科長萬特克介紹土木科畢業生孫寶墀等赴美國費城橋樑公司實習　秋開國文大會

中華民國八年 (1919)

春建築無線電試驗室　美教員桑福介紹機械工程師美人湯梅生來校教授唐校長擬添購機械籌備添設機械科　五月滬上學潮風湧各學校罷課商界相繼罷市人心杌隉唐校長苦心維持校中秩序安定　土木科第十次畢業計顧懋勳等十五名電氣機械科第九次畢業計陳𫖯屏等十一名中學第二十次畢業計蔡承新等六十四名小學第十六次畢業計蔡劭存等四十一名　電氣機械科長謝而屯介紹電氣機械科畢業生倪俊等土木科長萬特克介紹土木科畢業生顧懋勛等赴美實習　秋開國文大會　冬建築西宿舍

中華民國九年 (1920)

春圖書館行開幕禮工程完固建築欵除部撥三萬元外黎總統段執政交通部總長以次各有捐資本校教職員及各同學盡力捐募成績極佳比較原估數足以敷用開會時來賓雲集極一時盛況部派代表劉成志蒞校驗收工程政府派代表毛祖模致賀詞　夏土木科第十一次畢業計姚滌新等二十名電氣機械科第十次畢業計莊智煥等十七名鐵路管理科第一次畢業計武書常等三十名中學第二十一次畢業計趙曾珏等八十六名小學第十七次畢業計康吟芳等五十四名　電氣機械科長謝而屯介紹電氣機械科畢業生金奎等赴美國西方電氣公司實習及法國巴黎電氣高等學校留學土木科長萬特克介紹土木科畢業生王元齡等赴美國橋樑公司實習　秋開國文大會　十月唐校長辭職回錫函電交馳至十一次部派錢新之薩桐蓀赴錫懇留同人請留者絡繹於道唐校長以親老目疾堅拒部中乃派凌鴻勛代理校長職務

中華民國十年 (1921)

春改稱交通大學分上海學校北京學校唐山學校設總辦事處於北京　四月部派張鑄哲理工業專門學校校長職務設機械科聘狄克生為機械科科長　凌鴻勛謝而屯狄克生徐廣德張廷金赴北京出席教務會議推李松濤為附屬中學主任沈慶鴻為附屬小學主任　六月十二日附屬小學舉行二十週紀念典禮　七月一日交通大學正式成立葉恭綽任校長本

校改稱交通大學上海學校張鑄任主任淩鴻勛任副主任　移鐵路管理科於北京學校移土木科於唐山學校而移北京學校之電氣工程班及唐山學校之機械科於上海學校時僅有電機機械兩科　本屆畢業生計電機科王崇植等十七名土木科江應麟等十五名中學許國保等九十五名小學楊業治等四十一名　八月奉部令准酌派畢業生赴各路局練習　部派畢業生徐承燠武書常王元漢姚章樾等赴美國實習　十一月機械試驗室竣工(民國十九年改造）　十二月張廷金暫行代理副主任職務

中華民國十一年 (1922)

一月在北京開校務會議派李松濤出席胡仁源曹挺列席　二月部派尤寅照沈劭張寶桐徐承熿張承緒赴美實習　組織募建三大建築籌備會聘張廷金等爲籌備員　謝而屯教授率電機機械兩科學生赴漢陽兵工廠大冶鐵廠參觀　四月七日在北京開教務會議派胡仁源李松濤出席　五月陸夢熊兼任大學校長　六月張廷金接充主任　十四日部派關賡麟任校長　七月二十一日部令交通大學改設兩校名交通部南洋大學及交通部唐山大學各設校長北京學校改稱唐山大學分校　部派雷光宇任校長未到任前由主任代理職務　本屆畢業生計電機科俞汝鑫等十六名機械科陳廣沅等六名鐵路管理科梁建業等十三名（由滬校給憑）中學鮑錫瑤等一百名小學洪範等四十二名　八月部派盧炳田任校長張廷金代理教務長李松濤代理事務長兼中學主任　移鐵路管理科於上海原有一二三年級學生均遷回肄業　九月十五日開教務會議　聘胡仁源爲鐵路管理科科長

中華民國十二年 (1923)

三月本校發生風潮旋即平息　學生赴各路參觀　四月部派陳杜衡爲校長　五月聘顧維精爲教務長　六月二十八二十九日開成績展覽會三十日舉行畢業禮及創辦人盛宣懷銅像落成禮　本屆畢業生計電機科張承祜等二十六名機械科鄭泗等二十七名鐵路管理科章圖鈐等十六名中學蔡勖存等七十二名小學殷修祺等四十三名　部令本屆大學畢業生分別留部及派赴各路局暨各電台實習　九月聘周仁代理機械科科長部令選派電機機械鐵路管理各科畢業生俞汝鑫等八名赴美國實習　九月十日開校務會議十一月廿八日開教務會議

中華民國十三年(1924)

一月教員陳石英率領學生赴各路局參觀　三月招標承建體育館調養室　部令准張承祜等改赴英國維克司電機公司實習　教授淩鴻勛率領學生赴漢陽鋼鐵廠及大冶鐵廠參觀　五月五日舉行春季運動會八日舉行英語演說會　六月三十日舉行畢業禮本屆畢業生計電機科陳中熙等五十六名機械科莊前鼎等三十七名鐵路管理科曹麗順等二十二名中學沈奏廷等五十七名小學張光恒等五十一名　十月十一日開學十七日開教務會議　十二月四日部派淩鴻勛任校長聘周仁任教務長兼機械科科長徐佩璜任中學主任　鐵路管理科科長胡仁源辭職由淩校長兼代　調養室落成

中華民國十四年(1925)

一月部派上屆各科畢業生赴各處練習　江浙戰事緊急提早放假遠道學生商住通惠小學　三月部令准將校外空地售出購入校西地畝　清明節植樹在校員生一體參與　四月舉行田徑賽及國語英語演說競賽　五月廿二日本校與東南復旦兩大學舉行英語演說競賽　五卅慘案發生本校學生出外遊行演講學生陳虞欽被槍擊傷歿於仁濟醫院交通部葉總長鄭次長來電表示哀悼並予撫卹各級學生均罷課　六月廿八日舉行畢業考試七月一日放假七月十六日舉行畢業式其餘各級學生俟下學年補考　本屆畢業生計電機科潘世宜等三十一名機械科楊恒等三十一名鐵路管理科蔣鳳五等二十七名中學楊業治等五十八名小學謝元模等五十名　學生吳恒懋以憂憤國事卒　八月部令准派本屆各科畢業生潘世宜等赴各處練習　聘俞希稷爲鐵路管理科科長　部派淩校長兼任商船學校籌備處主任就吳淞校址設立交通部商船學校籌備處　部派淩校長充鐵路同人教育委員會特派委員　十二月五日舉行體育館調養室落成典禮

中華民國十五年(1926)

一月組織籌備三十週紀念委員會　五月舉行運動會及英語演說競賽　六月三十日舉行畢業典禮本屆畢業生計電機科梁興貴等三十二名機械科魏祖廉等二十一名鐵路管理科俞椿蔭等三十五名中學李承連等六十名小學顧德歡等四十三名　部准中小學改行新制　設立工業研

究所由中華教育文化基金委員會撥欵補助　六月籌備募建工業館　部令准派本屆各科畢業生各處練習　十月九日至十一日舉行三十週年慶典及工業展覽會　十月廿六日部令准派上屆電機科畢業生潘世宜機械科畢業生楊恒本屆電機科畢業生梁興貴鐵路管理科畢業生薛椿蔭等四名赴美留學

中華民國十六年 (1927)

革命軍北伐提前放假旋又宣告停學　五月凌校長辭職國民政府交通部派李範一爲委員　聘張廷金爲電機科科長王繩善爲機械科科長徐佩璜爲鐵路管理科長徐恩曾爲事務長平海瀾爲中學主任　二十三日初舉行紀念週　六月二日交通部部長王伯羣來校參觀　九日開校務教務聯席會議　部派王鏡如徐佩璜等爲保管委員　七月一日舉行畢業禮本屆畢業生計電機科洪明揚等三十名機械科蔣大恩等三十名管理科尤玉照等二十四名高中熊大惠等七十名初中顧德歡等四十二名小學林定熹等二十七名　七月十九日部派吳健爲校長在未接事前派符鼎升暫代羣育委員會成立並設羣育處聘焦斐瞻爲主任　聘熊逐爲事務主任　八月部令停辦中小學由該校學生家長請求改歸私立改稱私立南洋模範中小學商假原有場地及傢具應用約期一年歸還　同時本校開辦預科聘黃惠平爲主任鐵路管理科改稱交通管理科　本校改稱第一交通大學

中華民國十七年 (1928)

二月國民政府任蔡元培爲校長程孝剛爲祕書長　四月部派上屆電機科機械科畢業生赴各路電局實習　舉行國語辯論與英語演說競賽及各級運動會　開教務會議　五月與光華大學舉行國語辯論競賽　十四日布告學生應受軍事訓練不及格者不得畢業　部准添設土木科聘張廷金王繩善康時清爲籌備委員會籌備委員　初辦暑期學校聘胡端行爲主任　六月與復旦大學舉行國語辯論競賽　十日受軍事訓練學生赴龍華參加檢閱　十三日舉行三民主義考試　六月國民政府准蔡校長辭職由部長王伯羣兼任　七月一日王校長就職並舉行畢業禮本屆畢業生計電機科朱雷章等二十八名機械科謝佩龢等二十七名交通管理科郁仁充等十八名預科管理班宋配年等二十六名工程班汪湖曾等五十六名　八月聘柯成楙爲預科主任裘維裕爲物理系主任徐名材爲化學系主任黃建

中爲國學系主任唐慶詒爲外國文學系主任　九月部令頒發交通部直轄交通大學組織大綱　原設各科改稱電機工程學院機械工程學院交通管理學院　本校移歸鐵道部直轄復與平唐兩校合併改稱鐵道部交通大學分上海本部北平鐵道管理學院及唐山土木工程學院以平校原任校長沈琪及唐校原任校長鄭華繼任院長　十一月二十六日鐵道部孫部長就校長職　德育處改組爲訓育部聘鄧公玄爲主任訓育委員會裁撤　十二月九日舉行國語演說競賽十三日舉行英語演說競賽

中華民國十八年(1929)

一月十七日開交通大學擴充設計委員會　改聘林損爲國學系主任　本屆畢業班學生赴北方各埠參觀　五月十日舉行英語辯論競賽六月十一日部令任黎照寰爲副校長並裁撤秘書長一職十五日黎副校長就職　聘麥朝樞爲總務長陳嘉勛爲訓育長胡端行張維爲秘書　陳嘉藹爲中國文學系主任朱言鈞爲數學系主任餘仍舊　七月一日舉行畢業典禮本屆畢業生計交通管理學院吳祿增等二十三名機械工程學院吳錫銀等二十二名電機工程學院費世圻等四十七名預科管理班徐宗蔚等二十一名工程班徐嶽麟等五十八名　部令頒發交通大學暫行組織大綱　七月十五日奉部令關於唐平兩院院務應逕呈本校辦理即有呈部事件亦應由校轉呈　七月二十日部令准派本屆各院畢業生赴各路實習電信門畢業生仍由交通部派赴各電報局實習　復設土木科稱土木工程學院交通管理學院改稱鐵道管理學院聘孫謀爲代理土木學院院長鍾偉成爲鐵道管理學院院長　八月一日開全校教務會議　九月四日部令唐院院長鄭華調部任事聘李垕身接任　十月部派上海各院畢業生尤玉照蔣鳳五曹鑑順潘世甯北平學院畢業生張鴻逵唐山學院畢業生趙祖康赴美留學　部派王院長繩善赴日本出席萬國工程會議　九月十三日更定總務部直轄各辦事處名稱　擴充無線電試驗室竣工

中華民國十九年(1930)

一月廿二日添建執信西齋竣工　一月分令唐平兩院組織院務會議　二月定總理逝世紀念日舉行植樹造林儀式　三月八日奉教育部令自十九年度起不得再招預科生本校預科辦至各級學生畢業止　三月黎副校長晉京出席全國教育會議　部派王院長繩善赴歐出席世界動力會

議暨鐵路協會會議院務派朱葆芬代理　三月廿八日舉行三十四週紀念及執信西齋落成典禮　各院三四年級學生分赴南北各埠參觀　四月十八日部派技正李謙若辦理土木工程學院院長職務　四月三十日部准收買校址附近民地　五月唐院院長李屋身辭職聘李書田繼任平院院長沈祺辭職暫由顧實琎代理　五月十五日唐院舉行二十五週紀念　六月十八日鐵木工廠落成　六月廿五日祕書張維辭職由寧一白繼任　七月一日舉行畢業禮國民政府派張市長羣行政院派教育部朱次長經農致訓本屆畢業生計電機工程學院蔡金濤等四十九名機械工程學院王運治等二十名鐵道管理學院錢益等三十九名預科管理班朱松生等十一名工程班顧德歡等四十五名　七月二十五日部令派本屆各院畢業生赴各路實習　七月二十九日聘史譯宣爲北平鐵道管理學院院長　印刷室成立　總務部改稱事務部聘蔡星五爲事務長陳柱爲中國文學系主任　九月一日研究所改組分工業研究及經濟研究兩部部各分組　十一日呈准設立科學學院分數學物理化學三系聘裘維裕爲院長兼物理系主任徐名材爲化學系主任胡敦復爲數學系主任　十六日聘柯成楙爲研究所秘書　二十九日全體教職員補行宣誓就職禮部派顏技監德慶監誓　十月二十七日黎副校長改就校長職　十一月十日舉行國語演說及國語辯論競賽　十三日部派物理教員許國保赴德留學　十二月二十日舉行工程館破土禮

中華民國二十年(1931)

一月部派黄次長漢樑來校視察　一月二十八日聘李書田兼任研究所唐山分所所長　二月六日部令准將鐵道管理學院改組遞稱管理學院分鐵道管理財務管理公務管理實業管理四科　十四日行工程館奠基禮　十九日部派吳秘書衍慈來校視察　三月二十七日舉行國語演說比賽　教授鍾兆琳潘承梁率領四年級生赴北方各埠參觀　四月八日爲本校成立紀念放假一天　十三日唐山土木工程學院籌設採冶工程學系聘趙慶杰爲籌備主任　十五日與復旦暨南光華三大學舉行國語演說競賽五月十三日與復旦暨南光華三大學舉行英語辯論競賽　六月三十日餞別本屆畢業同學請胡庶華馬寅初王季梁演講　七月一日舉行畢業禮國民政府派張市長羣行政院教育部派徐參事佩璜致訓本屆畢業生計電機工程學院江叔仁等二十五名機械工程學院楊倘灼等八名土木工程學院

周新等五十四名管理學院程振粤等四十七名預科工程班王序森等五十二名管理班胡景枌等九名　九日部令准派本屆各院畢業生赴各路局實習　八月秘書害一白辭職聘林繼昌繼任　八月一日唐院改稱唐山工程學院　九月一日修正本校組織大綱部令准暫備案　七日聘徐承燠爲北平鐵道管理學院院長　十月四日奉教育部令舉行哀悼國難大會　十日國慶紀念舉行閱兵式　十一月各地學生晉京請願本校學生亦隨往

中華民國二十一年(1932)

一月十日工程館全部竣工部派夏技正全綬驗收　十八日部令調機械工程學院院長王繩善充任京滬滬杭甬鐵路機務處處長遺缺派技正羅英俊代理　二十八日日軍襲擊上海守將蔡廷鍇率所部十九路軍奮勇抗拒本校處境甚危師生星散無形停課遂將所有重要文卷圖書儀器遷至霞飛路派羅君惕何惕庵負責保管　二月各團體商借本校執信西齋爲傷兵醫院在校職員並助理院務　介紹各級學生分赴各校借讀　四月一日開學九日上課　二十二日派留德教員許國保代表出席萬國數學大會　奉部令唐院教授羅忠忱任職二十年頒給褒奬狀　六月六日聘秘書胡端行兼代機械學院院長職務　七月一日舉行畢業禮本屆畢業生計有電機工程學院丁舜年等三十四名機械工程學院龔應會等十八名土木工程學院華允璋等五十五名管理學院盧福基等三十六名預科管理班周世正等十六名理工班朱仁堪等五十五名　十日教育部開會討論專科以上學校改進事項黎校長親往出席　二十八日唐院院長李書田辭職派該院教授羅忠忱代理院務　本年因補授課程不放暑假　八月二十四日聘孫鴻哲爲唐山工程學院院長　九月二日部令准派本屆各院畢業生赴各路局實習　十一月行總辦公廳(容閎堂)破土禮　十二月二十日舉行會操

中華民國二十二年(1933)

二月四日派留美教員曹鑑順爲參加芝加哥博覽會代表　本年爲本校三十七週紀念特於三月三十日起至四月八日止舉行工業及鐵道展覽會聘胡端行爲會長張廷金鍾偉成爲副會長葉家俊爲總幹事參加展覽者有二百餘家大半爲本國商人來校參觀者有二十三萬餘人國民政府及鐵道教育實業三部均派代表參加稱三十週紀念之工業展覽會爲尤盛焉　三月三十日舉行工程館開幕禮總辦公廳落成禮及展覽會開幕禮三十

一日舉行軍事會操及福開森運動場開幕禮　四月八日舉行三十七週成立紀念禮晚召集全體教職員敍餐　四月僞國軍隊威脅平津唐山危急唐院暫遷至上海本部授課至八月七日遷回　二十九日舉行全校田徑競賽　五月十九日至二十八日第一次舉行清潔運動　六月十二日部令機械工程學院院長王繩善仍回原職　七月一日聘電機工程學院院長張廷金兼任教務長　舉行畢業禮本屆畢業生計電機工程學院錢鍾韓等二十六名機械工程學院顧光復等十七名土木工程學院陶炳元等六十五名管理學院徐宗蔚等四十九名　二日部令拔正李謙若專任土木工程學院院長　二十七日部令添設紡織科聘英人白克教授籌備組織　八月二十一日機械工程學院院長王繩善辭職聘胡端行繼任　二十二日開上海本部第一次事務會議　九月一日北平研究分所成立聘北平鐵道管理學院院長徐承燠兼任所長　工業化學試驗室落成　二十六日開上海本部教務會議　十月二十五日部令准派本屆各院畢業生赴各路局實習　奉准繼續徵收校址附近民地以每年度經臨費結餘作爲經費　十一月十四日黎校長偕紡織科教授白克等赴蘇錫參觀工廠與學校　十二月八日上海各學術團體假本校容閎堂歡迎意大利無線電發明家馬可尼爵士推中央研究院蔡院長元培及本校黎校長爲主席並代表致詞宴畢爵士爲本校親植天線銅柱於工程館以留紀念　九日舉行國語演說競賽

中華民國二十三年(1934)

五月二日平院舉行二十五週成立紀念　十二日與暨南復旦光華三大學舉行英語演說競賽　六月二日上海舉行軍事訓練總檢閱本校一二年級學生均往參加　六月開全校校務教務會議　三十日舉行畢業禮本屆畢業生計電機工程學院張煦等三十五名機械工程學院丁履德等十九名土木工程學院張光斗等四十五名管理學院鮑承佐等二十七名科學學院袁炳南等十四名　七月一日聘科學學院院長裘維裕兼任教務長　九月二十二日機械工程學院添設汽車工程門由全國經濟委員會補助開辦費八千元　十月七日部令准派本屆各院畢業生赴各路局實習並令先行來部聽訓　各校友發起募建圖書館書庫　十一月一日考試院開考銓會議黎校長晉京出席　十二月二十八日部准改建校門圖樣悉仿我國古代宮殿與本校其他建築特異

中華民國二十四年(1935)

元旦日舉行閱操　一月十六日部准建築道路材料試驗室全國經濟委員會公路處撥三千元作購置設備之用　二十一日開全校教務會議及校務會議　三月舉行新生活運動　十五日舉行國文會考二十二日舉行英文會考　二十八日各院四年級生赴北方各埠參觀　四月八日爲本校三十九週成立紀念舉行教職員聯歡大會　四月在工程館後建築水塔一座　五月十五日唐院舉行三十週成立紀念黎校長親往參加並視察平院校務　六月二十七日舉行校門落成禮因吳培初先生捐助五千元是日請其女公子剪綵　二十九日舉行畢業禮唐平兩院院長及畢業生代表均來校參加本屆畢業生計電機工程學院畢宗薾等三十四名機械工程學院錢學榘等三十二名土木工程學院王世瑺等四十三名管理學院朱家珍等三十八名科學學院羅蘭歐等十四名　全校陰溝及柏油路完成　七月書庫及雨操場落成　聘機械工程學院院長胡端行兼任教務長　八月道路材料試驗室落成　九月四日機械工程學院將汽車工程門改爲自動機工程門由航空委員會撥助五萬元　九月西宿舍北面添建平屋落成　二十一日部令准派本屆各院畢業生赴各路局實習　十月二十四日黎校長赴國際飯店出席科學社年會會畢出門被某西人汽車撞傷足部月餘始愈　十二月十九日僞冀東自治組織成立平津學生游行請願上海各校響應夜間齊集本校約六千人促本校學生同往市政府請願翌午返校照常上課秩序甚佳　十二月二十二日舉行國語及英語演說競賽

中華民國二十五年(1936)

一月十日開全校校務及教務會議　十四日行政院蔣院長召集各校長院長及學生代表在首都談話黎校長率本部學生代表黃士駿唐院學生代表夏孫丁平院學生代表李鏧基前往參加　十七日各校友組織慶祝四十週紀念籌備委員會推胡端行爲主席柯成楙爲秘書　二月五日部令准擴充工業化學試驗室　三月二日舉行閱兵及升旗禮

本校四十年來之重要變遷

楊耀文

緒言

當四十年前,本校開辦之初,吾國風氣未開,學校寥寥無幾,除由外人教會設立者外,吾國自辦者,惟有同文館,譯學館,廣方言館,船政學堂,武備學堂,水師學堂等數校而已。比及時過境遷,先後裁撤改組,明日黄花,已爲過去教育史上之陳跡,然本校創始時代,延聘教員,有自上述數校出身者。迫甲午中東之役,吾國明達,始洞悉弱點所在,有慨乎尋章摘句,不合世界潮流,於是取法泰西,議設學校,釐訂有系統之課程,藉以提倡研求實學,創設北洋大學於天津。本校繼之,賡四十年而規模日益宏大,其經過程途中,有非一言可以概括具備者,爰爲舉要分別述之。

校名

創辦本校之議,創自盛公宣懷,時在清光緒二十二年冬,奏准設立南洋公學於上海,以造就新學人材,籌備數月之久,於二十三年三月初七日開學,是日爲公曆四月八日,本校因定爲學校成立紀念日。溯其經營之始,本校創辦人適任招商電報兩局督辦,當時兩局尚係官督商辦性質,商得股東同意,本校經費出自兩局,並援北洋前案而成立,定名南洋公學,厥後隨經費及改隸轉移,校名屢易,三十年夏,招商電報兩局改隸商部,本校以經費所自出,亦隨同改隸,三十一年春,因易校名爲商部高等實業學堂。三十二年冬,招商電報兩局改隸郵傳部,本校亦隨轉改隸,於是改名郵傳部上海高等實業學堂。辛亥武昌首義,稱南洋大學。民國元年秋,本校歸交通部直轄,改名交通部上海工業專門學校。民國十年七月,改組大學,合北京上海唐山三校爲一,本校改稱交通大學上海學校。十一年七月三校分立,仍舊組織,改稱交通部南洋大學。民國十六年六月,國民政府交通部接收本校,因於是年九月改稱交通部第一交通大學。十七年國民政府改訂中央各部官制,設鐵道部,本校亦隨轉隸屬,是年十一月復合三校爲一,改名交通大學,本校爲上海本部。

校址

本校校址,位在上海西之徐家匯,爲明代先哲吾國科學前驅徐光啓故里。本校開辦在先,規劃校址在後,清光緒二十四年秋,購地一百二十餘畝,是爲本校立基之始。二十五年秋,闢校南地約二十畝,三十二年春再闢校南地二十餘畝,清宣統元年秋,爲整齊校址界線起見,收買校後民地,與原校址犬牙相錯,毗連校北一帶者,共約三四畝。三年春,購校外東南地約二十畝,民國二年春,闢校西北地十畝有零。是時校東南尚有民墳地約三四畝,於初次購地時早經圈入,因不願遷讓,稽延垂二十年之久,至民國六年,唐校長誠懇勸導,始行購入,卽今之圖書館址是。民國十五年,以校外地近市廛,於是出讓一部份計十餘畝,而添購校西地約八十畝。十九年春,再購校西地二十畝。自民國二十二年迄今,在此三年間,計分向西南北三面擴展,先後圈購一百餘畝,故現在全校校址約四百畝有奇。

建築

本校應時勢潮流,逐年有所改進,各項建築,實爲重要問題,故四十年來學校當局,莫不以籌建新建築爲急務。自清光緒二十四年秋,校址甫行購定,建築隨卽興工,中院上院,校長住宅一,教職員住宅三,養息所一,以及校門牌樓校門口之木橋門房等,歷時一年有半,先後落成,是爲本校最初時期之建築,且闢設上中院前之大操場,平舖草地約三十畝,此外水電設備馬路陰溝車房等,亦次第修築完竣,規模因之粗具,然後佈置校園,種植樹木,建音樂亭,皆爲南洋公學時代所興辦。在高等實業學堂時代,建雨操場,另築附屬小學校舍,次第興築金工廠電機廠木工廠,就中院後添建宿舍,並建築校外宿舍等。在工業專門學校時代,電機廠一再擴充,設材料試驗室,添建養息所及教職員住宅二,而圖書館無線電臺鍋爐室西宿舍水力學試驗塔等諸建築,相繼告成。民十改組大學後,卽設機械試驗室,係鋼骨水泥建築,遷金工廠於其內,而改舊址爲翻砂廠鍛鐵廠。南洋大學時代,盛氏捐建之調養室,及現贈本校之女生宿舍,相繼工竣,復籌建體育館游泳池,整理校園,立創辦人盛公宣懷之銅像。十六年級畢業班捐建校門口鋼骨水泥橋,自十七年冬,本校隸屬鐵道部後，先行擴充無線電臺爲報話試驗室，旋就西部新購地建築執信西齋，改建鐵木工廠翻砂廠鍛鐵廠爲鋼骨水泥建築，築技擊室消費社，並就機械試驗室充分擴展，將電機廠材料試驗室等全部改建爲鋼骨水泥之工程館，環成口字形，而集中各工程學院教室辦公室試驗室於其內。又開闢北校門通陸家路，建辦公廳，廣闢體育場，築工業化學試驗室，最近改築柏油路並全部陰溝爲水泥溝渠，改建校門爲古宮式，圖書館添建書庫，立鋼質水塔，另築道路材料試驗室，而水電兩項設備，準此比例，年有增加，其他若校警室花房汽車間等，俱陸續築成。

設備

設備進展，有關時代之需要。本校文實兼賅，各設專院，分門分系，再分組別，設備自不得不力求完備，回顧創始時代，僅闢室中院下層西北部一室，爲科學之設備，所有理化儀器，博物標本等，均藏於是，稱格致室。後因理化部份增加購置，始於清光緒二十八年春，遷理化儀器於中院下層西南隅一室，稱理化室，即今之普通化學試驗室是。迨二十九年秋，規設高等預科，列化學實驗課程，乃將中院理化室改爲化學試驗室，而遷物理儀器於上院下層西南隅一室，稱物理室。三十二年，設立專科，復列物理實驗課程，因改爲物理試驗室。三十三年春，遷上院二樓東南隅一室，即今之第二普通物理試驗室是，同時增加理化設備。然加熱器械尚用火酒燈，雖化學試驗室曾一度裝置打氣煤油燈，爲吹管分析之用，旋以調節不易廢止。民元專科增加高等理化課程，設備爲之改進。民國五年夏，理化試驗室設煤氣裝置，並增闢儲藏室。民十改組大學後，於十一年秋，將理化試驗規定標準，設備亦續加改進，但所備者，尚爲工科一二年級生修習之需。至民國十九年秋，科學學院成立，乃將理化專門設備大加擴充，分闢專門理化試驗室多處，各種理化特殊儀器，均分類安設於各試驗室，而化學系普通儀器及藥品，亦分室儲藏，並設標本室，採集各種天產標本人造標本約四百件。數學系則有透視模型數十件。至土木工程學院，先於清光緒二十六年設鐵路班時，置有各種測量儀器，設立鐵路專科後，雖增加件數，並備橋梁屋架等模型外，尚無他種設備。迨民國四五年間，先後添置水泥試驗材料試驗儀器。十八年夏，復設土木工程學院，乃陸續增加各種設備，並增設衛生試驗及道路材料試驗機械。電機工程學院於創設電機專科時，專闢電機廠，置備直流交流發電機電動機及各種電表，並於民國二年擴充電機廠及設備。八年冬添置無線電試驗儀器。民十改組大學後，各種設備均有改進，並增設關於電信上之設備。十八年夏完成報話試驗室裝置，嗣後各種機儀咸有擴充，並增闢電光試驗設備，最近又增加電傳圖影裝置。機械工程學院於創設機械科時，即建機械試驗室，置備各種機械及試驗儀器。先是於民國八年秋，美國機器公司贈鍋爐二座，於九年春闢室裝置，同時增置水力試驗器具。及機械科開班後，除機械設備外，模型圖表亦廣爲搜羅，並陸續增置自動機多種，凡與機械工程有關係之器械，咸爲置備。二十三年起增闢紡織機械設備後，益稱充實。餘如金工木工翻砂鍛鐵等廠，設備亦年有增加，車床火爐手工器具，各色俱備。管理學院開辦時，僅備有圖書圖表，自民國十八年起，先後添設車務電報統計會計等實驗室，其設備亦與普通教室不同，而搜集及自製各種圖表，尤稱豐富。

行　政

自清光緒二十二年冬，派盛宣懷爲本校督辦，即籌備積極進行，然以盛督辦身兼數職，不克常川駐校，於是總挈大綱，親負籌劃經費之責，而設總理一人主持校務。二十三年春，何嗣焜首任總理，先假民房開辦，既而拓地百數十畝，興工建築，以至於中院上院校舍相繼落成。二十七年春，何總理逝世，張元濟繼任。同年夏，勞乃宣沈曾植相繼爲總理。二十八年春，汪鳳藻任總理。是年冬，劉樹屏繼之。二十九年春，提調張美翊兼任。同年冬，張鶴齡爲總理。三十年春，張美翊再度兼任。是年夏，本校改隸商部，秋督辦盛宣懷辭職，冬張美翊辭提調及總理兼職。三十一年春，商部奏派楊士琦爲監督，廢督辦總理提調，而改設教務長。秋王清穆代理監督。三十二年春，楊士琦回任。是年春秋二季，先後設立商務鐵路兩專科，校址建築設備均有進展。冬本校改隸郵傳部，三十三年春，楊文駿繼任監督。秋郵傳部奏派唐文治爲監督，常川駐校，庶政躬親。三十四年秋，設電機專科。清宣統三年秋，武昌起義，改校名爲南洋大學。在此數年之間，校址建築設備均續有進展。民國元年春，監督改稱校長。八月本校歸交通部直轄，當國體變更之際，經費無着，維持甚爲不易。民國七年春，設鐵路管理科。民國九年十月，唐校長以目疾頻仍，堅辭校長職。十一月部派淩鴻勛代理校務。唐校長任職本校，歷十三年，薫陶涵泳，人才輩起，本校以工科著稱，而得社會上之信用者，實基於是。民國十年五月，部派張鑄代理校長。七月改組交通大學，合北京上海唐山三校爲一，稱北京學校，上海學校，唐山學校，各設正副主任，組織總辦事處於北京，交通總長葉恭綽兼領校長，而派張鑄為本校主任，凌鴻勛為本校副主任，移併上海土木科於唐山，鐵路管理科於北京，而將唐山機械科，北京郵電班，移歸上海。是年冬張廷金代理副主任，民國十一年夏，陸夢熊關賡麟相繼為校長，張廷金為主任。七月部令三校仍分立，派盧炳田為本校校長。十二年五月，陳杜衡為校長。十三年十一月，凌鴻勛繼任校長。十五年春設工業研究所。民國十六年春，凌鴻勛辭職。五月國民政府中央政治會上海分會派交通處長李範一來校維持。六月國民政府交通部接收本校，派王鏡如徐佩琨為保管委員。九月改派符鼎升為代理校長。十七年二月，大學院長蔡元培兼領校長，設秘書長主持校務，程孝剛膺其任。六月交通部長王伯羣兼領校長。八月改專科為學院，並分劃數理化國學外國文學為獨立系。十一月本校改隸鐵道部，部長孫科兼領校長。十八年六月，參事黎照寰兼任副校長，往來於京滬之間，主持校務，因廢秘書長制。九月復設土木科，稱土木工程學院。十九年九月，將數理化三系併合，成立科學學院，同時改組研究所，擴充範圍。十月黎副校長專任校長，於是裁副校長職。綜前後四十年間，盛督辦何總理專心一致，創辦功成，而本校之基礎以立，楊王二監督大處着想，首設專科，而本校之宗旨以定，唐校長慘淡經營，樂育不倦，而本校之名譽日彰，孫黎二公相繼長校，蕭規曹隨，籌劃鉅款以完成各項大建築，校址年有開拓，設備年有增加，添立學院，擴充門系，成立一完全大學，於是本校之發展益見充實。是皆歷任校長深謀遠慮，擘劃周詳，為時四十年之久，方得有今日之局面，本校之幸，亦社會之幸也。

教務

清光緒二十三年春，聘張煥綸為總教習，主持師範院文課，同年秋設外院後，聘美人福開森為監院，不啻為總理之副，教務管理外，本校一切創設事宜，均經規劃，因係外籍人員，不與聞行政耳。二十四年夏，張總教因病辭職，時正學校草創之際，總理事務殷繁，外院中院亦已次第設立，因延李維格為提調兼師範院英文教員，除與監院會同辦理教務外，並襄助總理行政，兼總事務，故有提調之稱。二十五年夏，伍光建為提調，一如往事。二十七年春，何總理逝世，繼任者均不克久於其位，於是提調實負學校之重任。是年冬監院福開森辭職，教務亦歸集提調一人。迨二十八年冬，張美翊任提調後，一再兼任總理，而提調無異於總理矣。三十年夏，本校既改隸商部，秋冬之際，督辦提調相繼辭職。三十二年春，改派監督主行政。設教務長齋務長庶務長，督辦總理提調之稱，一時均廢。再延伍光建爲首任教務長，專主教務，校務分任組織自此始。是年秋[illegible]琦繼任教務長。三十四年春改任梁業。清宣統元年夏胡棟朝爲教務長。秋設電機專科，嗣以專科教務，性質不同，因於二年夏各設科長，改任胡棟朝長鐵路專科，而於是年冬聘辜鴻銘爲教務長。三年秋辜鴻銘辭職，適遭武昌起義，本校經費無着，教務長之制遂廢。民國元年二月，因附屬中學主持教務需人，乃延前英文教員胡詒穀爲中學科長。同年八月，徐經郛繼任。民國十年二月，李松濤任中學科長。七月改組大學，設機械科，改中學科長爲中學主任。十一年八月，復設教務長，張廷金膺其任。十二年五月，顧維精爲教務長。十三年十一月，以機械科長周仁兼任。十四年二月，徐佩璜爲中學主任。十六年五月，平海瀾繼中學主任職。六月國民政府接收本校，廢教務長。八月改中學爲預科，黃惠平任主任。十七年八月，改延柯成楙爲預科主任，至民國二十一年夏預科裁撤止。二十二年八月，復設教務長，定每年各院長輪流兼任。首兼斯職者，推電機工程學院院長張廷金。二十三年八月，科學學院院長裘維裕繼之。二十四年八月，機械工程學院院長胡端行繼之。

文書

本校在南洋公學時代，無所隸屬，公文不多，設中西文案各一，督辦奏稿，由總理與中文案會擬。其他公文，因與各機關少有往來，故中文案所司筆札，甚爲簡單。其例行公事，爲每月領經費之公函，造學生名冊，招考新生發榜，及月考期考發榜。學務處成立後，公文較多。商部學部相繼設立，始有報銷呈報商部，間且分呈學部。本校改隸郵傳部後，呈報郵傳部一如商部時。迨各省派遣官費生來校肄業，乃與各省多有往來公文。民國元年起，因學生增加，規定與學監會造學生名冊，而呈報交通部教育部各項公文，則大致相同。民國十年七月，改組大學，中文案改稱文牘，公文亦較繁，因設典籍處，學生名冊，分歸造具。十六年秋，文牘外增設祕書。十八年七月，以文書益形繁劇，改爲文書處，設主任文牘各一，專司公文，而分設祕書在校長室辦公。任職文書主任者，先爲蔣一白，現爲羅君惕，文牘王瑞虎自民國十年七月任職迄今，並設辦事員及書記五人。現祕書爲柯成楙林繼昌，並辦事員二人。至先後曾任文案者，爲金世和章宗憲夏日琦黃守瀛季豐駿修瀛等。曾任文牘者，爲沈烈炎黃公越楊乃謙葛炳金武兆桐程以綸翟少文等。曾任祕書者爲曹雲章陳霙孫蔡侃張維胡端行甯一白等。

西文案始由教員兼任，其職務爲管理學生學業成績，會同各科長排列課程表，辦理外國文往來書札，主辦向外洋購備儀器書籍，遇有外人或洋教員謁見總理監督時則任繙譯。後因公務紛繁，於民國元年夏，添設專任西文案一人，專司學生學業成績，排列課程表，並管理印刷西文講義，與西文藏書室，而由兼任者專理書札。後因講義加多，設打字員一人。至民國十年七月，將專任西文案改爲典籍處，而西文案之職務以分。十六年夏設祕書後，西文案職亦取消，至先後兼任西文案者，爲黄國英徐兆熊包光鏞吳鏡寰孫鑑張鍔徐經郭楊培琫等，專任西文案者，爲高恭安黃錫蕃柴福沅張時雨傅煥光等。

註冊

本校創辦，遠在四十年前，時科舉未廢，尚無辦學章程，故學校多各自爲政，師範院生第一日到校，謁見總理總教，由文案處記名後，卽已手續完備。迨設立外院，聘任監院後，選拔師範院生兼監起居，學生來校，須赴監起居處報到，而學業成績由西文案處辦理。清光緒三十年秋，因招商電報兩局改隸商部，本校經費竭絀，學生亦日多，於是酌收新生膳費，報到時隨繳。民國元年秋，學生一例納學膳費，報到繳費，一如曩昔。十年秋改組大學，學生報到如舊，繳費改向銀行。是年設典籍處，許復陽爲主任，職務爲登記學業成績，造具學生名册，編排課程表，管理印刷西文講義等。十七年春改爲註册處，電機科教授胡端行兼主任。後相繼爲主任者，有程元斟李相勗。十九年秋，擴充組織，學生到校須先向註册處註册，然後向訓育部報到，並向銀行繳費。逢學期開始，彙集各院課程表，以規劃教室並編排教室座次，逢學期終了，彙集各院考試日程，以規劃試場並編排試場座次，招考時事務尤繁。現主任爲譚炳勳，並辦事員六人。至先後曾在典籍處辦事者，爲張福豐孫澁泠邱立時等，曾在註册處辦事者，爲黃鍾善金保賢胡竺冰丁杲繩李光篔楚白等。

管理

清光緒二十三年秋設外院，感學生年齡幼稚，管理重要，因聘美人福開森爲監院，並選任師範院生爲監起居以助理之，其職掌爲登記學生報到，編定學生宿舍，規劃教室，會同庶務查閱全校校舍等。中院成立，一仍舊貫，陳懋治朱樹人張在新吳敬恒等，先後被選膺任。是時學生天眞爛漫，管理寬猛適中。夏楚示威靜坐反省等懲戒，均在監起居室執行。然當堂揭示記過，甚或宣布除名者,則絕無僅有。一遇學生疾病,監起居尤責無旁貸,校醫視疾,必與監起居相偕,一日數次詢問登記病生狀況,酌量情形以報告家屬,年幼學生服藥,且親臨監視,是師長之於學生,不啻子弟視之。總之監護學生,當時視爲管理員之全責,一切起居飲食,顧問周至,所缺乏者,各種新式統計表格而已。二十七年冬,監院福開森辭職後,師範院生亦陸續離校,外院時已取消,中院生年齡較長,咸有相當自治能力,延聘監起居亦不限定本校師範院生,而監護管理,較爲簡易。三十年秋新生須納膳費,亦繳至監起居處。三十一年春設齋務長,由庶務長唐浩鎭兼任,秋聘王植善爲齋務長。三十二年春,國文教員儲丙鶉兼任,並改稱監起居爲學監。三十三年秋,數學教員梁業兼齋務長。三十四年春,陸瑞清繼任。民國元年春廢,由學監任管理之責。同年秋學生一例須納學膳費,始編排教室座次,開學時均歸學監辦理,並須會同中文案處造學生名冊,且規定每星期會同庶務查夜二次,至民國十年夏止。是年秋改組大學,設總學監,附屬小學主任沈慶鴻兼任。邇時學監職掌,爲規劃教室宿舍,辦理學生報到註冊,會同典籍處辦理各項考試,並編排教室座次等工作。十一年秋馮思繼任總學監。十二年夏改任胡善繼。十六年秋改稱業育處,焦斐瞻爲主任。是年起招收女生,因添設女生指導員一人。十七年春改爲訓育處,並組織訓育委員會,聘吳徵恒楊銓爲訓育委員,而延任誠爲訓育主任,黃齊白鄧公玄繼之。十八年秋改組爲訓育部,陳嘉勛爲訓育長,並設訓導二人,齋務主任一人,女生指導員一人,辦事員二人。至先後曾任監起居者,爲歸舜臣單闓蔡殿齋王涓源金汝勵等。曾任學監者,爲王淸華王厚生張廉穀唐文棟張方堉張公瓚王康壽周熙陳璋劉天成蔡共標艾曾恪邵禹襄葛維翰陸鴻熙楊洞徵湯鼎梅方定壎柴福沅陳文科等。曾在訓育部辦事者,爲陶天杏趙祐楊冰若徐學挺李菊休易壽銘鄧季宏張育鵠等。

衛　生

本校衛生,素所重視,開辦時即建養息所,延校醫一人候診,惟當時學生家屬,尙偏信中醫,故近處學生遇有疾病,經監起居報告家屬後,往往回家調養爲多。但遠省學生,有患疾病,由監起居登記,偕同校醫診治,令遷養息所後,責令值役隨時報告病況,親臨視疾,一如家人,是管理與校醫,實同負監護學生之責任。迨後遠省學生,來者日多,滬上亦醫院林立,每遇重症,學校以負責太重,即通知家屬,送醫院調治,而由學監每日向醫院查詢病狀,此本校以前辦理衛生之大概情形。至民國十四年夏,調養室落成,於衛生上加以改進。十六年夏,設衛生處,注重預防工作。二十年五月,衛生處隸屬事務部後,延任醫生常川駐校,專司調養之責,每年實施檢查體格,並提倡普及運動,以鍛鍊身體,治標治本,各得其宜,蓋與其衛生設備之完善,無寧善爲調攝,少遇疾病之爲愈也。事務部每學期且規定清潔運動週,以改進衛生事宜。現設主任兼校醫一人,校醫一人,助理二人,配藥員一人。至先後曾任校醫者,爲黃子靜金品三考克司周邦俊俞慶恩沈雲扉趙啓華湯兆豐鍾致和虞順德等,曾任配藥員者爲楊永殿蔣上達徐樹聲等。

事 務

學校年有改進,事務乃由簡入繁;本校事務,初設中西文案收支庶務繕校五處,後因工作紛繁,陸續增設改組,分爲文書註冊會計出納庶務工務印刷衛生等八處。以前辦公室分設於上中院,不免感覺不便,現集中辦公廳,並設事務部以總其成,乃收指臂相應之效。民國十一年八月,曾一度組織事務處,中學主任李松濤兼事務長,總會計庶務工廠管理三處。十二年八月廢,十六年八月,再設事務處,熊遂爲主任,總文牘會計庶務工務四處,十八年七月,改爲總務處,麥朝樞爲總務長,總文書註冊會計庶務工務繕校六處。二十年五月,改組爲事務部,蔡星五爲事務長,並設辦事員一人,總會計出納庶務工務印刷衛生收發七處。註冊衛生前已述及,其他各處經過情形,舉述如下。

會計始稱收支,實爲出納之別名。本校在南洋公學時代,無所隸屬,不須造冊報銷,苟收支款項出入無訛,即已手續完備,其所可以查考者,惟有會同文案庶務,分清收付存該四項帳目,彙編清冊,所謂四柱總冊是。現圖書館歷史陳列品,尚有編印之四柱總冊,一若徵信錄者然,可以想見當時收支情形,於間有文案庶務兼任收支之職。及本校歸隸商部,乃有呈部報銷清冊,於是於三十二年春改稱會計。民國元年秋,交通部規定預算決算格式,會計事務乃煩。十年七月,改組大學,令照新式會計表格造冊,所有預算決算,項目須詳加臚列,因設會計處,曹毓琮爲主任。十六年七月,吳棫繼之。十七年七月,事務主任熊遂兼。十八年七月,羅君惕繼任。十九年八月,葛益棟爲主任,並設辦事員四人,遵照近代會計法造冊,細分項目,不稍假借,預算概算相差,不得超過規定標準,會計方法,益加精密矣。至前後曾任收支者,爲趙建寅黃楠生章宗憲朱煥章等,曾任會計者,爲葉爾松沈炳齋楊啓瑞劉毓炳周良杞符叔剛朱颺庭等。曾在會計處辦事者，爲陳錫榮周恩隆鄒魯光翟樹藩鍾錦濤等。

出納向歸會計處辦理，設出納員一人，專司其事。旋因收付欵項，帳目紛繁，而各部用途，須細爲分別，且有奬學金等代管欵項多種，與各省官費生滙劃往來，事務日劇，乃劃分爲二，另設出納處，專司收付，而由會計處專司造册，以重責成。因於十九年八月成立，主任由文書主任羅君惕兼。二十年八月，事務長蔡星五兼主任，二十一年八月，程選青爲主任，並設書記一人。

事務之最爲煩瑣者，厥惟庶務。本校草創時代，庶務工務不分，庶務員汪龍標江紹墀於建築中院上院等校舍時，輪流督工，勤勞頗著。時滬上交通尚未發達，電車汽車尚未通行，每遇因公赴滬，爲時間上關係，往返迅速異常，毫不有所留滯，事無鉅細，一一躬親，迨及校舍落成，置備全校各項傢具，雖屬舊式，而木材多取用國產椐楡，品質堅重，蓋爲百年樹人計，以經久耐用爲宜。至其秉承學校主管人員，佈置一切用具，頭頭是道，尤爲餘事，後偕張在新隨同福開森接辦新聞報館，逐漸發達，遍行全國，旣而汪龍標且爲該館經理，其辦事之勤懇敏捷，蓋於此已早具端倪矣。本校隸商部後，始於清光緒三十一年春設庶務長，其職掌類似總務，延唐浩鎭任之。繼之者爲周銓夏曰璈陸廷王乃昌阮惟和等，至民國八年春裁撤，十年七月，改組大學，設庶務主任，王永禮任之。後劉用臧邱立時王長青張孝植霍思華相繼爲主任，至民國二十二年八月，何惕庵繼之，並有職員三人襄助庶務。至先後曾任庶務員者，爲汪龍標江紹墀汪龍瑞朱煥章周煌唐錫翰錢峻楣錢鍾祥陸新張孝安陳觀杓黃光榮陳鑑衡陳祖詒馬經斌吳松年瞿宗基黃中信尤晴初梅光金麥佐周鄭祖壽黃卓陳良熙等。

工務本由庶務處兼辦，迨設金木工廠及電機廠後，感管理工廠之需要，始於清宣統三年秋，任工科教員兼管廠務，胡誥願胡士熙張廷金先後兼任。民國十年七月，改組大學，工務益繁，因專任周念典爲工廠管理員，繼之者爲溫光荃。十四年夏，因學校建築日多，設工務處，張孝安戚允中先後爲主任。至十七年八月，尤挺倫爲主任。現有工務員一人，繪圖員一人，襄助工作。並任土木工程學院教授二人，一兼監理工程師，一兼顧問建築師，掌設計監察各項工程事宜。至先後曾任工務員者，爲邵雨湘潘克鈞朱維泰翁六皆等。

印刷室於民國十九年七月成立，乃改組繕校及各學院打字而設置。先是本校中文印刷較多，蓋國文講義與補充材料均須繕印也。外國文則大都選用課本,講義較少,至考試命題,概由教員用鋼筆書就臘紙,交付繕印。民國初元,外國文講義歸西文案處管理。六年秋,改專科爲四年制,講義益多,西文案處因設打字員一人。十六年秋設秘書,西文案處裁撤,打字亦在秘書處辦公,後因補充講義需要日多,定各學院擇要添設打字員。旋爲支配工作便利起見,設印刷室,許復陽爲主任,經辦中西文講義,以及其他各種繕印之件。現有繕校四人,打字員四人,晒圖員一人,至先後曾任繕校者,爲秦鍾秀徐啓瑞許銘德吳鏡清林杰階等。曾任打字員者,爲黃錫祥金開文李嘉賓林鑑英鍾兆琇等。

學制

本校創辦時代,學部尚未產生,追論辦學章則,編制一切,全無依據,因參照北洋大學,首設師範院,旋仿日本師範學堂有附屬小學之例,設立外院,繼又設立中院並高等預科,始訂定學程,實爲當時主體。外院取消後,感招收中院生不易,規設附屬小學。特班政治班等,均依時代影響,先後開辦,皆非原意所計及。迨本校隸商部管轄,設立商務專科,一屆即止。鐵路電機兩專科相繼設立,本校學程始注重工科。民國紀元後,本校歸交通部直轄,擴充鐵路爲土木,增設鐵路管理科,以造就各項交通人材爲宗旨。改組大學後,數經變遷,至民國十七年冬,隸屬鐵道部,本校爲上海本部,專辦大學,設有五學院,爲土木電機機械三工程學院,及管理學院,科學學院,或仍前設專科擴充,或爲新設,皆在此數年間所規劃舉辦者也。

師範院

本校首先創設者,爲師範院,其宗旨在造就師資,以推廣新教育,故設立外院後,即派師範院生兼任職教。時上海城內梅溪書院主講張煥綸深於國學,因聘爲總教習,考取學生四十人,於清光緒二十三年春三月初七日開學,實爲本校成立之誕日。是時校舍尚在規劃之中,假本校大門對過東南一帶民房爲臨時校舍,先行開辦,迨二十五年夏,中院校舍落成,乃遷入新校舍。來學者皆一時俊彥,於國學素具根底,故國學並不上課,就院生性質所近,任選經史子集以自行研究,遇有疑難,則就正於總教,是尚沿襲書院制度,總教不當主講,禮所謂執經問難者,得毋類是。學業成績,全憑定期課試國文,與平日所作扎記,外國文學爲英文法文,旋爲留日之預備,又加日文,亦從院生任選。先後教授英文者,爲提調李維格伍光建二人,其餘課程,分爲數學格致二門,數學由教員陳諸藻潘紳分班教授，課本定筆算數學代數備旨形學備旨八線備旨，而以勾股六術爲八線之參考。然皆不克竟業，大抵習至代數爲止，當時教員陳諸藻有代數設問譯稿，可以概見，能始終竟業，完全習畢八線者，僅張景良一人。格致範圍頗廣，主要者爲理化，所用講義，由物理教員陸之平化學教員黃國英分別編譯，黃之化學課本譯稿，現尙歸圖書館保存，至於實驗，由教員上課時，酌量情形，爲之表演，所置應用儀器，簡單者居多。理化而外，有科學教育及動植礦生理地理，雖略備各種博物標本圖表模型地圖地球儀等，未全列入正式課程。本校所屬譯書院，有科學教育學講義譯稿，與格致讀本譯本，原意本爲師範院而設備。按師範院自清光緒二十三年春開辦，中歷六年之久，續招插班三次，然有中途輟學就事，留學東西洋，並選充本校職教員者。二十五年夏，凡師範院生不兼職教，而準時上課，修習外國文及數學格致者，改稱師範班，至二十八年冬，留校者已無多人，迨二十九年春季開學，師範生均就事不到校，因即裁撤，並未舉行畢業，計師範生初次考取，及續取插班肄業，先後共有七十二人。

外 院

繼師範院而設立者爲外院，即在淸光緒二十三年秋，招生一百二十人入學，選派師範院生輪流教授之，類似現代實驗小學性質，爲設立中院之預備，分級六班，課程定國文數學二種，低班所用國文課本，有師範院生朱樹人編輯本校印行之蒙學課本多種，初設附屬小學時尙選用之。二十四年春設中院，學生二十名，即由外院高級生中選拔成班，其餘迭經考選，間亦有中途考取插班者，其後依次遞升中院，二十五年夏，未升中院者改稱外班，是年冬悉數升入中院，外院因亦取消。

中 院

淸光緒二十四年春，設立中院，始行釐訂課程表，規定學年制，以備逐年增設級數，課程除國學史地外，有英文法文，初期並有日文，數學先用中文本，後亦改用英文本，迨學生級數遞增，分別增添世界史地，博物理化法制經濟等課，除博物中英本選用外，餘概用英文本。二十五年夏，中院校舍落成，秋季開學，隨同師範生遷入新校舍。二十六年春，上院校舍落成，師範生遷上院，乃將中院完全撥爲中院生之校舍，俾得名實相符。同年夏，北洋大學學生避拳匪亂來就本校，因增設班數，時中院雖分級肄業，畢業期限，並不確定，一依學生去留爲標準,故二十七年二十八年兩屆畢業,實未舉行典禮,并文憑且無之。迨二十九年夏,中院生第三屆畢業,始正式發給文憑。於是規定畢業期限爲五年,中院三年,以中院爲校舍,高等預科二年,以上院爲校舍,中院修畢,繼續入高等預科,須修畢高等預科,方准畢業。又以中院初年級生,來學者衆,分甲乙二組,自此逐年遞升,每級各分二組。計沿襲高等預科名稱者,歷有五年。三十四年秋季開學,遵照學部定章,改高等預科及中院各級爲附屬中學,每級仍分二組,五年畢業,於課程上稍有更動,校舍亦爲之規劃添建。民國元年,教育部頒布學制,定中學爲四年,故是年中學畢業,有五年級一班,四年級一班,因增設專門預科一年,俾與專科課程相銜接。民國六年夏,廢專門預科,改專科爲四年制。民國十五年,教育部改訂中小學新學制,分中學爲高中初中二期,各三年畢業,於是專辦高中,而以初中歸附屬小學接辦,改爲附屬中小學。民國十六年夏,國民政府交通部接收本校,令專辦大學,改高中爲預科,將附屬中小學先行裁撤。民國十九年三月,教育部令本校不得再招預科生,因逐年遞減級數,至二十一年夏,全部裁撤。按本校最初時期,中院生實爲主體,人數亦衆,後爲專科之預備,課程嚴密,故亦重要,迨各省中學相繼舉辦,部中已有裁撤之動議,民國十六年,國民政府成立,乃決定實行。

附屬小學

外院取消後,感招收中院生之不易,因於清光緒二十七年春規設附屬小學,以中院爲校舍,師範院生陳懋治爲主任,設高等班預備班兩級,初用蒙學課本爲國文教本,二十八年春遷上院,劃二層樓之一部爲校舍,三十年春,陳懋治辭主任職,教員林祖溍繼任,並增設爲三級,程度亦提高,三十二年,就校南添購民地,另建校舍,是年冬落成,三十三年春開學,遷入新校舍,乃增加學額,分爲四年制。清宣統三年春,主任林祖溍辭職,繼任者爲教員沈慶鴻,亦係師範院生。民國紀元後,遵照教育部頒布學章,改爲三年制,因設補習科一班,民國十五年,教育部改訂中小學新學制,因於是年秋接辦初中,並保留後期高級小學,改爲附屬中小學。十六年夏,交通部令行裁撤,遂離本校而獨立,假原有校舍校具,規設爲私立學校,主任沈慶鴻亦辭職脫離。

特班政治班商務班鐵路班商船學堂

經庚子之役,始有變法之趨向,本校因於清光緒二十七年春設特班,聘蔡元培爲總教,王舟瑤及師範生趙從蕃爲教員,招生四十人,爲應經濟特科之預備,課程定課藝英文數學格致史地名學政治學經濟學外交史等,來學者均爲當世績學,羣英聚於一堂,極一時人材之盛。同年夏設政治班,學生十人,由中院畢業升入,課程定憲法國際公法行政綱要政治學經濟學貨幣賦稅審計統計國際條約等,旋於二十八年冬,因墨水瓶細故,特班政治班與中院各班同時散學,世稱南洋公學墨水瓶風潮,爲教育史上一大事故者即指此。後經盛督辦派教職員分別向各班學生多方勸導,除特班外相率歸校,政治班亦改爲商務班,二十九年夏,多數派赴比國留學,並同時離校及留校任教員,商務班遂告中止。

當清光緒二十六年夏,北洋大學學生避拳匪亂來就本校借讀,因設鐵路班,學生十八人,皆來自北洋,英文教員王寵惠,數學教員陳錦濤,均於是時偕同學生來校,後由北洋派送歸南洋管理赴美國留學,至於鐵路班,則僅賡續一年有半,學生多由北洋擔任經費派赴留學,與拔充本校教員,中途輟學,以及編入中院高級者,於二十七年冬中輟。

清宣統元年秋,郵傳部擬開辦商船學堂,令准本校添設船政科駕駛班,以爲預備,吳其藻爲主任,英人奧斯聽爲教員,定四年畢業,在校授課三年,在船實習一年,先設一年級一班,遴選是年中學畢業生並招考新生入之。二年秋,一年級升二年級,因添設一班。三年春,購校外東南之民地及房屋,添建宿舍,因暫遷船政科於此,並度地於吳淞,籌備建築商船學堂校舍。同年秋,商船學堂成立,延夏孫鵬爲主任,除原有二班外,添招一年級新生附屬中學及預科,計共一百八十名。民國元年春,離本校獨立,薩鎮冰爲校長,是年冬,全校遷吳淞。

譯書院及附屬東文學堂

本校譯書起因,發動乎清光緒二十四年秋,時盛督辦頗注意世界練兵制度,聞美國無兵,祗有團練之說,深以爲異,因譯美國團練一書,披閱之下,方知團練制與練兵無關,於是在二十五年春,分設譯書院於虹口,聘日本大尉稻村新六,日本漢文家細田謙藏爲譯員,鄭孝檉及師範院生孟森楊志洵爲校訂,譯輯有關軍事諸書。是年秋擴充範圍遷院於提籃橋,聘張元濟爲主任,及久任日使館譯員盧永銘主譯務,孟森楊志洵已諳東文,因亦任爲譯員,而改延黃元吉爲校訂,選譯各書,亦不限軍事一端,凡東西洋政治經濟社會科學教育商業史地等,均相將從事,又以外界不乏譯述名家,乃訂定購稿辦法,收印外來稿件，原富一書，爲嚴譯名著之一，卽在此時撰譯，譏稿於本院，後樊炳清沈紘葛勝芳陳昌緒周仲玉等相繼任譯員，而外來投稿者，有吳文聰王鴻年及日人古城貞吉山根虎之助等諸人。同時本校提調李維格伍光建，以及師範院生，均有譯本印行，教員陳諸藻黃國英均有譯稿。二十六年秋，設東文學堂，盧永銘爲主任，招生四十人，附屬譯書院肄業，半年而罷。二十七年春，張主任就本校總理，譯書院由黃元吉負責，至二十九年冬，以經費支絀遂停辦。至譯書院出版各書，多委託夏瑞芳經營之小規模印刷所，名商務印書館者承印，張公因與之相稔，嗣張夏二公將原有印刷所擴充組織，創辦商務印書館，分設編輯印刷發行三部，爲吾國第一規模完備之書局者，其事業實基於此。

商務專科

淸光緒三十二年春，設商務專科，是爲本校設立正式專科之始，敎員爲敎務長馮琦，與美人薛來西及其妹薛來西女士樂提摩密奇爾等，課程列英法文商法理財公法商品商算榷稅公司法規通商條例國際匯兌商業史地商業書扎商業會計商業簿記貨物原料物價評議等，學生十三人，均由高等預科畢業升入，歷一年有半，於三十三年夏畢業，辦一屆卽止，是年秋，選派畢業生六名赴美國留學。

土木工程學院

淸光緒三十二年秋，增設鐵路專科，是爲本校設立正式工科之始，定三年畢業。淸宣統元年秋，聘胡棟朝爲敎務長，兼鐵路科敎員，二年夏，改任鐵路科長。民國元年春，美敎員畢登代理科長職，同年夏，本校歸交通部直轄，令擴充範圍，改爲土木科。二年春，續聘胡棟朝爲科長。四年春，美敎員萬特克任科長。民國六年夏，改爲四年制。十年秋，改組大學，土木科歸併唐校，而移唐校機械科於本校，改任萬特克爲監理工程師，規劃機械工程試驗室建築，畢登同赴唐校爲敎授，於是中輟者八年，民國十七年五月，部准復設土木科，十八年秋，土木工程學院成立，部派技正孫謀兼代院長，學生則由預科升入及添招一年級新生一班，並准機電二三年級生轉入，故復設之始，卽有一二三年級生三班。十九年春，部派技正李謙若任院長，是年秋，設四年級，分鐵道構造市政三門。二十二年秋，增設道路門，故現分四門。至先後曾任敎員者，爲撲德溫、共、潘苗松、葛畢登、貢錫克、薛拔雲、康應曾、李德晉、金濤、萬特克、胡士熙、撲爾佛傅拉凌鴻勛章思孟談佛生戴居正莊俊江元仁裘冠西陳六琯羅邦傑徐灝摩宋建勳巴烈王貫循陸咏懋等。

電機工程學院

清光緒三十四年秋設電機專科，定三年畢業，清宣統二年秋，延美人謝而屯為科長兼教員。民國元年秋，奉交通部令改稱電氣機械科。六年秋，改為四年制。十年秋改組大學，將北京學校郵電班移併本校，復稱電機科，四年級分電力有線電無線電三門。十三年秋，將後二門合併為電信門。十六年秋，張廷金為主任。十七年秋，改稱電機工程學院，張廷金任院長，現仍設電力電信二門。至先後曾任教員者，為麥肯門李復幾謝而屯朱葆芬胡壽頤桑福姚履亨李松泉顧惟精湯姆生吳玉麟李熙謀王崇植陳章倪尚達奚世英鄧宗瀛朱允王魯新楊孝述余謙六俞汝鑫費福燾等。

管理學院

鐵路管理科於民國七年二月開辦，徐經郛任科長，第一班係春季始業，三年畢業，其後各班皆秋季始業，四年畢業，十年二月，徐廣德繼任科長，是年秋改組大學，遷往北京，十一年夏，遷回本校，胡仁源為科長，十三年冬，凌校長鴻勛兼科長。十四年八月，俞希稷任科長。十六年秋，改稱交通管理科，分鐵道營業二門，徐佩璜為主任。十七年秋改為交通管理學院，徐佩璜任院長。十八年秋，改稱鐵道管理學院，分車務財務二門，鍾偉成任院長，十九年秋，增設材料門。二十年秋，擴充為管理學院，分鐵道公務財務實業四門。至先後曾任教員者，為徐經郛徐廣德徐佩璜陳長樂張峻何德奎唐榮滔周增奎唐樹屏武書常唐慶永唐慶增陳志銘許延英瞿錫慶鄭寶照吳文蔚吳紹曾周思忠熊逵李權時任約翌王鈞璈王遐李大鵬王志剛魯繼曾楊振先楊裕芬楊汝梅傅文楷區兆榮葉淵劉廣俊戴麟書金通藝邱正倫湯心濟黃孝貞馬彥章孫復濟曾津琛許寄冰鄺凱華應成一裘樹梁陳立綱陳思度陳臻祺等。

機械工程學院

機械科於民國十年秋改組大學時設立，唐山之機械科亦歸併於此，美教員楊貽志同來，四年級分機械工務鐵路機械二門，美人狄克生為科長。十一年秋，將機械工務改稱機廠工務，十二年秋添設工業管理門，周仁為科長。十三年秋，又併分為工業機械鐵道機械二門。十六年秋，王繩善為主任。十七年秋，改稱機械工程學院，王繩善任院長。十九年三月，王院長出席萬國鐵路協會及世界動力會議,部派技正朱葆芬兼代院長。九月王院長回校。二十一年一月,王院長調任兩路機務處長,部派羅英俊爲院長。繼由電機科教授兼校長室秘書胡端行代理。二十二年秋,胡教授專任院長。二十三年秋,添設汽車工程門。二十四年秋,改設自動機工程門,分甲乙二組,甲組爲汽車,乙組爲飛機。至先後曾任教員者,爲狄克生楊貽志羅意思周仁胡仁源王繩善鮑國寶過養默曹挺江共恭鍾望榮周厚坤高大綱余建復施家幹張貽志謝仁王成志施孔懷曾桐楊仁傑吳學源潘世寧李允成馬德驥張登義李保齡等。

科學學院

科學學院成立最遲,而歷史最早,蓋本校開辦時,即有數理化各項課程,與國學外國文學相提並重。嗣先後設立土木電機機械等各工程專科,理化試驗設備,亦同時並進。民國十七年,蔡校長程秘書長有感上述五門爲各專科之基本,爲主管課務便利起見,因分別設立五系,各任教授一人爲系主任,以專責成,俾於課程改進,有整個計劃。迨孫黎二公相繼長校,鑒於科學之重要,與近代科學之推進,因於十九年九月,將數理化三系擴充組織,設立科學學院。任裘維裕爲院長,仍兼物理系主任,胡敦復爲數學系主任,徐名材任化學系主任原職。先開辦一年級,嗣逐年增設級數,各種理化儀器,年有添置,闢設分類試驗室於上中院,而於近代物理,工業化學之設備,正在積極進行,計劃添建新試驗室。至數理化三系,與中外文學二系,歷年經過情形,因時代之不同,課程編制,前後不無稍異,再行分述如下。

數學系

數學一門,爲學校主科之一,本校最初時期,師範院外院,均用中文課本,中院開始,亦用中文課本,後改用英文,學程定爲算術代數平面幾何立體幾何至平面三角爲止。設立高等預科後,增加高等代數,入工程專科,始修習解析幾何微積分。迨改編高等預科及中院各班爲五年制中學,乃選用較爲高深之課本,原定學程則一仍其舊。民國元年,改中學爲四年制,設專門預科,始規定修畢解析幾何。民國六年秋,改專科爲四年制,於是將數學程度提高,定中學須修畢解析幾何,而以工科一年級列微積分。七年春設管理科,一年級列簿算。民十改組大學,列微分方程爲工科二年級之選科。十六年秋,改中學爲預科,管理班不列解析幾何課程。十九年秋,設科學學院後,始列微分方程爲大學工科二年級之必修科,而數學系本系,則另訂專門數學課程。二十年秋，管理學院添設實業門，一年級亦列微積分。自二十一年秋，預科裁撤後，於是入本校者，開始即須修習微積分，是數學課務進展，前以微積分爲最高級者，今一躍而爲最初步之學程矣。關於數學系教務組織，在清宣統元年秋季起，曾一度設算學科長，梁業熔其任，民國元年春，徐田繼之，是年秋廢。民國十八年秋，復設數學系，朱言鈞爲主任，十九年秋，科學學院成立，擴充數學系，聘胡敦復爲主任。至歷年曾任教員者爲陳諸藻潘紳錢明慶陳錦濤馮琦梁業陳廷甲宋文翽鄭蓉鄭鑿桐徐田吳珮璋陳守先李仕元甘青材火學初衛國垣陳同壽吳家高秦汾胡明復朱文鑫朱鼎元殷源之沈叔欽夏元瑮朱言鈞呂竹人諸水本等。

物理系

物理一門，亦爲學校主科之一，本校師範院修習此課，由教員陸之平自行編譯講義。中院生所修習者，則用英文原本。設立高等預科後，始加物理試驗一年，迨設立鐵路專科，課程爲之改進，民國元年秋，專科始加高等物理，乃定物理爲二年，專門預科一年，專科一年，均有試驗，六年秋，改專科爲四年制，中學四年級亦列物理課程，而定專科一二年級修習高等物理。民十改組大學，將課程加以修訂。十一年秋，周銘任物理教授，於是增加設備，添闢試驗室，定試驗課爲三小時，編訂標準試驗課程，物理一門，因以大加改進。民國十七年秋，設物理系，裴維裕爲主任，是爲本校物理立系之始。十九年九月，開辦科學學院，乃將各項物理試驗陸續分闢專室，購置精密儀器，以供本系專門學程之需要，其工程學院須修習物理者，爲一二年級二年，管理學院須修習物理者，爲實業門一年級一年，至先後曾任教員者爲陸之平徐兆熊密奇爾胡壯猷史元愷羅仁普盧克鮑德范永增許應期沈孟欽賈存鑑湯輔仁林致平等。

化學系

化學一門，亦爲學校主科之一，本校師範院所用課本，由教員黄國英自行編譯，其譯稿尚歸圖書館保存。中院生修習此課，則選用英文原本。設立高等預科後，始有試驗一年，爲各種化學反應及定性分析。迨設立鐵路專科，定試驗課爲二年，專科一年級繼續習吹管分析及定量分析一年。民國元年秋，定專門預科修習普通化學試驗，專科一年級修習定性分析及定量分析，而刪去吹管分析。六年秋，改專科爲四年制，中學四年級亦列化學課程，專科一年級加高等普通化學，而一二年級試驗，仍照原訂學程。民十改組大學，周銘任化學教授，將課程加以修訂，改定量分析爲工業分析。十一年秋，徐名材繼任化學教授，將課程重加釐訂，定試驗課爲三小時，添置工業分析儀器，而化學一門始規定課程標準。十七年秋，設化學系，徐名材爲主任，是爲本校化學立系之始，並於是年添闢分析試驗專室。十九年九月，開辦科學學院，乃陸續分闢各項化學試驗室，並購置工業化學機械，另建工業化學試驗室，充分添置設備，而本系所訂專門課程，備供學術研究及工業製造二途，故三四年級分設甲乙二組。其工程學院須修習化學者，爲一二年級生，管理學院須修習化學者，爲實業門一年級生。至先後曾任教員者，爲黄國英包光鏞密奇爾鄺翰光金紹基王乘普施翀沈宏豫薛門徐佩璜于基泰王百雷潘承圻沈鎭南馬紹援張蔭煊吳興生邵象華陳蒼育徐節元莊前鼎徐百揆等。

國文學系

本校師範院生，於國學素所研究，故定爲自修課程，特班爲備經濟特科而設，所注重者，爲中外政教異同，因與國學掌故頗多關係，當時命題課試，無論經史策問，並不限定時間，任學生𥳑練揣摩，下筆數千言，視爲常事。郎中院生及高等預科生，亦多來自家塾，素攻舉業，熟習文獻者，故本校國文成績頗負盛譽。時中院所訂學程，每日下午三小時，國文實佔全部課程之半，選讀各家文集，由淺入深，立有統系，入高等預科後，時間較爲減少，至專科則只列二小時一節。旋因科學日進，各項課程提高標準，學生爲時間所限，無暇及此，新生來校者，國學根底亦不及前此之高，於是國文成績，不免爲之減色。唐校長蒞校後，爲提倡國學起見，因於清光緒三十四年春，任李聯珪爲國文科長，並於星期日上午，設國文研究會，親自授課，對於行文之道，深加推究，每年秋季，舉行全校國文會課一次，擇優給奬，以資鼓勵。至民國九年，唐校長辭職，此制遂廢。民國十七年秋，設國文學系，黄建中爲主任，十八年秋，陳嘉藹繼之，十九年秋，陳柱繼之。二十三年春，黎校長鑒於本校國學之退步，諧校友一再道及，部派畢業生實習，每苦不諳公文，因於是年起，每年春季繼續舉行全校國文會課一次，冀得重復舊觀。而於教授課目，亦分中國文學及公文程式二種。至先後曾任教員者，爲張煥綸張祖廉董瑞椿蔣爾瓚馮善徵姚文枏張天爵徐興範尤侗趙玉森儲丙鶉胡翔青徐艾枝黄宗幹黄世祚章圭瑑李聯珪徐韜壙儲南强徐敬儀程璟王蕪會朱文熊譚家駿鄒登泰曹雲章萬方儼黄建中林損陳嘉藹蔡其標馬宗雈吳寶凌蔡侃等。

外國文學系

本校初辦時，師範院生年齒較長，外國文雖設英法日三門，僅任選一門爲必修課程。至中院則頗注重英文，每日上午四小時，除一小時授數學外，其餘完全爲英文，分讀本文法英語修辭等課。學生練習，爲誦讀解釋默書造句會話繙譯作文標解字類分析字句等諸工作，課本並不高深，而教員上課時，朗誦講解後，多方發問，必將字義用途，及文句構造，舉例說明，反復指示，不厭周詳，由淺入深，務令學生自能運用而後已。每學期不過授課十餘篇，但學者獲益良多，進步甚速。以視近來中等學校，對於英文一門，課本競尙高深，學者多費時於查閱字典，不能領略運用方法者，其得失何若，頗堪研究。至高等預科，須增加他種課程，時間因以減少。工程專科則僅列三小時，迨後提高各項科學標準，所列英文鐘點，不若前此之多，練習機會亦隨之稍遜，故英文不免爲之退步。第二外國語，先後列法文德文，最初時期曾一度設日文，然以時間關係，少見成績。清宣統二年秋，唐監督感本校英文之退步，因任徐崇欽爲英文科長，冀得於敎授方法有所改進，民國元年廢。四年秋，重設英文科長，中學科長徐經郛兼任，並於每年春季舉行全校英文會課一次，藉以測驗學生之成績，擇優給奬以鼓勵之，民國九年廢。十六年夏，第二外國語加日文一門。十七年秋，設外國文學系，唐慶貽爲主任，對於英語演說，指導頗週，學生亦深感興趣，故連獲校際競賽錦標。二十三年起，每年春季重復舉行全校英文會課一次，而於敎授方針，依院別之不同，選擇有關各院實用文字，以趨於專門化。第二外國語，現設德法日俄四門，科學學院須修德文，各工程學院任擇德法一門，管理學院任擇法日俄一門。至先後曾任英文教員者，爲李維格伍光建王建祖顏明慶顏詠慶吳健王龍惠薛來西樂提摩勒芬邇馬動程文勳胡詒穀關應麟徐兆熊包光鏞吳敬寶馬桼享鴻銘許傳音趙士北林字徐崇欽孫鑑施仁耀陳辛恒李熙松張鍔楊錦森胡鴻猷張世揆徐經郛胡克俞忽戴粹周熙余顯恩黃添福享慶成葉達前戴繼恩孫多炎劉曾揆陳定評鄭學海劉麟生程其達徐佩璜胡憲生平海瀾何其榮李純圭朱樹蒸胡其炳錢豐格陳淑瓊吳維翰施家傑等。曾任德文敎員者，爲薛來西女士何活余賓王賀良吳子敬葛齡智毛殺等。曾任法文敎員者，爲朱樹人益軋余賓王莊振聲項衡方徐紹甲王鏞沈奎等，曾任日文敎員者，爲細田謙藏稻村新六羅理陳偕達等。

其他各學科

本校各學院，各有專門學科，不爲具論外，最初時期之師範院，係自行研究，惟中院及高等預科，後改中學時代，除中外文學數理化五門，其他各學科，爲中外史地政治法制經濟博物等課，以時代關係，所用課本，前後亦有不同。本國歷史注重歷代制度之沿革，而不拘於紀事本末，教材採自通典通考居多，中文地理取方輿紀要瀛寰全誌爲教材，後因包羅太廣，編印史地講義，由國文教員兼任授課。高等實業學堂時代，曾延許國英專任歷史，有編輯之課本，沈祖緜專任地理，亦有自編教本。外國史地及政治法制經濟，均由英文教員兼任，美教員薛來西習經濟科，故亦編有英文本理財要範一書爲課本，後曾請法學博士趙士北黃添福等授政治法制經濟兼英文，均爲時不久。設管理科後，由管理科教員兼任，博物課本，中英文均曾採用。以英文本授課者，多由數理化教員兼任，以中文本授課者，高等實業學堂時代，爲齋務長陸瑞清國文教員程璋，民國十年改組大學前，有林鵬專任。

圖書

置備圖書，亦依時代之需要而有改進，本校開辦時，爲師範院生修業所必需，置有中文圖書三千餘册，以經史子集爲多，江南製造局出版之譯本亦盡備，設管理員一人，專司收發書籍。時師範院生於國學並不上課，研習各種學故，卽爲課業，故閱書實爲規定之修業工作，可全日縱覽。至西文書籍，則不滿百册，專供教員參考之用，上院校舍落成後，闢室於下層西部爲藏書閱書地點。規設特班後，增加政治經濟等書籍。迨清光緒二十九年秋，設高等預科，始行置備西文參考書籍。三十二年設立專科，因添置專門參考書籍，供專科生應用，由學生自行管理。三十三年春，遷藏書室於上院下層西南隅，原爲物理試驗室，斯特各有改動。三十四年春，清廷頒發圖書集成全部到校，因另闢中文藏書室於中院二樓東北部，卽今之化學儀器藥品儲藏室是。同年夏設電機專科，因續增西文藏書達千餘册，改上院原藏書室爲西文藏書室，而任英文教員一人兼管理，規模於是略備，並訂閱書規則，准專科生出借，高等預科生及中院生則須到室閱覽。民國元年秋，西文藏書室歸西文案處管理。民國五年，本校二十週年紀念，畢業同學創議籌建圖書館，呈准交通部撥欵及勸募之結果，建築三層樓房一所，於八年雙十節落成，十一月正式開館，任胡端行爲館長，並館員若干，分設閱覽室多處，定時開放，俾學生可以隨時在館借書閱覽。是時中西文書籍經歷年陸續置備,並承各界捐助,中文計三萬餘冊,西文計三千六百餘冊,雜誌約八十種。厥後劉用藏王永禮先後繼任館長,辦法一仍舊貫。民國十六年秋,改稱館長爲主任,蔡侃錢豐格相繼膺任。至十八年八月,杜定友爲主任,校中鑒於圖書館計劃改進事宜,及購備各種書籍雜誌等,有建議討論之必要,因設圖書委員會,憑衆意決定。二十四年秋,添建防火書庫,最近統計,中文書籍約六萬冊,西文書籍約一萬五千冊,中西雜誌一百三十餘種。至先後曾任藏書室管理員者,爲劉淵士張允中陳世琦王清華王保詵許銘德等。曾任圖書館辦事員者,爲金世仁李桂馥龔文桂孫邦俊李家俊張承緒金璧趙斌遂定陳天鴻曾古橋凌祖詒涂祝顏舒紀淮蔡國淞沙筱宇洪美廉潘幹材鄧俊錢亞新錢家楨方錫唐江道元等。

出　版

本校最初刊物,爲師範院生朱樹人編輯之蒙學課本,外院附屬小學,均嘗取以爲國學教本焉。清光緒二十五年春,設譯書院,繙譯東西洋政治經濟軍事教育商務諸書,至二十九年止,出版者有三十餘種。同時教員及師範院生咸有譯述,其著稱者爲原富政群源流考法規大全計學平議戰術學步兵操典陸軍教育摘要科學教育學講義格致讀本萬國通商史商務條議商業實務志亞東貿易地理等。後續輯者爲歷史講義地理教本南洋公學國文成績初二集,及附屬小學學校唱歌集。工業專門學校時代,有四書讀本各級國文讀本及附屬小學之算學教本。至於出版雜誌,開始於民國四年春間,在南洋學會組織之下,刊有學生雜誌,繼續四年後停刊。民十改組大學後,曾合京唐滬三校之力,編輯交通大學月刊,旋以學校改組,刊行三期而止。十四年春,創辦南洋週刊,嗣改爲旬刊,十八年二月,改爲日刊,同年九月,改爲三日刊,十九年曾刊行年報一期。現有定期刊物,爲三日刊季刊科學通訊及管理。此外經濟學會有經濟學報,工程學會有工程學報,皆年有刊行。學生自治會有會刊旬刊週刊等,現定期刊物爲交大學生。各同鄉會出版者,有錫秀一期,南針三期,楚輿一期,級會亦時有出版,大都爲畢業紀念刊。其他各學會之學術刊物,已經出版者,亦有十餘種。至教職員私人著作,經教務會議通過認可爲交大叢書者,於二十三年起,與商務印書館訂立合同,均歸印行。

體　育

體育有關種族强弱,不僅健身已也。初稱運動,分田徑球隊兩部。清光緒二十五年冬，舉行第一次田徑賽運動會，是爲本校體育表演之始。其後聯合各校有足球網球等友誼比賽，而以足球爲多。三十一年春，與約翰東吳有聯合運動會之組織，每年春夏之交，比賽田徑，冬季比賽足球，而約翰素爲本校勍敵，每屆比賽，常差遜一籌，亦即爲本校益友，蓋各項運動，有所取法而堅練習爭勝之機，揖讓而升，下而飲，其爭也君子，於比賽運動有焉。民國紀元後，本校球藝突飛孟晉，足與約翰爭執牛耳，三年冬，組織東方六大學校際體育聯合會，爲約翰東吳滬江之江金陵及本校，每年按季比賽各項運動，初定田徑足球網球三項，後又加壘球籃球二項，因於民國五年冬，本校體育分設八部，除前五項外，又加游泳越野賽跑技擊三項。至辦理會務，由各校輪流值年，以六年每校輪值一次爲滿期。在此期間，本校得田徑賽錦標三，足球錦標四，網球籃球壘球錦標各一。其中以足球最爲引人入勝，蓋本校與約翰，球藝相差，僅爭一着，兩隊對壘，如臨大敵，靈巧敏捷，智力兼施，球之忽上忽下，飄動無定，一舉足而遠蹴十餘丈以外，盤旋攻守，各盡所長，尤爲觀衆所嘖嘖稱羨，評判巡邊，在比賽時間，須隨球之進退，馳騁奔波，羣認以爲堅難工作，加之啦啦隊鑼鼓隊揚旗吶喊，呼聲雷動，故每遇本校與約翰比賽足球，萬人空巷，莫不爭先作壁上觀，沿兩路一帶，至有不憚遠道跋涉，專乘火車來滬，而以一飽眼福爲快者，盛極一時，可以概見。時本校體育設備，尚不完備，以至上中院飯堂內櫈凳，皆不翼而飛，不脛而走，爲觀衆移至球場四週，作登高臨時看台之用，因於是時置備踏步式之大看台兩座，分設球場兩邊，始定售券入門，而觀衆並不爲之稍減，其感人之深，有如此者。民九期滿後，民十起東南復旦亦加入，爲八大學聯合會，重訂會章，規定與賽資格，大中學須分別比賽，不得相混，旋以時局影響，不三年而中止。邇時各校皆設體育教練，本校於民國四年春，聘英人李思廉教練足球，並於同年秋，聘美人莫禮遜教練其他各項運動，繼之者爲古德菊克赫胥丁庭等。先後提倡晨操普及運動分級比賽，惟游泳一項，須赴青年會游泳池練習，檯球設本屬遊藝，亦於十三年列入體育。十四年十二月，體育館落成，各種設備粗具，十五年春，延丁人鯤爲體育館主任，四月組織江南六大學體育聯合會，加入者爲暨南復旦光華持志中公，並陸續增加體育設備，游泳池亦於是年竣工，十月十日開幕，十六年秋，黃文建爲主任，十八年秋，唐樹屏繼之，十九年八月，申國權繼之，並聘定教職員多人，組織體育委員會，對於設備銳意改進，尤注意普及運動，又加排球小球兩項。二十二年春闢設體育場後,四週置備大看台九座,各種球場具備。二十四年秋,改大學二年級體育爲必修課,成立院際杯賽體育委員會,並規定每學期開始時,檢查全校學生體格一次。館員設主任兼教練一人,教練二人,助教一人,辦事員二人。至先後曾任教練者,爲周家麒李信標等,曾在體育館辦事者,爲杜錦榮俞啓忠等。

技擊爲吾國素有之國術,創始於清宣統二年秋,時有同學向紹洪,譜於拳術,於是有志此道者,發起集合同志,研究練習,加入者頗形踴躍,因於翌年春,校中規設技擊部,延劉震南爲教練,於早晚課餘指導練習,每屆學期之終,舉行分隊比賽,每遇全校運動會,加入表演,民國五年冬,列入體育爲一部。六年春規定中學一二年級生須任選技擊童子軍或軍樂一門爲必修課,初爲徒手,繼爲使用器械。二十年夏,建技擊室,器械俱備,現有教練二人,爲靳振起劉守銘,至先後曾任教練者,爲劉震南劉振聲劉世傑李存義張富有趙連和等。

軍訓

軍事工作,爲國民應具之學識,故本校開辦時,對於軍訓即頗注意,設立中院後,訂定兵式體操爲正課,由英文教員吳健胡詒穀,算學教員陳廷甲吳佩璋等,相繼兼教兵操,口令全用英語,而以木槍爲器械。譯書院從事編譯東西洋軍事學多種,已早寓深意,迨清廷宣布變法,請由江南製造局先後撥發軍械二批,第一批八十支,爲舊式九響後膛鎗,第二批一百二十支,爲新式五響毛瑟鎗,因聘北洋武備學堂出身宋輝曾爲教員兼英文,故口令亦用英語,規定中院生及高等預科生全體須受訓練,入專科後方行免修。建築雨操場,即在此時定議。清光緒三十三年秋,徐公錫爲教員,始改用本國語口令。清宣統三年春,魏廷暉繼任教員,兼及槓子木馬平台天橋等操演,在此期間,除兵操外,擦鎗打靶,亦間時訓練,並同時組織軍樂隊,每逢全校運動會,兵式操亦加入表演,由雨操場整隊出發,軍樂前導,旗幟高擎,環行大操場四圍馬路一週,乃魚貫入場,操演各種射擊方法,用木彈實鎗開火,雖屬小規模之演陣,然頗見雄武。民國紀元後,增加學科一小時。十三年秋,此項鎗械,爲淞滬護軍使署提去,於是復用木槍,而學生操練之興趣頓爲之大減。民國十六年秋,歸體育部擔任教練,注重柔軟體操。十八年秋,國民政府提倡軍國民教育,中央訓練總監部派軍事教官專任軍訓,分學科術科二門,初定大學一二年級均須受課，二十四年起，改爲一年級應受訓練，現任軍訓教官爲歐陽鼎銘，助教爲謝喧。至先後曾任軍訓教官者爲陽心如徐倬雲雷震阮略熊宣何肅庭等。助教爲周鴻飛周乃震許廷爵張醴泉王道等。

軍樂隊成立於清光緒三十一年，時僅有步號洋鼓兩種。清宣統元年春，延唐禪虞爲教員，始徵求隊員，完成全隊。民國六年春，規定中學一二級生任選技擊童子軍軍樂一門爲必修課，然以練習軍樂，必須體魄強壯，氣足神完爲合格，故校中一憑學生志願，並不強迫加入。後意人簡拿王信齋戴文標等相繼爲教員，至民國十六年秋中輟。二十年秋起，重行組織，延趙芝岳爲軍樂教官。

童子軍

民國四年秋，附屬小學試辦童子軍，同年冬中學亦舉辦，英人培克斯李思廉二人爲團長，先選學生中之有志於此者，加以訓練，爲分隊長之預備，五年秋正式成立，加入中華童子軍協會上海支會，中學一二年級合組爲一團，小學各級合組爲一團，是爲上海童子軍第九第十兩團，每逢運動會或足球比賽等，均到場維持秩序，並任救護之職。民國八年五月，上海支會童子軍舉行比賽，分救護測量旗語製圖造橋烹飪娛樂等七項，本校亦加入表演。民十改組大學後，中學部童子軍准自由加入，十一年秋裁撤，惟小學部一團仍繼續辦理。

研究所

民國十年冬，美國召集華府會議，本校無線電臺爲實驗通報工作，試行聽收會議消息，當場譯出，備與翌晨報載專電互相校對，於是關心國事者，相率來校，探聽是項消息，藉以早知國際情形，而本校之設備，社會始注意及之。民國十二年春，總商會請本校化學教授徐佩璜赴會公開化驗銀幣成分，十四年春，江蘇實業廳派員會同本校化學教員，假試驗室公開試驗爪哇酒精，而本校之設備與人才，更得社會上之信用。於是外界委託檢驗材料出品製造樣品，與函詢科學方法改良製造諸問題者日益多，因於民國十五年創辦工業研究所，曾向中華教育文化基金董事會請准補助金，設物理化學材料電機四組，校長凌鴻勛兼領所長，嗣以經費不繼，原定計劃，未能如期實現，所務因之停頓。惟四項試驗，仍由理化兩系機電兩院分別進行。十七年春，祕書長程孝剛兼領副所長，經兩次擬定計劃，亦不獲實施，至民國十八年秋，今黎校長兼領所長，請准改組擴充，設工業研究經濟研究兩部，工業研究分設計材料機械電機物理化學六組，經濟研究分社會經濟實業經濟交通管理會計統計六組，任柯成楙爲祕書，主辦研究所事務，翌年二月，設分所于唐院，二十二年九月復設分所於平院。

暑期學校

本校課程嚴密，學生之資稟稍次者，不免有未窺堂奥之慨，因於十七年夏，試辦暑期學校，將主要課程授以相當之講解，使學生得有機會，複習一週，而對於未甚明瞭各科，多一救濟方法，並招收外界學生，隨同聽講，此端一開，即風嚮慕者，年有增加，其勢不能中止，於是組織暑期學校委員會，釐訂每年應設學程之標準。二十三年夏，教育部且令辦中等學校數理教員暑期講習班，因於二十四年夏，復增加科目多種，以應外界員生選修之需要。

賽會

惟賽會所獲榮譽，足以見公道之在人，本校經四十年之努力，名著中外，此皆由學校當局悉心辦理，同學留學外洋，咸能銜接各大學研究院所致，而服務社會諸校友，又皆專心工作，克盡職守，因之信譽日彰，有東方麻省理工之稱，殊非倖致。故國內南洋勸業會，前北京專門以上學校賽會，西湖博覽會，國外意大利都朗賽會，美國聖路易賽會，太平洋巴拿馬博覽會，皆得榮譽獎狀獎品。

學生

本校開東南風氣之先，學生以東南人士爲衆，然各省遠來就學者，亦不在少數，故同學足跡，幾遍全國，當開辦之初，首設師範院，學者年齡較長，於國學素具根底，中院生年齡較幼，於外國文頗有充分時間，深加研究，同學亦較多，至民國初元，專科生逐漸增加，而工程人才於是日衆，民十改組大學後，凡屬交通人才，造就不遺餘力，人數亦與中學相埒，最近數年，專辦大學，學生總數並不增加，但各修專門科學，就個性所近，以從事研究，所有參考書籍解答問題，各院互有不同，弦誦之聲，賡歌不輟，又是一翻新氣象。故本校創辦時代，學生修習，頗重溫故知新，繼而進爲探討有系統之科學，今則一隅三反，推陳出新，注重研究工作矣。至十六年秋起，開始招收女生，惟大半以體格關係，選修管理爲多，科學次之，工程又次之。

留學

本校歷年派遣出洋留學者,英美德法比日等國皆有之,自清光緒二十四年冬起,共計派遣總數一百七十餘名,以留美爲最多,英次之,比日又次之,德法最少數。其所習之學科,爲政治法律經濟銀行商業鐵路管理鐵路工程土木橋梁造船駕駛電機無線電機械機車採鑛冶金光學農業等不一。初期派遣者,選習學科,一任學生自擇,設立專科後,被派畢業生留學,多選擇原習學科,而鐵路及電機畢業生,幾皆專習工程,而少有擇及政法經濟等學科者。民國紀元後,多以留美入廠實習爲主,然學生有志深造,每於實習期間,儲蓄餘資,復入學校研究得學位回國。至各省省政府歷年中美中英庚欵委員會等,招考留學公費生:本校同學多能獲雋;加以受服務機關津貼而資遣者,總數當不下百人,其前後自費留學者,亦爲數頗多。

學生團體

時在清光緒三十二年,設立商務鐵路兩專科後,專科生始有研究會,是爲本校學生團體組織之始,會務爲管理西文藏書,及英語練習。三十三年秋,改組爲工程學會,始有敦請學術界演講之舉,然每年僅一二次。民國元年秋,西文藏書室歸西文案處管理,尚劃出一部份專門參考書籍,安置於工程學會,仍舊制也。民國四年春,由在校服務諸同學發起,擴充組織,定名曰南洋學會,會員不限專科生,是網羅本校服務同學專科同學及中學同學而成立,會務分言語編輯遊藝三部,第一期學生雜誌出版,即在此時。民國八年,五四運動以後,各學校均有學生會之組織,本校亦應時成立學生會,專科及中學各級學生均爲會員,會務分總務言語出版通訊教育體育膳務遊藝消費九部,而以班長會議,代表各班爲全體評議機關,至民國十八年,遵照部令,改爲學生自治會,內分總務學術藝術自印講義平教體育衛生膳務消費各科,由全體執行委員會分司會務,任期爲一年,年開代表大會四次。至其他各學術團體,就學生修習科別之不同,而有工程學會管理學會科學社三部。民國九年秋,工科學生重組工程學會,會務爲工程研究學術表演編輯學報參觀工廠敦請工程家演講等項,南洋學會因於此時結束。繼工程學會而興者,爲鐵路管理協會,成立於民國十一年秋,係鐵路管理科學生所組織,會務爲學術研究表述心得編輯學報參觀各工商機關,以及敦請名人演講等工作。十二年秋,改爲經濟學會,最近改爲管理學會。十九年秋,科學學院成立後,該院學生有科學社之組織,分常務出版參觀演講等科,其工作與工程管理兩學會大致相同。此外尚有各級級會，創始於民國五六年間，初以該級專科畢業年分之干支名之，後改爲民國紀元年度，惟歷年大中學各級，或有或無，殊不一致。其各省籍學生所組織者，爲各地同鄉會，宗旨在連絡鄉誼，多得友助，每遇開學放假，有茶會攝影之舉，會務雖屬簡單，但在招考期間，招待遠來同鄉，代爲照料一切，於初次到申，頗得助力，此制由來已久，而以兩廣四川兩湖爲最早。近年來有各中學同學會，由各該中學畢業出身者所組織，會務與同鄉會相類似。又國際問題研究會攝影社歌詠會口琴會國樂隊西樂隊京劇社話劇社以及各種球隊等，可各就性之所近，自由加入，惟以功課繁重，雖有組織，練習時間殊有限。

同學會

清宣統二年秋，校友雷奮楊廷棟傅緯平吳馨穆湘瑤黃炎培沈慶鴻張世捘等，發起組織同學會，定名曰南洋公學同學會，設總會於上海，北京分會同時成立，總會設幹事評議通訊等職，月開常會一次，每年春季開同學年會一次，外埠分設通訊，備隨時互通消息，並報告各處校友狀況，後留學歐美同學亦立有分會。民元改稱幹事爲理事，定七人，卽由理事中推兼會計書記等職務。迨民國五年，畢業同學益多，會務亦較發達，因發行會刊，定爲南洋，出版兩期之後，改稱友聲。民國十四年，修改會章，分會員爲永久普通二種，以永久會員之會費備作建築會所之用，增設理事人數爲十一人，改評議爲議董，以年級爲單位選舉之，除最初時期之校友數級合選一人外，每級應推選一人爲定則，故議董每屆畢業，當遞加一人，又設基金監二人，保管永久基金，其母金永不動用。現南京武漢北平濟南青島天津廣州蘇杭等處，皆有分會，凡分會之特捐，交納總會，備作建築基金。

烈士及殉職諸校友

先烈蔡松坡，推翻帝制，再造共和，其事功雖昭在史冊，終以治軍積勞，感疾不起。黃花岡之役，唐榕炳瘐斃獄中，雖不與七十二烈士同時就義，實與同舉義旗。武漢起義後，白雅餘奔走於京津之間，隻身之灤州軍，說其軍官反正，卒以觀望者半，事不克濟，走古冶道中，被執遇害，此校友之犧牲一已，爲國宣勞者。至本其所學，克盡厥職，而橫遭不測之禍，若盧維照任浙路工程師，督建慈谿之觀莊橋工，因機架上鐵錘脫鈎驟落，首當其衝，受傷致命。章曾濤任招商局船主，以被風失事而溺於江。孫信琪任寧紹公司船主，以大霧觸礁而溺於海。葛燮生任膠濟路工程師，出閱路綫而歿於匪。孫多頤任濬浦局工程師，以月終擕欵發給工資被刼而歿於盜，此校友之服公社會，殉其職守者。

校友狀況

校友之學成致用，得以有所建樹，雖少顯重要工作，然於黨國建設，社會工商，均不無關係。中監委吳敬恒，考試院副院長鈕永建，爲最初時期之師範院校友。任中央各部行政長官部員技術人員者，本校校友亦不在少數。建設委員會經濟委員會法院省政府市政府地方政府，不論行政技術人員，均有同學服務。尤以任職鐵路局爲多數，局長處長工務機務車務廠務以及各股股員等，全國鐵路皆遴任焉。次之爲電報局電話局無線電臺國營民營各電廠工程及公務人員。至郵政海關鹽務稽核所招商局公路局等，校友服務者亦大有其人。職業界如律師會計師建築師醫師銀行界報館記者書館編輯，以及中外各公司各廠家，皆有校友執業其間。服務教育界者，大中小各級學校，職教俱備。自營業務如益中公司新中工司新通公司竟成造紙廠康元製罐廠亞光電木製造廠等，營業均甚發達。然亦有本與素習學科無關，而能獨擅勝場者，陳柱葛維翰張孝友等，任學校國文教員。吳清庠王臨堅車志成蔡其標陸以漢等任機關文牘。傅碩家擅鋼琴，楊錫冶擅西洋畫及中西音樂，朱寶綬陳懷書柴福沅談克峻顧翊經董憲等之詩詞，孫同祺章鬱和彭無荒汪溥曾等之書法，力仲辰王羽儀章作霖沈旦來等之丹青，名中醫有惲鐵樵王隱廬，善弈者有王作舟葛英王國章，小說家有李定夷趙苕狂倪軼池，星相家有嚴芙孫之胡蘆測字，電影導演有張善琨陳壽蔭，通指紋術者有夏全印，譜昆曲者有王百雷沈學謙徐德輿等，其所專長之處，皆多年研究而成者也。至勘破紅塵，皈依佛法，遁跡佛門修養者，亦有李叔同葉鳴珂黃恭佐諸人。

記三十六年以前之南洋公學特班

蔡元培

南洋公學自民元前十六年奏准後,卽於第二年設師範院,其程度如民國元年前後之師範學校。又設外院,考取學生,派師範生輪流敎之,其程度如今日之小學也。第三年設中院,其程度如今日之中學。前十二年,上院校舍落成,適有北洋大學學生避拳亂來上海者,乃設鐵路班以收容之,是爲高等敎育之發端。故自外院而中院而上院,卽自小學而中學而高等學校,是爲南洋公學正式之系統。所設之師範院,本爲例外,而當時尙有一例外之班與師範相類者爲特班。交通大學中,尙保存擬設南洋公學特班章程一通,其第五條有云:「師範生應遵守之規約及應獨得之優禮,特班從同;」足爲特班與師範院相類之證也。

特班之設,爲沈總理(總理卽今之校長)曾植所提議,而盛督辦宣懷從之。其考試,據特班同學彭淸鵬君所述:「招考二次,每次各取二十人,初試在南洋公學,覆試在盛宅。所試皆國文,覆試題爲「明夏良勝中庸衍義書後」及「請建陪都議」;與試者大都不知第一題之出處,由監試員檢示四庫全書提要,乃勉强完卷。開學以後,陸續報到者三十八人,均寄宿校中」,其時彭君與邵聞泰謝澄二君皆未滿二十歲,亦彭君所能憶及者也。據林君同莊所記,特班生實爲四十二人,林君並記有別號及籍貫等;余又與黃君任之益以所憶及之略歷,依姓氏畫數之多少,題名於下:

王世澂,號莪孫,福建閩侯人,治法學。

王世謙，號鳴宇，世澂之弟，已故。

文光，字耀齋，浙江旗籍，曾爲新疆省委員。

文永譽，字公達，江西萍鄉人，服務新聞界，已故。

方彥忱，字仲裴，安徽桐城人。

田濂，字毅侯，貴州都勻人，已故。

朱履龢一名寶奎，字嘯山，浙江秀水人，留學英國，治法學，曾任司法部次長。

吳賓地，字叔田，江蘇上海人，律師。

李廣平，字叔同，浙江平湖籍，生長天津，曾留學日本，初爲美術家，書畫篆刻，無不精工；並參加春柳社，後皈依佛教，改名宏一。

貝壽同，字季眉，江蘇吳縣人，留學德國，治建築術，在司法部任技正甚久。

邵聞泰，字仲輝，後改名力子，浙江紹興人，善爲文，努力革命，現任陝西省政府主席。

周思緒，原名光庭，號贊庭，浙江杭縣人，曾爲縣長。

林松堅，原名堅，號魯生，福建閩侯人，曾在教育部服務。

林文濟，字洲髓，浙江瑞安人，已故。

林大同，字同莊，浙江瑞安人，洲髓之姪，在杭州辦水利局多年，最近物故。

范況，字彥矧，江蘇南通人，長於文學。

胡仁源，字次珊，一字仲毅，浙江吳興人，善爲文，富哲學思想，留學英國，治工程，曾任北京大學工科學長，並代理校長。

洪允祥，號樵舲，浙江慈谿人，長於詩文，爲慈谿三詩人之一。

殷洪亮，字次伊，江蘇常熟人，在特班時，富革命思想，善爲文，散學後未久，於歸途中失足墜水卒。

程志炳，號儷笙，安徽黟縣人。

唐忠行，號銳巖，江蘇吳縣人。

張承樾，字蔭閣，江蘇寶山人，已故。

徐敬熙,字惺初,江西湖口人,在教育部服務有年。

項驤,號渭臣,又號微塵,浙江瑞安人,治財政學,曾在財政部服務。

陳錫民,號永蕃,浙江杭縣人,已故。

黃炎培,號楚南,旋改韌之,後又改任之,江蘇川沙人在清季,祕密組織革命團體;後在江蘇敎育界服務甚久,創設中華職業教育社及人文圖書館等。

黃大鈞,福建永福人,已故。

陸夢熊,原名徵瑞,字渭漁,江蘇崇明人,曾留學日本,在交通上服務甚久,現任交通部專員。

郭㻶,字奇遠,浙江瑞安人。

彭清鵬原名清棟,字彥頤,今字雲伯,江蘇吳縣人,在司法部任祕書甚久,現任司法行政部科長。

穆湘瑤,號杼齋,今號恕再,江蘇上海人,曾在警察上服務現營實業。

單毓年,字耆仲,江蘇泰縣人,已故。

費毓桂,字梓怡,江蘇武進人。

劉伯淵,號淵士,江蘇陽湖人,經營工商業。

潘承鍔,原名鉦,字硯孫,江蘇吳縣人,律師。

錢詩楨,字復三,江蘇太倉人,已故。

鍾觀誥,字衡臧,浙江鎮海人,精化學,已故。

鍾枚,字卜岑,浙江杭州人,曾在浙江行政上服務。

謝澄,號希范,一字無量,今以字行,四川樂至人,善爲文,現任監察院監察委員。

儲桂山,字馨遠,江蘇泰縣人,已故。

魏斯炅,號阜歐,江西金谿人,曾任江西財政廳長及國會議員,已故。

薩君陸,字幼實,福建閩侯人,曾在中央觀象臺服務。

民元前十年之夏,曾攝影一次,胡君仁源爲之記,其文曰「壬寅夏,爲我同人入學一周年之期,休假前數日,共攝影於上院前廊之下與其列者二十有六人,中立者蔡先生鶴廎王先生枚伯其後則李君叔同其右則殷君次伊劉君淵士陸君渭漁,林君洲髓,王君莪孫,貝君季眉,黃君楚南,薩君君陸,穆君恕齋,林君同莊,儲君馨遠范君彥矧,陳君永恭,徐君敬熙,鍾君樸臣,其左則吳君叔田,郭君奇遠,項君俸臣,張君蔭閣邵君仲輝,唐君鏡巖魏君阜甌程君儼笙」(下略)是其時,除余與王君外,特班生參加者,不過二十四人而已。

特班章程第一條云:「特設一班以待成材之彥之有志西學者」,是課程重在西學,又於第四條規定:「功課分爲前後兩期前期爲初級功課後期爲高級功課,各限三年卒業。初級功課爲英文之寫誦文法章句;算學之數學,代數,幾何,平三角;格致化學之手演。高級功課爲格致化學之闡理,地志史學政治學,理財學,名學。是其本意在以英文教授政治理財等學,養成新式從政人才而於初級中補受數理化普通教育也。

因特班生對於初級功課,有已習或未習者,故均在中院上課,或插班或開班,我已忘之。我所憶及者章程之第七條所規定;「西課餘暇,當博覽中西政事諸書,以爲學優則仕之地」。特設教員二人以管理之;其一任監督,初聘江西趙君從蕃任之趙君辭職後聘黃巖王君舟瑤繼任。其一任指導,則由我任之。

指導之法,稍參書院方式學生每人寫札記由教員閱批,月終由教員命題考試,評次甲乙,送總理鑒定。其時學生中能讀英文者甚少擊思讀日文書,我乃以不習日語而强讀日文書之不澈底法授之,不數日人人能讀日文且有譯書者。

特班開辦於民元前十一年之春解散於前十年之冬,自始至終不及二年,不特章程第四條之初級功課,未能修畢,即第七條之自修恐亦影響甚微其中多數特班生卒能在學術上社會上有貢獻者全恃此後特殊力學之結果耳。惟同學聚散,不無雪泥鴻爪之感,黃任之君曾於民國十六年邀集特班同學在上海半淞園聚餐,到者憶不過十餘人。忽忽十年,尚未有第二次之集會,適交通大學四十年紀念册徵文,余以此事亦校史中特別之史實,故就所憶及者記述之,以充篇幅。

交通大學四十周年紀念感想

葉 恭 綽

一

本校二十五周年紀念時，適交通大學方改組成立，而余實主其事。迨三十周紀念，本校易名爲南洋大學，曾有徵文集之刊行；余以前此籌組交大時，頗具詳密之規劃，與本校前途關係甚切，故爲文以闡明舊日之方針，藉作未來之參考。今滬唐平三校仍合爲一校；而上海本部，且以四十周紀念聞，復囊徵言及余，夫以今日之時變勢易，而獨斯校能繼長增高，猛晉向前，是固可引爲欣慰者也

吾國過去十年，爲變動極劇之時代。十年之前，國民革命運動，已在發動之中，未幾底定東南，不久復完全統一；國人方慶三民主義之實現，和平建設之可期。乃晴天霹靂，國難當頭，至今愈演愈深。而交通大學，處此變化無窮，危疑震撼之秋，竟能弦誦依舊，邁進不已。以今日交大之基礎成績，方諸十年以前，均屬遠勝，又烏可以無賀。

二

本校十年以來之進步，所以能如此顯著，不得不推主其事者之苦心孤詣，熱忱愛護；其詳情自有學校之報告可稽。卽約舉大端，則十年以前，因時局關係，校款支絀；今則經費增加，無虞缺乏。往日校舍建築，除開辦時創建之外，數十年中，僅有圖書館，體育館，療養

室數座,多半賴校友及外界捐助;僅交大成立時,由部撥款改造機械工廠。今十年之中,建造工程館,新宿舍,辦公廳及其他試驗室,規模宏大,皆係部撥經費;至於設備之更形充實,自不待言。編制方面,以往僅工程,管理等三數科,今已擴爲五院。每院之下,各設門系若干,如科學院之有數.理.化;管理學院之有鐵道.財務.公務.實業;各工程學院,亦各有同樣之分門。雖視理想中之計劃,或尙未爲滿意。而較之過去,實大有進展。各學院之課程內容,亦更見周密詳備;或增添新與科目,或將舊有學程,分析更精,此又爲與時俱進之徵象。以上所言,均猶屬物質及學科方面,有形迹可考;其尤可稱道者,則本校近年之學風是。交大學風,素稱淳實,雖自五四以後,國內學風丕變,交大亦稍稍受其影響。學校當局之更迭,風潮之起伏,常有所聞;此時期中本校之精神進步,亦不免陷于散漫遲緩。但七八年來,經孫前校長哲生及黎校長曜生,實心改進,學生翕服。故雖經國難時期,地方巨變,而本校學生,潛心努力,有愛國不忘求學,求學不忘愛國之風;在國立大學之中,非特爲東南各校所宗仰,隱隱然可爲全國之楷模。此則於四十周紀念之際,最足爲全校師生所慶幸,而更堪爲全國人士告慰者也。

三

吾人檢點過去,自不能不有期望於將來。對於本校之希望,余於三十周紀念時,曾分兩部言之:(一)爲校務之發展,(二)爲推廣之計劃。關於校務之發展,分爲增設學科,推廣學額,研究改進,國外聯絡四點。推廣之計劃,亦分職業教育,函授計劃,編輯書報,輔助實業四點。自今日觀之,校務發展方面,有具相當之進步者,如增設學科與改進教務是。有完全停頓者,如國外聯絡是。至於推廣計劃,則職業教育與函授計劃,尙未舉辦。編輯書報及輔助實業,則因大學研究所之成立,已具雛形;但與吾人之理想相去尙遠,至於十五年前成立交通大學時,即有創設研究院之議,今猶未能見諸事實。是則十餘年前之計劃與希望，至今大部份，仍爲適用，且猶待努力也。

如以今日之情形而歸納舊有之計劃，則可分三點言之。第一：大學本身，應於學科設置，加以擴充。除舊計畫中可供參考者外，如公路，航空，國防化學等，皆新興之學，應視人才經濟，及國家需要，儘量推廣。同時對於學生之質的方面，及敎授方法之益求精進，自當隨時注意。第二：爲向下發展，卽舊計畫中之職業敎育與函授計畫。對於創造中級技術人才，及現在交通機關服務人員之自修，應視爲當務之急。尤以目前當積極建設之際，如鐵路公路之興建，決不能緩，於大學生而外，實需要大批之中級人員；且必須經嚴格之訓練，具實用之學識，方能完成建設界良好之基本隊伍。第三：爲向上發展；以現在之研究所爲基礎，於不久之將來，可以擴充爲正式之研究院。一方使大學畢業生，有志精進深造者，仍得在國內繼續研究；一方對於工商各界之問題，廣集學者，悉心探討，以從事於解決國內當前之難題，介紹世界最新之學術，從事獨立研究之發明。此旣所以完成以往之計畫，亦所以順應國內敎育界之新趨勢也。

四

交通大學之得有今日，固由於前後師生之努力，而亦不得謂非歷來主管機關重視愛護之結果。蓋交大主管機關，自商部，郵傳，交通，以至鐵道部，雖屢有更迭，而究屬一脈相承，精神貫澈；故校中師生，均得安心敎讀，勤求學業，蔚成良善校風。主管機關與學校本身之關係除供給經費以外，尙有應合作者二點，一爲人才養成方面交通大學旣爲國家訓練建設專才，自與普通之高等敎育，略有不同；其目標旣屬特殊，其設科訓練之法，自應視鐵道交通機關需要何種人才而定。需要如有變遷，則訓練之方法，卽應隨之變易，無論質與量兩方面，大學應以供給適合於需要之人才爲目標。一爲人才出路問題：蓋大學所造就之專門人才，如不予錄用，或用而不當，在個人則荒廢有用之光陰，在國家亦犧牲有用之靑年。豈特政府年費巨款，等於虛擲；且於國家，事業，人才三者，俱爲莫大之損失。抑有進者，交大畢業生，素爲鐵道交通界所樂用，四方學子，無有不知。故凡考入斯校，來此受業，皆能以學識爲重，而不以奔競爲務；在校則有良好之學風，任事則知盡力於工作。夫以鐵道部所辦大學，而有如此聲譽。一校所產之人才，而有如此貢獻，皆賴部校合作之功，蓋部校雙方恆注意於供求之調劑，不如他方非患乏才即患失業也。

十五年前，爲本校二十五周紀念，適逢交通大學成立；但旋因種種關係，校名組織，復有變更。乃至今四十周年，本校仍爲交通大學，而基礎益臻鞏固。預想本校五十周紀念時，非特交大之基礎，不至再感動搖，抑且今日所希望者，必可期其一一實現也。

本校創始人盛公杏蓀小傳

徐 名 材

公諱宣懷，籍隸江蘇武進，清末官至郵傳部尚書，提倡新政，不遺餘力。我國交通事業，如輪船電報鐵路郵政等，多爲公所創辦；規模宏遠，擘畫精詳，利被民生，爲世稱道。光緒戊申公向清廷奏准，設南洋公學於上海，以造就新學人才。旋被任爲督辦。翌年三月初六日，假徐家匯民房開學，是爲本校創辦之始，距今適四十年也。時學校未興，斯校實開東南風氣之先。公延聘良師，獎掖後進，人才蔚起，一時稱盛。越八年，學校改隸商部，公適辭職，而對於校務，仍多所贊助。嗣後校名屢易，艱險迭經，幸歷任校長慘淡經營，校務進展，迄未停頓。國民政府成立，急謀培養交通人才，增撥經費，添置設備，校舍歲有新建，院系疊經擴充，提高程度，充實內容，已獲相當成績，爲海內外人士所信仰；而莘莘學子所昕夕講求，以爲畢生努力之資者，又適與公之志事不謀而合。茲後作育日宏，建樹益廣，公之功業，永垂不朽矣。値茲學校成立四十週紀念，在校師生，幸逢盛會，飲水思源，不能不感念我公開創之功。謹述事略，以資景仰，幷以告後之來校者。

前校長唐蔚芝先生歷史概略

陸修祜

先生名文治,字蔚芝,別號茹經,江蘇太倉人,後遷居無錫。父諱受祺,里中稱若欽先生,積學篤行君子人也。先生幼聰穎,自負不凡,有必爲聖賢之志。清光緒六年庚辰,遊於庠。從太史鎮洋王文貞公(諱祖畬)學,公大奇之,授程朱性理學,勉以辨析義利,爲天下第一等人。壬午,舉孝廉,闈墨出,江督左文襄公(諱宗棠)奇其文,以年未弱冠,疑襲陳文,索三場硃墨卷閱之,曰此必自作,且字跡一筆不苟,此子必有厚福。乙酉,入江陰南菁書院肄業,院長定海黃元同先生(諱以周)器賞之,授羣經學。先生乃溝通漢宋,於漢宗鄭君,於宋宗朱子,實事求是,不染名士虛夸習,博學詳說,而於周易禮記孝經四書,尤探索有心得。爲文宗八家,擅摹六一丰神。壬辰,成進士,以主事用,分戶部。主試常熟翁文恭公(諱同龢)得先生文,曰此必正人君子也。出闈後,延請先生課其曾姪孫之潤曾孫之廉讀。丙申,考取總理各國事務衙門(今稱外交部)章京。先生研求時務,而於外交學尤極究心,評點萬國公法,各國條約,及近代郭筠仙曾惠敏薛叔耘諸家集。當甲午後,國勢愈弱,外人常有蔑視吾國之意,先生以爲弱國無外交者,乃推諉之辭,遇事據理力爭,侃侃不屈,或以危辭聳聽,則笑曰豈啓釁耶,吾一人任其罪可矣。浙江許文肅公(諱景澄)袁忠愍公(諱昶)交口推重。庚子拳匪難作,奉親避難京北平義分村。是秋許袁二公爲匪黨排陷,罹於難,先生累次哭泣,遂成目疾。辛丑,隨那侍郎(諱桐)奉使日本。壬寅,固山貝子載大臣名振)奉使英國賀加冕禮,便道赴法比美日本各國考察政治，調先生參贊，歸途過桐城吳摯甫先生（諱汝綸）於東京，相得極懽，縱談三晝夜，先生益深知桐城湘鄉宗派，而於文章性質陽剛陰柔之說，兼能彌縫其闕，調劑其偏。是時總理衙門改組外務部，先生歷補主事，員外，郎中，薦保知府，記名簡放。癸卯，設立商部，超擢商部右丞，旋升左丞。先生綠督商政，壹以通商情開商智合商力爲宗旨，並訂商律，定商勳。功尤著者設立各省府縣商會，推及外埠，於是商民聞風興起。滬杭甬鐵路潮汕鐵路棉紗火柴玻璃印書儀器繡工造紙釀酒各公司，先後由商部奏准開辦，保商事業，次第設施，聲譽蒸蒸日上。而先生尤注重者，以爲與商人交接，非廉潔不可，遇有以苞苴進者，輒怒斥之，昌言如敢以賄賂求差，必予嚴參，正色立朝，清明嚴肅，諸僚屬爭自濯磨矣。丙午，授商部左侍郎。秋改商部爲農工商部，先生署理尙書，提倡益力，商民歌詠。冬，丁母胡太夫人憂，哀毀過甚，目疾寖深。丁未，任郵傳部上海高等實業學堂校長。（原名南洋公學）先是先生因路務議員事，與北洋大臣袁慰亭制軍（諱世凱）略有齟齬，至是見時局日非遂奉封翁南歸，不復作出山之想。辦學以愛士爲先，講學以道德爲本。斯時校中僅有鐵路工程班，先生擴充之，高其程度。並創設電機班，中國人士學電機自此始。星期日，親自敎授經學國文，諄諄不倦。更以士氣疲苶，鍛鍊身體，急不容緩，故於軍國民教育，日進諸生而申儆之，勉以衞身衞家衞國，勿自菲薄云。初先生治理學，從平湖入手，篤守考亭家法，迨閱歷世變，憬然曰，伊尹言先知覺後知，先覺覺後覺，惟知覺善良，而後能靈警，能靈警而後能濟天下之變，吾國民知覺窒塞者，溺嗜欲，尙欺詐，不善良所致也。彼東鄰嘗用王學，致良知以强國矣。故居今講學，當以陽明之虛靈，補程朱之篤實，庶吾國民知覺由善良而靈警，開物成務，因應萬端，不至有所執滯，此紫陽陽明學術發微所由作也。至於訓誨孝弟忠信禮義廉恥八德，肫肫焉，懇懇焉，無微不至。講孝行惻隱動人處，學者每爲泣下。己酉，兼任太倉中學校長。庚申，兼任蘇州存古學校總校。蘇省籌辦地方自治，江蘇士紳舉先生爲總理。辛亥,在吳淞特創商船學校,士子雲集。國變後,卜築於無錫之西溪,奉封翁遷居,嘯詠山水之間,自茲愈加韜晦,殫心著述矣。庚申,兼任無錫中學校長。秋辭去滬校校長,創設國學專修館於無錫惠山之麓,(後易名國學專修學校)先生任館長,親往授課,手訂學規,分經學史學理學文學政治學各科,而以桐城姚氏合義理考據詞章三者爲正鵠,諄諄焉以聖賢豪傑事業勗勉諸生。且謂國勢浸危,學者先務之急,首在正人心救民命兩端,聞者感奮。嗣又廣聘宏碩分任教授,有志來學者如江漢之朝宗焉。比年以來,四方多故,每遇水旱饑饉,先生聞之,必咨嗟太息,甚至夜不成寐。壬子,辦太倉水災振。丙辰,辦湖南兵災振。己未,又辦太倉水災振。甲子,辦劉河兵災振。戊辰,助北方災官振。辛未,助陝西旱災振。壬申,辦太倉兵災振。甲戌,助崇明水災振。嘗謂人生當彌天地之缺憾,百姓憔悴至此,救濟乃吾輩之天職,每誦朱子同安放振詩,「若知赤子原無罪,合有人間父母心。」未嘗不潸焉出涕也。甲子,丁封翁憂,先生哀感百端,作蔚蒿哀百首,兩目俱眚,仍復講學不輟。計先後從遊受業者達四千五六百人,遍於海內,而工程人才爲尤夥,咸知道藝並重,相與砥德礪行,曰毋負先生之教。而國學之俊髦,且方興未艾也。所著書已刊印者,十三經提綱,周易消息大義,尚書大義,洪範大義,詩經大義,禮記大義,論語大義,論語大義外篇,孝經大學中庸孟子大義,性理學大義,紫陽學術發微,陽明學術發微,國文大義,古人論文大義,國文陰陽剛柔大義,國文經緯貫通大義,初中國文讀本,茹經堂文集初編二編,茹經堂奏疏,自訂年譜,人格,國鑑,國箴,軍箴。待刊者茹經堂文集三編,性理學發微,蓄艾編,近思錄箚記,思辨錄箚記,靜坐眞詮等三十餘種。甲戌,先生年七十,及門諸弟子相地於無錫之琴山,醵貲爲築茹經紀念堂,先生謙讓未遑。侯官陳石遺先生擬作壽序,先生固辭,乃爲作全書總序,其言曰,「先生之道德學問事功,某知之稔,蓋叔孫穆子所謂三不朽,曾子固所謂蓄道德而能文章,先生以一身備之。」蓋人第知先生經學文章,爲當代大師,而不知其理學之純粹，根乎天性，式乎人倫，更不知其政治學之體用兼賅，應世悉當。惜乎大用未久爾。然其耆年碩德，當如左文襄所言，後福正未可量。小子不敏，謹舉所見聞，揚榷陳之，不敢稍有溢美也。

FORTIETH ANNIVERSARY

BY JOHN C. FERGUSON (福開森)

This fortieth anniversary calls to mind the memory of Sheng Hsuan-huai who was responsible for the founding of this school. He was a man of many activities in industrial and official circles. Railways, telegraph administration, cotton mill, bank, steamships were at one time or another promoted and controlled by him. He was successively Customs Taotai at Cheefoo, Minister of Commerce, Treaty Commissioner and Minister of Communications. He had an extraordinary capacity for work and in his long life accomplished much, but of all that he did the most enduring is the founding of this institution of learning. I first met him in 1895 while travelling together on the S. S. Kiang Foo and when he was looking in 1897 for a foreigner as first President of the College he turned to me. It was the beginning of a long intimate association. In all matters relating to the College he was a tower of strength to our administration in which he never interfered until requested. Among all the men of his generation he saw most clearly the supreme importance of education and without any peradventure he can be accounted as the most outstanding figure among the high officials of the late empire who promoted the progressive life of modern China. He would have felt perfectly at home in our present-day world.

He appointed his Secretary for the Preparation of Memorials, Mr. Ho Ssŭ-kun (*Mei-sun*), as Director. Mr. Ho had visited Pei-yang University in 1896 and became convinced that a sound education in the Chinese language should be required of all students before they should commence the study of modern subjects. In pursuance of this plan Mr. Ho sought out Mr. Chang Huan-lun (*Ching-fu*) who was the Principal of the Mei Chi School located within the walls of Shanghai city. This school was one of the best schools yet established in China and had drawn high praise from Dr. John Fryer and other visitors.

Our first administration of the Nanyang College was thus composed of Shêng Hsüan-huai as Director General (*tu-pan*), Mr. Ho Ssŭ-kun as Director (*tsung-li*), Mr. Chang Huan-lun as Head Professor of the Chinese language (*hua-wên tsung-chiao hsi*) and myself as President (*chien-yüan*). With us were three Proctors, Messrs. Chu Shu-jên (*Yu-chih*) and Chang Tsai-hsin (*T'ieh-ming*) who came from the Mei Chi School and Mr. Ch'ên Mou-chih (*Sung-p'ing*), a chü-jên from Soochow. Of this group Messrs. Chang and Ch'ên and myself are the only survivors. Mr. Chang has been for many years one of the senior editors of the Sin Wan Pao and Mr. Ch'ên is the Secretary of the Peiyang University. We three bring our greetings to President Ly and his associates and to the Ministry of Railways which provides for the maintenance of this Chiao-Tung University.

Looking back over our short history of forty years two principles emerge as having been the guidance of each succeeding administration. The first of these has been that our students should have such efficiency in the use of the written language of their country as would enable them to express ideas acquired from foreign books. It has been recognized that in many instances foreign text-books have still to be imported and this being the case every student should have had such preliminary training in his own language that the ideas newly acquired from this source should be immediately registered in his mind in terms of his own language. It has never been our aim to turn out graduates who can express themselves better by the use of some foreign language than of their own. We have always been convinced that knowledge and power of expression should go hand in hand. The second principle is that each graduate has been constrained to think of himself not only as a unit for the accomplishment of results but also as a teacher of others. The record of our first class of normal students (*shih-fan seng*) who were one half teachers and one half students has remained as a good influence to this day.

With our original emphasis upon scholarship it has often been asked why the decision was reached not to house the school in a group of buildings in the beautiful style of national architecture. The decision in this matter as well as in the location was left entirely in my hands and I accept full responsibility. It was determined by political considerations. It seemed to me that it would be quite likely, under stress of circumstances and in the uncertain surrounding conditions, to divert our buildings to other uses and I decided to erect buildings which could not possibly be used for other than school purposes. This decision was made none too soon for in 1900 our buildings were inspected as to whether or not they were suitable for a hospital and they were not taken from us as would surely have happened if they had been more adaptable for conversion. The style of architecture was also selected by me and I drew the plans. The style was current at the time and may have been seen in other buildings of that period such as the second Custom House and the Bank of Commerce on the Bund and the Kalee on Kiangse Road. It may be called the period of Morrison and Gratton and of Atkinson and Dallas. Our buildings were constructed as cheaply as possible but by the selection of good materials they were erected so solidly that they have stood the test of these forty years.

It has seemed inevitable to make these references to the past, for this is a celebration of the forty years of this school but my thoughts and hopes are of the future. Amid all the alarms of these years now bygone I have never lost confidence in the ability of the Chinese people to work out their own political salvation. I have seen man after man rise to prominence and fall into oblivion and clique after clique seize the reins of power but in the midst of the confusing changes this College has steadily proceeded with its fundamental task of training young men who are now found in all parts of the country, some in highly influential positions and others less conspicuous but equally praiseworthy. The swing of the nation during these forty years has been upward to a new and better life and in this result our College has had an honorable share. I do not think that I am making any idle boast when I say that as a rule wherever a Nanyang man is found there is one who commands the confidence of his associates.

I have only one concern for the future of this University and that is that we should continue to emphasize quality rather than quantity. Better a few graduates thoroughly trained in a few subjects than a larger number of half-trained men. We do not need a display of handsome buildings and grounds. What we must have is a group of the best teachers we can find who will build themselves into the lives of well-trained graduates. President Ly and your associates in administrations and teaching, I wish you increasing usefulness during the next ten years at the end of which I hope to join you in your jubilee celebration.

現狀一覽

校舍述略

本校各院分設上海唐山北平三處，茲略述校舍概況如左：

上海各學院

上海本部各學院，位於徐家匯，佔地近五百畝，其建築物如下：

總辦公廳 在體育館之北面，佔地一萬四千八百餘方尺，為三層鋼骨水泥建築物，於民國廿二年三月落成。

上院 建於清光緒廿六年，為三層樓，佔地二萬六千餘方尺，其前部長約二百尺，其後部增設三平行房屋，各長一百廿五尺。第三層用為各種學會之辦公室，第二層分為教室及物理試驗室等，至於第一層則文治堂及學學院與管理學院之辦公室所在也。

中院 亦為三層樓，建於清光緒廿五年，面積有二萬一千餘方尺。其第三層用為學生寄宿舍，第二層及第一層分為教室及數學化學兩學系之辦公處，與試驗室。

南院 該院為一口字形二層樓建築物，旁設運動場雨操場及禮堂，在本校南部，現為私立南洋模範中小學所借用。

圖書館 該館在校之東部，為三層樓，民國七年落成，佔地一萬餘方尺。所藏書藉，尚屬豐富，以工程及管理學方面為最多；中文書藉約六萬餘冊，西文書籍約一萬五千餘冊，定期刊物約九百三十餘種。新近在館之東邊，添建書庫，書架均用鋼製。

體育館 該館在校之中部，亦為三層樓，建於民國十四年，佔地一萬五千餘方尺。其第一層分為浴室，鍋爐間，應接室，陳列室，檯球房，儲藏室及辦公室，游泳池等；第二層定為健身之處，內設各種運動器具，並有籃球場等，

上海交通大学百年报刊集成·第一辑（1896—1949）·学术学科

南部並設有戲台,第三層用爲跑道。館外設有網球場十,籃球場四,排球場四,及雨操場田徑賽場足球場大看台等。

工程館　此爲二層水泥建築物,面積佔六萬九千六百八十方尺,十九年十二月興工,廿一年一月完成。工程學院大部分辦公室教室大講堂試驗室均設在內。

鐵木工廠　此爲一層水泥建築物,佔地八千六百方尺,十九年二月興工,六月完成。內分鍛鐵廠木工廠翻砂廠等。

工業化學試驗室　在中院北面,佔地七千餘方尺,一部分於二十二年秋落成,其餘於本年新建,現已落成。

報話試驗室　在工程館北面,爲電機工程學院學生研究電報電話之處。

道路材料試驗室　在工程館西北面,去秋新建,專爲土木工程學院學生研究道路建築之用。

自動機試驗室　在工程館後,現正在建築中。

哲生實驗館　此係三層水泥建築物,不日可以興工,一部分爲電機工程學院試驗室,一部分爲科學學院物理系近代物理及×光射線試驗室。

執信西齋　此爲新建之學生宿舍,十八年八月興工,至十九年一月落成,命其名曰執信西齋,以紀念已故朱執信先生也。齋在校之西部,佔地二萬一千一百方尺,共有房舍一百五十間,每間足容三人,其建築亦爲三層樓,成U字形,底層有閱覽室及交際室浴室盥洗室等。

其他宿舍,新中院在中院之北,可住學生一百人。西宿舍在上院之西,可住學生一百五十人。女生宿舍,原爲盛氏住宅,可容卅人。南宿舍,原爲大學監督住所,今上層住教職員,下層爲教職員俱樂部。餘如第一第二東宿舍,原爲儲藏室,校外宿舍原爲南洋公學舊址,又頭二三進及東西新洋房等,現均作教職員寄宿舍,可容百餘人。

調養室　此爲二層樓之建築,佔地二千七百方尺,其底層爲診斷室,配藥室,候診室及病室,上層分設病室八間,每室容二人,此外看護室一,浴室一。

大門房　全校出入總門,原祇有一古牌樓式之門通海格路。今除於陸家路另闢後門外,將海格路大門拆卸重造,仿舊京宮門式,硃戶碧瓷,殊爲美觀,兩傍一爲通報室,一爲應接室。

其餘如圖術室,音樂室,儲藏室,厨房,會客室,校警室,木工作,洗衣作,汽車間,花房,水塔等全備，不再詳敍。

唐山工程學院

本院設於唐山，佔地二百三十餘畝，房屋大小三十座；八座係二層樓房，二座係三層樓房，其餘均為平房。

教室　分東西二樓，左右對峙，計有講堂，製圖室，測量機器室，物理試驗室，礦冶系岩石陳列室等三十餘間。教室南面新建三層樓房，上層為教務會議之用，中層為教室及辦公室，下層為臨時梯身房。

宿舍　共分三所，計三層樓一所，二層樓兩所，總容量約三百人。

明誠堂　該堂佔地約五千餘方尺，內設講台，看台及廂房，為舉行游藝及招待來賓之用，並有更衣室接待室放射電影室等。平時作為禮堂，學期終了時作為試場。新改四層門樓，最高層作大地測量瞭望台，第三層為鐘樓。

思來軒　為新式建築，作為學生膳食之所，佔地二千方尺，可容二百五十人。其西面蓋有平房八間，為學生廚房。

化學試驗室　此為平房兩座，約佔面積五千六百方尺，所有設置，無論初等化學試驗或高等化學試驗，均可足用。

實習工廠及試驗室　約佔面積一萬八千方尺，內分機械工程水力工程電機工程及材料等試驗室，金工及木工實習室，發電所，電池間，及鍋爐房等。新建礦冶實驗室，面積九千六百餘方尺。

圖書館　佔面積八千五百二十方尺，計平房六大間。藏有中文書一萬六千九百八十一冊，西文書六千二百五十冊，內以工程書類為最多；雜誌計中西文一百零六種，日報計中西文十四種，各處贈送之刊物約五十餘種，以關於工程者為多。

運動場　佔地七十畝有奇，有四百米跑道一，籃球場二，排球場一，網球場七。

醫院　此係學生療養病院，有醫師辦公室一，醫藥室一，接待室一，養病室五，浴室一，飯廳一；其他為看護病人之種種設備。

校友會所　該所為馬蹄形之建築，共佔地面約五千方尺。現時僅為一層，但地脚堅固，將來可加蓋樓房。有會議室，餐室，閱書室，花房，臥室，浴室，辦公室，廚房，僕役室等。並闢有冬季花園一間。

北平鐵道管理學院

本院約占地五十三畝,建築物之重要者如左:

講堂,圖書館,博物館,辦公廳,膳堂,均爲一層建築物,共計占地七萬六千一百九十六方尺。

宿舍 一部分爲平房,一部分爲樓房,前者占地八千零八十方尺,後者占地三千零四十五方尺。

本院房舍因年久朽壞,或不敷用,現在計劃改建,或添造者,計課室樓,圖書博物館,體育館,宿舍,飯廳,及擴充運動場等,擬自本年四月起,分別先後緩急,次第興工。

院系概況

本校分設上海唐山北平三處,在上海者爲科學。管理,土木工程,機械工程,電機工程五學院,在唐山者爲唐山工程學院,在北平者爲北平鐵道管理學院,上海另設中國文學系及外國文學系,玆分述如下:

科學學院

一,課程編制 現設數學物理化學三系:數學系三四年級學生,須兼修理論物理近代物理等課,物理系三四年級學生,得選修天文氣象工程化學等課。化學系三四年級,分甲乙兩組,俾有志研究學術及從事工業者,得各就個性所近,分別選習。

數學系課程理論與應用並重,一二年級注重基本原理及應用方法,三四年級方逐漸注重較深理論。物理系課程,在使學生有鞏固之基本物理智識,並有相當之各種重要實用學識。除理論方面外,尤注意於實驗。化學系課程,注重基本原理及實際應用。三年級起,甲組須兼修較高深之理論化學,分析化學,以及礦物學,工業黴菌學等課,乙組兼修化工機械,化工管理,機械工程,電機工程等課。

二,設備述略

(一) 數學系 現有書籍二千餘册,內分解析,幾何,代數等門,雜誌十餘種,模型數十件。辦公室及教室在中院下層東部。

(二) 物理系 本系實驗室教室辦公室,均在上院東部之下層及中層,設有普通物理試驗室二,高等力學試驗室一,高等熱學試驗室一,高等電磁學試驗室二,高等光學試驗室二,研究室二,閱覽室一,暗室一,儲藏室二,儀器修理室一,電池室二,現擬添建近代物理試驗室。不日興工,各項儀器,大致略備。尤以高等電磁學光學近代物理及X光線試驗爲最精美。

關於物理圖書,本校庋藏甚多,足供參考及研究之用。重要雜誌,存置閱覽室者,計有二十餘種。

(三) 化學系　本系教室在中院三樓。實驗室及辦公室在二樓及樓下西部,計有普通化學試驗室一,定性及定量分析試驗室二,有機化學,物理化學,微量化學,工業分析試驗室各一,天平室二,儲藏室二,暗室一,研究室三,閱覽室一,標本室一,另有工業化學試驗室一大間,位於中院之北,本年度添建二層房舍一座,現已竣工。此外尚有油漆試驗室四間,屬於研究所化學組。本系現有器械,尚敷應用,其中以工業分析,及化學工程兩方面較爲完備,此外備有各種藥品千餘種。礦物顏料等樣品數百種。蒐集雜誌約二十種。

三,教員人數　院長兼物理系教授一人,數學系教授五人,專任講師二人,助教一人。物理系教授五人,專任講師五人,兼任講師一人,助教四人。化學系教授八人,專任講師七人,兼任講師一人,助教九人。

四,學生人數　數學系四年級一人,三年級三人,二年級三人。物理系四年級七人,三年級四人,二年級五人。化學系四年級十一人,三年級十六人,二年級二十一人,一年級未分系共三十四人,合計一百零五人。

管理學院

一,課程編制　現設鐵道管理,實業管理,公務管理,財務管理四科。各科皆以管理學爲中心課目,而以經濟會計統計預算及組織等爲各科共同之基本課目。惟應用專門課目,則以科別而互異,如鐵道管理科注重車務運價站務管理及行車管理等,實業管理科注重工程程序工廠管理成本會計人事管理等,公務管理科注重行政管理市政管理比較政府以及各種公法等,財務管理科注重公私財政以及金融銀行等。各科課程一二年級授以原理方面,三四年級偏重應用方面。

二,設備述略

車務實驗室　設有軌道,岔道轉轍器,號誌,機車及客貨車輛模型等,可用

上海交通大学百年报刊集成·第一辑（1896—1949）·学术学科

電氣行駛。

車務電報實驗室　備有莫爾斯機六架,聽音器二十具。

統計實驗室及會計實驗室　均備有計算機及零星工具等。

閱書室　有書籍二千餘册,雜誌十餘種。

三,教員人數　現有院長兼教授一人,教授十三人,專任講師五人,兼任講師十人,助教四人。

四,學生人數　鐵道管理科學生六十一人,計四年級十六人,三年級十三人,二年級十七人,一年級十五人。實業管理科學生四十人,計四年級四人,三年級十一人,二年級十四人,一年級十一人。公務管理科學生二十八人,計四年級四人,三年級三人,二年級八人,一年級十三人。財務管理科學生四十五人,計四年級十一人,三年級八人,二年級十四人,一年級十二人,合計一百七十四人。

土木工程學院

一,課程編制　本院教授宗旨,在培植各項土木工程建設人材,定爲四年畢業。先於一年級授以數理化中英文各基本課程。二年級以土木工程基本課程爲主,如測量,力學,地質學等。三年級以鐵道建築鐵道弧綫及土方,構造理論,鋼骨混凝土理論等爲主要課程,而以給水工程,道路工程,材料試驗等課程副之。四年級原分鐵道工程,構造工程,市政工程三學門。二十二年秋,因吾國公路逐漸發達,增設道路工程學門。

二,設備述略　民二十二秋,於原有衛生試驗室,水泥試驗室,普通材料試驗室之外,增設道路材料試驗室,並添辦多種主要試驗機器,民二十三春,擴充道路材料試驗室,另建新屋。並得全國經濟委員會之補助,添辦土壤試驗機器,同時測量儀器,普通材料試驗機器,衛生試驗儀器,亦儘量採辦。現有設備均頗完美。玆將各試驗室地點列述如左:

(一) 測量儀器室　位於工程館樓上。

(二) 普通材料試驗室　此室設於工程館下層,係一狹長形,佔地三百四十方公尺。分教員辦公室,普通試驗室,水泥試驗室,溫蒸室,儲藏室等部。

(三) 衛生試驗室　設於普通材料試驗室之後方。

(四) 道路材料試驗室　此室於民二十二年開始籌備,設於工程館下層,在普通材料試驗室之右側。嗣因試驗機器，日漸增多，地位不敷應用，遂於工程館之西北，另建二層樓新屋，佔地二百三十六方公尺。下層爲沙石試驗室，柏油試驗室，土壤試驗室，上層爲道路材料陳列室，道路工程圖書室，辦公室等。

三，敎員人數　現有院長兼敎授一人，敎授八人，專任講師四人，兼任講師二人，助敎五人。

四，學生人數　現有學生計四年級，鐵道門五人，構造門十四人，市政門六人，道路門二人。三年級三十三人，二年級二十八人，一年級四十二人。

機械工程學院

一，課程編制　工業機械門注重蒸汽發力廠計劃，及電氣發力廠等課，使學生明瞭一般工廠中之設備及應用。鐵道機械門，注重鐵道機械工程，機車計劃，及車輛設計等課，使學生服務於各鐵路時有相當之認識。自動機工程門則偏重於內燃機方面，汽車組以汽車工程汽車計劃等爲主要功課，飛機組則以航空工程飛機引擎等課爲最重要。

二，設備述略

（一）機械工程試驗室內分

（甲）鍋爐間　備有拔柏葛四十四馬力水管鍋爐及愛摩司七十四馬力火管鍋爐各一具。

（乙）蒸汽機部　內裝克的司二十五啓羅蒸汽透平發電機一部，華新登空氣壓力機一部，馬賽耳二十四馬力及蘭弗耳十五匹馬力蒸汽引擎各一部，及冷面凝汽機全套。

（丙）內燃機部　內有煤氣引擎一部，柴油引擎三部，火油引擎二部，直流發電機一部，半噸製冰機一部。

（丁）水力工程部　備有四吋抽水幫浦，及各種量水器等。

（戊）馬力栓定器械部　內有電氣測力機，福特測驗器各一具，威斯荷夫電氣測驗設備全套。

（己）燃料滑油試驗室　內有測量熱力器三套，測驗滑油儀器全副。

（二）自動機工程試驗室　木炭化汽設備二套，車輛引擎及測驗設備均備有多具。

（三）金工廠　內有各種車床十三部，刨床，銑床，鑽床，鋸床，鑞床，磨床，鉗床，及磨輪馬達等俱全。

（四）鍛鐵廠　內設鍛爐六隻,二十五磅快錘一具,七氣壓冷氣錘一具,膺鋼爐一具。

（五）翻砂廠　內有化鐵爐三具,鎔銅爐一具。

（六）木工廠　內分機器間,桌床間,及工匠工作間。鋸床刨床鑽床磨面機及一切木工用具均備。

（七）紡織實驗室內分

（甲）原料分析及紗布試驗部　備有紗線織物各項測驗器具全副。

（乙）紡紗及機織部　備有清花紡紗織布織呢織綢提花等機多部。

（八）機械圖書參攷室　內置機械工程方面之參考圖書雜誌,及各種機械之目錄樣本等,共七百餘册。

（九）鐵道機械模型室　內有機車應用之閥動機關,蒸汽風泵,氣韌,爐門,透平發電機,及高框車,棚車等模型多具。

（十）普通機械模型室　內有電氣冷藏器模型,汽車眞空制動器模型各一具,水陸互用雙翼飛機模型一架,各式蒸汽機模型四架,各種機械零件模型及圖表照相等二百餘件。

三,教員人數　院長兼教授一人,教授十二人,專任講師六人,兼任講師八人,助教六人,技師二人。

四,學生人數　四年級鐵道機械門七人,工業機械門十一人,自動機工程門甲組三人,乙組十人,三年級三十七人,二年級四十五人,一年級五十三人,合計一百六十六人。

電機工程學院

一,課程編制　本院學程在一二三年級,不分系別,至四年級分電信電力兩門。教授宗旨,在養成各項電機工程建設人才。先於一二年級注重基本學科及工廠實習,次於三年級注重電機工程及試驗,至四年級在電信門注重無線電及電話電報,電力門注重電力廠及輸電學等科。各項功課均有試驗,除講授書本外,另加研究問題,使學生個別研究,藉以發展其自動探討學理之能力。

二,設備述略。

（一）電機工程試驗室　工程館爲一兩層之新式建築,佔地一萬七千二百方呎;樓下西部爲本校之電力分站,及所needed之電鑰板,標準室及量度試驗室,直流電機試驗室,交流電機試驗室,及電氣鐵道電動機試驗室。樓上爲電光試驗室,講堂,及電機設計教室等。

(甲) 標準室及量度試驗室　此實驗室現尚在設置中。目前所有之設備,計有K式電勢計,精密量度絕緣電阻儀器全套,各種標準量表及三萬伏特驗油器等精密儀器多種。

(乙) 直流電機試驗室　本試驗室之電源,係由兩只電動發電機組發出,此兩直流發電機並聯時,可供給一二五伏特之電力,總容量四十仟瓦;串聯時則又可供二五〇伏特線路之用。最近添設電動機自動起動設備全套,可臨時接成多種不同線路,作各式之自動起動試驗。

(丙) 交流電機試驗室　本試驗室備有各種機件,供試驗單相及多相電圈交流發電機,電動機,變壓器,整流器,電表等之用。

(丁) 電力鐵道電動機試驗室　本試驗室設有西門子六相四十開維愛六〇〇伏特錄弧整流器一具,及奇異公司電車電動機一座。

(戊) 電光試驗室　本試驗室尙在設置中,目前所有之設備,計有奇異出品呎燭光計,啉濺密勒光度計,另有精密光度計一具,可供試驗白熾燈之用。

(二) 報話試驗室　報話試驗室位於工程館之北,爲兩層建築,佔地二千七百二十方呎。樓下西部爲無線電機教室,東部爲電機工程學院辦公室。樓上西部爲無線電試驗室及研究室,東部爲有線電話電報試驗室,及電傳圖影試驗室。

(甲) 無線電試驗室　無線電試驗室,設有一百瓦特呼號爲XCTQ之短波無線電學術試驗電台一座。備有各式長短波收發報機,及天線,各式收發眞空管,以爲無線電試驗之用。

(乙) 有線電話電報試驗室　有線電話試驗室,裝有小型開洛公司磁石式,及西電公司共電式交換機各一具,西電公司六十門磁石式交換機一座,自動電話公司一百門 Strowger 制自動電話總機一座。

上海交通大学百年报刊集成·第一辑（1896—1949）·学术学科

(丙)電傳圖影試驗室　電傳圖影試驗室,尙在設備中。現有西門子公司電傳圖影收發機兩座。

(三)現擬添建三層新試驗室一座,不日可以興工。

三,敎員人數　本院有院長兼敎授一人,敎授五人,專任講師二人,兼任講師三人,助敎七人。

四,學生人數　四年級電信門十三人,電力門十七人,三年級三十七人,二年級三十二人,一年級三十八人,合計一百三十七人。

中國文學系

一,學程述略　敎授課目,分中國文學及公文程式二種。中國文學分科學學院土木機械電機各學院一年級各一班,管理學院一年級二班,三年級公務科第一學期一班,每班每週各三小時。管理學院二年級二班,補習班第一學期二班,每班每週各二小時。公文程式分土木學院三年級一班,每週一小時,機械及電機工程學院四年級各一班,管理學院三四年級各一班,每班每週各二小時。

二,敎授方針　中國文學以陶養品性適應實用爲主旨。選擇古今名作有裨實用足資修養者爲敎材。講授時注重文法及思想,並須熟讀課外指定讀物。每二週作文一次,每四週測驗一次。每生須作聽講筆記及自修筆記二種,於學期結束時繳驗。公文程式以熟練程式,明習體要,及研究保管檔案,增加行政效率爲主旨。專選關於普通行政範圍之新舊各公牘爲敎材。講授時多舉實例,以資練習。凡條例未經規定者,亦分門舉例。每學期考試三次。

三,敎員人數　現有主任一人,專任講師三人,兼任講師一人。

外國文學系

一,學程述略　本校第一年英文分甲乙兩組:甲組每週五小時,計管理學院一年級二班,科學學院一年級一班,乙組每週三小時,計工程各學院一年級三班。第二年英文亦分甲乙兩組:甲組每週三小時,爲管理學院二年級兩班,乙組每週二小時爲科學學院二年級一班。演說學每週二小時,計管理學院二年級一班。公事英文每週二小時,計管理學院三四年級各一班。德文計有管理學院二年級一班,每週四小時;三年級一班,每週三小時;科學學院二年級一班,每週五小時;三年級二班每週三小時,工程各學院二年級一班,每週三小時。

法文則有管理學院二年級一班,每週四小時,又三年級一班,每週三小時,日文俄文與法文同。

二,教授方針

（一）英文　第一年英文溫習文法及修辭,選讀英美名著,並有問答翻譯及作文等練習,以訓練學生聽講閱讀及寫作之能力;且以減除語言文字上不良之習慣。學生於文法上如有錯誤,必詳為解釋,使之了解。第二年英文教材,趨向專門化,視學生將來職業上之需要,選擇關於科學工程經濟及管理等實用文字,以充實其字彙,並樹立閱讀及寫作各種專門論著之基礎。

演說學注重演說辯論之學理及實用,訓練學生撰稿及演講。

公事英文訓練學生撰寫商業函件報告及其他公文。

（二）第二外國語　第二外國語包括德法日俄四種,共授兩年。第一年注重識字語音及文法,第二年繼續學習文法,選讀短篇論說,閱讀報紙雜誌,練習會話翻譯及作文,藉以訓練學生對於第二外國語作初步之認識及運用,並指示繼續研究之門徑。

三,教員人數　現有主任一人,教授三人,專任講師一人,兼任講師二人,助教二人。

唐山工程學院

一,課程編制　本院設土木工程及採冶工程兩科。一二三年級不分系別,土木工程科至四年級分鐵道水利市政構造及建築五門,採冶工程科分採礦冶金兩門。本院教授方法,除灌輸基本學識講授各項專門學科及在院實習外,并注重校外參觀及練習野外地形水文鐵路等測量。

二,設備述略　本院重要設備玆分述如左:

（一）材料試驗室　內有四十萬磅及三萬五千公斤直立式材料試驗機各一架,五萬磅水力壓縮機,四千磅橫折機等。

（二）瀝青材料試驗室　試驗此種材料之各種必需儀器均備。

（三）水力試驗室　此室於民國十年設立,分南北二部:南部之設備,可作堰閘管口水表流量表試驗之用,北部置有各種水力機,現有布置可試驗各種水輪,及抽水機。

(四) 衛生工程試驗室　備有四百至一千三百五十倍之顯微鏡,及高壓滅菌器孵卵器等。

(五) 測量設備　有各式經緯儀二十一架,各式水準儀十八架,其他各品稱是。

(六) 電機試驗室　有直流發電機二座,交流發電機一座,馬達發電機一組,直交流電動機多具。

(七) 機器工程試驗室　備有蒸汽機汽油機等多具。

(八) 木工實習室　鉋鋸錘鑽等器均備。

(九) 金工實習室　有各種機床十餘架。

(十) 動力室　該室分三部:(一)鍋爐房內有十五吋橫筒式斜水管鍋爐一個,(二)發動機室內有三十五馬力介姆氏直立複式機一座,單級衝力渦輪汽機一座,直流發電機二座,(三)電池間內有蓄電池組五十四隻,約有一百一十伏脫,專供本院各試驗室,及無線電台之用。

(十一) 物理試驗室　共分三部:(一)力學熱學及聲學部,(二)電磁學部,(三)光學部;各種應用試驗器具均備。

(十二) 化學試驗室　凡分析化學工業分析及普通化學實驗所需之各種儀器,大致具備,其重要者:如氫離子檢定器,柏氏量熱器,安氏黏度檢定器,波若氏分光鏡,自計顯微氣壓計,離心力分離機等。

(十三) 冶金及試金工場　(甲)試金室備有筒式罐式電爐三座,及碾壓機檢樣器等,專供普通冶金學,鋼鐵學,合金組織學,以及試金術各科所需準備試驗之用。室內計分三部:(子)天秤室內有天秤六架,感應量自百分之一至三百分之一米哩不等,(丑)分析室爲分離金銀之用,(寅)爐房備有筒式爐十二座,油煤均可燃用。(乙)製樣室專爲製造樣本及分析鋼鐵之用。(丙)辦公室內設拉柴廠大號合金組織顯微鏡一台,並附照像儀器等。

(十四) 鑛物及岩石試驗室　內陳列一百十六種克勞氏及享特二氏普通鑛物標本四套,二百二十五種潘非德氏木製結晶模型四套,布特勒氏吹管分析用鑛物標本二十套,岩石試驗方面,備有德國賴斯偏光顯微鏡七架,返光顯微鏡頭七具,德國及中國地質調查所所製各種火成岩水成岩及變質岩等岩石薄片數百種。

（十五）地質陳列室　內有端納氏七百種鑛物標本一套，二百十七種代表鑛物之物理性標本一套，及各種中外礦石標本九套。

（十六）工程博物館　內有工程材料標本，機械與構造模型，及各種器具模型。

（十七）薄片磨製室　內設磨石機，磨光機，及德國切石機各一架。

（十八）教授研究室　備有特製賴斯偏光顯微鏡一架，雙目的鑛石顯微鏡一架，精製吹管分析儀器及化學藥品一套，各種岩石及薄片數套，均爲研究工作所需用。

（十九）建築繪圖室　陳列中國宮殿模型多種如七楹殿，八楹殿，六楹帶山牆房屋，七山牆雙簷大殿之結構，牌樓，各種單層與多層斗工，以及講授英國建築之掛圖全份。

三，教員人數　院長一人，教授十四人，講師二人，助教七人。

四，學生人數　土木工程系學生共一百四十一人：計四年級二十人，內構造門八人，鐵道門六人，水利門四人，市政門二人，三年級二十七人，二年級四十四人，一年級五十人。採冶工程系學生三十六人：計四年級三人，三年級五人，二年級十一人，一年級十七人。合計一百七十七人。

北平鐵道管理學院

一，課程編制　本院課程，在一二三年級不分系別，至四年級分事務管理財務管理二門。本院一年級課程，注重經濟及會計學原理，二年級注重公司財政及鐵道運輸，三年級注重鐵道財政運價及統計學，至四年級則分班教授，各以所屬管理學科爲主，務使對於所專攻之學問，有澈底之瞭解。

二，設備述略

（一）統計實習室設有計算機四架。

（二）本院圖書雜誌，逐年增添，足供參考，現藏中西文圖書及雜誌，共約三萬餘冊。

（三）博物館陳列關於交通各項標本模型，爲國內所僅有。本名交通部交通博物館，成立於民國二年，先設路政一門，嗣後歷經擴充，分爲路電郵航四股。十六年起，改歸本院管理，重加整理，陳列各品，頗爲完備。其中如北寧路之中國第一機車，正太路之小機車，平漢津浦兩路之黃河鐵橋模型，各路車輛各項汽船之模型，均外間所不易見。其他如機車之各項另件,各路沿線之出產品物,以及電報電話之各種機械,蒐集尤多。總計各項陳列品,約有四千六百餘件。

(四)體育設備有籃球場網球場排球場及檯球室。應用器械,亦備有三百三十餘件。

三,教員人數　院長一人,教授五人,講師二十三人,助教三人。

四,學生人數　四年級學生四十二人:計車務門二十八人,財務門十四人;三年級四十三人,二年級三十五人,一年級五十人。合計一百七十人。

研究所概況

沿革大略

本所原名工業研究所,蓋以研究高深學術,與促進科學上之發明,及技術上之實驗,爲唯一之本旨。創始在民國十五年南洋大學時代,由前校長凌竹銘先生擘畫其事,顧以經費難籌,設備未充,曾向中華教育文化基金董事會請准補助金十一萬元。嗣以國內多故,大學改組,原定進行計畫遂未能如期實現,而該會撥欵僅至三萬七千元止,於是經費來源不繼,所務因以停頓。雖其間經兩次擬定計畫,亦卒不獲實施。惟化學物理電機材料等四項試驗,仍由大學化學物理兩系電機機械兩院分別進行,未稍間斷。至民國十八年,今黎校長曜生兼領所長,請准改組,名曰交通大學研究所,不僅辦理工業研究與試驗,且進而研究經濟問題,調查社會狀況;而經費來源,除部准預算外,由前校長孫哲生先生續向中華教育文化基金董事會請准補助金九萬元,分三年撥給,以爲購置設備之需。本所改組甫定,爲推廣學術研究事業起見,即於翌年二月開辦研究分所於唐山工程學院,二十二年九月復設一分所於北平鐵道管理學院,以輔助華北工程事業及社會經濟之發展。於是本所規模略備,而基礎亦定矣。茲將各項所務進展狀況略述如左:

組織狀況

本所按照組織大綱,設工業研究及經濟研究兩部:工業研究部分設計,材料,機械,電機,物理,化學等六組,經濟研究部分社會經濟,實業經濟,交通,管理,會計,統計等六組。惟以經費及設備關係,各項計畫不能同時兼營並進,故如設計組等,雖經議設,而尚未實行工作。至所中職員,除少數專任外,即由大學教職員兼任之。

設備述要

本所於改組前，曾自備理化試驗器械，及參考圖書，惟爲數甚微。自承中華教育文化基金董事會二次撥款補助，始得稍事擴充，計陸續添購者，有油漆試驗器械及製造設備，材料試驗機械，光度測驗儀器，標準週波器，電氣馬力測驗機等，總值約十萬餘元，分置於各院系試驗室，以供試驗之用。至圖書，則本所設有藏書專室，已收藏中外圖書三千餘冊，期刊六十八種，雜項刊物二千五百餘冊，亦爲專門研究所需，而非大學所置備者。

工作大概

（一）研究　本所研究計畫，雖經擬定，而爲經費所限，僅能斟酌緩急，逐漸實施。其業已結束者，有地下流水問題之解法，X光材料檢驗法，金屬皂之研究，桐油皂，人造養化鐵顏料，自多元醇與多價酸製成之油溶性樹脂，乾性油製假漆之比較試驗，普通油漆之比較試驗，漆膜吸水性與韌力對於油漆耐度之關係，中國經濟改造，中國國民經濟在條約上所受之束縛，皖中稻米之產銷，小麥與麵粉，黃豆及豆油豆餅產銷之研究，平漢路沿綫之農村經濟，中國歷年進出口貿易中重要商品之研究，東北之金融，美國鐵路會計實務等項。已有初步結果而仍須繼續者，有國產瀝青之試驗，平面板上水滴之研究，國產電燈泡之比較，鋼骨混凝土軌枕之設計，防銹漆之研究，人造樹脂研究，生漆之研究，蓖麻油製成乾性油之研究等項。正在研究中者，有各混凝土應力之研究，國產黃砂之比較研究，木材之防蛀法，冷拌瀝青舖用於路面之研究，鹽水與三和土之作用，木炭汽車之設計及其效能之試驗，國產植物油適用於柴油引擎之研究，超短波發報機之研究，短波顯影真空管之實驗，電氣鐵道之設計，桿在水中之振盪，羣青之試製，合成乾油之試製，植物油裂化之研究，豆乳酪試製水粉漆之研究，農產品初中級市場間之貿易制度及其金融之研究，江南各省之交通系統，轉運公司在農產品運銷上所佔之地位，大都市之資本積聚及其資本物之創造，經濟改造中之生產問題，國有鐵路統計報告之分析等項。

（二）試驗　本所對於外界託辦試驗及設計事項，訂有專章，辦理有年，信譽漸著。自改組以來，除解答科學諮詢外，承辦試驗三百四十起，樣品一千

上海交通大学百年报刊集成·第一辑（1896—1949）·学术学科

三百餘件，中以電機，電池，引擎，油漆，礦石，燃料，五金，水泥，木材，及其他建築材料爲多。由鐵路局及中央省市各機關交辦者，佔百分之四十，託自中外廠商工程師者，佔數亦如之，其餘百分之二十，則爲教育學術機關及其他各界所送驗者。此外帶有研究性質者，尙有印墨之耐久性，乾溜栗木工場之設計，井水硬度解法，及路用油漆之曝露試驗等多件。

（三）調查　本所鑒於調查與研究，如車之與輔，當相翊而行，不可闕一。故凡調查事項與工作計畫有關者，均着手辦理，如國有鐵路之雜糧運輸，附加捐稅，油漆，及軌枕，各縣市之米麥雜糧市況，以及二十年聯合統計局實業部上海社會局等舉辦之上海市實業調查，本年與平漢鐵路局合辦之經濟調查皆是也。

（四）編譯　本所以奉命修鐵路詞典，特設編譯組專司其事，所有各部名詞，已陸續脫稿，現正由專家復核整理。另本所復編譯專著，如解决中國運輸問題之途徑，及鐵路零担貨運安全辦法等，以供交通界之參考。

出版目錄

本所各項研究及調查結果可以發表者，視其篇幅之多少，分別附入交大季刊，或特印單行本，以資流傳。現除中國經濟改造交由商務印書館編入本大學叢書，代爲發行外，已編印專刊地下流水問題之解法，油漆試驗報告第一號，及第二號，解决中國運輸問題之途徑及其譯本，美國鐵路會計實務，中國國民經濟在條約上所受之束縛，小麥與麵粉，皖中稻米產銷之調查等九種。尙有鐵路零担貨運安全辦法，平漢鐵路沿線農村經濟調查，黃豆及豆油豆餅產銷之研究，中國歷年進出口貿易中重要商品之研究等四種，在印刷中。

圖書館概況

沿革大概

本校成立垂四十年，圖書館之剏設，實與校俱始。惟當時藏書甚少，設於上院樓下大講堂之一隅，名曰藏書樓，藏有中文圖書三千餘册，西文圖書數十册而已。迨民國二年，本校改稱上海工業專門學校時代，藏書略增，將中西文書籍，分室度藏，並訂定借書規則，開始公開借閱，其詳情無從考悉。至民國五年本校畢業同學創議籌建圖書館，以爲本校二十週年之紀念。翌年卽開始募捐，除奉大總統訓令撥捐三萬零二百元外，餘數悉由本校學生及畢業同學捐助，共約六萬餘元，建築三層樓洋房一座，面積一萬零一百二十三平方尺，於民國七年二月興工，十月十日落成。

設備述要

本館樓下設日報室一間，內有國內外各大報五十餘種，同時能容一六〇人。雜誌閱覽室一間，內容公開閱覽之中西雜誌百餘種，同時能容三十人。其餘雜誌，並得隨時向書庫借閱。二樓設閱覽室一間，與借書處毗連，同時能容一百人，供普通閱覽之用。又研究室一間，專供指定參考書及三四年級學生閱書之用，同時能容一百人。三樓設自修室二間，同時能容一二〇人，專供同學到館自修之用。又成績室一間，陳列本校出版品及歷年圖照齡記等，凡與校史有關之件，均陳列本室，以供衆覽。本館參考部亦設於三樓，以便同學查詢圖書及搜集參考資料。二十四年復由校友捐助建築防火書庫一座，全部書架均用鋼鐵製成，架分三層，能容圖書二十萬冊，全部工程約值二萬五千元。

藏書數目

本館藏書最初僅三千餘冊，經歷年積聚，截至廿四年六月止，已增至七萬五千冊，其增加速率，尤以近五年爲最，較諸五年以前幾增至一倍，雜誌則增加四五倍。

圖書目錄

本館圖書，概編卡片目錄，分分類目錄與字典式目錄二種。分類目錄中文古書分經史子集叢五部。中西文新書概照杜威十進法分類。民廿三年刊印書本目錄中西文各一本，自後每年彙印新書目錄一本，以便檢查。民廿四年秋起，更編雜誌論文索引卡片，分管理科學工程三輯，每月印行一次，自本年起改爲合訂本，計已編索引卡片凡四千餘張。

職員人數

本館設主任一人，館員十四人，分任總務，期刊，出納，閱覽，研究，編目，典藏及參考各部工作。

體育館概況

沿革大概

本校向以運動蜚聲滬上,民國十四年始建體育館,內設游泳池,健身房,櫈球房,及室內跑道。二十二年更添闢大運動場,各項球場逐年增添,應用器械,亦年有添置,設備之精,遠勝昔日,自十九年起,學校體育方針,注重普及運動,除每年按季組織各種校際隊外,創設各種球類聯賽,初級聯賽,及院際賽,并改級際賽爲總錦標制。二十三年試辦大一級體育課,二十四年續辦大二級體育課,定爲必修科目,現在各級學生出場參加比賽者,約占百分之七十五,連課外自由出場運動者併計,總數當在百分之八十五以上。體育普及,逐年進步,較昔時之參加運動,僅限於少數選手者,其情形實大不相同也。

設備述要

近五年來添置設備略述如左:

(一)大運動場——場內舖草地,設足球場一,并爲小球,壘球,跳高,跳遠,擲標槍,擲鐵餅等之用,并築有四百公尺周圍八公尺寬之跑道。

(二)網球場——現有學生網球場八,教職員及女生網球場各一,四周均圍以鉛絲網。

(三)拔擊室——室內設器械儲藏室及運動場,備有器械多種。

(四)雨操場——位於大運動場之西,兼作軍事訓練之用,

(五)網球牆——附設於雨操場後,專備練習網球之用。

(六)排球場——共有四處:設大運動場之北者二,設於雨操場之西者亦二。

(七)看台——木製大看台九座,可容千八百餘人。

(八)各種器械——大運動場之西置單槓三,雙槓二,木馬一,木橋一,天橋一,各種球類及田徑用具,存儲於本館管理室,

(九)更衣箱——學生更衣室內置有鋼質更衣箱二百二十具。

體育科目

本館爲普及運動計,設有下列各課:

(一)普通體育課　二年級生全體,每週二時,及格後方准畢業。

(二)女生運動　每週二時。

(三) 晨操班　每週三時。

(四) 健身班　同上。

(五) 游泳班　同上。

(六) 技擊　每週五時。

競賽辦法

(甲) 聯賽　分籃球,小球,排球,壘球四種,每年各舉行一次,除校際級際運動員外,均可報名加入。

(乙) 初級賽　分籃球排球二項,曾參加他項競賽者,不准加入。

(丙) 級際賽　上學期舉行網球,越野,足球,籃球,四種,下學期舉行排球,田徑,棒球,游泳,四種,以級爲單位,採總錦標制,校際隊員不准參加。

(丁) 院際賽　上學期比賽排球,足球,下學期比賽籃球及田徑,參加人員並無限制。另有體能測驗分兩學期舉行,全體學生必須參加。

(戊) 全校賽　分網球,越野,田徑,游泳,四種,年各一次,不限資格。

(己) 校際賽　按季組織各種校際隊,與他校比賽,但不參加錦標賽。

體格檢查

每學期檢查全校學生體格一次,指導各個健康及運動方法。

訓育及學生活動

本校自民國十五年北伐完成後,即首先成立訓育部,其間因屬創辦,組織上幾經改革。現除辦理訓育事務外,兼辦齋務事宜,對於學生個人言行及共團體生活,負有指導及考察之責。每學期終會同各學院院長,將各生操行評定等第,分別呈報,評定之後除隨成績報告單通知學生家長外,即按名登記學生操行統計表。每學期終復將各院各級學生人數及操行等第,合數統計,以資比較。

本校學生對於團體生活及共同研究學術,素稱注意,故各項組織,頗爲發達健全。除學生自治會外,關於學術團體,有工程學會經濟學會,皆成立有年,近以學校開辦科學學院,復有科學社之成立。關於藝術團體,有打字社京劇社話劇社西樂社雅歌社等之組織。關於體育團體,則組有技擊部（成立二十餘年因沿用舊有名稱尚未改稱國術部）及各種球隊。關於服務團體,則組有平民學校通俗圖書館及消費合作社等。

CHIAO-TUNG UNIVERSITY: A SKETCH

BY SUNGTAO D. LEE (李松濤)

Assistant Professor of English

Chiao-Tung University, under the direct auspices of the Ministry of Railways, aims to train young men and women for the employment of that ministry and other government organizations connected or affiliated therewith to realize the industrial programme of Dr. Sun Yat-sen, the late leader of the Nationalist party.

Before the organization of Chiao-Tung University as such, there had existed under the control of the Peking Ministry of Communications four separate institutions, namely, the School of Railway Administration and the School of Posts and Telegraphs at Peking, the Tangshan Institute of Technology, which gave courses in civil and mechanical engineering at Tangshan, and the Government Institute of Technology, which gave courses in railway administration and civil and electrical engineering at Shanghai.

For the sake of efficiency and coordination, Mr. Yeh Kungcho, as Minister of Communications, consolidated, in 1921, these institutions into a university under the name of Chiao-Tung, which means communications. The Peking school then gave instruction in only railway administration, the Tangshan school in civil engineering, and the Shanghai school in electrical and mechanical engineering. Minister Yeh was concurrently President of the university.

The consolidation, however, did not last long. When Mr. Yeh resigned the portfolio of communications and the presidency of the university in 1922, the union was dissolved; the school at Shanghai became the Chiao-Tung Pu (Ministry of Communications) Nanyang University, and the school at Tangshan became the Chiao-Tung Pu Tangshan University. The school at Peking was first made a subordinate branch of the Tangshan University but soon became independent again as the Peking Chiao-Tung College. When the Nationalist Government was established at Nanking, these institutions were first placed under the control of the Ministry of Education, then again of the Ministry of Communications, and finally of the Ministry of Railways which was established in 1928.

In 1929, Mr. Sun Fo, as Minister of Railways, restored the Chiao-Tung University and assumed its presidency. Mr. J. Usang Ly, Counsellor of the Ministry of Railways became concurrently Vice-president of the university. In October, 1930, according to government orders, the office of vice-president was abolished, Minister Sun resigned his concurrent post of presidency, and Mr. Ly, then Vice-minister of railways, resigned his vice-ministership to succeed to the presidency of the university.

Under the direction of the president, the university has now three colleges, four schools, and a research institute. To carry on the work of these institutions, there are 172 persons engaged in the administrative work, 241 teachers, 1046 students, and 47 researchers. The last-mentioned body, however, are mainly just the teachers who combine teaching with research.

The Peiping School, founded in 1907, gives a four-year course in railway administration with the degree of Bacholor of Science. It is divided into two departments—railway and finance. It has 35 teachers. Of its 170 students, 16 are girls. Divided according to class, there are 42 seniors, 43 juniors, 35 sophomores, and 50 freshmen.

The Tangshan College, founded in 1905, gives two four-year courses, one leading to Bacholor of Science in civil engineering and the other in mining and metallurgy. The civil engineering course is subdivided into five departments—railway, structural, hydraulic, architectural, and municipal-sanitary. The college has 26 teachers. Of its 181 students, 145 are studying civil engineering and 36 mining and metallurgy. Divided according to class, there are 23 seniors, 33 juniors, 56 sophomores, and 69 freshmen.

At Shanghai, where the president of the university resides and directs its affairs, as the outgrowth of Nanyang University and Nanyang College, first founded by Mr. Shen Hsuanhuai in 1896, are two colleges and three schools, each giving a four-year course leading to the degree of Bacholor of Science. The Nanyang College of Science is subdivided into three departments—mathematics, physics and chemistry. The Nanyang College of Administration is subdivided into four departments—railway, industrial, financial, and public. The Nanyang School of Civil Engineering is subdivided into four departments—railway, highway, structural, and municipal-sanitary. The Nanyang School of Mechanical Engineering is subdivided into three departments—railway, industrial, and automotive. The Nanyang School of Electrical Engineering is subdivided into two departments—communication and power. These colleges and schools have 184 teachers. Of its 695 students, 101 are studying science, 193 administration, 109 civil engineering, 165 mechanical engineering, and 127 electrical engineering. Divided according to class, there are 173 seniors, 147 juniors, 171 sophomores, and 204 freshmen. Among them are 34 girls, 10 studying science, 21 administration, 1 mechanical engineering and 2 electrical engineering.

Four years ago, a textile school was planned at Shanghai. Although it is hard to predict when the plan shall be put into force, a good foundation has been laid. There is now in the Engineering Building a weaving room equipped with a very representative set of looms, a testing laboratory equipped with instruments and machinery from England, France, Germany, and Switzerland, and a small home industries cotton spinning plant from India. It is hoped that these facilities, when they are fully utilized, will help benefit the textile industry in China.

The Research Institute, with headquarters at Shanghai and branches at Tangshan and Peiping, is divided into two divisions—industrial and economic. The industrial division comprises six bureaus of engineering design, material testing, mechanical testing, electrical testing, physical testing, and chemical testing. The economic division comprises also six bureaus of social economy, industrial economy, communications, administration, accounts and statistics. Besides aiding the faculty of the university in conducting researches, the institute aims to help organizations and individuals throughout China in the solution of economic and industrial problems which arise in their work, and to arouse and develop the spirit of scientific investigation in students who may or may not reside at the university. Moreover it also aims at international cooperation, as material testing and chemical analysis may well be carried on not only to the advantage of business people, but also for the promotion of international trade.

For the enrolment of freshman students, the university gives an entrance examination every year before the fall term at four different cities—Shanghai, Peiping, Hankow, and Canton. Willingness to observe the principles of the Nationalist Party, unconditional personal guaranty by some accredited person, good character and sound health are prerequisites.

Candidates for Administration are to be examined in

1. Party Principles,
2. Chinese Composition and Literary Knowledge,
3. English Composition, Rhetoric and Grammar,
4. Elementary Economics,
5. Physics and Chemistry,

6. Mathematics,
7. Commercial Geography or History, and
8. Bookkeeping.

Candidates for Science and Engineering are to be examined in

1. Party Principles,
2. Chinese Composition and Literary Knowledge,
3. English Composition, Rhetoric and Grammar,
4. Plane and Spherical Trigonometry,
5. Analytic Geometry,
6. Higher Algebra,
7. Physics, and
8. Chemistry.

As to equipment, the Nanyang Colleges and Schools occupy a compus of some 500 mow (about 75 acres) at Siccawei, formerly a suburb of Shanghai, but now an integral part of the metropolis, though still five miles distant from its business center. Among its important buildings are the following:

The Yung Wing Hall, occupying a ground space of 1400 square meters, is the most modern building on the campus. It is named after Dr. Yung Wing, who graduated from Yale University in 1854, was the first Chinese to advocate modern education for China. On the ground floor are the offices of the directors of general affairs and civic training, of the registrar and the bursar, and of the university bank. The first floor is occupied by a large conference hall, a research library, and the offices of the president, the secretariat, the dean of faculties, and the director of the Research Institute. On the second floor are the printing office, the alumni bureau, and the offices of researchers.

The library, occupying a ground area of 540 square meters, and containing 60,000 volumes of Chinese, 15,000 volumes of foreign books, 800 kinds of periodicals, can accommodate 300 readers in its various reading rooms.

The gymnasium occupying a ground area of 1400 square meters, is one of the best in China. On the ground floor are shower baths, locker rooms, boiler room, reception room, trophy room, ping-pong hall, store room, and executive and consultation offices. The first floor is fully equipped with gymnastic apparatus, and can be used as a basket-ball court, a volley-ball court, or an indoor base-ball diamond. The south end of this floor is provided with a stage, so that the whole floor can be turned into an auditorium for special occasions. The second floor is constructed as an elliptical super-elevated running track with two rowing machines fixed beside it.

The swimming pool is attached to the gymnasium. At one end is a stand of 50 seats while at the other are the jumping boards, etc.

The East Main Building occupies a ground area of 60 by 30 meters. A part of the second floor is used as a domitory for students; the rest are classrooms, chemistry laboratories, and offices.

The West Main Building has a frontage of 60 meters and three parallel extensions to the rear of 30 meters each. The first and second floors serve as classrooms and physics laboratories. On the ground floor are classrooms, offices of the deans of science and administration, and an auditorium with a seating capacity of 500 people for ordinary gatherings.

The Engineering Building is a two story reinforced concrete structure, occupying a ground area of 6500 square meters in the form of a quadrangle. The west wing of the ground floor is occupied by the electrical testing laboratories, the general material testing laboratories, sanitary engineering laboratories, and textile laboratory, and the east wing by the hydraulic and mechanical laboratories. The central portion of this floor on the north side is the machine shop. On the first floor, there are two large lecture halls, nine spacious drafting rooms, eleven classrooms and the photometry laboratory. In the north central portion are found the offices of the deans of civil and mechanical engineering.

The forge and foundry shops are adjacent to the Engineering Building. The forge shop occupying a space of 30 ft. by 70 ft., has six "Buffolo" forges of down draft type with two blowers, one for blasting and the other for exhausting the smoke; a standard blacksmith forge; a seven atmosphere pneumatic power hammer; a "Little Giant" quick hammer; and the necessary tools. The foundry shop is divided into two parts, the moulding room and the cupola room. The former, occupying a space of 30 ft. by 60 ft., is equipped with an 18 in. by 24 in. tumbling barrel, motor driven; a four-shelf, 16 in. by 30 in. core oven; a 4 ft. by 12 ft. core making bench; and necessary patterns, flasks, and moulding tools. The cupola room, occupying a space of 25 ft. by 30 ft., is equipped with a "Poxson" half ton cupola complete with spark arrester, hook, and a motor-driven blower; three Chinese cupolas of diameters 14 in. 16 in., and 18 in.; a brass melting furnace; and ladles of different capacities from 30 lbs. to 250 lbs.

The pattern shop is in the same reinforced concrete building as the forge and foundry shop. It is divided into one machinery and one bench room with floor space equal to 30 ft. by 64 ft. and 30 ft. by 27 ft. respectively. The principal machines provided are: two 24 in. band saws, one 20 in. circular rip saw, one 2 in. boring machine, one 16 in. automatic feeding single spindle surfacer, five 24 in. by 4 ft., two 14 in. by 5 ft., two 17 in. by 5 ft., and one 12 in. by 4 ft. wood lathes, one 36 in. grindstone, and one double emery wheel all arranged for group driving by one 10 and one 15 H.P. induction motor through underground and overhead line shafts respectively; one 2 ft. jig saw, one variety oil-stone grinder, and two 12 in. by 4 ft. wood lathes all arranged for individual motor driving; one mitre and one universal wood trimmer and one punching and shearing machine all lever operated. There are also six benches to accommodate four students each and the necessary small tools.

Another electrical engineering laboratory is of two stories having a total floor space of 17200 square feet. The first floor contains a sub-station, including the service switchboard, laboratories of standardization and measurements, d.c. and a.c. dynamos, high tension, and electric railway motor testing. The ground floor contains an illumination and photometric laboratory, lecture rooms, electric machine design room, and the office of the dean of electrical engineering.

The highway materials testing laboratory is a building of two-stories occupying a ground area of 280 square meters. On the ground floor are the general laboratory, the sub-grade soil laboratory, and the bituminous materials laboratory. The first floor contains the civil engineering library, the conference room, the surveying instruments room, and the model room.

The materials testing laboratories, located in the Engineering Building, on the ground floor, are two in number—one for strength of materials testing, another for cement testing. They are fully equipped with necessary machines and tools. In connection with the cement laboratory, there is provided a small room in which the temperature can be kept within normal range.

The Ferguson Field, named after the virtual organizer of Nanyang College, Dr. John C. Ferguson, about 40 mow in area, has a 400-meter running track, 8 meters wide, enclosing a spacious field for soccer, baseball, and volley-ball games, discus and javelin throw, and sand-pits for high- and broad-jump. On the east-side are temporary wooden stands for two thousand spectators.

On the north of the Ferguson Field is a large hall, occupying a ground space of 2400 sq. ft. for Chinese boxing and fencing. Attached to the hall is a room for storing the weapons needed in the exercise. On the west of the Ferguson field is also a large shed for drill in rainy weather. Outside the shed are horizontal bars, wooden horse, wooden wall, wooden bridge, etc.

The Faculty and Staff Club is housed in a Chinese-styled building which was originally the president's residence, where chess, musical instruments, table-tennis and dailies and periodicals are provided for the recreation of the faculty and staff members.

The students' dormitories are four in number. The Chu Che-sin Hall occupying a ground area of 1800 square meters consists of one central portion with two wings. There are over 150 bed-rooms each of which can accommodate 3 persons comfortably. The East Domitory, occupying a ground area of 750 square meters is located at the back of the East Main Building for the accommodation of a part of the freshman class. The West Dormitory, occupying a ground area of 1200 square meters, is located on the west of the West Main Building for the accommodation of sophomores. The Girls' Dormitory, occupying a ground area of 266 square meters, contains 20 rooms. It is a donation by the family of Mr. Sheng Hsuan-huai, the founder of Nanyang College.

The infirmary, occupying a ground area of 215 square meters, is another gift by the Sheng family. The ground floor contains the doctor's office, a medicine room, a waiting room, and two wards. The first floor is divided into eight separate units of two beds each, a nurse room and a bath room.

Among the specially equipped laboratories not usually found in other institutions may be mentioned the following:

In the College of Science—laboratories of advanced optics, modern physics, micro-analysis, and industrial chemistry.

In the College of Administration—laboratories of train and telegraphic operation.

In the School of Civil Engineering—laboratories of material testing, sanitary engineering, and highway materials.

In the School of Mechanical Engineering—laboratories of automotive engineering and textile research.

In the School of Electrical Engineering—laboratories of telephony and television.

The Research Institute has also a paint and varnish laboratory.

The Tangshan College of Engineering, occupying a campus of 203.7 mow, is located at Tangshan, Hopei. Of its thirty buildings, one is three-storied, eight are double-storied, and the rest single-storied.

The lecture halls occupy two buildings containing a dozen class-rooms and several drawing rooms. Surveying instruments and physical laboratories are located in one of these buildings.

The dormitories occupy three buildings, two two-storied and one three-storied, accommodating some 300 students.

The library is a single-story building of 6 large rooms. It contains 16,981 volumes of Chinese and 6250 volumes of foreign books, and 106 kinds of periodicals.

The infirmary is a general medical clinic and resting place for the students. It is a one-story building located at a quiet corner of the campus. It has a doctor's office, a medicine room, a waiting room, 5 wards, a bath room, a diet kitchen, nurses' quarters and conveniences for the care of the patients.

The Assembly Hall is a one-story building occupying a ground area of 1667 square meters. At the west end is a large stage with a dressing room behind. At the east end is a stand of 80 seats, behind which is a reception room, having a floor space of 233 square meters. A fire-proof room is provided on the top of the reception room for cinema projection. The hall is also used for examination.

The dining hall is a one-story stacco building of modern style. It occupies a floor space of 667 square meters, and can accommodate 250 persons.

The Alumni Hall is a U-shaped building covering a ground area of 1333 square meters. At present it has only one story, but the foundation is designed to have additional stories in the future. It has one meeting room, one dining room, one reading room, and one green house in its front. Four bed rooms, one bath room, one office, one boiler room, one kitchen, and one servants' room form the two wings in the rear.

Besides above buildings there are also the necessary shops and laboratories which make the equipment of the college fairly complete.

The Peiping School of Railway Administration is located at Peiping. It occupies an area of 53 mow. Its offices, lecture halls, library, museum, dining hall are all single-story buildings of brick structure, occupying a total area of 25,399 square meters. The dormitories are partly two-storied and partly one-storied; the former has an area of some 1,015 square meters, and the latter of 2687 square meters.

The library contains a collection of 23,000 volumes, both Chinese and foreign books and periodicals.

The museum contains six sections of 4,172 different models, specimens, and the China Rocket.

The aeroplane exhibit consists of a machine of Italian make, monoplane type, a present from the Historical Museum of Peiping.

For physical education there are 330 pieces of gymnastic equipment.

Besides regular studies, the students of the university are given chances to compete in oratory and essay-writing, both Chinese and English, wherein the winners are suitably rewarded by the administration for their successful efforts. As far as athletics is concerned, the policy is bodily training for all rather than intercollegiate contests by a few. Other extra-curriculum activities, as freely chosen by the students themselves, are Chinese boxing and fencing, music, both instrumental and vocal, dramatics, photography, etc. In the spring, all seniors take an inspection trip under the guidance of teachers to supplement their theoretical learning. Such trip usually lasts two weeks.

The graduates of Chiao-Tung University are now found in all walks of life throughout the length and breadth of China, especially in government enterprises controlled by the Ministries of Railways and Communications for which the school has been particularly developed. In April 1936, out of twenty scholarships for Chinese students to study at English universities, four were for Engineering graduates and it is very gratifying to record here that three were awarded to Chiao-Tung graduates through a keen competitive examination.

In the East China Incollegiate Oratorical and Debating League, the students of Chiao-Tung have won numerous trophies, particularly in English oratory wherein all the championships, since the organization of the league, have been captured by them. Before withdrawing from the Kiangnan Athletic Association, Chiao-Tung teams were likewise formidable in foot-ball, basket-ball, base-ball, tennis, and track and field events. The erstwhile annual Nanyang-St. John's football match was a classic which attracted thousands of spectators and did much to popularise the game in China.

To encourage scholarship among the students, chapters of the Phi Tau Phi Scholastic Honor Society of China have been established at Tangshan and Nanyang. Membership requirements for graduating students at Nanyang include for seven terms an average scholarship record of 85% and a conduct record of at least four A's without any

C. As the marking of Nayang students by their teachers is so strict, rarely is the full quota elected. Last year, for example, though according to the by-laws of the Society the Chapter might elect eleven new members from 142 graduating students, only three were found qualified and elected. Of course this difficulty adds greatly to the honor of being a member whose efforts at study and research it is the special aim of the Society to encourage and reward.

To assist needy students as well as to encourage proficiency in study, the university has ten kinds of scholarships, twenty-five kinds of prizes, and a loan fund sufficient for thirty students to pay their tuition. The origin and nature of these scholarships, prizes and the loan fund, together with the terms upon which they are granted, are set forth in detail in the university catalogue.

The university, besides the annual catalogue and other bulletins, publishes a semi-weekly which contains all the official notices and news of the school, a quarterly which contains scholarly articles by the teachers and others. The students also publish a monthly which contain discussions of timely topics by themselves. Their professional organizations, the Science Society, the Administration Society, and the Engineering Society further publish two professional papers:- "Science Notes" and "Journal of Administration". The language use in all these papers is largely Chinese, though English articles are also inserted.

The annual budget of the university amounts to over $1,200,000, excluding any payment from the students. There is but one source of support at present, and that is the regular appropriations coming from the Ministry of Railways. For land, buildings, equipment, professorships, scholarships, and prizes, the university has found it necessary sometimes to ask for endowments, and its record shows that there are scholarships and prizes, buildings and equipment, the donors of which, apart from the Chinese Government, are many benefactors, both Chinese and foreign, individual and corporate, without whose hearty contributions, the university could not have been so developed. It is but just and natural, therefore, for every Chiao-Tung student and graduate to feel that he owes much to the generosity of his fellow men as well as the care of the Government.

THE DEVELOPMENT OF THE TEXTILE INDUSTRIES SCHOOL AT CHIAO-TUNG UNIVERSITY

By Kenneth C. Barker

Lecturer on Textile Industries

Only some twenty years ago China was ruled by a regime repressive of initiative and development. This has had the effect of leaving the country in a backward state, but it has the marked advantage that China can now benefit very extensively by the experiences and experiments of other countries and may so avoid many mistakes made in these other countries through lack of good example.

China has ever thought highly of her sage Confucius, and many of Confucius's main tenets indicate that he was most insistent that whatever work was undertaken it should be done correctly, and that good example should be followed.

With the ideas of the Sage at the back of the mind it was realised that the Textile Industries of China in its three phases of development: the past, the present and the future, offered problems only to be solved by those most experienced; thus the best advice obtainable was essential. In placing Prof. Barker in a position in which he could review the situation and stimulate improvement it was believed that the 'golden opportunity' had been taken.

Prof. A. F. Barker is a man of World-wide repute with more than 50 years experience of the Textile trades, who has held the Chair of Textile Industries in the University of Leeds for 19 years, and before that the similar Chair in the Bradford Technical College for 21 years. Thus, in September 1933, with Prof. Barker joining the staff of Chiao-Tung University began an association which it is believed will be of great benefit to China and the World at large, for it has been realised that the raising of the standards of life of the peoples of the East is one of the essentials of World welfare and for World peace.

The principal objectives of this move were and are still: the stabilisation, the development and encouragement, and the general improvement of China's Textile Industries. With these ideals in view it was realised that survey and research were the essential matters, that a backward industry could not produce men capable of carrying out this work, and that what was really needed was a first rate Textile School which could instil into its students all the best ideals that World experience has brought forward. What could be done in this way had been amply illustrated by the phenomenal success in certain fields of the Industries of Japan.

The selection of Chiao-Tung University as the place on which this work was to be centred was certainly influenced by two factors: the first that Shanghai, although by far the most important industrial centre in China, was then entirely without a textile school or research institution of any kind; the second, that, by reason of its excellently equipped Engineering Departments, Chiao-Tung University was the most suitable institution probably in the whole of China to undertake this work. In addition it was felt that, though this University was principally concerned with the development of railways, the industries are essential to the success of the railways, and that really the two should be developed alongside one another.

One of Prof. Barker's first tasks was the drawing up of a complete scheme for the erection of a Textile School of University status, so arranged that all fibres might be dealt with and comparative methods be employed.

This was the ideal to be aimed at, but it was realised that however desirable it might be to forge ahead with this scheme such high ideals could not be attained all at once. It was much better to start in a small way first so that some of the essential lessons might be advanced and assimilated before the main development should take place.

Now, although the fundamentals of the Textile Industry are the same the world over, there are always details which must be modified according to local and national conditions. With the idea of correlating his experience and ideas more closely with local conditions Prof. Barker undertook extensive travels in both China and Japan. From the very start excursions were made to the centres of industry, and among the places visited in China were: Nantungchow, Woosung, Wusih, Wuhing, Hangchow, Kashing, Ma Chiao, Kading, Soochow, Nanziang, Nanking, Tsinan, Tientsin, Peiping, Hankow, Changsha and of course Shanghai and its environs. Among those places visited in Japan were Kobe, Osaka, Kioto, Gifu, Nagoya, and Tokio.

The experiences gained from this very comprehensive touring have been embodied in the voluminous report completed in November

1934 and now being issued in book form. It is rather remarkable that some of the predictions made in that report, such as the resuscitation of the Silk trade, are already coming to pass.

From this report, too, it will be gathered what a wide field the Textile Industries of China cover, and how sound is the idea of a school to embody the means of treatment for all the principal fibres, so that comparative methods may be employed.

The principal fibres of China are Cotton, Silk and Wool and there are a few other fibres such as China Grass, Goat Hair and Camel Hair of lesser importance. The treatment of the principal fibres may be divided into two definite branches of industry: the hand and the machine. The hand industry is carried on in the home and the machine industry in the factory. The belief is that they both have their place in China, and that it is desirable to encourage the development of both along right lines.

In the case of the development of the hand industries, however, there is a great difficulty, particularly in certain phases of the Cotton and Wool industries, to be overcome. This is that the machine far outstrips the hand in the matter of production, and even in quality the machine production is in some ways superior. The question might then be asked: "Why not go direct into the machine industry", but, quite apart from the possibilities of the abuse of the factory system and the undesirable concentration of people into towns and cities, there is the matter of the high first cost of the machinery to be considered.

Now within recent years certain semi-mechanical miniature machines have been developed and it is felt that this type may fill the gap, and form a step between the entirely hand processes, and the fully mechanical ones. Particularly may they do so in that their first cost is reasonably low, and that large buildings are not necessary to house these machines.

Thus far we have seen that the Textile Industries may be divided into vertical sections in that each type of fibre has a separate and definite line of development from the raw material to the finished product; but also each industry may be divided into horizontal sections. These horizontal sections are represented by raw material production, yarn production, weaving, finishing and dyeing, and marketing.

It is the ideal of the new school to expand and cover as many of these phases of industry as possible. Ever since Prof. Barker came to China, just a little over two years ago, this school has been steadily expanding, and an endeavour has been made to make each section a model of its kind, and to encourage a high standard of smartness and cleanliness.

At present the equipment of the department may be divided into four sections as follows: Materials Analysis, Small Scale Cotton Spinning, Weaving by Hand and Power (see illustrations), and Testing Laboratory. Considerable assistance has been given Prof. Barker in the development of this department by Prof. Y. S. Hsu through whom it is possible to keep fully in touch with the various phases of the industry in China.

Already valuable researches have been made on the Chinese Wools with the help of Mr. S. Y. Shah, and assistance and advice given to those who are at present fostering the development of the Home Industries. Research must certainly form a very important part of the work of the school.

Not less important, however, is the matter of technical training and if this side of the work had been at a more developed stage there would have been positions for a number of graduate students, as already there is a considerable demand in the industry for men with this training.

It must be realised that the work of the School of Textile Industries at Chiao-Tung University is in its very infancy and that the next few years will see a great expansion.

The people of China were liberated, by the great work of Dr. Sun Yat Sen, from constraint of freedom to innovate and to create, so that they might advance and develop in free co-operation with the rest of the world. But this was merely the starting of the work, and it is left for others and particularly the University Students to follow up his lead. It is the duty of the professors and teachers to indicate if possible how this may be accomplished, and it is felt that in this Textile School a good lead is being given that is well worth following up and supporting by all means possible. The motto of those people who come to join this University should ever be expressed by those fine words from the poem "Ullysses" by Tennyson:

"To Strive, to Seek, to Find, and not to Yield."

The Weaving Room: Tappet, Dobby, & Jacquard Looms.

The Weaving Room: Jacquard & Dobby Looms.

徵文集刊

工程與世界和平

李　書　田

國立交通大學于二十五年四月八日，適逢其四十週年紀念。此四十年之大學在世界大學中，固極幼稚，然在我中國已爲第二老大學，僅比國立北洋大學少一歲弱，較國立北京大學尚年長也。茲當不惑之年，允宜爲有意義之紀念。余昔於十九年五月至二十一年七月，曾任交大唐山學院院長者二年又三月。承校長黎公曜生之採納，易唐院名稱爲『唐山工程學院，』創設『採冶工程學系，』成立『研究分所，』建築『眷誠齋，』經費由每月萬壹仟元增至萬柒仟伍百元。在余忝長唐院之短期間，黎公處處採納唐院發展計劃，唐院之發展亦卽總校部分之發展。故應在總校四十週年紀念文中，由當時長唐院者，特別道出，以資紀念也。

余離唐院後于二十一年九月回長北洋母校，曾於二十四年十月二日先中國任何大學紀念其四十週年。越半載餘，交大亦滿四十週年。北洋創立於光緒二十一年乙未，係盛宣懷氏所倡議，聘美籍丁家立博士辦理，翌年倡議創辦南洋者，亦爲盛宣懷氏，聘美籍福開森博士主其事。兩大學實中國大學教育創始期中之姊妹校也。

因上述之兩重關係，校長黎公曜生函囑爲文，并示數題。爰擇『工程與世界和平』一題，聊申所懷，用慶交大四十週歲紀念。

工程設施與工程學術之進步，究爲促進世界和平之原動力，抑爲毀壞世界和平之利器歟？吾人從事於工程教育者，在此不可

上海交通大学百年报刊集成·第一辑（1896—1949）·学术学科

不審思明辨之。如其爲促進世界和平之原動力,吾人必須助長之。如其爲毀壞世界和平之利器,吾人似宜控制之。如其有時促進世界和平,亦有時毀壞世界和平,則應因時勢助長之或控制之,俾其永遠福益人類,而無時濟人類之禍害。

長城築,而匈奴不敢南犯,運河開,而南漕以濟京畿。蘇彝士運河闢,遠東均勢,較易保存。巴拿馬運河鑿,門羅主義和平,更便維持。中國歷史所昭示於吾人者,工程固促進和平之基礎,西方工程,亦未嘗不同著促進世界和平之大效也。

然所謂『羅馬人公路』,非其侵略歐西之康莊耶?設使無西比利亞鐵道之建築,海參威港之修治,與旅順大連等港之經營,日俄戰爭未必發生,即或有之,亦未必如其劇烈也。何以英法海峽之隧道,時倡時輟?甯非兩關係國間國防之顧慮乎?

國際間和平之破裂,有因鑛產蘊藏之攫奪者,在勘鑛探鑛學術未發達以前,殆或可免,因無垂涎之目的在。亦有因豔羨鑛產之價值者,在選洗冶煉學術未進步以前,殆亦或可免,因乏經濟之利潤在。更有因工業及國防原料之要需者,在工程學術落後之世界,自亦可免,因尚無需求在。自水利工程進步以還,埃及印度灌溉大興,農產增益倍蓰,成爲農產原料供給之邦,經營者益不遺餘力,兩民族之解放,愈不可能。因機械工程之進步,而有工業革命。工業革命之後,生產過剩,製造品運銷海外,更視殖民地爲商場獨佔之區。鐵道,機車,造船,港埠,汽車,公路,航空等工程愈進步,交通愈發達而便利,數萬里之運程,覺較千百里原始交通爲迅捷。於是嚮之取給原料於當地者,近代可取給于各國,嚮之銷售成品於咫尺者,近代可以五洲爲商場。故因工程學術之進步,遂有今日交通及工業之發達,有今日交通及工業之發達,始有今日企圖原料獨享商場獨霸之競爭,近代和平每演至不能保持之飽和點時,莫非由於工程學術進步之爲孽也。

工程進步,固肇競爭之端,工程精產,亦供防範之術。以言陸防,則有近代炮台戰壕及交通，與機關鎗，遠射炮，坦克車之屬。以言海防，則有近代軍港及主力，驅逐，巡洋各種戰艦與潛水艇暨其附屬利器。以言空防，則有近代偵察驅逐，轟炸，戰鬭各種飛機，以及陸上防空精密設備與空中巨大飛艇。以言遞訊，則有近代長短途有無線電報電話。凡此皆工程學術之精產，列强競事戰備，則侵略者不敢輕於開釁，迨宣戰矣，以近代戰爭耗費之不能久於支持，戰事期間，决不能如西歐中古時期三十年戰爭百年戰爭等之亘世不决也。故因工程學術之進步，遂有今日戰爭利器之發達，有今日戰爭利器之發達，始有近代戰爭耗費之不能久於支持。近代和平，迨演至不能保持之飽和點後，戰爭期間，决不能延長，亦莫非由於工程學術進步之所賜也。

綜上所論，工程設施與工程學術之進步，有時促進世界和平，亦有時毀壞世界和平，是則應由吾人善爲因時勢之轉移，助長之或控制之，俾其永遠福益人類，而無時濟人類之禍害。苟萬邦工程人才，不受摧毁人類文明者所驅使，而且善爲控制工程學術之應用，庶幾自然物力，盡爲人類福利所利用，而世界大同之理想，不難實現於後世。工程教育家及工程專家，盍審思明辨而篤行之。六十年後到國立交通大學第百週年紀念時，余倘能如今日馬相伯先生以九七老翁，仍存斯世，當再爲『工程與世界和平』結算一番。

人事管理中的福利工作

曹雲祥

合於雇用工作之理論亦合於福利工作,兩種工作的動機都是求實業之人性化,兩種工作的信仰都是以人較機器爲重,兩種工作的精神都是求和諧與友愛。福利工作不能爲這種動機,這種信仰,或這種精神的獨占者與唯一代表者。除非和諧與友愛的精神是爲管理所共有,福利工作就不能一定可以使工廠生活人性化,合作與友愛。福利工作的精神不能專集中於福利部,這對於雇用工作也是一樣的。假若福利工作要成功的話,其精神必須普及於全廠。在外表上,就是沒有這種精神的貫注,工廠或者也可以進步,但是只有這種精神,能使工廠生活的基本關係進步。福利工作成功的第一個條件是普遍的福利精神——這種精神視工廠生活爲所有工廠中各個生活的橫剖面。

福利工作之集中辦理,純粹是一個組織的問題。在小規模的工廠內,福利事業或者就由經理兼辦。正如同管理須分爲數種機能,而每種機能又須劃分一樣,勞工管理是必須從管理的總體上取得幾種特殊的職務,如雇用工作與福利工作是,但是工作的動機與精神就不能這樣分開,工作進行之能否有成,是看精神的表現如何。而精神先於工作,福利工作不能創造一種精神,必定先要有那種精神,以推動福利工作。假若有人問『你與工人的關係如何?』我們不能只答以『有福利部主持這事。』

有些雇主舉辦福利工作,他們並沒有抱定那種堅强的人類合作的精神,他們不過以為這事第一是值得辦,第二是一種好的廣告。抱這種心理而辦福利工作,是與福利工作的根本精神相違反,福利工作也可使工廠得到好的譽,但這些都只是間接的結果,與福利工作原來的動機截然為二事,假若把這些弄成動機了,福利工作的進行,一定要蒙受不利。福利工作自然是值得舉辦的,正如同我們之為正義而戰爭是值得戰的一樣,但是我們不是因值得才戰,是為正義而戰,我們舉辦福利工作不是因為值得才舉辦,是為工人的福利而辦福利工作。沒有一個光明正大的動機,福利工作只是欺騙。

樸洛德女士 (*Miss Proud*) 對於福利工作的定義如下:『福利工作是雇主自動的努力改善在他廠內的雇用情形,』這是福利工作的定義,不是福利工作的精神。假若工人有權要求工作狀況之不妨害身體的健康,心情的活潑與道德的維持,那末雇主與管理方面之從事滿足這種要求,是應盡的義務。這種要求不是以物質的利益或虛偽的慈善即可以滿足的。馬沙爾教授講,『多數雇主每以對工人略施小惠而自豪,』其實在這種新的實業時代,雇主不應把慈善看做一種道德的奢侈,應視此為實在的義務。這並不僅是在實業中須如此,就是在整個的社會生活中,許多所謂慈善行為實際上不過是我人應盡的責任。

要緊的是管理既為一種職業的機體,應抓住福利工作的真意義。福利工作不是可辦不可辦的,這是管理事務中必有的一部份。這也不是伴隨着戰後的情形而新產生的,福利工作的存在與現代實業的歷史有一樣的悠久。其特殊之處不過是現在在管理的組織上已成為獨立的一部而已。實業在以前小規模的時代,廠主與工人一同工作,彼此非常親近,福利工作就在這種親近中解決了。自工廠制發達,廠主與工人的關係已不像以前的密切,到了最後,所謂雇主對於工廠簡直只是一個名義了。於是在實業中的各種份子之間,沒有人的關係存在,不僅昔日的那種合作互助的精神缺乏了，而且因雇主與工人之隔閡，雙方發生許多誤會，猜疑與爭鬥，這對於實業是一種莫大的危險，所以定要有一種使人心悅誠服的新的動機，專致力於掃除這種誤會，猜疑與爭鬥。現在這種動力是在一種新的動機之下產生而出現於實業中。在這種新動機之下，人與人間的關係比什麼都重要，而福利工作的組織是至少應與工廠中其他部份有同等的重要。工廠經理不能因爲用了一個主持福利工作的人，即對於職工的福利可以再不過問，正如同他有了成本會計員，而對於製造成本之減低，仍不能不負責者一樣。福利與成本是一個工廠大計的必要部份，經理不能因爲有委代，即使其與大計相脫離。

福利工作必然的是一種合作的事業，自然大部份的責任是由管理負担，但這一部事務是與工人有密切關係的，所以工人有要求參預的權利。生產的質量與成本等只是間接與他們有關的事件，但是工作的狀況是終日與他們有直接關係的，是他們的生命線，是每日工作的細胞，所以福利工作不採合作的方式，是不能成功的。人只有自己願意求心身的健全，才能得到健全。要使福利工作成功，必先要使工人信仰而悅服。如果他們知道廠方之辦福利工作不過因爲值得辦而已，那他們對於福利工作永不會發生信仰，如果雇主以慷慨自豪而辦福利工作，也永不會使工人悅服。要想策進福利，而不採用合作，是無異於自尋歧路，結果一定要失敗。福利工作必須是合作的，是根據一種共同信仰而產生的，即生活的意義不僅是物質的滿足，還有較高的方面，而工廠生活必須使之向這方面前進。

顯然的，福利工作之有關工人不僅是物質方面的，而且是心理方面的，道德方面的。一班人每以爲福利工作只是限於物質的方面，就是求廠房光線之充足，空氣之流通，休息室之設置，工作室之裝綴與醫藥之備辦等。但福利工作的範圍並不僅這些，還有更進更大者，福利工作不僅注意身體的疲勞，更注意心理的疲勞，注意工作的單調,注意工作狀況對於工人神經的影響,注意工作室的氣雰與情調,不僅要除去工人的鬱憤與爭鬥,而且要除去單調與疾病,福利工作的目的是友愛,合作,健康,清潔,幸福,正義,高尙的人格與高尙的精神。

在向這些目的前進時,自然對於工人在廠外的生活也要予以注意工人愈能在廠外組織他們自己的幸福,他們對於福利工作的興趣將愈益加高,管理的職權雖只能及於工廠以內但總要設法,使工人有益的渡過在廠外的時間,如關於工人俱樂,運動,遊藝等組織和設備等不獨可使工人於放工後得到正當的娛樂,而且可以養成他們自治的能力。就是在工廠以內,福利工作雖是管理方面一部份的機能,然而也要就可能範圍內,讓工人自動的去辦理。主持福利工作的人最好是居於一個指導的地位,不要把福利工作視爲一種恩惠,而工人是當然願意接受這種恩惠的,因爲現在的時代已不同了,我們要養成工人能自立,能分担責任。福利部長是要受管理與工人雙方指揮的,如果沒有這種合作精神,福利工作就會失敗。管理採用了合作方法,以後必感覺到勞工管理不如從前之棘手,尤其是福利工作,與工人合作,更能進行順利。福利工作的精神若能貫注工廠生活的全部,則無論是工資,工作時間,自我發展,工頭制與一般環境,均能受這種精神的影響,而表現一種新的意義。在合作氣雰中前進,福利工作就不僅是一種新的職責,而且是充實工廠生活的新方法。

四十年來吾國之文學略談

陳柱

本校四十週紀念，以此題徵文，距付梓之期，不及旬日，匆匆執筆，其何能盡，故名曰略談而已，此四十年來文潮之澎湃，往者申報館五十週紀念胡適氏曾爲撰文題曰五十年來中國之文學，已詳爲論述；其文所述始於淸同治十一年，迄於民國十一年，吾今所談，則始於淸光緖二十二年，迄於民國二十五年，前乎民國十一年者文壇亟變，莫甚於文言白話之爭，胡氏所詳，卽在於此，今茲所述；無取疊床，自民國十一年至今，此十四五年之間，文學界無大劇變；往者文白得失之爭，至今已成並行不悖之勢，此外民衆語小品文之說，雖風起一時，要亦無大得失；故今之所說，亦並從略，又錢基博氏有現代文學史長篇；成書於民國二十一年，於近四十年之文學，已詳哉其言之矣，欲知此最近數十年來之文變與政變之關係者，胡錢二氏之書已略盡之，今免雷同；概所不論，從吾所好，略舉數端，以當談笑，勿作近代文學史觀，可也。

一 論古文

古文一名，學者多誤會爲復古摹古，雖倡之者亦不免以復古爲辭，柳敬叔答荆南裴尙書論文書云，小子志雖復古，力不足也，與徐給事端文書亦曰，僕自下車爲外事所感，感而應之，爲文不覺成卷，意雖復古而不逮古，則不足以議古人之文，此倡古文者自以復古爲名，則亦宜乎後人之誤會爲復古摹古矣，然韓退之答劉正夫論文書云；或問爲文宜何師，必謹對曰，宜師古聖賢人，曰古聖賢所爲書具存，辭皆不同，宜何師，必謹對曰師其意不師其辭，又問曰，文宜易宜難，必謹對曰無難易，唯其是而已，夫曰不師其辭，則文之必非摹古可知，然所謂師其意者何也，退之答李秀才書曰，愈之所志於古者；不惟其辭之好,好其道焉耳,答李翊書曰,始者非三代兩漢之書不敢觀,非聖人之志不敢存,則師其意卽師聖人之志,師聖人之志,卽師聖人之道也,然則師聖人之道,豈非復古乎,曰所謂聖人之道者,詳言之更僕不能盡,簡而言之卽禮大學篇所謂大學之道,其目的則所謂在明明德,在親民,在止於至善也,其方法則所謂古之欲明明德於天下者必先治其國,欲治其國者先齊其家,欲齊其家者先修其身,欲修其身者先正其心,欲正其心者先誠其意,欲誠其意者先致其知,致知在格物而已,而最簡以言之,則論語所謂修己以安人,修己以安百姓而已,故志聖人之道,亦非指恢復古代之法制而言,指不失聖人修己濟世之道而言也,故無論如何法制,有合乎聖人濟世之道者,不論今古,未嘗不可行也,孔子所祖述,莫如堯舜,所夢寐而欲師者莫如周公,堯舜周公,皆於典章制度,最富有新創之制作者,學者必明乎此,而後知眞儒之所謂道,並非復古,則眞古文學家所謂師古聖人之道,亦並非復古矣,要而言之,古文家之所以倡爲古文者,就當時之文章而爲相對之名耳,柳冕謝杜相公論房杜二相書云,今之文章與古之文章立意異矣,此所謂古之文章者,卽古文也,夫古之文章可簡稱之曰古文,則今之文章亦可簡稱之曰今文矣,是古文之名爲對當時之今文而立者耳,古文今文之分如何,柳冕謝杜相公論房杜二相書又云,風雅之文,變爲形似,比興之體,變爲飛動,禮義之情,變爲物色,詩之六義盡矣,此就詩賦韵文一類別古今也,退之答劉正夫論文書云,用功深者其收名也遠,若皆與世浮沈,不自樹立,雖不爲當時所怪,亦必無後世之傳也,又云,今後進之爲文能深探而力取之,以古聖賢人爲法者,雖未必皆是,要若有司馬相如太史公劉向楊雄之徒出,必自於此,不出於循常之徒也,若聖人之道不用文則已,用則必尙其能者,能者非他,能自樹立,不因循者是也,此兼賦與散文而言,域詩於文之外者也,就柳氏之說而言,則當時今文體之詩賦爲形似爲飛動爲物色,故欲挽形似歸於風雅,變飛動歸於比興,去物色歸於仁義,以爲古文也,就韓氏之說而言,則當時今文體之散文,爲不以古聖人爲法,爲因循而不能自樹立,換言之,卽今文意非敎化,辭多摹倣,而欲矯之以意在明道,辭必創作之古文也,今更進而言之,就內涵而論,則今文自魏晉以降,多以文爲文,而不以道爲文,宜返於兩漢以前之以道爲文,以政敎爲文也,就外式而言,則今文自魏晉以來,多拘聲病,尙古典,多摹儗,皆文之桎梏,宜返於兩漢以前之不拘聲病,不尙古典,不相摹儗,乃得自由也,明乎此則可知古文一名,其意非復古,其辭非摹古矣,古文之義,被後人之誤解,最甚,故不殫詞費,一洗其冤焉,且亦必明乎此,而後古文之於今日,乃有討論之價值也。

柳敬叔鼓吹古文雖力,而成就尚淺,自韓退之柳子厚出,而古文始大興,退之尤爲後世大宗師,宋之歐王曾蘇,皆不能外乎韓柳之範圍也,然自韓柳至宋,古文尚未立派,自今日論之,有明一代文壇之戰,最大者實爲秦漢派與唐宋八家派之大戰而已,前後七子,崇尚秦漢,李夢陽至謂不得讀唐以後書,用唐以後事,此可謚爲秦漢派,王愼中唐順之茅坤歸有光等出而矯之,坤選唐宋八大家文鈔,有光序項思堯文集,盛稱宋元大家,此可謚爲唐宋八家派,至清桐城方苞劉大魁皆治古文,有名於時,同里姚鼐,復從大魁游,歷城周書昌曰,天下文章,其在桐城乎,於是遂有桐城派古文之目,姚鼐撰古文辭類纂,以唐宋八大家上接秦漢,以歸有光上接唐宋八家,又以方劉上接有光,其意蓋隱有文統之傳焉,其後惲子居張皋文皆爲古文,世或別之曰陽湖派,陸繼輅董士錫李兆洛諸人皆屬焉,然論其淵源,實自劉海峯,故陽湖派與桐城派,實可謂二而一者也。

桐城派古文之大盛於晚清,實自曾國藩爲之倡,其歐陽生文集序,力張桐城宗派之流衍,致引起吳敏樹之詰難,然曾氏取徑,實與姚氏不同,觀所撰經史百家雜鈔,實與姚氏所選古文辭類纂大異,則二家所見之異,可知也,曾氏爲清室中興功臣,旣大張桐城派之古文,故學者翕然宗之,師事曾氏者,有遵義黎庶昌,無錫薛福成,武昌張裕釗,桐城吳汝綸,武強賀濤,師事張裕釗吳汝綸者,有桐城馬其昶,姚永樸永概,通州范當世,新城王樹枏,師事吳汝綸者,有武強賀濤,而吾師唐蔚芝先生亦私淑曾氏,此外南皮張之洞師事從舅桂林朱琦,長沙王先謙私淑姚鼐,皆晚清數十年桐城派之古文大家也。

然承曾國藩之後,而年輩較早,足稱古文大將者,實當首推張吳,張氏卒於清光緒二十年,不在最近四十年之內,故今不論,首論吳汝綸,吳汝綸字摯甫,桐城人,同治乙丑進士,官深冀二州,銳意興學,親教課之,棄官主蓮池書院講席十餘年,曾游日本,甚爲日本學者所嚴事,治經由訓詁以通文辭,所著尙書故,周易說,自謂欲與江惠爭勝,然學者未之許也,其對於桐城諸人之得失,言之頗中,與姚仲實書云。

桐城諸老,氣淸體潔,海內所宗,獨雄奇瑰瑋之境尚少,蓋韓公得楊馬之長,字字造出奇崛,歐陽公變爲平易,而奇崛乃在平易之中,後儒但能平易,不能奇崛,則才氣薄弱不能復振,此一失也,曾文正公出而矯之以漢賦之氣運,而文體一變,故卓然一代大家,近時張廉卿,又獨得於史記之譎怪,蓋文氣雄峻不及曾,而意思之恢詭,辭句之廉勁,亦能自成一家,皆由桐城而推廣,以自爲開宗之一祖,所謂有變而後能大者也,

此謂曾氏取徑與桐城派不同,可謂有見,吳氏於爲古文之人,亦極少許可,答嚴幾道書云。

文章之事,代不數人,人不數篇,若欲備一朝掌故,如文粹文鑑之類,則世蓋多有,若謂足與文章之事,則姚郎中之後,止梅伯言曾太傅及近日武昌張廉卿數人而已,其餘蓋皆自鄶也。

其持論之嚴如此,其論爲文之最要者有九書,答嚴幾道書云,

某前書未能自達所見,語輒過當,本意謂中國書籍猥雜,多不足行遠,西學行則學人目力奪去太半,益無暇瀏覽向時無足輕重之書,而姚選古文,則萬不能廢,以此爲學堂必用之書,當與六藝並傳不朽也,若中學之精美者,固亦不止此等,往時曾太傅言六經外有七書,能得其一,即爲成學,七者兼通,則閒氣所鍾,不數數見也,七書者,史記漢書莊子韓文文選說文通鑑也,某於七書皆未致力,又欲妄增二書,其一姚公此書,餘一曾公十八家詩鈔也,但此諸書,必高材秀傑之士,乃能治之,若資性平鈍,雖無西學亦未能追其塗轍,獨姚氏古文,即西學堂中亦不能棄去不習,不習則中學絕矣,世人乃欲遍造俚文,以便初學,此廢棄中學之漸,某所私憂而大恐者也。

九書之中,尤重姚氏古文辭類纂,觀其言則近年白話之興,吳氏已有先見之明矣,又與李贊臣書云。

竊謂救時要策,自以講西學西文爲務,然中國文理,必不可不講,往時出洋學生,歸而悉棄不用,徒以不解中學,而去年王制軍來書,亦謂講求西學,必中學成材者乃爲有益,中學門徑至少以文理通達爲最重,欲通中文,則姚氏此書,固徹上徹下而不可不急講者也。

其謂學西學者必以中國文理通達爲最要,最爲有見,時至今日,上庠畢業生,國文竟不通達,不特實科者如此,即文科者亦多如此,夫文理不通,即心理不通,他日將舉國皆爲不通之人,而欲其國之治又烏可得也,吳氏與嚴復之翻譯,亦極有關係,嚴氏每有所譯,多商正於吳氏,吳氏答嚴氏書云。

歐洲文字與吾國絕殊,譯之似宜別創體製,如六朝之譯佛書,其體全是特創,今不但不宜襲用中文,亦並不宜襲用佛書,竊謂以執事雄筆,必可自我作古,又妄意彼書固自有體製,或易其辭而仍其體,似亦可也,不通西文,不敢意定,獨中國諸書,無可放效耳。

此言譯體當特創,最有卓見,又云,

來示謂行文欲求爾雅,有不可闌入之字,改竄則失眞,因仍則傷潔,此誠難事,鄙意與其傷潔,無甯失眞,凡瑣屑不足道之事,不記何傷。

此所謂失眞,並謂非可將原書之旨任意移易,以就吾文,不過謂刪節繁蕪而已,又云。

來示謂歐洲國史,略似中國所謂長編紀事本末等比,然則欲譯其書,卽用曾太傅所稱敍記典志二門。似爲得體,此二門曾公於姚郎中所定諸類外,特建新類,非大手筆不易辦也,歐洲紀述名人,失之過詳,此宜以遷固史法裁之,文無裁剪,專以求盡爲務,此非行遠所宜,中國間有此體,其最著者則孟堅所爲王莽傳,若穆天子飛燕太眞等傳,則小說家言,不足法也。

此論亦屬有識之言,蓋每傳一人必連篇累牘,此爲一人之家傳,待子孫之研誦,固無不可,若欲行遠,則世人安得如此暇日,以一一瀏覽乎,則犖犖大事,反因多敍瑣事而不傳矣,今讀姚王古文辭類纂所選傳狀墓志,大率皆數百字,令人覽之不崇朝而畢數卷,故事跡易傳,若必瑣瑣敍述,每人動逾數萬字,則全書當有百數十冊,誰能讀之乎,吳氏又有一書,與嚴氏論譯天演論云。

執事之譯此書,蓋傷吾國之不競,懼炎黃數千年之種族,將遂無以自存,而惕惕焉欲進之以人治也,本執事忠憤所發,特借赫胥黎之書,用爲主文譎諫之資而已,必繩以古人之法,固執事之所不樂居,亦大失述作之深旨,顧蒙意尙有不能盡無私疑者,以謂執事若自爲一書,可以縱意馳騁,若以譯赫氏之書爲名,則篇中所引古書古事,皆宜以元書所引西方者爲當,似不必改用中國人語,以中事中人,非赫氏所及知,法宜如晉宋名流所譯佛書,與中儒著述,顯分體製,似爲入式。

此於譯體見解,均有特識。

吳氏嘗評點諸子及太史公書,就中尤以太史公書韓非子用力最深,於太史公文法,所識在歸方之上,而吳氏之文,則議論廉悍自喜,多似韓非,與張裕釗之得力於史記者大異矣。

繼姚氏古文類纂之後，爲之續選者，有黎庶昌之續古文辭類纂，然體例未純，庶昌字蒓齋，卒於光緒二十三年，所刻古逸叢書，於存古之功甚鉅，文亦淵稚，然非吳張之敵也，其與黎氏書名同而實異，體純而選嚴，堪足繼姚氏之書而無媿者，則有王先謙之續古文辭類纂，先謙字益吾，號葵園，長沙人，同治乙丑進士，官國子監祭酒，歷主思賢城南嶽麓等書院，所著以尚書孔傳參證，詩三家義集疏，荀子集解，漢書補注，後書集解，水經注校爲最精詳，受虛堂文集十六卷，詩集十七卷，書札二卷，卒於民國六年，其爲文考覈詳密，而一出於雅潔，其學方之吳氏有過之無不及也，其續古文辭類纂序云。

自桐城方望溪氏以古文專家之學，主張後進，海峯承之，遺風遂衍，姚惜抱氏稟其師傳，覃心冥追，益以所自得，推究閫奥，門設戶牖，天下翕然號爲正宗，承學之士，如蓬從風，如川赴壑，尋聲企景，項領相望，百餘年來，轉相傳述，偏於東南，由其道而名於文苑者以數十計，嗚呼，何其盛也，自聖清宰世，用正學，風厲薄海，耆碩蠭出，講明心性，恢張義理，厥後鴻生鉅儒，逞志浩博，鉤研訓詁，繁引曲證，立漢學之名，詆斥宋儒明義理者，惜抱自守孤芳，以義理考据詩章三者不可一闕，義理爲榦而後文有所附，考据有所歸，故其爲文源流兼賅，粹然一出於醇雅，當時相授受者特其門弟子數輩，然卒流風餘韵，沾被百年，成就遠大，逐末者不悶，而知道者常勝，詎不信歟，道光末造，士多高語周秦漢魏，薄清淡簡樸之文爲不足爲，梅郎中曾文正之倫，相與修道立教，惜抱遺教，賴以不隊，逮粵寇擎亂，禍延海宇，文物蕩盡，人士流徙，展轉至今，困猶未蘇，京師首善之區，人文之所萃集，求如昔日梅曾諸老聲氣冥合，簫管翕鳴，邈然不可復得，而況山陬海澨，弇陋寡儔，有志之士，生於其間，誰與祓濯而振起之乎，觀於學術盛衰升降之源，豈非有心世道君子責也。

觀此可知王氏治學爲文，與夫選文之旨矣，王氏最有功古學者尤在續刻清經解，王氏復閻季蓉書云。

僕在江南續刊經解，有謂不當如阮文達，不收李文貞方望溪輩著述，以爲排斥宋學者，僕曉之曰，子誤矣，經學之分義理考据，猶文之有駢散體者也，文以明道，何異乎駢散，然自兩體既分，各有其獨勝之處，若選文而必合爲一，未可謂之知文派也，爲義理考据學者，亦各有其獨至之處，若刋經學書而合爲一,未可謂之知學派也,俟倘續通志堂經苑二書,則必取言義理諸書,而考據家皆在所弗錄矣,其人大話。

以此見王氏治學無門戶主奴之見,而分派則極嚴,此則由漢學宋學之爭以至漢學宋學之平,由駢文散文之爭以至駢文散文之平,不爭之前則學派混而學術不明,方爭之時則意氣盛而學術不公,唯既爭之後意氣息學派平而學術始明,此則光宣間學術之大進步也。

近三十年來,繼吳王而起,鼓吹古文最力者,莫如本校前校長唐蔚芝(文治)先生,先生太倉人,現徙居無錫,爲文私淑曾國藩,長本校十五年,至民國十年始以侍親退居無錫,創辦國學專門學校,文章道德,爲世儒宗,所著有周易消息大義三卷,易學反身錄一卷,尙書大義二卷,詩經大義九卷,禮記大義四卷,論語大義若干卷,孝經大義一卷,大學大義一卷,中庸大義一卷,孟子大義七卷,十三經提綱若干卷,紫陽學術發微十二卷,陽明學發微若干卷,性理學發微若干卷,文集初二三編各若干卷,奏疏三卷,硏究古文,指示塗徑者,有國文經緯貫通大義八卷,國文大義二義,古人論文大義二卷,國文陰陽剛柔大義若干卷,其古人論文大義書後云。

余編古人論文大義旣竟,輒把翫不忍釋,爰書其後曰,得名師難,得衆名師尤難,夫衆名師不可得,而况天下之名師,天下之名師尤不可得,而况古來之名師,今是編成,是聚唐宋以來衆先生於一堂,而詔諸生,其音如韶夏之迭奏也,其體若珪璋之並陳也,其文采若黼黻絺繡之交暉也,斯誠可謂文苑之大觀,而諸生之宏福爲何如,昔曾文正題世綵堂韓文云,其光熊熊可燭天地,是書之光,殆亦可燭兩間而不泯已,君子之爲義也,必謹乎其所集,而其窮理也必愼乎其所擇,孟子言養氣本於集義,是故集天下之耳以爲耳,則可以廣集聽,天下之目以爲目,則可以併視,集天下之心思以爲心,則可以鑑照乎萬物,然而化裁通變,君子有用中之道,譬諸集古今中外之制度名物憲章,則必綜覽乎風俗之純駁,民氣之剛柔,民智之通塞,斟酌損益,而審所宜以處之,若集古今之文章而於在我之程度尙懵然不有所以自處,則古人之精神笑貌,詎能想像其萬一,是雖聚天下之名師,亦終無裨益於實用,先聖有言,擇善而從,又曰,與時消息,自古鴻儒達士,蓋無不兢兢於此焉,然則是道也,寧獨以論文乎哉,寧獨以論文乎哉。

覩此則此書之內容及先生治學論文之宗旨，於可以略窺矣。

桐城派因聲求氣之說，至張裕釗而闡發益明，張氏答吳摯甫書曰。

> 古之論文者曰，文以意爲主，而辭欲能副其意，氣欲能舉其辭。
>
> 欲學古人之文，其始在乎因聲以求氣，得其氣則意與辭往往因而並顯，而法不外是矣，是故契其一而餘可以緒引也蓋曰意曰辭曰氣曰法，之數者非判然自爲一事，常乘乎其機而混同以凝於一，惟其妙之一出於自然而已，自然者無意於是而莫不備至，動皆中乎其節，而莫或知其然。夫作者之亡也久矣，而吾欲求至乎其域，則務通乎其微，以其無意爲之而莫不至也，故必諷誦之深且久，使吾與古人訢合於無間，然後能契合自然之妙，而究極其能事，若夫專以沈思力索爲事者，固亦可以得其意，然與夫心凝神釋，冥合於言議之表者，則或有間矣，故姚氏因聲求氣之說，爲不可易也，吾所求於古人者由氣而通其意以及其辭與法，而喻乎其深，及吾所自爲，則一以意爲主，而辭氣與法俱從之矣。

然則爲文當注意諷誦，因聲求氣，正所以求合乎自然，使爲文之時，則一心於營意，而不復分心於辭與法，此眞學文至精要之法，吾國向來讀文，多重熟讀，故文法學修辭學等書，著者甚寡，亦以熟讀既多且久，則爲文之時，不求合乎文法而法無乎不合，不事乎修辭而辭無乎不修，正猶小兒學語，不習語法，習聞既多，長大而自能言語也，近今學校，不務熟讀，徒講文法，其結果則文字通暢者日少，此其驗也，故吾以謂今日教授國文，宜於講究文法，兼重讀熟，二者兼顧，庶易進步，然諷誦之法，亦有精粗之別，唐先生於國文大義論文之氣一章云，昔曾文正初見張廉卿先生，爲讀曾子固文一首，而廉卿先生文因以大進云云，可見善於讀法者，必非同於凡響矣，讀古書須能得古人之聲，則讀古書亦不可以不愼其擇，唐先生國文大義於論文之聲一章云。

> 聲莫盛於詩書，尙書之聲以呂刑秦誓爲最，詩經之聲以商頌爲最，司馬楊班韓子之文，其聲皆取源於詩書，如韓子之平淮西碑，敍事之聲出於書，碑文之聲出於詩，其顯見者也，曾文正謂古人文皆可誦，近世作者如方姚之徒，可謂能矣，顧誦之不能成聲，張廉卿亦謂姚氏於文未能究極聲音之道，蓋惟其求聲於古人之文，而不能求聲於古書所以聲日卑，由是陽而散，陰而集，剛而怒，柔而儒者比比而見矣，此微論方姚，宋以下作者，亦多昧乎此也，茲略發其微，特舉剛聲一，柔聲一，剛聲而近於怒者一，

上海交通大学百年报刊集成·第一辑（1896—1949）·学术学科

柔聲而近於儒者一,可以配黃鐘之聲者二,可以配大呂之聲者二,剛質柔聲,柔質剛聲,而音調最鏗鏘可愛者二,宮聲商聲徵聲各一,諸生熟而推之,可隅反焉。

論文聲之精,古無此也,至陰陽剛柔大義,推闡姚氏之說尤詳。

古文陰陽剛柔之說,創於姚姬傳先生,姚先生之言曰,易詩書論語所載,間有可以剛柔分,值其時其人告語之體各有宜也,自諸子以降,其爲文無弗有偏者,其得於陽與剛之美者,則其文如霆如電,如長風之出谷,如崇山峻崖,如決大川,如奔騏驥,其光也如杲日,如火,如金鏐鐵,其於人也如憑高視遠,如君而朝萬衆,如鼓萬勇士而戰之,其得於陰與柔之美者,則其文如升初日,如清風,如雲如霞,如煙,如幽林曲澗,如淪如漾,如珠玉之輝,如鴻鵠之鳴而入寥廓,其於人也漻乎其如歎,邈乎其如有思,煗乎其如喜,愀乎其如悲,觀其文,諷其音,則爲文者之性情形狀,舉以殊焉,此姚先生之說也。

繼其說而大昌之者,爲曾滌笙先生,曾先生選古文四象,分太陽太陰少陽少陰四種,以氣勢屬太陽,識度屬太陰,趣味屬少陽,情韻屬少陰,而於其中分陰中之陽,陽中之陰,曰噴薄之勢,曰跌蕩之勢,曰閎括之度,曰含蓄之度,曰恢詭之趣曰閒適之趣,曰沈雄之韻,曰悽惻之韻,是又分四象爲八卦矣,而又申言之曰,有氣斯有勢,有識斯有度,有情斯有韻,有趣斯有味,又析言之曰,莊子揚子韓退之柳子厚陽剛之美者,司馬子長劉子政歐陽永叔曾子固陰柔之美者,此曾先生之說也。

吾嘗綜二先生之說而論之,姚先生之說,創而未備者也,曾先生之說廣矣大矣美矣盛矣,所謂通神明之德,類萬物之情,其在茲乎,顧吾竊有進焉者,凡人之性情氣質,亦未可一概而論,毗於陽者陰亦寓焉,毗於陰者陽亦寓焉,周公孔子之文,妙萬物而爲言,陰陽不測,固不可以一隅論,孟子之文,毗於陽者也,而致爲臣而歸,舜發於畎畝之中,及孔子在陳諸章,何嘗非陰,戰國策之文,策士縱橫之說,陰鷙之尤甚者,而蘇季子說秦王,蘇代說燕王,何嘗非陽,莊子之文毗於陽者也,而刻意繕性篇,何嘗非陰,賈生之文毗於陽者也,而弔屈原賦鵩鳥賦,何嘗非陰,司馬子長之文,毗於陰者也,而項羽本紀,淮陰侯傳,李廣傳,尤陽剛之顯著者,楊子雲文毗於陽者也,而反離騷,尤陰柔之顯著者,太玄更無論已,韓昌黎文毗於陽者也，而送董邵南序，答李翊書，尤陰柔之顯著者，祭十二郎文更無論已，天地之道，陰陽之氣，常相勝而相爭，惟明於消息之故者，察其偏而調劑之，且因其偏而善用之，而後吾身得太和之氣，而生理以暢，善驗古人文之神與氣者，亦若是而已。

曾先生又曰，陽剛者氣勢浩瀚，陰柔者韻味深美，浩瀚者噴薄而出之，深美者吞吐而出之，就經史百家雜鈔中十一類言之，論著類詩賦類宜噴薄，序跋類宜吞吐，奏議類哀祭類宜噴薄，詔令類書牘類宜吞吐，傳誌類敍記類宜噴薄，典志類雜記類宜吞吐，善哉論文至此，可謂無微弗顯矣，余嘗息心以觀天地之理，並以文正所論驗諸子百家之言，並歷代文士之著作，太極之精以陰爲體，以陽爲用，故儒家之文大抵以柔爲體，以剛爲用，（吳摯甫先生語予曾先生之文係用歐之骨用韓之貌是亦以柔爲體剛爲用也。）此外則皆主於陰柔，道家墨家偏於陰，讀老氏墨氏之文可知，陰陽縱橫家偏於陰，非陰柔不足以成捭闔，法家名家偏於陰，非陰柔不足以成刻覈，醫家兵家偏於陰，讀內經陰符孫子文可知，他如詩賦家雜家小說家術數家方技家，雖剛柔萬變，然要其歸偏於柔者多矣，聖學之傳，分爲漢宋兩家，漢儒之文尙訓詁，兼陰陽之美者也，而其弊也爲穿鑿，爲瑣碎，由無大氣以舉之，則陰柔之過也，宋儒之文尙義理，兼陰陽之美者也，而其弊也爲幽渺，爲俚俗，由無大氣以舉之，亦陰柔之過也，因文以察天下之變，士大夫皆主陰柔之過，而積弱隨之，然則生斯世也，爲斯文也，其必以陽剛爲主乎。

昔嘗謂伏羲氏畫八卦，不過象奇耦之數以爲記識，而聖人謂爲範圍天地，曲成萬物，以其包涵陰陽剛柔之蘊也，陰陽剛柔之理蘊於一心，發之則爲吉凶悔吝，凡人自少至老，自晝至夜，均在吉凶悔吝之中，而吉凶悔吝則萌芽乎一心之陰陽剛柔，剛善則爲義爲直爲斷爲嚴毅爲幹固，惡則爲猛爲隘爲彊梁，柔善則爲慈爲順爲巽，惡則爲懦弱爲不斷爲邪佞，惟聖人能自易其惡，自至其中，善濟其陰陽剛柔，而運妙用於一心，故曰以此洗心，又曰，復其見天地之心乎，蓋自伏羲文王作卦象而天下人事悉具於卦象之中，迨周公孔子以卦象爲文章，而天下人事又悉具於文章之中，凡此者皆陰陽剛柔之所爲，實皆一心之所爲，此大易之精蘊也，善爲文者，先明易理，因吾心之動靜消息，而制爲言，愼天下之樞機而吉凶悔吝於是乎貞，又因吾心之動靜消息而制爲文，象萬物之形色，而川流敦化於是乎備，此所謂陰陽也，剛柔也，善用之以至於中也，斯言非玄也，探其本則曰存其心養其性，因物付物，而陰陽剛柔時措之宜矣。

以上所言，律已之方也，推而至於觀人，記曰，中國戎夷五方之民皆有性也，不可推移，聖賢豪傑之文眞理彌綸貫於內，精氣旁薄溢乎外，剛柔陰陽，惟變所適，下逮萬殊之性，則各肖其爲人，而靡有所窮，惟聖智之士，能因其文之性質，而驗其人之品行，是故凡文之剛柔相宜，而適中乎理者，其人達而壽，善用其剛其言閎以肆者其人狂，善用其柔其局細以整者其人狷，陽剛外强而中無陰柔以濟之者其人愎而懦，陰柔膠纏而中無陽剛濟之者其人緩而懦，剛柔無主棼不可理有首而無尾者其人窮而夭，剛柔無主而創意造言猶有歸宿者其人僿而可教，洪範所言五福六極，悉可於斯文徵之，此就一人之文言，至統觀一方之文亦然，凡剛柔相濟者多，其民大率兼文質而易爲治，剛柔偏勝者多，其民大率蠢愚難以熟化，宜有以酌其偏而用其所長，此就一方之文言，至統觀一代之文亦然，凡剛柔相濟者多大率風俗和而運會盛，剛柔偏勝者多大率風俗薄而運會衰，因文論世，確乎其不可易，至於陽剛之過，變而爲肅殺，陰柔之過，降而爲慈庸，則其世運將不可問，嗚呼，文心聲也，而閟性寓焉，陰陽剛柔之說，微乎微乎，非天下之至誠至神至幾，何足以語此。

或曰如子言，不幾於過高乎，曰，是誠有之，昔吳摯甫先生跋曾先生古文四象後云，公此編故自謂失之高古，夫高古何失，世無知言君子，則大聲不入里耳，自其宜也，斯言允矣，顧吾又有說焉，陰陽剛柔發於人心之自然，初無所謂高古，縱一心而冥思之，譬諸江海浩淼，扶桑出日，一輪湧現，容與聿皇，又如氣淸天朗，春卉皆葩，無論何人，縱遊其間，必有意氣發舒之象，是何也，則陽爲之也，譬諸冬日栗烈，重陰晻藹，寒飆翏刁，萬竅怒號，又如谷風雨，恐懼淒其，無論何人，側身其間，必有鬱鬱伊鬱之情，是何也，則陰爲之也，古詩有云，一窗晴日寫黃庭，又云，滿江風雨讀離騷，抑何其境之殊而心之異也，匹夫閧於道，而壯士爲之衝冠，嫠婦泣於舟，而文士爲之怨訴，故隨時隨地，隨象隨景，而陰陽剛柔分焉，因情因性，因感因遇，而陰陽剛柔分焉，日月星辰山龍華蟲藻火粉米黼黻絺繡，讀其書而明良喜起備哉燦爛陽之盛也，徹彼桑土，綢繆牖戶，我來自東，零雨其濛，誦其詩而拮据卒瘏况也永歎,陰之盛也,古之聖人陰陽剛柔,悉合乎中,故其慶賞刑罰,各得其正,後世儒家,能養之於喜怒哀樂未發之前,故其陰陽剛柔足以順萬事而無失,斯皆不必言文而實無在非文,顧藝林之士,識有淺深,則不得不就迹象以求之,然惟其有陰陽剛柔之質,原於一心,故讀古人之文,亦辨其爲陰陽剛柔而其自爲文,亦必有陰陽剛柔之可分,斯皆發於一心之自然,固不必以高下論也,抑吾考古文四象之爲書,目次頗多率略,又古人文之膾炙人口者,如韓昌黎張中丞傳後敍（陽剛之至美者）歐陽永叔瀧岡阡表,（陰柔至美）均未入選,意者其未成之書歟,是編大致取材於四象（其中亦有極陽剛陰柔之美而並未入選者由前數編中已爲諸生講貫也）後之君子,得吾言而深思之,由下編以遡中編而至上編,則自有津梁之可逮,而吾特恨是編之成,既不得就正於曾先生,並不獲質之於吳先生其是乎其非乎,其所剖析而分置者,有毫釐千里之謬乎,益爲之執簡徬徨而不能已也。

其於陰陽剛柔之蘊,可謂推闡無遺矣,故陳石遺先生序其書稱爲論文之至精而無弊者,宜乎學者聞風興起也云云,唐先生於爲文最主變化,其民國六年與杜書曰。

龍生純如來,奉到書三種,讀尙書文法序,不煩琱琢,氣自蒼古,知弟文大進矣,距踊者十,天生人予以淸明之氣,稟靈變之資,爲輿臺人則賤之,文亦不可爲輿臺也,其道奈何,變而已矣,易曰,通其變使民不倦,神而化之,使民宜之,爲政如此,爲文爲教,奚獨不然,謹考之周公之文,周禮爲一體,儀禮又爲一體,牧誓爲一體,大誥康誥立政又爲一體,無逸又爲一體,七月爲一體,鴟鴞小毖爲一體,時邁又爲一體,何周公之文善變也,謹考之孔子之文,易彖上下傳爲一體,象上下傳爲一體,繫辭上下傳爲一體,其他文言釋卦序卦雜卦又分四體,曾子作孝經爲一體,而門弟子作論語又爲一體,何孔門之文之善變也,唐韓子作進學解,述其所師法曰,上規姚姒,渾渾無涯云云,共分九家,自子雲相如,同工異曲而外,其文實分八體,古來著作之林,何其善變也,厥後降而不能乃爲剽賊,文也辭也格也調也,罔不如雷之同,無有能挪而變者,讀前篇則知其後篇,省上句則知其下句,矧有生字生辭曰不典曰不雅,唐宋以來,千餘年,綴學之士,迷罔罣罭,盡爲文章之輿臺,而不自悟,觀乎人文者寧不退而長吁也,是以韓子既於樊紹述墓銘中通論其弊,而指導徑途,則曰惟陳言之務去,又曰,高挹羣言,執神之機,不專一能,怪怪奇奇,李翺亦曰,創意造言,各不相師,嗚呼文字之精微可見矣,易有太極,是生兩儀,太極一也,兩儀二也,文者物象之本,字者孳乳而寖多也,凡爲文詞,宜多識字,晁以道通經日課識十五字,前事之師,奚獨說文,凡爾雅急就方言廣雅駢雅玉篇等書,都宜熟讀融貫,益求造句佶屈之法,久則汨汨然來矣,吾弟人中之豪傑,亦文中之豪傑也,其有意乎,兄於夏月讀殷盤三篇,似有所得,知殷人尙鬼之說尤信,又讀韓子貞曜先生墓誌銘,祭張員外文,更得其造言提筆横空放恣之法,弟試循軌武之,有同嗜也,難爲歸淺者道耳。

柱時長廣西省立第二中學,頗以提倡省中文學爲已任,報唐先生書曰。

生柱,謹言,蔚芝校長夫子大人閣下,頃者連奉九月六日十六日兩次鈞示,鍼膏炙肓,霍然病已,非先生學之精,愛之至,何以至此,生雖不肖,敢不拜惠,然若生者,少迷所學,奔走於風塵湖海之間,逐逐於器行形下之學,以分其日而歧其心,故窮年之力,而不能通一經,直至前年之冬,以家大人之命,養病林泉,然後始得專其力於文學,然貧賤也不能不求升斗之祿,以養所親,故其志猶未能專,顚頓至今,春秋二十有七,而一無所成就,每讀孔子十五志學,三十而立之語,不知其涕之無從也,近歲以來,稍欲通經,冀於文行二者,有所樹立,庶幾可以自贖前愆,而無辱於天地父母生我之身,此區區之志也,然求之愈切,而自覵愈卑,淸夜自思,乃幾不能自比於人類,而先生乃不以爲可棄,而辱教之,且賜之大著,生獨何人,能無激憤,自今以往,惟循先生之所教而學之,將先生之所賜而讀之而已,其有成與否,非所計也,然生固陋,竊以爲文者,誠如大札所論,必不可以蹈襲,然作者固當於神求之,不當於貌求之,而論文者亦當以神取之,不當以貌論之也,古聖賢人之文章,惟道之傳,若夫其文章之體貌,則不必固爲立異,亦不必不異,不必固爲相同,亦不必不同,是故易一體也,書一體也,春秋又一體也,此不必立異而不得不異者也,然皋謨似堯典,周誥似殷盤,秦誓類風雅,易辭多如詩,此不必同而亦不必不同者也,周秦西漢諸子之文,其間或同或不同,罔不如此,如孟子荀卿中庸大學引詩之處,其文法大氐相同,而或莊謹,或博大,或雄直,家又各異,蓋其文體之變化,一隨其文心之變化,文心者道心也,西漢以後,學者競相爲文,而不知爲文之本，聖人之道廢而不講，惟互相摹擬，以浮靡相高，萬首同聲，千篇一意，故韓氏起而振之曰，非三代兩漢之書不敢觀，非聖人之志不敢存，辭而闢之曰，惟陳言之務去，曰降而不能乃剽賊，後皆指前公相襲，所以矯學者之弊也，及其弊也，則讀書者皆曰，非三代兩漢之書不敢觀，於是自三國以下之歷史皆所不觀，三國以下之文集均所不閱，斯不亦陋乎，其論文者則曰唯陳言之務去，於是以六經爲陳言，見偶有與古人相似者，則曰，此剽賊也，偶用一二成句，則曰此陳言也，其最可笑者莫如李習之，其言曰，述笑之狀，論語曰莞爾，易曰啞啞，穀梁曰粲然，班固曰攸爾，左思曰囅然，後人作文，凡言笑者皆不宜復用其語，若然述笑者不可復用前人之語，則述哀者亦不可復用前人之語，今嗚呼噫嘻等字，亦古人成語，未審古人復用否，又未審習之許用否也，豈習之之意，以爲尋常之語則可復用，而特別之語則不可復用耶，則已而已而四字，亦論語特別語也，未審習之何復用之，以自陷其盾也，曾文正公曰，作文宜摹仿古人間架，詩經造句之法，無一句無所本，左傳之文多現成句調，揚子雲爲漢文宗，幾於無篇不摹，即韓歐曾諸巨公之文，亦皆摹擬以成體段，曾公之言如是，故曾公之才學文章，勝於習之萬萬也，夫刻意以剽竊古文之語句，極力摹擬古人之體貌，陳陳相因，拘不知變，斯固豪傑之士所不屑爲，然用功既久，與古相化，適然相合，則其文之神與意俱佳，更不得以其一二相似之貌，而譏之，猶之論人然，其人既賢矣，而不得以其貌似先人而遂謂之不肖也，夫賢子之貌，固不必定肖其先人，然亦不能使必不肖也，文章之貌亦猶是耳，豈能一無所肖哉，昌黎韓氏，誠文中之豪傑也，然送董邵南序，擬陶淵明贈羊長史詩，諫佛骨表，擬尚書無逸，孟東野序，擬孟子好辯章，答李翊書章法則學莊子消搖遊宋榮子一段，而大意與分段則取諸論語十五志學一章，其曰，非三代兩漢之書不敢觀，非聖人之志不敢存者，即十五志學三十而立之說也，其曰能識古書之正僞，與雖正而不至焉者，此四十不惑之說也，其笑之則以爲喜，譽之則以爲憂，以其猶有人之說存者，即尚未能耳順之說也，其曰迎而拒之，平心而察之，其皆醇也，然後肆焉者，此從心所欲不踰矩之說也，故姚氏謂韓氏此文學莊子，亦徒見其貌耳，若其神意段落，取法乎論語，姚氏尚未及知也，至其他文如淮西碑進學解等，衆人所共知者，尤不知凡幾，夫以韓氏之如此傑出，而推其所本，尚不能無所儗似，則儗似者固非古人之大病，病在似其貌而遺其神，襲其意而規其貌，如魏晉以後之七，崔蔡以後之難，斯足賤耳，是以韓公雖譏相襲，而不禁其相似，所謂去陳言者，亦惟指其鄙俗不當理者耳，非謂古人之言，皆陳言也，生近復閱劉海峯氏論文偶記，及惜抱軒語，其獨到之處固多，然言之太苛，使人拘而多忌，初學之士，習聞其說，則必困其才思，下筆不能成行，而成學之士，終其身所得，亦不過簡淨二字，夫簡淨豈遂足以盡文章之能事也耶，生之疑此久矣，會讀先生書，故聊書其意，不自覺其言之繁宂無當，蓋恃先生之知之深，愛之篤，故竊自附於孔門言志之義，惟先生有以裁之，尊著尚書，以伏生本爲主，梅本附於後，以免眞僞相雜，最爲卓識，拙編尚書讀本，翌日重修改，擬照此例，詩經圈點本已收到，不日即可奉還，周易圈點，細讀數過，信爲絕作，生近編周易文法，擬即用尊著爲主，而以諸家附之，每卦之後，并附以太玄各卦，蓋太玄原不徒儗易而作，實亦解易之書，惟訓詁章句之儒，揚子所羞爲，故不爲易作箋注耳，讀易而不晤，則求之玄，讀玄而不晤，則求之諸家之說，因文以求義，因義以求道，則其於易也或亦庶幾焉乎，孫月峯評點尚書，亦已收到，一月以後，即可寄上，閩刻周禮及樊宗師集已函京粤友人物色，然尚無覆音也，樊集坊間絕少，未審何故，韓公於古今文人所推許者，皆昭然有以垂於後世，即孟郊賈島之徒，雖小家數，其詩集仍流傳於今，惟於樊紹述許之如此其至，而傳者絕少，豈文之傳不傳，固亦有命，非可强而至邪，將有待乎其人，所謂久而愈彰者邪，韓氏嘗銘李元賓，謂文出乎當世，今讀元賓集，實嘲哳蕪雜，可不學而能，韓氏之銘，誠不免過其實，意者其銘樊氏亦此類歟，然而元賓集大傳於後，獨樊氏求之不可得，是傳與不傳眞有命也，可勝歎哉，尊緐中庸序，生意似不必再加，蓋一篇文勢至此，忽然遂結，所謂黍山萬壑赴荊門者也，現爲手民所促，已付剞劂，想亦先生所許乎，張廉卿評點尚書，即得自吳氏尚書讀本，蓋吳本圈點，乃錄自張氏，觀其例言，可知也，近日甚忙，言語多失檢，不敬之愆，伏乞鑒原，六年十月五日生柱謹言。

時同門張蔭熙在梧州與柱同校講學，亦有覆唐先生論文書云。

夫子大人函文，敬肅者，蒙賜序文，拜誦之餘，不啻龔光重照，深慰景慕之忱，世風愈薄，時事日非，生不揣固陋，欲本師友之意，略爲闡揚，敬爲柱尊兄撰序一首，奉呈誨正，此序著於寒假時，尙未獲讀夫子尊著，而數千里外，上下交孚，雖不敢謂仰贊高深，或於夫子本旨，不謀而合一二，則無形之鑽求，奚異於昔年之面命，除編爲講義外，復於此間一二年級，出三數經題，以博其本，因學子多不習經傳，甚有不能擧十三經之名者，甚可痛也，因本而及流，仍承夫子會同變化之說，前在母校補習科，蒙賜張廉卿先生集，及講其贈序中以雲喻文一節，詭趣譎態，殆不可狀，生病未能學，願取象於電焉，電無形而有物，可細驗而不可驟覩，藏之則隱，顯之則彰，此處亂世而附於下士之末者所以自安也，生詩文無一長，潰防決口，動犯格律，此學取電而未諳其術，以召焚裂觸擊者，自殘殘人，卒至焦爛而共傷，此生之病一也，好爲排偶，有句必對，參差輕重，朱紫雜糅，不稱厥服，邇來矯枉過正，遂戒作律體以自勉，然於尋常行文間，仍不免重蹈故轍，此習於磁電陰陽之說，而疎於兩極平均之理，故不獲並持而相引，貌雖合而神轉離，氣已疏而心欲續，此生之病二也，電訊之理淺，而電話之理賾，電訊聲簡而存迹，電話繁密而壹寄於聲，迹常存而聲旋失，故還訊易而留話難，生祗知其粗而懵其比響之法，聲之不精，文於何有，此生之病三也，電之神化，爲聲爲光，無線之電，其神之尤神焉者乎，生學斯科，爲期最促，加以電傳於線，源流易探，律鬱於空，波浪莫求，欲速不達，一無造詣，推之於文，則其弊爲板，而少變化詭奇之態，滯於故實，而翔空騰虛，乘氣御風，如莊屈列宋之流，三復而不通其旨，甚至心勞日拙，廣設線索，於短篇文字中，强爲拍合，以詔後進，前後牽制，複疊萬千，愈彰其雜，此生之病四也，生旣自知力不足，不可以行遠，所望在及門諸弟子，以補生不逮，又患誠不積，不足以感人，方苦鼓鐘而寫，無以協諧，乃得夫子不遠千里而賜以文，藉霆砰之威，洊雷震，君子以恐懼修省，夫子之惠我還人，及我再傳弟子者，曷其有極，其將如鍼珀之吸引歟，抑又將速於置郵而傳命歟，易曰風行水上渙，渙然卽有文章也，生感於相渙之理，天地間人物上下前後今古相接納，旣莫不有端倪形迹，卽莫非要道微旨，化爲文章，豈皆以風行水上之文推之，或盡其內蘊之粗者乎，生謹就其最粗者言之，而乞夫子政繩焉，生察風水鼓輪，必有原力，其在意境之思潮，筆端之鋒芒乎，此請占於夫子者一也，汽之舒縮，有如文之收放，汽舒塞動，或類乎用力猛而文勢張，汽放空際而力散，又若文之散漫無紀，疏懈弛緩而神不守舍者,此請占於夫子者二也,瀑降爲流則緩,潮平爲波則弱,汽凝爲水則滯,水結爲冰則固,是則文必作於意興最濃時,筆墨淋漓,飛舞酣歌,欲罷不能,庶幾其如有所立卓爾歟,此請占於夫子者三也,綜數前後謬稱各端,均微偏於剛,易經風水之文,陰陽剛柔並擅,爲上智喻之,生恐此間諸生年少,爲未盛先衰者言之,武城絃誦,牛刀割雞,諒生所以助杜尊者,夫子始笑之而繼與之也,抑孔子又言禮云禮云玉帛云乎哉,樂云樂云鐘鼓云乎哉,然則又當由流而溯源乎,周而復始,請反於本,行有餘力,則以學文,文章者其必於學問之餘而後可博之乎,有德者必有言,言者其修德之餘事乎,生事親未能,又焉能學,爲學未能,又焉能文,夫子縱恕其狂,而憫其陋,而今而後,生敢不勉於敏行而言訥哉,夫子進而敎之,倘可免其戚戚乎,親老時艱,雖杜尊篤故人之誼,而家大人少子之恩私,尤不能一刻忘懷也,茲者遷延南服,免踐信守,回憶出入三校,夙承重侍暨諸師友之誨戒,轉慮無裨其徒,故不覺其言之贅累,維夫子宥其煩瀆爲感。

今特附錄之,以見當時唐先生與衆弟子揚推文學之盛,且張君文采,爲同門之拔萃者,逝世已十餘年,遺文散失殆盡,故附錄於此,以傳於世,張君卒業本校電機科,故喜以電學喻文法焉。

尊孔之事,今有有力爲之提倡,故祀孔之事,尊孔之會,風動一時,然當昔時有有力者倡廢孔之事,倘有言孔之當尊當祀者,則羣目之爲迂腐矣,而唐先生於癸丑年則有駁學校不祀孔議,此豈非韓黎所謂特立獨行,適於義不顧人之是非,信道而自知明者邪。

陳石遺先生,名衍,侯官人,曾敎授北京大學暨南大學,今敎授無錫國學專門學校,著有尙書舉要七卷,周禮疑義辨證五卷,考工記辨證補疏四卷,禮記疑義辨正五卷,說文舉例,說文辨證,說文重文管見共二十二卷,音韵發明二卷,通鑑紀事本末書後十卷,要籍解題四卷,石遺詩文集詞附共二十八卷,詩品平議三卷,石遺室詩話若干卷,續若干卷,近代詩鈔若干卷,今年八十有一矣,而述作尙不稍輟,鼓吹詩古文數十年,弟子遍海內,其文淸剛拔俗,根柢深厚,與詩可稱兩絕,其送馬通伯序云。

余爲學部主事之四年,桐城馬君通伯,亦用學部大臣辟官主事,語相悅,讀其所爲抱潤軒文集,灑然盎然,見時局艱危,陳書萬言,請長官代奏,至深痛而不傷陷直,不易爲也,猶格不上,其冬朝廷將大改官制,一一合於日本，以坐致富强，重以度支大困，計無所出，惟出於汰人員，減俸祿，諸部院長官謀比其曹，考試而去留之，今月二日，通伯今至余寓廬，言將暫歸，色若甚惜別，既而曰相知良未久，然見君意許在朋友之數，京師知交若某某辱於吾有贈言，覘君知吾未能或之先，君獨未有贈言，異日思君，若有憾也，余曰，君將不來耶，願少須，相將俱去，歸於不辱吾身而已，余家世貧賤，少時天下大亂初定，亦嘗習科舉，求祿仕矣，甲午國事遂棘，戊戌庚子而愈棘，有微官遂以不爲，忽忽十年，老矣，丙午七月，學部大臣以文書調，其明年三月將來，吾婦甚阻余，余曰，京師友朋文酒之樂，已不如昔時，然以余所居若武昌若長沙若上海，所遊若杭州江寧南昌安慶，皆東南繁富都會，至往往面其賢者，而是邦大夫多能飾文采，盛賓從，益以舟車便利，遊客奔輳，方諸京師則猶貧富多寡之不相若也，今各部院有考試之說，吾與通伯非自求仕來者，若謬謂其能以禮招之，又儕諸未必能不以禮處之，有振衣而去耳，然其事未察，吾二人相率別去，相望數千里外，於吾心亦有所不樂否耶，君鄉多賢者，吾里中舊遊，蓋零落略盡，其存者方宦遊京師四方，江山寥廓之中，園林祠廟屋宇邱墓波塘叢薄，陳迹隱隱可味，畏寂者避之，吾方欲從而求之，意有所得也，然不遂從而求之者，以爲不辱吾身者，可以少留，而非其事會未可以求而必得者，友朋文酒之樂也，故重可念也，通伯甚然吾言，余恐其三思而終遠引也，遂書之以爲別，庚戌十二月三日。

觀此序則先生爲人可以略見矣，又贈桐城姚叔節序云。

桐城人以能文章名於時，殆二百年，而未有絕，文章遂若爲桐城人所私者，然江西福建浙江江蘇廣西湖南北，能爲文章與桐城相彷彿者時時間作，於是有桐城文派之說，人不必桐城，文章則不能外於桐城，爲是文者，紆回蓄縮，務使詞盡意不盡，以至詞意俱不盡，可不謂謹嚴有守者之所爲歟，余識馬君通伯，因識姚君叔節，叔節爲石甫先生孫，通伯妻弟，二君皆刊有文集一巨冊，時賢評識爛然，若張廉卿吳摯甫陳伯嚴之倫，皆律以桐城義法而罔有戾若溢，一時自許爲文人者，往往以能識摯父通伯諸君子得一言許與執能文之券，而通伯昔歲告歸，既請余贈言，叔節亦以宿諾在彼，今年重至京師，斤斤責償，豈余言之足爲桐城人重歟，吾聞桐城有浮山，巖壑玲瓏秀美，視海上羅浮二山且遠過，文字與山川相發越，蜀峨嵋，西江匡廬彭蠡，宋六家之文炳焉，吾中國多山水雄秀之鄉，而文化日就瘠薄鄙野，則其去凋喪也豈遠乎，此余送叔節所爲悄然以憂者也。

觀此二序，則先生之於桐城派，固不深譏，而亦非以此爲限者也，其游明陵記云。

凡物之生，方其毒之既積而厚，雖造化之强有力，亦姑任其自然，及其氣之將澌，蹴而踏之，曾不加力焉，古今一姓之盛衰廢興，能遁乎此者蓋尠，此何道邪，萬物本乎土，故天道遠而地道邇，一簣之山，必不生干霄蔽日之材，反是者可知，獨天下之大，古今之遙，萬彙之賾，其脈絡統系，起伏聚散，隱微曲折，變動而不可究耳，明代獨夫之痛虐，世濟其惡，十嬴政而五桀紂，彼其敢以刀鋸鼎鑊待天下，流血成渠，伏尸成丘而不恤者，以爲異族主中國，中國人所大恥而共憤也，吾能於其掌握取而還之中國，功德軼堯舜，陵湯武矣，吾又何施而不可，後世國家之將衰亡，其子姓必先予以六極之弱及凶短折，而後人欺其孤寡，循循然取而代之，明又不然，且廟社既墟，而代之者獨煦仁孑義，禮葬崇謚而防護之，乃至瞻仰山陵，咨嗟其治績之不可及，彼豈眞異乎人之性，心悅誠服於勝國哉，以爲桀紂而堯舜之，嬴政而湯武之，我苟未至於桀紂嬴政，必堯舜湯武無異辭矣，永樂以下十三陵，聚於昌平一州，天於昌平之山數十里，連岡疊阜，專爲明設，初無一人前葬其間哉，掘而去之無萬數也，長陵居中山最峻，自是左右昭穆，代占一山，古族葬法也，而天誘其衷，初不計其環抱之山，至十三代而已盡，雖欲不亡不可也，且莊烈葬地，已爲田妃所占，莊烈並無葬身地也，天道冥渺，誠不可知，而地道之昭昭者，竟若此，可不異哉，長陵享殿楠木柱，大踰車輪，圓徑當一尋有餘，長十數仞，如是者六十，蓋盡中國山林之材木矣，嬴政之廬兀蜀山，寧足道耶，定陵竪墓碑之寶城合各巨柱以上至梁棟榱題簷榮椽瓦之屬，乃以一石琢成者，自繼統之初，卽經始工程，作三十餘載乃成，桓魋之石椁，嬴政之錮三泉又足道耶，前淸既煦仁孑義，加防護矣，赤眉楊璉眞伽之事，後此所必無，天道何薄於呂雉宋理宗之倫，而厚於朱氏哉，朽胔何知，而長留此大無道之槁藁於天壤，使憑弔者太息痛恨，不視史家之紀載顯著萬萬耶，而況乎史家之不必紀載耶，辛亥七月與陳弢庵閣學同遊，歸特爲之記，此痛斥明政之虐，十贏而五桀紂，彼其所以敢於如此者，恃其能取中國於異族，自以爲功德軼堯舜陵湯武，故爲所欲爲，而無所畏憚，而諸陵之厚葬，久而長存，又適以自表其暴虐，理最高而論最新，後之人讀之，倘亦有悟乎。

當今以詩文雄海內而年事最高者則有陳三立氏，陳氏義寧人，字伯嚴，號散原，湖南巡撫陳寶箴之子，光緒丙戌進士，官吏部主事，頗參與戊戌政變事，散原文爲其詩所掩，學者罕論及焉，實則其文之精鍊雅潔，不特爲一代作者，宋自王介甫外，罕其倫比也，所著有讀論語讀諸子等，均能鉤玄提要，今人論子學，連篇累牘，而不能休者，陳氏數言已盡，雖文體不同，未可以一概論，而其詞旨之淵潔，眞能令人百讀不厭，此體蓋古今來不能不讓子厚與散原獨步矣，玆錄其文兩首以見一斑。

讀論語（四首之一）

聖人之心爲道，道爲學，學爲治，治也學也道也，皆生於聖人之心，聖人之心奈何，曰，樂以終始而已矣，論語首章曰，學而時習之，不亦悅乎，有朋自遠方來，不亦樂乎，人不知而不慍，不亦君子乎，又曰學而不厭，誨人不倦，曰樂以忘憂，不知老之將至云爾，曰飯疏食飲水，曲肱而枕之，樂亦在其中矣，曰，回也不改其樂，曰君子坦蕩蕩，聖人樂以始終之心，其可見矣乎，樂也者天地絪緼之初氣也，生生之仁也，元亨之德也，禮樂之原也，博厚高明悠久之符也，以之爲道則泰而不驕，以之爲學則馴而不擾，以之爲治則平而不陂，反是爲絞隘，爲酷烈，爲大僞，爲流濫煩毒，後世儒者，外樂以爲心，外心以求聖，於是道異學異治亦異，此古今升降聖俗之大辨也。

此文可見陳氏之人生觀，其所以能高壽者，蓋亦自其學來也，

雜說三

崝廬之豎子間語余曰，西山有豺，出食人，數月於玆矣，聞之乎，始食耕者，齧其股以去，後食行者於道，又食二小兒，又食一老婦人，余曰，盍召獵者擊之，易易耳，豎子曰，豺不可得而擊之，余訝之，豎子曰，豺所食一兒，吾戚也，其母痛且憾，白族謀擊豺者，族畏豺，忍不敢發，遂告其隣之長，議當擊之，然以所食鄰兒也，猶豫未卽決，乃走謁於里正，哭甚哀焉，里正熟視而無覩也，掩耳而不欲聞也，曰豺所出沒，非吾罪，職不當過問，不得已匍匐而請於東塾之老儒，其老儒以爲豺神獸也，食人必神意，擊則怒神，禍不測也，故曰豺不可得而擊也，余仰而歎曰，嗟乎豺之當擊與擊之之易也，

上海交通大学百年报刊集成·第一辑（1896—1949）·学术学科

凡有血氣比知之,不待龜卜而筮占之也,然自有族之畏不敢發者,鄰之長猶豫不即决者,里正職不當過問者,老儒驁爲神獸者,而後豺乃縱橫哮突不可復制,視今猶囊,而愈烈,其勢不得不出於終於食人之一途也,且夫豺旣終於食人,而不止矣,必以食人自負於天下,愈將無所往而不食人,卽彼族之畏不敢發者,鄰之長猶豫不决者,里正職不當過問者,老儒驁爲神獸者,恐其次第亦盡食之,無異豺前者之食人也,蓋羣相與豢豺而安於豺,甘受豺食人之禍者,必至於此也,豎子旣退,明旦,果洶洶入,曰,豺又食一人矣。

此文之作,不詳其年月,然其敍人之縱豺以食人,語至痛切,其殆有激於縱强敵以自滅其國者邪。

此四十年中,以翻譯而雄於古文者,則有嚴復,復侯官人,字幾道,號又陵,嘗赴英國學海軍,曾教授北洋水師學堂北京大學,在本校編譯館任翻譯,所譯如原富等,原稿尙存於本校圖書館也,所譯以天演論羣已權界法意原富穆勒名學等爲最知名,名學西文爲邏輯,以復始譯名學,故近人遂以嚴復章士釗等之喜言邏輯者號爲邏輯文,其實則無論何人之言語文章,苟不合邏輯,卽爲不通,豈獨嚴章之文爲邏輯文而已乎,嚴氏所譯,均極矜愼,尤以天演論之文,卓然上追八家,而又可自成一子,所評有老子一書,亦頗精粹,其所自爲文,尤爲雄暢,玆錄其闢韓一篇於下。

往者吾讀韓子原道之篇,未嘗不恨其於道於治淺也,其言曰,古之時,人之害多矣,有聖人者立,然後敎之以相生相養之道,爲之君爲之師,驅其蟲蛇禽獸而處之中土,寒然後爲之衣,饑然後爲之食,木處而顚,土處而病也,然後爲之宮室,爲之工以贍其器用,爲之賈以通其有無,爲之醫藥以濟其夭亡,爲之葬埋祭祀以長其恩愛,爲之禮以次其先後,爲之樂以宣其湮鬱,爲之政以率其怠倦,爲之刑以鋤其强梗,相欺也爲之符璽斗斛權衡以信之,相奪也爲之城郭甲兵以守之,害至而爲之備,患生而爲之防,如古無聖人,人之類滅久矣,何也,無羽毛鱗介以居寒熱也,無爪牙以爭食也,如韓子之言,則彼聖人者其身與其先祖父必皆非人也而後可,必皆有羽毛鱗介而後可,必皆有爪牙而後可,使聖人與先祖父而皆人也,則未及其生,未及成長,其被蟲蛇禽獸寒饑木土之害而夭死者固已久矣,又烏能爲之禮樂刑政以爲他人防備患害也哉,老之道,其勝於孔子與否，抑無所異焉，吾不足以定之，至其自然，則雖孔子無以易，韓子一概辭而闢之，則不思之過耳，而韓子又曰君者出令者也，臣者行君令而致之民者也，民者出粟米麻絲作器皿通貨財以事其上者也，君不出令則失其所以為君，臣不行君之令則失其所以為臣，民不出粟米麻絲作器皿通貨財以事其上則誅，嗟乎，君民相資之事，固如是焉已哉，夫茍如是而已，則桀紂秦政之治，初何以異於堯舜三王，且使民與禽獸雜居，寒至而不知衣，饑至而不知食，凡所謂宮室器用醫藥葬埋之事，舉皆待教而後知為之，則人之類其滅久矣，彼聖人者又烏得此民者出令而君之，且韓子胡不云民者出粟米麻絲作器皿通貨財以相為生養者也，其有相欺相奪而不能自治也，故出什一之賦而置之君，使之作為刑政甲兵以鋤其強梗，備其患害，然而君不能獨治也，於是為之臣，使之行其令，事其事，是故民不出什一之賦，則莫能為之君，君不能為民鋤其強梗，防其患害，則廢，臣不能行其鋤強梗防患害之令則誅乎，孟子曰，民為貴，社稷次之，君為輕，此古今之通義也。而韓子不云爾者，知有一人而不知有億兆也，老之言曰，竊鉤者誅，竊國者侯，夫自秦以來，為中國之君者，皆其尤強梗者也，最能欺奪者也，竊嘗聞道之大原出於天矣，今韓子務尊其尤強梗最能欺奪之一人，使安坐而出其唯所欲為之令，而使天下無數之民，各出其苦筋力勞神慮者以供其欲，少不如是焉則誅，天之意固如是乎，道之原又如是乎，於乎其亦幸出於三代之後，不見黜於禹湯文武周公孔子也，其亦不幸不出於三代之前，不見正於禹湯文武周公孔子也，且韓子亦知君臣之倫之出於不得已乎，有其相欺，有其相奪，有其強梗，有其患害，而民既為是粟米麻絲作器皿通貨財與凡相生相養之事矣，今又使之操其刑焉以鋤，主其斗斛權衡焉以信，造為城郭甲冑兵焉以守，則其勢不能，於是通功易事，擇其公且賢者立而為之君，其意固曰，吾耕矣，織矣，工矣，賈矣，又使吾自衛其性命財產焉，則廢吾事，何若使子獨專立於所為衛者，而吾分其所得於耕織工賈者以食子給子之為利廣而事治乎，此天下立君之本旨也，是故君也臣也刑也兵也，皆緣衛民之事而後有也，而民之有待於衛者，以其有強梗欺奪患害也，其有欺強奪梗患害也者，化未進而民未盡善也，是故君也者，與天下之不善而同存，不與天下之善而對待，今使用仁義道德之說，而天下如韓子所謂，以之爲已則順而詳,以之爲人則愛而公,以之爲心則和且平,夫如是之民,則將莫不知其性分之所固有,職分之所當爲矣,尚何有於強梗欺奪,尚何有於相爲患害,又安用此高高在上者朘我以生,出令令我,責所出而誅我,時而撫我爲后,時而虐我爲仇也哉,故曰君臣之倫,出於不得已也,唯其不得已,故不足以爲道之原,彼佛之棄君臣,是也,其所以棄君臣,非也,而韓子將以爲是固與天壤相弊者也,又烏足以爲知道者乎,然則及今而棄吾君臣可乎,曰,是大不可,何則,其時未至,其俗未成,其民不足以自治也,彼西洋之善國且不能,而况中國乎,今夫西洋者一國之大公事,民之相與自爲者居其七,由朝廷而爲之者居其三,而其中之犖犖尤大者,則明刑治兵兩大事而已,何則,是二者民之所仰於其國之最急者也,昔漢高入關,約法三章耳,而秦民大服,知民所求於上者,保其性命財產,不過如是而已,更驁其餘,所謂代大匠斲未有不傷指者也,是故使今日而中國有聖人興,彼將曰,吾之以藐藐之身,託於億兆人之上者,不得已也,民弗能自治故也,民之弗能自治者,才未逮,力未長,德未和也,乃今將早夜以孳孳,求所以進吾民之才德力者,去其所以困吾民之才德力者,使其無相欺相奪而相患害也,吾將悉聽其自由,民之自由,天之所畀也,吾又烏得而靳之,如是幸而民至於能自治也,吾將悉復而與之矣,唯一國之日進富強,余一人與吾子孫尚亦有利焉,吾曷貴私天下哉,誠如是,三十年而民不大和,治不大進,六十年而中國有不克與歐洲方富而比強者正吾莠言亂政之罪可也,彼英法德美諸邦之進於今治者,要不外數百年數十年間耳,况夫彼爲其難,吾爲其易也,嗟乎,有此無不有之國,無不能之民,用庸人之論忌諱虛憍,至於貧且弱焉以亡,天下恨事,孰過此者,是故考西洋各國,當知富強之甚難也,我何可以苟安,考西洋各國,又當知富強之易易也,我不可以自餒,道在去其害富害強而日求其能與民共治而已,語有之曰,曲士不可與語道者,束於教也,苟求自強則古人之書且有不可泥者,况夫秦以來之法制,如彼韓子,徒見秦以來之爲君,秦以來之爲君,正所謂大盜竊國者耳,國誰竊,轉相竊之於民而已,既竊之矣,又惴惴然恐其主之或覺而復之也,於是法與令,蝟毛而起,質而論之,其什八九皆所以壞民之才,散民之力,漓民之德者也,斯民也固斯天下之眞主也,必弱而愚之使其常不覺,常不足以有爲,而後吾可以長保所竊而永世,嗟乎,夫誰知患常出於所慮之外也哉,此莊周所以有胠篋之說也,是故西洋之言治者曰,國者斯民之公產也,王侯將相者,通國之公僕隸也,而中之尊王者曰,天子富有四海,臣妾億兆,臣妾者其文之故訓,猶奴虜也,夫如是則西洋之民其尊且貴也過於王侯將相,而我中國之民,其卑且賤,皆奴產子也,設有戰鬬之事,彼其民爲公產公利自爲鬥也,而中國則奴爲其主鬥耳,夫驅奴虜以鬥主人,固何所往而不敗。

此文雖掊擊昌黎,實則借題發揮,掊擊清政之專制,至今吾人讀其末段,尤有餘痛焉,嚴氏所著英文漢詁,尤爲溝通中英文法最早而最善之書,其自序云。

揚子雲曰,言心聲也,心聲發於天籟之自然,必非有人焉,能爲之律令,必循之以爲合也,顧發於自然矣,而使本之於心而合,入之於耳而通,將自有其不可畔者,然則幷其律令謂之出於自然可也,格物者考形氣之律令也,馮相者詧天行之律令也,治名學者體之於思慮,明羣理者驗之於人倫,凡皆求之自然,著其大例,以爲循守,文譜者特爲此於語言文字間爾,故文法有二,有大同者焉,爲一切語言文字之所公有,有專國者焉,爲一種之民所獨用,而是二者皆詧於成跡,舉其所會通,以爲之譜,夫非若議禮典刑者有所制作頒垂則一而已,莊周曰,生於齊者不能不齊言,生於楚者不能不楚言,小兒之耳熟口從,習然而已,安有所謂法者哉,故文譜者講其所已習,非由此而得其所習也,十稔以還,吾國之習英文者益衆,然學者每苦其法之難通,求之於其淺,又罕能解其惑而厭其意,癸卯南昌熊子訪不佞於京師,殷然鍾諉,意謂必纂是編,乃有以答海內學子之憤悱,竊念吾國比者方求西學,夫求西學而不由其文字語言,則終費時而無效,乃以數月之力,雜采英人馬孫摩栗思等之說,至於析詞而止,旁行斜上,釋以漢文,廣爲設譬,顏曰英文漢詁,庶幾有以解學者之惑,而厭其意與,未可知也,雖然,文譜者,講其所已習,非由此而得其所習者也,誠欲精通英文,則在博學多通,熟之而已,使徒執是編以爲已足,是無異鈔食單而以爲果腹,誦書譜而遂廢臨池,斯無望已。

此嚴氏於學爲文主於文法之外,而尤重在博學多通與熟誦者也,眞可謂可有經驗之言,足以昭示學者爲塗逕者矣。

以上所述諸家,雖不專學桐城,而與桐城派之論,皆不甚相違者也,雖不

上海交通大学百年报刊集成·第一辑（1896—1949）·学术学科

掊擊桐城,而持論大與桐城相反,獨以魏晉文相號召者,則有章炳麟,炳麟餘杭人,精思博學,爲當代樸學大師,當清之末與黃賓虹劉光漢等組國粹學報社,提倡革命,有聲於時,袁世凱時代,曾爲籌邊使,著有章太炎叢書,近又有續刻,其論文宗旨,莧詳於文學總略及論式二篇,大旨以文學不得限於有感情之文,持論則當以魏晉爲式,其言曰,彼唐宋之持論者,利其齒牙,效漢之持論者,多其記誦,斯已給矣,效晉魏之持論者,上不徒守文,下不可禦人以口,必先豫之以學,此其大旨也,其集以述學及排滿之文爲多,又多書古字,有章氏之學則可,不然恐不免艱深文淺陋之譏矣,其癸卯獄中自記云。

上天以國粹付余,自炳麟之初生,迄於今茲,三十有六歲,鳳鳥不至,河不出圖,惟余以不任宅其位,伊素王素臣之迹是踐,豈直抱殘守闕而已,又將官其財物,恢明而光大之,懷未得遂,纍於仇國,惟金火相革歟,則猶有繼述者,至於支那閎碩壯美之學,而遂斬其統緒,國故民紀,絕於余手,是則余之罪也。

其高自位置如此,此雖寥寥短文,而章氏之文章及其爲人之態度,可以略見矣。

此外年事稍輕而力治古文者,則有無錫錢子泉基博,長沙劉柏雲樸,嘉興王瑗仲蘧常,本校講師馮振心振,錢劉皆治韓文,王治漢魏,馮則治韓而與曾相近,茲限於時日,暫時從略。

杜少受庭訓,長而受業於唐蔚芝陳石遺兩先生,頗習古文之業,然於宗派門戶之見,向不敢存,茲錄待焚文稿自序一篇,以略見宗旨之所在云爾。

杜年十五六,好昭明文選,由是而泛濫於漢魏六朝百三家,以至唐之四傑,王右丞陸宣公李義山溫飛卿等,皆嗜之,已而好姚王氏古文辭類纂,用力於所謂桐城義法者,後乃耽太史公書,班孟堅漢書以爲不獨馬班之文,兩漢文之工者亦悉在於是,而尤好司馬相如揚雄之爲,既而讀韓昌黎集,乃喟然嘆曰,嗟乎,昌黎之師,其在揚雄乎,自漢以來,文人之作,大氐相沿摹擬,自昭明之選,以經子諸史畫於文之外,更無復知六經諸子之爲文者矣,唯漢之揚雄氏,以太玄擬易,法言擬論語,方言擬爾雅,人固病其太似,然其解嘲一篇,古來共偉之,皆知擬東方朔,而不知其高處乃得力於韓非,其他諸文皆以經子爲骨,以相如爲貌者也,故揚雄之文,昌黎承備之,於是取昌黎之文,一一證諸經子,而皆得其淵源之所自,蓋昌黎之文,又以經子爲骨,而以揚雄爲貌者也,嗚呼,豈不詭哉.於是又好六經諸子之文,蓋自二十二三以至三十之年,其治經子,亦莫非以爲文者也,然納蘭氏通志堂阮氏學海堂之書,已博覽無遺矣,於是並好佛典,嘗購大藏經,於華嚴法華三論尤所研誦既而棄去;專治考證,十餘年間,成易學尙書學公羊家哲學周禮通論中庸通義字論老子合調老學八篇墨子閒詁補正墨學十論等,都數百萬言,合以詩文雜著等共百餘種,蓋千餘萬言;番禺徐固卿紹楨先生見而歎曰,自古以來,經生著述之多,未有如君者也故平生爲文,不主一家,不專一體,其爲文之宗旨,則已見於集中諸文,茲不復論,今以所爲日多,懼有散失,故敍而存之,有以事存者,有以人存者,不能盡以文論也,回憶弱冠之年,未嘗不有志於事功頗從事於革命,民國元年,政黨方興,時共和黨與國民黨對峙,聲勢尤大,副總統黎元洪爲理事長,章炳麟副之,各省參議員如江蘇唐蔚芝先生張謇浙江湯壽潛湖南熊希齡廣東鄧實等,皆一時人傑,而柱亦濫廁其間,參與國家大議,且請政府下令婦女剪髮,禁早婚,採用歐文標點時賢多笑之,已而自以所學未成,且袁氏專政,共和黨改爲統一黨,遂脫籍,尋以南社社友多加入國民黨,遂爲國民黨員,既而黨爭日烈內戰以起遂不復問聞,年二十五,長廣西省立梧州中學校,銳志整飭,始則革去學生八九十人,全省譁然,省議會且將彈劾,已而學生說服,德學卓犖,兀然冠一省,而文學尤彬彬日盛,凡羣經諸子說文文選諸書,諸生皆能誦之以軍法部勒學生,整齊畫一,自衣履以至頭髮,長短無敢有異狀,而食飲譚笑,則親如父兄子弟,禁早婚,興圖書館,造學校林,歲植樹數十萬株,令學生課餘爲竹木籐器,凡校中器具,次弟以學生製品代之,皆先試於一校,而後白於省府,冀次弟推行於一省故當時雖爲一校之長,而隱隱欲轉移全省教育矣,凡入訓於校,出詔於衆,皆諄諄以孔孟荀卿爲師法,相與講學之士,若湖南陳天倪譚戒甫劉柏雲安徽程演生江蘇朱東潤及同邑馮振心,皆卓然積學能文之士,今皆爲上庠教授主任者也,志氣既修,聲應益盛,以故省中大吏多敬重之,長校六年,政府屢易而柱得以從容設施,然名日高而忌亦日衆矣,會陳炯明軍攻克廣州,桂軍退肇慶,梧州震動,忌者乃讒於鎭守使韋榮昌曰陳柱係陳黨也,必爲亂,早誅之,不者且後悔,署名請者數十人,遂下令柱既至營,榮昌曰,人多告君將爲亂,柱曰,有攄乎，曰，人謂君故使學生逃散，以動搖軍民，而君陰爲之應，柱曰，今退走之軍士以萬計，搖動人心莫此爲甚，而以責學生乎，帶甲數萬，利器在身，尙復潰退，而欲責學生不退乎，以無拳無勇之中學校長，而可以在數十萬大軍雲集之梧州爲亂，公毋乃太重視書生乎，榮昌語塞，曰，雖然，人告君，已而參謀某君諫曰陳某一省之望，公宜惜之，昔曹操殺禰衡，而假手於黃祖，時論罪之，公亦宜自愛也，遂得釋，而志氣益橫厲，孤行己志益切，居梧六年，不與官吏士紳交接，不宴客，不赴讌，凡不學之人，雖達官，奴僕視之，雖對坐，不發一言，故益有狂名，民國十年，粵軍攻桂，劉震寰軍與之合，克梧州，劉震寰者桂軍第某路司令，向駐平樂，慷慨好士，九年春，柱率諸生游桂林，道平樂，劉軍列隊迎，回示亦列隊送，嘗於席間時時諷以急練兵待時，遂訂交，及粵攻桂急，調劉軍東下，至梧，柱屛左右言曰，陸譚據兩粵，將十年，民不堪命，近益昏憒，逆行倒施，君其圖之，故劉軍入梧城，午夜馳柱所，然柱已先一日離梧矣，至家，劉君求之益急，柱乃謝曰，當今天下滔滔，擁兵割據，孰能有用書生迂闊之謀者哉，遂應錫山唐蔚芝師之聘，曰，爲我謝劉將軍，吾方有江南之游，未皇軍旅之事也，自是以後，遂不復有用世之志矣，今每念前事，已忽忽如隔世，唯此數卷之文，嬉笑怒罵，尙彷彿當年，雖於世無用，而吾以往之生命，尙悉賴是以存，又未嘗不歎無用之爲用，誠大也，嗟乎，嘗謂平生有三幸，三不幸，家君壽不得至七十以上，一不幸也，舍弟早亡，二不幸也，不能以孔孟之志，行商韓之法，以匡時弊，三不幸也，得以文受知於錫山唐蔚芝師，一幸也，得以詩受知於侯官陳石遺師，二幸也，得淪落於江南，與海內通人上下其論議，三幸也，夜深酒醒，聊復記之，民國二十二年六月敍於上海交通大學。

二 論駢文

凡文藝之事，莫急於辨雅俗，而駢文尤要，吾嘗謂駢文不難於富，不難於雄，而最難於雅，持一雅字以衡遜清諸家，於前則吾得三人焉，曰洪亮吉，孫星衍，汪中而已，於清末光宣至今四十年間，作者固衆，求其卓然傑出，不愧一雅字，而足與汪洪並者，吾得三人焉，曰王闓運李詳孫德謙，王闓運湘潭人，字壬秋，所著有湘綺樓叢書，爲文爲詩，均主六朝，集中最有名之作，如哀江南賦，到廣州與婦書均摹宋梁之作也，其秋醒詞序，自許爲生平最得意之作，乃頗有魏晉玄理，而筆亦超妙，此境亦汪洪所未有也。其秋醒詞序云。

> 戊午中秋既望之次夕,余以微倦,假寐以休,懷衿無温,懷焉而寤,方醒之際,竊謂初夜,傾聽已久,乃絕聲聞,攬衣出房,星漢照我,北斗搖搖,庭院垂光,芳桂一枝,自然勝露,秋竹數莖,伊其向月,靑扉半開,知嫩寒之已入,壁牆如練,映苔地以逾陰,象牀低彩鳳之帷,金釭續盤龍之燄,羅幃輕颺,而已豨鬓宿,瑣窗無聽,而坐聞蟲語,湛湛之露,隔鴛瓦而猶涼,淅淅之風,送雜聲而俱遠,遼落一身,旁皇三歎,罔象罔三求之後,將鈞天七日之終,憮然自失,旋云有得矣,嗟乎鏡非辭照,眞性在不照之間,川無舍流,靜因有不流之體,然則屢照足以疲鏡,長流足以損川,推移之際,微乎其難測也,且齊有穿石之水,吳有風磨之銅,治不漏而炷焦,髻不墜而額禿,積漸之勢也,筍一旬而成竹,松百年而參天,遲速之效也,人或以百年爲促,而不知積損之已久,或以耄期爲壽,而不悟佚我之無多,是猶夏蟲之疑冰,冬鶡之忌雪矣,一年已來,偶有斯覺,未覺之頃,相習爲安,况同境異情,覺而仍夢,庸得不卽機自警,依影冥心者哉,於斯時也,從靜得感,從感生空,意欲御列風之是非,乘軒雲而升降,接盧敖之汗漫,入李叟之有無,猶陳思之登魚山,茂陵之歎敝屣也,俄而侍婢旋起,閨人已覺,一庭之內,羣籟漸生,似華胥之頓還,若化城之忽返,是知安閨房者苦人之擾天,棲空山者必靜而慕動,神仙縱可以學至,儻非智慧之士,所得而息機焉,居塵途而談玄漠,在金門而希隱遯,懸車之願徒設,拂衣之效無聞,與夫北山軒眉,終南捷仕,牛巢論禪代之事,武陵知漢晉之遷,亦有欣哀,未容相笑也,若出而思隱,將隱而思出乎,子思所以有素行之箴,許由所以有懸瓢之累也,但幸契遐心,堪祛勞慮,信有爲之如六,悟還眞之用九,蓋夢在百年之中,而愁居七情之外,由是澂心眇言,然脂和墨,聊賦其意,名曰秋醒詞,浣筆冰盂,叩聲霜磬,飛螢入戶,引幽想以俱明,早雁拂河,聞秋吟而不去,人間風月之賞,別有會心,道場人天之音,切於常聽也。

章炳麟於文,少所許可,而獨許闓運爲雅,謂其略涉魏晉之藩也,然王章之於魏晉,實各不同,王重在文,章重在筆,以王所尙在詞章,而章所重在論式也,王氏卒於民國五年,李詳興化人,字審言,自號百藥生,又號媿生,受知於安徽黃潄蘭通政,長沙王益吾祭酒,於乾嘉先生服膺錢氏潛研堂阮氏研經室汪氏述學,所著有選學拾瀋一卷,媿生脞語,世說小箋,文心雕龍黃注補正,顏氏家訓補注,杜詩證選,韓詩證選,詩文集等,最疾桐城派之名,爲文宗尙六朝,所著自序，爲時所誦其文云。

梁劉峻孝標遭世坎壈，嘗爲自敍，謂比馮敬通，同之者三，異之者四，吾郡汪容甫先生，追擬孝標，其辭尤戚，當時大雅，咸爲嗟閔，余單門後進，羈屑異所，流俗不容，方寸輒亂，鑽仰先達，復有繼作，不敏之誚，無所逃罪，夫容甫早傾乾蔭，母子相依，賃廡爲生，傭書自給，余弱年失怙，資進無階，菽水不供，慈顏嬰戚，此一同也，容甫洪支彫落，宗鮮近親，余家世鼎族，陵夷衰微，蟬嫣孤緜，不絕如綫，此二同也，容甫君火爲祟，絕意仕宦，余肺病侵尋，流連行藥，負疴頹簷，百憂雨集，握髮劇於亂絲，炊炭烈於鍾玉，此三同也，容甫文采鬱發，譽冠人倫，日衒班揚，氣劘屈宋，淮南賦其桂叢，河北傳其榴枕，是以書籍願歸，言談爲則，余粗解摛辭，邇相非貳，阮籍呼爲老兵，左思爽於傖父，愛靳吹噓，惡生創痏，此一異也，容甫交游漸廣，羔雁成羣，扶風嫛裾，豫章下榻，定僕射之文，飫君侯之膳，余束縛蹉跎，妄蒙一顧，綢繆嘉會，研覽篇章，恃籠揚蛾，横遭嗾害，漳濱淹臥，陽歧連蹇，應生惟燔枯魚，元叔自喩窮鳥，此二異也，容甫博物强識，典校秘書，心貫九流，胸羅四部，余結髮自修，不爲章句，惰志相撥，鮮多智寡，才劣於仲舒，長遜於伯業，鄭緩轂其呻吟，齊后卑其精魄，筱周未闚，論衡罕習，此三異也，容甫晚善治生，不虞懸罄，室有圖史，門接賓客，余傾家濟難，起偃爲人，逐影亭衢，宿逋相躡，祗首陽之將從，鮮優贏之足恃，雖以囊被見嗤，不免甑塵告匱，研桑心計，至無用之，鋠攬兼呈，非所覬幸，此四異也，嗟夫，容甫比於孝標，已謂不逮，余於容甫，又愈下焉，是知九淵之深，未及劫灰，餐荼之苦，劣於含鴆，久病傾起，俯仰無聊，攬筆龍鍾，薄言胸臆，好事君子，或共許之。

其文雖工，然比於容甫，實未免太過雷同，今試將汪氏自序錄下。

昔劉孝標自序平生，以爲比迹敬通，三同四異，後世誦其言而悲之，嘗綜平原之遺軌，喩我生之靡樂，異同之故，猶可言焉，夫亮節慷慨，率性而行，博極羣書，文藻秀出，斯惟天至，非由人力，雖情符曩哲，未足多矜，余玄髮未艾，野性難馴，麋鹿同游，不嫌擯斥，商瞿生子，一經可遺，凡此四科，無勞舉例，孝標自少至長，戚戚無懽，予久歷艱屯，生人道盡，春朝秋夕，登山臨水，極目傷心，非悲則恨，此三同也，孝標夙嬰羸疾，慮損天年，予藥裹關心，負薪永曠，鰥魚嗟其不瞑，桐枝惟餘半生，鬼伯在門，四序非我，此四同也，孝標生自將家，期功以上，參朝列者十有餘人，兄典方州，餘光在壁，余衰宗零替，顧景無儔，白屋藜羹，餧而不祭，此一異也，孝標倦游梁楚，兩事英王，作賦章華之宮，置酒睢陽之苑，白璧黃金，尊爲上客，雖車耳未生，而長裾累曳，余鬻筆傭書，倡優同畜，百里之長，再命之士，苞苴禮絕，問訊不通，此二異也，孝標高蹈東陽，端居遺世，鴻冥蟬蛻，物外天全，余卑棲塵俗，降志辱身，乞食餓鴟之餘，寄命東陵之上，生重義輕，望實交隕，此三異也，孝標身淪道顯，籍甚當時，高齋學士之選，安成類苑之編，國門可懸，都人爭寫，余著書五車，數窮覆瓿，長卿恨不同時，子雲見知後世，昔聞其語，今無其事，此四異也，孝標履道貞吉，不干世議，余天讒司命，赤口燒城，笑齒啼顏，盡成罪狀，跬步才蹈，荊棘已生，此五異也，嗟乎敬通窮矣，孝標比之則加酷焉，余於孝標，抑又不逮，是知九淵之下，尚有天衢，秋荼之甘，或云如薺，我辰安在，實命不同，勞者自歌，非求傾聽，目瞑意倦，聊復書之。

然則李氏之作，不亦類於屋下架屋乎，李氏卒於民國二十三年。孫德謙仁和人，字益庵，教授大夏大學及本校，著有益堪所著書四種，精子部，工駢文，駢文專宗六朝，尚氣韻，不尚才氣，所撰六朝麗旨，多精闢之見，孫氏昔年甚爲本校前總理沈子培曾植先生所嗟賞，孫氏嘗跋柱所藏沈先生與康長素手札眞蹟云。

嘉興沈子培先生，自辛亥後，高棲海上，終歲樓居，有宋深寧叟風，以寐叟自號者，蓋取詩人獨寐寤言，永矢勿諼之意焉，歲在癸丑，月維夏五，余偕張子孟劬謁其寓廬，先生嘗屬朱彊村侍郎，謂余苟來謁，必爲紹介，及是日，余至，先生懽甚，樵蘇淸談，爲時頗久，其後余每至商略學術，余固獲益宏多，先生亦若以余爲可言，雖至白日西稷，猶不使余歸，有它客至，無論爲余識與不識，先生語之曰，著作家，今之章實齋，余則靦然有愧，先生之陶獎後進，良所罕遘，孝標所謂顧盼增其倍佰，余何幸得之於先生哉，或余塵事羈牽，不克前往，先生必有書來，顧圖良覿者，倘余偶抱薪憂，先生爲不懌，聞痊復，乃釋然，視余若親子弟，其意殊可感也，猶憶某年冬，余患病一若腦裂，先生聞之，命慈護世兄延醫偕來，爲余診治，其酬資則先取給，先生之於余，洵足稱眷遠周委者矣，且貽書規余曰，此後君爲文，不可用力過銳，即君之治丙部學，於博貫之中，並能同異合離，細加分析，此乃自闢戶牖，半由思慮所獲，心之受傷，已匪旦夕，宜善自節勞，余深德之，迨余年五十，與王君靜安一日同詣先生許。先生忽詢靜安曰，兩君年孰長，靜安云,彼長,今歲正知命矣,先生曰,予之所以訪問者,將賦詩以祝壽也,余作而言曰,先生賜詩至爲樂事,但余之生朝,爲先嚴之忌日,何得言壽,乃不數月,先生出示稿草,用韓昌黎送侯參軍韻,爲長歌一首,諷誦數過,意欲袖之而歸,曰稿且留,余並將爲君書之,越明春,果以淸閟佳牋好寫見詒,伯喈枕中,同其矜祕,休文閣上,遜此新奇,余遂藏之篋衍,時出賞析,惜未裝襯成卷,引爲憾事耳,先生閎覽多聞,於學無不淹貫,說經則義據通深,不爲瑣瑣考訂,祗求之名物訓詁,長於西北輿地,著書甚富,刑名法律,向爲吾國儒者所不道,先生主刑部時,殫精研討,有漢律輯補等作,金石書畫,鑒別旣具眞識,而題跋積成卷軸,已傳布人間矣,釋老之學,亦能剖元析微,振起宗風,足爲晉賢嗣響,作爲詩古文辭,一篇跳出,見者輒驚,其乙卯稿余爲授之剞氏,先生命撰敍,余取春秋宗周及公羊家正始大義,弁其首,先生見此序,如瞿然有當於心者,謂余曰,是大文章,可爲余全集序也,先是俄有卡伊蓬林見先生,後著一文曰,中國大儒沈子培,謂先生如意大利列鄂那德達蒲恩平論古代西歐之文明,所謂意識完全者,誠中國文化之典型,逮先生歿,其學子日人西本省三,就平日所得,或口說,或手書,彙成一編,亦名之曰大儒沈子培,則先生之傑然爲大儒,異邦人稱之,非西本之阿其所好,然西本之尊師重道,余固深知之矣,陳君柱尊爲先生再傳弟子,今得先生與康長素書墨蹟,寶若球璧,以先生與余忘年至契,索爲題記,余於先生愛顧之隆,懷欲陳之而未及言者,今爲柱尊一傾吐焉,至書中之詞意,大抵皆丁巳年所作,聽邠老製牋,尤足徵云,歲壬申仲冬之月,隘堪居士孫德謙識。

觀此可略知孫氏所學矣,其文集尙未印行,玆特錄一首,俾學者略覩其作風焉。

北流陳君柱尊,前歲貽余待焚詩稿,余旣已吟諷之矣,今復鳩輯其文,目爲待焚文稿者,而索序於余,且語之曰,東觀纂史,述扶風之遊源,南閣辯名,表縉雲之世德,歷徵先製,自序居多,予恧有著書,悉援斯例,未嘗昭明盛藻,孝綽許其預聞,元晏高名,太冲假以自重,玆則夙欽妍手,用黷匠心,相知定文,諒蒙印可,余受而卒讀,擧其歸高,雖九變知言,等平原之難備,一書撮旨,異中壘之精讎,豈以黃祖賞音,欣如所欲,紅休輯略,足識要歸乎,抑知余往者先友如缶廬乙庵疆村阮盦,此數君子,節並履霜,夢遐繞日，莫不蜚芳遐播，情契特隆，所撰詩詞，若乙卯驚音諸稿，余皆心謝雕龍，尾彰附驥，北海同其寫定，西河益以贊辭，今序君文，必能無愧乎，試爲揚搉而陳，以自覽其切焉，夫文之體性，因人而著，是以賈生駿發，辭義則潔清，平子淹通，藻思則贍密，嗣宗調遠，得之乎俶儻，叔夜興高，本之於儁俠，彥和所論，誠哉其不可易矣，柱尊器宇魁洪，識局開亮，故其文逸情雲上，壯采霞飛，洋洋會子桓之才，卓卓含孔融之異，恍同太史，江山助其奇，豈比茂先，風雲恨其少，梁簡文云，立身必須謹重，文章且須放蕩，蓋病乎當時文體，儒鈍殊常，競學浮疎，爭爲闡緩也，其說固善矣，然人之爲文，發乎情性，未有弱植圭璧，而能吻縱波瀾者，柱尊得雄直氣，使磊落材，樹義則汪洋，命筆則雅健，豈不弸中彪外，表裏相資乎，所謂文如其人者此也，若乃文之體制，名目衆多，在昔辭人，鮮能兼善，所以同工司馬，孔璋惜其不閑，應變臥龍，劉繪有其所短，柱尊則畢牢衆製，彌綸羣言，取鑒得百官之遺，登高擅九能之勝，清風肅穆，吉甫騰其芬，靈霧杳冥，武仲致其慟，又或發揮四始，摛衛夏之題詞，敷寫一生，成陽秋之實錄，披覽粲然，亦既無體不工矣，至如文貴自然，何分駢散，剛柔迭用，易象之微言，高下相傾，雕龍之精理，行文之道，於斯大可悟矣，爰自東京，漸趨排比，齊梁之際，華靡甚焉，由是雁翼取譏，四對騷辭之辨，鴻臚傷質，六通今體之稱，迄至有唐，而奇偶遂判兩途矣，柱尊亡羊嘆其多歧，靈蛇知其在握，故能陰陽適變，華實契機，乃世之議者，謂余往規六代，足立一家，此是偏長，焉可同語，聞之文苑有傳，創自蔚宗，其文始卑，見譏通識，余則謂此傳既興，人不知學，何者，三集參立，四部剖分，人之懼乎無名，期其不朽者，祇以空文自見，而學問則非所務矣，夫古文代雄，世益輕學，維彼韓柳，非不傑然大家，然淹中古禮，願揖讓以及時，稷下新書，操筆削而附聖，晏平儒術，反疑別墨所爲，禦寇道流，莫抉貴虛之指，蓋亦不過作爲文字，非於經子之學有所闡明也，柱尊覩三聖之微，洞六書之祕，孟荀潤色，異同會其歸，詩書雅言，去取達其義，據胡毋之條例，繁露則謏，釋莊子之逍遙，元風匯貫，虎賁任勢，洵足以入神，麟止終篇，確殊乎斷代，則其於學術也可云博矣，凡論說序跋而外，與夫辨學諸書，雖爲文稿，讀其文者當知編五代之見存，約辭緒義，依七略而爲部，窮源析流，一如簿錄家言，用提其要者焉，或謂凡人恒情，志在傳世，孰不治符自炫，敝帚同珍，今以待焚命名，竊有疑焉，將謂成落簡,並入塵埃,柏梁遘災,遂從煨燼,殆已逆知後患,恐被離燒乎,曰,斯固其虛懷顯著,隱痛實深者也,近頃六籍鮮親,抱殷憂於栗里,五篇致誤,效訂僞於蘭陵,信紀年者竟致惑經,祕論衡者直用談助,幾使宗邦典訓,掃地無餘,轉覺秦政燔書,未極其酷,能無慨哉,然則杜尊屬序於余,又可知矣,夫隋世牛宏,已言書更五厄,絳雲一炬,善本實多,今歲海上兵興,東方罹禍,卽所著聞詁補正,亦復焚蕩靡存,設異日者此稿果笙詩蓋闕,酒誥俄空,則孝穆載賡,早寄總持之集,虞炎奉敕,窮蒐明遠之遺,後之學者,或見余有此序,雖使凋零之後,殘缺所餘,猶得從事掇華,流聲來葉矣,杜尊豈無意哉,於是東阿肆言,恃深知而匪愧,南陽抽緒,與楚騷以並傳,爰書之簡端,以酬褒誘云爾。

杜當時覆書謝曰,蒙贈大序,如獲拱璧,唯獎飾逾量,反增慚恧耳,抽誦反復,彌佩精深,略而論之,蓋有五不可及焉,拙集篇帙繁多,米鹽博雜,先生一一觀覽,略無倦容,序中所言,片義無漏,此所以下筆不苟,言無空設,一也,每段皆發大議論,有大學問,使人一望而知爲精研流略家言,故先生之文,雖爲集類,實亦自成一子,二也,待焚名書,既自貶損,箴世俗之夸大,亦用傷時,痛秦火之不遠,大文於此,言之絕痛,眞所謂如黃祖之腹中者,三也,若論其文體,則先生六朝麗指自序云,气轉於潛,骨植於秀,振采則淸綺,凌節則紆徐,緝類新奇,會比興之誼,窮形抒寫,極絢染之能,唯此數語,足以形容,四也,若其屬對精工,使事雅切,以胡母之條例,對莊子之逍遙,凡茲之類,皆取自集中,在他人則得未曾有,在先生則實爲餘事,五也,嘗謂三百年來,駢儷之文,以汪洪爲上選,得先生乃鼎足而三,然容甫蘭韻堂詩集序,世所傳誦,持校此文,彼則從空發議,此則語皆實指,劉彥和所謂意翻空而易奇,語徵實而難巧者,彼趨其易,而先生實工其難,蓋汪洪之學,不過訓詁名物之微,而先生之學,明乎源流得失之大,所以不及先生也,杜生平述造,闡經如公羊哲學,訓子如墨詁補正,均頗爲矜意之作,未肯乞人爲序,而獨有請於先生者,誠恐自先生而後,無復能聆正始之音,然則今得斯文,豈特寵於華袞之贈,抑亦彌深碩果之望矣,臨書無任感謝之至,又孫先生自言平生撰文,多屬陰柔一派,此文則近陽剛,亦文能肖其爲人云云,又孫氏頗不以汪容甫文爲然,謂其文無品格,並附記之。

博學雖不能並駕以上三家,而亦不媿一雅字者,有順德鄧方,方字方君,一字秋門,曾游簡竹居之門,卒於光緒二十四年,時年二十一耳,著有小雅樓詩集六卷，小雅樓遺文二卷，才絕清豔，詩文均可傳雖夭天年，已多佳構，長吉鬼才，不是過也，惜世之知者絕少耳，其錄其南閣子讀書記一文於後。

南閣子者，余父僑居上海屋旁之小樓也，余自丱角，即與兄賓君讀書其中，門臨大江，地遠廛市，離塵絕形，潔以蕭逸，天青隔牖，野綠滿窗，浦潮送黃，淞雨剪白，風飄葉葉，渡杯中而若飛，遠山纍纍，浮席上而可數，閣下沙樹數株，屋壁盡綠，片雲孤鳥，時來親人，竿竹拳石，亦解留客，繞閣而西，環以曲港，短蘆作架，小桃散花，頳鱗漾漪，白鹿銜草，春姿清華，小景窈窕，江居致佳，且以永日，吳子仲孺，董子順初，輒攜一樽，來尋佳會，瘦鶴立月，即應門之僮，疏松入檻，迺幃壁之畫，幽賞既洽，壺觴遂開，折花當籌，掃石布盞，野人送酒，來譚古風，溪童獻茶，閒薦鮮果，白日將暝，孤霞在空，橫笛徐引，繼以狂歌，破琴不鳴，寄此素抱，夕而客去，掩戶以讀，秋蟲助其清響，短燭搖其古魂，雨晦雞鳴，既見君子，日暮途遠，我思古人，蓋齋居盤盤，言笑晏晏，歷寒暑十有二於此焉，甲午南歸，遂始別去，閱歲十月，會貢太學，道出滬瀆，迺復過之，則棲塵在棟，落葉滿床，吟几已欹，墨痕未蝕，釣石將沒，苔印新蘯，曾不一歲，而薪木蒼涼，文酒斷歇，清景一去，有同隔世，此昔人所以惆悵黃壚之夢，欷歔雍門之琴也，嗟乎，今昔同視，朝暮已非，魯國男子，方有毀巢之戚，金城司馬，不勝種柳之感，傷墜雨之遐若，慨秋草之又生，俯仰前塵，盡成陳迹，爰次而記之，因寄賓君，賓君當亦歎共讀之樂不可以長也。

近日異軍突起，使駢文不至中絕者，則有黃公渚，公渚閩縣人，字頵菴，教授暨南大學，詩如倘齋，駢文各體兼長，著有頵菴文稿，夏劍丞序其書，稱公渚少治經學，喜考據，能為韓柳歐曾之文，既而上窺漢魏作者巨製，專精研思，沈浸醲郁，學力乃益邃，其論殆非阿好，柱尤愛其記文，茲錄其清明日游范公祠記如下。

繞郡城迤邐而西，埜逕不百步，一水鏡環，雙橋虹翥，棼橑布翼，屋甍出林，則郡人士奉宋范文正公栗主所也，爰以清明之晨，戒期往游，羣從畢至，猥巷漸遠，曼道始拓，雉堞林表，咫尺可數，千廛附郭，明于晨熹，百隧通車，過如流水，出郊逸睇，士女丰昌，袨服藻野，來止河干，錦幄鬨春，潨萃沙衍，觴詠同夫永和，釁浴撰之元巳，斯邦風俗，迥異南中矣，緣隍東行，波陀纚屬，古柏導路，新祠造門，虛堂愔愔，當晝即晦，長松落落，不風自濤，有亭翼

上海交通大学百年报刊集成·第一辑（1896—1949）·学术学科

然,井甃下覆,抗殿皆幌,彰塵積寸,傴僂明庭,旁皇象設,緬窮塞之主,憂國見乎𪏭顏,奏履霜之操,援琴娛乎靈保,僾肩髣髴,芝舍流連,迤廡而西,因簃拓軒,承以露臺,周以石檻,重寮洞開,平眺無際,水光盎樹,結爲輕綃,日氣蘇花,爛如蕃錦,尋橦之戲與意錢而並陳,市茗之笙共餳簫而流韻,遨棚佇足,雜列木熙,澆店療飢,新調杏酪,拔河呼譽,踏地歌酣,乘時爲樂,觸處堪淹,更後爲堂,舊禮三賢,鄭公廬陵,與公鼎峙,曠歲弗修,遂淪薈穢,徙倚柯陰,儵焉亭午,興言倦游,紆轡遄返,淑氣悅其羇魂,輕颸導以歸路,風浴之懷,各欣然有所契也,夫羲璘之運,難返者歲年,騑服之游,易乖乎離亂,登歌花樹,感念昌時,畸跡萍根,低徊非土,茲世何世,知後會之靡常,大山小山,庶先芬之無沫,失此不書,人何以徵,先憂後樂,(祠有後樂亭)敢讓斯賢,用特記之,分貽叕季,同游者叔弟陳厂,季弟寬夫,十弟孝緗,姪泰生,子用多,女紉芳從,時壬戌二月也。

此外鹽城陳覺玄鐘凡,學於儀徵劉師培,而雅潔過之,長沙陳天倪鼎忠,學於王湘綺,而工爲史通一派之文,錢唐張孟劬爾田,工爲劉勰劉晝一派之文,俟他日詳爲論之,杜於駢文,則獨愛陶宏景吳均一類,喜其清拔也,二十年,前頗好爲之,今則無暇及此,數年以後,當勉成之耳,今錄記桂林之游如下。

自蒼梧解纜,帆腹方孕,櫓聲亂雁,青山夾岸,絲鬟長眉,臨水作鏡,翩翩自憐,凡二日,抵馬江,地如半島,居戶星稀,炊烟數條,因風斷續,信宿而去,層松亂竹,被嶺填壑,青翠上流,雜以紅葉,益見玲瓏,倚枕看山,久不知倦,俄而水聲滂湃,舟人哀號,手足忙亂,如臨大敵,孤舟飄搖,坐不得定,知是上灘也,舟人告予曰,是爲羊灘,行三日,抵昭平,再行,上松陵峽,箭流雷激,石浪雲飛,舟子氣竭,咫尺不前,水小於海而險於海,石猛於虎而餓於虎,纜愈東牽,船益西向,稍一不支,便膏石齒,諺所以有拌命上於松陵,妻子嫁別人之言也,自此以上,所經有稱鉤竹港下桂花上桂花怒甑勞力象棋大黃牛小黃牛大弓金雞白馬上標小貝大貝七里大峽諸灘,每上一灘,呼叫之聲,如萬馬同嘶,和以鄰舟數十,又如秦人阬趙長平之卒,哭聲震天地,令人神凜骨驚,忽而齊聲疊唱,又如樂作,則灘盡出險矣,又閱二日,抵平樂,恭城河與灘水合流處,頗似蒼梧灘江與西江合流處也,又三日抵陽朔,經留公塘,凡前所經,川流皆峽,至此河面忽擴,局勢頓開,有如湖然,故以塘名,陟岡登寺,無數遠峯,咸集眼底,高者如人,或老或少,或男或女，靡不肖焉，橫者如獸，或如羣羊出牧，爭走後先，或如老馬伏櫪，志在千里，玲瓏者如玉，叢集者如筮，遠樹疑人，山樵似狖，水則百尺見底，彌望無波，白石搖搖，如在水面，游鱗上下，如在空行，愛不忍舍，裴回數匝，忽以黃昏，維舟山下，酤酒山邨，釣魚曲渚，二三詩徒，陶然便醉，淸夢才就，凄然又醒，微聞灘聲，遙和鶴叫，愛其淸冷，倚樯而吟，漁鐙三兩，如星隱現，山疲欲睡，月寒依人，團團白露，催我二毛，歸戶就寢遂特欲旦，白日未出，先之以霞，羣峯冠之，如芙蓉萬朶，卓立天池，不知何處，更能得此偉麗，雖萬西湖，豈能易哉，行未遠，抵馬山，一名壺山，千丈縣崖，如家壁立，舟人云，有馬十二匹，人愈貴者見馬愈多，岑春萱能見十四，予言能見十一匹，舟人不信，曰，先生豈能貴於岑春萱，予曰，岑所貴在官，我所貴在我，舟人不能解也，二日抵桂林，山勢更偉，氣象萬千，逸不及留公塘，雄乃過之，千峯萬嶂，爭長追高，直欲雄據靑天，自爲邦國，飲漢呑日，以爲生活，豈止千巖競秀，萬壑爭流，留公塘如約綽處子，桂林如燕趙悲歌慷慨之士，留公塘如讀李長吉詩，桂林如讀孟東野詩，留公塘如讀世說新語，桂林如讀項羽本紀，留公塘如二王墨妙，桂林如北碑。

登獨秀峯，金虞詩所謂峨峨玉筍班，獨秀如卓筆，其高六十尋，而麦五之一者也，山在王城內，孤標特立，氣欲干雲，遠望諸峯，環拱而朝，山下有讀書巖顏延之讀書處也，有石刻黃山谷書五君詠，顏詩險澀，黃書聳拔，亦足以兄桂林諸山，西麓有太平巖，俗名劉海洞，又有雪洞，在山之西壁，石乳下垂如雪。

伏波山，兀立江濱，高可千丈，與獨秀峯可稱南天雙柱，遙相顧盼，上有伏波將軍祠，下有還珠洞，洞下臨淵，其深百尺，水齧山根，波搖山影，山之綠與水之綠相加，其和如萬丈碧玉，平鋪江面，紅日卓午，金光煥發，吾嘗登山巔，得句云，孤峯敲白日，墜水作琉璃，後竟不能續也，還珠洞去水面不深，非舟不達，廣十餘丈，夏夜飲酒，涼氣滌人，雖一石亦不醉也。

七星山，七峯位如北斗七星，故名，山下有巖曰棲霞洞，初抵山前，萬樹迎入，風吹綠動，作招手狀，巖口函然如人張口，內高廣可數十丈，石皆作駭濤形，窗日斜窺，又作雲霞色，疑女媧氏時天，郎似此也，上有巨鰲，負天而飛，巨口長尾，或曰，此古代鰲魚化石也，理或然矣，束柴作鐙，魚貫進洞，洞口甚小，低者蛇行，高者猿攀，每遇一小口，則穹然洞開，如阿房長楊，大者

上海交通大学百年报刊集成·第一辑（1896—1949）·学术学科

或數倍，奇石無算，皆石乳所成，盤作龍鱗形，有由下而上者，有自上而下者，有上垂下指如張齒者，有上下相連如柱者，其形有如刀者，如劍者，如俎豆者，如牀几者，如硯者，如筆者，有如鐘鼓者，伐以巨石，此鳴彼應，聲回回如春雷然，有如鳥者，有如獸者，有長而蜒蜿如游龍者，有高而落落如長松者，翼然起者如飛鷺，翩然旋者如舞鶴，幽思者如征婦懷人，怒髮者如壯士去國，有靜如佛者，有玄如道士公者，有如公孫大娘舞劍器者，有如王景略捫蝨而談者，有如農人耕田者，有如漁父張網者，凡長人封狐，雕題黑齒，雄虺九首，以及鬼夜哭，馬生角，雞三足，臧三耳，卵有毛，丁子有尾，鈎有鬚，昔以為誣，今皆實有，下有澄潭，潛流千里，或云通湘之九疑也，其深不測，墜以石則隆隆之聲，數十聲而後息，蓋每墜一石級，聲石一響，愈深則響愈微矣，委折數十迴，如經數十天地，雕刻衆形，出造化意外，微光一點，遠望如如星，行抵石橋，忽穿山背，其水清冷，觸之如冰，飲之者有夷齊之志矣，禹潦不滿，湯熯不枯，出洞登峯，七凌其五，倦雲屢墜，驚石欲飛。

桂山在城內東北隅，古多桂樹，故名，桂林之得名，當亦以此，山有三峯，或曰前峯昂昂如獅首，中峯宛轉如獅身，後峯巃嵸如獅尾，然則何不一名獅山乎，巨石片片，如役萬夫所疊，故又曰疊綵山，山上有洞，曰風洞，一穴噫氣，雖夏猶寒，何必萬竅怒號哉，穿洞而望，則堯山隱天，孤高自賞，漓江如帶，繞山成圍。

門雞山在灕江邊，抗敵之意，令人肅然，是宜遠觀耳。

象鼻山，亦名灕山，在城南二里，何來香象，獨立江中，卷鼻成巖，空明如月，舟遥其內，如游月宮，嗟乎，天月如水，水月如天，如此人間，何必天上，

三 論詩

論四十年來之詩者，莫詳於吾師陳石遺先生之石遺室詩話，及石遺室續詩話矣，專論其主盟詩壇者，如陳石遺先生，陳三立伯嚴，鄭孝胥蘇堪，夏敬觀劍丞，則或已見於胡文，或已詳於錢書，今免重複，均所不論，謹略舉數人，以補錢胡所未備焉。

沈子培先生，名曾植，嘉興人，曾任本校總理，於學無所不窺，古文駢文詩詞均足雄視一代，著有海日樓詩二卷，與陳石遺先生論最深，石遺室詩話云，丙戌在都門，蘇堪告余有嘉興沈子培者，能為同光體，同光體者，余與蘇堪戲

目同光以來詩人，不專宗盛唐者也，見子培數詩，雅健有意理，後十年相見，索舊作，皆棄斥無一存者，余謂君博探羣書，學史學洎西北輿地，余亦喜治考據之學，其實皆爲人作計，無與己事，作詩尙是自家意思，自家言說，子培意不能無動，間一爲之，次年余移居水陸街，君居姚園，相去不數武，秋冬病瘧，寒困臥，遂日有所作，或一日數夸視之，或夜三四鼓猶打門送詩，不兩三月，已積百餘首，茲錄其爲石遺居士一笑詩云。

寒雲如覆盂；漏天不可補，曀霾避而久，畏客牢鍵戶，黯黮江海蒸，祲纏紛霄聚，閉關且何事，臥聽簷溜泞，斷續綴殘更，咥喤櫟虛甒，失行雁濡翼，噤曉雞上距，水官厲威儆，雨師從呂鉅，盡收天一氣，併作銀潢抒，代雲不成馬，衛鍊空飲甒，河亡九里闊，海溢萬家漶，南朔相倚伏，亢澤不均普，物物固難量，牋天奈何許，雌風四維來，龍具不能禦，了無喁于唱，亦不土囊怒，翕習慣投潦，披拂僅如縷，俄焉目中矇，忧若負尸疰，老妻頗多智，裝棉剤吳楚，臧姍燕趙產；縮朒甚饑鼠，固知廣川谷，實有異寒暑；荆南五月來，炎熱劇烹煮，伏金骨俱爍，秋暴背其腐，商飈一冷汏，暫得寬腸肚，霽復此愁霖，而兼濕寒茹，不憂溜生嵦，將恐皿爲蠱，橘枳改柯質，蛋蔚紛介羽，嗟惟人不化，何用適風土，狐麥故黃黃，掩形不如褚，淸川浴垢疥，焉事資章甫，西園蕃草木；花葉故舉舉，蝸花質非梅，滇茶詎能苦，瑳瑳老櫧樹，占地凍不瘃，旁有南燭實；浪稱仙飯糈，名雖疏藥錄，味不䤲菱葯，鮮鮮若新沐，風檻羣媚嫵，茲族畏霜乾，微倖且濡滑，甯知膏澤饒，燭蝸益孳乳，窮陰未肯釋，蹙頞唏老圃，陳君泥滑滑，稅輿踐今雨，幽室共槃辟；高吟忽揚詡，長舒汲古綆，高礦尅敵弩，相君筆削資，談笑九流敘，乃知古詩人；心鬭日迎拒，程馬蛻形骸，杯槃代尊俎；莫隨氣化遷，孰自喙鳴主，開天啓疆域，元和判州部，奇出日恢今，高攀不輸古，韓白劉柳騫，郊島賀籍仵，四河道崑極，萬派播溟渚；唐餘逮宋興，師說一香炷，勃興元佑賢，奪嫡西江祖，尋視薪火傳，皙如斜上譜，中州蘇黃餘，江湖張賈緒，譬彼鄱陽孫，七世肖王父，中泠一勺泉，味自岷觴取，治元虞范唱，涉明李何數，强欲判唐宋，堅城捍樓櫓，咄茲盛中晚，橛自閡畿樹，氐昧荀中行，謂句弦侕矩，持茲不根說，一眇引羣瞽，叢棘限牆閣，通衢成蛆蜡，誰開人天眼，玉振待君拊，嗍嘈寄揚摧，名相遞參伍，零星寒具油，沾漬落毛塵，奈何細字札，銜袖忽持去，坐令誦者人，倍文失言詁，鄭侯凌江來，高論天尺五，薶地說三閼，撰策籌九府，癯顏戴火色,烈膽執彫虎,盪胸萬千字,得句故難住,梁鴻瓜廬身,禮殿擊鼉鼓,滄海浩橫流,中蟬屹砥柱,可憐灌灌口,味肉失腒鱅,那復問尖叉,秋蟲振翅股,懷哉海陵生,江草罥柔艣,痯痯濟陽跛,海燕對胥宇,季子踏京華,尺書重圭組,太陰沈暮節,病叟傴寠女,出戶等夜行,焉將燎庭炬,百憂中繳繚,四望眩方所,賴君排傴側,冰窟日謔謔,消此雨森森,鐲彼愁處處,天門開詄蕩,曷月日加午,城隅阜刀泉,中有鐵花 ::樹栝百千株,夾道儼圄 ,樊口渺東望,松風冷相語,千載漫郎游,招招若呼侶,東坡眠食地,固是余所佇,鬱沒老涪皤,赭山嚼踵武,興來 艋艇,徑欲掠江漵,政恐迴飄揭,商羊復跳舞。

此可以略見沈先生之作風,及論詩主旨矣;石遺室詩話云,余謂詩莫盛於三元,上元開元,中元元和,下元元祐也,君謂三元皆外國探險家覓新世界殖民政策,開埠頭本領,故有開天啓疆域云,余言今人強分唐詩宋詩,宋人皆推本唐人詩法,力破餘地耳,故有唐餘逮宋興,及強欲判唐宋各云云,讀此可見兩人商量詩學之密矣,然沈先生實力爲險澀生造一途,與陳先生之淸剛拔俗頗異趣,茲錄其近體數首如下。

絕句(選)

天如中酒無聊醉,仙在還丹轉盡時,省得騷人蟬蛻理,詩含神霧了無疑。
葉脫才知木有心,霜黃還聽鶴餘音,病夫病得養生主,絕後重蘇天雨金。
帝所勤心閧奏樂,褰蹁入夢是哀徵,春從何處來千里,海動翻成影萬層。
亂世人才可易論,英多雄少浪批根,轍窮漫墮車前淚,地勝難招自古魂。

易實甫過談

萬首詩歌百卷書,南行落帽意何如,蟲沙變化朱顏在,服食從容素女俱,
日歷自嘲寧自貰,先生非有且非無,神仙到處成游戲,亦道長安不易居。
露電光中最後身,鑊湯熱處再來人,游魂故是易家變,善哭我識唐衢眞,
歷刼不迷雲水性,他日或幻玉臺春,嫁姑狡獪方平笑,東海簸揚又一塵。

其造句命意,皆多新創類如此,卒於民國十一年。

文廷式字道希,萍鄉人,陳三立敍其詩云。

吾友萍鄉文道希學士,旣歿,門下士徐君積餘爲刊雲起軒詞若干卷,盛傳海內矣,今歲葉君玉甫,復搜刊君遺詩若干卷,以君朋輩故舊僅存者莫余若,屬序其端,君天秉卓犖,博聞強記,才氣不可一世,余始逐試南昌,

得交君,俱少年耳,越三歲,同鄉舉,同計偕,居京師,君不第已名動公卿間,尋擢魏科,超遷講幄侍從,聲光赫然傾天下,當是時國軍新挫於島鄰,輸欵割地,幾不國,君激世變,蓋究中外之務,凡時政得失列位賢不肖,慷慨陳論,指斥權貴人尤力,爲所側目久矣,及黨宮闈之際,狃新舊之爭,務歸罪於君,媒孽構陷,屢欲擠之死地,脫身走日本,乃免,夫薰以香自燒,膏以明自消,自古賢人才士,懷負奇偉,動與禍會,遭殺辱屏棄摧落者不可勝數,況厄於一時,愈伸於百世,是豈足道哉,久之,君返自東瀛,復時與君遊衆,過金陵,必主余家,流連嘯詠,意氣不衰,最後飲秦淮別去,遂永訣,君撰著宏富,詩詞特鱗爪耳,然君博極羣書,詩乃淸空華妙,不獨捲故實自樸,嘗推爲獨追杜司勳,波瀾莫二,即身世飄泊,亦頗肖似之,此可懸諸天壤,俟定論者也。

玆略選其詩數首如下。

誰言國弱更佳兵,其奈狂生憤已盈,鐵騎晨銜丹鳳闕,金輿宵狩白羊城,何人能屆橫流決,今日眞憐大廈傾,無分麻鞋迎道左,收京猶望李西平。

北狩烽烟越幾時,西行旗鼓更堪悲,朝廷衰職尊藍面,河朔軍符授赤眉,目斷汾流惟雁過,心驚滄海有龍移,孤臣淚灑荒江畔,忍痛新裁變雅詩。

淆瀧形勝本天然,王氣消沉九百年,但使東南撐底柱,漫愁烽火徹甘泉,羽觴露浥瑤池讌,仙掌晴開玉井蓮,迴首烏龍江上月,秋風淸淚泣銅仙。

燕秦莽莽舊山河,到此誰揮落日戈,未必平原頭可匣,更無延廣劍橫磨,漫天風雪堯年冷,譔國衣冠宋鵲多,前後沉揚寧得料,霜晨攬鏡未蹉跎,

(陳陶詩禁掖衣冠加宋鵲)

此紀庚子之變也。

書憤

原廟衣冠月出遊,誰教洪潦浸神州,藏弓客說軒轅墓,帶劍人登漢武丘,松檟尙應朱果實,風雲長帶白山林,鬱葱佳氣今猶昔,莫忘齊襄九世仇。

此詩不忘復仇之志,讀之令之興奮也。

重渡海有感

地盡神州海水圍,此身四顧意安歸,學書擊劍今何用,成佛生天願已違,廣樂近聞天帝醉,迂儒翻道祖龍非,惟應萬仞匡廬頂,着我雲山老布衣。

文氏卒於淸光緒三十年,遺詩若干首,本校前校長葉玉甫先生爲校刊行世,

葉先生蓋嘗遊文氏之門者也。

粵東詩人多創作傑出，黃公度之詩，近方盛行海內矣，其足與公度頡頏者則有康長素有爲，康氏著作甚富，以僞經考孔子改制考諸子改制託古考大同書爲最著名，以教主自負，字長素，自以爲勝於孔子也，清末有兩奇人，一古文家之章炳麟，以孔子之述作自居，一爲今文家康有爲，以孔子之敷教自居，且皆自以爲過之無不及也，康氏之詩有梁啟超所寫之康南海先生詩集，版至精美，近世詩集殆難其比，然尚未寫盡，其餘散見於不忍雜志，康氏於文詩皆學鑑定庵，然甚欲自創一體，其與菽園論詩兼寄任公孺博曼宣詩云。

一代才人孰繡絲，萬千作者億千詩，吟風弄月各自得，覆醬燒薪空爾悲，
正始如聞本風雅，騷葩無那祖騷詞，漢唐格律周人意，悱惻雄奇亦可思。
新世瑰奇異境生，更搜歐亞造新聲，深山大澤龍蛇遠，瀛海九州雲物驚，
四聖崆峒迷大道，萬靈風雨集明廷，華嚴帝網重重現，廣樂鈞天竊竊聽。
意境幾於無李杜，目中何處着元明，飛騰勢作風雲起，奇變見猶神鬼驚，
掃除近代新詩話，惝恍諸天聞樂聲，茲事混茫與微妙，感人千載妙音生。

此其欲以新世界之詩料別創新詩派，殆與黃公度無異。

來日大難，策馬登山，涉長城而望，瀚海迴環，天穹低野，沙飛草乾，黑雲亂飛，蔽空漫漫，似聞鼓鼙，庫倫南干，吾鼓聲不起，吁嗟萬里之塞垣，蹈藉戈壁，空思天山，夜夢燕晉，秦隴之郊，俄馬入關。

來日大難，瞻我西天，拉薩金瓦寺，佛雨黯然，我吏我徒，血洒磨邏川，隻輪不返，陣雲莽邊，易樹三獅幟，徧厳䎃䎃，嗟我舊藩，王會百年，片馬茫茫，蒙自迍連，載危載𠏉，西望川滇。

來日大難，恐爲波蘭，利益均沾，載在約言，俄既吞蒙，英取藏焉，三邊何有，東封肆邊，德窺齊魯，法問桂滇，意奧與美，豈不分一臠，我萬里之中華，從此瓜分，我五千年之中華，從此沉淪，哀我四萬萬華冑兮，危涕而心酸。

來日大難，出國門而南行，割據縱橫，聯省自立，各控函關，武騎蒼頭，競騁齊秦，喜怒生殺，徧樹私人，頡頏作氣勢，旅距中原，政府不敢令，令則拒還，魚爛瓦解，豆剖瓜分，恐爲印度之分國兮，哀哉生民。

來日大難，哀民多艱，有田不耕，罷蠶織而寒，有塘不蓄魚，有屋毀瓦而折垣，富者走盡，老弱守關，工商無業，待死而盤桓，問何以故，曰樹黨爲官，入黨可橫行，奪劫虜殺過諸蠻，勞苦作業，徒供强梁之饔飧，薄言往愬，鑰鑰

辛酸，窮無所呼，仰天不敢訴寃，若再彌年，死人可二萬萬，誰實致禍，哀哉永歎，萬國人皆得營生兮，吾人罷業祈死無後艱，哀我生民，涕下汍瀾。

此等詩何等警策，彼時之所憂尚如此，奈何今人尚夢夢也。

十月登日光山頂，道遠日落，中夜乃至山頂中禪寺，湖山道盤曲，雪月交輝，泉瀑競響，光景奇絕，聞春秋時櫻花紅葉滿山開遍，惜來非時也。

疊嶂危崖雲表橫，羊腸蟻磨萬盤行，星辰漸看與人近，山雪橫封爭月明，落木衆峯寒露骨，激泉千澗共飛聲，忽登絕頂看湖水，落月橫封山勢平。

其詩魄之雄偉類如此，古詩尤多傑作，康氏高弟子有潘若海之博，著弱盦詩，柱初未之知，一日與黃賓翁論康氏詩，賓翁曰康氏弟子潘若海詩尤工於康氏也，因求潘氏詩讀之，則雖不及康氏之偉大，而其境界亦有康氏所不能到者，近年來國難日嚴重，詩家發爲歌詩以鼓吹愛國者頗衆，而以錢名山振鍠，錢仲聯萼孫，及柱所作爲最多，振鍠號名山，常州人，講學鄉邑，學者稱名山先生，清光緒癸卯進士，官刑部主事，鑒國事日非，絕意仕進，矜名節，所著有良心書謫星集名山六集，詩體頗似香山，語語均從眞性流露而出，今錄其兩首如下，其索夫圖詩云。

索夫圖，索夫圖，天沈沈兮海沒沒，扶桑枝頭白日寒，萬家一哭兮傷心肝，兒家原本是秦人，徐福東來遺子孫，童男與童女，世世爲婚姻，嗟哉人之無良，我以爲口，虎狼不仁，梟獍無親，專非讎中國，逆子害天倫，滅朝鮮，取營州，縱兵析木津，拓地龍江頭，火炎春申浦，殺人滿道周，天理固不容，四海皆同仇，一朝中夏風雲起，九關虎豹磨牙齒，遂使東瀛十萬軍，顚倒皆爲望鄉鬼，兒夫年紀十八九，習作工商才出手，已經生女又生男，尙覺如賓復如友，軍書一夜傳三島，戴頭西去知不保，兒家容貌勝如花，征人性命輕於草，生離已痛割肌膚，死別何堪度昏曉，嗟哉吾口兮謀國不臧，萬家一哭兮摧肝腸，貌如花，淚如水，紅者桃，白者李，髮鬌簪身旖旎，前來阿妹後阿姊，左攙阿姨右妯娌，相將索兒夫，再拜見我主，兒夫不歸兮我曹苦，哀哉吾君兮奈何許，上天心好生，仁義天所付，我恨倭寇酷，尙憐倭女苦，聊爲述其意，歌詩作苦語，寫詩十萬本，航空使東渡，散之三島間，將以遺倭女，使爾熟讀聞爾主，求爾主，福爾民，世世當與中國親，羲軒與周孔，中國之聖神。

此詩之末，仍望日人去其侵略之野心，以圖中日兩國之親善，可謂不失詩人

上海交通大学百年报刊集成·第一辑（1896—1949）·学术学科

忠厚之旨者也,錢氏之詩最富激刺性,不特國難如此也,初讀其詩似振筆疾書,不甚經意者,然此竟實經過苦鍊而來,非率易爲之者可比也,其改謫星詩詩云。

論文後世孰相知,一字安危自得之,世上用心誰最苦,老年人改少年詩。

順德黃晦聞節,亦近世名詩人,著有黃史詩旨纂辭曹子建詩箋注阮嗣宗詩箋注謝康樂詩箋注等,其蒹葭樓詩共二卷,張孟劬教授序其詩曰。

余交晦聞十年矣,君工詩,每有所作,必就余觀之,余嘗擬其體思與之角,而卒不能勝,然君顧獨許余知詩,戊辰春,寫成一厚冊,命蒹葭樓詩,過遲抵余曰,生平之志與業,略具於是,子其爲我序之,余曰,君詩之必傳,固不待序,雖然,吾與君戴而遊者今何世耶,天綱淪,人紀絕,神州數千年立國精神不毁之異族,竟摧拉燔坑於服古誦數之徒,蓼蓼泂泂,十七年昊天俾怒於上,黔首慄慄於下,纔兒仄豎比屋可誅,求一民勞板蕩之音,如古之人遭苛虐相呻吟者而不可得,生斯時也,而有詩,莊生所謂逃空虛者聞跫音而喜也,又安可以無言,金之亡也,驅縉紳如羣羊,木佛編鐐,括宮排市,而元遺山之詩作,明之亡也,白骨如麻,赤地千里,至奴僕呼家主以兄弟,擅索文書,結寨焚殺。（宏光時州邑奴僕結十二寨索家主文書稍拂其意遂焚殺之皆云皇帝已換家主亦應作僕事我輩矣主僕俱兄弟相稱時有嫁娶者新人皆步行竟無一人爲儐僕而黟縣尤甚延及休寧良家子聞之大懼知縣歐陽鉉邀邑紳飲痛哭起義金聲黃賡等亦舉兵而奴僕於是不敢動見計六奇明季南略）而屈翁山顧亭林諸君子之詩作,嗚呼,今乃得君而三矣,君粵產,粵故多詩人,梁文忠以下,曾剛甫潘弱海羅掞東諸子,皆與余交,其所爲詩,余又皆取而徧嗜之矣,如啖荔支,如劏新橙,最後讀君詩,味兼酸辣,乃如檸檬樹果,信乎君詩之工耶,君既以詩鳴海內,居京師十年,窮且餓,當項城稱帝時,名士趨之若坑谷焉,而君獨脩然南歸,又有溷之出者,亦堅臥不一應,曩嘗評君內蘊耿介,外造儁濟,今去之數年,復誦君詩,猶前日也,此集古今體詩約三百餘篇,異日君所造就,或不只此,然即此三百餘篇,固亦足以傳君,而余獨悲亮節慷慨如君,乃僅僅以詩傳耶,則又不能不使人罪夫世已,許郵樵人張爾田序。

觀此序則黃氏之詩,與其爲人均可略知矣,其詩陳散原以謂七律尤勝,效古而莫尋轍跡,必欲比類,於後山爲近,然有過之無不及也。

渴江重晤秋枚

國事如斯豈所期,當年與子辨華夷;數人心力能回變,廿載流光坐致悲,
不返江河仍日下,每聞風雨動吾思,重逢莫作跎跎語,正爲栖栖在亂離。

賓虹爲貞壯畫楊花圖予題一律

且從湖上說宣南,別後能爲數日譚,汝已楊花傷逝水,我才秋夢了優曇,
兩人結習今俱盡,一世沈冥孰更堪,閒却夏來勞倦意,坐看山翠作浮嵐。

書憤(辛未)

慷慨秦風對策言,襄陽揮淚我興思,眼中三十年來事,又見蝦夷入國門。
過陳不式爲無人,誰解尼山語痛辛,老去此憂無可寄,不從今日始傷神。

五月十六日作(壬申)

國亡身老甚須臾,樓外風來雨打湖,湖水荷花三百頃,萬魚齊泣過河枯。

殘蟬

不向遼東着樹鳴,(遼東無蟬)燕南秋老盡哀聲,及天別鶴吁長歎,入塞
飢鴻指故城,如夢大人猶發囈,共亡一國共無生,等閒又似題詩客,戞戞
裁箋寫斷情。

其哀怨如此。

張爾田字孟劬,錢唐人,博覽羣書,精通內典,尤長史學,曾充清史館史官,本校中國文學系主任,著有史微,蒙古源流箋正,李義山年譜等書,最有名,當此宋詩最盛之時,獨學韓致光李義山體,且爲之而工,亦至不易也。

感事抒懷效致光體

文命初傳啓,金行竟厄昌,空歌愁和帝,誰解厲憐王,國步將遷鼎,民岩切
納隍,嘻嘻宜樹火,攘攘大盈倉,有邸金皆穴,無卮玉不當,但知調獵犬,寧
敢射貪狼,殺氣成家立,訛言大楚張,倉皇加一矢,哀痛舉三章,跋扈齊棗
帥,諠譟漢議郎,羣狙工裂冕,大盜遂探囊,班劍西鐘入,飛書北府忙,危機
逃佛盦,怒等罷朝堂,赤烏終歸魯,玄龜竟禪唐,盡披辛有髮,誰刃祿山腸,
功就趨烹狗,勳高且爛羊,竊鉤沙上語,擊語殿中膽,鼠拱何知禮,鶯啼或
類喪,儒冠拱漢溺,程石效秦量,烏啄原胎禍,鴞音豈變良,不成防柙虎,眞
見閱樊螭,謝晦青油幕,攸之繡裲襠,甘心興晉甲,唾手扼吳吭,肯信絲難
斷,翻教鐵易煬,居然成左纛,始悔兆蕭牆,成卒呼吳廣,遺黎哭少康,雲猶

環紫極,宮早築丹陽,探驪殿中禁,蒸魚翙上方,眞龍愁失水,舞馬笑登牀,
桂露欺鴛瓦,蘭風獵豹房,雍門曾泣孟,共首欲悲姜,豫讓身雖漆,安仁鬢
歷霜,拊膺思越霸,削迹感韓亡,踞火安爐炭,書空仰屋梁,邵平瓜五色,亢
亮柳千行,六極疑終否,三辰或未央,嶔岑秋蘗蘗,陵樹曉青蒼,望眼塵方
擁,吞聲淚暗傷,可憐同谷客,頭白伴鷄鶬。

無題

未分殷勤近玉筵,明聲對影已堪憐,重簾礙日常遮霧,九檠飄風不隔烟,
身去定疑憑鳳翼,腸迴還欲託鵾絃,人間咫尺蓬山路,莫道相逢總惘然。
相思十二玉連環,桂鑰金魚祗自閑,蠟燼已灰無奈淚,額黃不斷幾多山,
空教夢雨成春意,可得嗔靨破笑顏,聞道微波通洛浦,未應淸淺似人間。

張豫泉其淦,東莞人,淸時官學政,年將八十矣,易經老子均有注,工駢文,著有古遺民詩數千首,古來詠史詩之多無與比也,夢痕館詩抄十卷,許滔度序其詩,謂其七律風懷不成減竹垞,絕句神韻不減漁洋,佳篇甚多,不可枚舉,古詩氣骨少次,然七古如夢游西湖客邸見桃花,五古如龍井質黃君宅,僑居平定里,則通首渾成,頗與坡詩相近,此以諸體比較而言也,實則古詩氣魄亦甚偉麗,當今嶺南詩人蓋未能或之先也,

泊舟楓橋下尋寒山寺遺址

雙角吳童引紫騮,詩筒酒榼上輕舟,日斜寺影寒山碧,夜半鐘聲客夢秋,
刧換紅羊知世變,經馱白馬替僧愁,漁歌不斷楓橋岸,獨立蒼茫和暮謳。

春感

一片花飛鳥亂啼,淡煙微雨玉樓西,翦裁春色歸圖畫,料理行蹤到絮泥,
天上易尋方丈室,人間豈有武陵溪,樊川舊日繁華夢,多恐無痕付曙雞。

客遊

囊空擬典鷫鸘裘,吳越風煙勸客留,渺渺山川問征雁,茫茫天地一浮鷗,
暗香梅影林逋宅,春水湖波范蠡舟,他日雪泥尋爪迹,詩篇讀向酒家樓。

思歸

西子湖邊聞子規,思歸有客獨吟詩,淡煙古木搖寒影,落日遙山結恨眉,
無計可尋漁父渡,含情重謁水仙祠,隄前細草芊芊碧,化作春蕪萬丈詩。

其風流自賞如此。

天津故城

一望中原百感生，蒼涼津海賦蕪城，遺山老去猶能泣，丁令歸來鶴有情，
刧火已殘仍戰壘，滄桑遺恨入砧聲；草間狐兎應除盡，想像綸巾氣未平。

慷慨

慷慨悲歌欲問天，眼中人竟老林泉，心如老驥思邊塞，身似飛鴻寄海天，
赤血千家悲馬革，黃圖三輔起狼煙，可憐萬里中華月，照到遼東月不圓。

其悲歌慷慨又如此。

馮振字振心，北流人，初喜唐音，後聞石遺先生之論，又喜宋詩，著有說文講記，老子通證，荀子講記，七言絕句作法舉例等，研究七言絕句最力，吾嘗號之爲馮七絕，石遺室詩話續編稱其詩有雄直氣，又云，振心與柱尊有一小詩案，振心偶成云，音韻天然絕妙辭，閉門苦索豈能知，旗亭試聽諸伶唱，可有江西一派詩，可謂持之有故矣，柱尊非之云，吾生落落千秋後，語不驚人豈泣神，若使旗亭爲月旦，靈均不合是詩人，振心再賦一絕云，不識字人知好詩，旗亭月旦本無奇，當時若唱湘纍句，合是秋風葉下詞，謂楚詞不必詰屈聱牙也，余以爲詩歌本分兩道，前詩話曾言之，旗亭所唱者風類也，詰屈聱牙者雅頌類也，在雅中楊柳依依，雨雪霏霏爲一類，訏謨定命，遠猶辰告爲一類，山谷方自謂詩須字字可使絃歌矣，觀此可見余論詩與振心之同異矣。

將赴柱尊之約，先有此寄。

人生會合亦何味，只爲尋常離別多，三日兩書言不盡，一年數面欲如何，
商量舊學恒通夕，交換新詩快一歌，明日相逢拌爛醉，蟹肥酒美更須他。

王道眞女士寫石鼓山最佳處約遊因題其上並以爲謝

斗室何由忽氣蒸，雲山遠近一層層，是誰寫此淸幽境，照我書窗冷淡鐙，
天地鍾才偏女子，詩書絕藝並精能，幾時極頂高寒處，更與提筇取次登。

王蘧常字瑗仲，嘉興人，博學能文，大夏大學國學系教授，著有諸子概論，嚴幾道年譜，沈乙庵年譜，明兩廬詩等，以詩文受知沈子培唐蔚芝兩先生，詩文尤與沈先生相近。

七月一日徹夜大風雨晨起霧重城郭廬舍失所在感作

秋來處處斷人腸，又聽西風下八荒，一夜亂雲扶海立，萬山凝霧挾天狂，
幾疑地到洪荒化，漸覺心隨混沌忘，冥冥長空餘病日，猶能伴我看玄黃。

揚州道中

臥吹簫管到維揚，月漸分明水漸長，山過大江俱踧蹙，春來北地亦蒼涼，

隱然敵國誰相濟，（友人三四好弈）偶爾逢場亦不辭，我早忘情成局外，
年年只慣看玄黃。

其詩可謂能大矣，詩與錢仲聯之夢苕盦詩合刻，名曰江南二仲詩，以二人皆字仲也，石遺室續詩話，稱瑗仲詩喜鍜鍊字句，然若以上所舉之類，亦不少，皆鍜鍊之至而渾然自然，不見鍜鍊之迹者矣。

錢夢孫常熟人，教授大夏大學，無錫國學專門學校，與嘉興王瑗仲蘧常爲文字骨肉，著作宏富，最專力於詩，國難後仲聯作詩更富，詩多今不錄，其胡蝶曲首最爲時所稱，今錄於下。

胡蝶曲

羅浮影幻宮妝立，片片春雲作裙葉，化出人天絕代姝，前身合是仙山蝶，
仙蝶飛來南海家，姍姍纖骨擅容華，明珠擎出爭相看，白璧生成未有瑕，
豆蔻梢頭剛十六，年年攬鏡春江綠，謝逸詩篇擬未工，滕王畫本摹難足，
阿父當時北庭闕，一官鹽鐵又南遷，極天風浪收飄早，攜取文姬向海山，
海山偏吸人間電，玉奴一到開生面，幻魄初傳謝氏情，斷腸替寫英豪怨，
籠眼琉璃一笑溫，娟娟過幔影留痕，奪來天上三分月，消得江南十萬魂，
小姑居處原芳潔，無奈儂春情內熱，宋玉牆東倩影來，因風吹上梅邊雪，
花爲郎貌雪爲懷，有約雙飛好事諧，鴛帶從敎親手結，繡簾長爲畫眉開，
南園草綠春如海，片石三生盟誓在，鳳子呼名最有情，韓憑抵死期無悔，
好夢如雲不自由，是鄉那得老溫柔，歡場橫被錢神誤，孽海會難宿願酬，
翻雲覆雨高唐惡，鑄就黃金成大錯，紈扇何會便棄捐，粉衣早識多輕薄，
剪斷連環更換新，公庭對簿翠眉顰，溝頭蹀躞東西水，從此蕭郎是路人，
春駒却向燕臺住，一曲霓裳人靈顧，太息燕脂北地顏，爲他金粉南朝誤，
虎帳牙旗督八州，十三年少富平侯，才驚相見還相許，彼是無愁此莫愁，
鳳城正值中秋夜，羅襪香塵生舞榭，玉笛梅花並較量，瓊枝璧月雙無價，
酒闌人倦畫樓陰，擁髻燈前意不禁，繡被焚香魂欲醉，良宵何止值千金，
此際有人鼾榻側，從遼燕寄仍羈國，絕塞諭驚白雁來，瀋泉讖兆蒼鵝出，
金釭銜璧可憐宵，猶道將軍抱舞腰，十二瓊樓春栩栩，何心河上賦逍搖，
軍書火急來行館，倒趣靴尖渾不管，祇覺春騰綺夢酣，那知東北胡塵滿，
紛紛修竹上彈章，誰放周師入晉陽，畢竟傾城更傾國，還須分謗到紅妝，
紅妝有恨憑誰訴，手疊空箱江海去，此局全看玉樓輸，有金還買花鈴護，

依然臺裏見眞眞,百億蓮花盡化身,一世羣芳輸玉貌,諸天尊號擬金輪,纔兒撞壞家居好,嬋娟情重江山小,兵柄多年解玉符,仙槎萬里通蓬島,青天碧海照變心,此日難爲邂逅吟,萬一微波通繾綣,可能舊夢試追尋,英雄兒女情何限,今昔秋雲分聚散,剛把桃根渡口迎,又聞駿足瑤池返,鞠部聲名動石城,秦臺傳粉一含情,忽驚金彈拋林外,毋復瓊花唱後庭,(演劇首都或警以彈)念家山破星霜換,琵琶別抱誰思怨,爲惜名娃誤沼吳,莫教禍水終亡漢,小劫紅桑入嘆嗟,遊仙枕上說南華,還傾銅狄千行淚,來寫金莖一朵花。

其富麗纏綿,雖吳梅村復生,無以過也,故一時前輩如黃任之炎,夏劍丞敬觀,金松岑天羽,均爲文字交,常箋注黃公度詩,柱爲之序云。

黃公度詩雖自命爲不名一格,不專一家,然要與同光體爲近,而遠紹杜韓一宗,網羅廣博,自鑄偉詞,亦詩亦史,近世已有通論,無容贅辭,今人注本,以古公愚直教授箋爲頗詳,然亦不能無遺漏,門人錢仲聯萼孫教授,更發憤爲之箋注,精審詳備,視舊箋何翅數倍,仲聯先德楞仙先生,箋注樊南補編,搜奇證僻,思密裁宏,爲世稱頌,仲聯濡源家學,日益擴大,宜乎其卓越時賢矣,吾師陳石遺先生,嘗譏鍾記室不能詩而妄評詩,故語多謬悖,柱亦嘗痛不能詩者妄注詩,雖典實詳贍,其何能識作者之用心,頗恨以鄭君之精通古禮,不能作詩,故箋三百篇不能無失,而後人能詩者不能明古禮如鄭君,故三百篇終不能盡明,今仲聯於詩,出入唐宋,尤不專一家,有沈雄頓挫如杜工部者,有戛戛獨造如韓吏部者,有才藻橫溢如錢牧齋吳梅村者,仲聯詩集中,如國難樂府數十篇,及胡蝶曲等,方諸公度,吾誠不知其孰爲虎孰爲龍,然其才思廣大,必非公度之所能限,則吾敢斷也,然則以仲聯自爲之精,而以其餘力以說公度之詩,而公度之詩乃可以無憾矣,吾尤慨乎公度生當清之末世,哀時悼物,卒不能喚醒大夢,而清祚卒不免於覆亡,今吾與仲聯,丁百六之會,好發爲詩歌,往往痛哭流涕以道,其果何益哉,其果現益哉。

仲聯前有論詩絕句五十首膾炙文壇,近又有論詩二十三首,所論除二三人外大氐近四十年詩人也,故復錄之。

論詩二十二首

淸詩三百年,王氣在夜郎,經訓一巢崙,破此南天荒,莫五偶齊名,才薄難

雁行。(鄭子尹)

麻姑擲丹砂,往往弄狡獪,我讀蝯叟詩,快若爬痒疥,如何翻觔斗,仍未出三界。(何子貞)

世兒工效顰,江詩妙有我,無怪李小湖,持論成水火,許謂學韓黃,知言未云可。(江弢叔)

幾輩學神仙,誰見赤霜袍,彌天白香翁,高揖謝與陶,已得長生果,惜哉未伐毛。(鄧彌之)

人間徑路絕,乃與風雲通,陶堂詩似之,秀礎開一宗,楞嚴十種仙,見嘲湘綺翁。(高百足)

哭庵論南皮,官大詩逾好,宋意入唐格,公詩故自道,身世託梁公,慈恩留吟草。(張孝達)

滄趣帝王師,餘事爲詩宗,平生所祈嚮,驢背鍾山翁,絕愛感春詩,鄭箋有石公。(陳弢庵)

黃公東海來,據地獅子吼,廿年踔大瀛,囊詩括九有,陋儒拘於方,絕倒醯龍手。(黃公度)

浙西以吏隱,結想崑閬巔,山水并老莊,詩境玄又玄,平生沈乙盦,相喻夔憐蚿。(袁爽秋)

彈指海日樓,千門立萬戶,直上透三關,一法不壞取,是博大眞人,是通天教主。(沈子培)

肯堂一窮儒,高名動卿相,熱淚翻海波,聲詩助悲壯,漫憐東野囚,胸次故昭曠。(范伯子)

當年黨人兒,老作袖手人,鍊魂閉荒山,吟與木石親,萬古五老峯,骨立同嶙峋。(陳伯嚴)

點將光宣壇,陳鄭尊兩大,太夷固清切,力不餘詩外,紛紛傳法乳,無譏等自鄶。(鄭蘇堪)

灞橋柳色黃,搖落何人賦,貞元樂府新,魂斷樊山句,不獨彩雲曲,風情繼白傅。(樊雲門)

慧業幾生修,子晉前身是,煉詩猶煉丹,九轉紫烟起,東西南北魂,招之一鐙底。(易實甫)

裴村餐霞人,傷哉斜日影,一卷峨眉詩,自造仙佛境,定知託尸解,雲臥衣

裳冷。（劉裴村）

雁影宗玉溪，顰笑皆絕代，豈知鑿帨詞，中有諷喻在，世間靈襪流，且莫嘲粉黛。（李亦元）

觚庵冰雪人，不着烟火氣，誰知度隴詩，乃得杜陵味，南湖一角山，終爲投老地。（俞恪士）

吷翁學都官，苦澀得鮮新，宋梅老着花，吟苗茁古春，宗派圖西江，翁非社裹人。（夏劍丞）

散原服蒼虯，自甘傖父譏，霜氣滿乾坤，百詩鬱深悲，何者共襟抱，花中有蕤熙。（陳仁先）

蜃吐百尺樓，突兀大海南，元龍臥其上，百怪相戰酣，謂公老夫佗，朝漢有未甘。（陳守玄師）

南風何不競，騷壇鼓鼙死，突起蒼頭軍。所向無堅壘，人境陳勝王，公其赤帝子。（金鶴望）

他若夏劍丞敬觀，力追宛陵，邵潭秋祖平，務爲黃山谷，黃公渚孝紓務追簡齋，吳芳吉運以歐洲風格，別闢詩境，金松岑天翮之天放樓詩，林西圊輸之山雨樓詩，皆能卓然成家，爲必傳之作，若柱於詩則無所不好，絕無門戶之見，大氐詩騷以外，最愛漢魏樂府，建安七子以外，則最好陶淵明謝康樂鮑明遠，唐則李杜韓白東野長吉，宋則蘇子瞻王介甫王逢原黃山谷陳簡齋陸放翁，清則宋芷鄭灣子李少鶴譚叔裕，所著有詩經正葩續風，唐六家詩選評，宋芷灣詩選，譚叔裕詩選，待焚詩話，皆論詩之作也，年十六七，留學日本，覩彼邦士夫，習爲中國詩者頗多，而吾國留學生反少識者，遂發憤學作，然所與爲唱和者，唯容縣蘇寓庸先生而已，歸國後則唯同邑馮振心而已，其他則甚少酬答，蓋柱既極不自信，而又輕視時流也，至民國十七年，始以詩受知於侯官陳石遺先生，始刊其待焚詩稿第一集，二十二年刊待焚詩稿第二集，陳石遺先生初見其詩數首，謂其詩似宋芷灣譚叔裕，實則柱當時尚未讀宋譚詩也，及見第一集云，評尋常詩人之詩，不免言其似某人，所謂苟能是是亦可也，非所望於豪傑之士，足下豪傑之士也，根柢盤深，題至沛然暢所欲言，氣與識足以舉而達之也，又論第二集云，新詩愈唱愈高，語言妙天下，若作詩話，美不勝收，香山諷諭體，全主紆徐，不免拖沓平衍，足下到處能斬釘截鐵出之，何嘗無寬可走馬處，而緊處則密不容針，下語有如生鐵注成者，可喜之至，又云，新詩一讀一擊

上海交通大学百年报刊集成·第一辑（1896—1949）·学术学科

節,嘗謂足下詩如開鑛,兪開闢兪深,如電學,兪發明兪精,彼守舊者應愧死,張孟劬先生書云,獨往獨來,眞氣橫溢,三百年中極似湯海秋,而學力勝之,必名於後無疑,弟僭評公詩自成一家,當爲第一,考證之學,可與淸儒抗手,爲第二,文亦浩瀚流轉,自是有意自樹一幟,此當第三,未識當否,又云,大集開徑自行,晦聞嚴於持律,流派自別,尊閒行知,不妨兩大也,長者之褒誘,可謂備至,愧無以勉副之耳,玆錄待焚第三集自敍,以見柱論詩之主旨焉。

己巳秋前之詩,已分類編爲十卷,命曰待詩焚稿,布於世矣,今復編己巳秋後之詩,約五百餘首,爲編年體,命之曰待焚詩稿,第二集,凡五卷,旣寫定,而自序於簡耑曰,昔詩序有言,王道衰禮義廢,政敎失,國異政,家殊俗,而變風變雅作矣,嗚呼,此吾今日所以名吾吟樓也,又曰,國史明乎得失之迹,傷人倫之廢,哀刑政之苛,吟詠性情,以風其上,達於事變,而懷其舊俗者也,嗚呼,此又吾詩所以不得不作也,雖然吾詩豈特以風其上云爾哉,亦將以激民情,勵風俗,明國恥,救危亡者也,詩序又曰,鹿鳴廢則和樂缺矣四牡廢則君臣缺矣,皇皇者華廢則忠信缺矣,常棣廢則兄弟缺矣,伐木廢則朋友缺矣,天保廢則福祿缺矣,采薇廢則征伐缺矣,出車廢則功力缺矣,杕杜廢則師衆缺矣,魚麗廢則法度缺矣,南陔廢則孝友缺矣,白華廢則廉恥缺矣,華黍廢則蓄積缺矣,由庚廢則陰陽失其道理矣,南有嘉魚廢則賢者不安下不得其所矣,崇丘廢則萬物不遂矣,南山有臺廢,則爲國之基隊矣,由儀廢則萬物失其道理矣,蓼蕭廢則恩澤乖矣,湛露廢則萬國離矣,彤弓廢則諸夏衰矣,菁菁者莪廢則無禮儀矣,小雅盡廢則四夷交侵中國微矣,嗚呼今豈非其時耶,式微式微胡不歸,微君之故,胡爲乎中露,吾讀古人亡國之詩,不覺涕泗之滂沱也,此又吾詩之所懼也,夫詩之不得名爲正,而必至於變已可悲矣,及至變而已不可得,則神州陸沈,茫茫宇宙,更從何處而聆吾輩之悲聲耶,則斯時也吾竝無詩可焚矣,豈不重可悲耶,故吾今之爲詩也,其情深,其義嚴,其思苦,其情深,故其聲激,其義嚴,故其詞厲,其思苦,故其語危,蓋欲使國人知夫亡國之無日,耽樂之可以速亡,懦夫知立,而國賊知懼,則今日之詩,不得不變者,他日或不得不正焉,此吾今日之所以爲詩之志也,亦古者變風變雅詩人之所以爲詩之志也,自離騷漢魏樂府陳思王劉越石李太白杜子美白樂天韓退之孟東野諸詩人亦莫不本此志以爲詩,蓋發於忠憤之情,所謂在心爲志,發言爲詩者也,後之爲詩者,所得有淺有深,故所發有薄有厚,至於聲調體格,則猶人之四肢百體,神明有主,而音聲之洪細,動靜之疾徐,無乎不可矣,至於鍊字琢句之微,等於婦人之首飾,貌既美矣,有焉可也,無焉可也,以無鹽而專從事於此,則益增其醜,必知乎此,而後可以論詩,而後可以論吾詩。

中華民國二十二年九月北流陳柱柱尊父序於上海蒲石路蒲石里之變風變雅樓。

四論詞

近四十年來爲詞學大宗師者,莫若王鵬運鄭文焯況周儀朱孝臧四家,餘書亦已詳論,茲亦不贅,論其功力卓然足以與此四家相並者,則尚有文廷式沈曾植張爾田諤夏敬觀葉恭綽五人焉,廷式工詩,前已述之矣,文氏著雲起軒詞,其詞風與鄭叔問爲近,蓋與鄭氏同肆力花間者,唯叔問以花間而兼白石,道希則以花間而兼少游,斯則同而異耳,近世詞家如徐乃昌葉恭綽夏敬觀汪曾武或曾受業文氏之門,或親承指示塗徑,其在近代詞壇所占位置之重可知矣。

浣溪沙(擬唐人)

著意偎人思不禁,寒燈相對夜沈沈,此時何必是同心, 凝視酒痕侵素靨,近前香氣透羅衾,不情端恐負神明。

濃睡方醒日已斜,翻嫌晴色晃窗紗,郎前紕繆故些些, 少可英雄工說劍,特矜顏色愛評花,世間兒女怎如他。

纔啓朱櫻轉自殘,柔腸似結解應難,感郎情重畏郎憨, 也解避嫌防後悔,時將薄怒掩深慚,此時輕別阿誰甘。

小醉歸來夜已分,新茶潑乳捧殷勤,夢回初覺鬢香熏, 昵枕低幃千種態,向時矜重霎時親,細看濃翠拂輕顰。

雨泡緗桃特地鮮,春嬌濃發鏡奩前,含羞含恨不能言, 如此風流天賦與,暫時惜別總潸然,郎情認取枕函邊。

曲曲闌干淡淡雲,蘭儀蕙質杳難分,卻敘聲淚隔簾聞, 護雪庭陰愁意緒,聽香牀角總嚬呻,不成幽夢枕微溫。

縹眇眉痕憶遠山,一春愁思不成閑,斷雲只在有無間, 原是花身應惜惜,猶疑竹淚認斑斑,小樓今夜恰輕寒。

窈窕疎花似淺妝，遠山如寫畫眉長，那堪微雨濕衣裳， 夢好不疑銀漢迥，信來猶帶繡檀香，相思無底不能量。

於此可見其得力於花間矣。

蝶戀花

若使他生真脩有，拌却今生，情與秋俱瘦，月影籠紗霜拂袖，紅闌此夜涼初透， 最是開歌兼中酒，鏡裏芙蓉一霎容消受，鬢薈深深天聽否，網繆洛浦神歸後。

裊裊茶烟心緒亂，漠漠輕輕魂在梨花苑，料得海棠春睡倦，夢回愁聽鶯聲顫， 幾日浮生偏聚散，祇有情深不似天河淺，瑤井轆轤聲宛轉，斑騅那繫垂楊岸。

一片閒愁無處着，空裏游絲，真任風飄泊，望斷闌干天一角，夕陽那似春魂薄， 青鳥無端傳密約，玉印檀痕莫負香香諾，王母桃花開又落，彩雲夢遠閒池閣。

沈寐叟曾植先生著曼陀羅寱詞，張孟劬教授序云。

吳興公以鴻碩廣攬，負斯文之寄於貞元絕續之交，延祖宗養士之澤者日十餘年，生平著述等身，所爲詞手定者凡四，彊邨翁既彙而存之矣，復選而錄入滄海遺音中，公子慈護以序來屬，嗚呼，余又何敢爲公詞序也，憶㜷客滬上，登海日樓，謁公於燕座，公手一卷詞曰，生平之志與業具於是，子其爲我定諸，余既退而卒業，乃復於公曰，古人稱意內言外謂之詞，夫瓊樓玉宇，煙柳斜陽，常語耳，神宗以爲忠，而壽皇以爲怨，五季割據，韋端巳獨抱思唐之悲，馮正中身仕偏朝，知時不可爲，所爲蝶戀花諸闋，幽咽惝怳，如醉如迷，此皆賢人君子不得志發憤之所爲作也，公之詞將毋類是，公笑曰有是哉，子之能知吾詞也，然而見其表未見裏也，公自鼎革，龍蟠黃海，複壁柳車，雜賓盈室，宣光綸旅之望，老而益堅，故辛壬以後詞，蒼涼激楚，又過前編，彼婦之嗟，狡童之苦，如諷九辯，如奏五噫，託興於一事一物之微，而燭照數計乃在千里之外，至其不可正言者則譎言之，不能法語者則垂涕泗而道之，合騷玄於一冶，喻鵬鯤於一指，陸放翁之掉書袋，元遺山之嗜金頭大鵝，又未可一二盡狀也，今公往矣，復讀公詞，猶前日事，嗚呼，余又何敢序公之詞也，雖然公之精神，在帝左右，公之詞且如列星二十八宿，環北辰而無極，昔謝山謁稼軒祠自昏暮至三更，更聞有疾聲大呼，若鳴其不平者然，吾又安知夫異日者南泛扶胥之口，北陟醫巫閭之巔，不且有大音發於空間，鏜鞳鏗鍧與天風海濤相應和者，余雖不敢序公詞，而又何忍以弇陋辭也，因書之以復於慈護，且以診天下後世之讀公詞者，壬申夏五張爾田。

張氏之稱誠非過譽。

臨江仙（午日有寄）

昨日雨寒今日熱，午風兒女釵符，大夫角黍意何如，九江山九面，九逝郢魂蘇，　滿酌雄黃除惡酒，老夫醉頰回朱，三年艾蓄計非疏，南山騎虎去，不見鬼揶揄。

前調（彊村詞來，調高意遠，諷味不足，聊復繼聲）。

西北浮雲車蓋去，既來心與飄風，高樓獨上與誰同，名隨三老隱，槩在九歌終，　不是憑闌無下意，新來筋力添慵，江心桃竹倚從容，音書遲雁字，經本閟龍宮。

小重山（客有歌鄂王詞者音節慷慨感而賦此）

雄劍無端掛壁鳴，秋濤搖廢壘，轉鼙更，王良閣道照人行，歌宛轉，心抱北辰明，　雲水謝浮名，客心爭日月，預期程，與君廻撫伯牙琴，天風靜，來有大龍聽。

鷓鴣天（再和彊邨）

別浦徘徊隱鈿車，謫仙散誕醉流霞，歸來漁子都忘世，去後劉郎不問花，空色眩，色空嗟，杳然流水到天涯，東皇合念春無主，處處流鶯憶故家。

張孟劬爾田教授，工詩文，前已論及，生平於詞亦甚肆力，著有遯龕樂府，其詞初亦浸淫於唐人，而後肆力於宋，頗受朱彊邨之影響，而又不爲其所限，其詞與詩獨異，詩則文彩絢爛，詞則盡洗鉛華，各極其至焉，其論詞最多精語，茲錄與光華大學學生潘正鐸書云。

昨日略寫舊詞數首呈教，大抵皆少作也，嘗謂詞也者所以宣洩人之情緒者也，情緒之爲物，其起端也不能無所附麗，而此附麗者又須有普遍性方能動人詠味，其知者可以得其意內，而不知者亦可以賞之言外，故古人事關家國，兼感身世，凡不可明言之隱，往往多假男女之愛以爲情緒之造端，以男女之愛最爲普遍，亦即精神分析學中所謂變相以出之者也，再進則情緒愈强，此種變相又不足以宣洩，則索性明白痛快而出

上海交通大学百年报刊集成·第一辑（1896—1949）·学术学科

之,近人梁氏所標舉之情緒奔迸者,即此類矣,然以詞論則前者爲正宗,而後者爲變調,前者我輩尚可效顰,後者殆非天才不可,不然鮮有不躓者,何則,以此種明白痛快之作,雖純取自然,仍須不失爲藝術之價值乃爲佳耳,足下少年,處此濁世,自不能無所感慨,然但當以詞閑其情,而不可溺於情,溺則人格隨落,其作品亦必不高矣,欲精此道,又須略涉獵哲學諸書,才愈高,哲理愈邃,則不必事事親歷,自能創造種種意境,昔見任公梁氏論楚詞,謂屈原係戀一女,說得靈均如此不濟,眞屬可笑,彼蓋不知詞章高手其寫情也全乞靈於一己想象力,本不必先閱歷一番眞境,陶潛淡蕩人,而有白璧微瑕之賦,胡銓忠義士,而有梨渦靜對之詩,幾曾見陶胡二公爲戀愛爲狹邪,此祕未悟,則於詞學必不能深造,十年來兩性間之防閑,可謂盡弛矣,而藝術上之貢獻乃轉不如前此之盛,其故安在,蓋可思也,僕少年所爲詞,小令在淮海小山之間,長調學步二窗,遭世亂離,才華告退,已不似從前之豬采絕艷矣,自然之趣,或復勝之。

張氏於古人感懷身世之作,所以託於男女之詞之故,言之最爲精闢,不知此則古人君臣離合,朋友悲歡,凡託諸男女之詞者,皆爲戀愛大家之作矣,必知此而後可以讀國風楚辭,必知此而後可以讀古詩,亦必知此而可以讀詞,引誘後學此書眞可謂一字千金矣。

楊柳枝

雨賦煙疏望欲迷,龍池二月點春衣,梅花笛裏渾無賴,吹作章臺雪絮飛。
石黛彎環境裏顰,羅窗閒踏繞街塵,生憎濁岸無離恨,飛趁雕鞍更著人。
春風吹滿錦障泥,多少行人唱大堤,無情清渭東流盡,送到咸陽却向西。
宮溝翠浪帶棲鴉,壓枕迴鬟夢落花,玉輦不來弓袖冷,啼煙青鎖五侯家。
老去風流强入時,毵毵猶及見腰肢,天津井望腸應斷,無復當筵裊柘枝。
洛水微波拂苑牆,圖屏殘蠟照宮黃,東風傾國宜通體,誰賞徐妃半面妝。
麴塵暗逐馬蹄遙,漠漠輕陰惹嫩條,勸君移向靈和殿,不爲傷春損細腰。
鈿鼎羅衫爾許長,絲絲金線拂河梁,愁來未要并刀翦,如此相思斷得腸。

此等入花間集誰能分別乎。

水龍吟(挽黃晦聞)

竟拚與陸俱沈,蒼茫不曉天何意,哀時變淚,繙胸萬卷,一棺長閉,如此奇才,忍甘終老,詩人而已,憶當年對策,墨含醇酖,親坐閱虞淵墜, 黯淡神州雲氣,喚沈冥睡獅不起,艱難戎馬,崎嶇關塞;亭林身世,來日荊榛,誰知非願,先驅螻蟻,祇傷心絮酒,荒郊攬涕向悲風裏。

沁園春(再輓晦聞)

疇昔相知,自許千秋,惟曹與君,憶甘陵結客,曾經名見,洛陽作賦:如此才横,酹向陶潛,重邀李白,何日尊前細論文,春秋筆,歎詩亡不作,泣鳳傷麟,紛紛豎子成名,祇我輩棲遲行路塵,問壞空成住,到頭誰幻,黃農虞夏,過眼皆陳,語可當薪,玄眞覆醬,猶有侯芭後死人,(謂君門人吳雨生)歸休了,算交親有淚,天地無情。

前調(甲戌除讀遺山詞戲效其體)

六十三年,彈指之間,頹然已翁,看清晨種種,髮搔逾短,朱顏浩浩,心在還童,北胄談經,東華紬史,頭白區區無寸功,從今後,且安排卒歲,休問窮通,誰家爆竹牆東,莫驚攪先生春睡濃,似吟詩去也,山中木客,閱人多矣,澗底蒼松,五鬼揶揄,三尸坐守,養得丹砂如許紅,盲詞好任攔街拍手,醉倒春風。

此則雖在宋元大家,亦當列爲上乘者已。

陳洵新會人,字述叔,教授中山大學,著有海綃詞,與黃節齊名,梁鼎芬與人言,嘗稱陳詞黃詩云,黃節序其詞,謂蚤悅稼軒夢窗碧山,其時尚未五十也,嘗見評清眞詞,極得理解,知其於此集用力最深也。

宴山亭(九日風雨登高同風餘諸子)

閒夢東籬,悽絕素心,暝色相攔高處,殘照翠微,舊月黃昏,佳的有時風雨,漫惜多陰,知道是秋光誰主;凝佇,會舊識江山,看人無語, 還喜身健登臨,且隨分清尊,慰秋良苦;漉巾愛酒,破幘簪花,商略較誰風度,盡日停雲休更憶,昔年親故遲暮,須料理幽居詞賦。

水龍吟(海綃樓填詞圖往者彊邨翁嘗欲屬吳湖帆爲之余曰不如寫吾兩人談詞圖吳圖遂不作填詞今年秋黃兆鎭遊杭復請余越園爲此法翁歸道山行一年矣獨歌無聽聊復敘懷欲如曩昔與翁談詞何可得哉)

看人如此溪山,等閒消與填詞老;流塵換鏡,天風吹籟,危闌自好,南渡斜陽,東籬舊月,古今懷抱,算承平去盡,笙歌夢裏,渾昨日,非年少, 金粉旗亭鬧了,賸傷心,紫霞悽調,新綃故素,啼紅泫碧,不成春笑;湖水湖煙,餘情分付,又隨風渺,望千秋灑淚,同時悵斷,掩霜花槁。

夏敬觀字劍丞,號吷盦,博學精考据訓詁,尤工詩詞,晚年尤工畫,著作宏富,如漢饒歌箋,梅宛陵集校注,忍古樓畫述,忍古樓詞話,最行於世,著有吷盦詞,武陵陳銳序其詞,謂近年西江詞家推萍鄉文道希學士,而新建夏劍丞如驂之靳,劍丞稟其世學,既爲詩又工於詞,詩格規撫孟郊,詞則奄有清眞夢窗之長云云,可見其得力之所在,爲詞極祈嚮朱古微,在海上結漚社,蓋取朱古微別號漚尹而名焉者也。

燭影搖紅(和惲瑾叔)

煙冪林陰,海暾半浴宵來雨,小坡新漲沒蒲根,蜃氣噓晴浦,垂柳夢牽萬縷,翠娉婷東風嫁與,地卑江迴,水闊春空,迢迢平楚, 無定暄涼,一番做弄清和午,到門芳草舊心情,腸斷天涯路,何事鶯猜燕妒,料危巢難安倦羽,倩誰采采,剩託微波,夢香蘅杜。

江城子

好春曾未細思量,去堂堂,向何鄉,不許綠陰深處牘殘芳,瓶供受風簾子罅,紅亂旋,著胡床, 纖悲微痛掛肝腸,雨垂柳,一行行,舞態婆娑金縷也郎當,鶯燕不知人已老,難共汝,入歡場。

醉吟商小品

白石自云,於金陵遇琵琶工,解作醉吟商胡渭州,因求得品絃法,譯成此譜,實雙聲耳,今考旁譜乃夾鍾商用上字殺,俗呼雙調者,是雙字乃調字之訛也,郭茂倩樂府詩集,載胡渭州二首,引樂苑曰,商調曲也,王灼碧鷄漫志曰,唐吐蕃傳云,奏涼州胡渭錄要雜曲,今小石調胡渭州是也,小石亦商調,用尺字殺,宋史樂志,教坊所奏,則入夷則商,用凡字殺,俗子林鍾商,白石所譜,則爲雙調,琵琶絃所折字,今旁譜有折字,蓋由絃譯入簫笛 '',因與公渚論定旁譜,值庭前玉蘭已謝,遂用此賦之。

斷似曉星稀,牘得綴枝三五,未禁風妒, 夢絕殘天路,窈窕芳心誰訴,淒涼澗戶。

其詞風蓋與清眞爲尤近。

葉恭綽字譽虎,號遐菴,曾任本大學校長,尤專於詞,網羅清詞人集充棟,現正從事全清詞選,昔嘗與朱彊邨夏吷盦龍榆生等發凡起例,至爲精當,葉氏既世其家學,且師承文道希,又頗挹朱彊邨之風,其作風不專一體,詞集尚未刊行。

五綵結同心

崑山眞義鎭之東亭子爲顧阿瑛玉山佳處故址之一今歲池荷盛開重臺駢蕚並蒂至五六花余偕姚儇琴江小鶼郎靜山臨賞以其槧小藕竅而不結蓮房又花瓣襞積捲如蕉心正與吳中華山劉宋造象中所刊千葉蓮同因斷爲即天竺傳來之千葉蓮藎花中如海棠山榴山茶凡舶來種恒現多層此殆同也元末明初迄今已六百年淪落荒村中今始幸邀吾徒之一顧賦此闋以屬阿瑛兼示同人

前身金粟,俊賞瓊英。（小瓊英阿瑛姬人今從葬園中）東亭(園中分東亭子西亭子相距幾十里足徵當時之宏侈)恨隨風淌,六百年來事,靈根在,渾似記夢春婆,濠梁王氣同銷歇。（明太祖徙顧于濠梁蓋忌之與沈萬三同)空回首,金谷笙歌,無人際,紅香泣露,可堪愁損青娥， 棲遲野塘荒淑,苦惰移洛浦,影換恒河,追憶龍華會,拈花笑禪意待證芬陀,五雲深處眠漚穩,任天外塵劫空過,好折供,維摩方丈,伴他一樹桫欏。（余新自吳門得桫欏一小株亦天竺種也)

踏莎行(爲李拔可題其妹花影吹笙塡圖)

淡月幽輝,小樓寒澈,危絃促柱同凄咽,黃花未肯怨西風,捲簾消息憑誰說， 夢蝶初醒,驂鸞遽別,曇華石火同飄瞥,人間銷得幾回腸,偷聲賺盡愁千結。

石州慢(中秋游虎邱適逢月蝕用方回原韵)

夜氣沈山,商音換世,愁與天闊,留人嚴佳攀餘,夢遠塞榆折,瓊樓影暗,忍照破碎河山,傷心還話團圓節,涕泪玉川吟,剩枯腸如雪， 歌發風亭笛弄,滄海珠生,寄懷渾別,恨逐胥濤,越網千絲誰結,全消虎氣,算有墮粉零香,濤宵索伴蛩聲絕,怕半鏡重圓,異當時明月。（是日日本承認滿州國）

又有楊玉銜字鐵夫,香山人,教授無錫國學專門學校,師事朱古微,專工夢窗詞,爲之箋注者三稿,其精勤如此,著有抱香詞。

月中行

披襟岸幘老疎狂,秋葉爲詩黃,滄波嗚咽斷人腸,漚沒不成行。（漚尹師逍山後海上漚社星散矣） 餘情分付憑煙水,況掩我,燕語回檣,冷冷湘瑟海風長,無字悲涼。

上海交通大学百年报刊集成·第一辑（1896—1949）·学术学科

減字木蘭花

十年瞬耳,桑滄笑裂麻姑齒,晏子狐裘,抵債尋人酒樓,䴉鷗斥鷃,大小乾坤皆過眼,柳雪葭霜,到處吾家第二鄉。

臺城路(自題雨屋深燈塡詞圖)

人間萬事皆塵土,蕭然一燈知已,亂葉搖涼,破窗弄暝,况是雨濛濛地,愁心滴碎,忍重憶年時,登樓春思,門掩梨花,爐殘兀自照無寐，瓊洲舊譜餘幾,向西窗琴薦,夜悄如水,多少英雄,吹簫擊筑,暗老天涯身世,孤檠影底,算淅淅空階,洗箏琶耳,百種閒情,澹描參畫理。

八聲甘州(題李雲仙先生抱琴獨立圖)

問天風海水,自成連於今幾人聽,奈箏琶聒耳,村謳樵笛,波拂雷鳴,遺事貞元舊譜,誰復問楊瓊,巖石琴台路,霜月淒淸，獨是仙人綠綺,伴雲涯倦客,身世伶俜,寫高山流水,凌亂入丹靑。(君爲名畫家)立蒼茫吟髭孤撚,輒負囊斂手聽秋聲,閒惆悵,覓知音侶,惟有箐篶。

近人詞得力於夢窗之深,殆少其比。

此外唐圭璋夏承燾邵瑞彭汪兆鏞黃孝紓龍沐勛易大厂趙尊嶽皆當今詞家,唐氏編全宋詞,龍氏主編詞學季刊,門人唐蘭發明白石旁譜,皆於詞之貢獻尤大,其作品以限於篇幅,俟他日詳論焉。

柱十餘年前,亦曾偶一塡詞,後以依譜而塡,頗覺無謂,爰有自由詞之作,近始發表於學術世界,玆錄其序言及自由詞數首如下。

自由詞序

史稱詩三百篇,孔子皆弦歌之,以求合韶武雅頌之音,然則詩固莫不可歌,莫不可譜於樂,蓋詩辭既作,能樂者制成樂譜,與絲竹和歌,是之謂樂,先有詩而後有譜,非先有譜而後有詩也,自詩變爲騷,詩樂始分,如離騷九章之類,不能合樂者也,離騷之類,變而爲賦,騷賦不可歌,而騷賦之亂,則可歌者也,文心雕龍樂府篇曰,凡樂辭曰詩,詩聲曰歌,聲來被辭,辭繁難節,故陳思稱李延年閑於增損古辭,多者則宜減之,明貴約也,由斯而言,詩之可譜於樂與否,全視乎繁簡耳,蓋繁者能誦而不能歌,故不能合樂也,自漢以後,詩之領域有詩與樂府二者,樂府固入樂,詩亦未嘗不可入樂,然詩不稱樂府者,以未嘗有樂人制譜耳,非謂詩必不能譜,不能入樂也,文心又云,觀高祖之詠大風,孝武之歌來遲,歌童被聲,莫敢不協,子建士衡，咸有佳篇，並無詔伶人，故事謝籥管，俗稱乖調，蓋未之思也，此謂子建士衡之作，非不可合樂，徒以未嘗詔使伶人爲制譜，故不入絲竹耳，且觀莫敢不協四字，則謂詩辭先作，歌者以譜協詩，非以詩塡譜也，然則詩之簡者，皆可制譜，其理甚明，自唐以後，或以賦入詩，五七言古體漸多長篇，即以樂府命題，亦多巨製，故伶人協樂，多用絕句，以其簡也，其後五七言律絕混合，於是乎有詞，觀夫最初之詞，其平仄未嘗一定，長短時或參差，則可知先有詞而後有譜矣，宋之詞人，凡知音者皆自作詞，而自爲譜，姜白石集有自度曲。（一本作自製曲）即其例也，其仍用舊譜者，意當時舊譜已盛行於伶人，不欲多事更張耳，爾後詞人未必知音，伶人多未能詞，故詞人塡昔人之譜，以便伶人之歌，於是乎詞始專事乎按譜而塡，先有譜而後有詞，與昔日先有詩而後有譜，適其反矣，元明以降，伶人所歌，又由詞而演變爲曲爲劇，則詞之音譜久已失其傳，今姜白石詞集所列之旁譜，久已無人能明，直至近人始稍稍能說，則詞之不能入樂，亦固已久矣，夫詞之有譜在乎入樂，今詞已不譜絲竹，而詞人猶按譜而塡，又安用此無謂之桎梏邪，夫不歌而誦謂之賦，徒歌謂之謠，如古詩孔雀東南飛，杜韓之北征南山之類，雖屬詩體，實則可誦而不可歌，與賦相近，其五七言律絕及五七言短篇古詩，凡未譜絲管者，皆徒歌之謠也，杜工部七言古詩，多著歌行二字，音節低昂，尤宜於徒歌，詞之悲壯者尤爲近之，要之詞有律絕平仄聲之諧調，有古詩長短句之節奏，於徒歌尤美，今既不以之入樂，則取其所長而解其桎梏，用其句調而不守其律譜，學者但多讀古人之詞，而任意歌詠，以求詞之解放，則其成就必有可觀者，予昔年講學蒼梧，嘗與友人馮振心倡爲此體，振心以詞爲詩體，今其自然室詞集中尚或存之，予則以詩入詞，所作不下數十首，命曰自由詞，久欲布之，以爲海內倡，而多事卒卒，未皇也，今恐久而放失，故略選錄於此，以質世之學者，尚有自由曲一卷，容他日布之，二十四年十一月北流陳柱。

飲酒樂

落紅看盡看新綠，綠已殘時愛雪花，雪花沒後賞春華，一年何事苦長嗟，
酌美酒，飲巖茶，江南楊柳青於染，嶺表荔枝粲若霞，人人何處不宜家。

懊惱歌

一別而今眞已矣，欲說離愁不識從何起，月光如水水如天，比我相思都

不似，回首平生無一是，無一是，空徙倚，世間何物是多情，底事多情累爾，情若是有情時，不會把人愁死。

醉後對月

與內子及大兒一百次兒三百長女松英次女梧英姪女蕊英等夜酌，以詩文爲酒令，醉後到校園賞月。

大醉意猶醒，長歌笑屈平，鬥酒猜詩同笑樂，滿堂喜氣盈盈，話盡身心悲國事，飲罷了，出門看月，不覺夜三更，愈是零丁，愈是娉婷，愈是玲瓏，我欲將兒携女，伴爾到天明，又只恐多情明月，無情白日，使我明朝對鏡，白鬢更星星，想當年講學黨江畔，一時文士盡豪英，金尊才舉，月賦初成（時張友藝程演生馮振心諸君同作月賦）擲地聲聲金玉，凌雲筆筆縱橫，頓時星散，想而今唯有靑桐陰下，綠楊深處，軋軋夜蟬鳴。

桀遐菴對於自由詞頗爲贊同，其書云。

柱尊先生左右，奉示賢新著，敬誦領一一，執事高才廣學，恢廓無涯，拘墟晉儒如綽者惟有佩羨，何能妄加評隲，年來于詞學略有探討，承詢自由詞一節，敢貢所見，藉塞明問，詩詞曲本一貫之物，以種種關係而異其體裁與名稱，其爲敍事抒情之韻文則一也，應求可以合樂與詠唱則亦同，愚主張曲之流變應產生一種可以合樂與詠唱之物，其名曰歌，其詳已見拙著握蘭簃裁曲圖詩序，玆不復贅，尊著自由詞，實卽愚所主之歌，鄙意應不必仍襲詞之名，蓋詞繼詩，曲繼詞，皆實近而名殊，猶行楷篆隸每挪一格，定有一專名與之，以明界限而新耳目，張天方嬰作新詩，弟亦曾以此稅進，蓋既非沿襲，則宜逕立新名，至名實之間，是否相副，則愚復有所見，愚所主之歌，以能合樂與詠唱爲主，合樂事本奧賾，姑不細敍，若求能詠唱，則事並不難，但一必須句末有韻，（或二句三句再用韻）二腔調必須諧協。（此事說穿甚淺而諸名家往往不明袁子才謂古人詩有可傳者有可讀者所謂可讀卽指誦之而聲調鏗鏘者曾滌生謂韓退之詩爲玉磬璧聲澈金鈴個個同亦指其可誦者如何始可誦鄙意不外陰陽淸濁能調協而已如杜詩風急天高猿嘯哀風天高哀四字皆淸平如猿字亦淸平假定風急天高鵑叫哀尙讀得下去乎故不論何種韻文皆有自然之律過於違反卽不能成誦矣）三須通俗，顯淺而不俚鄙，能此三者可合今日之新需，但卽此已似非易，公才雄氣猛，盍努力開一新境邪，早起率復，不盡欲言，即頌道安，弟恭綽上五月六日。

蓋葉氏贊成吾作品，而於自由詞之一名，則以爲不如竟稱之爲歌也，至於葉氏所提倡之歌，其說見於所譔李釋戡握蘭簃裁曲圖詩序，今錄於下。

李釋戡以握蘭簃裁曲圖屬題，久未之報也，余維謳吟出于天籟，諧以節奏而成樂，故古者有韻之文，殆無不可歌，聲音之高下，句之長短，一視律之需求，自五七言詩興，又縛于聲病，束以功令，由唐迄今，彌雜以人而遠乎天，其究也徒留糟粕存間架，倖歎強戚，率絲刻木，不復能爲羣衆抒情寫實之用，詩之道因益衰，幸唐代因窮而通，有長短句之崛起，依永和聲，意內言外，晚唐五代之文藝，惟此足稱，逮盛極于兩宋，以詞之猶不能盡其變，北曲生焉，南曲繼焉，再變而爲崑曲，此其統緒，實祧五七言而上接風騷，此非有所抑揚，其體制則然也。（語句之工拙又當別論）宋張功甫曰，三百篇當時之歌辭也，鄭夾漈曰，古之詩，今之詞曲也，宋之詞曲，多即席付之歌唱，故張鄭二氏，均能上究厥中消息，自詞曲調譜，逐漸失傳，製詞者不能復歌，遂全失韻文原義，雖佳作間出，而情韻不充，變化亦少，致不能窮極能事，此皆逐末忘本之用也，崑曲之興，三百年，今成弩末，學者棘心鉤吻，僅能合樂，而佳作亦稀，各地風謠頗多獨到，以方音各異，無以行遠，故今日求上接風騷，中承樂府，後繼詞曲，旁紹五七言詩，於復能盡其通變，應有新體出焉，略沿詞曲之體制而變調務期合樂。（所謂樂者汎指音樂而言至今之音樂應採用古今中外何種調譜與器具以成爲較良之樂茲事體大今暫不論但鄙意決不必拘定吾國古昔之樂調樂器以學無國界又吾國舊樂久雜外來無須強分界域也）詞意務求眞切，一掃千餘年來膚浮雜湊塗飾矯強之病，庶韻文一道，可卜中興，此其體擬名之曰歌，以其入樂而兼通雅俗也。（詩詞曲三字原義本非如今自規爲專稱遂別成定義歌之名亦猶是耳余數年前屢以此義述之友人易大庵龍榆生兩君於文字教課中頗衍其說蔡孑民蕭友梅兩先生亦深許焉遂先後有歌社及音樂藝文社之設以資闡播）近頃四川陳厚庵著宋詞新歌集，以宋詞譜入今樂，頗得其意，然猶嫌強譜就詞，設溝通兩者，因新譜以作歌，或就新歌而制譜，期聲情並茂，耳目一新，一篇甫出，即付歌場，黃河遠上，同茲得意，仰亦文壇之快事乎，至篇幅語句，不限長短，而必須押韻，韻腳必須合律，而不必拘守前此之韻書，此又棠之所主張而期與海內閎達共加商榷者也，余三年來，懷此欲有所述，完嬾遂未下筆，今因釋戡之屬，遂發所感，爲一詩，釋戡通人，于此當有默契也，欲究其詳，仍俟諸異日。

此文所論與柱不約而同預料詞曲必有解放之一日也。

五 論書法

近三百年來之書學，可分三時期，始則爲帖學時期，以趙董爲主，而略及二王，自鄧石如包慎伯出，漸漸傾向漢隸北碑，何子貞康南海繼之，海內風靡，可謂碑學時代，又自吳大澂精研金文，作說文古籀補，寫篆文孝經篆文論語，又著愙齋集古錄，清道人寶出，專臨摹三代鐘鼎，旁及漢隸南北碑，而實以鐘鼎見稱是爲鐘鼎時期。

吳大澂字清卿，號愙齋，吳縣人，同治進士，累官湖南巡撫，嘗勘界吉林，立銅柱於中俄交界之地，自以篆題其上，光緒甲午中日之戰，督師出關兵敗革職，清卿工大篆，平時作札與人，亦用古篆，其師潘文勤得之最多，不半年成四冊，一日謁文勤，坐甫定，即言曰，老弟以後寫信還稍從潦草，我半年付裱所費已不貲矣，越數日，復柬之曰，老弟古文大篆精妙無比，俛首下拜，必傳必傳，兄不能也，清卿後出撫湘，有時判事，亦作大篆，胥吏不能識，往往牽牘進質，乃口講指畫以進之，（書林紀事）其浸淫之深如此，清卿篆籀高華典雅，無一筆塵俗氣，楷書亦復精絜，不特爲四十來年第一人耳也，近人王潛剛評清卿書云，精研六書，集古代之金文而以小篆字勢變化之，遂於鄧完白錢十蘭之外，獨樹一幟，用筆用墨皆精當，其書小至一二分大至膀書，無不佳妙，實爲篆書之大家，同時以小篆書名者，有楊沂孫吳俊卿，皆有極深功力，而楊取銅篆之勢得方整之度，吳習石鼓秦詔版而參以古金文，錯落有致，惟楊未能變化新意，吳則畢生精力用之刻印，可稱大家，而往往以配合印章之法施之於書，在石則古趣橫生，在紙則嫌作用太過，二人皆不及大澂之能追險絕於平正之後，寓神明於規矩之中也，又云清卿臨毛公鼎字，大二寸許，筆筆精到，如鑄金範蠟，與完白山人書屏，錢十蘭書楹聯同懸壁間，珠玉在前，不知有宋，無論元明，其評兩吳之書，均可謂得當，然楊沂孫吳俊卿二人，皆專力石鼓，其書亦大篆體，不得謂之小篆也，吳清卿卒於光緒二十八年。

翁同龢字叔平，號松禪，常熟人，官至師傅，以贊助變法罷官，當趙之謙肇寫北碑之末流，倡條冶葉，悅目偶俗，叔平乃近則南園，遠宗平原，欲以氣魄矯之,亦豪傑之士也,近人譚延闓宗之,字體博大肅穆,在黨國開國元勳中,書法有開國氣象也,惟譚氏差足語之。

臨川李瑞清與湖南曾熙,以書齊名,李字梅盦,號淸道人,曾字農髯,李喜

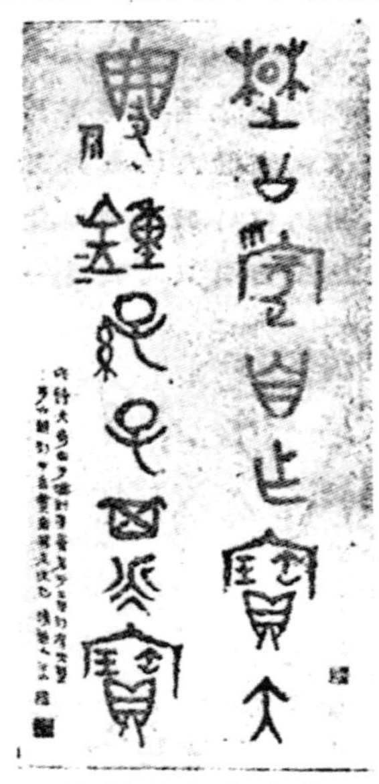

淸道人臨楚公鐘

學鼎彝漢中石門諸刻劉平國裴岑張遷禮器鄭道昭爨龍顏之屬,自號北宗,曾則學石鼓文夏承華山史晨大傅右軍大令,尤好鶴銘般若自號南宗以相敵,每作書必各出相示,議論以爲笑樂,馬宗霍教授評梅盦之書曰,道人於書

曾農髯與陳柱尊札

無不臨,臨無不肖,甚至碑石蝕剝之處,字畫刓損者亦依而仿之,波磔太稠,斷爛滿目,人呼曰鋸體,又每爲人書,欲筆筆有來歷,往往割裂數碑以成其字,人有呼曰百衲體,其於篆則專摹鼎彝,常謂神遊三代,目無二李,而人亦或譏其不合六書處以相誚,蓋道人習古若錮,步趨恐失,不敢稍軼,自來書家之謹嚴無能出其右者,雖心手交困,而規矩之至,神明寓焉,固非矜小智求近功者所得議也(書林藻鑑)。李氏臨摹鐘鼎,近人但議毀之,謂三代彝器所刻,字體古樸遒勁,自有一種風趣,後人極力模仿,難得神似,此固由時代使然,亦因彼時不用刀筆也,其特種技術,今已失傳,且只可視爲一種雕刻術,今人如李梅庵

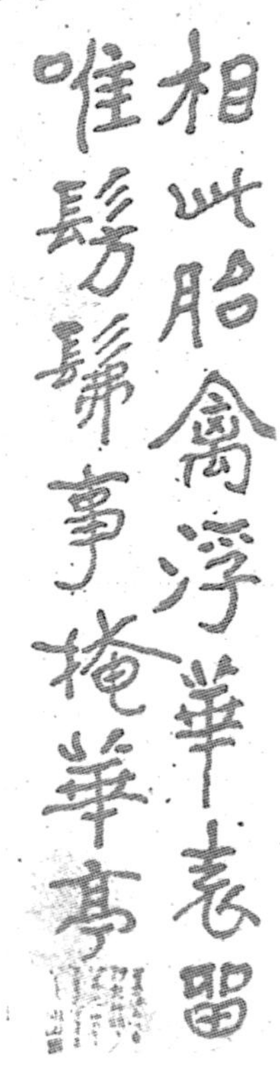

黃穆甫臨瘞鶴銘

輩,極力摹仿,散氏盤銘毛公鼎,欲代刀以筆,代金石以楮墨,爲一時好奇計則

可,非書法正宗也,而章炳麟則不韙但氏之言曰,雕刻與楮墨雖不同,然石鼓自唐已重之,摹擬者固難逼眞,規模意度終須由此而出,夫豈但三代彝器哉,漢碑亦未必先書丹也,又曰,凡學古人而不能逼肖者,非徒刀筆之殊,即筆亦有古今之異,率更之書,近世豈有得其彷彿者乎,乃唐石經積字數十萬,未必皆書家爲之,而筆勢質與率意無異,此可知古今筆不同,故古今之書亦異也,(書[illegible]鑑)柱按章氏之言是也,馬氏譏李氏波磔太稠,曾氏亦染此習,然此派實自何子貞而來,爲之工者固可謂有鐘鼎法,下者則不免太過造作矣,曾氏尤工臨夏承碑瘞鶴銘及黑女碑,以其以曾用力於太傅右軍,故行書尤爲麗則,不愧號爲南宗。

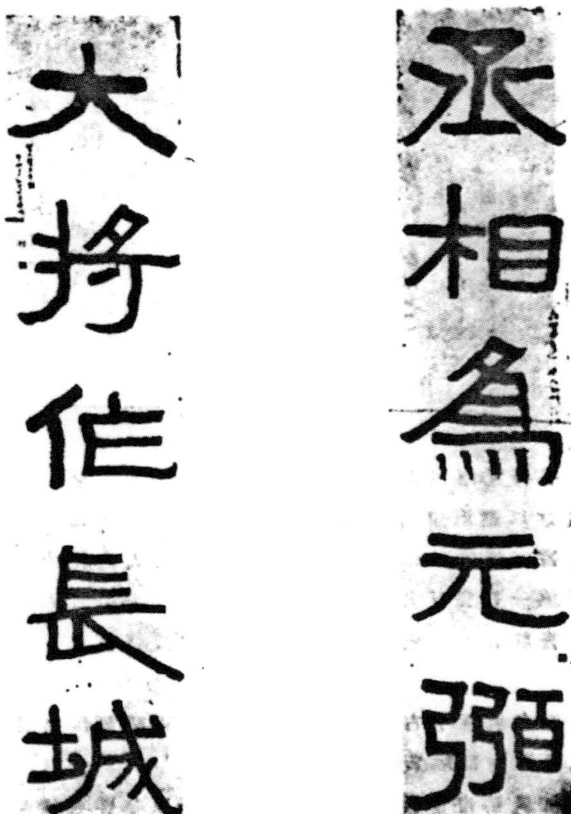

黃穉棠臨漢楊淮表紀

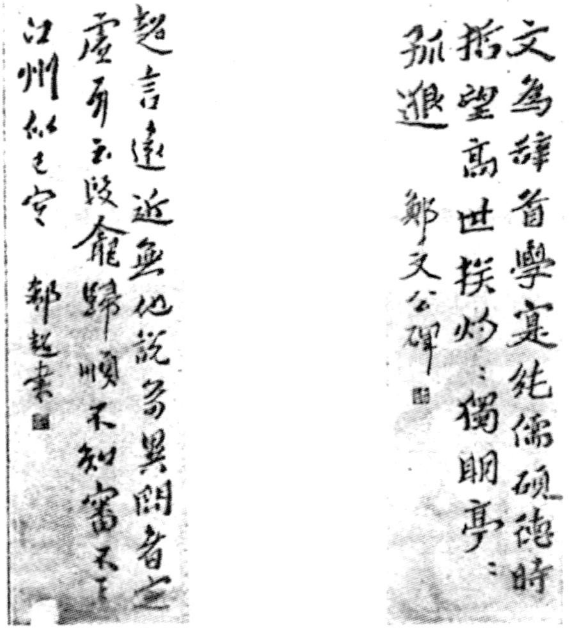

沈培老臨碑帖

黃鴻圖字釋棠，臨川人，上自三代鼎彝，下至南北碑，無不能摹，無不工肖，不知者驟見之以謂淸道人復生也，實則範圍大於李氏，魄力亦過之。

沈培老書取法安吳，旁及山谷，晚學章草，及晉人寫經，遂臻絕詣，論者推為有淸一代第一，吾嘗見其所臨鐘鼎，亦有章意，向燊謂自碑學盛行，書家皆究心篆隸，草書鮮有名家者，自公出而草法復明，沒後書名更盛，惜其草蹟流傳不多耳。

朱孝臧原名祖謀，字古微，以詞名家，書法平正，略帶伊墨卿之意，向燊謂其蘊蓄有風骨，不尚馳騁，黃賓翁稱其筆能留。

康有為著廣藝舟雙楫，鼓吹北碑，風靡全國，以是書名益著，向燊謂其由陳希夷以入石門銘，固然然實參以伊墨卿張廉卿兩家之法，且得力於顏平

朱古微楹帖

原者,故能沈雄而飄逸,吾最愛其壯年所書南海詩集序及晚年所書奏稿,一極雄逸,一極蒼老,吾藏有長素與長麐札,亦與詩集序相近。

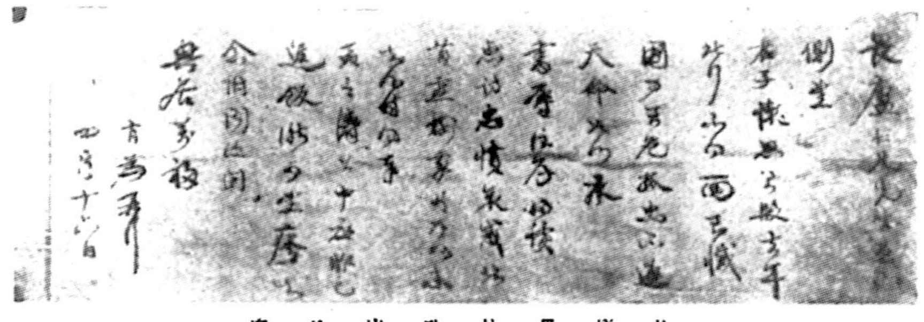

康長素致林畏廬札

陳石遺先生以考據詩古文名海內，而書法亦極老健有姿態，筆筆如精金美玉，人爭珍之，與嚴復林紓鄭孝胥所學雖不同，然一望而可知爲閩派之字也。

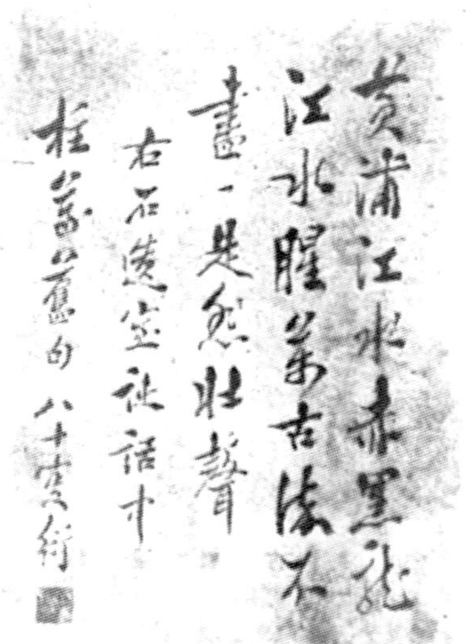

陳石遺先生書詩話

章炳麟以樸學名,學者爭愛其書,然吾謂章之篆不及其行草,而尤以小字為精妙。

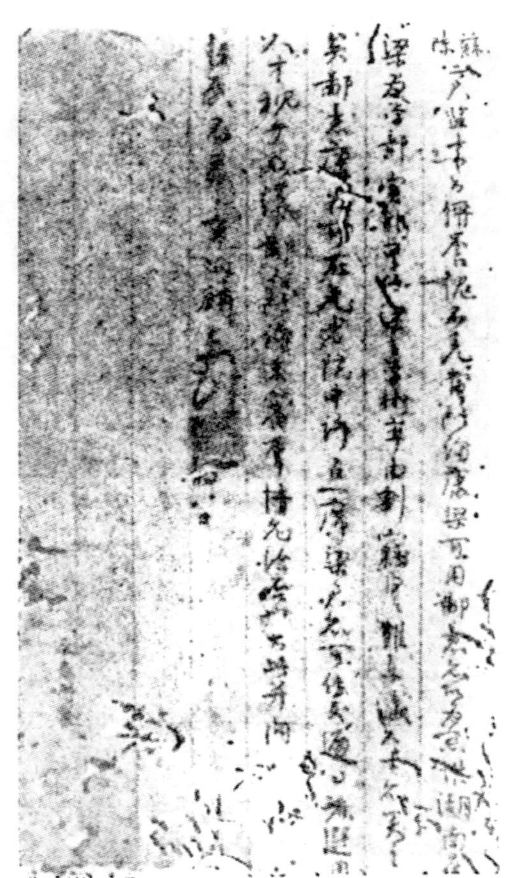

章太炎與陳柱尊書

黃賓虹名質,字樸存,賓虹其號也,晚以號行,人皆寶其畫,書法遂為畫掩,篆法師盂鼎,甚有牝牡相得之情,余紹宋稱其篆為今世無兩並自明以來所鮮見,吾則謂賓翁草法,亦得懷素意。

梁寒操字均默,清剛之氣,盎溢法率更,近師覃谿,無一點江湖塵埃之氣,亦當今書家之所希也,

黃賓虹臨盂鼎全卷之首七行

梁均默楹帖

葉遐菴以詞名家,兼工書法,簡札尤妙,蓋遠法王晉卿,近師金冬心者也。

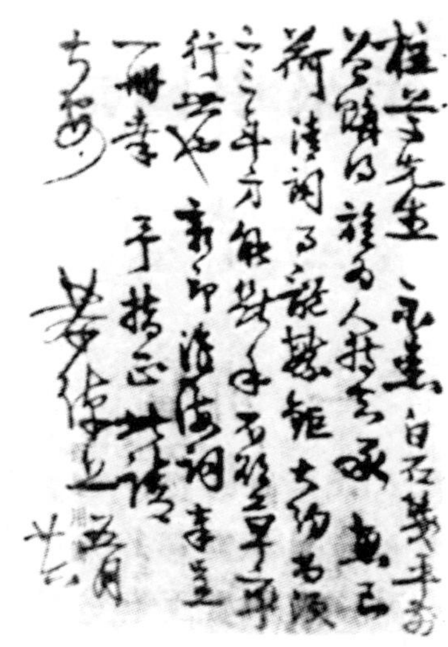

葉遐菴與陳柱尊札

此外如楊守敬梁啓超于右任張人傑吳穉暉馬宗霍胡漢民余紹宋歐陽漸馬一浮周天游王蘧常皆近代之能書者,而本校講師蔣庭曜亦深得爨寶子之意。

要而論之,書學似爲文學之末,然欲其能自成家,實至不易,蓋天才學問,兩者不可缺一,而學問之中,又分臨池之學問,與讀書之學問,倘於經史之學,根底太淺,則雖終日臨池毫無書卷气味,亦不過一字匠而已,故有經史之根柢者,不耐臨池,書不能佳,無經史之根底者,雖朝夕臨池,亦不能佳,然則欲求書法之佳,當於經史詩文之外,多一層臨池之功,故古來工者亦代不數人也。

書之爲道,不貴乎奇而貴乎正中之奇,不貴乎巧,而貴乎大巧若拙,不難在雄壯而難在雅健,持此以衡,則近代書家雖衆,神而化之,尚未云多觏也。

結　論

抑再有當聲明者,以上所論,只以其人之生存,能在此四十年以內者耳,若其人之作品是否在此四十年之內,勿勿未皇考也。

四十年來中國之鐵道

王同文

一 引言

中國之鐵道事業,在世界鐵道史上,雖屬後進,然亦有六十年之歷史。國有省有民有之路線,里程總計有一萬四千餘公里,尚有三千餘公里,純爲外人經營者,如中東南滿滇越等,不在其內,自九一八事變後,於不抵抗主義下,致令東北全部鐵路,幹支線將近四千公里,(一千七百餘公里之中東路尚不在內)相繼失陷,統計現存僅有關內各路約一萬公里,此寥寥稀少之鐵道,猶以歷年軍事之摧殘,兵匪之蹂躪,支離破碎,百孔千瘡,國有各路,積欠累累,營業不振,路線窳敗,甚至弊竇叢生,視鐵路爲肥缺,加以各路借款合同,苛刻異常,層層桎梏,束縛壓迫,發展無由,故我國之鐵道,可謂內症外感,兼而有之矣。且帝國主義者,恆假投資中國鐵道事業之機會,而實行其經濟侵略政策;觀乎九一八東北之失陷,即日本經營滿蒙鐵道之最終目的也。言念及此,至可痛心!

茲值本校四十週紀念,爰將四十年爲本題之範圍,即自光緒二十二年起,至民國二十五年止,略述鐵道發達之史實,及其最近新建設概況;然倉卒間,非本文所能盡述,幸讀者諒之。

二 四十年前鐵道興築之沿革

當清同治三年,(一八六四年)英國鐵路大家司梯文生氏來華,倡議於上海蘇州間可造一鐵路,此爲外人建議於我國築路之始;然其時風氣未開,國人無應之者。明年七月,英商杜蘭德在北京宣武門外,造小鐵路里許,試行小火車,是爲火車輸入我國之始;旋經步軍統領,以見者駭怪,命其撤毁。同治六年,外人乘與我修約之際,要求建造鐵路,我國拒之。至同治十三年七月,始有實行創設鐵路之事,當時英商議於上海老靶子路附近,經江灣至吳淞築一長九英里,軌距二呎六吋之輕便鐵道,光緒元年十二月二十四日(西歷一八七六年一月二十日)始鋪鐵軌,二年閏五月初十日(西歷一八七六年七月一日)舉行正式通車典禮,是爲我國鐵道實現之始祖。惟當時我國官民,頑迷成性,驟睹新奇之物,驚惶以爲魔術,乃羣起反對,卒於光緒三年九月十五日,(西歷一八七七年十月二十日)以二十八萬兩購回,而撤毁之。查自淞滬路開車後,營業日有增進:每星期每英里能獲利二十七磅,幾與英國鐵路客運收入相埒。但因官民缺乏對於鐵道之認識,不明其在交通上之功效,乃罔然反對,視鐵道如洪水猛獸,深惡而痛絕之,此所以第一次之試驗,終歸失敗,至可惜也。

淞滬路之創辦動機,由於英商發展上海江灣間之商務,自其被毁後,不三年有唐胥鐵路之繼起。該路由唐山煤井至胥各莊,長十八華里之輕便鐵道也。此路建築之動機,出乎國人愛國思想,其目的爲運唐山之烟煤,備供招商局輪船之用,以免東洋挾制,而塞漏巵。唐胥鐵路由開平礦務局於光緒七年五月興工,十一月工竣,軌距闊四呎八吋半,是爲我國正式建築鐵道之始,其軌距永爲我國續辦鐵道之標準;惟當時清廷禁駛機車,用騾馬拖載,不能引重致遠,乃利用舊鍋爐,改造小機車,其力能引百餘噸,命名曰「中國之洛克特」"*Rocket in China*",於光緒八年五月,開駛於唐胥間,故中國之正式鐵道,蓋以唐胥始。其後於光緒十一年,另設開平鐵路公司,資金五十萬元,離礦務局而獨立;十三年改開平鐵路公司爲中國鐵路公司,其後幾經展築,而成今之北甯鐵路。

上海交通大学百年报刊集成·第一辑（1896—1949）·学术学科

以上所述,爲我國鐵道興築之草創時期,或可稱謂鐵道興築之妨礙時期。自同治三年至光緒二十一年,清廷雖頑固守舊,然朝臣如李鴻章張之洞輩,亦有力倡興建鐵道,以固海防者,當時外人雖欲在我國內興築鐵道,卒不獲其願,所築成者,且其管理權,全操本國,外人絕未獲得建築鐵道權利,所謂列强利權競爭,更無其事也。

三 四十年來鐵道發達之時期

（一）列强爭奪路權時期（光緒二十二年至三十年）

於中日戰後,我國貧弱眞相,暴露於世界,以故列强分途並進,以獲得鐵道建築權利,爲其競爭中心,而我國任其予取予求,莫敢抗拒。法於光緒二十二年四月,索辦廣西龍州鐵路,於是龍州至南甯,龍州至百色兩路建築權,遂歸法人。是年八月,俄挾迫日還我遼東之功,締結東清鐵道合同。二十三年正月,德乘山東敎案,索取膠濟膠沂兩路建築權。二十四年三月,我國與法會訂滇越鐵道條約。同時英人亦索滇緬鐵道建築權,以期與法利益均霑。是年閏三月,俄更要求續訂東清枝路專約。四月中法廣州灣租借條約成立,中國政府允准法國修築安赤鐵道。三十年,日本因準備對俄開戰,擅自安東至奉天,築一安奉輕便鐵道,又接修奉天至新民一段鐵道,此皆列强迫我承辦各路之略史也。

以上各路,龍州因事中輟,安赤滇緬膠沂均未興工,新奉已由我贖回,併入京奉,所餘滇越東清膠濟安奉四線,法俄德日各據其一,日俄戰前,即經造成,共長七千餘里。

再者,列强除承辦各路外,又訂約借款,與我自辦。清廷以爲盡由外國承辦,太喪主權,不如籌款自辦,又可稍挽權利,因於光緒二十二年冬,特設鐵路總公司,任盛宣懷爲督辦大臣,無如官商籌股困難,事與願違。乃於翌年,力倡洋債可借之議,清廷允之,於是大借洋債,有若黃河橫決,列强均爭先恐後,劃定利權範圍。自光緒二十三年起,至三十年止,借款各路,共計一萬三千一百五十五里。惟盛氏所訂路約,喪權失利殊多,因欲利用外資,而反爲外資所困,實我爲魚肉,列强爲刀俎,任其以嚴酷條件束縛我,而我莫可如何,故此時期,實可稱一辱國時期也。

（二）拒欵自辦時期（光緒三十一年至宣統三年）

當日俄酣戰之秋,我國官紳士庶,鑒於俄西伯利亞鐵道輸送力之偉大,日人據我關內外鐵道,及其强造安奉新奉二線,對於軍運上有莫大相助,於是始悟鐵道於國防上,交通上,皆爲必需;並因外由列强之競索路權,內由盛宣懷之大借洋債,借款造路,權操外人,非常危險,至此全國乃唱拒外債,廢成約,收回自辦。拒債廢約之動機,蓋發生於粤漢,於光緒三十一年,以美金六百七十五萬元,向美國合興公司贖回承造粤漢合同,收歸粤湘鄂三省自辦;蘇浙官紳,卽繼起請廢滬甯及蘇杭甬之約;直隸亦請贖津鎮之約;三十三年郵傳部尚書陳璧向比國贖回京漢,以挽主權;他如豫許各國以建築權諸路,類皆酌予以資金供給權利,爲取消原約之代價。一時大紳富商,咸以倡辦本省鐵路爲名,設立公司,推舉總理,搜斂公私款項,不遺餘力,然暫時之狂熱,非有永久之實力,當其風起潮湧之時,識者早慮其不可恃;蓋商民對於鐵路投資觀念,極爲薄弱,卽有認購路股,亦非出其本願,零星雜湊,無濟於事。而怨言紛起,倡辦諸人,又苟慕虛名,於路事毫無學識經驗,所用之工程師管理員等,大都自鄶以下,以致一河五橋之誚,騰笑一時;又當事者,常假公濟私,藉辦路爲漁利之藪,不第此也;各省商辦之路,無全國整個之鐵路網計劃,以省爲界,觀念錯誤,各自組織商辦公司,因之互相觀望,如西潼之有待洛潼,湘路之力催鄂路,彼此趦趄不前,此其所以商辦鐵路公司徧海內而成效寥寥也。

此時期商辦之豫定鐵路,先後經政府批准者,約計七千英里,得竣工而通車者:官辦鐵路,有由關內外鐵路餘利撥充建築之京張鐵路,練兵處奏設之永黃鐵路,湖北造幣廠所築之運幣鐵路,端

上海交通大学百年报刊集成·第一辑（1896—1949）·学术学科

方奏設之甯城鐵路;商辦鐵路,僅滬杭甬一百英里,潮汕二十四英里。

因商辦集股困難,辦理非人,省自爲政,成效甚鮮,清廷迫不獲已,遂於宣統三年四月十一日,明頒上諭,幹路歸國有,定爲政策。所有以前批准幹路商辦各案,一律取消,旋向英美德法四國銀團,大借洋債,興築粵漢川漢,置輿論於不顧,遂促清室之亡。

（三）借洋債復活與鐵道混亂時期（民國元年至十六年）

民國以來,鐵道毫無進步可言,其原因有三:（1）政潮屢起屢伏,迄不平靖,故路政無軌道之可循。（2）歐戰綿亘數年,其結果除日本外,則四海困窮,財源竭匱。（3）歐戰後,國內戰爭旋起,十年之間,迄無寧日,軍閥猖獗,強提路款,鐵路會計無獨立之保障,以致鐵路事業,瀕於破產現象。

自民國元年至二年,政府有統籌全國交通之計劃,亟謀全國幹路之進行,於是粵漢川漢隴海以次在規畫之內;對於路政,則中央集權,商路則以次收買南北大幹,實行興工,東西大幹亦借款成立;整理業務,則以鐵路會計統一爲入手,而民營鐵路條例,亦於是時公佈。

惜民初主持國政者,適值袁世凱,袁氏蓄意剷除民黨勢力,以達稱帝之夢,積極籌措經費,遂利用輿論,贊成「路礦開放,利用外資」之說,藉築路美名,大舉外債,以解除財政上之困難,以供軍政費之挪用。自民元至民五年,先後簽訂借款合同者,有隴海浦信同成甯湘欽渝沙興濱黑株欽等八線,路線殆達一萬八千里,計其債額,則逾八萬萬元,當時坐令六千萬元墊款,盡化烏有,其居心賣路,誠可誅也。

段祺瑞討逆之後,復步袁氏利用墊款之覆轍,而有與日本訂立吉會鐵路,滿蒙四路,高徐順濟鐵路之借款,且訂膠濟新約,以保障二十一條之要求,訂軍事協定密約,以鞏固其在滿洲之地位。

自民國八年至十六年,新銀團壟斷借債,不爲我國所承認,各路不復有興工之企圖,全國分裂,日事內爭,交通秩序,破壞無餘之時期也。自是以後,廣州獨立,勢成偏安,安福當國,曹吳繼起,以至段氏執政,故中原屢經直皖之戰,湘鄂之戰,直奉之戰,第二直奉之戰,鐵路事業,瀕於破產,元氣大傷,軍人橫行,工潮迭起,議辦內國銀行借款而失敗,議利用庚款築路而無成,設會整理鐵路財政,而徒託空言;僅巴黎華盛頓各會議,關於山東問題之力爭主權,差强人意而已。

（四）鐵道整理與復興時期（民國十七年至現在）

自民國十七年鐵道部成立以來,對於各路之行政,積極以謀改進。茲因限於篇幅,僅舉其犖犖大者而言。如隴海粵漢兩路之完成,西南各省路線之計劃測勘,咸有詳細之規定。關於舊路之整理事項,如軍事協餉附加捐,以及各項鐵道雜捐之取銷,整理各路債務之進行,統一鐵路會計之推進,預算制度之實行,各路衛生之改良,路警訓練之策勵,材料之採用集中購料方法以期款不虛糜,橋樑之查勘,則派遣外國顧問,視察各路之設備管理,以求改良,機務之整理,則擬具方案,次第施行,餘如各路機車燃煤之調查,機車車輛之添購,亦均依次辦理。關於擴充與籌備事項,如完成粵漢隴海兩路工程之推行,京粵湘滇粵滇滇川川陝等線之調查,同蒲線建築預算之核定,甯湘線沿線二百里內地質礦產之調查,建築武漢鐵橋之籌備,下關浦口輪渡之設計,葫蘆島之築港,各省經濟狀況之考查,貨等運價之統一,各路員工待遇之改善,及交通教育之整理與擴充種種,均已次第推行。

自二十一年三月顧部長就任以來,對於新建設工程,另於第六節內詳述之。關於路政之實施者,如整理湘鄂路,設整理委員會,接收正太鐵路,查勘平漢隴海等路之工務機務,整理各路地產,統一各路路產保險,慎重購料手續,擴充森林,限期呈報沿線林產概況,中英修訂廣九路約,津浦路委員制改為局長制,道清路歸併平漢路管轄,為平漢路道清支線,各路置設警察署,並規定國有各路

上海交通大学百年报刊集成·第一辑（1896—1949）·学术学科

與沿線軍警互助辦法,視察各路勞工狀況,及完成各路工人統計,推行職工敎育等。關於發展並改良客貨運輸業務者,如京滬滬杭甬津浦隴海等先後籌設營業所,籌備舉辦應付運輸,舉行數次沿線出產品展覽會,各路實施負責運輸,實行貨物負責聯運,水陸聯運,及鐵路與公路聯運,客貨直達通車,籌設包裹代辦所,改善零担車掛運辦法,修訂客貨運價,審核各路各項特價,推行負責貨運代收貨價,籌辦各路冷藏運輸,並電令兩路建設貨物倉庫,籌辦鐵路旅客意外保險,修訂國有鐵路行車規章,重編普通貨物分等表,貨車運輸通則與貨車負責運輸通則之合併,限期取銷各路電報紙條改用耳聽制,設法減縮貨車在站停留時間,製定貨物延噸公里標準,飭各路利用夜間裝卸貨物,京滬路滬錫間,敷設雙軌,行駛蒸汽車,劃一各路時刻標準,並謀縮短行車時間,召集各路舉行聯運時刻網會議,召開支配車輛會議等。

最近張部長爲籌劃建築新路,統一實施工程起見,特設新路建設委員會,以掌各新路路線之規劃,測量,沿線之經濟調查,工程之設計及審定,材料之支配及審核,工程實施及考核,工程經費之籌劃及計核等事項。又裁撤料款管理委員會,所有該會事務,均歸併購料委員會辦理,關於購料委員會之組織規程,亦經修正。裁撤負責運輸委員會,所有事務,歸併業務司營業科辦理。該部直轄之路警管理局,業經明令,改稱鐵道部鐵道隊警總局。

四 鐵道行政機關之遞嬗

（一）統轄礦務鐵路總局（光緒二十四年六月至二十九年八月）

我國特設鐵道管轄機關,始於光緒二十四年之統轄礦務鐵路總局。蓋於此時期前,原由總理海軍衙門兼轄,即所謂督理鐵路大臣,及鐵路總公司者,僅管理一路,或包辦多路,與中央行政,皆漠不相關。自光緒二十四年六月,統轄礦務鐵路總局設立後,即於十月奏定礦務鐵路公共章程二十二條,是爲鐵道有法規之始。二十七年六月,改總理各國事務衙門爲外務部,所有礦路總局事宜,改隸該部考工司管理。二十八年脫離外務部,仍設專局辦理。礦路總局,第爲中央行政機關之一,至於各路已派督辦者,皆直接奏事,不歸其節制。

（二）商部通藝司（光緒二十九年八月至三十二年九月）

統轄礦務鐵路總局既裁撤,所有路礦事宜,悉歸併於商部通藝司接辦。商部於光緒二十九年八月創設,蓋欲除官商之隔膜,講利導之方法,謀產業之保護也。惟是時業經借款官辦各路,權在各該路督辦與鐵路總公司,凡與外人交涉事務,又由外務部直接辦理;並各省興築新線,亦無實權顧問,僅一文書承轉機關,對於路政,可謂無甚發展。

（三）郵傳部路政司（光緒三十二年九月至民國元年五月）

逮光緒三十二年九月,廢工部併入商部,改爲農工商部,而關於輪船,鐵路,電線,郵政等事,另設郵傳部以專司之。於是鐵路行政,悉由郵傳部路政司主管。路政司之職權,雖規定爲「管理監督已成之官辦鐵路,及籌議續修各鐵道事宜」;然事實上,駢枝機關,依然雜出,外人對於路事交涉,祇知有督辦,不知有中央。名義上雖郵傳部特設有路政司,實際上仍難於統轄,以致事權旁落,外重內輕。路政司直轄者,僅京張及商辦各路。借款與官辦各路,則設鐵路總局以專管之。復設漢,粵,川籌備處,籌築川漢粵漢二路,三大機關,各自獨立,有直接與外人交涉,並執行借款合同之職權。迄宣統元年,更有津浦鐵路督辦公所,亦有獨立之權衡,以致各自爲政,實與礦路總局商部兩時代,無甚分別。

（四）交通部時代（民國元年五月至十七年十月）

民國成立以後,改郵傳部爲交通部,分設路政,航政,郵政,電政四司,雖其組織上與郵傳部不相上下,然路政漸行統一,舊有之鐵路總局,漢粵川籌備處,以及津浦鐵路督辦公所等機關,均先後裁併路政司。於交通部時代,內部組織,曾有四次變遷:（1）民國元年

上海交通大学百年报刊集成·第一辑（1896—1949）·学术学科

五月,設路政司,計分總務,營業,監理,調查,考工,計核六科。(2)民國三年一月,改路政司爲路政局,分設總務,營業,監理,編查,外務,工務,機務,會計八科。(3)民國三年十一月,改路政局爲三司:路政司,路工司,鐵路會計司,路政司分總務,運輸,監理,編查,交涉五科,路工司分總務,工程,機器,材料四科,鐵路會計司分總務,稽核,計理,編訂四科。(4)民國五年八月,因交部官制紛歧,鐵路劃分三司管理,尤覺權限不清,乃恢復民元辦法,仍設路政司,分科亦同民元舊章,迨至六年八月,增交涉一科,九年十二月,增法制,產業二科,十一年六月,裁去新增三科,仍復五年六科之制。

（五）鐵道部之成立 (民國十七年十一月至現在)

自民國十七年北伐成功,統一中國以來,全國上下,均以爲非依照　總理實業計劃,施行建設工作,不足以符革命之本旨,而建設工作,又以交通爲旨,鐵道之建設,則尤爲當務之急。於十七年十月二十三日,國民政府命令:「文明國家對於鐵道事業,類多設立專部,爲貫澈　總理鐵道政策,着即設置鐵道部,以期計劃之實現與發展,除特任部長組織成立外,着交通部即將關於鐵道行政一切事宜,移交鐵道部辦理,以專責成,而明系統,此令。」是年十一月一日,鐵道部正式成立,爰遵國民政府頒布之鐵道部組織法,於部次長下,設秘書,參事,及總務,理財,管理,建設四司,此外陸續添設各會處,並揭「管理統一」,「會計獨立」兩大原則,定爲鐵道施政方針。於十八年十一月十八日,公布第一次修正鐵道部組織法,將原有理財,管理,建設三司,改爲財務,業務,工務三司,各會處亦互有增減,至二十年八月,主計處特設會計長辦公處,於本部主辦會計事務,是後各司下各科名稱與組織,及各會處,曾經屢次修正。

五　聯運事業發達之時期

中國鐵道聯運事業,至民國二年始見端倪。在該年以前,各路均各自爲政,所有規章票價運價及貨物分等各項,互相歧異,毫無關聯。茲將二十餘年來我國聯運事業發達之時期，分述於後。

（一）胚胎時期（民國二年至七年）

民國二年三月，中國鐵道參加第一次國際聯運於東京，初辦中日鐵道主要車站間之單程旅客及行李聯運，事實上該時所謂中日聯運，僅京奉一路與南滿鐵路之聯運，並非中國全國鐵道也。然因中日聯運旅客多至京滬及漢口等處者，仍須換車，因是感覺中國各路，亦應互相與北甯辦理聯運，由此之動機，而有國內五路聯運之發起。惟辦理國內聯運之先，京奉復與中東訂立經過南滿之旅客及行李聯運辦法。同年六月，京奉路參加在莫斯科所舉行之經由西伯利亞之歐亞聯運會議，議決先辦北京天津與歐洲大城市間之旅客及行李聯運，因歐戰旋起，以致中東及歐亞二種聯運，卽告停頓。國內五路聯運，則於民國二年十月開第一次國內聯運會議於天津京奉路局，參加者爲京漢京奉京張津浦滬甯五路，議決各該路各主要站之旅客行李包裹等聯運。翌年四月，開始實行，此爲我國國內鐵道旅客聯運之嚆矢。惟民國二年至七年之間，當時因各路規章之紛歧，僅有少數鐵道辦理聯運，範圍甚狹，收效亦微，故此時期之聯運，可稱爲胚胎時期。

（二）幼稚時期（民國七年至十年）

於民國七年之前，聯運事務，初由交通部路政司營業科辦理，由各路輪流担任清算賬目事務，五年更換一次，嗣後國內聯運事務，日漸繁重，由各路輪流値管，五年一次，每於接管之際，手續頗屬繁複，不但事務進行遲緩，而於業務上頗受影響，是以有統一機關之管理，亦爲切要之設施。乃於民國七年，成立鐵路聯運事務處，以統轄國內國際聯運事務，至此聯運機關，方得完成；但一切粗具規模，仍祇限於旅客聯運。至民國九年，始舉辦國內貨物聯運；蓋貨運手續，較客運倍爲煩難，非經若干年之籌劃，不克聯運。自辦理貨物聯運後，進款因以激增，先以民八而論，各路之聯運（包括國內旅客及中日）進款，達二百六十餘萬元，屆民國九年，包括國內客貨及中

上海交通大学百年报刊集成·第一辑（1896—1949）·学术学科

日聯運進款,超過三百十萬元以上,至民國十年竟達四百五十餘萬元,其勇猛前進之勢,堪足稱慶。

（三）極盛時期（民國十一年至十四年）

民國十一年,全國聯運進款驟增至八百八十餘萬元,十二年更增爲一千三百餘萬元,其增加之速,殊足驚人,此後十三年爲一千一百四十餘萬元,十四年爲八百六十餘萬元。此時期之前三年,聯運進款,突飛猛進,可稱爲極盛時期。考其所以能造成最高紀錄者,則以軍事敉平,車輛未嘗凌亂,故聯運進款,得以蒸蒸日上;然至十四年,已現漸減之勢,雖中東中日與華北三項聯運,互有增進,惜因國內客貨聯運,較往年驟減三百餘萬,以致影響聯運進款總額。

在此時期內,對於聯運之發達史有關者,卽舉辦華北聯運。於民國十一年九月,在北京召集吉長四洮與國有主要鐵路開會,並邀南滿加入,共同協定,以謀東北各路之聯運,議定發售單程及來回聯運客票,並聯運行李各辦法,自十二年二月一日起實行。其後於十四年十月,在天津開第二次會議,並創行包裹聯運。

（四）國內聯運衰落與東北自辦各鐵路聯運發達時期（民國十五年至二十年）

自民國十五年以後,因受全國戰事影響,聯運事業,大遭打擊,十五年進款驟降爲一百零六萬餘元,十六年爲一百八十四萬餘元,至十七年因軍運頻繁,機車車輛,互相過軌,凌亂不堪;又奉軍撤至關外,將大批機車車輛,隨帶出關,未曾駛還,終以各路率皆各自爲政,國內貨物聯運,因之停頓。

惟自十七年起,東北自辦各鐵路,相繼創辦聯運。如西四路之聯運,卽昔日之北甯四洮洮昂之聯運,加入齊克之聯運也。民十七年於瀋陽召開四路聯運會議,決定於是年十二月二十日先實行旅客聯運,斯時四路旅客聯運,僅及北甯路關外一段而止,及十八年九月,北甯全路統一,始達平津,貨物聯運,自十八年十二月起實行。東四路聯運,卽昔日之北甯與瀋海聯運,及瀋海與吉海聯運之擴充也。此項聯運會議，於十九年召集，加入吉敦一線，稱爲東四路聯運。當時仿照西四路辦法，製定東四路客貨聯運規章，於十九年十月十日旅客聯運開駛，即平吉直達通車，二十年一月二十日實行貨物聯運，開行直達營口貨物列車。（詳載拙著「東北鐵路問題之研究」下冊第十三章「東北鐵路聯運問題）

（五）復興時期（民國二十一年至現在）

民國二十一年九月，鐵道部令飭各路實行負責貨物運輸，恢復貨物聯運，旋即更進一步爲負責貨物聯運之創辦，以望於聯運衰落時期之後，繼之以聯運復興時期。無如各路車輛紊亂，均極缺乏，又惟恐車輛流出，無法收回，橋樑軌道，多待修理，在在均感實施聯運之困難，不得已乃爲局部之進行，其進行負責貨物聯運之步驟如下：爰自民國二十一年十月，先令津浦京滬滬杭甬三路辦理負責貨物聯運，其餘各路，先行辦理大宗貨物負責聯運：如隴海津浦兩路鹽斤負責聯運，隴海平漢兩路，特種貨物負責聯運，平漢湘鄂與津浦隴海糧食負責聯運，正太平漢北甯三路晉煤聯運，湘鄂平漢平綏三路蒙茶聯運。嗣後各路之鮮貨聯運，亦相繼舉辦：並籌備京滬滬杭甬杭江三路貨物聯運，及北甯津浦膠濟三路貨物聯運，務期全國鐵道，均能實行負責貨物聯運。

自二十一年滬戰停後，力謀恢復各項旅客聯運，以應社會之需要，即令京滬滬杭甬路恢復聯運通車，並與平浦聯運直達特別快車銜接。凡關於旅客聯運之進行事項，如修正輪船聯運行李辦法，改善行李包裹標籤，添加封鎖，以免遺失或錯遞，改良聯運特別快車之設備，改定平浦聯運票價，增加行車速度，較準時刻，添設各路旅客聯運車站等，均積極辦理；並自首都輪渡完成後，乃於二十二年十月開行滬平聯運通車，繼之以開行平青間聯運通車，京洛直達特別快車，旅客稱便，鐵路進款，亦因之增高。

此外如推進水陸聯運，於二十一年訂定水陸聯運大綱，並飭各路設法籌備，二十二年初，膠濟路即着手籌備青島上海水陸聯

上海交通大学百年报刊集成·第一辑(1896—1949)·学术学科

運,後隴海亦籌辦連雲港上海間水陸聯運,他如京滬滬杭甬湘鄂等路,舉辦內河輪船聯運,亦均在積極進行中。再者,我國各省公路,近年突飛猛進,其所行駛之路線,均可作爲鐵路之伸長營養線,鐵道部乃分飭湘鄂路局與湖南公路局,粤漢鐵路南段與清銀公路建與汽車公司,隴海路與陝西公路局,京滬滬杭甬與浙江省公路局及京蕪公路局,滬杭甬路蕭山曹娥段與浙江省公路局,商訂協約,辦理聯運,各路均遵令辦理,進行頗爲順利。

六 近年來鐵道之新建設

我國鐵道在民國十年至民國二十年之十年間,除東北有數路之興築外,關內鐵道幾無寸進,而年年軍事頻起,使已有各路,受種種意外之摧殘。幸十七年軍事底定,政治漸上軌道,同年設鐵道部,專司全國路政之興革,在最初三四年間,始將各路整理就緒,關於新路之建築,亦僅有建議,而無工程上之設施。至民國二十一年後,鐵道工程已進入一新階段,各省興築鐵道計劃,風起雲湧,次第見於實行者,不下十條件。茲就近年來之鐵道建築工程,敍述於後:

(1)新築之建設

(A)浙贛鐵路　本路發源於杭江路,起建於民國十九年三月,由浙江省政府建設廳主持,二十二年底竣工,全線計長三百五十九公里,建築經費共達一千三百餘萬元。自杭江鐵路完成後,各界人士,耳目爲之一新,前之以爲建築鐵路非外國資本外國人材不可者,而杭江鐵路以本國資本本國人材之事實予以否定,於是乃引起政府及各界人士之興趣與注意,而改組杭江鐵路之議起矣。其議以杭江鐵路爲基礎,從玉山延長至江西之南昌萍薌,以與粤漢之株萍枝線接軌,改稱浙贛鐵路聯合公司,主要目的在建築玉萍鐵路,貫通江南各省,逐漸完成西南鐵道系統。在財政方面,定資本爲六千萬元,先籌半數,由鐵道部發行第一期鐵路建設公債一千二百萬元,再由鐵道部會同財政部合發玉萍鐵路公債一千二百萬元,共二千四百萬元,全部統交浙贛鐵路公司,作建築玉萍線經費之用。至杭江段與玉萍段之經濟,仍各獨立,其業務盈虧,及債權債務,分別計算,杭江段由浙江省政府處理,玉萍段由鐵道部處理。組織理事會,設理事十一人,其組織章程在二十三年三月,由鐵道部呈准行政院通過施行。於是杭江鐵路乃在同年五月十五日結束,交由浙贛鐵路接收。杭江鐵路遂成歷史上之名稱,而浙贛鐵路代之以興矣。

浙贛鐵路局既成,决先與築玉南段,計長二百九十二公里,需工程費一千八百萬元,當以上發之二種公債向銀行抵借一千六百萬元,其中八百萬元爲現款,按期撥付,八百萬元作爲購買鐵路材料之担保,而該路遂於二十三年七月八日在玉山舉行開工典禮,十一月正式開工,於二十五年一月十五日全線通車,十八日開始營業。尙餘南萍一段,工程現亦在進行之中。

(B)江南鐵路　江南鐵路始於蕪乍路。民國二十一年中委張靜江代爲溝通江海,完成東方大港起見,籌築蕪乍鐵路,聯絡浙皖交通,至二十二年四月二十五日在蕪湖奠基。嗣經鐵道部准許修築京粵全線,以溝通江浙皖贛閩粵六省交通之權,乃定名爲江南鐵路公司。蕪孫段於二十二年七月十月開工,至二十三年十二月二十五日完工通車,全段計長八十公里。京蕪段亦於二十三年七月開始測量,八月二十四日動工,二十四年四月二十一日完成通車,全段計長九十三公里,歷時僅八月。二段共計一百七十三公里。現一方面積極進行與京滬路接軌工事,一方面向南展築,以期早日完成京粵幹線。

該公司原定資本一百萬元,後因京蕪段工程,增至三百萬元,然仍不敷應用,遂於二十三年冬,呈准發行公司債三百萬元,先向銀行抵借,京蕪段乃得如期完成。現公司已確定京韶爲幹線,蕪乍爲枝線,故建築工事,改以京韶爲主,蕪乍爲次。現測量隊已至江西邊境,土方亦鋪達屯溪附近。查自孫家埠至屯溪爲第三段,長七十

上海交通大学百年报刊集成·第一辑（1896—1949）·学术学科

八公里,自屯溪至江西貴溪爲第四段,長三百八十公里,在貴溪與浙贛路接軌。

(C)淮南鐵路　民國十九年夏,建設委員會進行開採淮南煤礦,因交通梗阻,運輸不便,特於礦區經九龍崗至淮河南岸之洛河,鋪設一公尺寬之輕便鐵道十餘公里,仍以爲未足,故有再建淮南輕便鐵道兩段之議,北段直達蚌埠,銜接津浦,南段經合肥至蕪湖對岸,而南段通江運輸,尤爲重要,祇以需費甚鉅,未卽實現。延至二十三年春,建委會先築南段,除運煤外,兼作皖北交通要道。其建築經費,由淮南煤礦公司撥付一部份,餘由建委會籌措。查自礦山所在地之田家庵起至蕪湖對岸之裕溪口,計長二百二十公里,需費四百萬元。卽於二十三年三月先築礦合段土方,九月竣工,十一月建委會向上海銀行團借款三百八十萬元,始於二十四年八月杪,將礦山至巢縣一段,完成通車,其工程進展,至爲迅速,至十二月全線完成,試車滿意,乃定於二十五年一月十八日,全路正式通車,沿路計分九站。二百二十公里之鐵路,費時僅一年半,可與浙贛路齊美矣。該路造價,每公里僅六千餘元,爲全國鐵路中之最廉者。現該路復從事與江南鐵路之聯運,而豫皖兩省,又有合修合信鐵路之議,卽以淮南鐵路之合肥站爲起點,以達平漢鐵路之信陽站,淮南鐵路之前途,更爲有望也。

(D)同蒲鐵路　本路路線,乃由平綏路之大同站,經正太路之太原站,而達隴海路潼關站對岸蒲州屬之風陵渡,共長七百六十公里。本路修築之議,倡之者甚早,卽所謂同成線之同蒲段也。民國二十二年春,晉省府以兵工修築同蒲輕便鐵路,設立兵工築路總指揮部,專司其事。並於五月二十三日舉行開工典禮。其建築計劃分爲三期,全線分爲六段,每期分築二段,第一期擇商務繁盛,及出產豐富之區先築,以便先行營業,卽以營業所得,充第二期第三期各段之開工費。預算經費爲五千萬元。關於築路工程,則以闊軌路基,狹軌鐵路爲標準,蓋因狹軌鐵路,工程較易,經費又省,並可與正太鐵路狹軌銜接，如正太路改爲闊軌，而本路爲闊軌路基，改爲闊軌，亦無問題也。自動工之日起，南段方面，已於二十三年七月，完成太原介休段一百十公里，二十四年三月，完成介休臨汾段一百二十公里，十二月修抵風陵渡，南段全線通車，共長三百六十公里，歷時二年半。北段方面，自二十二年十月動工，至二十四年七月，僅成太原原平段一百三十公里，八月一日平原至風陵渡四百九十公里，及忻窰枝線五十公里，均已通車，全路工程完三分之二，乃奉命移交於同蒲鐵路管理處，正式營業。至大同原平段二百十五公里，已完全測量竣事，卽在建築之中。考預定計劃，原爲五年完成，後縮爲三年，二十五年六月雖不能修竣，十二月底準可完工，已較預定五年之期，早一年有半，平綏正太隴海三路，又得打成一片矣。現有機車四十五輛，車輛三百二十輛。本路之完成，在今日之國防上言之，尤有非常之意義也。

（２）舊路之補修延長及增築枝線

(A)粵漢路株韶段　粵漢路自民國五年完成南段及其支線二百七十三公里，民國七年完成北段及其支線五百零五公里，其中株韶段，以款項支絀，迄未興築。鐵道部成立，鑒於該路之重要，於民國十八年設立株韶工程局，分期進行，又以時局俶擾，資金不充，未能剋期完工，而由南段撥補工料款項，已不下數百萬元，始於二十二年六月，完成韶州樂昌間之五十一公里而已。樂昌至株州約四百另六公里，山路崎嶇，工程浩大，需工款料款六千萬元，資金利息尙不在內。鐵道部對於粵漢路工程，決定分爲四年完成，繼又縮短半年，限於民國二十五年底通車，所需工料款項，決借中英庚款爲基金，發行公債一百五十萬磅，工程遂得如期進行，遷工程局於湖南衡州，分全線爲北中南三段，同時施工，參加工人達十萬餘人。現北段株州至淥口韶陵六十六公里，中段耒河南岸至耒陽七十九公里，南段樂昌至坪石五十六公里，均於二十四年中完工，共計二百另一公里。同年九月分區開行工程列車，並附帶辦理各種客

上海交通大学百年报刊集成·第一辑（1896—1949）·学术学科

貨營業，其通車里數，約當株韶段全線百分之五十，而全線土方已成百分之九十，隧道已成百分之八十，大小橋梁涵洞已成百分之五十五，如無特殊原因，本年內準可全部完成通車。（至本文校稿時株韶段已續通，試行通車。）

(B)隴海路潼咸段　隴海鐵路為橫貫東西之一大幹線，開始修築於清光緒二十一年，以鄭州為中心，東西對修，至宣統元年，始成汴洛段，民國元年，政府向比公司借款，展築東西兩段，四年九月，東線修至徐州，西線修至觀音堂。其後停工者數年，至民國十三年，東線施工較易，乃由徐州通車至海州，西線因羣山險阻，工程浩大，僅通至陝州，至二十年十二月，始通至潼關。費時達三十四年之久，通車路線僅八百九十六公里，僅當隴海全線五分之三。二十年四月鐵道部設潼西工程局，將由潼關延長至西安，惟無的款，未曾施工。查潼西段長一百三十一公里，路線不長，又無山阻，工程較易，二十二年鐵道部決意一方由北甯路每月協助工款十萬元，餘由隴海路自籌，一面由部計劃撥借英庚款五十萬鎊作料款。潼西工程局乃先修路基及橋樑涵洞，二十三年春開始敷軌，六月中潼渭間通行工程列車，延至二十四年元旦全線完成，移交隴海路局，正式營業。同時，為發展東段交通計，擬定兩項工程，一為開闢連雲海港，一為延長路線直達海濱，與連雲港呵成一氣，均於二十二年開工，二十三年先後完成。延長路線計二十八公里，中經四站，而達墟溝。惟連雲港限於財力，未能照原定計劃進行，祇就老窰建設碼頭二座，為原定計劃百分之一，現招商局與隴海路之聯運，即在於此。

隴海既通西安之後，西展之聲甚高，但西展所取路線，頗費斟酌。後決定修築南路，分段施工，以西安寶鷄為第一段，又以西安咸陽為第一分段，計程二十五公里。設西段工程局，自二十三年七月一日開工，由西安車站與咸陽渭河河岸對修，十一月十八日敷軌，十二月全部完工，二十五年元旦實行通車，西北交通乃隨隴海路之西展，而更進一步矣。咸陽至寶鷄段約長一百五十公里，需款千萬，籌款興工，尚未聞有具體之消息也。

(C)京滬路蘇嘉支線　蘇嘉支線，為京滬滬杭甬兩路之連絡線，由京滬路蘇州站，直達滬杭甬之嘉興站，計長七十五公里，較現在自蘇州經上海至嘉興，縮短行程一百十公里，縮短時間兩小時半。一二八上海事變，上海北站被據，京滬滬杭甬兩路遂遭切斷，失連絡之效，國人乃復注目蘇嘉路之興築。二十三年秋，兩路局有鑒於此，乃派員實地測量，歷經吳江盛澤等處，於十月初測量完竣，即呈報鐵道部核辦，旋奉令准予興建，並咨江浙兩省府協助。兩路局遂於十月十四日公布招標，先建土方工程，預定一年完成。全線分六小段，同時開工，經費由鐵道部撥付。至二十四年九月，土方工程業已完畢，即日開始敷軌。現在敷軌工程，亦將全部竣工，預料一二月內，可以通車也。（至本文校稿時，蘇嘉路已通車。）

(D)滬杭甬路杭曹段　滬杭甬路，原為蘇杭甬路之改稱，滬杭段早於民國三年七月完成，五年十二月與京滬路接軌，直接通車。惟杭甬段亦於民國三年，由甯波築至曹娥江後，迄今二十餘年，曹杭段未曾興工，蓋因中隔錢塘曹娥二江，江面廣闊，非建築大鐵橋不可，益以需費極巨，款項無着，本路遂無完成確期。民國二十三年十月，浙江省政府決將錢塘江鐵橋收歸省府主辦，以便浙贛路直接通車，經費定為五百萬元，除由浙省府負責向經濟委員會，中英庚款會借款二百五十萬元外，再向杭銀行界分期借款二百萬元，其餘五十萬元由省府自籌。嗣因經委會，中英庚款會中途退出，不參加該橋建築借款之舉，鐵道部因該橋關係滬杭甬全路甚大，乃決定兩會退出之二百五十萬元，由鐵道部負担撥發，於是該橋工程，遂成鐵道部與浙江省政府合辦性質，即於二十三年十一月十一日開工建造。全橋計長度為三千五百二十英尺，南岸橋引長一千六百四十英尺，北岸橋引長九百二十英尺，橋高淨空七公尺一寸，橋面可供鐵道公路及行人之用，全橋十六孔，定二十五年夏完成。鐵道部因錢塘江鐵橋已經開工，關於由部負担撥發之二百五

上海交通大学百年报刊集成·第一辑（1896—1949）·学术学科

十萬元,自應速加籌劃,同時爲完成杭曹段計,乃以完成滬杭甬路名義,向中國建設銀公司及中英銀公司借款一千六百萬元,由兩公司組織銀團,發行債劵,除以一部份償還一九〇八年滬杭甬路借款未清餘額,以便取消該項合同,一部份提供錢塘江橋建築之用外,其餘全數悉作建造杭曹段及曹娥江鐵橋工款料款之用。查杭曹段路線早已勘定,計長不過八十公里,現該路土方工程已將完成,二十五年內或可敷軌也。

(E)首都輪渡　津浦京滬兩路,以長江橫隔,不能接軌,南北運輸,殊感不便,於十九年鐵道部决設首都鐵路輪渡工程處,擬以輪渡方法,代替大橋工程,計費時三年,工料款達三百五十萬元,始於二十二年十月二十二日落成通車,爲我國輓近最大工程之一。十一月通行貨運,每日平均爲二千六百噸,下行約爲上行之四倍,京滬津浦貨運因之增加。客車過江時間,來回不過一點四十分,平滬通車以後,由平至滬減少時間爲五小時,堪稱安全便利。現蕪湖之江南鐵路與淮南鐵路,漢口之平漢鐵路與湘鄂鐵路,均有做造首都輪渡辦法,銜接大江南北鐵路之計劃,足見此項工程,對於鐵路影響之深重也。

最近三年所築鐵道經費之來源有五:一爲政府發行之內國公債,二爲銀行之借款,三爲中英庚款,四爲鐵路自籌,五爲省政府自籌,總計已達一萬萬二千萬元,其中滬杭甬路借款中之八百萬元,爲中英銀公司之投資,及中英庚款爲担保所發之六厘英金公債,一部份爲外商銀行承受外,其餘全部均爲國內之投資,足見國人對於鐵道建設興趣之濃厚也。

七　中國鐵道前途之期望

我國之鐵道事業,其腐敗與不振情形,已如上述,而今後唯一之期望,卽爲舊路之整理,與新線之建設二端。玆僅以整理舊路而言,實經緯萬端,决非本文所能詳述,亦非個人智慮所能想遍;但於施行整理之初，宜有具體計劃，尤關緊要者，則爲路權之集中，良以鐵道組織與業務，較之任何商業爲複雜，必須事權統一，指揮如意，運用敏捷，調度有方，始能盡其爲經濟脈絡之天職，若强爲割據，此疆彼界，政令互歧，不獨阻礙整理之進行，抑且妨害運輸之恢復。

整理之步驟，必先從各路實地調查入手，以便將來整理時，始有切實之根據與把握，至調查之事項，可分爲總務，車務，會計，工務機務五方面進行，對於調查之人選，應以在路經驗豐富，具有專門學識，並熟悉路政情形者，於調查完成後，將其結果與路局協商，擬訂整理方案，以便按步施行，並宜切實估計各項整理應需之費用，在可能範圍內，能將各路完全整理就緒，現鐵部對於各路之工務機務，業已查勘一部分，其他各項調查，亦正在進行之中，茲因限於篇幅，僅就運輸業務與理財兩方面之整理大綱言之：

（一）業務方面　如劃一客貨運價，確立運價政策，增加運輸能力，成立全國車輛調度處，推行負責運輸，調查並扶植鐵路沿線工商業，舉辦貨物押匯，實行運費到付制度，改善客貨運一切設備，恢復國內各路客貨聯運，籌劃水陸空及歐亞聯運，注重材料管理，擬訂運輸法規，舉辦員工福利設施，剷除鐵路積弊。

（二）理財方面　如統一鐵路會計，勵行特別會計制度，改良鐵路統計，嚴訂預算決算，整理各路賬目，整理鐵路債務，改訂借款合同，整頓軍運帳目，並設法嚴加限制。

總之，路務之澈底整理，當以政治安定，會計獨立，組織合理化，用人標準化，營業經濟化，治事廉潔化，此應由全體路界同人，深銘五中，刻刻以負巨肩爲已任，萬衆一心，合羣力以赴之，則目前鐵道狀況，雖備極紊亂，誠不難着手整理，擺脫羈絆，而樹鐵道於鞏固之基，致國家於富强之域也。

四十年來我國電政之展望

莊智煥

引言

我國電信之由來，實始於前清道光十年，其時國人風氣未開，無人研求及此，至咸豐末葉，俄國陸地電報線路由西比利亞，擴展至海參崴，再由丹國大北公司承辦俄國水線電報直達我國，而英國大東公司亦由印度起展設水線電報達香港以入內地，其後日本水線電報亦引展至上海。此外人電信侵入我國之開始，我國自辦電報，則始於光緒五年，（一八七九年）市內電話及長途電話創始於光緒二十五年，（一八九九年）至無線電之設立，始於光緒三十一年，（一九〇五年）距今亦已有三十年之歷史，國際無線電通信始於民國十六年，（一九二七年）由漢口短波電台與俄國海參崴通報，後二年國際大電台成立，故距今僅數年耳，蓋尙爲新興事業也。茲將各項電信如（一）有線電報（二）電話（三）無線電信，依創辦之先後，分別述之，惟我國曩昔辦理電信，初因軍事，繼因官辦而不着眼於營業方面，故漫無統計，蒐集材料頗感不易，茲篇所記，乃摭拾片段史料，及最近十年來有統計數字可稽者，約略舖敍，藉明電政沿革，及進步狀況，掛漏舛誤在所難免，尙希讀者，不吝賜敎，爲幸。

（一）有綫電報

光緒五年，直督李鴻章爲整頓邊防計，自設大沽北塘海口砲台以達天津之電線，六年設電報總局於天津，並於紫竹林大沽口濟寧清江浦鎮江蘇州上海等七處，各設分局，津滬設線工程，首尾並進，至七年十一月工竣，開放收發電報，招集商股，繳還官本，是爲電報官督商辦時期。九年二月，興辦蘇浙閩粵線，（自蘇州起經嘉興南潯湖州杭州紹興蘭谿衢州浦城建甯延平福州涵江泉州廈門漳州汕頭海豐惠州以達廣州）共長四千三百五十里，同時又設紹興至甯波，南潯至湖州，同安至廈門，廣州至梧州，四線，共長六百八十五里，十年沿長江電線由南京展至漢口武昌，共長一千六百三十里，其後津通津京津保川滇川黔川鄂以及九江至南雄，保定至西安等線，均於十五年以前完成，此外沙市經襄陽至老河口線，武昌經岳州至長沙綫，長沙至湘潭及萍鄉線，九江經大冶至武昌線，以及蒙古庫倫恰克圖滂口叨林烏得等處電線，均先後於十六年至二十三年間敷設完竣，以上僅就官督商辦之電線而言。至各省官辦之線，在江南者，有下關象山崇明福山鎮江無錫瀏河等處，共計線路四百三十四里，在兩廣者，有廣州至梧州線再由梧州展線至潯州南甯以達龍州鎮南關，並聯絡横欽廉雷四州渡海而至瓊崖。在直隸者，有津沽北塘至蘆台樂亭昌樂山海關經營口直達旅順之線，以及奉天吉林黑龍江熱河等線，在雲南者，有由蒙自至廣西南甯之線，及由鄂入滇之線，其他貴州甘肅陝西新疆四川西藏福建山東江西等省，均有各省自辦之電線。自光緒五年至三十四年，統計全國電線不下七萬餘里，局所二百三十九處。宣統三年始將以上官督商辦及各省自辦之線，一律收歸國有，置於郵傳部直轄之下。關於收贖商股及各省官報統歸部辦各奏摺，節叙於次，藉見當時辦理經過之一斑。

節錄郵傳部尚書陳璧奏摺

「……電報爲交通全國機關，關係於商民者事小，關係於國家者事大，故各國電報之權，皆爲國家所獨有，中國電報開辦初基，原歸商辦，而光緒初年商股微薄，仍賴各省官力出資補助，亦非完全商業性質，歷屆攤利約計五六百萬,果使全國交通藉以推行無阻,富商即以富國,商家多得贏餘,即國家增長勢力,亦何必另議更張,乃揆擬圖籍,現在商綫所至之處,皆屬市鎮都會之區,而邊遠省分如:雲,貴,陝西,甘肅,新疆,最關緊急,無利可圖之處,則均推歸官辦,雖商力實有未逮,而顧一己之私利,忘國家之遠圖,按之朝廷設立郵傳部之初心,實有未合,揆諸東西各國之通例,衡以中國現在之情形,自非改爲官辦,設法改良,無以定區劃之方,即末由收擴充之效。………若蹈常習故,不加整頓,固有所不能,若一意孤行,不顧商本,又有所不忍,與其苟且因循,日積月累,致官商之兩病,曷若揆情度理,平價收贖,期上下之交益,………』

節錄郵傳部尚書李殿林奏摺

『………查各省官電當創辦之初,半因邊防軍務而設,報費收入無多,不敷所用,商力不逮,是以由官籌辦,今商電業已收回,既無官商之分,更不必再有部省之別。自應將各省官電,統歸臣部管理。以一事權,而便統籌。惟自收贖商電所需款項,已近三百萬兩。本年核減報價,又驟短五六十萬元。而添設各省綫路,推廣各處電話,用款繁多,尚待籌劃。收回官電以後,每年修養之費,必須預行籌措,免致臨時竭蹶。………』

民初以來,全國電報線路約達十餘萬里,電報局所,約計千餘。雖無充分之發展,然已具相當成績。苟能循序漸進,逐步推行,縱不能超越歐美,亦不難與之並駕齊驅,乃以軍閥爭持,內訌不息,電政中樞之用人行政,大抵受制於軍人。主其政者,更不免承其意旨,將電政收入,挪供軍用,電政資金,抵借外債,加以變亂相乘,線路失修,報務不振,電政機關,則人浮於事,電政營業,則入不敷支,窳敗衰落無可隱諱,至於電政債務本利曾達七千萬元之鉅,雖其中之半數,係流用於政治及其他事業方面,非電政本身所應擔負,但其餘半數之利息,積年累月,亦殊可觀。十六年北伐告成,全國上下,始致力於電政建設,力袪積弊,在此軍政時期,交通當局,一面隨軍事之進展而修理線路,一面努力於事業之整理,如裁撤駢枝機關,畫分電政區域,消減糜費,裁汰冗員等等,慘澹經營,稍有成績。十七年電政盈餘達五百餘萬元之多,較之十六年以前,幾增四倍,惟除去軍官電欠費及償債以外,全部電政經濟仍在艱難支持之中。茲將民國十三年起至二十四年止,逐年電報概況,列表如下。

國內電報概況

	局所數	職工人數	綫路長度（公里）	電報機（部）	國內發報 字數	國內發報 次數	營業收支 收入	營業收支 支出	營業收支 綜餘	附註
民國二十四年	1,185		84,605,00	2,443	156,022,091	4,036,029	（營業收入尙未統計）			營業收支係包括電政總體收入及支出而言綜餘數內應減去償還債款及尙未收入之軍官電欠費
二十三年	1,078		82,709,00	1,885	135,595,933	3,276,861				
二十二年	942	13,157	91,405,65	2,069	133,537,464	2,868,238	14,114,392,85	10,021,895,85	+4,092,497,00	
二十一年	933	13,127	89,218,77	1,914	148,063,609	3,047,574	15,753,567,18	9.814,679,36	+1,558,454,29	
二十年	1,127	15,175	102,353,21	2,550	162,519,743	3,449,381	16,235,850,24	11,307,424,46	+[illegible],928,425,78	
十九年	1,120	14,297	102,553,99	2,538	155,019,244	3,600,203	14,299,505,70	9,438,826,28	+4,860,679,42	
十八年	1,147	15,739	104 331,12	2,549	141,866,884	3,451,888	14,468,693,76	9,089,387,57	+5,379,306,19	
十七年	1,140	15,165	103,146,32	2,526	136,569,588	3 259,025	13,906,626,18	8,608,864,23	+5,297,761,95	
十六年	1,132	15,168	102,896,03	2,453	128,438,296	3,185,714	14,993,513,01	13,982,121,29	+1,011,391,72	
十五年	1,071	14,557	97,325,03	2,377	119,750,175	3,125,508	14,311,987,62	13,346,569,96	+ 965,417,66	
十四年	1,027	14,052	93,356,18	…	111,891,852	3,067,656	13,494,159,44	12,583,908,79	+ 910 250,65	
十三年	1,007	13,567	91,004,93	…	102,579,565	2,996,125	12,812,636,86	11,948,357,91	+ 864,278.95	

國際電報收發字數次數概況

	發報 次數	發報 字數	收報 次數	收報 字數
民國二十四年	853,241	11,180,265	874,604	10,766,520
二十三年	888,805	11,738,895	897,460	1[illegible],684,557
二十二年	530,794	5,422,764	541,458	5,467,595
二十一年	625,625	7,841,637	601.709	6,141.427
二十年	724,302	7,492,345	688,924	6,728,549
十九年	639,395	6,077,483	573,388	5,012,918
十八年	551,808	6,266,001	523,316	4,721,266
十七年	598,846	6.681,348	539,191	4,770,369
十六年	……	……	……	……
十五年	……	……	……	……
十四年	477,022	5,339,204	461,981	4,326,152
十三年	735,626	8,404,881	685,425	6,679,324

上海交通大学百年报刊集成·第一辑（1896—1949）·学术学科

觀上表，全國電報局所及職工人數，以十八年一千一百四十七處，及一萬五千七百三十九人爲第一高峯，線路長度，亦以十八年一〇四、三三一、一二里爲最高紀錄，發報字數與次數，以十九二十兩年爲多，電政營業收入，則以二十年一千六百二十三萬餘元爲最鉅，至二十一年後所列各項數字，較減於前，其最大原因，係受歷年水災影響，及東北淪陷與一二八事變之損失。二十三年後仍有上趨之勢，此則差堪欣慰者也。

(二) 電話

市內電話發軔於光緒二十五年，(一八九九年)已如前述，其時電政督辦盛宣懷奏准電話歸電報局兼辦，並以電報餘利爲推廣電話之需，嗣後廣州，上海，北京，蘇州，等處陸續興辦，亦如電報姑期之有官辦商辦，亦有爲外人所經營者，至民國十四年，始逐漸收歸部辦，十六年時，部辦市內電話有北平，天津，武漢，南京，上海，青島，蘇州，鎮江，烟台，太原，蕪湖，揚州，保定，九江，蚌埠，沙市，鄭州，吉林，長春，洮南，等二十局，內計磁石機十四處，共電式機五處，自動式機與共電式機各半者一處，總共裝機四萬八千餘號。十七年，首先改良首都電話，將原有共電式機，改用自動式新機，次及滬，漢，鎮江，等處。亦一律改裝自動式機。長途電話濟青一線，係民國十二年交通部向日人收回，此外有津奉，京綏，及滬甯等線。十六年，交通部將長途電話劃分爲滬甯，浙江，濟青，江北四區。至二十三年又依省區分爲江蘇，浙江，河南，河北，安徽，山東六區，設長途電話管理處。其餘如廣東，福建，江西，湖南，山西，察哈爾，等省部辦長途電話，則歸各該區電政管理局兼理。茲將部辦市內及長途電話概況，列表於後。至各省爲剿匪軍事關係而自設之長途電話，及民營之市內電話，均未計及。

歐美各國對於電話事業，發展改善，不遺餘力。海洋懸隔，則聯之以海底電纜，或雙向無線電台，雖窮鄉僻壤，鮮有不通，其遠度能自歐東而達美西，可謂盛矣。我國電話事業，創辦近三十年，觀右列

國際電話概況

	職工人數	綫路里程（公里）	電話機 磁石式（號）	電話機 共電式（號）	電話機 自動式（號）	用戶數	營業收支 收入	營業收支 支出	營業收支 盈虧	附註
民國二十四年	……	3,548,97	7,725	28,500	33,250					是項盈餘數目均併入電報盈餘數目之內
二十三年	…	2,946,33	6,619	26,980	32,450					
二十二年	4,040	3,156,08	6,030	29,880	24,100	44,216	4,710,977,80	3,504,193,00	+1,206,784,80	
二十一年	4,157	2,668,55	7,201	31,607	17,300	42,962	4,531,790,78	3,691,837,00	+ 839,953,78	
二十年	4,384	2,782,05	7,295	31,557	17,210	41,908	4,605,363,24	3,755,513,90	+ 849,849,34	
十九年	4,412	2,750,51	8,115	31,557	17,000	39,861	3,861,044,01	3,030,783,22	+ 830,260,79	
十八年	4,623	2,518,33	7,865	36,637	9,040	39,290	3,787,872,80	3,265,303,89	+ 522,568,91	
十七年	4,100	2,375,24	7,960	38,427	7,000	37,713	3,576,579,81	2,927,301,47	+ 649,278,34	
十六年	4,068	2,389,45	……	……	……	36,507	3,288,610,34	2,777,563,93	+ 511,046,41	
十五年	3,828	2,331,46	……	……	……	36,915	3,027,843,52	2,054,940.18	+ 972,903,34	
十四年	3,446	2,255,52	……	……	……	34,847	2,920,636,13	1,856,691,20	+1,063,944,93	
十三年	3,086	2,186,04	……	……	……	33,191	2,666,423,91	1,567,974,15	+1,098,449,76	

交通部所轄電話局市內電話綫路表

項別	局別	北平	天津	武漢	首都	青島	上海	蘇州	鎮江	烟台	太原	蕪湖	保定	揚州	九江	鄭州	蚌埠	沙市	洛陽	威海衛	總計
綫路長度	架空綫路	652.46	312.46	220.72	262.15	271.30	1,197.94	178.78	52.84	48.80	149.77	37.18	106.19	180.96	31.51	10.88	7.20	20.05	15.14	107.42	3,863.75
	地下綫路	25.27	32.75	18.89	22.34	8.87	48.68	11.42	—	—	—	—	—	—	—	—	—	—	—	—	168.22
	水底綫路	—	0.99	2.51	0.17	58.50	1.93	—	—	—	—	—	—	0.12	—	—	—	—	—	—	64.22
	合計	677.73	346.20	242.12	284.66	338.67	1,248.55	190.20	52.84	48.80	149.77	37.18	106.19	181.05	31.51	10.88	7.20	20.05	15.14	107.42	4,096.19
電纜長度	架空電纜	246.62	132.46	74.26	96.35	57.03	116.71	47.70	8.30	13.20	0.32	2.05	2.03	5.39	2.94	3.03	2.45	2.18	4.12	—	817.05
	地下電纜	110.04	74.61	33.93	36.64	14.43	48.68	11.42	—	—	—	—	—	—	—	—	—	—	—	—	329.74
	水底電纜	—	1.81	9.87	0.17	58.50	1.93	—	—	—	—	—	—	0.12	—	—	—	—	—	3.08	75.48
	合計	356.66	208.88	118.06	133.16	129.95	167.32	59.12	8.30	13.02	0.32	2.05	2.03	5.51	2.94	3.03	2.45	2.18	4.21	3.08	1,222.27
綫條長度	架空裸綫	6,886.60	4,929.77	2,525.75	2,561.68	2,654.93	6,966.92	3,419.09	628.22	723.80	1,172.05	847.21	525.34	175.57	39.39	98.60	66.71	210.48	263.27	304.13	35,000.00
	電纜心綫 架空心綫	26,808.60	13,362.59	6,550.72	9,116.43	6,052.80	12,070.73	4,410.63	731.68	11.78	16.85	247.39	921.96	423.97	147.50	326.81	292.89	242.56	147.45	—	83,049.56
	電纜心綫 地下心綫	52,707.12	47,386.56	10,467.00	1,951.00	5,993.00	13,655.80	3,427.20	—	—	—	—	—	—	—	—	—	—	—	—	153,196.68
	電纜心綫 水底心綫	—	544.40	696.40	8.38	58.50	426.00	—	—	—	—	—	—	3.00	—	—	—	—	—	3.08	1,739.76
	合計	86,402.36	66,223.32	20,239.87	31,246.49	14,759.23	33,119.45	11,256.92	1,359.90	1,901.80	1,188.90	1,094.60	1,447.30	602.54	186.89	425.41	359.60	453.04	411.17	307.21	272,986.00
其他	地管長度	152.81	65.47	89.74	18.88	14.56	53.76	3.38	—	—	—	—	—	—	—	—	—	—	—	—	398.60
	暗渠長度	2.94	—	4.74	—	0.72	109	0.74	—	—	—	—	—	—	—	—	—	—	—	—	118.14
	人孔數	218	129	104	49	41	113	46	—	—	—	—	—	—	—	—	—	—	—	—	700
	水綫房數	—	4	4	—	—	1	—	—	—	—	—	—	—	—	—	—	—	—	—	9
	電纜分綫箱數	678	610	241	417	114	24	115	18	18	1	13	15	17	9	10	7	3	5	—	2,315
	電桿數	17,519	7,511	4,388	7,110	6,596	8,481	3,927	757	930	2,003	738	749	604	594	215	222	336	264	1,113	64,057

（二十三年六月調查）

交通部所轄電話局市內電話機件表

項別		局別	北平	天津	武漢	首都	青島	上海	蘇州	鎮江	烟台	太原	蕪湖	保定	揚州	九江	鄭州	蚌埠	沙市	洛陽	威海衛	總計
交換機台	磁石式	座席數	5	12	—	1	2	5	1	7	6	5	7	4	4	3	3	2	3	1	1	72
		容量	500	651	—	100	170	250	50	700	610	500	700	400	400	250	300	200	250	100	100	6,224
		現裝號數	500	483	—	100	111	163	19	590	597	419	394	482	245	192	237	185	134	64	98	4,813
	共電式 甲台	座席數	134	58	—	—	—	7	16	—	—	—	—	—	—	—	—	—	—	—	—	215
		容量	32,500	6,000	—	—	—	830	2,700	—	—	—	—	—	—	—	—	—	—	—	—	42,030
		現裝號數	16,500	3,018	—	—	—	618	2,121	—	—	—	—	—	—	—	—	—	—	—	—	22,157
	共電式 乙台	座席數	48	22	—	—	—	2	—	—	—	—	—	—	—	—	—	—	—	—	—	72
		設備線數	1,135	390	—	—	—	50	—	—	—	—	—	—	—	—	—	—	—	—	—	1,575
		現裝線數	810	266	—	—	—	25	—	—	—	—	—	—	—	—	—	—	—	—	—	1,101
	自動式	綫路機	—	10,940	9,180	8,000	3,700	5,550	—	—	—	—	—	—	—	—	—	—	—	—	—	37,370
		選擇機	—	3,475	2,607	1,451	678	1,487	—	—	—	—	—	—	—	—	—	—	—	—	—	9,698
		接線機	—	1,375	1,190	531	387	578	—	—	—	—	—	—	—	—	—	—	—	—	—	4,061
配線架	總配線架	直列數	169	139	6	32	30	34	21	—	—	—	—	—	—	—	—	—	—	—	—	493
		容量	27,855	22,525	10,200	5,000	6,000	5,300	3,200	—	—	—	—	—	—	—	—	—	—	—	—	80,080
	中間配線架	直列數	126	37	62	7	—	14	21	—	—	—	—	—	—	—	—	—	—	—	—	268
		容量	17,360	8,140	10,838	1,500	—	2,000	3,200	—	—	—	—	—	—	—	—	—	—	—	—	43,038
	試驗分線架	直列數	21	—	—	6	1	3	1	17	8	—	5	11	4	[illegible]	3	4	1	4	—	94
		容量	840	—	—	240	120	250	40	680	480	—	610	440	480	290	300	380	100	200	—	5,550
電力及振鈴機件	原動機(部)		4	4	3	—	—	2	1	—	—	—	—	—	—	—	—	—	—	—	—	14
	電動機(部)		2	5	3	—	1	2	1	—	—	—	—	—	—	—	—	—	—	—	—	14
	充電用機動發電機(部)		4	4	3	3	—	3	1	—	—	—	—	—	—	—	—	—	—	—	—	18
	充電用電動發電機(部)		7	5	3	3	1	3	1	—	—	—	—	—	—	—	—	—	—	—	—	23
	振鈴用交流電動發電機(部)		5	5	—	3	1	3	1	—	—	—	—	—	—	—	—	—	—	—	—	18
	振鈴用直流電動發電機(部)		6	5	6	3	1	3	1	—	—	—	—	—	—	—	—	—	—	—	—	25
	蓄電池	組數	9	11	6	6	2	8	2	—	—	—	—	—	—	—	—	—	—	—	—	44
		安培時	19,952	9,256	5,040	3,520	2,320	2,520	2,560	—	—	—	—	—	—	—	—	—	—	—	—	45,168
	乾電池(個)		509	2,722	—	71	240	652	44	1,464	1,460	587	485	156	522	213	247	189	153	134	54	9,911
	濕電池(個)		—	—	—	—	—	—	—	—	—	79	—	—	—	—	—	—	—	—	158	237
電話機	磁石式(部)		248	672	—	69	356	407	19	612	732	403	411	287	260	201	249	216	134	64	97	5,437
	共電式(部)		14,236	4,313	—	101	83	240	2,162	19	—	—	—	—	—	—	—	—	—	—	—	21,154
	自動式(部)		—	9,126	4,084	4,505	3,638	3,098	—	—	—	—	—	—	—	—	—	—	—	—	—	24,451

（二十三年六月調查）

國營長途電話概況

	綫路		通話次數	營業收支			備考
	綫路長度（公里）	綫條長度（公里）		收入	支出	盈餘	
民國二十四年	27,801,00	…………	1,855,523				營業收支尙未統計
二十三年	38,574,00	…………	2,615,071				
二十二年	14,863,68	26,020,33	1,285,984	537,445,18	241,954,99	295,490,19	
二十一年	9,303,06	21,036,26	1,094,878	392,780,77	162,385,56	220,385,21	
二十年	7,956,47	18,812,70	926,732	381,500,91	135,143,23	246,357,68	
十九年	7,716,14	18,628,49	994,945	562,744,30	130,029,68	432,714,61	
十八年	7,579,01	22,253,49	926,388	437,128,41	100,059,43	337,068,98	
十七年	6,564,08	17,593,19	690,669	382,746,22	88,233,66	294,512,56	

交通部辦長途電話綫路里程表

類別／區別	綫路長度（公里）			綫條長度（公里）			電桿數（根）		
	專用	報話合用	共計	專用	報話合用	共計	專用	報話合用	共計
江蘇	2,326.28	575.75	2,902.03	5,914.65	892.80	6,807.45	24,945	7,177	32,122
浙江	308.70	—	308.70	828.60	—	828.60	24	—	24
安徽	121.00	975.00	1,096.00	121.00	1,069.00	1,190.00	1,336	8,799	10,135
江西	425.00	—	425.00	752.00	—	752.00	6,347	—	6,347
湖北	—	347.20	347.20	—	347.20	347.20	—	2,543	2,543
湖南	—	3,705.12	3,705.12	—	5,829.94	5,829.94	—	43,619	43,619
山東	1,763.40	682.85	2,446.25	3,510.20	682.85	4,193.05	26,435	7,720	34,155
河北	1,692.26	—	1,692.26	6,614.03	—	6,614.03	8,741	—	8,741
河南	—	1,723.51	1,723.51	—	1,723.51	1,723.51	20,248	—	20,248
山西	—	1,658.00	1,658.00	—	1,675.00	1,675.00	—	15,391	15,391
陝西	169.34	5,760.19	2,929.53	169.34	2,932.99	3,102.33	—	27,284	27,284
廣東	—	2,978.87	2,978.87	—	3,414.89	3,414.89	—	39,638	39,638
熱察綏察	1,498.46	—	1,498.46	3,354.34	—	3,354.34	16,820	—	16,820
總計	7,995.74	15,406.19	23,402.23	20,435.56	18,568.18	39,003.74	104,872	152,171	257,043

（二十三年六月調査）

各表,市內用戶不及五萬戶,合之民營電話一萬五千戶,尙不滿七萬戶,長途電話,亦尙未充分發達,邊遠各省敷設未臻健全,於我國實業,文化,軍事,政治,各方影響殊巨。於此亦可見我國工商業之衰落及國家之落後矣。

(三)無綫電信

無線電信爲我國新興事業,民國十六年以前之無線電台,大都設在邊陲要塞,或沿江沿海商埠,僅供軍事及航行之用,雖間有收發商電,但效用不著。十六年後,政府奉行 總理遺敎,鑒於電信交通之重要,積極建設,先於國內商業繁盛之區成立短波電台二十二所,與有線電報相輔而行。就中尤以滬粤,滬漢,滬渝,三路營業爲最發達。其時建設委員會亦籌設短波電台二十八處。十八年交通部接收建委會電台後,合之部辦電台,共有八十餘台。依地域之關係,劃分爲九區。成立國內無線電通信網。從此無線電通信遍布全國。至國際無線電台漢口無線電台因甯漢合作而撤消,繼於十八年一月在上海成立中娶轉報電台首先與馬尼拉直接通報,並由馬尼拉經轉歐美各國。嗣於七月一日續開滬港電路,與香港直接通報。十九年三月,楓林橋發報台及仁記路中央控制室落成,續開中國及爪哇電路,十一月眞如發報台及劉行收報台工竣,於十二月六日開放中美,中德,中法,電路。二十年七月,續開中越電路。二十一年二月,續開中瑞電路,二十二年三月,續開中俄電路,五月續開中美第二電路,二十三年二月,續開中英電路,六月續開中日電路。此外尙有滬澳,粤澳,粤港,粤越,汕港,廈港,廈菲,福港,等電路。亦先後開放業務異常發達。本年無線電話國際通話試驗成績圓滿各國電話線路亦將陸續開放。玆將國際電台發報機及國內無線電信概況與收發報次數字數列表於後。

在國際電台未建設以前,我國國際間往來電報,幾全部經由外商水線傳遞,每年出洋報費一項,損失之鉅,可以想見,主權旁落,

國際無綫電台發報機一覽表

發報台	地點	發報機	發射電力	呼號	週率(k/c)	(波長m.)	天綫	射波方式
眞如發報台	上海市眞如區桃浦西路 東經 121° 23' 30" 北緯 31° 17' 30"	第一美機	20Kw.	XGK	18,700	16.04	定向對美	CW.
				XOB	13,830	21.69	定向對美	CW.
				XGL	7,970	37.64	不定向	CW.
		第二美機	20Kw.	XGN	16,390	18.30	定向對歐	CW.
				XGO	7,580	39.58	不定向	CW.
		法機	15Kw.	XGQ	18,850	15.97	定向對歐	CW, ICW,
				XOA	12,120	24.57	定向對歐	CW, ICW,
				XOD	1,950	50.42	不定向	CW, ICW,
		第一英機	20Kw.	XGM	17,650	17.00	定向對歐	CW, ICW,電話
				XGR	11,540	26.00	定向對歐	CW, ICW,電話
		第二英機	20Kw.	XGW	10,420	28.79	定向對美	CW, ICW,電話
				XGV	7,410	40.49	不定向	CW, ICW,電話
楓林橋發報台	上海市新西區市政府路 東經 121° 27' 45" 北緯 31° 13' 10"	第一德機	2Kw.	XOC	10,540	28.46	不定向	CW, ICW,
		第二德機	2Kw.	XGI	12,095	24.80	不定向	CW, ICW,
		第三德機	2Kw.	XGS	16,360	18.34	不定向	CW, ICW,
				XOE	13,300	22.56	不定向	CW, ICW,
		第四德機	2Kw.	XGX	8,625	34.78	不定向	CW, ICW,
				XGJ	4,285	70.01	不定向	CW, ICW,
				XGP	13,900	21.58	不定向	CW, ICW,

（民國二十二年調製）

國內無綫電概況

	發報		營業收支		附註
	次數	字數	收入	支出	
民國二十二年	1,000,973	17,496,189	4,723,870,21	1,896,080,10	國際無綫電報費一併計入
二十一年	926,511	16,207,441	4,001,684,88	1,824,496,09	
二十年	841,224	15,444,933	3,509,634,50	1,541,079,12	
十九年	672,055	12,235,445	1,658,531,05	1,051,351,53	
十八年	134,329	3,389,819	662,106,30	654,751,88	
十七年	109,421	2,448,681	…………	…………	

無綫電國際電報收發次數字數概況

	發報		收報	
	次數	字數	次數	字數
民國二十二年	249,906	2,641,598	223,276	2,366,370
二十一年	96,301	1,477,869	96,149	1,289,501
二十年	74,956	1,020,647	83,709	1,098,230

利源外溢，實爲我們電政上一大缺憾，自國際電台之建設，歷時一年有半，建築經費爲美金四十餘萬元，又國幣五十四萬餘元，自此我國對於世界各國之通信，不復權操外商之手，挽回利權亦爲我國電政劃一之新時代也。今後電信事業當於國防及營業二方面均加注意，事權集中，積極建設，數年之後其成績當更有可觀矣。

中國紡織工業之檢討

徐 緘 三

紡織工業爲各種工業之前驅，其盛衰興替有關於國計民生者至重且大，回憶民國七八年間歐洲大戰時，我國之紡織工廠，獲利頗厚，曾所謂黃金時代。此非我國之紡織技能有以勝人，亦非我國工廠之管理佳良，特以機會之優厚耳。不觀夫我國今日之紡織業，岌岌可危，外貨傾銷於市，金錢外溢不貲，致令農村經濟崩潰。長此以往，前途不堪設想。溯其病源，固非一端，然其主因，不外爲紡織技能之幼稚，工廠組織之不良，及管理之不能科學化，有以致之也。此固有待於紡織界之自謀改善，而他方則尤望政府當局能扶植整頓之。今就管見所及，略述一二於後。

（一）培植專門人才 紡織工業乃專門學術之一，欲謀精進，自非賴專門人才不可。學校爲作育人才之淵藪，亦即爲科學之策源地。彼歐美各國，除廣設紡織學校外，莫不有紡織研究院之設立，同謀機械之發明與技能之精進。故其紡織機械得日新月異，紡織品之進步，亦與時並增。反視我國富有紡織學識者，幾如鳳毛麟角，而紡織學校亦僅南通北平杭州蘇州等地有之。此外留學歐美日本者，亦爲數不多，應付當前業務，已有不敷之感。且出品優劣與否，胥視技術之良否以爲斷。人才既若此缺乏，技能將何由而進步，所產之紡織品，自必落後無疑。故今深望我國政府，對於紡織教育應鼓勵其發達。惟培植專門人才，務須學術與技能並重，使科學技能與藝術，得相互協進，則我國紡織業之發達，始克有望。本校有鑒於紡織技術人才之不足,特擬增設紡織工業學院,思欲培養新進人才,以求技術之精進。卒因限於經費,未能符國人之厚望,深以爲憾。今僅成立一紡織研究室及實驗工場,對於各項設備,亦未臻完善,甚望不久能有所擴充也。

(二)勵行勞工教育 資本原料勞工三者,爲生產之三大要素,缺其一卽無生產之可言,若三者無充分之準備,事業卽亦難冀發展。我國工人智識淺薄,每不能運用其智慧於操作,而僅就上級人員所指導者爲之,欲其舉一反三,不可能也。且又不能克盡厥責,而必施以督策,其能視廠務若己事之努力處理者絕無僅見。致華商工廠內所用工人與管理員,均較外廠爲多,消費極大。又因工人之智識缺乏,不知遵守廠規,其向廠方提出要求,每僅圖一己之利益,而不顧廠方之是否可能。故欲改善我國工業,必須普及勞工教育,施以技術上之訓練,使其對於機械結構,工作順序,管理方法等皆有深切了解,然後技術得以純熟,生產能率庶可增高。又須授以人生必需之常識,藉以啓發其智能,養成德性,使其明瞭人生之眞義及工人之正鵠,則遇事不致盲從,庶於工廠管理上可收事半功倍之效矣。

(三)增加原料之供給及改善其品質 棉絲毛三者,爲紡織之主要原料,我國皆產之。如棉花一項,其品質已漸有改進,但仍不能用以紡製細紗。至其產量雖逐年有增,亦仍供不應求。他如毛絲之產量與品質問題,則更應加以注意,今當分別論之。

(1)棉花 我國氣候溫和,土質肥沃,宜於植棉。如江蘇,河南,山東,陝西,湖南,湖北,浙江,江西諸省,計共有棉田四千餘萬畝,每年產棉九百七十餘萬担,除供家庭手工紡織及衣被所需者年約二百萬担外,所餘殊不足供現有紗錠之需,(各紗廠每年約共消費棉花一千餘萬担。)外棉遂得大量輸入。且織物之精粗,每以紗支之粗細爲依據。而國產棉花,纖維粗短,不能紡製細紗,遂亦不得不取給於外,每年約輸入棉花二百餘萬担。故推廣植棉與改良棉種,實爲刻不容緩之事也。

我國各省之產棉量

省份	棉田面積（畝爲單位）	棉花產量（担爲單位）	棉田面積（畝爲單位）	棉花產量（担爲單位）
	1933年		1934年	
河北	7,406,949	2,106,591	6,121,971	1,444,912
山東	5,486,132	1,538,954	5,357,335	1,468,932
山西	1,800,011	595,880	1,310,761	502,412
河南	3,919,191	753,928	3,707,637	816,650
陝西	3,563,909	835,353	2,106,667	544,935
湖北	8,150,414	1,946,526	8,183,605	2,177,593
湖南	931,029	137,289	881,262	178,082
江西	196,910	34,481	202,700	59,133
安徽	1,057,427	222,531	1,073,672	144,440
江蘇	10,299,898	1,917,721	9,876,909	2,045,260
浙江	1,629,177	405,880	1,631,504	391,858
總數	44,441,047	10,497,924	40,454,023	9,774,207

中國經濟雜誌 1934 年 11 月號第 509 頁

（2）毛類　毛紡織品質堅耐用，尤能禦寒，國人多樂用之。最近十年來，毛紡織品之輸入，年有增加，竟佔海關進口貨中之重要地位。若不急謀挽救，將使國計民生，備受其害。按我國西北諸省，如甘肅，陝西，山西，河南，河北，山東，綏遠，察哈爾，熱河，甯夏，新疆等地，產毛本甚豐富，每年約產羊毛六十一萬四千餘担，駝毛十萬零五千餘担，外如江浙兩省亦略產之。惜國人不知設立毛紡織廠以利用之，殊深扼腕。惟我國所產羊毛品質劣而纖維短，不能用以紡製精細毛織品。故欲發展我國之毛紡織業，自以改良羊毛之品質爲第一急務。換言之，即羊種之改善是也。同時更應增加羊毛之產量，以促進毛紡織業之發展。

中國毛類產量之估計

地名	羊毛（担爲單位）	駝毛（担爲單位）
外蒙古	150,000	………
熱河	23,950	70,000
察哈爾	15,050	………
綏遠	20,000	………
新疆	140,000	35,000
寧夏	10,000	………
青海	120,000	………
甘肅	80,000	………
陝西	50,000	………
河北	5,000	200
總數	614,000	105,200

中國經濟雜誌1934年10月號

（3）繭絲　繭絲爲我國出產之大宗。然近年以來，年約產繭一百三十二萬五千餘担，僅抵日本產量三分之一。且日本繭之產絲量爲三·五比一，我國蠶繭爲五·五比一，即同一數量之蠶繭，中國繭之產絲量少於日本繭。此因我國對於飼蠶方法不知改良，並忽視蠶種之選擇所致。素以蠶絲先進聞名之我國，今反被日本佔全世界產絲之首位，殊深浩嘆。若不急求改進，華絲恐將絕跡於海外市場。即國內之絲織工業，亦將日見衰落矣。

要言之，關於紡織原料問題，似可提倡棉業生產合作，畜牧合作，及蠶桑合作，並施以適當之統制，以策其發展。又可廣設指導所，以謀品質之精進。

（四）改善工廠之組織

（1）工廠之組織,首重設計,如有精明之才幹,愼密之設計,更輔以奮鬥之精神,則廠業未有不興盛者也。然我國之創辦紡織廠者,每忽視於此。當其設廠之初,未有整個計劃,卽貿然用事,致全部事業,時有動搖之虞,殊可嘆也。

（2）不論進行任何事業,皆應選用適當人才,始克有成。我國工廠每喜濫用職員,爲股東與經理者,輒援引親族,而不問其才能是否稱職。因此廠務腐敗,開支浩大,欲其獲利自難矣。

（3）工頭制應卽廢除,否則,廠務决無根本整頓之望。蓋工頭大都由工人提升,其與全廠工人有特殊之結合,輒藉此以挾制廠方,而爲所欲爲,殊有害於廠務之進展。且此輩既未受普通敎育,更無紡織學識可言,唯憑直覺而得之經驗從事,墨守不移,技能將何由進步,故工頭制急應予以改革者也。

（五）工廠管理應科學化　我國工廠,組織既不健全,而管理上又多缺陷,每致意見紛歧,精神渙散,職權不明,而弊竇叢生。須知管理不當,大有關於出品之多寡優劣。故無論何項工廠,非有良善之管理不可。卽如職員工人之管理,及機器之選擇與配置,皆須調度適當,寬嚴得宜,庶能發揮工廠之能率,增加工廠之純益。提倡科學化管理之目的,卽在此也。

（六）應用成本會計　近年以來,各國製造業之競爭甚劇,其競爭之唯一工具,卽爲減輕成本,使貨價低廉而能暢銷於市。欲達此目的,必須應用成本會計,然後可知如何以抑低成本。且自工業革命以後,工廠之規模擴大,組織及生產數量亦因之繁多。苟無精確之成本會計預定書,則對於廠內之財政狀況,生產情形及產品成本之高低,皆不能洞悉,廠務卽無從發展。故成本會計,實爲統制工廠及競爭商場中之必要工具也。

（七）推進各種與紡織工業有關之工業

（1）整理印染工業　我國雖亦有染整工廠,皆規模狹小,設備不週,且技術幼稚,所染布疋,類多顏色易脫,光彩不鮮。又如印花工程,亦因方法陳腐,印成之布,絕無美術可言。故欲謀我國紡織品之進步,非同時努力改善此項工業不可。

(2)機械工廠　凡紡織工業發達之國,同時必以製造紡織機器稱著,猶如英國即然。日本紡織廠家所用各機,在昔亦購自歐美,近則致力自造,精緻適用,殊不亞於英美所造者。我國雖亦有一二紡織機器製造廠,然規模粗具,技術欠精,所造機器,未能完全適用。致辦紡織廠者,咸向英美各國採購機器,漏巵亦殊不小。故根本辦法,急應倡設完善之鐵工廠,盡力仿造歐美出品,並運用心得而有所發明,以助紡織工業之發達。

外如獎勵生產教育,森嚴關稅壁壘,收回在華外廠,減低稅率及防止華北走私等,要亦有助於紡織工業之發達,深望我國政府注意及之。

四十年中數學之進步

顧澄

本篇之作由於本校四十年紀念,故以四十年爲限,非因世界數學在此期中有特殊情形,必將劃出爲作專論也。惟吾國數學,則此期開始,正舊算結束新算萌芽,四十年間雖模仿多而創作少,實爲吾國數史非常時期亦宜略述。至本校數學之進步值此紀念亦有不能不附告同志者。

世界數學

四十年前之回顧

此四十年世界數學,進步雖速,要有前因,不能不述。蓋自歐洲文藝復興,數學一科雖突飛猛進,然時至十九祺初尙理法粗疏,所得結果不盡可恃。觀1826年Abel致Hansteen書,有

> 『吾欲盡吾之力散播光明於「今日流行解析間之無限黑暗」中。以計劃及統系如是其缺乏而從事其間竟如是其衆,寧非異事。其更大之弊實爲嚴密之絕對缺乏。高等解析中之定理曾經嚴證者殊不多覯。且無論何處常見不加證明,即以特例推爲公例之惡習……』

等語。其又一處則竟謂:

> 『無窮級數中之定理,其證明不能與以確有根據之反對者,爲數殊少。二項定理從未經嚴密之證明……台勞展式乃全部微積之基礎竟亦如是。』

可見當時歐洲數學之程度。嗣經十九祺諸大師極力整理,承前則去粗取精,啓後則窮源竟委,推理務求嚴密,鑽研必事周詳;始能置

數學於穩固之基礎[1]，使繼起者無後顧之憂，得專心前進，而有此四十年之成績，厥功之偉，有令人言及數史即不能不悠然神往者。

四十年中之進步

此四十年中，世界巨子，處數學基礎已固之時，凡諸研究，進步自易，猶之國基既由阢隉而入於鞏固，其興也勃，勢所必然。惟此期數學，發明之多，有如春筍。如欲詳述，非數百頁專史不能盡。本文旨在通俗，且篇幅有限，成於倉卒；若分門列舉，略則掛一漏萬，貽笑大方；詳則不惟觸目盡是專名，勢難通俗，抑且類於斷爛朝報，乾燥無味。爰取此期數學家工作之精神與方法，分爲窮源，析微，演進，致曲四類；而各就其所生之進步略論於次[2]。

1. 窮源 一切數學，有如長江大河，各有來去；其中間部分，人所易知；最難從事者莫如窮源與度遠。常人不察，往往視數學之進展爲難，植基爲易，而不注意於始基之討論。殊不知基礎不穩，無論進展至如何程度，仍難盡恃。此猶巍巍大廈，厥基薄弱，終虞傾覆。且論難易，從事進展或可專恃人力，而研究基礎，尤必視乎天資。此所以第一流數學家無不注意於此，且非第一流數學家决不能於此有偉大之貢獻也。此四十年，數學巨子，繼十九祺諸大師整理數學基礎之緒，精益求精，有顯著之進步。例如幾何公理，古昔視爲天然眞理者，今則不惟知其皆屬吾人所假定[3]，且於「此類假定至少共須若干以及其是否一致，獨立與充足」之研究，殫精竭慮，成績昭然，遠非昔比。代數基礎亦復如此。至數理哲學如Ressel，及Hilbert之偉著，更博大精深，幾及全部數學之基礎，縱或派別不一，主張徵異，要皆有大益於將來可斷言也。

---

(1) 論者謂 Weierstrass 之功最巨。

(2) 如此陳述或於初學研究數學者有可取法之益。

(3) 此雖四十年前已經早知，但知者終不若現在之普遍。且論幾何基礎，不能舍此不言，要之學問皆有淵源，時代終劃不清。閱者幸勿以辭害意，以下類此者不再註。

上海交通大学百年报刊集成·第一辑（1896—1949）·学术学科

四十年中研究數學基礎而有功於此者略舉如下:

Russel	E. H. Moore
Whitehead	Coolidge
Hilbert	Schweitzer
Veblen	Podoa
R .L. Moore	Huntington
A. Loewy	

2 析微 此以點集論[4](超窮基數論[5]及超窮序數論[6]包括在此名之內)應用於實函數爲例,最易說明其情形。十九祺下半雖巳論及函數之奇點,但其與函數定區[7]之關係則在實際研究上尙未十分注意。自1874年 Cantor 發明造時勢之點集論後,凡以區間[8]或「簡單曲線所圍之區域[9]」爲定區之函數實巳無專究之必要。至1892年 Jordan 之名論用普遍定區[10]後,繼起者尙少。迨二十祺開始始從事於此者日多。因此趨勢,點集及不連續函數之研究進步甚速。其成績最著者,例如各種積分之發生,遂使今日之積分論成泱泱大觀不惟爲 Cauchy 所不及知抑且非 Riemann所能料矣。要之點集論爲析微之要具其應用今巳幾及解析之各枝,且非此不能極解析之能事而造乎精深之域。故此四十年中第一流解析家及研究數理哲學者,無不致力於此。不惟求其進展而已,且於基礎之討論不遺餘力。雖時至今日,其基礎方面尙不能云絕無問題;然其成績之巨應用之廣實巳遠勝於四十年前,而將來之解析各枝且必因此而有更偉大之進步。此期數學家可爲後人追思不巳者,意在斯乎,

(4) Point sets

(5) Transfinite cardinals

(6) Transfinite ordinals

(7) Domain of definition

(8) Inte rval

(9) Field bounded by one or more simple cuves.

(10) General domain of definition.

意在斯乎。

此期數學家有功於點集論及其基礎研究者。(自 1897 年起,本年尚有論文者亦列入),按字母次序如下:

Arzlá	Mirimanoff
Baire	Lebesgue
Baker, H.F.	Levi, B
Bernstein	Lindlöf
Borel	Littlewood
Brodén	Lusin
Brouwer	Mahlo
Burali-Forti	Neville, E. H.
Cantor	Pierpont
Carathéodory	Poincaré
Chwistek	Richard
Denjoy	Riesz, F
Faber	Russel
Fraenkel	Schoenflies
Gross	Schröder
Hadamard	Sierpi'nski
Hardy	Vallee Poussin, de la
Hartog	Van Vleck
Hausdorff	Veblen
Hessenberg	Vilali
Hilbert	White head
Hobson	Youn, W.H.
Huntington	Youn, G.C.
Jourdain	Zermelo
König	

上海交通大学百年报刊集成·第一辑（1896—1949）·学术学科

從此可知,僅點集論一門,已有四十九人之多,且難免尙有遺漏。卽以此四十九人之著作論,但將其題目及所載雜誌書名寫出,已所占篇幅太多,閱者但看一筆流水賬亦毫無益處。若將其內容稍加論列,恐一百面尙寫不完。祇能從略。

既僅點集論一門,四十年中有功於此者人數已如此之多。以下 3, 4 兩節所言,涉及數學之全體,卽以人名論亦舉不勝舉(且總舉毫無意義,分舉則門數太多),故皆但言其進步之大概,而不再有人名之列舉。

3　演進　一切學問無不由淺而深,由狹而廣,十九祺前數學家未嘗不從事深廣之工作,然因理法粗疏,或雖有確果而尙無精證,或任意進推毫無根據。十九祺諸大師改革與建設並進,一切數學不能不先盡力於植基,而後從事於深廣,故於一切推廣,十九祺下半,雖已大啓其端(最著者如 n 度空間幾何),究未達乎完備。此四十年中研數之士,承十九祺大師之後,皆知理法必須周密,凡所謂嚴密數學家之推廣工作,不但所得結果皆有精證,且因有所憑藉進步較速。例如

(1) 實函數由一變數推至 n 變數已極有成績,微積分論偏微分方程式論等亦然。(常人皆以爲一變數函數之定理推爲n變數函數之定理極易,此仍十八祺數學家之思想,實則不盡如是。且函數用普遍定區後,此種推廣其證明往往發生極大之困難。又如 Jordan 之「一變數函數之有限變動[11]」,以之推於n變數函數卽發生非常困難之類)。

(2) 複函數亦由一變數推至二變數及多變數。

(3) 級數論由二重級數[12]推至n重級數[13](且每重分二進)。

(4) 幾何由三度空間推至四度及n度空間,且由實原素[14]推

(11) Limited variation

(12) Double series

(13) Multiple series

(14) Real elements

至複原素。[15]

（5）代數由二素複數[16]推至高階複數，[17]且論及無限行列式[18]及無限矩陣。[19]

（6）普通微積分及微分方程式之推廣有絕對微積。[20]

（7）變分學[21]及積分方程[22]論之推廣有「變函數之函數論。[23]

以上各例皆各成統系，新可容舊，且能互相利用使解析，代數，幾何之各枝極推廣之能事，蔚爲大觀。本期數學之進步此其最著者也。

4　致曲　凡物由總而分，日積月累，昔日附庸，蔚爲上國；數學亦然。此四十年，研數之士，有致力於一端一曲之微，而發揮光大遂呈巨觀者。例如代數數本[24]爲無理數之一，今已自建新國；單變函數[25]本爲普通函數最小之特例，近經多人研究，驟成獨立之一枝。不甯惟是，凡前人已有之定理，復研究其假設，細察其論證，因此而發生種種應用較廣之相類定理；積少成多，數學之範圍遂日趨於廣濶。四十年來但言其已成定論，由雜誌采入專書爲數界所公認者，僅實函數一門已不勝枚舉，遑論數學之全體，閱者欲知大略，須各就專籍查閱，非本文所能詳也。

除上舉四端之外，此四十年中有因定義改進而應用較廣者，

(15) Complex elements

(16) Complex numbers

(17) Higher complex numbers

(18) Infinite determinants

(19) Infinite matrices

(20) Abpolute calculus

(21) Calculus of variation

(22) Integral equations

(23) Functionals

(24) Algebraic numbers

(25) Univariant functions

上海交通大学百年报刊集成·第一辑（1896—1949）·学术学科

如各種積分定義及可和級數[26]各定義之類。有四十年前雖已微有萌芽而其大成實可全歸於四十年中之研究者,如積分方程式,絕對微積分,變函數之函數之類。有因方法改變研究較易而生進步者,如以矢量解析[27]討論微分幾何,以直接法[28]討論變分學之類。有受近世物理之影響而促進或發明者,如矩陣論,微積方程式,各特種函數,伸量解析[29]之類。

又此期數學有受一二巨子之影響而生進步者;如 Hilbert 於1900 年赴巴黎出席世界數學會議,提出二十三種問題,於此期數學關係至巨。例如 Dirichlet 氏問題(或稱 Thomson 氏問題), Riemann 據以爲其函數論之基礎者卽其中之一。1901 年經 Hilbert 證明關於此題之存在定理後,不惟 Riemann 之函數論遂有圓滿之基礎,且其證法之用意實開近日變分學中直接法之端緒矣。又如 Klein 之幾何計畫,雖發表於四十年前;而此四十年中幾何之進步極受其影響,卽近起之 Topology 亦早在其計畫之中,特方法進步研究較易耳;飲水思源,有不能不令人追憶者。且中等數學實爲高等數學之基礎,德國中學之數學課程及其敎授方法經 Klein 之盡力指導(始於 1893 年,自 1903 年後更從事於實際運動)而得極大之改進。近二十年德國數學之進步未嘗不受其賜。犧牲個人之研究,而專事爲國培本之工作,其目光之遠有非常人所及者矣。至 Volterra 於變函數之函數及 Levi-civita 於絕對微積;皆以一人之精力而有巨大之貢獻;舉一反三,可知羅馬之復興,非無由也。

要之十九祺爲世界數學改革及建設之期;此四十年爲數界承平之日,因多革少,進步自易。惟一切數學皆由人造絕無先天理由之說既昌。彼因大道難行,舉重不勝,自由創造,欲藉奇制勝,以博

(26) Sumable series

(27) Vector analysis

(28) Direct method

(29) Tensor analysis

一時之榮譽者,縱邏輯上各有其根據,末流所極,恐數十年後又將起極大之改革,而今日蓬勃之創作,復如十九祺前之級數論,大受後人之删刈。夫 Cantor 以天縱之才,發明點集,論者謂其啓近代解析之紀元,開拓之功不在哥倫布獲新大陸下;然所創容量論,雖已較勝於 Hankel,卒因微有缺點,經人改作,旋即衰歇;甚至其點集之定義,亦發見矛盾,聚訟紛紜,屢經修改。則學識天資遠出 Cantor 下,而胆量過之者,其創作之壽命更可知矣。

中國數學

四十年前之回顧

吾國數學發明甚早。例如商高與周公談直角三角形勾方加股方等於弦方之定理,實遠在古希臘幾何家 Pythagoras 發明此理之前。祖冲之求得 $\frac{355}{112}<\pi<\frac{22}{7}$ 亦在歐洲學者求得此式一千餘年之前。歐美數學書亦論及此事,而吾國現在學子反有數典忘祖者。惜歷史但載祖氏之結果而未詳其來源與求法。以現在數學目光推測,或祖氏已知連分數及反正切級數之類,否則似難求得上式且知 $\frac{355}{112}$ 更密於 $\frac{22}{7}$ 。吾國數學史既有此驚人之奇績,則吾族對於科學宜有自信之力萬不可妄自菲薄者矣。

至近數百年,吾國數學遠不如人而反取法於人者,非由民智之不如;實因明清政府專以文學取士,數學一科注意者少;而歐洲自文藝復興,重視數學,幾乎無人不習,童而學長而研究,其進步之速,自非吾國科舉時代所能及耳。

四十年中之進步

此四十年前,歐美輸入之數學,雖已有明末徐光啓所譯之幾何原本;前清咸豐六年李善蘭所譯之代微積拾級;同治十二三年華蘅芳所譯之代數術及微積溯源之類。然當時仍以八股取士注意者少,而舊派且高談天元勾股欲存國粹。直至此四十年開始之際,值甲午敗績割地賠款之後,清德宗毅然謀新,設北洋大學(即今

上海交通大学百年报刊集成·第一辑（1896—1949）·学术学科

北洋工學院)於天津,南洋公學(卽今交通大學)於上海;始令學生習數,且所敎者悉爲歐美輸入之品;各省繼起之學校亦復如此。故此時可謂吾國數學舍舊謀新之始,實數史上之非常時期也。此四十年中可分三期如下。

1 清末　此期之初,學校雖設,學生於數皆未前習,祗能自算術讀起;且師資缺乏,濫竽者多,偶借才異國,來者亦至平庸;名爲高等學校,所有數學課程大抵僅類今日之初中。惟吾師周彣甫(名道章)先生以天縱之才,少從華蘅芳先生遊,旣盡讀其譯著,長復遍閱日本所譯歐美之數學;主敎南京格致書院,始設高等代數,解析幾何,微積分及微分方程等課程,當時學生受益良多,畢業之後,服務各省,於淸末後八年數學之進步關係匪淺。故略述格致書院之情形如下,備後之編數學史者有所參考焉。

(1)　學生入院皆國文已有根底無須上課(僅每月作文一篇,由國文教授評定甲乙,前十名依次給奬金),與他校國文課多(例如蘇州高等學上午盡是國文)而不能專攻數學英文者不同。

(2)　數學分四堂,每堂一教授,自下午一時起至五時止。第四堂算術,第三堂代數及平面幾何,第二堂立體幾何及三角,第一堂高等代數解析幾何微積分微分方程(卽周師所教)。教授不重講解,而令學生下堂讀書,上堂演題及質疑。凡學生演畢第四堂全部算術題者,隨時得升入第三堂。其餘各堂依次遞升亦類此。因此各堂學生雖程度極參差不齊,而能各憑天資向前猛進。且學生皆具國文根底,腦筋成熟,推理能力遠非現在初中學生可比,故升堂甚易。有一年有餘連升三堂而至第一堂學習者。但亦有入校五年而仍在第三堂者,偏重英文之學生也。

(3)　英文亦分四堂,情形與數學相類。惟各堂教授頗重講解,且注重文法,每日令學生將前日所讀書逐句分析,反復詰難,百計覓學生錯誤而指正之。故學生偏重數學者,頗受其益,不久卽能閱英文數學,藉資參考。(惟注重數學之學生,以無暇習英語會話,讀音多訛)。

(4)　學生分正附課,各百人。正課給月費,遇缺額附課生年考英或數第一者得補入。全院學生書籍筆墨均由院給,且英數首列各有特奬,故學生程度較優者一切費用無須仰給於家庭而得潛心於學業。

(5) 格致書院原名高等學堂,庚子團匪將發前,剛毅南下謂兩江總督劉坤一曰『學堂養漢奸地,宜立停;吾願與君卽會奏』,劉笑答『改爲書院可耳』遂更名,亦一趣事。甲辰後改爲實業學校,時不佞已離院不復知其詳矣。

清庭自庚子受創,復令各省興學。設京師大學(卽今北京大學)於北京;先辦預科及師範館,令各省高等學堂於畢業生中擇優保送並招考有同等學力者。復設譯學進士兩館名義雖附屬於大學而別有監督(彼時大學校長稱監督,高等學堂校長稱總辦),且體制甚隆學生待遇頗厚,全國優秀之士爭趨焉。乙巳不佞得丁梅軒先生介紹至譯學館教數學,時館中偏重各國文字;數學雖爲必修科,而每班週僅四時,五年畢業祇能教至解析幾何而已。

惟京大預科德文班及師範館第三類,因注重數理化,所定數學課程較深。以彼時論,此二處實全國數理化最高之學府。其高級數學皆不佞所親授,知之較詳略述如下。初京大預科,除文史外,凡專科教授盡爲英法德文(故以文分班),師範第三類則盡爲日人;本國人之爲其翻譯或教較淺課程者咸稱助教。時德人某君授課近二年,所教不出代數幾何範圍(此君想未進過德大學),且常請假延不進教;學生於代數幾何實早學過,不能耐,白於當局。時不佞在譯館,京大託人來言,欲令往教三角,解析幾何微積諸課,而仍由德人教幾何。答以『京大慣例,外國人爲教授本國人爲助教,果能反是者敢不惟命,否則恐貽譯館教授羞,請另聘』。來者曰『君果往決不屈爲助教』,乃應聘。卽此可見彼時借才異國之失當,吾國數學實未受其益(但教化學之德教授則學優教勤,學生獲益良多)。嗣師範館第三類解析幾何微積,因日教授某專攻物理不願多教,亦改歸不佞担任。

及京大預科畢業,本科設立;有理科(彼時稱格致科)而無數學專系(彼時系稱門);不佞所教實理化及工科之數學,規定課程仍不過較高之微積。惟學生頗有天資卓異如廖君福同之類,則以拙譯最小二乘法四原原理之類令其課外學習以補校課之不足。

以上所述,清季最高學府數學漸進之情形也。至其時各省數學之狀况,可間接測知如下。庚戌清庭籌設清華學堂(卽今清華大學),胡君敦復新自美國學數回,被聘爲教務長。辛亥清華成立,所取高級學生均各省學校優秀之士。時不佞忝在清華授課(當時所聘美國人,亦僅能教低級數學。胡君至校前,已皆聘定,欲向美另聘而外部不允。胡君不願久在清華卽因此),細察學生程度則曾學微積者僅上海南洋公學唐山路礦學堂(卽今交大唐校)畢業之胡君博淵顧君維精二人;餘則最高至三角,次則僅知代數幾何而已。

由上所云,清末十五年,數學進步甚緩。揆厥原因,實由高等學校較中小學先設。不惟師資缺乏,卽有良師亦限於學生程度,事倍功半耳。

2 民國元年至十五年 民國肇建,京師大學改名北京大學,原有理工兩科適無數學(因此兩科原定三年畢業僅前兩年有數學,辛亥正兩年教畢,故民元無數學),不佞亦遂至教部。民四後北大設數學專系先於其他各校;時各省中學已多畢業;提高程度,較易於前;於是北大數學,復執全國之牛耳。馮君漢叔實主其事,秦君景陽,王君士樞,先後至北大,解析代數幾何三門課程逐漸完備。旋北平師範改大,數學亦設專系。兩校畢業生,分布北方中學任教課,大都勝任。時胡君敦復吳君在淵在上海大同大學,胡君明復在交通大學(並忝在大同),何君奎垣熊君迪之段君調元在南京東南大學(卽今中大),皆力促數學之進步,成績蔚然可觀;門徒遍東南各中學,亦大都勝任。而近十年數學進步之速於是基之矣(熊君迪之民十五轉清華,初清華課程專備學生赴美留學,特重英文,數學較淺,鄭君桐孫前往,始逐漸提高,及熊君再往,兩賢同濟蒸蒸日上)。

3 民國十六年至現在 二次革命告成,新政府成立於南京。全國學校多改組與增設,所有理科皆設數學專系。赴各國學數回及在國內學數而傑出者日衆。良師多進步益速。近且創作漸多,駸駸乎可謀與國際爭地位矣。

此期中不惟由各國學數回服務各大學成績已極昭著者固甚多;即但在國內大學畢業,任各校教科多年,學問成績不下出國研究者,亦復不少;而華君羅根未在大學畢業而研究成績頗足驚人,上言國人宜有自信之力,不可妄自菲薄,於此可徵矣。

4　四十年中數學進步之阻力　昔有寓言曰,一鼠失其尾欲衆鼠盡去之。四十年來之數學界亦頗有類此之事。當清季學校初設,吾師周彣甫先生在格致院教微積,談天元勾股者深忌之,曰「論應用,代數幾何足矣,三角已無須,何必教微積,徒費學生精力於無用之地」。及不佞在京師大學教較高之微積,且因彼時談數者多視初等微積為至高無上遠不可居之品,特譯四原原理最小二乘法等書以廣其意,於是昔忌周師者轉其鋒而力攻不佞。甚至謂「昔譯西算,尚以干支代字母;今顧某胆敢旁行斜上,擅以西字雜華文,創千古未有之奇;且菲薄天元,不知保存國粹;帝都大學豈宜任此輩肆其邪說。今滬上學生方妄言革命,蔑視舊學,顧某來自南,安知不與有繫屬」,屢以此語校當局,且告學部,似必置之死地而後快者。迨民國十七八年,國立各校數系課程日高。又有無尾新鼠糾集同類,作減低課程之運動。時不佞在女子學院兼授北大實函數論又為此新鼠所忌。而彼輩運動減低課程益力。無如中學六年之久,勢不能但教初等代數幾何三角;大學四年之久更不能但教其所知之課程;且各校數學教授淵博者居多,非彼輩可比,其運動終無效。而朱君公謹在光華,胡君敦復在大同,雖經費支絀而仍日謀數學課程之完備與提高,視彼但懼國立大學課程較深相形見絀,而作此運動者,其相去為何如。

惟作此種運動者常以「數學求能應用無須高深」言。不明數學內容者往往易為所惑,其運動雖無大效,亦頗足隱為數學前進之阻力。實則研數如製刀,惟日求其銛利;小者劁雞,大者宰牛,自各有其用處;至如何宰與如何劁,則庖丁之事,非製刀者所必究。即言國防，果欲自製利器，用數至深，豈此翟無尾鼠所能知。嗟乎聞鵬方培風圖南而笑之者，奚獨蜩與鸒鳩也哉。

今中國數學會成立，此種阻力，或可漸消。欲謀後日數學之進步，全視今日數學界同人之努力如何耳。

本校數學

本校初創之際，因其時尚無中小學校，學生皆自算術讀起，當然不能例外；且當時設立之目的在爲路郵航培專才，數學非所特重。直至清末雖有微積及微分方程之課，僅備工科之用而已。自民元至十七年雖敎法日有進步，而數學科目無甚增設。及黎公長校以理科爲工科之本，設立科學學院，聘裘君次豐爲院長胡君敦復爲數系主任。數學課程始大備，且第一年必須兼習理化，從二年起並須兼習德文及高等物理，先博後約，進步甚速，雖數系之設時僅八年已能與全國大學著名數系相頡頏矣。

近四十年物理學進展狀况述略

許 國 保

本年四月恭逢母校四十週紀念,裘次豐先生囑撰近四十年物理學之進展狀况。按物理在近四十年中進展之速,為有史以來所未有,新發現新理論風起雲湧,層出不窮,欲作有系統之敍述,殊非易易,不得已姑將此四十年分下列各段略述大概,難免舉一漏十之譏也。

一 四十年前之物理狀況

四十年前本校成立之年為1896年,是年在物理學史上亦為極重要之一年,若吾人即命是年為近世物理肇始之年,亦未始不可,因是年有兩種大發現,一為*Zeeman*之發現*Zeeman*效應(*Zeeman Effect*),一為*Becquerel*之發現放射現象(*Radioactivity*)。此兩種發現對於近世物理進展之重要實無與比擬。試思電子論量子論原子構造光譜學無不借重*Zeeman*效應為準繩,而原子及原子核構造之研究又無不發源於放射現象也。况1896之上年有*Lorentz*之奠定電子論及*Röntgen*之發現X射線,1896之後二年有*Curie*夫婦之發現鐳(*Radium*)原質,是以自1895至1898年新發現層見疊出,為當時物理學家所不及預料,近世物理之開端厥在是時也。

二 量子學說之崛興

在1896至1900之四年中除上述之重要發現外,物理學上之重要研究,尚有*Thomson, Kaufmann, Lenard*等對於陰極射線(*Cathode Rays*)之研究。*Thomson*於1897年求得陰極射線e/m之值,*Town-*

上海交通大学百年报刊集成·第一辑（1896—1949）·学术学科

send, Thomson 對於電子之研究,而於1898年量得電子荷 e 之約值,*Wien, Rayleigh, Lummer, Pringsheim* 及 *Planck* 對於熱之輻射 (*Heat Radiation*) 之研究,而於1900年產生 *Planck* 之量子論。蓋在當時電子荷之確值,雖尙未求得,而電子之存在已毫無疑義,是以 *Planck* 致創量子之說。但量子論在起初究未得一般物理學者之公認,且爲一部分物理家所反對,迨乎1905年 *Einstein* 將量子學說應用於光電學,*Nernst* 於1906年創熱力學之第三定律,量子說始漸見發展。此後 *Einstein* 及 *Debye* 又應用量子說於固體之比熱,此新興學說始漸爲物理學界所重視矣。

三　相對學說之崛興

自1896年至二十世紀之初年,尙有一物理之重要問題,卽動體中之電磁現象是也。研究此問題之理論方面者,有 *Lorentz, Abraham, Cohn* 等,研究此問題之實驗方面者,有 *Michelson, Morley, Eichenwald, Wilson, Trouten, Noble* 等。欲使理論與實驗相符合,*Lorentz* 於1903年卽創 *Lorentz* 換標公式 (*Lorentz transformation*), *Einstein* 於1905年以爲 *Lorentz* 之換標公式,乃一種時間空間之根本問題而創相對學說。但相對說在起初亦未爲一般物理家所重視,迨乎1908年 *Minkowski* 創四度空間之說,方始引起哲學數學物理學各界之驚奇。*Minkowski* 之觀念,予相對論以精密簡潔之數理根基,*Einstein* 再加以擴充,於1911年已得時空彎曲與萬有引力之根本觀念,而於1915年奠定普遍相對論之基礎也。

四　原子構造論之崛興

原子之光譜與原子之構造必有密切之關係,在十九世紀之末已早爲物理學界所公認,惜乎 *Lorentz* 氏之電子論不能給原子光譜以充分之解釋,一般研究分光學者乃不得不求實驗上之公式,經過 *Balmer, Rydberg* 等之初步工作,*Ritz* 集其大成,而創光譜之幷合原則(*Combination Principle*)。幷合原則實爲 *Bohr* 原子構造論之直接根基,同時關於電子及原子方面之實驗如 *Lenard* 之陰極射線實驗，*Rutherford*之α射線徑跡實驗，均能使原子之構造漸行明瞭，乃使*Bohr*氏得應用*Planck*及*Einstein*之量子論，而於1913年奠定原子構造與氫氣光譜之理論基礎。*Bohr*之成功，予量子論以莫大之衝動，而使之成爲近世物理之中心。*Sommerfeld*於1915年更擴充*Bohr*之觀念，而得解說氫光譜之精密組織，原子論之基礎漸趨鞏固。雖然，原子論之應用於複雜光譜困難尚多，基本觀念亦欠完備，*Bohr*雖於1918年至1923年間將其基本觀念加以改革，並創相當定律(*Correspondence Principle*)，但終不能免新量子論之起而代之也。

五 相對論之全盛時代

1918年歐戰停止，1919年之五月乃有第一次觀測日全蝕之舉，是年觀測之結果，對於星球光線經過日面時之屈折測量，英國皇家學會認爲足以證明*Einstein*普遍相對論之不誤，於是相對論頓爲一般人所崇拜。*Einstein*被譽爲二十世紀之牛頓，一時相對論成爲哲數理各界之研究中心，即不諳科學者亦莫不欲一知相對論之概念，觀乎自1919年至1922年之四年中關於相對論之出版物不下數百種，即*Weyl*之名著「時空物質論」(*Raum, Zeit, Materie*)一書，亦經過五版之多，可見當時相對論之盛况。但自1923年以後，相對論之盛風頓衰，其原因一則以1919年之證明漸成疑問，二則以普遍相對論包括電磁公式之失敗，三則以量子論於1923年以後重趨活躍也。

六 原子光譜學之完成與新量子論之崛興

在相對論之熱浪漸退之時，原子論與光譜學復見活躍，關於複光譜之研究，1918年已有*Kossel*及*Sommerfeld*之光譜位移定律(*Spectroscopic displacement law*)，1922年復有*Catalan*對於*Manganese*光譜之分析，在1923年之際，X射線光譜之分析，經*Siegbahn*等之手已集大成，結晶分析亦完成於*Bragg*父子之手，是以物理家得集中於複光譜之研究。同時理論方面，*Bohr*於1923年創相當定律爲研究原子光譜之新根基,又與*Stoner*創週期表之建造原理(*Aufbau Prinzip*),*Landé*亦應時而興,創原子之*Vector Model*,複光譜與*Zeeman*效應之理論基礎於是底定。1925年及1926年間量子力學及波動力學同時產生,*Gousmit*復創旋轉電子之說,原子光譜論乃臻完成。自1927年至1931年新量子論發展迅速,原子光譜已可完全用新量子論解釋矣。

七 原子核研究之盛行

鐳之放射現象,自1896年發現後,固已有不斷之研究,*Rutherford*於1919年分裂淡氣原子之成功,同年*Aston*之發明質譜儀(*Mass spectrograph*),均為重要之進展,在原子外殼構造之研究時期,已有對於原子核構造之假設,新量子論對於原子核之構造亦有重大之供獻,是以193)年*Gamow*氏已有對於原子核構造一書之出版。1932年在新量子論發展告一段落之際,忽有*Urey*之發現重氫氣(*Heavy Hydrogen*),*Chadwick*之證明中子(*Neutron*)之存在,*Anderson*又發現陽電子,此三種重要發現,薈萃於一年之中,頓使物理學界研究之趨向為之一變,而學者莫不以研究原子核為識時務。前年1934年,又有*Curie-Joliot*即*Madame Curie*之壻女發現感應放射體(*induced radioactivity*),原子核之探討正方興未艾也。

附近四十年物理學之重要進展年表

1896 *Becquerel*發現放射現象

1896 *Zeeman*發現*Zeeman*效應

1897 *J.J. Thomson*求得陰極線e/m之值

1898 *Curie*夫婦發現鐳原質

1899 *Kaufmann*及*Wiechert*求得陰極線e/m值與速度之關係

1900 *Planck*創量子學說並求得熱之輻射公式

1900 *Rutherford*發現*Radium emanation*

1901 *Lebedew*用實驗證明光之壓力(*Radiaton Pressure*)

1902 *Rutherford*及*Soddy*創原子分裂之理論

1903 *Ramsay* 及 *Soddy* 證明 α 射線爲 *He* 原子

1905 *Einstein* 創相對學說光子學說及布郎運動之理論

1906 *Nernst* 創熱力學之第三定律

1907 *Einstein* 應用量子論於比熱

1908 *Minkowski* 創四度空間之觀念

1908 *Ritz* 發現光譜之幷合原則

1910 *Millikan* 測得電子荷之確值

1911 *Rutherford* 創原子之核形構造說

1912 *Laue* 發現 *X* 射線之干涉現象

1912 *Debye* 得固體之比熱公式

1912 *C.T.R. Wilson* 創雲霧箱

1913 *Bohr* 創原子構造及光譜論

1913 *Moseley* 創 *X* 射線分光學

1913 *Van den Broek* 說明原子核之電荷量與原子數之關係

1913 *Bragg* 父子定結晶構造之研究基礎

1913 *Soddy* 及 *Fajans* 發現原質蛻化(*Transmutation of elements*)之位移律 (*displacement law*)

1014 *Ehrenfest* 創 *Adiabatic principle*

1915 *Einstein* 創普遍相對論

1915 *Sommerfeld* 解說氫光譜之精密組織

1016 *Epstein* 及 *Schwarzschild* 解說 *Stark* 效應

1916 *Schwarzschild* 創帶形光譜(*Band spectra*)論

1918 *Bohr* 再創原子論觀念

1918 *Kossel* 及 *Sommerfeld* 發現複光譜之位移律

1919 日全蝕之觀測以證 *Einstein* 普遍相對論

1919 *Aston* 創質譜儀(*mass spectrograph*)

1919 *Rutherford* 分裂淡氣原子核成功

1920 *Sommerfeld* 創內量子數(*inner quantum number*)

1921 *Bohr* 創原子建造原理(*Aufbauprinzip*)

1921 *Landé* 求得 *Lande factor* 以解說 *Zeeman* 效應

1921 *Paschen-Back* 發現 *Paschen-Back* 效應

1922 *Catalan* 分析錳之光譜

1923 *Compton* 發現 *Compton* 效應

1923 *Bohr* 創相當定律

1923 *Landé* 創原子之 *Vector Model*

1924 *Stoner* 改良 *Bohr* 之原子建造原理

1924 *de Broglie* 創物質波之觀念

1925 *Bose* 創 *Bose* 統計法

1925 *Compton* 用光栅試驗 *X* 射線之干涉成功

1925 *Uhlenback* 及 *Goudsmit* 創旋轉電子說

1925 *Pauli* 創不相容定律(*Exclusion Principle*)

1925 *Russell* 及 *Saunders* 奠定複光譜之分析法

1925 *Millikan* 發現宇宙射線

1925 *Heisenberg* 創量子力學

1926 *Schrödinger* 奠定波動力學之基礎

1926 *Dirac* 擴充波動力學

1026 *Fermi* 創 *Fermi-Dirac* 統計法

1927 *Davisson* 及 *Germer* 證明陰極線之繞射現象

1927 *Heisenberg* 創測不準定理(*uncertainty principle*)

1928 *Raman* 發現 *Raman* 效應

1930 *Bothe* 及 *Becker* 初次發現中子之徑跡

1932 *Urey* 發現重氫

1932 *Chadwick* 證明中子之存在

Anderson 發現陽電子

1934 *Curie Joliot* 發現感應放射

四十年來之化學

謝　惠

化學者,一流動不息千變萬化之科學也。其範圍之宏深,變化之新奇,發展之迅速,功能之偉大,既非任何科學之所能及;而於研究上,證明上,應用上,又必依據一定之原理,分析綜合,推陳出新,決非僅事理論,徒騖新奇者所能徼倖嘗試以克成。現代國家之國防設備,經濟建設,以及人類衣食健康之資源,既均利賴於科學;各種科學之完成及其應用,尤多攸關於化學。溯自最近四十年,各種化學試驗之成功,發明日以多,應用日以廣,幾使一切天然之缺陷,悉能利用化學,應用人工製造以事補救,所以裨益人世者蓋極大,而世之所謂「力補造化,巧奪天工」者亦維化學界足以當之而無愧。顧此種種新奇之發見,雖有若干部份係屬繼續前人未竟之志,完成前人未蕆之業,而乃盡在最近之四十年間,其進步之神速,又實爲以往任何時期之所難及也。最近四十年化學界進展之歷程,適與吾校創立,建設,進展之歷程,齊趨並進,珠聯璧合。回顧吾校篳路開創,逐漸建設以有今日,所以樹立建國福民之基業者,又何讓於化學界之成功耶?茲際吾校創立四十週紀念之期,吾爲吾校稱慶,因亦爲化學界稱幸焉。爰成此編,以資紀念。用示四十年來化學之進步無垠,並祝吾校之進展無疆。

一　無機化學

甲.　放射線之發現

吾校創辦於公元一八九六年,亦卽法人柏克勒爾 *Bacquerel* 氏發現鈾及其他化合物有放射線之同一年也。二年之後,法人居禮 *Curie* 夫婦由瀝青礦中初次發見釙及鐳二種新原素,及其更強大之放射線,不久得倷尼 *Debierne* 氏復發明另一放射新原素錒,自此以後,全世界化學家之目光完全轉移,而關於原素進化程序等學說之發展宛如雨後春筍,幾無窮日。一九〇〇年董吳 *Dorn* 氏發明由鐳蛻變之一新元素,在一九〇二年路斯弗德 *Rutherford* 氏證明此新元素乃由鐳放射一 α 粒子所餘之氣。一九〇三年蘭姆賽 *Ramsay* 與索台 *Soddy* 二氏在鐳之放射氣中發見有氦,故在一九〇八年始證明董吳氏之氣乃一新元素名之曰氡,在一九一〇年與格雷 *Gray* 氏共同測定氡氣之原子量爲222,近四五年來利用人工製造之放射體已不下五十餘種之多。夫由一種元素之蛻變而能發生他種新元素,乃化學史上之異彩,亦自有史以來科學上之一大發見也。

乙. 惰性氣體之發現

當法人居禮夫婦發見釙及鐳二元素之同一年,英人蘭姆賽及其門生亦從空氣中發見氖,氪及氙三種新元素,此與三年前之與賴雷 *Rayleigh* 氏所證明在氮氣中所發見之氬氣性質相類。其後路斯弗德及索台二氏在一九〇二年藉放射學說證明董吳氏在一九〇〇年所發現之氣體爲鐳之放射物,與一九〇八年蘭姆賽名之爲氡,以及氬,氖,氪,氙連同其在一八九五年所發現之氦均屬同類,故均列入曼德來孚週期律表上之零族地位,誠近四十年來化學家之一種重要貢獻也。

丙. 稀土類元素之發現

稀土類元素之研究,在一七九四年以前已引起化學家之注意,因其性質類似,產額稀少,故處理困難。然在一八九六年以前已有十五種稀土元素之發現,迨二十世紀之初研究方法漸臻完善,故在一九〇一年得馬爾塞 *Demarçay* 氏在釤內發現銪,一九〇七年烏爾班 Urbain 及衞爾斯巴哈 Welsbach 復在銪内發現鎦。一九二六年霍布金司 Hopkins 及家姆斯 James 同時發現釼，至於稀土類元素之確數在一九一三年以前預料竟有十七至二十一種之多，及一九一四年麻斯雷 Moseley 藉X射線和原子序數之關係，卒得鑑定其數不能超過十六種，一九二一年在波耳 Bohr 氏發表原子構造論後，方證明稀土原素序至週期律表第七十一位爲止，故稀土類元素賴化學家之努力研究，於近四十年內已完全發現矣。

丁. 週期律表上之發現

週期律表爲近代化學之基礎，蓋藉以預測元素之性質者也。最初表內之空白處頗多，然曼德來孚 Mendelèeff 氏已預知將來有新元素之發見以補其缺，並已推斷其性質及狀態爲何。近四十年來在鈾以前之元素可稱已完全發現，實化學界之一極大成功。惰性氣體元素之發現已略述於前，其他元素之發見時期及發見者列表於下：

年	原素名稱		符號	原素位	發見者
1898	釙	*Polonium*	*Po*	84	*Curie*
1898	鐳	*Radium*	*Ra*	88	*Curie*
1898	錒	*Actinium*	*Ac*	89	*Debierne, Giesel*
1901	銪	*Europium*	*Eu*	63	*Demarçay*
1907	鎦	*Luteciu m*	*Lu*	71	*Urbain, Welsbach*
1913	鈚	*Brevium*	Ux_2	91	*Fajans, Göhring*
1922	鉿	*Hafnium*	*Hf*	72	*Coster, Hevesy*
1924	鎷	*Masurium*	*Ma*	43	*Noddack, Tacke, Berg*
1924	錸	*Rhenium*	*Re*	75	*Noddack, Tacke, Berg*
1926	釼	*Illinium*	*Il*	61	*Hopkins, Harris, Yntema, James*
1931	鈽	*Virginium*	*Va*	87	*Papish, Wainer*
1931	鏌	*Alabamine*	*Ab*	85	*Allison, Bishop, Sommer, Christiansen*

上海交通大学百年报刊集成·第一辑（1896—1949）·学术学科

二 有機化學

甲. 有機化學之進步

威勒 *Wöhler* 氏在一八二八年從無機化合物製造有機物尿素,所謂有機化合物之神祕因此消滅,後世之無機物質與有機物質之綜合研究因而得以發展。一九〇〇年以前有機化學之根基均賴李祕 *Liebig*, 開苦勒 *Kekulé*, 威廉生 *Williamson*, 霍夫門 *Hofmann*, 潘金 *Perkin*, 格雷普 *Graebe*, 李白門 *Liebermam*, 格李斯 *Griess*, 培頁 *Baeyer*, 麥牙 *Victor Meyer*, 斐修 *Fischer*, 巴斯德 *Pasteur* 等培植之力,其影響則推及於近四十年來有機化學之進步,即以碳元素所構成之有機物而論,據今日吾人所知者已達二十五萬種以上,宇宙間其他九十餘種元素所構成之化合物併合而成之數尙不足與其相比也。至其應用之廣泛實遍及於藥物學,醫學,生理學,食物學,工業化學等等範圍之內,其間接或直接影響世界文明與人類歷史之改造至大且巨。然縱觀近二十年進步之速,則吾人可預測將來之進步,更不可限量。蓋在廿年前之治有機化學者,其構造方法猶如瓦匠之按圖建屋,瓦匠固不知其所以然也。近廿年來則不然。治有機化學者漸知利用物理化學上之原理,如用熱力化學以測定反應熱,構造熱,燃燒熱等,用愛克司光以檢察結晶體,及內部之組織,用欒琴光 *Röhtgen Spectra* 以研究有機物折光格 *Diffracting Lattice*, 量子說以解說其構造之能力,原子說以解說原子間連鎖之情形等等,故有機化學上之反應及有機物組織之程序及構造之原理,爲昔日所未明瞭者,今日已漸得正確之解釋矣。

乙. 碳水化合物

碳水化合物在有機化合物中占一重要之地位,其範圍包括醣類,澱粉類,纖維素類等主要物品。舉凡人類生存之關鍵,文化演進之程序,殆盡在於斯矣。自開苦勒 *Kekulé* 發表其碳原子之四原子價及其環狀結合能力之學說後,培頁 *Baeyer* 及秦格 *Zincke* 二氏即藉其學說以解釋醣類物之構造式。其後斐修 *Fischer* 發明熗聯硇,而得熗亞聯硇體化合物及雙熗亞聯硇體化合物,於是單醣類之醛式或酮式煥然大明。其後布地氏 *Purdie* 發明甲烷基化法,得證明貳醣類乃賴單醣二分子結合而構成之原理。登奧 *Denhau* 及伍德奧司 *Woodhouse* 二氏復引用布地之法以證明纖維素乃由多數單醣所連合而成,歐文 *Irvine* 好瓦斯 *Haworth* 等近亦發表澱粉類之構造式。近數年來研究碳水化物之難關已破,而進步尤迅速,凡醣類之名稱及其構造方式均較四十年前更有正確之結論,而其應用亦激增。例如:現代大工業之各種合成製造物如爆炸藥,人造絲,紙張,影片,調味品,酒精類,有機酸類,燃料等等莫不賴碳水化物為主要原料。今且利用水解方法以廢棄之樹木或棉花纖維素以製造味甘之葡萄糖或果糖矣。故碳水化物中實包含無限之研究問題也。

丙. 有機物製造之進步

敍述近四十餘年來各種化學之成功史上,其最能引人驚異者當首推有機物。蓋昔日僅能得之於有機生物者今則可用人工合成是也。而此人工製造之發明,有時利用無機物藉化學作用而製成有機物,例如一氧化碳氣與氫氣相合而成甲醇。有時僅用各種有機原料亦能製成有機物也。茲舉其犖犖大者於后以博閱者一粲:

(一)人造染料　古之染料大半取自天然植物,如法國之茜草,吾國及印度之靛藍草,皆供給染料之植物也。自八十年前英國化學家潘金 *Perkin* 在廢棄之煤焦內發現苯胺紫後,染料可以人工造成之意旨方為世人所信服。在一八六九年德人格雷普 *Graebe* 及李白門 *Liebermann* 二氏發明人造茜草色精,次年培貝 *Baeyer* 發明人造靛藍,於是染料之來源由植物而改為煤焦。而法之茜草,吾國及印度之靛藍農事從此被淘汰矣。迄至近年人造染料已不下數千百種,而此數千百種染料之基本原料,乃皆取之於黑色煤焦

上海交通大学百年报刊集成·第一辑（1896—1949）·学术学科

內之數十餘種有機物也。煤炭除能供給染料之外，尚可賴以製造炸藥，照相材料，人造電木，藥物，防腐劑，香料及各種有機物品，其裨益人類誠非淺鮮也。

(二)人造橡皮　生橡皮乃從橡樹內所取出之乳狀汁用凝縮法而製成者也。其市場純為英，荷所統制。近數年來，美，日兩國亦在熱帶培植橡樹以與英，荷對抗。蓋橡皮製造事業為全世界十大工業之一，凡一國工業之發展，國防之重要，人類經濟之關係，莫不有賴乎此，可想其應用之廣大。而化學家之所以研究人造橡皮其理由亦可以明瞭矣。一八六〇年威廉 *William* 首先從橡皮內蒸出 *Isoprene* 及 *Dipentene* 等碳氫化合物，一八九二年鐵登 *Tilden* 復利用威廉蒸出之 *Isoprene'* 綜合而得橡皮相類之固體，至一九一〇年復經馬須司 *Matthews* 及哈來司 *Harries* 二氏各自研究，大規模製造人造橡皮始告成功。今日人造橡皮之製法甚多，而其最著者乃由澱粉發酵後所得之 *Fusel oil*，或用酮及鉛所製成之有機物綜合而成者也。

(三)人造樟腦　樟腦乃台灣之特產，其利益純為日本所獨占。今之假象牙，人造皮革，藥物，香料，炸藥等工業品皆賴樟腦所合製而成者也。在一九一四年世界大戰以前，德人已能用松節油製造人造樟腦，其性質雖無天然者之能使極光旋轉，然以工業目光視之其能替代天然樟腦實有同等效力，日人壟斷樟腦市場之計劃，不得不由是而放棄矣。樟腦本屬有機化物中之香油類 *Turpene Family*，其範圍包括有松節油，松油精，樟腦精，龍腦，薄荷精等有機物在內，其與人類經濟之關係亦非淺也。

(四)人造絲　法國沙多內 *Count de Chardonet* 在一八八五年首先發明硝化纖維素，不五十年其應用則已取蠶絲而代之。人造絲之製法各不同，可分四種：即硝化棉絲，膠液絲，銅銨絲，及醋酸纖維素絲是也。而此四種人造絲之主要原料乃碳水化物中之纖維素及其他有機物品是也。我國今日之絲織品大半羼以人造絲，故每年進口之巨在數千萬元以上。夫以素稱產絲著名之中國而紡織事業反賴他國人造絲之供給,其影響所及,不但使資財外溢,農產亦因而衰落,其直接關係平民生計不亦巨哉。

(五)維他命　近四十年來化學家對於人類營養供獻之最大者,卽維他命之發明是也。維他命存在之物質經化學家之研究已能證明者有六七種之多,而每種對人類生理上之個別關係亦已確實證明。例如:眼結膜乾燥,佝僂,夜盲,脚氣,壞血,夭折及不能生育等症皆缺乏維他命之結果也。近四五年來有機化學之更大供獻,則爲實驗室中人工製造食物中所含之微量有機物維他命是也。我國今日民族生存最大之問題卽膳食,而膳食分配之得宜與否,對國民生計及存亡均有密切之關係,故今日之談富國强種者非研究化學不爲功。

上述五種有機化學,僅就淺而易見且對吾國國計民生有密切關係者約略述之。而此五種應用範圍之廣已覺其浩博無垠。若再旁及其他應用,例如:有機化學之對於醫學,毒藥,植物色素,內分泌素,有機化學工業品,石油,脂肪,皮革,塗漆,香料,賽璐珞,釀造,爆炸藥,毒氣,蛋白質等等貢獻,眞有罄竹難書之槪,故從略。

三　物理化學

甲. 電離學說

美國化學家瓊司 *Jones* 曾有言曰:在一八八七年以前無物理化學之一科,迨是年瑞典人亞理納司氏 *Arrhenius* 發表其電離學說,於是理論化學之根基方開始發展。迄至近代電離說之應用幾遍及於化學反應之全部,然其說固未盡善也。在一九二三年賴得培及黑克耳 *Debye and Hückel* 二氏用離子互引說以解釋强鹽基電離物在電離上之反應,以補充亞氏之不足,使近十年來電離學說之研究及著述爲之一振,如布命司台 *Bronsted*, 拉曼 *La Mer*, 德位思 *Davies*, 杭賽克 *Onsager* 等均著有改善亞氏學說之積者也。

乙. 原子論

物理化學既爲物理與化學二者連合而成之科學,則近二十五年來物理學驚奇之進步亦即物理化學之進步也。自電子,X光射線,及放射現象三大原理發見以來,其直接影響近代之原子論甚大,而化學上根本觀念亦隨之更變。摩斯雷在一九一三年證明X光射線有波動性,於是元素X射線譜始發現,同時摩氏又證明原子之性質爲原子序,而非原子量,原子核論之學說亦得以闡明。至同位異量之發現乃索台 *Soddy*,發祥斯 *Fajans*,路賽耳 *Russell*,阿司登 *Aston* 等研究放射元素化學性質之結果。同位異量之意義,即原子表上之某種原質可有兩種或兩種以上不相等之原子量,且各原子量均爲整數。近阿立範 *Aliphant* 玉雷 *Uray* 二氏發現二種重氫同位異量元素,去年阿司登 *Aston* 藉其所發明之質譜儀器復發表其新近所發現之二十餘種同位異量原質,合已知者共達二百四十七種穩定同位異量。在週期表中之九十二元素中,有同位異量者共七十九種之多。最近一年來若立歐 *Joliot* 夫婦發現感應放射體,其實驗成功之結果又發現甚多不穩定之同位異量原質。

自索台,阿司登諸人在一九一三年發表原子同位異量學說後,世之研究原子構造者咸以爲一切物質均由氫原子核及電子二種基本質點所組合而成。原子之構造分外層及心核兩部分,根據光譜學及量子論原理,原子之外層係由七層電子殼所綜合而成,即 *K L M N O P Q* 是也。負電子均環繞於此電子殼之上,其總數與原子號數相同,而每層電子殼所包藏之電子數亦有定數,心核之構造據自然放射性質而言,則認爲係由氫原子核及負電子所疊成。近五年來德之波德 *Bothe* 白克 *Becker*,法之若立歐夫婦及英之查德偉 *Chadwich* 又有中和子之發現,并證實此新質點之質量與氫原子核相同。

丙. 量子學說

量子學說在一八一五年普芬特 *Prout* 氏曾發表一文,論物質在氣體狀態之比重與其原子量之關係,然當時學者均不知其重要。一九〇〇年柏朗克 *Planck* 氏發表幅射量子論,普氏之學說遂得復活。近二十年來始有用X射線及光譜以證明量子觀念之正確,安司特 *Einstein* 用以解說光電效應,內恩司特與得彼 *Nernst and Debye* 用以說明比熱隨溫度改變,波耳 *Bohr* 氏以解釋光譜之來歷,巴格利 *de Broglie*, 海星堡 *Heisenburg*, 須羅丁格 *Schrödinger*, 報衞 *Born*, 第雷 *Dirac*, 維耳 *Weyl* 等復以波動力學說以補波氏之不及。將來此種學說臻於完善之境,宇宙間萬物一元之說藉以闡明,則近代化學上,物理學上,天文上所發現之觀察皆得以解決,實意中事耳。

化學動力及鏈環反應 *Chemical Kinetics and Chain Reaction* 等學說所以解說化學上各種反應也。范霍夫 *Van't Hoff* 氏在一八八四年曾論其要,迄一九一三波頓司打 *Bodernstein* 氏復重申其說,繼其後者有克利與生 *Christiansen* 及克藍茂 *Kramers* 二氏,於一九二三年在波耳 *Bohr* 氏指導之下以鏈環反應解說熱力變化 *Thermo Reactions*,自後遂無報告發表。近十年來關於是類學說之研究復興,其最著者則為白克司當 *Bäckströn*, 巴登司打 *Bodernstein*, 海帛 *Haber*, 佛蘭克 *Frank* 衞耳司旦 *Willstätter*, 西米諾夫 *Semenoff* 等著作是也。

丁. 電離還原氧化說

電離還原氧化之說,在十九世紀之初,研究者有白徐來 *Berzelius*, 旦尼爾 *Daniell*, 法雷台 *Faraday*, 葛羅須司 *Grotthus*, 沙杏 *Schönhein* 等,然其貢獻均屬於實驗方式。自一八四〇年至一八五〇年之間可布 *Kolbe* 發表還原氧化之原理,而此物理化學中之主要原理得以彰明。在十九世紀之末二十世紀之初,其研究是學之最努力者,有愛耳布斯 *Elbs*, 該得門 *Gattermann*, 海帛 *Haber*, 欒布 *Löb*, 化司脫 *Foerster*, 木樓 *Müller*, 格老普 *Graube* 等,至於其理論之應用則已普及於分析化學,工業化學,生理學等等矣。

戊. 光化學

光化學乃研究光所發生之化學反應及其定律也。其發展之程序可分爲三時期:在第一時期理論與實驗之結果無正確之鑑定,在第二時期循自然法則尋繹研究,在第三時期則以研究之結果加之於應用。近四十年光化學之發展適在第二時期之終,第三時期之初,其進步之速當歸功於一九〇〇年柏朗克 *Planck* 氏之輻射量子論,及一九〇五年,安司坦 *Einstein* 氏光電效應,與一九一三年波耳 *Bohr* 氏之相當律。近年來致力於光化學研究工作最著者有帶氏 *Dhar* 等等。

己. 表面化學

表面化學 *Surface Chemistry* 所以研究物質藉其表面能力而發生化學反應之一種科學也。在十八世紀之中葉,瑞典化學家自徐來 *Berzelius* 氏在測定原子量時已發見金屬之表面作用,繼其後之研究者,有法雷台 *Faraday*, 蓋波 *Gibbs*, 湯姆孫 *Thomsen*, 范特華耳 *Van der Waals*, 賴雷 *Rayleigh*, 馬賽林 *Andie Marcelein*, 內恩司特 *Nernst* 等學者,其著述均注重於物理性質,離相平衡 *Heterogeneous Equilibrium*, 相規 *Phase Rule* 等之研究。近四十年來有哈台 *Hardy*, 藍格彌 *Langmuir*, 里地耳 *Rideal* 亞特姆 *N. Adam*, 薩勃底亞 *Sabatier* 等均能以理論解說金屬或非金屬接觸劑之製法,及其在化學中所引起之各種反應。表面化學作用之補助有機化合物之製造及其他化學工業之功非淺鮮也。

庚. 膠狀化學

膠狀化學雖發源於一八六二年,當在蘇格蘭化學家格雷姆 *Graham* 辨別膠狀物質之後,然其發展則在近四十年中卽物理化學之事蹟是也。在一八九八年席蒙台 *Zsigmondy* 發明人造金液,其狀態則藉其一九〇三年所發明之超越顯微鏡以證明之。一九〇八年法國大科學家柏林 *Perrin* 復以實驗法測定混懸顆粒亦服從氣體分子動力說之定律後，於是近代膠狀化學遂能引起學者之興趣。今日膠狀化學之根基則當歸功於席蒙台 *Zsigmondy*，澳司瓦特 *Ostwald*，弗朗特立許 *Freundlich*，斯惠特堡 *Svedberg*，奉華門 *Von Weimarn*，米細雷 *Michaelis*，須崙生 *Sörensen* 等學者指導之力。其學說，理論及實用現已灌輸於生理學，生物學，藥物學，醫學，應用化學，工業化學範圍之內矣。

四 分析化學

古之治化學者，其趨向在研究物質中之成分，故分析物質之法由來已久。然今日分析化學之發展，當歸功於推翻火質論之法人拉伏西氏，蓋拉氏爲主張定量正確之第一人也。其後瑞典之自徐來利用之以分析無機物，而創造近代化學研究者李祕氏用以分析有機物，於是分析化學之根基大定。近四十年來之分析化學如比色分析，氣體分析，燃燒分析，有機分析，工業分析，食物分析，藥物分析，光譜分析等不過繼續前人之志，而所謂分析原理及其反應，在十九世紀之中大半固已發表。近四十年來分析器具逐漸改善，試藥等等製配正確純粹，故分析化學之進步亦蒸蒸日上。在近代貢獻之最著者，有夫里德楞德 *Friedlander*，百倫蓀 *Bernthsen*，及漢次赤 *Hantzsch* 等，在一八九三至一八九八年間所發明之指示劑，及羅倫司 *Lorenz*，鮑李 *Boli*，須崙生 *Sörensen* 等在一九〇九年所發表之氫離子表率，於是酸鹼相中和之容量分析法之意義大明，應用猛進。在一九〇四年柏利葛爾 *Pregl* 發明顯微鏡分析有機物，一切無機物之顯微鏡分析亦繼之而起。在一九〇七年柏崙克 *Brunck* 氏用有機物以分析鎳質後，復有其他有機物應用於無機物沉澱定量法之發現。

近數年來，更能利用物理新穎儀器，作極微量之測定。例如：用干涉折光計 *Interference refractometer* 以測定不易溶解化合物之可溶性，光電管 *Photoelectic cell* 以測定酸度或 *pH* 值，磁光法 *Magne-*

上海交通大学百年报刊集成·第一辑（1896—1949）·学术学科

to-optical method 能測量每竏溶液所含十萬萬分之四之鈣;分光法 *Sepectroscopic Method* 能審定硫酸鋇之化合沉澱內所含一萬萬分之二砷陰向游子,或一千萬分之一之鉈陰向游子;海羅斯干偏極圈方法 *Heyrovsky's Polarogrophic method* 以測定極微量陰向游子之克當量等等,故今日之分析化學,與四十年前之分析化學,已不可同日而語矣。

此編關於最近四十年來化學上之成績,其所發見前人之所未發見,而完成前人之所未完成者,建樹奇偉,進步神速,儼然有登峯造極之概,惟以篇幅有限,付梓在即,僅能就其大者要者言之,掛一漏萬,在所不免;此外湮泯而未及發表者,尤多有關國計民生之新發明,均尚有待於補充者也。況乎近年來化學上之進步,日新月異而歲復不同,此特發其初耳。願於吾校舉行更爲盛大之紀念時,吾校既有更偉大之建樹,化學界亦有更驚奇之發展,吾再秉筆繼爲纂述。懷此厚望,且俟來兹。

近四十年來我國油漆工業發展之情狀

沈慈輝

漆之爲用由來久矣,書曰厥貢漆絲,詩曰椅漆桐梓,是皆有史以來可考之佐證。最初歷史上雖記載不詳,稽考非易,然夙已援有成典。徵諸歐西古代,亦早經採用。觀西班牙 *Altamira* 山洞之神畫,*Crete* 地方 *Knosses* 皇宮之塗飾,以及埃及時之建築裝飾,胥足證明紀元前一千五百年前採用塗料之事實。究其當時所用原料,僅係紅土,黃土,銅綠,及樹脂等調和而成。至若木器之類,則覆以液質樹脂,以求美觀。至希臘時,其雕刻技能,雖盛極一時,惟塗飾之藝術,却更有長足之進步。*Pompeii* 之羅馬藝術,於此可見一般,*Pliny* 與 *Vitruvius* 之古畫,卽其一例。自中古以迄近代,除取藍粉 *Lapis Lazuli* 以代銅綠外,其他則鮮有進展。黏體液質,都採用油臘或蛋白,粉料爲石灰。觀羅馬 *Vatican* 內 *Sistine* 教堂之藝術,始知 *Michael Angelos* 之偉作,獨用斯種塗料也。惟胡蔴子油之採用,約在紀元後十一世紀,蓋 *Flanders* 之油畫,已見於此時。在十五世紀後,蛋白之用,漸見廢棄,迺意人則皆取胡蔴子油以代之。當 *Rubend* 及 *Vandyck* 時,選用顏料,尤爲精密,堪與近代之出品相埒。論樹膠之用於假漆,覺濫觴於 *Van Eyck*,觀 *Raphael, Millais, Holman Hunt* 等之彩畫,光耀燦爛,尤足徵信塗飾藝術之日精矣。

至於油漆與油畫之分途,在中古時代,已漸顯著。洎乎近世,則各樹一幟。而油漆工業,益臻發展。就我國而論,數千年來,陋襲陳法,故步自封,向之所謂積習者,卽今之視爲秘方,遂致處處落伍,不勝遺憾。所以自與歐美通商以還,油漆之進口,日見增多,每年漏巵之鉅,總在數百萬元以上。揆之近年,則尤可驚人。茲將最近三十年來進口數值,另列簡表,以資參考。

年	銀 兩	年	銀 兩
1904	514,093	1918	0,089,627
1905	543;645	1919	1,820,601
1906	548,421	1920	1,996,487
1907	577,134	1921	2,642,557
1908	591,843	1922	2,153,639
1909	708,764	1923	2,539,571
1910	700,434	1924	1,539,763
1911	694,674	1925	1,332,670
1912	733,848	1926	1,518,043
1913	870,883	1927	1,415,384
1914	845,511	1928	2,053,698
1915	1,290,098	1929	2,126,717
1916	1,503,024	1930	2,220,532
1917	1,251,954	1931	2,434,302

自民元起國人漸知利權之外溢,始多注意及之。查最初創設油漆廠者僅一二廠,迨至十五年後,全國約有十五六廠。上海一埠,佔有三分之二。其他則分設於天津漢口重慶廣州等處。油漆工業之發展,堪稱極盛。但需用浩繁,而各廠之產量有限,形成供不應求之概,實無以杜絕外貨之源源而來。近則更有外商設廠傾銷,其競爭之劇烈,可以概見矣。總計油漆製造,在我國工業史上,僅二十年有餘耳。在幼稚時代,一切設備及製造方法,均極簡陋,因此出品粗劣,不能與外貨競爭。從事斯業者,知濫竽充數之不可恃,今亦幡然改計,悉心從事研究,以求精進。且新創而設備較為完備者,繼起於後,倘不謀相當改善,勢必歸於淘汰。是以近十年之猛進,追踪歐美,

幾與媲美。就現在情形而言，普通出品，如調合漆，磁漆，假漆等，既無一無之。即特種油漆如防銹漆，晶紋漆，硝綿漆等，亦與舶來品相提並論。於焉不論中外，向之重仰外貨者，今則同取國產，此亦我國油漆工業逐漸發達之好現象也。

吾國人士有志於斯道者，猶感原料不能盡用國產爲缺憾，如顏料，粉料，膠料等，大抵採自歐美，損失之鉅，何啻倍蓰。近今各項化學工業，逐漸創設，而成績斐然，此後一部份之原料問題，自可解決矣。直接有關於油漆工業者，已有立脫粉廠，鋅養粉廠，炭酸鈣廠，石粉廠，松香廠，咸爲製造油漆必需之原料。間接有關係者，如酒精廠，三酸廠等，功能促進化學工業之振發，實非淺鮮也。

國民政府鐵道部有鑒及此，曾效歐美政府之設立油漆研究機關，於民國二十年創立油漆研究室於交通大學研究所，以冀更展驥足，抑亦間接輔助推展化學工業之意旨。顧其經過情形，則於設備試驗室後，從事探討市售出品之優劣，以及原料之分析與仿製，並試求與油漆工業有關之各種問題，以期於學術上有所供獻，一切詳情，已誌研究所油漆試驗報告中，茲篇不另贅述。

最近數年來歐美油漆工業猛進以後，我國桐油出口，數量驟增，竟致於出口貿易擺居首位，造成奇昂價格，使需用者頗有舍此而取他油以代之之象。欲求替代而最有希望能引人注意者，即爲萆麻子油是倘。迭經多年研究之結果，而最近則已有人造油問世矣，本所以該題之重要，亦已從事研究。其他各題，正在進行者，有植物油提製稀薄劑之研究，以及人造脂之研究等。惟切要之工作，決非僅寥寥數題所能包羅也。且油漆爲新興工業，正待發明提倡之際，集羣策羣力而急起直追，猶恐不逮。故深願有志懷抱工業救國謀經濟之開拓者，竭力倡導之，以收實效，則吾國之油漆工業俾得稍放一綫之曙光也。

四十年來之化工教育

徐　名　材

科學昌明，分工日精，化學工程已成爲工程分門之一，與土木礦冶機械電機占同一重要地位，亦既爲世所公認。吾國近二十年來，鑑於化學在工業上之重要，各大學亦多設有化學工程專科。本校現雖尚未設立是科，而科學學院化學系之教材內容，偏重實用，亦實與化工爲近。惟化工名目較新，設施多未一致，究竟含義何若，吾人猶多誤解。茲爲介紹該科進展狀況起見，請略述四十年來之化工教育：

當十九世紀末葉，化學工業已有相當發展，德尤稱盛一時。各大學多以化學擅長，純理與應用並重；工業專校多崛起於德瑞諸國，盧艾(*Lunge*)歐斯德(*Ost*)諸教授，均爲工業界泰斗，所有課程，除化學外，多兼及數理及工程科目。美國承其緒餘，各校亦多注重應用化學，其課程忽略工程方面，較德稍遜。此種學科，只可稱爲工業化學，與化學工程無與也。

化學工程名詞之成立，較其他工程爲獨後。世界各大學之設立斯科，實以麻省理工大學(*Massachusetts Institute of Technology*)爲首創，時爲一千八百八十八年，距今猶不逮五十年也。後十年而密歇根大學(*University of Michigan*)繼之，嗣後埃馬(*Armour Iustitute of Technology*)威士康新(*University of Wisconsin*)哥倫比亞(*Columbia University*)諸大學，相繼設立斯科，各校始羣起模倣。第當時課程編制，多係化學與機械科目湊合而成，其專爲是科所設立之科目絕鮮。麻省理工大學首次公告,稱「是科目的,在使學生獲得普通機械工程之訓練,同時并得相當化學智識,以應用於製造工業有關之各項問題」,實可代表該時各校對於化學工程科之旨趣。與今日之所謂化學工程科,名義雖同而內容迥殊。

一九〇三年華克教授(*Prof. William H. Walker*)主持麻省理工大學化學工程科,始倡議更改課程,其所持論點頗有複述之價值:其言曰「電學發展,應用日繁,非專精電學之物理學家所能勝任,必須有特別人才,出所學以利民用,故有電機工程新職業之出現。化學工程之發展,亦猶是也。工業盛興,必須有利用化學反應,以解決工業問題之人才,以設計製造及管理所需用之一切器械,此其人必須有實用工程學識,而決非從事研究或分析之普通化學師所能勝任。」華克本此宗旨,改組化工科,復得盧賢思教授(*Prof. Warren K. Lewis*)為助,注意於化工機械之根本原理,於是化學工程科之課程,除化學及機械科目外,尙有專門化工學科之原理及其實用,其範圍較他科為獨廣。欲求四年學畢,時間設備,均感不敷,因之各校多設法解決此種困難:如哥倫比亞延長學習年限至六年,新新納蒂(*Cincinnati*)與工廠合作,倡半工半讀制度,畢資堡(*Pittsburg*)提倡工業研究,密歇根特設蒸沸器實驗室,麻省理工大學創辦化工實習班,假工廠機械實地操作,以為試驗之工具,皆其實例也。

昔時關於化學工業書籍,多偏重製造方術,一九〇四年時,始有德氏化工手册(*Davis:Handbook of Chemical Engineering*)出書,專論工業應用器械;但僅取記述方式,並無計算資料,因重要原理,當時尙未探明也。嗣後十餘年內,新著疊出,均未能出此範圍,至一九二三年華克盧賢思麥愛丹(*McAdams*)三教授,始成化學工程原理一書,就物料傳遞,熱力運輸,燃燒,蒸沸,蒸溜,濾析,磨研,烘乾各項基本工作,一一推求其原理,而窮研其變化,更推闡之以應用於器械之設計及運用;體例謹嚴,引證豐富,此書出而從事機械製造者,得根據科學原理,以為設計之標準,而担任化工教育者,亦得遵循一定教材,以為訓練之南針,實為化工教育史上一重大紀元。一九三〇年又有密歇根教授新著化學工程一書,取材較淺,適合初學,流行甚廣,收效更宏。

美國化學工程學會(*American Institute of Chemical Engineers*)自一九〇八年成立後,常以促進化工教育為職志,經多年之研究,始於一九二二年規定化學工程之定義如下:「化學工程,非由化學與機械或土木工程混合而成,乃係專門工程之一種,根據於多數之基本工作,(*Unit Operations*)用適當秩序聯貫配合,卽成化學工業之製造方法」。當時少數學校不能符合是項規定者,反對甚烈。但該會責任所在,堅持不撓,風氣所趨,全國景從。近五年來,更進而審定合格學校,規定課程標準,據現行標準,化工科之課目分配應如下:化學百分之二十八,化工百分之十二,數學十二,物理八,力學六,他種工程十四,修養科目十五,其他選修科目五。現在全美設有是科學校超過百數,經該會認為合格者,僅二十四。據美國各大學統計,一九一〇年全國化工學生計八百六十九人,一九二〇年為五千七百四十人,一九三〇年為九千一百人,而分科學生研習製氣陶磁冶金等工業化學專門科目者,尚不在內。四十年來化工教育之突飛進步,當為提倡者始料所不及也。

學校教授方法,十年來亦大有變更。卽如工業化學一科,向多偏重方法,近始注意於其應用理論,及經濟關係。對於化學工程問題之練習,尤特別注重。蓋以化學製造方法,非熟習化學反應原理,及其管理方法者,不能應付裕如;所以節制化學平衡之三大原動力,為温度,壓力,及濃度,而操縱此三者之方法,均屬於物理範圍,故化學工程之學術,實具有三層基礎,數理化三者缺一不可。物理應用或反較化學為多,第不熟諳化學原理,不能成為化學工程師耳。是科範圍既廣,科目甚多,四年修習,實難精諳,故畢業後進修一年者,更為世所推重,領袖人才,多由是出。美國現狀,大致如是。

歐戰以前,英國工業比較守舊,其能利用化學工程者蓋不多覯。但教育界中注意提倡者,殊不乏人,一九〇九年沈智雷教授(*Prof. Hinchley*)設教於柏德西工業專校,(*Battersea Polytechnic, London*)實爲化工教育之倡始,繼復兼任帝國理工學院(*Imperial College of Science and Technology*)教授。近十五年來各方羣加注意,一九二三年倫敦大學(*University College, London*)成立朗西紀念試驗室,(*Ramsay Memorial Laboratory of Chemical Engineering*)創設化學工程科。又五年而皇家學院(*King's College, London*)繼之。此外如伯明罕(*Birmingham*),如南偉爾士(*South Wales*),亦各設有是科,均係研究院性質;格蘭斯哥(*Glasgow*)曼却斯德(*Manchester*)二校且設普通大學課程。近來進步甚速,殊堪注意。但多數論者猶以爲化學畢業後,再習工程一年,即可成化學工程師,故學校組織,亦以化工附屬於化學系者爲多,較美國似猶有遜色。

德素以工業著於世,化學課程向稱完美,一二大學且兼授圖畫機械力學等課。但多數工業人才,仍係化學出身,其運用機械之能力,均得之於實地工作。大規模工廠恆歲斥巨資,以爲訓練之用,成績殊爲滿意。近年以來工業界領袖始翻然變計,對大學方面化學工程之訓練,加以多方獎勵。向時應用化學書籍,恆偏重於原料之性質及其應用方法,鮮有注重於化工設備及技術者。近來名著疊出,駸駸乎有凌駕美國之勢,其進步可以概見。但德國輿論以爲必有基本化學訓練,以立基礎,再授以化工理論及應用,方適合工廠之需要,妄從美制,未必有當。故迄今學校中備有化工試驗室者,尙寥寥可數也。

法國全國大學設有是項學科者計二十有二,但均須大學畢業者方能進修。日本東京帝大九州帝大東京工大大阪工大均設有應用化學科,京都帝大設有工業化學科,東北帝大設有化學工學科,名稱不甚一致,內容相去無幾。此外各國均因環境不同,學制互有差異,對於化學工程科之內容,較美似均有不逮。故就化學工業而論,先進各國各有所長,難分軒輊,即如德國工業化學家造詣之深,成績之優,美人迄今未敢輕視。獨對於化工敎育之進步,美輒自詡獨步一時,莫之與京,事實具在,無可諱言也。

我國創立化學工程科,當以北平工大爲最早,爲時尙在十年以前。其後浙江大學中央大學中山大學相繼設立是科。課程內容,大概均採美制,各爲環境所限,影響猶未大著。近數年來國內化學工業略有進展,化工人才回國以後,多担任各校敎務,萃致力於課程之改進及研究之提倡。南開增設化學工程科,金陵設有工業化學科,銳意更張,用力尤勤。舊有諸校亦力求進步,而他校之正在籌設是科者,如淸華四川等又不一而足,化工敎育,頗呈發皇氣象。本校化學系課程,自三年級起,亦設有化工組,工業化學以外,兼課化工,機電,圖畫,管理等課,與他校化學工程科,內容實大同而小異。

記者述此篇竟,輒有感想二端。化學工程之成立,爲時甚暫,採用名稱,不過五十年,確定標準,不過二十餘年耳。試一迴想四十年前本校成立之時,全球各大學之設有化學工程科者,猶絕無而僅有也。曾幾何時而研究蠭起,學理日精,化學工程確成一專門學問;促技術之改良,助工業之進步,利被民生,寗可數計。吾國採用較晚,效益猶微,勇猛精進,急起直追,假以時日,定有驚人之成績,有爲者亦若是,吾人不容自餒也。此其一。

化工敎育,美爲獨優,其得力於各校之炫奇鬥新,自由競爭者爲多。吾國地大物博,環境各殊,似宜由各大學因地制宜,各執一長,分工合作,互相觀摩,積以歲月,當能得一適合國情之學制;其貢獻於社會者,或亦效速而利溥。墨守成規,刻舟求劍,固不可,醉心統一,削足就履,亦未合也。此其二。

吾國今日民窮財盡,困敝已極,欲奮發自强,以達安富尊榮之地位,自非利用科學開發富源不爲功;而非謀化學工業之發展,亦無以收地不愛寶物盡其用之效。成敗利鈍,其樞紐全在人才。敎育之是否適當,實人才盛衰所由出,亦即國勢强弱所攸分。故化工敎育之若何推行，實爲今日吾國教育界所急應討論之問題，不僅化學同人所宜注意也。今年欣逢本校四十週校慶，有紀念專册之刊行，記者承乏編輯，不宜無一言之貢獻，爰敍述四十年來之化工教育發展經過，以爲參考之資料。庶幾抛磚引玉，促起海內明哲之注意，羣起以謀化工教育之推進與擴充。則十載以後，吾國化學工業之發展，必有佰仟倍於今日者。待本校舉行五十週紀念時，援筆以紀十年之進步，其材料之豐富，亦將什佰倍於斯文。是則記者所期望也。

UNIVERSITY EDUCATION AND HUMANITY

BY JOSIAH HARMAR PENNIMAN

Provost, University of Pennsylvania

Chiao-Tung University in Shanghai is celebrating the fortieth anniversary of its founding, and I take great pleasure in extending to President Ly and his associates the congratulations and felicitations of the University of Pennsylvania, which has an especial interest in Chiao-Tung University because so many Chinese students have come to Pennsylvania for courses of study, and especially because President Ly, himself, was for several years a student in the Wharton School.

At a time when higher education, like much else in civilization, is developing and changing to meet modern conditions, it is not amiss to examine once more the purpose for which universities exist. Stated negatively, a university is not a collection of buildings, nor a trust fund, nor a student body plus an alumni body, nor a group of scholars and teachers. In medieval times, the Latin term *universitas* meant simply a community or guild. When used in the sense in which today we use the word university, the Latin word always appeared with an added phrase necessary to qualify the meaning—thus *universitas magistrorum et scholarium.*

The University was originally a guild of scholars. It had no buildings except what were necessary for shelter and seclusion. In the last analysis, this is what a university is fundamentally today, a guild of scholars, of teachers, and earnest seekers after knowledge. Of course, universities to perform their various functions must possess the equipment necessary to do their work, which includes libraries and laboratories.

Universities own their origin and their greatness to great men, and today universities are known primarily for their great and distinguished teachers and their research scholars. Their three functions, as has often been stated, are to preserve what the world already knows in every field of human knowledge, to disseminate this knowledge, in order that it may be useful to humanity, and to make additions to this knowledge, in order that the human race may profit thereby.

Originally concerned almost exclusively with those studies that are called "the humanities", universities have added to their courses the physical sciences, the biological sciences, the social sciences, and the applications of knowledge as represented in professional schools. Today, the university performs all these functions, but presents a rather different picture. Higher learning has successfully matched its skill with that of the farmer, the merchant, and the industrialist, and technical courses in all branches have won a mighty following. Higher learning has demonstrated in numerous ways that it has practical value. This fact is not to be construed as a reproach of academic ideals, but means that our education is deepening and broadening and becoming more effective on the whole to human life. The universities have released the scientific spirit for use in the affairs of life, as is witnessed by the amazing development of industry in the past forty years as an outgrowth of the pure research of universities. Armed with their diplomas, chemical, electrical, geological, mechanical, and even biological engineers are marching forth confidently towards the great industrial fields. Commerce and banking and transportation are looking to university-trained men for leadership.

Here is a situation tremendously favorable to higher learning and carrying with it a formidable responsibility. It is favorable because universities have brought great portions of human activity under the guidance of the scientific spirit. It imposes a responsibility because the scientific spirit may be too narrowly interpreted. The first task of higher learning was to effect an adjustment between scientific and cultural groups in the universities themselves, in order that the scientific spirit might animate the work of the whole institution. History, literature, philosophy yielded to its influence. Economics, sociology, and education gained greater precision. Every science and every art has gained more range in its applicability to the wants of mankind.

The scientific spirit is not a rule of thumb, or a formula. The application of the scientific spirit means the application of intelligence in methods derived from scientific research for the purpose of discovering truth. Science is not everything, sensibilities, intuition, feeling all enter into sound conclusions. We must not be deceived by what science itself has accomplished, because, more and more, natural forces are being directed to the well-being of mankind, because, in the most fundamental of all scientific studies, the constitution of the atom has opened up a new world of possibilities. This does not necessarily mean that our minds and souls are better off. To refresh these we still turn back to works of art and literature produced when the wonders of electricity and chemistry were unknown. No modern age has yet brought forth two figures of such intellectual grandeur as Plato and Aristotle. Both Dante and Leonardo da Vinci were fully conversant with the science of their times, but neither allowed it to obtrude in his profound message to humanity. Shakespeare still stands alone.

Universities have widened their field of observation, but their main function is what it has always been—to train men who are leaders. Not all students can attain to leadership, but all students should be subjected to the influences that tend to lift them into the region of greatness. After all, the most stimulating aspect of a university is not its impressive array of departments and courses, but its unity. When functioning properly, a university is a microcosm showing the divisions and subdivisions of knowledge working together and ruled by a single purpose. Today, more than at any time in the history of the world, the fundamental purpose of higher education needs to be brought home to the people. Universities miss a magnificent opportunity if they send students forth without giving them a glimpse of knowledge as a whole, and without attemping to foster an appreciation of comparative values and right emphasis. The modern university is from one point of view a service corporation; from another it is a cloister from which come those mental and spiritual qualities which enable a student to view life in perspective. In the cloister, the student is, in a sense, shut off from the world, and through meditation and study he can become acquainted with the forces of mind and spirit which have brought higher education to its present stage.

UNIVERSITY EDUCATION AND DEMOCRACY

BY HARRY WOODBURN CHASE

Chancellor, New York University

The world today is clamorous with voices prophesying disaster, promising utopias, uttering warlike challenges, pressing the claims of narrow nationalism and romantic internationalism, shouting this or that infallible prescription for the woes that afflict us, preaching the virtues of regimentation or the blessings of unfettered individualism.

University men and women must not only come to terms with such a world, but have a sober responsibility towards its betterment. This is, indeed, a time when we of the academic fraternity face a peculiar responsibility and a definite challenge. For, if there is any one thing which is apparent today, it is that emotions, even of the finer sort, are not a sufficient guide for mankind. The world has had abundant opportunity to observe in what facile ways emotions may be enlisted in causes that in the end mean disillusionment and despair. Our hope today lies in this: that men may illumine the problems which confront them by the clear light of intelligence—intelligence motivated, to be sure, by good will, but approaching its task not by wishful thinking but by the logical processes of thought. We need less rationalization and more reasoning. We need action, but action based on understanding and not on propaganda. We cannot find our way out of this world dislocation by slogans and banners and trumpets; we can, if we will, think our way through.

The first responsibility of educated people is therefore the responsibility of thoughtfulness. They ought not like leaves to be blown about by every wind of doctrine; they ought not like sheep to follow blindly where they are led. They owe it to themselves and to society to weigh and examine and judge on the basis of fact and evidence.

Again, they should have learned enough about the way things happen in the world to be able to take a long-range point of view. We are so beset by formulas which offer immediate and complete solutions for all our ills that it is difficult sometimes to remember that nostrums often create more ills than they cure. The rise of dictatorships in the

上海交通大学百年报刊集成·第一辑（1896—1949）·学术学科

world today results from a formula which offers a way of mobilizing the resources of a nation for common action. But the price that must be paid, in the loss of human liberty, of common justice, in disregard of the rights of minorities, in abolition of freedom of discussion and of regard for the individual—that price is so enormous in the end, so menacing to the very conditions which make human progress possible, that in the name of humanity it ought not to be paid.

Let our university students and graduates everywhere put themselves on the side of the long-range forces for human advancement. Let them not be led by the confusion of the present day into the error that all history is without lessons for us. I believe with all my heart that the history of four centuries has shown that the way of progress is the way of liberty and justice, of respect for the opinions of others, and not the way of force and repression. The ideals of what we have come to call democracy have grown through contributions from many lands and many centuries. They are not exclusively American, nor are they exclusively Anglo-Saxon. Whenever men have worked for the right of the human spirit to express itself, in freedom of inquiry, in freedom of worship, in respect for the rights of minorities, in regard for the right of the individual to have opportunities equal to his capacities, they have contributed to the pattern of thought which constitutes the democratic ideal. This certainly is as applicable to China as to any other nation. I am impatient sometimes with those who would have us believe in democracy merely because Jefferson believed in it, or because the authors of the Constitution believed in it. The case for democracy is a far broader case than that. It grows out of the achievements of men everywhere at those times and in those places that have seen a lifting of the clouds of tyranny and repression and external force.

It was not the ideals of democracy which made the World War. It is not the democratic nations of the earth which are great menaces to peace today. It is not the ideals of human liberty and opportunity and justice that are responsible for world dislocation today. Let us not confuse the ideals of democracy with the practices of any given movement of time. Democracy is a growing thing, and at any given moment it is an imperfect thing. Let me call it a trend in the relationships of men towards each other, a trend which regards the individual life as something essentially worth while. Because it is worth while, therefore, there must exist freedom for it to make choices, there must exist justice for its protection, education for its development, broad concern for the public welfare for its care, there must exist a government which assures it participation in common decisions. I confess to me it seems no accident that four hundred years of growing realization on the part of the world that such things as these were desirable and possible synchronized with the greatest release of energy and spirit which the race has ever witnessed. Remember that democracy is essentially and at its very heart a statement of the worth and value of the individual. He is to be restricted only so far as is necessary for broad social purposes; the burden of proof is always upon him who would check and restrain. That is an altogether different doctrine from that which regards the individual as of worth only in so far as he is food for the life of the state itself. The philosophies that uphold these two ideals are as far apart as the poles. Democracy, because it has regard for the individual, must pay a certain price; that of a degree of inefficiency, of slowness, of fumbling and futile experimentation. Regimentation is efficient, it can move with quickness towards its defined goals. But in the long run it turns its back on those things which make human advancement possible. It is an obstacle, not a spur, to the progress of mankind.

And so I urge university men and women everywhere who value their education to use it to protect their judgment against the shouting and the tumult that are all about. Let them ally themselves with the long-range forces that are of promise in the world. The college and university men and women the world over should be the strongest defense against the easy panacea, the cheap demagogue, and against the hatred and passion which they engender. They should ever be the greatest force in the making of a better world for all mankind.

A MESSAGE OF GREETINGS

BY NICHOLAS M. BUTLER

President, Columbia University

China has been increasingly in our minds in recent years. I prefer not to the news of political happenings, nor to the natural calamities which have beset your great people, but to the quiet labors of thousands of men and women, who have studied here and elsewhere, and who are now engaged in exploring your country from new points of view, altering its educational system to meet novel conditions, experimenting in agriculture, effecting vast changes in transportation and manufacture, and seeking out ways and means of curing many of the ills of your fellow citizens as well as of the body politic. In much of this, your institution, with its early interest in science and technology, has played and will continue to play an important part. We wish you every success.

Another phase of our interest in China is indicated by the ever increasing attention which has been paid abroad to the study of China's civilization. The great exhibition of Chinese art held recently in London is an important though only a single instance. China is no longer a far distant place. Even the layman has come to realize the contributions which the Chinese people have made to world culture, and how a thorough study of their problems and the way they have met them may add significantly to general knowledge. Your great minds have grappled successfully with the same questions as our own, but neither the western nor the eastern world was able to profit much from each other's experience.

In the present day, we may confidently expect a more rapid solution of the problems which lie before us.

THE MOTOR CAR OF THE FUTURE

BY D. F. MYERS

Lecturer on Automobile Engineering

The subject I have chosen for this evening is one which is dear to the hearts of all Automotive Engineers. We all have dreams of the day to come when we shall have a part in the designing and developing of the ideal motor car. Some of us have already had the pleasure of developing it to its present state. Most of us are not at all satisfied with the motor car as it is now built. I hope that I shall be able, in this short talk, to outline some of the points of dis-satisfaction which we have and to make some contribution toward a number of possible developments which are sure to come within the next few years.

The motor car of the past

The motor car of the past was simply the adaptation of the horse-drawn vehicle of our father's day. Early motor car designers and inventors endeavored to produce a "horse-less carriage". In fact, in designing the first cars, they followed almost to exactness the horse-drawn carriage. For instance: the horse was in front of the carriage where the driver could see him: hence the engine was placed there also; the horse-drawn vehicle was steered by changing the angle of the front wheels: hence we connected the steering gear to the front wheels; difficulty was encountered in driving the vehicle through the front wheels so the compromise was made by driving through the rear wheels. All this was a compromise through the desire of early designers to follow certain established vehicle designs. One of the earliest cars even had a whip socket on the dash because the carriage, which was built by the same company, had a whip socket.

All of the later developments of the motor car have been additions to or compromises with the "horseless carriage". The higher speeds of the engine driven vehicle caused the addition of a piece of glass in front of the driver, this has become the wind-shield. The solid rubber tires of the horsedrawn carriage proved uncomfortable in the more speedy "motor car"; so enlarged bicycle tires were developed and

上海交通大学百年报刊集成·第一辑（1896—1949）·学术学科

they became "Pneumatic" tires. Too much mud was splashed up by the larger tires; so wider fenders were added. Ladies and other fastidious people began to ride in the "horseless carriage" and so a glass windowed box was developed to replace the "open car". And so on, with one "improvement" after another. Nothing really new but a series of compromises to the original idea of a "horseless carriage".

And, we still have only a "horseless carriage". Generally speaking, we have simply put a mechanical horse to the front of our carriage and have covered it with a sheet metal blanket. We have in no wise developed or designed a "new type" of vehicle.

We have deliberately limited ourselves in the development of the automobile by adhering to and compromising with some of the old horse-drawn carriage arrangements.

Our minds, then, are naturally filled with a number of questions. Automotive engineers are getting tired of being limited in their efforts to produce a real motor car. We ask ourselves some of the following questions.

What of the future?

Will the motor vehicle of the future continue to be makeshift adaptations of the horse-drawn vehicle, or will the motor car of the future be one in which the elements of design will be those of scientific mechanical arrangements, properly co-ordinated to give the maximum of economy, comfort and speed?

Are we to continue our attempts to "streamline" the mechanical horse which we have set out in front of our converted carriage or are we going to put this horse in the rear of the vehicle where he belongs?

Shall we continue to crowd the passengers of the car into the space left after we have set in our engine and attached our fenders and running boards or will we put the passengers in comfortable positions in a full width body?

Why must we continue to use stiff springs which are identical with the old horse carriage springs? It will be just as easy to arrange for complete cushioning through the use of soft coil springs, rubber cushions and independent suspension of all four wheels.

Will the motor car of the future continue to have the present high center of gravity or will there come into being a really small diameter tire which will permit building the car very low to the ground. There is no reason why a motor car should be so high from the ground that it requires a ladder (running board) to allow the passengers to step from the curb into the car.

Why should we steer our car by forcing the front wheels to lead the car around? The rear wheels would trail if we only let them take care of the steering.

Why not let the front wheels pull the car instead of trying to push it about with the rear wheels? We would not need to fight against the natural tendency of a moving body to follow a straight line if we allowed the mass to trail or follow the motive force.

All these questions, and many more, come to us as we think of the motor car of the future. Engineers have long known the answers to most of these questions. They have made many attempts to answer them in design changes. It really pathetic to see some of the compromises which automotive engineers have been forced to make, especially with regard to streamlining. I should be telling the absolute truth if I were to say that not one of the present day motor cars is really streamlined. If you doubt this, I would refer you to the fish. The fish is an example of perfect streamlining. Show me the motor car today which has any of the symetry and beautiful lines of the lowly whale.

I would also refer you to the whale as an example of rear wheel steering. Any fish will tell you that its graceful movements are all dependent upon the natural action of its tail end. Boat builders have followed the example of the fish. Who ever thought of steering a boat by means of a front end rudder? It so happens that one of the essential differences between a fish and an automobile is the medium through which it moves. But there is no difference in the action of these mediums with regard to the movement of the fish or of the automobile. Both water and air offer resistance to movement in the same manner, varying as the square of the velocity, and proportioned as to the density of the medium. In the fish, moving through the more dense medium, we have an example of speed, comfort, ease of control and safety of operation, with a maximum of economy. In the motor car we have an example of an un-economical attempt to convert what was formerly a slow moving vehicle into a speedy one with a corresponding loss in the factors of safety, comfort and ease of control. In the fish we have an example of perfect balance in the medium through which it moves. In the motor car we have a horrible example of a vehicle being tossed about in its medium by springs which usually accentuate the inequalities of the roadway.

Now, what is to be done about it? That unknown quantity, "sales resistance', has prevented the full development of the motor car throughout the past years. However, the motoring public is demanding more and more of the cars which they drive. The automotive engineer

上海交通大学百年报刊集成·第一辑(1896—1949)·学术学科

has about reached the limit of his ability to compromise with the horseless carriage. A "new deal" is due in the development of the motor car. In fact, some of the "aces" have already begun to appear.

Mechanically, it is known that it is possible to build a motor car which has perfect balance and which will give the passengers a maximum of comfort. Engineers have long known that the proper place for the engine is in the rear of the vehicle where the noise and smell will not reach the passengers. We know that most of the discomfort and "road sickness" of the passengers is due to riding over the bouncing rear axle and at the same time breathing the carbon monoxide fumes which are being poured into the vehicle from the engine. Engineers have recognized the fact that, for ease of operation and for safety against skidding, the car should be driven through the front wheels and steered through the rear ones. But the mere mention of such "radical changes" has invariably thrown sales departments into fits of terror. Yet we have the anology of the airplane, which has been developed over a period of less than half the time of the motor car, being changed from the crude kite-like affair of 1911 into the graceful birdlike wonders of today with no question of sales resistance.

Another argument against radically redesigning the motor car has been the fact that new designs require new tools and machinery. Yet, equally great changes are made from year to year to permit the manufacture of the makeshift compromises which engineers are forced to make with the "horseless carriage".

A few companies in America are working on an "ideal" motor car but none of them have, as yet, placed them on the market. Endless experiments have been made which have proven the value of certain designs. Futher experiments are being made with the cars in actual use in the hands of owners. And educational programs are being inaugurated to acquaint the public with the new vehicles. Other engineers are being encouraged by the results of this development and we can look for some very startling developments in the design of motor cars in the near future.

I want to outline, briefly, some of the features of the ideal motor car. Such a car will have, first of all, the engine in the rear of the passenger compartment. The drive will be through the front wheels and the car will be steered by means of the rear wheels. All four wheels will be independently suspended. There will be a frameless chassis construction. The body will be made the full width of the outside of the wheel housings and will be perfectly streamlined. The wheels will be completely housed within the body. The passengers will be placed midway between the axles. The car will float on coil springs which are cushioned with sponge rubber. Full vision will be provided in three directions and perfect rear vision will be obtained through periscopic mirrors. The driver will be located in a position which gives him a better range of vision than is possible in the present motor vehicles.

The ideal car will have a noiseless torque converter instead of the present gear type of transmission. The clutch will be automatic, the brakes will be power actuated and steering will be automatic with finger tip control. The car will have no pedals or levers in the driver's compartment. All controls will be by means of simple buttons and switches.

The ideal motor car will be powered with a high compression engine, built to use a lower grade fuel than is now being used. Higher engine speeds will be obtained and the torque curve will be flattened out to approach more nearly that of the steam engine.

Smaller diameter, larger section, tires will be designed to give lower center of gravity. The present type of drum brake will be eliminated and replaced with arrested fluid columns which will react on the axle shafts and on the propellor shaft.

All projecting parts will be eliminated from the body and the whole body will be insulated and air-conditioned. The lights will be sunk into the body and the entire under part of the body and chassis will be shrouded, forming a complete enclosure for all the mechanism. The general shape will approach that of a teardrop or, perhaps, more nearly that of a whale. It is probable that the width of the tread of the rear or steering axle will be less than that of the front or driving axle. The lower center of gravity will make this possible.

The car of the future will be provided with a condensing system which will convert the exhaust gases into water and carbon dioxide and eliminate the smell and smoke of the present day cars. The menace of carbon monoxide will be eliminated. Such a condensing system will reduce the noises of the engine exhaust.

The use of lighter metals will reduce the weight of the car by at least 30% with a corresponding increase in economy. Improvements in manifolding and carburetion, and increased compression ratios will result in further economy of engine operation.

Perhaps the greatest single improvement in design will be the development of the torque converter. The limitations of the gear type of speed changing is well known. Further improvements or changes

上海交通大学百年报刊集成·第一辑(1896—1949)·学术学科

in the geared transmission will only serve to complicate the mechanism and increase its cost. For several years engineers have been working on different types of torque converters. Notable amongst these types are the hydraulic clutch, the magnetic drag type, the centrifugal control of the friction drive, the counterbalanced ratchet and the automatic planetary gear. Some of the European car manufacturers have already adopted some of these but American manufacturers have done little more than compromise the design by means of attachments to the gear type of transmission.

With the development of the full independent suspension of all wheels will come a simplification of the frame of the chassis. Instead of the present flexible frame with its multitude of different "K", "X", "Y", and "HK" arrangements of cross-members, which do little more than accentuate and localize the flexibility of the frame, we shall see the development of a rigid backbone to which the ribs of the body are directly attached. This backbone will take the form of a round or square tube which rigidly joins all the working parts of the engine, torque converter and driving axle. All tortional stresses in the body will be eliminated. The all metal construction of the body will add to the safety of the passengers as will the use of flexible transparent compositions instead of glass in the doors and windows. The cylindrical form of the body will also prevent serious damage to the vehicle or passengers in case of collision or overturning. The elimination of manually controlled pedals and levers will reduce driver fatigue and will permit higher sustained speeds over longer periods of time.

I will not go into specifications of the motor car of the future other than to say that the maximum weight will fall below 2000 pounds for the chassis and body of the largest cars. Brake horse powers of 75 or more will be obtained with gasoline consumptions of 40 miles per gallon. Special designs of tires and the elimination of the brake drums from the wheels will permit the use of tires as small as 20 inches outside diameter and 7 1/2 inches in width. New developments in the coating of metals will bring into use a more permanent metallic protective coating for the body and chassis.

Let me make this one thing clear: the motor car of the future will not be freakish. We have seen enough of such developments in the past few years. The ideal car will be a thing of beauty as well as of economy, efficiency and comfort. Many of the recently portrayed designs of motor cars are little more than flights of fancy by artists who know little if anything about the design of a motor car. The motor car of the future will have a great deal more of individuality than is possible with the car of today. Yet, as may be expected, the general design and appearance of the ideal car will follow the same principles of construction throughout the different makes.

In conclusion I should like to say that the study of the development of the motor car is one of the most interesting of studies. It has appealed to the imagination of thousands of inventors and engineers. It will continue to appeal to many thousands more. But the period of time which lies immediately before us is to be of even greater interest and appeal. For it is in the coming period that we, as automotive engineers, will see the achievement of our ideal of a motor car which is distinctly such and not a modification of, and a compromise with, the old "horseless carriage".

上海交通大学百年报刊集成·第一辑（1896—1949）·学术学科

THE WOOL INDUSTRY OF CHINA: THE NECESSITY FOR ITS DEVELOPMENT AND THE VALUE OF RESEARCH WORK UNDERTAKEN BY THE TEXTILE RESEARCH LABORATORIES OF CHIAO-TUNG UNIVERSITY

BY S. Y. SHAH (夏循元)

Assistant in Textile Industries

Wool is one of the most important raw materials of the textile industry. As the Chinese textile industry has been confined chiefly to silk and cotton and as the increasing demand for woollen goods in China has resulted in larger imports of woollen goods every year, the people of this country are now aware of the importance of woollen manufacture, and have established many factories for its development. But due to the lack of a home supply of raw materials, manufacturers are obliged to obtain them entirely from foreign sources; and owing to the instability of exchange and other reasons, it is impossible for them to reach a definite control and estimate of their business. The speculative nature of this business makes it difficult for the woollen manufacturers to compute the returns upon their capital invested with the result that the development of this industry is much hindered. By tracing the cause for this lack of development, it can be seen that the means for the full development of this industry lies in a much greater use of our own raw wool production.

The total number of sheep and goats in China is estimated to be around 65,000,000 head. Assuming seventy percent to be sheep, China has a wool clip from approximately to 45,500,000 head of sheep. According to the statistical data of the Chinese Maritime Customs the annual export of raw sheep's wool for the years 1933 and 1934 amounted to 136,000 and 145,000 quintals (1 quintal=220 lbs.) with total values of $11,500,000 and $12,200,000 for each year respectively. It is evident that China has an adequate self-supply of raw wool for the present scale of woollen manufacture. The reasons that manufacturers are discouraged to use our own raw wool supply may be summed up as follows:

(1) The quality of wool is unsuitable for manufacturing.

(2) There is no constant supply of wool of a standard grade. At present most varieties of Chinese wools are low in quality and are unsuitable for the manufacture of comparatively fine woollen articles. Moreover native wools are not graded and the production is in no way controlled for a constant supply of a certain grade which is in constant demand. Consequently manufacturers are compelled to use foreign wool, of which the supply is constant and the grade well standardized, in order that a certain permanent commercial article may be produced and put on the market. Therefore for the purpose of promoting the wool industry in China the following outstanding problems have to be considered.

(1) Improving the breeds of sheep. The problem of improving the breeds of sheep in China is a very complicated one. A study of the possibility of eradicating or reducing by selection and husbandry, the undesirable features of wool produced by a given type of native sheep must be comprehensively dealt with in each case.

(2) Controling the production and distribution of wool. A system of control of wool production and distribution must be made effective together with the improvement of breeds of sheep, in order that the supply and demand may be correlated in a constant manner.

(3) Standardizing the grades of wool. A certain system of grading the wools must be adopted by all the wool producers in this country.

Of the aforementioned problems the first one will be dealt with later as a part of the research in the Textile Research Laboratories of this University. With reference to the second problem a complete survey of the present condition of Chinese wool industry must be made before any definite plans can be drawn up.

WOOL QUALITY. Before considering the system of grading wools the exact meaning of "quality" for wool must be understood. The word "quality", in its strict technical sense, may be defined as subsequent 'spinning ability' of the fibre. The early conception of wool quality has its basis of classification on the dimensional characteristics of the fibre, and as finer fibre meant finer yarn, naturally the fineness of fibre is regarded as the dominant attribute to be assessed. Therefore "quality number" is taken as relating to the count of yarn to which a particular wool sample could be spun to its limiting degree. There are numerous standards used for this quality number in different localities, and it is rather a complicated matter to consider them all. Only

上海交通大学百年报刊集成·第一辑（1896—1949）·学术学科

the English system of classification will be considered here. In the English worsted yarn system there are two units for the basis of yarn counting, namely unit length and unit weight. The unit length is 560 yards and the unit weight is 1 lb., therefore, the number of times of 560 yards is contained in the length of yarn weighing 1 lb. is the number of counts of the yarn. In other words any yarn with a length of 560 yards weighing 1 lb. is one count (1's). Five times of 560 yards weighing 1 lb. is five counts (5's), and 64 times of 560 yards weighing 1 lb. is 64's. Thus a 64's quality wool designates its ability to be spun into 64 hanks, each 560 yards in length, the total weight of which would be equal to 1 lb. The present Bradford system of quality numbering with relation to the fibre fineness is shown in the following table.

Quality Number	*Fibre Fineness*	*Quality Number*	*Fibre Fineness*
28's	1/314"	56's	1/953"
32's	1/389	58's	1/1007
36's	1/470	60's	1/1064
40's	1/595	64's	1/1180
44's	1/648	68's	1/1299
46's	1/696	70's	1/1361
48's	1/744	80's	1/1686
50's	1/795	90's	1/2034
54's	1/899	——	——

Note: *There are important exceptions to any given quality of wool spinning out to its quality number; for 56's count, for example, at least a 60's quality of wool would be used.*

As English wools occupy the most important position in the wool textile industry in the world, it may be suggested to adopt their system of grading wools especially as this has been correlated with the American. However such system of grading wools on a large scale requires men of much experience in this field.

THE NECESSITY OF WOOL RESEARCH. The present woolen manufacturing business in China is still in its infancy. Work in research is entirely neglected, while in most other sheep producing countries of the world there are various organizations authorized to study the biological, chemical, physical and statistical aspects of wool, and literary transactions and proceedings along these lines from both theoretical and technical points of view are well advanced.

The problem of wool research is poly-sided. It requires a combined and united effort from all branches of science; no single branch can accomplish the task alone. But in order to direct the work through to a proper field, from which fruitful results may be obtained, research in the properties of wool fibers is of outstanding importance. Therefore in order to carry out the desired wool improvement in China the objectives of the research work in the Textile Research Laboratories of this University may be taken as the following.

(1) Investigation of specific defects of the different types of native wool from the manufacturers' point of view in order to determine the possibility of eradicating the undesirable features, by crossbreeding and selection, of the kind of wool produced by a given type of sheep.

(2) Examination of the possibilities of utilizing the unique qualities of different types of native wools for a specific purpose, and the type of treatment necessary to make these unique qualities available for the industry.

THE PRESENT SCOPE OF RESEARCH. Although it is generally known that the quality of wool as designated by the quality number is based upon the fibre fineness, there is another very important property, the fibre length, that needs to be considered. For example, if three samples of wool designated as 64's quality, on account of fibre fineness alone, had average lengths of 4 in., 3 in., and 2 in., respectively, there will be a considerable difference in spinning properties of these classes. Other properties such as the scale structure, crimp, elasticity and soundness of the fibre have relatively important influences on the spinning ability. Taking the comparatively dominant characteristics of wool as a basis of research, the present scope of work may be divided into

(1) Research on fibre fineness,

(2) Research on fibre length, and

(3) Research on scale structures of fibre.

(1) Fibre Fineness. Fibre fineness varies from 1/300 to 1/2000 of an inch. The most common methods for measuring fibre fineness are (a) by means of micrometer caliper, (b) by means of eye-piece micrometer, and (c) by means of Wilkinson's weighing method.

Measurement of fibre by means of Eye-piece micrometer is used for the present research. It consists of an ordinary compound microscope, in which is placed an eye-piece so ruled with fine lines that by means of these, the fibres under examination may be readily and accurately measured. The values of the micrometer eye-piece divisions may be calibrated with a known standard micrometer which may be ruled with lines having divisions representing 1/100 or 1/1000 of an inch. Prior to microscopic examination, wool samples must be washed first

上海交通大学百年报刊集成・第一辑（1896—1949）・学术学科

with water, then with alcohol, and finally with ether in order to remove all the dirt and grease that might interfere with the measurement, Fibres are then teased longitudinally onto microslides, which level them into one plane for measurement under the eye-piece micrometer. From each sample 200 measurements are taken, and the results are plotted onto graphs, from which useful deductions can be drawn as to the types of fibre included in the sample.

(2) Fibre Length. Wool fibres vary in length from 1 to 12 or more inches. Generally the diameter of the long fibre is greater than that of the short, and the fineness may be almost directly proportional to the length of fibre. The usual way of carrying out length experiment is by direct measurement. Samples of wool may be examined for length by carefully drawing the fibres and dividing them into units of different lengths, and each length weighed, and percentage by weight calculated. The results are usually represented in graphical forms, from which deductions may be drawn as to the quality of the wool sample.

(3) Scale Structure of Fibre. The scale structure has an important relationship with the quality of Wool. A microscope of high magnification is used for making this study. Comparative results may be obtained by studying different types of scale structure and this used to determine the character and breed of sheep, and for directing its improvement by crossbreeding and selection methods.

It must be realized that the present scope of wool research is limited and leaves much to be achieved. We may regard this work of ours merely as an introduction, which is already making a valuable contribution, to a new field of research so urgently needed for the economic and rural reconstruction in China.

In conclusion a few words might be mentioned with regard to the examination of a series of Chinese wool conducted and directed by Prof. A. F. Barker, former professor of textile industry of Leeds University now in charge of the textile department of this University, and a noted expert on wool, whose reputation is well known all over the textile world. In this recent study, in which special attention has been paid to some remarkable features of different types of Chinese wool, Prof. Barker quoted in his report that "It is entirely confirmative of the idea that China has locked up in the unique features of many of her wools a small gold-mine should it prove possible and satisfactory to utilize these special features." With this view in mind it appears certain that scientific research is essential in the matter of improvement and development of China's wool and wool manufacturing industries. The aid, that this research might give to the domestic industry and to the rehabilitation and economic reconstruction of rural China, is incalculable.

編輯後記

民國二十五年四月,適逢本校四十周年校慶,在校同人謀刊專冊以誌紀念,推材任編輯之責。時經數月,幸告蕆事,謹誌數言,爲讀者告。

紀念典禮紀錄,多節取交大三日刊原稿,現任編輯主任爲劉泮珠先生,附誌於此,聊表謝忱。

史料一欄,材料頗充實。羅編大事記,楊著變遷史,敘述詳盡,均足爲異日談本校掌故者之重要參考資料。蔡子民葉譽虎福開森三先生惠賜名著,記述往史,吉光片羽,尤足珍貴。搜羅散佚,昭示來茲,紀念特刊,意義適符,增光篇幅,彌切紉感。

現狀一覽所有材料,承各院系,研究所,圖書館,體育館,訓育部等,分別開示,調查翔實,確足代表本校目前狀況。異日探求本校成立四十年時史料者,可以按圖索驥,不加他求。實爲本刊生色不少。

徵文一欄,蒙國內外名人,及本校同事,踴躍賜稿,或闡揚學術,或倡導政論,琳瑯滿目,各具專長。猶憶三十周紀念時,亦有徵文集之刊行材亦參與編纂之役,以此冊與之相較,價值自當遠勝;不徒徵國內學術之進步,亦足見本校作育之日宏。後之視今猶今之視昔,再閱十年,當更有較宏偉之集刊。賜稿諸君嘉惠本校,實無紀極,而本屆特刊,亦或邀藉鴻文,流傳久遠。材承乏編輯,勉獲緻卷,荷茲厚貺,實深感謝。

是編文字，分為四欄，各依性質，略加詮次，課餘纂集，急於付印，審核未周，錯誤難免，學校史實，散見各篇，年月先後，間或未符，未及一一校正，尤切歉疚，尚希讀者加以原諒。又先後承李松濤蔡潤芳姚宏胄桂雍郭鍾福諸先生校閱稿件，郁仁充先生管理印刷，受惠不淺，并此誌謝。

徐名材謹識

註册  商標

上海商務印書館

出版家　印刷家　教育用品製造家　鉛字鑄造家

創立於民國紀元前十五年　資本國幣四百五十萬元

生產能力較復業前增加一倍有半

——營業要目——

編印學校課本

本館編印各級學校教科書，風行全國。自新課程標準頒布後，特遵編復興中小學教科書全套，號爲復興民族之一助。師範學校教科書全套亦遵照標準新編，復新出職業學校用書多種。又編印大學叢書，以促進我國學術之獨立。

發行圖書雜誌

印行各科參考圖書，並鑒刊「四部叢刊正續三編」「四庫全書珍本」「百衲本二十四史」「叢書集成」「萬有文庫第一二集」「小學生文庫」「幼童文庫」「小學生分年補充讀本」等有系統之鉅部書籍。並努力編印新書，日出兩三種；每週發行「星期標準書」一種。「東方」「教育」「英語週刊」「兒童世界」「兒童畫報」等五大雜誌已先後復刊。原版西書，亦有發售。

纂輯字典辭書

編著中西文及專科字典辭書數十種，新穎完善，久爲讀書界所稱許。各書近多經增訂，一部份改印縮本，減低售價；辭典並附四角號碼索引，更便檢查。並發行「財政年鑑」「經濟年鑑」「內政年鑑」「英文中國年鑑」等書。

供給文具儀器

監製各種文具儀器，運動用品，風琴樂器，國語英語留聲機片，自來水筆，華文打字機，教育玩具等，品質精良，售價低廉。最近遵照教育部新頒設備標準及課程標準，創製中小學自然科學設備用品，分組發售，以增進我國科學教育之效率。

承接各項印件

承印中西書報，簿册單據，有價證券，股票支票，禮券證書，名片請帖，中西箋封，商標貼頭，廣告用品，無不印刷精美，取價低廉；交貨迅速，約期不誤。委印名片，兩日交件，尤稱便捷。並自製中西文鉛字銅模，廉價發售，仿古鉛字，尤爲精雅。

附設函授學校

本館附設函授學校，爲國內歷史最久設備最善成績最著之社會補習教育機關。復業後已先恢復國文、英文兩科，並經上海市教育局登記。有志入社者得隨時報名加入。

經(122)-25:3

津浦鐵路現行行車時刻表

民國二十五年八月十五日起實行

上行車

站名	302次 滬平通車（三等車 餐臥頭二）	306次 平浦通車（三等車 餐臥頭二）	22次 津浦快車（三等車 餐臥頭二）	72次 浦銅區間車（三等車）	74次 銅濟區間車（三等車）	76次 濟津區間車（三等車）	78次 濟津區間車（三等車）
上海北站	24.00						
南京	7.45						
浦口	9.40	16.20	3.30	8.15			
滁縣	10.54	17.43	1.10	10.01			
蚌埠	13.58	21.15	5.17	15.31			
銅山縣	18.04	1.30	10.19	20.25	6.40		
滋陽縣	21.55	5.42	15.02		12.23		
泰安縣	0.06	8.04	[illegible]		15.36		
濟南市	2.28	10.30	[illegible].18		17.55	18.45	6.55
德縣	5.33	13.48	23.45			22.28	11.58
天津總站	10.50	19.50	6.55			6.00	21.40
天津東站	11.30	20.30	7.05				
北平	13.55	23.00					

下行車

站名	301次 平滬通車（三等車 餐臥頭二）	305次 平浦通車（三等車 餐臥頭二）	21次 津浦快車（三等車 餐臥頭二）	71次 銅浦區間車（三等車）	73次 濟銅區間車（三等車）	75次 津濟區間車（三等車）	77次 津濟區間車（三等車）
北平	18.00	8.00					
天津東站	20.50	11.05	23.00				
天津總站	21.10	11.30	23.30			17.35	7.15
德縣	2.28	17.42	7.01			1.32	16.46
濟南市	5.46	21.15	10.31		6.55	6.00	22.25
泰安縣	7.57	0.02	12.49		9.52		
滋陽縣	10.09	2.27	15.20		12.56		
銅山縣	14.20	7.00	20.30	8.15	18.40		
蚌埠	18.05	10.55	1.06	13.55			
滁縣	21.11	14.13	5.03	18.33			
浦口	22.40	15.30	6.30	20.15			
南京	0.40						
上海北站	7.40						

注意 南下赴京旅客請購下關站客票 由京北上旅客請在下關站購票

車務處 浦口 電話41394 問訊處 浦口車站 電話41152轉

津浦鐵路輪渡時刻表

25年8月15日實行

船次	班輪	下關開	船次	班輪	浦口開
1	I	6.00	2	III	6.00
3	III	6.30	4	I	6.30
5	I	7.00	6	X	7.00
7	X	7.30	8	III	7.20
9	III	7.45	10	I	7.45
11	I	8.20	12	X	8.20
13	X	8.45	14	III	8.40
15	III	9.00	16	I	9.00
17	I	9.20	18	X	9.30
19	X	10.00	20	I	10.00
21	I	10.30	22	III	10.30
23	III	11.00	24	I	11.00
25	I	11.30	26	III	11.30
27	III	12.00	28	X	12.15
29	X	12.30	30	I	12.30
31	I	13.00	32	X	13.10
33	X	13.45	34	II	13.40
35	II	14.00	36	I	14.00
37	I	14.30	38	II	14.30
39	II	15.00	40	X	15.00
41	X	15.30	42	I	15.20
43	I	15.50	44	X	16.00
45	X	16.30	46	I	16.30
47	I	17.00	48	X	17.15
49	X	17.30	50	I	17.30
51	I	18.00	52	X	18.00
53	X	18.30	54	I	18.30
55	I	19.00	56	II	19.00
57	II	19.30	58	X	19.30
59	X	20.00	60	II	20.00
61	II	20.40	62	I	20.40
63	I	21.10	64	II	21.20
65	II	22.00	66	I	24.00
67	I	22.30	68	X	22.40
69	X	23.00	70	II	23.30
71	II	24.00	72	II	0.30
73	II	1.00			

X澄平班次 I華勝班次

III隆通班次 II安瀾班次

6次船接21次車，9次船接72次車，15次船接302次車，41次船接306次車，44次船接305次車，64次船接71次車，67次船接22次車，70次船接301次車

正太鐵路沿線特產

紅煤

煤質佳 極耐燃 售價低 運費廉
無臭氣 無毒烟 運輸速 行銷寬

山西所產之紅煤，質優耐燃，久爲世人贊許，本路陽泉，賽魚一帶之紅煤，尤爲貨美價廉，在礦區購買最上等之大塊紅煤，每公噸約二元餘，每塊重在十華斤以下之碎煤，每公噸售價僅數角，本路運費低廉，運輸迅速，大塊煤每公噸運價二分，每十公斤下之碎煤，每公噸每公里一分八厘，欲知詳細辦法，請函詢石家莊本路車務處，或至本路各站接洽，當竭誠奉告。

正太鐵路簡明行車時刻表

民國24年11月15日實行

石家莊至各站距離公里	石家莊至各站三等票價	101 榆太各等隔間客車	7 石太三等混合客車	3 石太普通各等膳車	241 石獲三等隔間客車	1 石太平快各等膳車	261 石獲三等隔間客車	車次 站名 車次	238 獲石三等隔間客車	4 太石普通各等膳車	256 獲石三等隔間客車	8 太石三等混合客車	102 太榆各等隔間客車	1 太石普通各等膳臥	太原府至各站三等票價	太原府至各站距離公里
0	0		7.26	8.03	8.34	11.27	15.00	↓ 石家莊 ↑	14.27	16.03	21.05	22.02		7.26	3.65	243
17	0.30		8.10	8.33	9.07	11.50	15.36	獲鹿縣	13.57	15.37	20.33	21.33		6.54	3.45	227
44	0.70		9.48	9.36	—	12.35	—	南河頭		14.44		20.08		5.24	3.00	199
57	0.90		10.51	10.04		12.58		井陘縣		14.24		19.38		4.54	2.80	186
74	1.15		12.08	10.56		13.48		娘子關		13.45		18.45		3.56	2.55	169
121	1.85		16.08	12.48		15.30		陽泉		12.08		16.41		1.57	1.85	122
161	2.45	—	19.03	14.46		17.25		壽陽縣		10.42		13.54		0.13	1.25	83
218	3.30	13.01	21.13	16.37		19.06		榆次縣		8.30		10.50	16.26	21.18	0.40	26
243	3.65	13.42	22.00	17.18		19.38		太原府		7.45		9.52	15.45	20.16	0	0

榆谷支綫

距離公里	2001 混合各等	2003 混合各等	2005 混合各等	車次 站名 車次	2002 混合各等	2004 混合各等	2006 混合各等	三等票價
	8.40	16.46	21.20	↓ 榆次縣 ↑	8.20	12.40	20.50	
36	9.45	17.51	22.25	太谷縣	7.12	11.32	19.42	0.55

旅客注意

各等票價比例	臥車床位票價
二等票價係三等票價之二倍	頭等每夜 下舖4.50元
頭等票價係三等票價之三倍	二等每夜 下舖3.00元 上舖2.50元

濟南膠濟鐵路飯店

中西大餐
烹調精良
暖汽浴室
清潔衛生
地点適中
交通利便
車站接送
招待殷勤
價目低廉

電話總東號二二三三五六〇號
電報掛號六九九三號

Compliments

F. M. C.

平漢鐵路現行行車時刻表

民國二十四年十一月五日實行

72	64	62	52	42	44	22	2	北上列車　站名　南下列車	1	21	43	41	51	61	63	71
混合車	普通客	普通客	普通客	普通客	普通客	快車	特快		特快	快車	普通客	普通客	普通客	普通客	普通客	混合車
每日開行							每星期一三五由漢口開		每星期一三五由北平開	每日開行						
17.45	7.15	.35						開 漢口玉帶門 到						7.56	18.10	11.40
18.22 19.02	7.35 8.00	9.52 10.20				— 23.50	— 9.30	到開 漢口大智門 開到	— 22.20	— 18.50				7.39 7.19	17.50 17.30	10.53 10.13
19.13 19.38	8.10 8.15	10.30 10.35				24.00 0.05	9.40 9.42	到開 漢口江岸 開到	22.10 22.08	18.40 18.35				7.09 7.05	17.20 17.15	10.02 9.27
20.39 20.49	9.05 9.08	11.19 11.21				0.46 0.48	— 10.16	到開 橫店 開到	21.34 —	17.54 17.52				6.20 6.18	16.25 16.20	8.26 8.22
23.07 23.37	10.42 10.57	12.44 12.57				2.05 2.20	11.25 11.39	到開 孝感縣 開到	20.25 20.11	16.35 16.20				4.54 4.46	14.45 14.30	6.05 5.45
1.01 1.14	12.10 —	14.02 14.07				3.25 3.35	12.35 12.37	到開 花園 開到	19.15 19.13	15.18 15.13				3.40 3.32	13.15 —	4.02 2.42
3.06 5.45		15.34 15.49				4.55 5.15	13.50 14.10	到開 廣水 開到	18.00 17.45	13.51 13.35				2.03 1.51		0.46 24.00
7.48 7.50		16.51 16.56				6.27 6.32	15.12 15.14	到開 新店 開到	16.53 16.52	12.40 12.35				0.52 0.49		22.16 22.06
10.02 10.56		18.16 18.36				7.56 8.21	16.20 16.35	到開 信陽州 開到	15.35 15.20	11.10 10.55				23.17 23.02		19.35 18.35
13.04 13.29		20.04 20.09				9.57 10.02	— 17.46	到開 明港 開到	14.05 —	9.24 9.19				21.31 21.27		16.27 16.02
16.27 17.27		22.12 22.44				12.00 12.40	19.23 19.53	到開 駐馬店 開到	12.28 11.58	7.27 6.52				19.25 18.54		12.50 11.36
21.00 22.08		1.00 1.15				14.55 15.15	21.45 21.55	到開 郾城縣 開到	10.05 9.55	4.46 4.31				16.39 16.24		7.55 6.55
0.31 1.11		2.58 3.18				16.56 17.11	23.18 23.33	到開 許州 開到	8.32 8.17	2.59 2.44				14.35 14.20		4.20 3.17
5.32 7.12		6.40 —	— 7.45			20.10 21.00	1.56 2.11	到開 鄭州 開到	5.55 5.40	24.00 23.20			 22.35	11.15 —		22.20 20.20
12.20 13.20			10.50 11.05			23.32 23.47	4.29 4.44	到開 新鄉 開到	3.22 3·07	20.34 20.14			19.30 19.15			15.35 14.05
19.23 20.23			14.40 15.20			2.41 3.21	7.13 7.43	到開 彰德府 開到	0.37 0.07	16.55 16.15			15.39 14.59			8.20 6.42
23.47 0.22			17.30 17.38			5.17 5.25	9.16 9.17	到開 邯鄲縣 開到	22.33 22.32	14.10 14.02			12.51 12.41			2.48 2.08
2.45 3.45			19.17 19.32			6.50 7.05	10.30 10.45	到開 順德府 開到	21.18 21.03	12.32 12.12			10.59 10.44			23.43 22.43
6.45 7.05			21.49 21.54			8.59 9.04	— 12.27	到開 高邑縣 開到	19.19 —	10.10 10.05			8.32 8.27			19.30 19.00
9.50 11.35			23.35	— 8.05		10.25 11.00	13.38 13.58	到開 石家莊 開到	18.08 17.48	8.35 8.02		— 17.10	6.50 —			16.40 14.25
15.28 16.23				10.29 10.39		13.13 13.23	15.51 16.01	到開 定州 開到	15.55 15.45	5.54 5.44		14.32 14.12				10.30 9.35
19.15 20.55				12.24 12.45	— 6.50	14.58 15.13	17.25 17.40	到開 保定府 開到	14.20 14.05	4.15 4.00	— 19.35	12.25 12.05				6.45 5.30
0.03 0.33				14.43 14.58	8.45 8.55	16.47 16.57	19.05 19.15	到開 高碑店 開到	12.40 12.30	2.26 2.16	17.40 17.30	10.15 10.05				2.02 1.32
4.06 5.06				17.03 17.18	11.03 11.18	18.38 18.48	20.41 20.51	到開 長辛店 開到	11.04 10.54	0.37 0.27	15.05 14.50	8.03 7.48				22.10 21.17
6.20				18.05	12.05	19.30	21.25	到 北平前門 開	10.20	23.45	14.00	7.00				20.00

本路沿綫各站

為服務社會

一律辦理下列業務：

一 接送行李　二 接送包件

三 指導遊覽　四 代定旅館

五 接送貨物　六 代起貨票

詳細辦法請向當地車站索閱手冊

京滬滬杭甬鐵路管理局啟

國立交通大學研究所

本所成立以來設置（一）工業研究部分設設計材料機械電氣物理化學等組（二）經濟研究部分設社會經濟實業經濟交通管理會計統計等組除按照所訂計畫進行研究外歷承各路局各機關（如中國工程師學會上海市公用局義興公司等）託辦各項研究及試驗工作薄有貢獻關於上列諸組事項如蒙各界垂詢請惠臨上海徐家匯本所面洽或函商可也此布

溝渠工程學

是書為本大學土木工程學教授顧康樂所著。係參考中西工程書籍雜誌，採擇各著之精粹而成。書凡十四章，詳述溝渠設計，建築與養護之原理及方法。舉凡汚水量，暴雨水量，溝渠水力學，溝渠系統設計，溝渠附屬品，汚水抽升，管圈設計，開掘填覆，列板撑檔以及施工之實際進行，無不條分縷析，詳為解釋。至於插圖之豐富，文字之簡明，尚其餘事。

▲商務印書館出版，定價一元八角。

交通大學
CHIAO-TUNG UNIVERSITY